길에서 길을 묻다

전도서와 손잡고 거닐기

길에서
길을 묻다

정현진 지음

바이북스†
ByBooks

이 책을 "내가 여호와의 집에 영원히 살리로다"며 본향을 찾아가신
곽시자 사모님(1958. 6. 14-2023. 4. 23) 영전에 바칩니다.

"하나님은 하늘에 계시고 너는 땅에 있다."(전 5:2b)

최영 목사 / 박사 한국기독교장로회 목회와신학연구소 소장

　지혜는 사물의 이치를 빨리 깨닫고, 사물을 정확하게 처리하는 정신능력을 말한다. 지혜를 뜻하는 라틴어 '사피엔티아'(*sapientia*)의 근본 의미가 '미각'이고, 헬라어 '소피아'(σοφία)의 근본 의미가 '좋은 솜씨'이며, 독일어 '바이스하이트'(*Weisheit*) 근본 의미는 '바른 방향 지시'라는 것이 이를 말해준다. 이 모든 어휘들은 나름 하나님의 지혜의 정확한 표현임이 분명하다. 그러나 히브리어 '호크마'(*chokmah*)의 근본 의미는 '확정'과 '확립'이다. 구약성경은 만물이 이 지혜를 통해서 생겨나고, 지혜를 통해서 정해지고, 유지되고 보존되고 통치된다고 선언한다. 그러므로 어떤 다른 지혜가 아니라 하나님의 지혜에 대해 말하고자 한다면, 먼저 이 방향에서 생각해야 하는 것은 당연한 일이다.

　전도자 코헬렛은 이 하나님의 지혜만을 온전히 전하기 위해 '모든 것이 헛되고 헛되다'고 되풀이하여 반복한다. 필자는 전도자가 전하는 이 심오한 가르침을 바르트를 통해서 배웠다. 바르트의 새로운 발견은 "하나님은 하늘에 계시고 너는 땅에 있다"로 표현된다. "이 하나님과 이 인간 사이

의 관계, 그리고 이 인간과 하나님 사이의 관계가 내게는 성경의 주제요 철학의 본질이다."(로마서강해) 바르트는 이 사실을 강조하고 분명히 하기 위해 '변증법'을 사용했다. 이 변증법은 '영원과 시간 사이의 무한한 질적 차이'를 강조한 키에르케고르의 변증법인데, 바르트는 이것을 "하나님은 하늘에 계시고, 너는 땅에 있다"는 성경적 증언의 철학적 표현으로 이해한다.

바르트는 하나님과 인간 사이의 거대한 심연을 강조하는 이 변증법적 방법을 그의 성서해석의 체계로 삼고, 하나님과 인간을 혼동하고, 인간을 하나님의 자리에 놓은 19세기 신학과 그 성서해석에 반대하여 성경의 주제는 인간의 종교, 종교적 윤리 또한 인간의 은밀한 신성이 아니라 자연적인 세계는 물론이고 영적인 세계에 대해서도 대립해 있는 하나님의 하나님되심, 하나님의 독자성과 유일성이며, 인간과 관계하면서도 초월해 있는 하나님의 절대적으로 유일한 존재, 능력과 주도권이라고 강력하게 천명했다.

필자는 저자 정현진 박사가 전도서 해설서 《길에서 길을 묻다》를 탈고했다고 추천사를 부탁했을 때, 그가 이 부분을 어떻게 해석했는지 궁금했다.

코헬렛은 2절에서 '하나님은 하늘에 계시고'라는 말로 자신이 권면하는 이유를 제시했다. 그는 창조주 하나님과 피조물 인간 사이에는 결코 넘나들 수 없는 차이가 있다는 사실을 강조했다. 이로써 그는 사람이 자신의 본분에 맞게 생각하며 처신하는 길을 보여주고자 한 것이다…. 우리는 지금 소위 인류세(人類世 Anthropocene)에 살고 있다. 그래서일까? 판단과 행동의 모든 척도가 사람의 이기적인 욕구에 맞추어져 있다. 그런데 참 놀랍다. 어떤 개인이 자기만 위하고 자기만 생각하다보면 점점 더 자기 스스로 망가지듯이, 사람(인류)이 다른 피조물보다 자기만 앞세울 때, 자기들에게 좋고 유리한 것만 추구할 때, 미래보다 현재에 우선순위를 둘 때 온갖 가지 피해가 인류와 그들이 사는 시대·사회·국가·지구촌으로 몰려드니 말이다. 코헬렛은 이런 시대·이런 풍조 아래 사는 우리에게 하늘에 계신 하나님을 의식하며 사는 지혜를 일러준다.(243~244쪽)

"하나님은 하늘에 계시고 너는 땅에 있다!" 구약성경의 지혜서는 이 인간에 대한 이 하나님의 관계, 이 하나님에 대한 이 인간의 관계를 놀랍도록 뼈저리게 일깨워준다. 하나님이 아시는 것을 알지 못함이 하나님에 관한 앎이라는 것이다. 이것이 코헬렛이 말하는 확정하고 확립하는 하나님의 지혜에 대조되는 인간의 '지혜'이다. 이런 점에서 전도자 코헬렛의 신학은 개혁교회적 경건에 일치한다.

내가 보기에 정현진 박사는 적어도 현자이다. 그는 히브리어, 헬라어, 라틴어에 능통하고, 오선동(五仙僮)이라는 호가 말해주듯이 한문에도 막힘이 없다. 그간 출판된 성경해설서들이나 이 책에서 동서 고전에 관한 그의 거침없는 인용과 적용은 성경 말씀을 이해하는데 큰 도움이 된다. 우리는 그런 사실을 《길에서 길을 묻다》를 읽어보면 금방 알 것이다.

모든 것이 헛되다고 설파하는 전도서는 결코 허무주의, 비관주의, 염세주의를 설파하지 않는다. 지혜 그 자체이신 하나님의 지혜에 상응하는 태도, 이것이 구약성경의 의미에서 인간이 도달해야 하고 요구되는 지혜라는 것을 강력하게 말하려는 것이다. 《길에서 길을 묻다》를 통해서 이 세대와 달리 분별하는 생각으로 하나님의 선하시고 온전하신 지혜를 따르는 지혜로운 삶을 살아가기를 바란다.

　지금은 입춘도 설도 지나고 사순절기다. 길가다 목련나무를 보니, 그 꽃눈이 어느새 파르스름하다. 내 입에서 '이제 정말 봄이 오는구나'하는 탄성이 절로 나온다.

暉靄如煙知早春(휘애여연지조춘)

하늘거리며 피어나는 아지랑이 이른 봄 알리고

花蕾木筆備滿朔(화뢰목필비만삭)

목련 꽃 봉오리 배불러 오르네

神與恩萬象更新(신여은만상갱신)

하나님께서 은혜주시니 만상이 새롭고

淫濡我顔煥口讚(정유아안환구찬)

내게 가득 흐르네, 얼굴엔 밝음 입술엔 찬송이

봄에 떨어진 꽃이 일년이 지나야 다시피고, 가을에 떨어진 잎이 추운 시절을 견뎌낸 뒤에서야 다시 돋아나는 일은 하나님이 정해 놓으신 시간표다. 우리는 그 시간표 안에 살고 있다. 우리가 아무리 스스로 정한 시간표(계획)에 따르는 것 같이 보이더라도 실제로는 우리 의지·의도와 다르게 움직이는 시간을 받아들일 수밖에 없다. 성경 말씀 그대로다. "천하만사가 다 때가 있나니(전 3:1) … 하나님이 … 때를 따라 아름답게 하셨고"(전 3:11)

우리는 하나님이 정해놓으신 시간의 순리를 자꾸 흔들어놓는다. '패스트 푸드, 패스트 패션, 패스트 예술…' 지금은 이렇게 패스트의 시대일까? 불과 몇 해 전만 해도 가성비(價性比 price-performance ratio, cost-performance, cost-benefit)를 따지던 사람들이 이제는 어느 틈에 시성비(時性比)를 가늠하는 풍조로 옮겨간다. 속도(빠름)를 위해 메피스토펠레스에게 자기 영혼을 팔았던 파우스트가 우리 시대에 집단적으로 환생하기라도 한 것일까? 그래서일까? 신앙양태에도 '패스트 신앙' 신학의 내용도 '패스트 신학'이 있는 듯하다. 그들이 지금 '좋다' '꼭 필요하다'고 외치는 그 신앙·신학의 내용은 과연 몇 년이나 길게 갈지…

지금 우리가 살아가는 이때가 하나님의 선물이다. 우리 나이가 10살이면 열 살짜리 대로, 100살이면 100살짜리 대로 '오늘'이 내(우리)가 한평생 사는 동안 가장 젊은 나이다. 오늘이 내(우리) 일생에서 하나님께서 주신 것을 하기에 가장 좋은 적기다. 지금 어리네, 지금 늙었네 하는 넋두리를 할 때가 아니다. '더 좋은 내일이여' 하면서, '지나간 옛날이여' 하면서 무심코 흘려보내기에는 오늘이 참 아까운 시간이다.

누구에게나 지나간 시간보다는 앞으로 남은 시간이 더 중요하다. '지금 우리의 현실(상황)이 다가 아니다. 그것은 영구 고착된 것이 아니다'는 사실을 잘 알기에 우리는 우리 인생의 남은 시간을 소중히 받아들이며 살아가려 한다. 하나님은 이런 우리에게 전도서라는 이름의 성경을 도전장으로 내미신다. 전도서는 '오늘'을 사는 우리에게 매우 현실적이면서도 아주 탁월한 지혜로 다가온다.

전도서에는 주어진 인생의 시간 안에서 길을 찾는 사람에게 안겨주는 따스함이 들어있다. 우리는 길을 찾으며 인생길을 걷는다. 때로는 길이 많아서 길을 찾고, 때로는 길이 없어서 길을 찾는다. 때로는 젖먹던 힘까지 다 내서 달려온 길에서 허탕을 칠 수도 있고, 때로는 우연히 선택한 길에서 뜻밖의 수확을 거둘 수도 있다. 이에 길가는 인생(호모 바아토르 homo viator)으로 지음받은 우리는 매 순간 우리의 길 대신에 하나님의 길을 찾으며 앞으로 나간다.

길을 잃어 보지 않은 사람은 모르리라
터덜거리며 걸어간 길 끝에
멀리서 밝혀져 오는 불빛의 따뜻함을…

먼 곳의 불빛은
나그네를 쉬게 하는 것이 아니라
계속 걸어갈 수 있게 해 준다는 것을

- 나희덕 〈산속에서〉

이것은 군산 어은교회 김성열 목사님의 사모님이신 곽시자님 영전에 바치는 책이다. 곽시자 사모님은 하나님께서 아름답게 하시는 은혜·섭리, 그리고 하나님의 때에 따라 1958년 6월 14일 태어나셨고 2023년 4월 23

일 영원하신 하나님 품에 안기셨다.

곽시자 사모님은 마지막 순간까지 김성열 목사님, 김선호·고민선님 김선민·오정현님 및 그 자녀들, 함께한 모든 사람이 항상 예수님을 증거하며 살기를 원하셨다. 투병생활하는 중에도 아픈 몸을 이끌고 오직 예수님 이름 하나를 외치며 좀 더 많은 사람에게 복음을 전하고자 하셨다.

가족들은 평생동안 어은교회 교인들에게 예수님 사랑을 전하고자 애쓰셨던 곽시자 사모님을 기리며, 더 많은 사람이 하나님을 만나 믿기를 바라는 심정으로 이 책의 출판비를 도와주셨다. 그 덕분에 이것이 세상의 빛을 본다. 마음깊이 감사드린다.

여러 해 전 전도서를 놓고 함께 이야기를 나누었던 군산 대은교회 오종윤 목사님에게도 감사를 드린다. 한국기독교장로회 목회와 신학연구소 최영 소장님에게도 감사를 드린다. 바이북스의 윤옥초님과 편집진에게도 감사를 드린다.

2024년 2월 두타산 자락에서 사순절기를 지내며

길에서 길을 묻다

* 별다른 언급이 없는 한 여기서 사용하는 성경본문과 장절 표시는 모두 다 개역개정에 따릅니다. '표준'은 표준새번

역을, '공개'는 공동번역개정을 가리킵니다.

다 헛되다

전 1:1-2

개역개정	직역
1 다윗의 아들 예루살렘 왕 전도자의 말씀이라	1 이는 코헬렛의 말씀들이다. 그는 다윗의 아들이자 예루살렘에 있는 왕이었다.
2 전도자가 이르되 헛되고 헛되며 헛되고 헛되니 모든 것이 헛되도다	2 헛된 것들 중에 헛된 것! 코헬렛이 말한다. 헛된 것들 중의 헛된 것! 이 모든 것이 헛되다.

이것은 전도서의 주요 가르침들 가운데 하나다. 전 1:2와 거의 같은 내용이 전 12:8에도 되풀이 쓰였다. 헛되다는 말(헤벨 hebel)은 전도서의 처음과 끝을 아우르는 테두리(Inclusio)와 같다.

전도서 1:1과 1:2의 분위기는 사뭇 다르다. 1절에 나오는 예루살렘의 왕이란 말에서 사람들은 거침없거나 강력하거나 우아하거나 호화롭거나 부귀영화 또는 여유 만만한 모습을 상상할 것이다. 그런데 갑작스런 반전이 2절에서 일어났다. 느닷없이 '헛되다'고 외치는 소리가, 그것도 8개 낱말로 된 이 구절에서 5번이나 되풀이 터져 나왔다. 이는 1절을 읽는 우리가 상상하던 화려하고, 위풍당당한 분위기를 단번에 날려 보낸다.

라이트(Wright 137-8)와 에스테스(Estes 286)가 간파하였듯이 이 말씀은 교향곡 연주의 첫부분에 트럼펫이 울리는 커다란 첫 음과 같다. 마치 월드컵 축구대회 개막을 알리는 팡파르가 울리듯이 갑자기 터져 나오는 이 소리의 정체는 무엇일까? 허무주의? 염세주의? 냉소주의? 후회와 포기? … 그밖에 우리가 동원할 수 있는 모든 부정적인 이미지를 여기에 덧칠할 수 있을까? 물론 이렇게 하는 사람도 있다.(Whybray 35)

우리는 알고 있다, 성경은 어떤 경우에도 위와 같이 인생이나 인간 자체를 부정하기보다는 긍정한다는 것을. 그렇다면 이것은 무슨 뜻이란 말인가?

이런 물음을 안고 이제부터 전도서 안으로 들어가 보자. 주의력을 잔뜩 끌어모아보자. 그래야 전도자가 울리는 이 팡파르의 의미가 조금이라도 느껴질테니까. 히브리 성경을 최초로 번역한 아람어 성경(타르굼)은 독자들이 허무라는 이 낱말에 현혹되지 않게 하려고 전 1:2를 다음과 같이 옮겼다:

이스라엘왕 솔로몬은 예언의 영으로 그 아들 로호보암의 나라가 느밧의 아들 여로보암에게 찢길 것을 내다보았고, 예루살렘과 그 성소가 파멸되고 이스라엘 백성이 포로로 잡혀갈 것을 알고서 "이 세상은 헛되고 헛되며 나와 내 아버지 다윗이 애써 해 놓은 일이 다 헛되고 헛되어 모든 것이 헛되도다"라고 말했다.

이것은 확대번역(해석적 번역)이다. 타르굼의 이런 해석은 본문 이해에 도움이 되기도 하고 방해가 되기도 한다.

인류 최초 살인사건의 피해자 아벨의 이름은 히브리말로 *헤벨*이다. 그것은 처음에 호흡(바람)이었다가 덧없이 지나가 버린 것을 가리킨다.

이 낱말은 전 1:2에만 5차례 나오고, 전도서 전체에 38번(39번?) 쓰였다.(구약성경 전체에 78번이며, 전도서에는 10장을 빼고 모든 장에 나옴) 이 낱말은 전도서 이해의 열쇠다.(*crux interpretum*) 그 뜻은 안개 수증기 단순한 숨결에서부터 덧없다(무상하다) 헛되다(공허하다) 의미없다 등이다. 그 의미가 더욱 확장되어 헛됨 부조리 덧없음 공허함 허무 속이 텅빔 어리석음 실망 쓸모없음 의미없음 공허 앞뒤가 뒤바뀜(顚倒) 황폐 등으로 번역된다. 때로는 '무상하다 헛되고 무기력하다' 또는 '속인다'는 의미로도 쓰인다. 이것은 이렇게 구체적인 것과 은유적인 뜻을 동시에 품고 있으며 문맥에 따라 다양한 말맛을 지녔다. 힘없음 효력없음 의미없음 가치없음 어리석음 텅빈 것 깨달을 수 없는 것 이해할 수 없는 것 불합리한 것 등이 그것이다.

히에로니무스가 이를 허영심(vanitas)으로 옮긴 이래 학자들은 오랫동안 그 해석을 따랐다. 성경비평학이 등장하면서부터 학자들은 점차 그리고 폭넓게 그런 풀이에서 벗어났다.

이것을 번역하는 학자들 입장은 여러 갈래로 나뉘어 있다. 이를테면 루터와 침멀리는 eitel(=공허한, 덧없는) 미셸(D. Michel)은 absurd(=부조리 어리석은) 크뤼거(Th. Krüger)는 황폐하다(nichtig und flüchtig) 프레더릭스 & 에스테스(D. Fredericks & D. Estes)는 호흡 또는 일시적인 것으로 각각 옮겼다.

번역 성경 가운데 GNB는 소용없다(useless) NIV는 의미없다(meaningless) KJV, ESV는 허영(심 vanity) 취리히성경(ZB)은 nichtig(=사소한, 무가치한)와 flüchtig(무상한 덧없는) 독일공동번역성경은 Windhauch(바람) 엘버펠트 성경(ELB)은 없음 무가치함(Nichtigkeit)으로 옮겼다.

알베르츠(R. Albertz)와 자이볼트(K. Seybold)에 따라 전도서나 쿰란문서 이외의 문서들에서 '헤벨'이란 말의 의미를 네 가지로 정리해보자.(THAT I

467-469 ; ThWAT II, 335-339)

① 창 4장에 나오는 카인의 아우 아벨이란 이름은 분명 돌에 맞아 사라져 간
인생의 허무함을 나타낸다.

② 바람과 같이 덧없는 인생의 의미를 더욱 강조하는 것이다.(사 57:13; 시 62:9;
잠 13:11; 21:6)

사람은 헛것 같고 그의 날은 지나가는 그림자 같으니이다(시 144:4)

네가 부르짖을 때에 네가 모은 우상들에게 너를 구원하게 하라 그것들은 다
바람(루아흐 *rûaḥ*)에 날려가겠고 기운(헤벨 *hebel*)에 불려갈 것이로되 나를 의뢰하
는 자는 땅을 차지하겠고 나의 거룩한 산을 기업으로 얻으리라(사 57:13)

③ 탄원하는 자가 처해있는 허탈한 감상이거나 약이 올라 있는 감정이나 곤
고한 상황과 그런 인생 자체를 나타낸다.(시 39:6-7, 12; 62:9-10; 144:4; 사 49:4;
욥 7:16; 9:29; 21:34; 27:12) 그 뜻은 아무 것도 아님, 실체가 없음, 실망, 허무,
허탈, 헛수고, 유한함 (Nichts, Täuschung, Wahn bzw. Vergänglichkeit, Nichtigkeit,
Flüchtigkeit)등으로 확장되었다.

그러나 나는 말하기를 내가 헛되이(리크 *rîq I*) 수고하였으며 무익하게 공연히
(헤벨) 내 힘을 다했다 하였도다(사 49:4)

④ 우상 또는 우상숭배 또는 그런 태도를 깔보는 것이다.(신 32:21; 왕상 16:13, 26;
왕하 17:15; 렘 2:5; 8:19; 10:8; 51:18; 시 31:6; 잠 21:6 참조)

그들이 하나님이 아닌 것으로 내 질투를 일으키며 허무한 것으로 내 진노를 일으켰으니 나도 백성이 아닌 자로 그들에게 시기가 나게 하며 어리석은 민족으로 그들의 분노를 일으키리로다(신 32:21)

우리는 위에서 헤벨이란 말 속에 담긴 여러 가지 뜻을 살펴보았다. 학자들은 전도서에 38번 나오는 이 낱말의 의미 전체를 포괄할 수 있는 한 가지 뜻을 찾고자 했다. 그런 시도는 물론 바람직하지도 성공하지도 못했다.

이에 따라 전도서 (또는 구약성경)에 나오는 이 말을 모두 다 '헛되다(헛된, 헛됨)'는 뜻 한 가지로 풀 것이냐는 물음이 생겨난다. 우리는 *헤벨*이란 이 말이 나오는 어떤 구절을 해석할 때 그 낱말을 모든 구절에 똑같이 '허무하다'로 풀이할 것인가, 아니면 문맥에 따라 그 말맛(뉘앙스)을 살려서 각 구절마다 다른 낱말을 적용시켜 번역할 것인가를 결정해야 한다.(Zimmerli ATD 139이하) 이 경우 어떤 낱말의 뜻을 어디에 적용시키냐에 따라 그 구절의 의미(뉘앙스)가 조금씩 다르게 받아들여질 뿐만 아니라, 그 사람의 의도나 신앙(신학)이 드러날 것이다. 그에 관한 논의 몇 가지를 살펴보자.

i) 전도서 2:11, 19, 21, 23 ; 4:4, 8 ; 6:2 에 나오는 *헤벨*은 일(활동)의 성과와 관련 있다. 곧 사람이 하는 일(활동)의 의미가 과연 무엇이냐는 물음이다. 그것에서 실패하였든 성공하였든 어떤 특권을 누리든 아무런 혜택도 받지 못한 채 살아가든 자신이 소유한 것에게 끌려가든 소유한 것을 다스리든 그 어떤 것에서 충만한 인생을 발견할 수 없다면, 그것은 헛되다는 것이다.

ii) 이 낱말이 전 2:15 ; 6:7-9 ; 8:10-14에는 확실하게 드러나지 않더라도 분명히 존재하는 죄와 심판 사이, 그리고 의와 최종적인 구원 사이에서 연결고리를 찾으려고 애쓰는 코헬렛의 모습을 보여준다. 여기서 인생은 자칫 무의미해 보인다. 그래서 헤벨은 '의미없음, 무의미'라는 뜻이다.

iii) 이 낱말은 전 3:19; 6:12; 11:8, 10 등에 나온다. 여기서 코헬렛은 인생이 너무 헛되다고 탄식한다. 인생은 덧없는 것이라고 한다. 질적인 측면에서 인생은 본질적인 것이라기보다는 '빈 것, 공허한 것'이며, 양적인 측면에서 그것은 '일시적인 것, 지나가 버리는 것'이다.(WBC)

얼핏 느끼기에 '헛되다'는 말은 우리가 성경에서 기대하는 메시지와 전혀 어울리지 않는 듯하다. 이런 사정으로 어떤 학자들은 이것이 이 책의 주제를 표현하는 주요 낱말들 가운데 하나라고 보는가 하면(박요한 54) 다른 학자들은 이 책의 주제로 가는 징검다리 역할을 한다고 보는 등 의견이 엇갈리고 있다.

전도서에는 몇 가지 주제가 들어있을까? 한 가지? 여러 가지? 그 대답은 이 책의 편집를 어떻게 보느냐에 따라 달라진다. 1875년 델리취(Franz Delitzsch)는 전도서 주석을 쓰며, 이 책이 매우 의식적으로 잘 짜여진 예술작품이라 했다. 갈링(Kurt Galling)은 1940(1969년 2판)년 다섯 두루마리에 관한 주석에서 델리취의 주장을 조목조목 반박하며 전도서에는 체계적인 구조가 전혀 없이 여러 가지 말씀들이 임의로 모여있다고 주장했다.

오늘날 전도서의 짜임새와 관련한 학자들의 입장은 이런 두 가지 방향으로 나뉘어져 있다. 비록 그 주장이나 분류하는 내용에 차이가 있더라도.

이 책이 많든 적든 서로 깊은 연관관계가 없는 여러 가지 말씀을 수집한 것이라 보는 사람일수록 그 주제가 많고도 풍부하다. 그리고 이것이 매우 예술적인 감각아래 의식적인 구조로 짜여있다고 보는 사람일수록 그 주제를 하나로 압축하려는 경향이 있다.(Schwienhorst-Schönberger 69-70)

후자의 입장에서 이것의 주제를 보는 학자들 입장은 크게 네 가지다:

i) 삶의 허무(폰 라트, 머피, 크렌쇼): 전도서는 이 세상에 사는 인생이 즐겁고 기쁘기보
다는 괴롭거나 허무하게 느껴질 때가 많다고 토로했다. 물론 전도서가 말하는 허
무와 슬픔은 하나님 없이 인간이 자기 스스로의 힘으로 이루려는 모든 것이 헛되
다는 것이지, 이 세상에서 하는 인간의 모든 노력과 수고가 무조건 다 헛되다는
것은 결코 아니다.

ii) 중용의 가치(P. 사키): 사람은 사회활동, 경제활동, 지식경영, 개인적인 감정과 생
활 등 모든 영역에서 남보다, 또는 사회 분위기보다 앞서가지도 뒤지지도 말고,
넘치지도 모자라지도 않게, 그렇지만 자기 나름대로 중심을 분명하게 지켜감으
로써, 행복해 질 수 있다는 것이다. 중용은 미덕이 될 수 있을지언정 인생의 문제
를 해결할 수 있는 것이 결코 아니다.

iii) 인생의 진정한 행복(기쁨)을 찾기. (R. 고르디스 N. 로핑크 R. N. 화이브레이 A. 보노라)
코헬렛은 우리에게 인생의 원리와 인간의 윤리를 제대로 찾아나가는데 도움을
주고자 했다. 그 기준은 다름아닌 하나님 경외이다.

iv) 삶의 부조리(D. Laucha; D. Michel)

쉬빈호르스트-숀베르거는 위의 입장을 종합하여 전도서의 주제를 i) 행복 ii) 덧없
음 iii) 하나님 iv) 하나님 경외로 보았다.(Schwienhorst-Schönberger 69-101)

전 1:2는 사실상 전도서의 첫 말씀이기에, 그리고 '헛되다'는 말이 지닌
파급효과가 아주 크기에 자칫 이 말씀이 전도서의 주제 또는 결론인 양 착
각할 수도 있다. 민영진은 이것을 가리켜 주제일 수도 있고, 주제를 파악하
는 데 열쇠가 되는 낱말이라고 했다.(전도서/아가, 56쪽) 그의 말처럼 전도서
전체를 놓고 볼 때 이 말은 결코 전도서의 주제어가 될 수 없다. 다만 주제
로 가는 길목에서 반드시 통과해야 할 문들을 여는 열쇠들 중 하나가 될 수

는 있다.

여기서 말하는 '모든 것'은 무엇을 가리키는 것일까? 이 말이 포괄할 수 있는 범위는 어디까지일까? 이것은 하늘 위와 아래의 모든 것을 다 가리키는 것일까? 하늘 아래 있는 공중과 땅과 땅속의 모든 만물과 현상을 통칭하는 것일까? 이 물음에 대답을 찾아나가는 것은 곧 전도서의 메시지를 발견하는 통로가 될 것이다.

전 1:2는 매우 간단명료해서 오히려 그 뜻을 정확히 이해하기가 어렵다. 전 1:2처럼, 같은 명사를 단수와 복수로 되풀이하며 연계형으로 이어지는 것으로 히브리 말은 최상급을 나타낸다.(GKB §133i) 여기서 최상급 형태로 표현된 말 '헛되고 헛되다'(또는 완전히 헛되다, 또는 허무 중의 허무로다)는 표현은 전 12:8에도 되풀이 쓰였다.

전 1:2 하벨 하발림 아마르 코헬레트 하벨 하발림 학콜 하벨

habel habēlîm 'āmar qohelet habel habēlîm hakkål hābel

전 12:8 하벨 하발림 아마르 학코헬레트 학콜 하벨

habel habēlîm 'āmar haqqohelet hakkål hābel

전 1:2에는 헛되다는 말이 다섯 차례 쓰였다. 그 가운데 *하벨 하발림*(전 1:2 완전히 헛되다, 허무 중에 허무로다)은 최상급 표현이다. 2절에 이것이 2번 되풀이 쓰였다. 이런 형식은 성경에 여러 차례 등장했다: 지성소(the holy of holies, 출 26:33); 하늘과 모든 하늘의 하늘(신10:14; 왕상 8:27); 아가(Song of songs, 아 1:1); 만왕의 왕(King of kings, 계 19:16); 만주의 주.(Lord of lords, 계 19:16)

이렇게 강조한 다음 '헛되다'는 형용사가 다시 한번 쓰였다. 그 중간에 끼어든 말(아마르=그가 말했다 또는 그가 말한다 사 40:1 참조)은 이 최상급의 표현에 숨을 고르면서, 그것을 더욱 강조하는 효과를 발휘했다. 시편 127:1-2a이다:

1 여호와께서 집을 세우지 아니하시면 세우는 자의 수고가 헛되며 여호와께서 성을 지키지 아니하시면 파수꾼의 깨어 있음이 헛되도다 2 너희가 일찍이 일어나고 늦게 누우며 수고의 떡을 먹음이 헛되도다

이 시에는 솔로몬의 시라는 표제어가 붙어 있다.(솔로몬의 시 곧 성전에 올라가는 노래) 솔로몬 왕은 일찍이 성전과 궁전을 건축한 건축가였다. 이로 미루어 보아 그는 부지런하고 성실한 사람인 듯하다. 그렇지 않았다면 이런 큰일을 할 수 없었을 것이다. 이스라엘 역사에서 처음으로 이런 일을 해냈으니, 그는 스스로 자랑스러울 수도 있고 기쁠 수도 있었으리라.

이 모든 일에서 그는 하나님의 동기유발과 하나님의 도우심과 하나님의 가호를 먼저 고백했다. 만일 하나님의 그런 은총이 없었다면 그 자신의 노력은 물론 자신이 세운 공로나 업적도 모두 헛되다(샤위)는 고백이다.

물론 시 127:1에서 샤위는 술어가 아니라 수고하다(아말)와 지키다(샤마르)는 동사를 꾸미는 부사로 쓰였다. 그 뜻은 공허 허무이다.(세우는 자가 헛수고했다. 파수꾼이 공연히 지켰다) 시 127:2에서 시인은 성공을 이끌어내는 행동양식 3가지 곧 일찍 일어나기, 늦게까지 일하고 잠자리에 들기, 수고에 걸맞는 식사를 예로 들었다. 그러면서 비록 그런 것들이 성공에 유용하더라도 만일 그런 행동이 '여호와와 함께 하는 것이 아니라면, 여호와께서 기뻐하시는 것이 아니라면, 헛되다고 고백했다. 비록 여기 쓰인 낱말은 전

도서의 그것과 달라도, 여호와 하나님과 함께 하지 않는 모든 것이 다 공허하고 허무한 결과를 낳는다는 그 의미와 말맛은 여기와 일맥상통한다.

사도 요한은 "이 세상이나 세상에 있는 것들을 사랑하지 말라"(요일 2:15a)고 우리에게 가르쳤다. 이 가르침에 대답을 우리는 전도서에서 본다. 코헬렛은 우리에게 하나님 중심주의 세계관을 갖도록 돕는다. 그는 인간 중심주의 세계관, 보다 정확히 말하면 자기중심주의가 얼마나 위험하고 허무한가를 여러 차례 강조했다. 이 세상에 사는 인생은 자신의 창조주를 기억하며 살아갈 때에만 진정한 의미를 찾을 수 있다는 것이다.(전 12:1)

코헬렛은 자신에게 주어진 인생과 활동이 겉으로 드러나는 이런 허무와 무의미와 유한함을 뛰어넘을 길이 있는가를 묻고 찾아나갔다. 자기 자신으로 향하는 이 여정, 인생 속으로 깊이 들어가는 이 여행으로 그는 큰 깨달음을 얻었다. 곧 하나님의 도움이나 간섭을 받지 않고는 자신은 물론 다른 어떤 사람도 자기 스스로 충만해질 수 없다는 것이다.

성경은 여러 곳에서 하나님(그리스도) 밖에 사는 인생은 덧없거나 무익하다고 가르쳤다. 이런 뜻에서 시인은 "나의 일생이 주의 앞에는 없는 것 같사오니"(시 39:5)라고 하였고, 또 "아, 슬프도다 사람은 입김이며 인생도 속임수이니 저울에 달면 그들은 입김보다 가벼우리로다"(시 62:9)라고 했다. 사도 바울은 피조물이 허무한 데 굴복한 것을 안타까워했다.(롬 8:20)

전도서에서 말하는 '헛되다' 혹은 '무익하다'는 말은 바로 그런 뜻이다. 곧 헛된 인생이란 하나님을 떠난 인생, 그리스도 밖에 사는 인생이다. 더 나아가 이 말은 그런 인생이 소유한 것이나 그런 사람이 행하는 모든 활동이나 이루어놓은 업적이 다 무상하고 허무하다는 뜻이다. 마치 바람을 잡으려는 행동이 헛되듯이 세상과 세상에 속한 것들은 일시적인 것이요 공허한 것이다. 하나님과 하나님께 속한 것만 영원한 것이다.

때때로 사람은 탄식한다. 다 소용 없다고, 다 헛되며 덧없다고. 이것은 원망인가, 포기인가? 후회인가? 냉소인가? 방향전환(돌이킴)의 신호탄인가? 어떤 경우에 우리는 그렇게 하는가?

일찍이 사도 바울도 크게 탄식했다. "오호라 나는 곤고한 사람이로다 이 사망의 몸에서 누가 나를 건져내랴"(롬 7:24)

하나님을 믿는 우리도 이렇게 탄식할 수 있다. 만일 그렇다면 그 탄식은 어떤 방향으로 우리 인생을 향하게 하는 것일까?

시아오(Seow 190)는 이 부분을 놓고 다음과 같이 말했다:

"인생은 무의미하고 보잘 것 없으며 덧없고 절망적인 것이 아니다. 코헬렛이 가르치는 헤벨(헛되다)은 그런 것이 아니다. 오히려 그는 해 아래 사는 인생에는 절대적으로 안전한 원칙이 존재하지 않으며, 성공을 보증하는 원리도 없다는 메시지를 전달하고자 했다. 이 세상에는 인간이 안심하고 확고하게 붙잡을 수 있는 것이 없다는 말이다.

정의(Justice)는 인간이 기대하지조차 못하는 바로 그곳에 있을 수도 있다. 사람은 자신이 마땅하다고 여기는 것을 잡지 못할 수도 있다. 누가 선하게 살았는지 누가 그렇지 않았는지 우리는 알 수가 없다. 인간이 사는 세상은 제멋대로 움직이는 곳이요 온갖 위험이 도처에 도사린 곳이요 그 어떤 보증수표도 없는 곳이다. … 지혜를 통하여 그런 위험성을 어느 정도 피해갈 수는 있을 것이다. 그렇지만 돌발사고를 피할 길은 아예 없다. 이 모든 것은 초월적인 하나님의 권세 안에 있는 것으로 보인다. 오직 그분만이 이 세상에서 일어나는 일들을 다 아시며 주관하실 수 있다. 해 아래서 일어나는 일들이 모두 다 그렇다."

예수님은 전 1:2와 같이 탄식하는 우리를 찾아오셨다. 롬 8:19-20이다.

19 피조물이 고대하는 바는 하나님의 아들들이 나타나는 것이니 20 피조물이

허무한 데 굴복하는 것은 자기 뜻이 아니요 오직 굴복하게 하시는 이로 말미암음이라

여기 있는 허무라는 말(ἡ ματαιότης)은 전 1:2의 헛되다를 생각나게 한다. 그런 것이 우리 인생을 불평으로 가득차게 할뿐만 아니라 의미없게 만든다. 그런 것들의 뿌리는 죄다. 예수님은 그 죄의 저주를 몸소 지고 십자가에 달려 죽으셨다.

그리스도께서 우리를 위하여 저주를 받은 바 되사 율법의 저주에서 우리를 속량하셨으니 기록된 바 나무에 달린 자마다 저주 아래에 있는 자라 하였음이라 (갈 3:13)

예수님은 무덤에서 부활하셨다. 그 부활의 능력으로 죄의 저주와 그로부터 오는 모든 허무를 무기력하게 만드셨다.

그 바라는 것은 피조물도 썩어짐의 종노릇 한 데서 해방되어 하나님의 자녀들의 영광의 자유에 이르는 것이니라(롬 8:21)

이렇게 보니 전도서의 '헛되다'는 외침은 우리를 그리스도 예수께로 나아오라는 초청으로 들린다.(P. G. Ryken & R, K, Hughes 28) 골 2:9-10이다.

9 그 안에는 신성의 모든 충만이 육체로 거하시고 10 너희도 그 안에서 충만하여졌으니 그는 모든 통치자와 권세의 머리시라

무엇이 유익한가?

전1:3

개역개정	직역
3 해 아래에서 수고하는 모든 수고가 사람에게 무엇이 유익한가	3 해 아래에서 애쓰는 모든 노고로부터 사람은 무엇을 얻어낼 수 있으랴?

이것은 코헬렛이 자기 자신에게 그리고 우리에게 묻는 것이다. 그래서 의문문이다. 그 해석과 대답이 전혀 만만하지 않다. 이것이 진정한 의문문이냐 수사학적 의문문이냐 라는 물음부터 먼저 대답해야 한다. 그런 다음에는 그 내용이 인간존재와 그 활동에 대한 뿌리깊은(근본적인, 철학적인) 물음이냐, 아니면 일상생활에서 겪은 어떤 경험들을 놓고 푸념하듯이 던지는 단순한 물음이냐에 대답을 또 찾아내야 한다.(Schwienhorst-Schönberger 152) 이런 뜻에서 이 물음의 성격을 밝히는 일은 이 구절을 해석하는 첫 단추가 될 것이다.

코헬렛 1:3-3:15는 '무엇이 유익한가'(마하 이트론 mâ-jitrōn)라는 주제로 이야기가 전개되었다. 그는 1:3(무엇이 유익한가)과 3:9(무슨 이익이 있으랴)에 나오는 물음을 중심으로 그 대답을 찾아나갔다.(1:14; 2:11, 22; 5:15 참조) 1:4-11에서 코헬렛은 지혜자 자격으로, 1:12-2:26에서 그는 왕 자격으로, 그리고 3:1-15에서 그는 다시 지혜자 자격으로 그 물음에 답을 구했다.

의문문인 이 구절은 본디 무엇인가 나은 것 또는 나타나는 것(결과)을 가리키는 것이다. 다시 말해 결과가 무엇이냐, 남는 것(얻어낸 것)이 무엇이냐, 지치도록 수고한 인간에게 남는 것이 무엇인가라는 뜻이다.

노동은 본디 하나님께서 사람에게 주신 복이다. 타락한 인간은 그것을 고달픈 일로 만들었다. 일하는 것이 즐거움과 보람 대신에 슬픔과 좌절을 안겨주게 된 것은 창 3:17-19에 보인다.

17 아담에게 이르시되 네가 네 아내의 말을 듣고 내가 네게 먹지 말라 한 나무의 열매를 먹었은즉 땅은 너로 말미암아 저주를 받고 너는 네 평생에 수고하여야 그 소산을 먹으리라 18 땅이 네게 가시덤불과 엉겅퀴를 낼 것이라 네가 먹을 것은 밭의 채소인즉 19 네가 흙으로 돌아갈 때까지 얼굴에 땀을 흘려야 먹을 것을 먹으리니 네가 그것에서 취함을 입었음이라 너는 흙이니 흙으로 돌아갈 것이니라 하시니라

'해 아래서'라는 말도 전도서의 독특한 표현이다. 그것은 문자 그대로 '이 세상에서'라는 것과 함께 상징적인 의미로 쓰였다. 이 표현을 좀 더 깊이 살펴보면, 어떤 다른 것으로부터 구별되고(Abgegrenzt) 어느 특정한 범주에서 벗어난다는(Ausgegrenzt) 이중적 의미가 있다. 이는 한 마디로 이 세상에서 이루어지는 인간의 생활을 통칭하는 것이다.

여기서는 이 말이 부정적인 말맛으로 들린다. 마치 괴테가 "태양은 캐캐묵은 방식으로 들린다."(Die Sonne tönt nach alte Weise)라고 했듯이.

먼저 '구별된다'는 뜻인 '해 아래'란 말은 구약성경에서 흔히 말하는 하늘 혹은 땅이 갖는 공간을 상징했다. 이는 하나님의 영역으로 여겨지는 하늘 위를 가리키는 동시에, 미지의 영역인 지하세계 곧 '땅 아래'와는 구별되었다. 그리고 이는 하늘과 땅 사이에 있는 공간인 지상 세계, 인간의 세계 곧 인간이 살아가는 공간 혹은 그 환경을 가리키는 것이다.

'벗어나다 한정되다'는 뜻인 '해 아래'란 말에는 전도서가 지상의 것 그 이상 곧 하늘의 것을 다루지 않는다는 뜻을 내포하고 있다. 전도서는 사람이 경험하는 세계를 벗어난 시간이나 공간, 다시말해 영원하고 영존하는 시간과 존재를 묘사하지 않았다. '해 아래' 한시적으로 살아가는 인간에게는 결코 비켜갈 수 없는 죽음의 문제가 도사리고 있다. 코헬렛은 이 책에서 탐구할 영역을 이승의 삶에 한정시켰다. 그는 관찰할 대상을 인간 경험의 영역과 그 경험이 생겨나는 한정된 시간에 국한시켰다. 이런 뜻에서 해 아래라는 말은 코헬렛이 살아가는 구체적인 시간과 공간, 그리고 그가 접촉하는 삶의 영역을 의미했다.

문맥에 따라 이것은 '하나님 없이' '은혜 없이'라는 의미로 보아도 의미가 통한다. 3절에 적용하면 하나님(은혜) 없이 하는 수고는 다 무익하니 무슨 일을 하든지 다 하나님께서 주시는 은혜로 행하라고 읽힌다.

3절에 나오는 명사 '수고(아말 'āmal)'는 구약성경에 55번(전도서에 22번) 그 동사형은 구약성경에 11번(전도서에 8번) 형용사는 구약성경에 9번(전도서에 5번) 쓰였다. 나오는 숫자만 보면 이 말은 전도서의 단골 용어이다. 이 말은 노동을 가리키는 동시에, 사람이 노동하는 동안에 겪는 수고와 어려움도 포함한다. 시 127:1에서 그것은 불확실한(의심스러운) 결과를 초래할 수 있는 일에 사람이 쏟아 넣는 지루할 정도의 인내심을 필요로 한다.

전도서에는 2643개 낱말이 있다. 그 가운데 다섯 번 이상 50번까지 되풀이 나오는 것이 25개이다. 같은 어근(동사, 명사, 형용사 등)을 공유하는 낱말이 전체의 21%이다.(616-619쪽 참조) 이 책이 선호하는 이런 낱말은 헛되다(허무), 수고, 일, 지혜, 좋다, 시간, 알다(지식), 해(태양), 보다(관찰하다), 바보, 먹다, 이익, 바람, 죽음, 올바름, 사악함, 몫, 기억, 고뇌(심려) 등이다.(박요한 54쪽)

코헬렛 1:2을 전 1:3-11과 이어서 읽으면, 모든 것이 그냥 다 헛되다는 말씀이 아니다. 오히려 유익 이득(이익) 잉여(공동번역과 표준새번역 - 보람) 없는 수고가 헛되다는 것이다. 특히 여기에 쓰인 유익이란 말(이트론)은 구약성경에서 전도서에만 쓰였다.(10번) 이것은 '초과하다 남다 능가하다 낫다'(출 10:15)는 뜻을 지닌 동사 야타르의 명사형이다. 이 낱말(jitrōn)은 전 1:3과 같이 단독으로 쓰이기도 하지만, 전 2:13과 같이 비교급을 나타내는 전치사 민(min)과 같이 쓰이기도 했다.(…으로부터 얻은 이득)

우리말 개역은 이를 유익(5:16) 뛰어난(2:13) 이익(3:9; 5:9)이라 옮겼다. 칠십인역은 나머지(잉여, 막 8:8) 풍부(롬 5:17)란 뜻을 지닌 *페리스세이아*(περισσεία)로 했다. 영어성경 KJV NAB NJB는 유익(profit) NASB는 잇점 장점 유리(advantage) ESV는 이윤(gain) 독일어 성경 루터성경과 ELB는 소득(Gewinn)이라 각각 옮겼다.

이 말은 본디 상업활동으로 얻는 이득을 가리키는 경제 용어에서 나왔다.(Schwienhorst-Schönberger 151) 경제생활에서 이것은 핵심적인 화두다. 이윤이란 말이 경제활동과 관련하여 생겨났고, 거기서 중심으로 작용한다는 주장은 전도서가 주전 3세기에 쓰여졌다고 볼 때 더욱 설득력이 있다. 그 시대에 전통적인 생계유지형 경제활동이 잉여창출형 경제활동으로 대체되거나 그 두 가지 체제가 병립했다. 이것은 근본적인 의식의 변화를 의미한다.(H. G. Kippenberg, Religion 43)

전도서에서는 이것이 이익 그 자체를 표시하는 말로 쓰이지 않았다. 오히려 3절에서처럼 그 어떤 대상이나 활동의 결과로 나타나는 유익이나 가치를 드러내는 말로 쓰였다. 또한 이 말은 전도서에서 단 한 번도 긍정적인 의미로 사용되지 않았다는 사실에 주목할 필요가 있다.(특히 3:19)

사람이 거룩해지는 길로 가는 것에는 크게 나누면 두 가지 길이 있다. 하나는 되도록 일상생활에서 벗어난 곳, 한적한 곳에 가서 우리 내면에 잠들어 있는 영성을 일깨우며 발동시키는 것이다.(사막의 영성, 순례자의 영성) 다른 하나는 일상생활을 영적인 시간과 공간으로 활용하고 변화시키는 것이다.(일상생활의 영성) 물론 이 둘은 서로 동떨어질 수는 없다. 다만 사람은 흔히 이 둘 가운데 하나를 더 강조하곤 한다. 그렇게 본다면 코헬렛은 분명히 후자의 경우에 더 무게를 두고 있다고 보아야 하리라.

교회 안에는 분명 헌신·봉사를 많이 그리고 열심히 하는데도 전혀 거룩하게 느껴지지 않는 사람이 있다. 기도에 시간을 많이 할애하고, 성경공부에 열심인데도 영성이 풍부하고 신앙적인 품격이 스며나지 않는 사람도 있다. 이 무슨 까닭일까?

이럴 때 생각나는 말이 있다. 사상마련(事上磨鍊)이란 것이다. 이는 자신의 맡은 일을 충실하게 하면서 자신의 내면을 연마하고 단련하는 것을 가리킨다. 《전습록 傳習錄》에 보면 어떤 사람이 "심신이 고요할 때는 좋은 의견과 생각이 떠오르다 가도 일을 하게 되면 그렇지 않은데 어쩌서 그런가요?"라고 묻자, 왕양명이 대답했다. "그것은 심신을 고요한 곳에서 수양할 줄만 알고 자신을 이겨내는 극기의 공부를 하지 않았기 때문이다. 이와 같은 사람은 어떤 일에 부닥치면 그 일에 빠지기 쉽다. 사람이라면 반드시 일을 하면서 자신을 연마해야만 비로소 입지를 세워 고요함 속에서도 안정될 수 있고, 움직임 속에서도 안정될 수 있는 것이다."

이는 평소 일상생활 속에서 곧 평범한 대인관계와 사회활동에서도 꾸준하게 수양을 해야 한다는 말이다. 끊임없는 자기 수양없이 일을 끌려다니거나 일의 성과에만 집중하다보면 아무리 선한 사람이라도 비인간화의 늪에 빠진다. 아무리 열심히 일을 하더라도 그것에는 성과만 있지 인간은 없어지고 만다. 바로 이런 이유로 자신을 갈고 닦는 수련은 일상 속에서도 하는 것이지 수양회 기도원 또는 깊은 산속 같은 데에서만 하는 것이 아니다.

오랫동안 살펴보니

전 1:4-7

개역개정	직역
4 한 세대는 가고 한 세대는 오되 땅은 영원히 있도다	4 어떤 세대든 다 지나가고 또 다른 세대가 온다. 그렇지만 세상은 영원히 서 있도다
5 해는 뜨고 해는 지되 그 떴던 곳으로 빨리 돌아가고	5 해는 떴다가 진다. 그리고 떴던 그곳으로 숨가쁘게 달려간다.
6 바람은 남으로 불다가 북으로 돌아가며 이리 돌며 저리 돌아 바람은 그 불던 곳으로 돌아가고	6 남쪽으로 불다 북쪽으로 도는 바람은 돌고 돌며 가지만 제자리로 되돌아온다.
7 모든 강물은 다 바다로 흐르되 바다를 채우지 못하며 강물은 어느 곳으로 흐르든지 그리로 연하여 흐르느니라	7 강물이 모두 바다로 흘러드는데 바다는 가득 차지 않는다. 강물은 흘러드는 그곳으로 계속 흘러든다.

이것은 코헬렛이 해 아래 있는 모든 것이 헛되다는 자신의 주장을 뒷받침할 자료를 제시한 것이다. 그는 우선 자연계의 순환을 바라보았다. 코헬렛은 지금 일어나는 일들의 내용이 무엇이든, 과거에 이미 발생한 적이 있는 것이며 앞으로도 그런 일이 계속되리라고 했다.

1:4-7은 창조세계의 순 순환을 묘사했다. 여기에는 인간의 그 어떤 노력

도 끼어들 여지가 없다. 보통의 경우 사람은 자신의 환경과 조건을 개척하려고 난관을 타파하려고 무진 애를 쓰곤 한다. 그런 사람도 자연계의 순환에는 아무런 영향력도 발휘하지 못한다: 세대의 순환(4절) 일상(나날)의 순환(5절) 바람의 순환(6절) 물의 순환(7절). 이런 것들이 움직이는 모습이 표현하느라 할락(hālak)이란 말이 6차례 (4절-가다, 6절 – 불다[2x], 7절-흐르다 [3x], 보(bô')라는 말이 2 차례 (4절-오다, 5절-지다), 슈브(šûb)라는 말이 2차례 (6절-되돌아가다 return, 7절 – 연하여, 이와 발음이 비슷한 말 사밥(sābab =turn)이 3번(6절), 마콤(māqom)와 샴(šām) 이란 말이 각각 2차례 (5, 7 절-곳) 쓰였다.

전 1:4에서 코헬렛은 흐르는 세월을 바라보았다. 어떤 사람들은 세월이 흐르는 것을 허탈하게, 덧없고 쓸쓸하게 받아들이기도 했다. 이를테면 고봉 기대승(高峯 奇大升 1527-1572)은 다음과 같이 썼다:

세월은 유유히 물처럼 흐르는데(歲月悠悠水共流)
천기도 이와 같아 멈추질 않는구려(天機如許不曾留)
지난해 작별하며 마음 아파하던 이 곳(前年惜別傷心地)
오늘 되돌아오는 길에도 근심만 절로 생겨나네(今日南歸亦自愁).

사실 이런 것들과 그 운행은 사람들이 예나 지금이나 한편으로 예의주시할 대상이요, 다른 한편으로 깊이 관심을 갖고 사유하는 대상이었다. 동서고금의 현자들은 창조질서의 수레바퀴(약 3:6 호 트로코스 테스 게네세오스 ὁ τροχός τῆς γενέσεως =삶의 수레바퀴, 인생살이의 수레바퀴, 인생=출생의 수레바퀴)을 명상하며 그 의미를 찾아왔다. 이것들은 자연스럽게 그리고 변함없이 왔다 가거나 돌고 돈다. 코헬렛은 피조물이 이렇게 순환하는 이치를 언급하면서 하나님 창조질서에 따라 움직이는 이것에는 헛되다는 말을 하나도 붙이지 않았다. 이것들은 유한한 인생과는 대조적이다, 오래 오래 (영원히?) 계속된다는 점에서.

철학자 비트겐슈타인(Ludwig Wittgenstein 1889-1951)은 이런 말은 한 적이 있다. "행복한 사람의 세상은 불행한 사람의 세상과는 다르다." 만물의 순환과 세상을 바라보는 그의 시각은 어떠한가? 코헬렛을 보며 우리는 하나님과 올바른 관계를 맺는 것이 인생을 건전한 시선으로 바라보게 하는 데 매우 중요한 역할을 한다는 사실을 다시금 깨닫는다. 그는 자연의 끊임없는 순환에 대해 불평하는 대신에 그 속에서 인간 생활의 순환을 바라보았다.(전 1:4)

코헬렛은 자연의 순환을 세 가지 예로 들었다.(해, 바람, 강물 5-7절) 그것은 '원래 자리로 되돌아가는(1:6, 7 슈브 šûb)' 데에 특징이 있다. 곧 해는 떴다가 제자리로 되돌아간다.(5절) 해를 부지런한 신랑이나 경주자로 보는 시 19:6-7과는 달리 그는 날마다 지루하게 헐떡이며(šā'af) 동쪽으로 급히 되돌아간다고 했다. 바람은 불고 불다가 제자리로 되돌아가며(6절) 강물은 흐르고 흘러 제자리로 되돌아간다.(7절) 강물은 끊임없이 바다로 흘러드는데 바다는 넘치지 않는다. 하나님께서 태양에게 물을 증발시키게 하셨기 때문이다. 크뤼거(Krüger 50)는 이를 가리켜 '강물이 바다로 흘러가는 것은 목표지향적인 운동이지 효율성(유익, 이익)을 위한 것이 아니라'고 했다. 이것들이 의미 없이 늘 되풀이되는 것 같더라도 사실은 그 존재 자체 또는 순환 자체에 이미 하나님이 주신 역할과 의미가 들어있다.

이는 무엇인가를 남기려는 동기에서 안간힘을 쓰는 인간의 모습과 다르다. 곧 인간이 활동하는 것의 진정한 가치는 이득(유익)을 남겼느냐를 기준으로 판단할 수 없다는 뜻이다. 사실 인간의 활동 가운데에는 이익과 전혀 상관없는 것에도 유익한 것이 꽤나 많다. 심지어 이득은커녕 손해가 되는 것들 가운데 오히려 더 소중한 가치가 들어있는 경우도 많다. 이익이란 것은 참 묘하다. 그것을 얻어내려고 억지로 애를 써도 이익은커녕 손해만 보는 경우가 있는가 하면, 지금은 손해다 싶은 일이라도 그것이 가치가 있기에 꾹 참으며 꾸준히 하다 보니 자신에게 저절로 이익을 가져다주는 것도 있다.

우리가 살면서 하는 일들 가운데 경제적으로는 손해가 되면서도 인생에는 유익한 것, 단기간 또는 일회적으로는 무익하더라도 긴 안목으로 볼 때 유익하고 복이 되는 것을 찾아보자. 그리고 지금 심혈을 기울이는 일을 5년 뒤, 10년 뒤에도 계속할 것인가를 생각해보자. 그러면 진정으로 헛된 것이 무엇이며, 진정으로 가치 있는 것이 무엇인지를 어느 정도 분별할 수 있을 것이다. 이렇게 볼 때 창조질서의 주기적이고 변함없는 순환이 전혀 새로울 것이 없이 지루하게 되풀이되는 반복에 지나지 않는가, 아니면 그 속에 깊은 가치와 의미가 들어있는가를 자세히 살피는 것도 지혜로운 사람이 깊이 탐구할 영역인 것이다.

코헬렛은 창조세계의 일정한 주기를 염세주의자 또는 실존주의자처럼 시지프 신화에 비유하지 않았다.

알베르 까뮈(Albert Camus 1913-1960)는 《시지프 신화》(Le Mythe de Sisyphe)를 썼다. 시지포스(Σίσυφος)는 그리이스의 도시 국가인 코린토(고린도)의 왕이었다. 어느 날 저승 사자가 시지포스를 저승으로 데려가기 위해서 그를 찾아왔다. 시지포스는 그를 속이고 쇠줄로 묶고 가두어 버렸다. 이 일로 인해서 세상에는 더 이상 죽는 사람이 없어졌다. 그러자 저승에서는 난리

가 났다.

　그때 전쟁 신 아레스가 나타나 시지포스와 싸웠으며, 결국 그는 아레스에게 항복하고 말았다. 그 후에 저승의 신 하데스는 시지포스에게 큰 형벌을 내렸다. 그는 시지포스에게 높은 산의 정상까지 큰 바위를 굴려서 올려놓으라고 명령했다. 시지포스가 천신만고 끝에 그 바위를 정상에 올려놓는 순간, 그 바위는 다시 밑으로 굴러떨어졌다. 그러면 시지포스는 다시 그 돌을 굴려 올려야만 했다. 그가 그것을 산의 정상에 올려놓으면, 그 바위는 다시 밑으로 굴러떨어지고 말았다. 그는 이 일을 영원히 계속해야만 했다.

　까뮈는 《시지프의 신화》에서 인생의 부조리와 저항 의식을 묘사했다. 그는 인간이 하는 일이 시지포스가 정상을 향해 돌을 굴리는 것과 같다고 말하려 했다. 이 일은 헛된 것이며 또한 바람잡이와 같다는 것이다. 그 돌은 정상에 올려놓는 순간 다시 밑으로 떨어지기 때문이다. 사람은 그것을 알면서도 그 일을 계속해야만 하는 운명을 타고났다고 그는 말하려 한 것이다. 이것이 바로 인생이 겪는 부조리 중에 하나다. 그들은 죽을 때에만 비로소 부조리하고 무의미한 인생의 짐을 벗을 수 있다.

실존주의와 부조리의 철학*

실존주의(Existentialismus)는 1930년대 경제공황 등 자본주의 체제의 위기가 고조되었을 때 독일에서 성립·발전하다가 프랑스로 보급되면서 유럽 사회에 널리 퍼졌다. 이것은 2차 세계대전이 끝난 뒤 서구 자본주의 국가들(독일 프랑스 미국 이탈리아)의 소부르조아 층과 부르조아 지식인들에게 폭넓게 받아들여져 그들의 세계관 내지 인생관이 되었다. 그 바탕에는 1-2차 세계대전을 겪으며 인간이성을 향한 신뢰와 그 합리성이 깨지면서 생겨난 혼돈과 불안이 깔려 있다. 실존주의 철학은 인간을 인간이라 부르는 대신에 현존재(Dasein) 실존 자아(Ich) 대자적 존재자(Fürsichseiende) 등으로 부른다.

A. 까뮈는 인생의 부조리를 부르짖은 사람들 가운데 하나다. 사람들은 그의 철학을 '부조리의 철학'(또는 반항의 철학)이라고까지 말한다. '부조리'란 사리(이치)에 맞지 않는 것을 가리킨다. 그는 인생은 이성의 법칙에 어긋나는 모순된 것이라고 주장했다. 이것은 그가 쓴 책 《이방인》과 《시지프 신화》에 잘 나타나 있다. 그에 따르면 인생에는 소망이 없을 뿐만 아니라 그 자체로 무의미하다. 그는 사람들이 세상에서 살아가려면 가장 먼저 "인생이 무의미하다는 사실을 알아야 한다"고 했다. 그는 인생을 올바르게 살려면, i) 인생이 부조리하다는 사실을 직시하고 ii) 그것을 회피하거나

---

* 세계 2차 대전 직후인 1946년에 사르트르(J. P. Sartre, 1905~1980)는 《실존주의는 휴머니즘이다》(L'existentialisme est un humanisme)라는 소책자를 내놓았다. 그리고 '실존철학'을 표방한 야스퍼스(K. Jaspers, 1883~1969)가 《Existenzphilosophie》를 낸 것이 1948년이다. 실존(Existenz)이란 말에서 현대(철학)적인 의미로 주체적인 측면을 강조한 것은 키에르케고르(S. A. Kierkegaard, 1813~1815)다. 실존을 어떤 개념으로 보느냐에 따라 실존주의에 다양한 기류가 생겨난다.
자기 자신에게 깊은 관심을 갖는 존재인 인간의 실존은 실존주의 사상의 공통점인데, 그 내용을 요약하면 다음과 같다: i) 관념론에 대립하여 구체적 존재를 중시한다. 실존은 현실적 인간존재이기에 일반적인 것 속에 해소되지 않는 개별적인 '나'를 뜻한다. ii) 그러나 실존적 자각은 동시에 실증주의와 맞서서 객관적으로 파악되지 않는 내면성으로 성립한다. iii) 내면적 현실존재로서 실존은 주체적 윤리적이고, 이 같은 존재로서 그것은 성실함을 바탕으로 하는 진실된 존재이다. iv) 진실된 존재인 실존은 자연적 생활이나 개념적 체계 속에 안주하지 못하고 불안과 고민을 지니는 동시에, 이로부터 벗어나려는 초월의 성격을 가지게 된다. 이 초월의 방향은 두 갈래로 나누어진다. 하나는 키에르케고르·야스퍼스·마르셀 등의 유신론적 실존주의, 또 하나는 니체·하이데거·사르트르 등의 무신론적 실존주의라고 할 수 있다.(출처: 카톨릭정보사전 http://info.catholic.or.kr/dictionary/view.asp?ctxtIdNum=2156&gubun=01)

절망하지 말고 그것과 직면하며 살아야 한다고 주장했다. 이런 인간을 가리켜 그는 '부조리한 삶에서 반항하며 살아가는 존재'라고 했다.

부조리 속에서 어떻게 살 것인가에 관해 까뮈는 (내세의) 희망이나 (육체적) 자살은 그 대답이 될 수 없다고 보았다. 그보다는 노력 그 자체에 의미를 두고 끊임없이 '반항' 하라고 했다. 그가 제시한 '반항'은 어떤 것인가? 간단히 말하자면 그것은 자기 인생의 부조리를 외면하지 않고, 그것을 의식하며 그 속에서 버텨 나가는 것이다. 이는 부정적 의미의 반항이라기보다는 적극적 의미의 대응에 가깝다. 그는 끊임없이 바위를 밀어 올리는 시지프에게서 그것을 발견한다.

하늘 없는 공간과 깊이 없는 시간으로나 헤아릴 수 있는 이 기나긴 노력 끝에 목표는 달성된다. 그때 시지프는 돌이 순식간에 저 아래 세계로 굴러떨어지는 것을 바라본다. 그 아래로부터 정점을 향해 이제 다시 돌을 끌어올려야만 하는 것이다. 그는 또다시 들판으로 내려간다…. 나는 이 사람이 무겁지만 한결같은 걸음걸이로, 아무리 해도 끝장을 볼 수 없을 고통을 향하여 다시 걸어 내려오는 것을 본다. 마치 내쉬는 숨과도 같은 이 시간, 또한 불행처럼 어김없이 되찾아오는 이 시간은 곧 의식의 시간이다. 그가 산꼭대기를 떠나 제신의 소굴을 향하여 조금씩 더 깊숙이 내려가는 그 순간순간 시지프는 자신의 운명보다 더 우월하다. 그는 자신의 바위보다 더 강하다.(시지프 신화 28)

해 아래 새 것이 없나니

전1:8-11

개역개정	직역
8 모든 만물이 피곤하다는 것을 사람이 말로 다 말할 수는 없나니 눈은 보아도 족함이 없고 귀는 들어도 가득 차지 아니하도다	8 온갖 말로 애써 말하여도 다 말하는 사람은 아무도 없다. 눈은 보아도 만족하지 못하고 귀는 들어도 가득 차지 못한다.
9 이미 있던 것이 후에 다시 있겠고 이미 한 일을 후에 다시 할지라 해 아래에는 새 것이 없나니	9 있던 것은 다시 있을 것이고 이루어진 것은 다시 이루어질 것이니 해 아래에는 새로운 것이 하나도 없다.
10 무엇을 가리켜 이르기를 보라 이것이 새 것이라 할 것이 있으랴 우리가 있기 오래 전 세대들에도 이미 있었느니라	10 "이걸 보아라, 새로운 것이다." 사람들이 이렇게 말하는 것이 있더라도 그것은 우리 이전 옛 시대에 이미 있던 것이다.
11 이전 세대들이 기억됨이 없으니 장래 세대도 그 후 세대들과 함께 기억됨이 없으리라	11 아무도 옛날 일을 기억하지 않듯 장차 일어날 일도 마찬가지다. 그 일도 기억하지 않으리니 그 후에 일어나는 일도 매한가지다.

이것은 해 아래서 일어나는 일들을 말하기 보기 듣기와 연결시켜 관찰한 결론이다.

8절에 나오는 하드바림(haḏəḇārîm)은 말씀, 일, 혹은 사건 등을 뜻하는 명사의 복수형이다. 이는 70인역에서 말씀을 뜻하는 로고스(οἱ λόγοι)로 (그 모든 말들은 피곤할 뿐이다), 불가타에서는 사물을 뜻하는 레스(res)로 번역 되었다.(그 모든 일들은 피곤할 뿐이다). 우리 말 번역의 대부분과 RSV, KJV 등은 불가타의 전통에 따라 '모든 사물'을 가리키는 '만물'(all things 혹은 everything)으로 번역했다.(수식어 콜 kāl과 함께)

여기 피곤하다는 말(여게임 jəḡē'îm/야게아 jāḡē'ā)은 지쳐서 녹초가 된 감성이나 몸의 상태를 나타내는 말이다. 이 말은 전도서 10:15; 12:12와 함께 구약성서에 48번 쓰였다. 그 가운데 여기처럼 형용사로 쓰이는 경우는 전 1:8; 신 25:18; 삼하 17:2뿐이다. 이 말은 흔히 노동을 통한 신체적 피로를 뜻하더라도 전 1:8a에서는 이중적인 의미로 해석될 수 있다. 그 하나는 '지쳐있는'(weary) 상태를 묘사하는(descriptive) 서술이고, 다른 하나는 곧 '지치게 만드는'(wearisome) 사역적(causative) 능동성이다. 물론 지쳐있는 상태이건 지치게 만드는 행위이건 간에, 그 어느 것도 4-7절이 열거한 자연 현상들과 이것을 직접 연결시키기는 어렵다. 오히려 이 말은 인간의 수고 혹은 이득(유익)을 얻어내려고 뼛골 빠지게 애쓰는 노력에 연결시키는 것이 더 자연스럽다.

해 아래 새것이 없다는 말씀은 교회와 신학의 역사를 보아도 금방 알 수 있다. 사람들은 가끔 이것은 새로운 신학 새로운 교회(새로운 선교활동)라고 말한다. 그러나 신학사, 교회사를 살펴보면 결코 그렇지 않다. 우리가 교회 역사상 처음이라고 하는 바로 그것도 신학의 역사나 교회 역사에 보면 반드시 그런 활동이나 그런 단서가 나타났던 때가 언젠가 있었다.

'해 아래서'라는 표현은 성경 중에서 전도서에만 있다. 게다가 29번이나 나온다.(1:3,9,14; 2:11,17,18,19,20,22; 3:16; 4:1,3,7,15; 5:13,18; 6:1,12; 8:9,15,17; 9:3,6,9,11,13; 10:5) 이것을 공동번역개정은 '하늘 아래서'로 표준새번역은 '세상에서'라고 의역했다. 전도서 다른 곳에 있는 '하늘 아래' (1:13; 3:1) '세상에서'(8:14,16; 11:2) 등도 이와 같은 의미로 쓰였다. 이것은 우선 장소를 나타내는 것으로, 초월적이시고 영원하신 하나님이 거하시는 하늘과 대조되는 이 땅의 유한하고 한계 많은 존재가 살아가고 있는 생활영역을 가리킨다. 이것은 또한 매우 비유적이고 상징적인 의미도 담고 있다.

"해 아래에는 새 것이 없다"(9절)는 말씀은 네 가지 방향으로 해석할 수 있으리라. i) 사람에게는 오래되고 꾸준하고 지속적인 것에 싫증을 내고 무엇인가 새로운 것에만 호기심을 느끼며 쫓아가는 경향이 있다. 코헬렛은 사람의 그런 태도에 냉소를 보내는 것이다. ii) 사람이 새것을 좋아하고 새것이라 내세우며 마치 자기가 무엇인가 한몫하는 것같이 과시하는 경향이 있다. 사실 깊이 따지고 들어가 보면 완전히 새로운 것이 아니다. iii) 과거에 있었던 모든 것은 앞으로도 계속 존재할 것이다. 하나님께서 하시는 일도 역시 그렇다. 인간과 세상을 향한 하나님의 사랑은 앞으로도 쭉 그대로 계속될 것이다. iv) 이미 있는 어떤 것을 보고 새로운 적용방식을 창안하여 새롭게 만드는 것이다. 심하게 말하자면 새로운 것은 이전 것의 변용에 지나지 않으며 온전히 새로운 것은 거의 없다.

완전한 무에서 유를 창조하는 것은 사람에게는 불가능할지 모른다. 이에 정약용 선생은 지난날의 좋은 것을 참조·검토하여 새것을 만들라고 했다. 이를 변례창신(變例創新)이라 했다.

어떤 것을 볼 때 우리는 변례창신과 인순고식(因循姑息) 등 두 가지 상반된 입장 사이를 왔다갔다 하곤 한다. 변례창신은 전통적인 것 또는 이미 있는 것을 참고하여 새로운 것 새로운 활용방식을 만드는 것이다. 인순고식은 세상 현실은 이미 바뀌었는데도 여전히 예스런 방식을 고수(고집)하는 것이다.

연암(燕巖) 박지원(朴趾源)은 아들 종채에게 8자의 한자를 적어 보이며 "천하만사가 이 여덟 글자로부터 잘못된다"라고 말했다. 그것은 인순고식 구차미봉(因循姑息, 苟且彌縫)이다. 이를 풀이하려면 '인순 고식 구차 미봉'으로 두 글자씩 떼어 읽어야 한다.

인순(因循)은 소극적인 것, 즉 내키지 않아 머뭇거리는 것이다.(소극적으로 행동함) 고식(姑息)은 낡은 습관이나 폐단을 벗어나지 못하고 눈앞의 안일만을 추구하는 것을 의미한다.(당장 편안하기를 추구함) 구차(苟且)는 말이나 행동이 '떳떳하지 못함'을 가리킨다.(떳떳하지 못한 비굴함) 미봉(彌縫)은 임시변통과 상통한다.(잘못을 인정치 않고 얼른 꿰매려는 하수의 얄팍함)

실학자 박제가는 당시 조선이 청나라를 오랑캐라 멸시하면서 그들의 발달된 기술과 문화를 배척하는 조선 귀족들을 통렬히 비판하면서 이 말을 쓰기도 했다.

애플의 스티브 잡스와 마이크로소프트의 빌 게이츠는 창조주에 버금가는 창조 능력을 지닌 사람이 아니다. 그들은 여러 가지의 조합을 통해 새로운 가치를 만드는 데 탁월했다.

1장 9-11절은 '과거에 있었던 바로 그것이 (장래에도 그대로) 있을 것이다. 그리고 지난 날 행하여졌던 바로 그것이 (장래에도 그대로) 행하여질 것이다'라는 말로 시작되었다.(9절 직역) 그러므로 '해 아래에서 그 어떤 것도 새로운 것이 없다'는 말이다. 사실 우리는 늘 새로운 것을 추구하며 살아간다. 새것이란 말에는 '보다 발전된 것, 획기적인 것'이라는 긍정적인 뜻과 함께, '낯선 것, 아직 제대로 검증되지 않은 것'이라는 부정적인 뜻이 동시에 들어 있다.

성경에는 '새 노래(시 90:1), 새 언약(렘 31:31), 새 일(사 43:19), 새로운 피조물(고후 5:17), 보라 내가 만물을 새롭게 하노라(계 21:5)' 등으로 새로운 것을 이루어가는 신앙인과 주님의 모습이 나타나 있다.

얼핏듣기에 새로운 것을 전면 부정하는 듯이 들리는 이 9절은 그다음의 10절과 이어서 읽어야 그 뜻이 살아난다. 곧 과거의 것을 기억하지 못하는 사람에게는 어떤 것이든 새롭게 보이더라도(*이것을 보라, 이는 새로운 것이다!*) 사실은 옛것이 (약간 변화된 모습으로) 되풀이되고, 순환하는 것일 뿐이다.(*이미 그것은 우리 앞에 있었던 오랜 옛날 시대들에 존재하였던 것이다*) 10절 뒷부분에 '이미 있었느니라'는 표현은 전도서에 여러 차례 되풀이 쓰였다.(2:12; 3:15; 6:10; 9:6, 7)

창 1:1-2:4와 전 1:2-9 사이에는 통하는 바가 있다.(Doukan 17)

전도서	창세기
전 1:2 모든 것이 헛되다(공허하다)	창 1:2 창조 이전의 상태
전 1:3 해 아래서	창 1:3-8 빛과 하늘의 창조
전 1:4 땅(육지, 마른 땅)	창 1:9-13 하늘(궁창)과 그 아래 땅
전 1,5-6 해가 뜨고 짐, 남풍과 북풍	창 1:14-19 낮과 밤, 계절(절기)
전 1:7 강과 바다의 흐름	창 1:20-23 물 속의 생명체들
전 1:8 말하고 보며 듣는 사람	창 1;24-31 인간의 창조
전 1:9 기억 못하는 인간('새 것이 없다')	창 2:1-3 창조의 완성

11절은 그런 사실에 바탕하여 아주 중요한 결론을 내린다. 곧 이전 세대와 그들이 한 일이 기억에서 잊혀진다(사라진다)는 것이다. 여기서 *라리쇼*

님(ləhari'śōnîm)은 전치사 르(lə)에 본디 머리를 뜻하는 로쉬의 복수형(리숀 ri'śōn 로쇼니임 rô'śôîm)이 합쳐진 말이다.(여기서는 순서나 시간, 공간에 관련하여 앞이나 우위에 있는 것을 가리킴)

'잊혀지는' 것을 우리 말 개역개정과 표준새번역은 이전 세대들(former generations)로, 공동번역은 지나간 나날들(former times), 천주교 새번역은 옛날 일들(former things)로 각각 번역했다. 다른 번역들 중에는(NEB, NIV) 이전 사람들(former men)로 한 것도 있다. 결국 이 표현은 위와 같은 모든 것들을 다 포함한다고 보는 것이 좋다.

어떤 한 세대 사람이 자기들 시대에 무엇을 했던지, 그가 행한 모든 것을 그들 나름대로 의미와 가치가 있다고 생각하는 경향이 있다. 물론 그것이 다음 세대에게 그대로 전달되지 않는다. 대부분 비판당하거나 그냥 무의미하게 잊혀지곤 한다. 이것이 무슨 뜻일까?

사람이 무엇인가를 잊지 않고 기억하는 것은 그것이 긍정적이든, 부정적이든 자신에게 어떤 의미가 있기 때문이거나, 혹은 자신에게 발전적이든 파괴적이든 어떤 영향을 미치고 있기 때문이다. 기억하지 않고 잊어버리는 것은 그 이전 세대나 이전 세대가 이루어놓은 일들이 자기 세대에 별다른 의미가 없다는 뜻이다. 그리고 전 세대와 그 업적을 기억해 주지 않는 그 세대들과 그 공로 또한 그 다음 세대들에게 잊혀지고 말 것이다.(11b 직역: 아직 일어나지 않은 이후의 일 또한 그 뒤에 오는 세대들 가운데서 기억되지 않으리라)

이렇게 자기(혹은 그 세대)는 무엇인가를 이루려고 죽어라고 노력하였던 바로 그것들이 다음 세대들에게 아무런 의미도 주지 못하는 것을 생각할 때 사람은 진실로 허무감을 느낄 것이다. 이는 우리가 존재하는 의미마저 무의미한 것으로 곧 있어도 그만 없어도 그만인 것으로 만들기 때문이다. 시간의 흐름 속에 끊임없이 이루어지는 역사, 그것이 계속 잊어짐으로써 흘러가는 시간 속에서 그 의미가 퇴색하고 그 의미가 상실된다는 사실은 우리를 허무하게 만든다. 존재 그 자체에 한계를 느끼게 한다.

사실 우리 기억을 되돌아보면 이런 일들이 참 많다. 불과 일년 여 전에 우리 사회를 떠들썩하게 만들었던 일들 가운데, 아직도 우리 기억에 생생하게 남아 있는 것이 과연 몇 개나 될까? 우리 곁에 없어서는 아니 될 사람으로 중요한 비중을 차지하고 있던 사람들 가운데, 불과 한 세대도 다 지나가기 전에 있어도 그만 없어도 그만인 존재로 변한 사람은 또 얼마나 많은가?

다른 한편으로 생각하면 인간이 과거에 관한 기억에 무지하기에 무엇인가를 보면 '새롭다'고 하는 것이다. 우리가 지금 새롭다고 하는 것도 다음 다음 세대에 가면 낡았다고 버려질 것이다.

이는 역사도 마찬가지이다. 무수한 세대가 역사에 관해 무지하게 살아왔다. 이것은 집단기억상실증이 가깝다. 이것은 그 민족에게 죽음과 같은 것이다. 각각의 세대는 지난 날 조상들의 역사가 보여주는 유산들을 이어받지 못한 채 자기들과 자신의 시대를 최고로 여기는 것은 인해 결과적으로 지난날의 과오·잘못을 되풀이하곤 한다. 역사를 알지 못하는 자들은 이전 조상 시대이 이미 있었던 잘못된 과정을 되풀이한다.(Tamez 252) 따라서 진정 지혜로운 사람이라면 잊어버려야 할 과거와 기억하며 간직해야 할 과거를 제대로 분별하여 활용하리라.

우리는 진실로 하늘 아래 새것이 없다는 사실을 잘 안다. 그러면서도 앙드레 지드가 〈지상의 양식〉에서 한 말을 되뇌인다. "너희 눈에 비치는 사물들이 순간마다 새롭기를, 현자란 바라보는 모든 것에 경탄하는 사람이다."

나는 어떤 사람일까

전 1:12-13

개역개정	직역
12 나 전도자는 예루살렘에서 이스라엘 왕이 되어	12 나 코헬렛은 이런 사람, 곧 예루살렘에서 다스리던 이스라엘의 임금이었다.
13 마음을 다하며 지혜를 써서 하늘 아래에서 행하는 모든 일을 연구하며 살핀즉 이는 괴로운 것이니 하나님이 인생들에게 주사 수고하게 하신 것이라	13 나는 하늘 아래에서 벌어지는 모든 것을 지혜로 살펴 깨치려고 내 마음을 쏟았다. 그러나 이는 사람의 아들들이 고생하도록 하나님께서 마련하신 괴로운 작업이다.

  이것은 코헬렛이 자신의 정체성을 밝히는 말씀이다. 그는 전 1:1에 '다윗의 아들 예루살렘 왕'이라 한데 이어 여기서 '예루살렘에 사는 왕' 곧 이스라엘을 다스리는 왕이라고 자신을 소개했다. 왕은 다스리는 자 통치하는 자 지배하는 자라는 정체성을 지녔다.

  학자들 중에는 다윗의 아들로 예루살렘에 있으면서 이스라엘 전체를 다스린 사람이 솔로몬 한 사람뿐이라는 사실에 따라 코헬렛을 솔로몬이라고 보는 이도 있다. 우리는 여기서 전도서의 저자가 누구인가라는 것보다는 코헬렛이 자신이 어떤 사람인가를 밝히는 것에 주목해보고자 한다.

우리는 종종 나는 누구인가, 나는 도대체 어떤 사람일까,라는 물음 앞에 선다. 그에 대답하기가 결코 쉽지 않다. 우리 몸만 하더라도 변화에 변화를 거듭해 왔고, 그런 변화는 앞으로살아있는 동안에 계속될 것이다. 우리 몸은 2-4.5Kg짜리 아주 작은 등치로 이 세상에서 시작됐다. 그뒤로부터 수없이 많은 변화를 거쳐 지금 60초반의 몸이 되었다. 이것은 50년 전의 내 몸과 많이 다르다. 30년 뒤의 내 몸은 지금과 사뭇 다를 것이다. 이런 변화는 우리 마음과 생각과 지향에서도 마찬가지다. 그렇다면 나의 어떤 시점을 기준으로 '나는 이런 사람'이라고 대답해야 할까?

사람들은 동서고금의 철학이며 종교에서부터 우주, 양자물리학과 진화론 그리고 뇌신경과학까지 동원해 '내가 어떤 사람인지' 그 대답을 찾으려고 한다. 비록 이것은 결코 간단한 물음이 아니라도, 이런 것을 생각할 때 라다크 속담이 떠오른다. "호랑이 줄무늬는 밖에 있고, 사람의 줄무늬는 안에 있다."

정말 그렇다. 우리는 그 사람의 겉모양과 그 사람이 해 온 언행에 큰 비중을 두고 그 사람을 안다. 그렇더라도 그 사람의 이름보다 엄청나게 큰 그의 인생사(Life Story)를 모른다. 그가 해온 것들을 보거나 들었어도 그가 겪은 내면의 감정과 이성을 잘 모른다. 우리가 그 사람의 속마음이나 그가 살아낸 지난날의 경험을 제대로 알 수 없듯이, 우리 자신에 관해서도 똑같은 말을 할 수 있다. 때로는 우리도 우리 자신의 내면에 겹겹이 쳐 있는 줄무늬와 그 의미를 잘 모른다.

자신이 누구인가, 어떤 사람인가를 밝히는 글을 쓴 사람들이 여럿 있다. 이런 것을 가리켜 동양에서는 지사(自序) 자전(自傳) 자지(自誌) 자표(自表) 탁전(託傳) 자서(自敍) 자술(自述) 자명(自銘) 자만(自挽 自輓) 등 여러 가지 이름으로 부른다.

굴원(屈原, 주전 343?~289?)의 〈이소(離騷)〉도 그 가운데 하나다. 그는 시로 자신의 일생과 의지를 읊었다.(375구 2500 자) 그 가운데 한 대목이다.

고양 임금의 후예이신 나의 아버지는 백용(伯庸)이라 하셨다.

인년(寅年) 바로 정월(寅月), 경인일(庚寅日)에 나는 태어났다.

아버지는 내가 처음 태어난 때를 헤아려 비로소 나에게 아름다운 이름을 내리셨다.

나의 이름을 정칙(正則)이라 하고 자(字)는 영균(靈均)이라 하셨다…

사람들은 다투어 재물을 탐하여 만족할 줄 모르고 더 찾으려 한다.

제 소가지로 남을 가늠하면서 각자 마음속에 이는 것이 질투심이라.

바쁘게 이리저리 달려 쫓아다니지만 내 마음에 절실한 일은 아니다.

앞으로 점점 늙어 갈 터인데 조촐한 명성도 남기지 못할까 두렵다.

아침에 목련에 구르는 이슬 마시고 저녁엔 지는 가을국화 꽃잎 먹었다.

내 마음이 정말로 미쁘고 결곡하기만 하면 얼굴이 오래도록 초췌한들 어찌 마음이 상하겠는가

조선시대 최충성(1458-1491)은 〈산당서객전(山堂書客傳)〉에서 자신이 지향하는 바를 이렇게 썼다.

서생은 어떤 사람인지 모른다. 성과 자도 알 수 없으며 본관과 시원도 평하기 어렵다. 게다가 어디서부터 왔는지 도무지 알 수가 없다….

그 사람됨의 성격은 담박함을 선호하여 마음으로 부화함을 끊어버렸다. 비록 사람들이 그를 칭송하더라도 기뻐하지 않고, 사람들이 그를 비난하더라도 근

심하지 않았다. 영광스럽다 해도 기쁨을 드러내지 않고, 욕되다하더라도 노여움을 나타내지 않았다. 그는 이같이 근심과 즐거움을 얻고 잃음에 관련시키지 않았다. 남이 자기를 알아주길 구하지도 않고, 이름이 드러나길 원하지도 않았다.

옛시 읊기를 늘 좋아하다가 "날 인정하는 사람 많고 적음 아는 것이 참으로 가소롭구나. 마치 안연처럼 한 바가지 물에 만족하는 맛은 참으로 길도다"(자지과족진감소 自知寡足眞堪笑 뢰유안표일미장 賴有顔瓢一味長)라고 썼다.

그는 위 시구처럼 살아가는 것이 참된 삶이라고 여기며 백번 기운 베옷을 입고 명아주국 한 사발과 한 소쿠리의 밥, 표주박 하나의 물이라도 있으며 배부르다 했다. 겨울이면 갖옷 한 벌, 여름이면 갈포 한 벌로 입을 옷을 해결했다. 배고프고 목마르다 하여 구차하게 구걸하지 않았다. 고생스럽고 가난하다 하여 처음 마음을 바꾸지도 않았다.

그는 배고픔을 참아내고 추위를 참아내며 밤낮 가리지 않고 책읽기를 그치지 않았다. 즐겨 읊는 옛 시에 이르기를 "마음을 곧게 가져 곤경에 빠져도 즐거우면 그만이지 어찌 근심걱정을 평생 끼고 살아야만하겠는가?"(직재흉중궁역락 直在胸中窮亦樂 하수척척향평생 何須戚戚向平生)라고 한 그대로였다.

디트리히 본회퍼(Dietrich Bonhoeffer, 1906-1945)는 1944년 6월 베를린 감옥에서 〈나는 누구 Wer bin Ich?〉라는 글을 썼다.

나는 누구?
사람들은 종종 내게 말한다
내가 감방에 드나드는 내 모습은

마치 거대한 성(城)에서 나오는 성주(城主)처럼

의연하고 유쾌하며 당당하다고.

나는 누구?

사람들은 종종 내게 말한다

내가 나를 지키는 간수들과 이야기할 때의 모습은

마치 사령관이나 되는 것처럼

자유롭고 유쾌하며 확고하다고.

나는 누구?

나는 사람들로부터 이런 이야기를 들어왔다.

나는 불행한 나날을 보낼 때에도

마치 승리에 익숙한 사람처럼

침착하고 웃음을 잃지 않으며 당당하다고.

정말 나는 사람들이 말하는 바로 그 사람인가?

아니면 나는 내 스스로가 알고 있는 바로 그 사람에 불과한가?

마치 새 장에 갇힌 새처럼

불안하고 갈망하며 병든 나

마치 누군가가 내 목을 조르는 것처럼

숨을 쉬기 위해 안간힘을 쓰는 나

빛깔, 꽃, 새들의 노래에 굶주리고

친절한 말과 인간적 친밀함에 목마르고

변덕스런 폭정과 아주 사소한 비방에 분노하여 치를 떨고

근심에 눌리고

결코 일어날 것 같지 않은 엄청난 사건들을 기다리고

두려움에 사로잡혀 아무 것도 못하고

먼 곳에 있는 친구들을 걱정하고

지치고 허탈한 채 기도하고 생각하며 행동하고

연약하여 이런 것들 모두를 포기할 준비가 된 나

나는 누구?

이런 사람인가 아니면 저런 사람인가?

그렇다면 오늘은 이런 사람이고 내일은 저런 사람인가?

아니면 내 안에 그 두 사람이 동시에 존재하는가?

다른 사람들 앞에서는 대단하더라도

혼자 있을 때에는 애처롭게 우는 비열한 심약자?

이미 승리한 전투를 앞두고

혼비백산 도망치는 패배한 군대,

그것과 나의 내면세계가 다를 바는 무엇이랴?

나는 누구?

사람들은 이런 고독한 질문들로 나를 조롱한다.

오 하나님, 내가 누구이든 주님은 나를 아십니다.

주님께서 이미 아시듯, 나는 주님의 것입니다.

뮤지컬 영화 《레미제라블 Les Misérables》의 주인공 장발장에게 일관되게 제기되는 물음이 있다. 그것은 '내가 누구냐'(Who am I?) 곧 나는 어떤 사람이냐는 물음이다. 이 물음에 정직하게 대답하는 것이 그에게도 결코 쉽지 않았다. 그것은 그가 지금까지 이루어 온 많은 것, 이제까지 쌓아 온 자신의 명성을 포기해야만 했기 때문이었다. 그는 깊은 고민 끝에 마침내 그 대답을 제대로 찾았다. 그리고 하나님께서 주신 그 대답대로 꾸준히 걷다가 감동깊게 생을 마감했다.

캐스팅 크라운(Casting Crown)의 나는 누구(Who am I)

1. 나는 누구인가
온 땅 위의 주님이
내 이름을 아시고
아픔 돌보시네

나는 누구인가
길을 잃은 나에게
별빛으로 이끌어
앞길 비추시네
2. 나는 누구인가
나의 죄를 보실 때
사랑으로 보시며
일으켜 주시네

나는 누구인가
바다 잠잠케 하신
그 음성으로 나의
폭풍 잠잠케 해

브리지:
내 모습이 아니라
당신 행하신 일로

내 행한 일 아니라

주님은 주님이시기에

후렴:
나는 속히 시드는 꽃
언제 떠날지 몰라
바다 위 물결 같고
바람 속 안개 같아

주님 내 부름 들으시고
넘어질 때 붙잡으시며
말씀하시네 나는
주님의 것
주님의 것

브리지 & 코러스:
주의 것
나 이제
두렵잖네
난 주님의 것
주님의 것

우리 구주 예수님은 자신이 어떤 존재인가를 분명히 아시고 활동하셨으며, 그것을 멋진 비유로 표현하셨다. 그 비유에는 우리에게 상상의 나래를 마음껏 펴게 하는 은혜가 들어있다.

나는 문이다.(요 10:9)

나는 생명의 떡이다.(요 6:35)

나는 세상의 빛이다.(요 8:12)

나는 선한 목자다.(요 10:11)

나는 부활이요 생명이다.(요 11:25)

나는 길이요 진리요 생명이다.(요 14:6)

나는 포도나무요 내 아버지는 농부시라(요 15:1)

나는 알파요 오메가다.(계 1:8)

우리는 종종 '나는 누구인가' '너는 누구냐'고 묻는다. 이럴 때 우리는 어떻게 대답하는가? 대체로 자신의 학·경력이나 지위 하는 일 등 무엇을 하는지로 '누구인가'라는 물음에 답하곤 한다. 그렇다면 우리는 '누구인가'라고 묻는 대신에 '어떤 사람인가'를 묻는 것이 더 나으리라.

코헬렛은 자신은 '왕'이며, 무엇을 했는지 말하고 있다.(12-13절) 그는 '하나님이 인생들에게 주사 수고하게 하신 것'을 바라보며 그 대답을 찾고자 했다. 그는 수고하게 하신 일들에 얽매인 노예도 그것에서 무단이탈하는 막가파도 아니라 선한 목자이신 하나님 앞에서 진정한 자유인으로 살고자 했다.

나는 어떤 사람이냐는 물음 앞에 설 때 우리는 시편 8편을 떠올린다.

사람이 무엇이기에 주께서 그를 생각하시며 인자가 무엇이기에 주께서 그를 돌보시나이까… 주의 손으로 만드신 것을 다스리게 하시고 만물을 그의 발아래 두셨으니(시 8:4, 6)

우리는 진정 이런 자세로 우리에게 있는 시간 물질 재능 관계를 사용하는가? 어떤 이는 그것들을 머리에 이고 산다. 어떤 이는 그것을 두 어깨에 짊어지고 가슴에 부둥켜안은 채 허덕이며 살아간다. 또 어떤 이는 그것에 손발이 묶여 사람 구실 하지 못한다.

나는 누구인가, 나는 도대체 어떤 사람일까 라는 물음 앞에 설 때마다 우리 생활영역이 딸려온다. i) 가정에서 나는 누구인가? 그리고 엄마, 아빠, 자녀, 부모로서의 내 배역, 내 역할은 무엇이고 하나님께서 그곳에서 내게 주시는 사명은 무엇일까?

ii) 일터나 사회 등 일상생활의 영역에서 나는 누구인가? 내 자리에서 내가 해야 할 내 배역과 역할은 무엇이고 하나님께서 주시는 내 사명은 무엇일까?

iii) 교회에서 사역하는 나는 누구인가? 목회자로서 평신도로서 집사나 권사나 장로로서 내 역할은 무엇이고 하나님께서 내게 주시는 사명은 무엇이며 내가 감당해야 할 몫은 어느 정도일까?

이럴 때 성경은 우리게 도움을 준다. "너는 하나님의 형상대로 지음받은 하나님의 피조물이야." "하나님이 너를 생각하시며 너를 돌보고 계셔." "너는 세상 만민 중에서 부름받은 하나님의 사람이야."

미쁘다 모든 사람이 받을 만한 이 말이여 그리스도 예수께서 죄인을 구원하시

려고 세상에 임하셨다 하였도다 죄인 중에 내가 괴수니라(딤전 1:15)

9 나는 사도 중에 가장 작은 자라 나는 하나님의 교회를 박해하였으므로 사도
라 칭함 받기를 감당하지 못할 자니라 10 그러나 내가 나 된 것은 하나님의 은
혜로 된 것이니 내게 주신 그의 은혜가 헛되지 아니하여 내가 모든 사도보다
더 많이 수고하였으나 내가 한 것이 아니요 오직 나와 함께 하신 하나님의 은
혜로라(고전 15:9-10)

니체는 《즐거운 지식》에서 말한다. "우리는 자주 오해받는다. 계속해서
성장하고 변화하기 때문이다. 우리는 봄마다 껍질을 벗고 새로운 옷을 입
는 나무와 같다. 우리의 정신은 끊임없이 젊어지고 더 커지고 더 강해진
다."

어떤 임금의 탄식

전1:14-15

개역개정	직역
14 내가 해 아래에서 행하는 모든 일을 보았노라 보라 모두 다 헛되어 바람을 잡으려는 것이로다	14 나는 태양 아래에서 이루어지는 모든 일을 살펴보았는데 보라, 이 모든 것이 허무요 바람을 잡는 일이다.
15 구부러진 것도 곧게 할 수 없고 모자란 것도 셀 수 없도다	15 구부러진 것은 똑바로 될 수 없고 없는 것은 헤아려질 수 없다.

이것은 어떤 왕의 고백이다. 다른 사람도 아닌 왕이 이렇게 고백한다는 사실이 놀랍기만 하다.

코헬렛은 이스라엘을 다스리던 왕의 신분(자격)으로 이 단락을 시작했다. 12절의 동사는 완료형으로 되어 있다. 이에 어떤 사람들은 그가 재위 중에 왕위를 빼앗겼거나 자식에게 양위하고 지금은 현직이 아니라고 보았다. 이를테면 랍비들은 솔로몬이 지은 죄로 인하여 자신의 왕위를 사탄의 왕인 에쉬메다이에게 빼앗겼다는 전설을 여기에 집어넣었다. 히브리어 문법에 따르면 완료형은 어떤 것이 이미 완료되어 현재상태에 이른 것을 나타낸다. 그것은 과거에 발생한 일이 지금 현재의 상태로 이어지는 것을 말해준다. 그러므로 위와 같은 해석은 너무 지나친 것이다.

코헬렛은 해 아래 사는 인생이 얻고자 수고하며 땀 흘리는 것들을 자세히 살펴보았다. 그 결과 사람이 하나님 없이 행하거나 얻어내는 모든 것이 다 허무하다는 결론에 이르렀다. 이에 그는 해 위에 계신 하나님과의 관계를 회복하는 것만이 허무를 극복하는 길임을 우리에게 알려주려 했다.

코헬렛은 그런 결론을 내리기에 앞서 한 사람의 인생살이를 구체적으로 살펴보았다. 1장 4-11에서 우주와 사람을 전체적으로 살펴보았다면, 12절 이하에서 코헬렛은 그 시야를 좁혔다. 그는 피조물 중에 또는 세상 안에서 가장 독특한 존재인 인간에게로 시선으로 옮겼다. 그는 여기서부터 인간과 그 생활을 관찰했다. 이제 그는 애시당초 품었던 관심의 대상 곧 인간에게 초점을 맞춘 것이다.

13절에서 코헬렛은 지난날, 권력의 한 자리를 차지하고 누리던 때(예루살렘의 왕으로 있을 때)를 이야기했다. 그때를 가리켜 그는 '참 괴로웠다'(1:13)고 한숨을 내쉬었다. 그리고 탄식했다: "하나님은 왜 사람을 이런 수고로운 일에다 얽어매어 꼼짝도 못하게 하시는 것인가?"(1:13 참조)

그는 본디 지혜를 구하는 사람이요 누구 못지않게 지혜로운 사람이었다: "나는 지혜를 많이 쌓았다. 이전에 (예루살렘에서) 다스리던 어느 누구도 지혜나 지식에 관한 한 나를 넘어서지 못할 것이다 …"(1:16) 이렇게 높아졌던 그 음성은 이내 잦아들었다: "그러나 그처럼 알려고 하는 그것 또한 바람을 잡으려는 것과 같은 일임을 알게 되었다. 지혜가 많으면 번뇌도 많고 아는 것이 많으면 걱정도 많더라."(1:17-18) '아는 것이 병이다'는 말 그대로다.

정말 그럴까? 당대를 휘어잡던 왕의 그 힘, 그 지혜와 지식, 그 놀라움과 존경이 정말 이렇게 아무것도 아닌 것처럼 사라지고 마는 것일까? 우리는 그것을 알려고, 잡으려고, 누리려고 지금도 이렇게 아등바등하지 않는가? 이에 관해 코헬렛은 그 모든 것이 바람을 잡으려는 일처럼 허무하다고 말했다.

코헬렛은 하늘 아래 사는 사람이 행하는 모든 일을 살펴보며, 괴로운 노역을 하고 있다는 사실을 알게 되었다. 여기 괴로운 것이라는 말(이느얀 라으 *jinəan râ'*)은 구약 전체 중에서 전도서에만 명사형으로 쓰였다.(2:26; 5:26) 누르다(아나 *'ānâ*)는 말은 본디 과업, 일이라는 뜻이다.(이 말은 *아나* 에서 왔다)

이 말을 수식하는 *라*(*râ'*)는 나쁘다 불쾌하다 괴롭다 비참하다 불행하다는 뜻이다. 이로써 인간의 과제(일)가 부정적인 의미로 쓰였다. 결국 이 말은 앞의 9-11절과 연결시켜 곧 인간이 수고하고 애써 이룩한 것들이 다 잊어지고 무의미해진다는 맥락에서 이해되어야 하리라. 13절 뒷부분의 수고라는 말에는 겸손이라는 뜻도 있기에 '하나님께서 사람에게 주셔서 그것으로 괴롭게 하셨다'로, 또는 '하나님께서 사람에게 주셔서 그것으로 겸손하게 하셨다'로도 번역할 수 있다.

뒤엣것으로 받아들일 경우 신성한 노동마저도 타락과 부패의 길로 만든 아담 후손들에게 하나님께서 노동의 고통을 주셔서 겸손한 사람으로 변화시키고, 구원받을 만한 사람으로 변화시키신다는 뜻이 된다. 곧 사람이 이 땅에서 주어진 일들을 고통스러운 노역으로 받아들여, 자기 인생 자체를 허무하게 만들 수도 있는가 하면, 그 힘든 수고를 자기 자신을 겸손하고 온유하게 하는 도구로 만들 수도 있다는 것이다. 그 일(과제)을 어떻게 받아들이냐에 따라 우리 인생과 인생을 대하는 우리 태도가 달라지기 마련이다.

13절의 연구하다(탐색하다)는 말(투르 *tûr*)은 민 13:2, 16-17; 15:39 등 정탐꾼 이야기에 쓰였다. 여기서 이 말은 하늘 아래서 일어나는 모든 일과 하늘 아래 있는 모든 사물을 샅샅이 알아보되 그 뿌리까지 철저하게 다 살핀다는 뜻이다.

그리스 철학자 디오게네스(Diogenes)는 대낮에 등(燈)을 켜들고 아테네 거리를 걸으며 정직한 사람을 찾았다고 한다. 마침내 그는 자신의 기대에 부합한다고 여겨지는 한 사람을 발견했다. 그의 이런 확신이 바로 실수였다. 그 사람은 디오게네스의 등을 훔쳐가지고 사라져 버렸다. 그 바람에 그는 어둠 속을 헤매며 터덜터덜 집으로 되돌아와야 했다.

더 나아가 코헬렛은 '하나님' 이름을 부르는 것을 통해 인생을 독단적으로 보는 대신에, 하나님과 교제하는 관계에 기초한 것으로 보는 신앙적 안목을 드러내었다. 이런 뜻에서 그가 사물과 현상을 비판적으로 검토하는 것을 호기심으로 치부하거나 프로메테우스처럼 금지된 것을 잡으려고 제멋대로 달려가는 것과 혼동하면 곤란한 것이다.(W. Zimmerli 146-147)

약삭빠른 고양이는 밤눈이 어둡다고 한다. 약삭빠른 고양이는 아는 것이 많을 뿐만 아니라, 눈치가 빠르다. 예전에는 고양이 역할이 밤에 쥐를 잡는 것이었다. 그런 고양이가 밤눈이 어둡다는 말은 정작 아주 중요한 순간에 해야 할 제 역할을 제대로 하지 못한다는 뜻이다. 만일 밤눈이 어둡다면 그 고양이는 쥐를 잡아야 하는 본래의 역할을 제대로 할 수 없다. 그 고양이는 잔꾀만 부릴 뿐 실제 자기역할에서는 아무런 효력을 내지 못하는 것이다.

교회에도 세상에도 그런 사람이 있다. 자기에게 주어진 인생의 과제(천직 天職)를 괴로운 노역으로 받아들이며 어떻게 하면 하지 않을까 궁리하며 꾀쟁이로 되는 경우가 적지 않다. 그런 사람은 어쩔 수 없이 자기가 그 일을 해야만 할 처지가 되면 '죽지 못해 한다, 먹고 살려고 한다' 등 투덜투덜거리며 괴로운 표정을 짓는다. 이런 사실을 자세히 살펴본 코헬렛은 14절 뒷부분에서 이렇게 말했다: *"그리고 보라, 그 모든 것은 헛되며, 바람(루아흐 rûªḥ)을 잡으려고 애쓰는 것이다."*(혹은 *그리고 보라, 그 모든 것이 헛되며, 심령의 괴로움이요 애태움이로다*)

여기 나오는 바람을 잡는다(레우트 루앗흐 rǝût rûªḥ)는 말은 전도서에 여러 차례 쓰였다.(1:14; 2:11, 17, 26; 4:4, 6; 6:9) 이 말은 1:17과 4:16에서는 달리 표현되었다.(*라으욘 루앗흐 ra'ǝôn rûªḥ*)

15절에서 코헬렛은 "인생에서 구부러진 것을 인간이 곧게 할 수 없다"고 탄식했다. '구부러진 것'이란 말(아와트)은 '굽다 구부러지다'는 뜻 말고도 '굴복하게 하다(욥 19:6) 엎어지게 하다(시 119:78) 굽게 하다(전 7:13) 억울하게 하다(애 3:36) 속이다(암 8:5) 악을 행하다(욥 34:12)'는 뜻으로도 쓰였다.

이 말은 어떤 물체가 굽어서 쓸모없이 된 것을 가리킬 뿐만 아니라, 도덕적·영적으로 삐뚫어져서 공의롭지 못한 일 곧 남을 억울하게 하거나 속이는 악한 일들 모두를 의미하는 것이다. 이런 뜻에서 '구부러진 것'은 세상에서 일어나는 불의하고 부조리한 일들을 가리켰다. 우리는 실제 현실에서 종종 공의롭지 못한 일들이 일어나는 것을 목격하곤 한다.

아는 게 병

1:16-18

개역개정	직역
16 내가 내 마음 속으로 말하여 이르기를 보라 내가 크게 되고 지혜를 더 많이 얻었으므로 나보다 먼저 예루살렘에 있던 모든 사람들보다 낫다 하였나니 내 마음이 지혜와 지식을 많이 만나 보았음이로다	16 나는 속으로 말했다. 보라, 나는 내 이전에 예루살렘에서 통치하던 모든 분보다 지혜를 크게 하고 더하였으며 내 마음은 수많은 지혜와 지식을 익혔다.
17 내가 다시 지혜를 알고자 하며 미친 것들과 미련한 것들을 알고자 하여 마음을 썼으나 이것도 바람을 잡으려는 것인 줄을 깨달았도다	17 나는 지혜와 지식, 우둔과 우매를 깨치려고 내 마음을 쏟았다. 그러나 이 또한 바람을 붙잡는 일임을 깨달았다.
18 지혜가 많으면 번뇌도 많으니 지식을 더하는 자는 근심을 더하느니라	18 지혜가 많으면 걱정도 많고 지식을 늘리면 근심도 늘기 때문이다.

이것은 코헬렛이 스스로 지혜로운 사람이 되기로 결심하고 노력하는 것을 보여준다. 그는 지혜와 지식을 어떻게 얻었는지를 밝힌(16-17a) 다음 그 결론을 14b와 비슷하게 내렸다.(17b) 그리고 그런 결론을 뒷받침하는 속담을 인용했다.(18)

그는 16절에서 자신이 설정한 인생의 과업을 간단하게 요약했다. 여기에는 동사 두 개가 함께 묶여 있다. '크다 크게 하다'(gādal)와 '덧붙이다 익히다'.(jāsaf)

그는 예루살렘 왕이 되어 세상에서 일어나는 무질서한 일들을 바로잡고자 노력했다. 그러나 노력하면 노력할수록 자신의 한계와 무능함을 발견할 수밖에 없었다. 그는 인생의 부조리를 바로 잡기 위해서 노력하면서 세상의 모든 불의를 해결할 수 없다는 사실을 깨달았다. 세상에 사는 동안 우리는 종종 불의한 일들을 목격하고 탄식하며, 그런 부조리를 바로 잡을 힘이 모자란다는 사실을 절감하곤 한다. 그럴 때 우리도 자신의 무능력과 인생의 부조리를 깨닫고 허탈해지곤 한다.

때로 사람은 왜 이러한 부조리한 일들이 일어나는지 알려고 노력한다. 그러면서도 시원한 답변을 찾지 못할 때가 많다. 때로 사람들은 이러한 부조리와 불의를 보고 "정말 의로우신 하나님이 계시면 세상에 어떻게 이런 일이 일어날 수 있느냐?"고 불평하기도 한다. 물론 하나님을 아는 사람은 이해할 수 없는 부조리를 만나도 하나님을 원망하거나 낙심하지 않는다. 이는 그들은 하나님께서 모든 것을 합력하게 하여 선을 이루시는 분이요, 악을 선용하시는 분으로 믿기 때문이다.

더 나아가 코헬렛은 "인생에서 부족한 일을 인간이 헤아릴 수 없다"고 고백했다. 여기에서 '부족한 일'로 번역된 말(헤스론)은 '없는 것 부족 또는 결핍된 것'을 가리킨다. 여기서 이 말은 인간이 경험하는 결핍 현상을 가리키는 것으로 보인다.

17절에는 알다(야다 jādā')에 뿌리를 둔 말이 네 번 되풀이 쓰였다. 특히 16절과 17절에는 지혜와 지식(호크마 봐다아트 ḥākmâ wādā'at)이 쌍을 이루고 있다. 이 밖에도 17절에는 미친 것과 미련한 것이란 표현이 한 쌍을 이루고 있다.

18절은 아는 것이 병(식자우환 識字憂患)이란 뜻이다. 사실 코헬렛은 '나는 지혜롭게 되리라'고 다짐하고 그렇게 되려고 노력하였지만, 자기 자신이 지혜와 멀리 떨어져 있다는 사실을 뼈아프게 고백할 수밖에 없었다.(전 7:23 참조) 현실이 이럴진대, 마치 자기가 지혜로운 척, 유식한 척하는 사람들이야말로 자기 꾀에 자기가 넘어가고 자기가 아는 그 어떤 것 때문에 오히려 일을 그르치곤 하는 것이다.

그래서일까? "약삭빠른 고양이 밤눈이 어둡다"는 말이 있다. 예전에 고양이가 하는 가장 주요한 역할은 쥐를 잡는 일이었다. 그것도 주로 밤에. 만일 그 고양이가 밤눈이 어둡다면 어떨까? 평소 약삭빠르고 잘난 체하는 그 고양이는 정작 자기가 해야 할 가장 중요한 일을 제대로 하지 못한다. 사람들 중에도 이런 자가 있다.

사람들 중에는 인간세상의 부조리와 모순을 보며 인생과 세상에 절망하는 사람도 있다. 성경은 이 문제에 대해서 어떻게 말하고 있을까? 성경은 사람이 이해할 수 없는 부조리한 일들이 세상에서 일어나고 있는 점을 인정한다. 그러면서도 역사를 주관하시는 하나님은 선한 분이시기에, 이해할 수 없는 일이 일어나도 하나님의 선하신 뜻을 믿고 신뢰해야 한다고 말하고 있다.

성경은 우리가 세상에서 일어나는 부조리한 일들로 인해 필요 이상으로 염려하지 말라고 가르친다. 왜냐하면 그것들이 왜 일어나는지 우리가 이해할 수는 없더라도, 그 모든 일은 하나님께서 선한 뜻을 이루려고 일어나도록 허락한 일이기 때문이다. 성경은 하나님께서 모든 일을 합력해서 선한 뜻을 이루신다고 말한다. 그러므로 이해할 수 없는 일이 일어나도 불평하기보다는 하나님을 신뢰하고 그분의 선한 의지와 목적을 믿음으로 살아가도록 권고하는 것이다.

또한 인생은 항상 부족함으로 가득 차 있다. 사람들은 항상 만족한 삶을 원하더라도 실제로 만족하며 사는 사람은 많지 않다. 사람들은 재산과 명예와 건강과 지식과 아름다움을 추구한다. 그것을 얻는 순간 그들은 그것이 자신을 만족시켜 주지 못한다는 것을 발견하고 허무감을 느끼곤 한다. 그리고 그들은 또 다른 것을 손에 넣기 위해서 다시 경쟁 사회 속으로 달려 나간다. 이와 같이 사람들은 항상 만족을 추구하면서도 항상 결핍을 느끼면서 살아간다.

그러면 이 문제에 대해서 성경은 어떻게 말하고 있을까? 성경은 인간은 스스로 이러한 결핍을 채울 수 없다고 말한다. 성경은 이러한 결핍감은 인간이 무한한 공급원이신 하나님을 거부하고 제한된 자기 힘으로 살아가려고 하기 때문에 생기는 것이라고 가르친다. 성경은 하나님을 떠나서 자기 힘으로 살아가는 사람은 결코 결핍감을 해결할 수 없다고 한다. 그리고 하나님께 돌아갈 때에만 이러한 결핍감을 해결할 수 있다고 가르친다. (시 34:10 젊은 사자는 궁핍하여 주릴지라도 여호와를 찾는 자는 모든 좋은 것에 부족함이 없으리로다) 성경은 우리가 하나님을 의지하고 순종할 때에 하나님으로부터 오는 자원을 무제한으로 제공받을 수 있다고 말씀한다. 다윗처럼 하나님을 믿고 신뢰하는 사람이 인생의 결핍 한 가운데에서도 '내게 부족함이 없다!'고 고백하며 살아갈 수 있다는 것이다.

여호와는 나의 목자시니 내게 부족함이 없으리로다.(시 23:1)

마음을 기울여보니

전 2:1-3

개역개정	직역
1 나는 내 마음에 이르기를 자, 내가 시험 삼아 너를 즐겁게 하리니 너는 낙을 누리라 하였으나 보라 이것도 헛되도다	1 그리고 나는 혼자서 말했다. '자 이제 가라. 기쁨으로 너를 시험하라. 그리고 좋은 것을 보라.' 그러나 보라, 이것 또한 헛되었다.
2 내가 웃음에 관하여 말하여 이르기를 그것은 미친 것이라 하였고 희락에 대하여 이르기를 이것이 무슨 소용이 있는가 하였노라	2 웃음을 향해 나는 미친 짓이라고 말했다. 그리고 즐거움(기쁨)을 가리켜 이 무슨 짓을 하는가 라고 (말했다)
3 내가 내 마음으로 깊이 생각하기를 내가 어떻게 하여야 내 마음을 지혜로 다스리면서 술로 내 육신을 즐겁게 할까 또 내가 어떻게 하여야 천하의 인생들이 그들의 인생을 살아가는 동안 어떤 것이 선한 일인지를 알아볼 때까지 내 어리석음을 꼭 붙잡아 둘까 하여	3 나는 그 포도주에 담아 내 육신과 내 마음을 알아보려 했다. 그리고 내 정신을 지혜로 이끌려 하였는데 결국 내가 어리석음을 알게 되었다, 사람의 아들에게 진실로 좋은 것이 무엇인지 그리고 그가 살아 있는 날들 동안에 하늘 아래서 행하는 것이 무엇인지를 보기까지.

이것은 코헬렛이 마음을 쏟아부어 무엇인가를 찾아내려 노력하는 것을 보여준다. 그는 이 책 앞부분에서 그런 노력을 꾸준히 기울여왔다. 그 내용

은 다음과 같다.

1:12-15	1:16-18	2:1-2	2:3
12 나 전도자는 예루 살렘에서 이스라엘 왕 이 되어 13 마음을 다하며 지혜를 써서 하늘 아래에서 행하는 모든 일을 연구하며 살핀즉 이는 괴로운 것이니 하나님이 인생들에게 주사 수고하게 하신 것이라 14 내가 해 아래에서 행하는 모든 일을 보았노라	16 내가 내 마음 속으로 말하여 이르기를 보라 내가 크게 되고 지혜를 더 많이 얻었으므로 나보다 먼저 예루살렘에 있던 모든 사람들보다 낫다 하였나니 내 마음이 지혜와 지식을 많이 만나 보았음이로다 17 내가 다시 지혜를 알고자 하며 미친 것들과 미련한 것들을 알고자 하여 마음을 썼으나	1 나는 내 마음에 이르기를 자, 내가 시험삼아 너를 즐겁게 하리니 너는 낙을 누리라 하였으나	내가 내 마음으로 깊이 생각하기를 내가 어떻게 하여야 내 마음을 지혜로 다스리면서 술로 내 육신을 즐겁게 할까 또 내가 어떻게 하여야 천하의 인생들이 그들의 인생을 살아가는 동안 어떤 것이 선한 일인지를 알아볼 때까지 내 어리석음을 꼭 붙잡아 둘까 하여
보라 모두 다 헛되어 바람을 잡으려는 것이로다	이것도 바람을 잡으려는 것인 줄 깨달았도다	보라 이것도 헛되도다	알아볼 때까지 내 어리석음을 꼭 붙잡아 둘까 하여
15 구부러진 것도 곧게 할 수 없고 모자란 것도 셀 수 없도다	18 지혜가 많으면 번뇌도 많으니 지식을 더하는 자는 근심을 더하느니라	2 내가 웃음에 관하여 말하여 이르기를 그것은 미친 것이라 하였고 희락에 대하여 이르기를 이것이 무슨 소용이 있는가 하였노라	보라 모두 다 헛되어 바람을 잡으려는 것이로다

이것은 코헬렛이 인생의 진정한 유익을 찾으려고 얼마나 심혈을 기울이는지 잘 알려 준다. T. S. 엘리엇이 말했다. "우리 탐구는 멈추지 않으리라. 탐구 모두 다 시작한 장소에서 끝을 맺을 것이며 그때서야 비로소 그곳을 처음 알게 되리라."

이 문단(전 2:3-11)을 이끄는 낱말은 하다, 만들다(아사 'āśâ)이다.(2, 3, 4, 5, 6, 8b, 11절) 이것은 전 1:1-2의 즐거움(쉼카)과 행복(토브)의 내용을 설명하는 가운데 쓰였다. 코헬렛은 기쁨(즐거움)에 관해 7군데 언급했다.(2:24-26; 3:12-13; 3:22; 5:17-19; 8:14-15; 9:7-10; 11:7-12:1a) 그는 웃으며 사는 인생이 가장 좋은 것이라는 결론을 내리기 전에 먼저 그 기쁨이 과연 무엇인지, 어떻게 얻을 수 있는지를 알아내고자 했다. 그는 인생과 그 과정을 깊이 성찰하며, 지혜와 지식(호크마 붸다아트 ḥåkmâ wəda'at)에 따라 참되게 살고자 그 누구보다도 노력하는 사람이었다. 특히 전 1:13-18에 이 두 가지 말과 같은 범주에 속하는 말들이 10번이나 쓰였다. 그의 이런 모습은 다음과 같은 동사에서 드러난다:

보다, 관찰하다(라아 rāâ') – 37번(그 가운데 1인칭으로 18번)

알다, 깨닫다(야다 jādâ') – 1:17; 2:14; 3:12, 14; 7:25; 8:12, 16, 17

조사하다(투르 tûr) – 1:13; 2:3; 7:25

탐구하다(다라쉬 dāraš) – 1:13

성찰하다(다바르 dābar) – 1:16(참조 1:8 설명하다)

마음을 기울이다/ 다하다(나탄 레브 nātan lēb) – 1:13, 17; 8:9, 16; 9:1

시도하다, 분석하다, 시험하다(나사아 nāsâ) – 2:1; 7:23

발견하다, 찾아내다(마차아 māṣâ') – 3:11; 7:24, 26, 27(2x), 28(2x), 29; 8:17(3x)

기울이다(사밥 sābab) – 7:25

추구하다(바케쉬 bāqeš) – 7:25, 28; 8:17

선택하다, 식별하다, 이해하려 노력하다(부르, 바라르 bûr bārar) – 9:1

이런 말들은 언제나 개방적이고 활동적인 태도, 곧 깊은 성찰의 과정을 분명하게 나타내는 것이다. 물론 깊은 성찰의 과정을 거친 것이라 하여, 그 자체로 완결되는 것은 아니다. 깊은 숙고를 통해 발견된 것(진리)은 그 다음에 또 다른 발견을 위해 다시 토론에 붙여지고, 되풀이 성찰의 과정에 들어간다.

이런 것을 가리켜 참험(參驗)이라고 한다. '참'은 비교하며 고찰하는 것이고 '험'은 실험·검증하며 연구하는 것이다. 이 말은 한비자 이래 학문연구의 방법으로 널리 받아들여졌다. 이를테면 다산 정약용(1762~1836)이다.

그는 선배들의 주장·학설 가운데 의문스러운 부분이 있다면, "대뜸 다른 의견을 만들어내지 말고, 대뜸 지나간 일로 여기지도 말고, 모름지기 자세히 연구하여, 말하는 이의 본지(本旨)를 알고자 힘쓰고, 반복하여 증험(證驗)하여야 한다"(勿遽生別見 물거생별견 亦勿遽屬過境 역물거속과경 須融會研究 수융회연구 務得說者本旨 무득설자본지 反復參驗 반복참험)고 했다. -《여유당전서》22권〈도산사숙록 陶山私淑錄〉

여기서 물거(勿遽)란 말을 음미해보자. 다산은 새로운 의견을 내는 것 자체를 반대하거나 지나간 일로 치부하는 것 자체를 반대하지 않았다. 어느것을 선택하든 '대뜸'하는 것이 문제라는 것이다. 그것이 나온 맥락과 그 본디 의미는 선배들의 입장·주장을 융회연구(融會研究)하며 반복참험(反復參驗)해야 제대로 파악할 수 있다는 것이다.

혹시 우리는 다른 사람의 생각, 특히 우리와 다른 생각에 '대뜸' 반응하지 않는가? 남의 생각을 이해하거나 받아들이는 데에는 충분한 시간이 필요하다. 최소한 판단을 '대뜸' 내리지만 않더라도 우리에게 큰 도움이 되리라.

전도자가 이르되 보라 내가 낱낱이 살펴 그 이치를 연구하여 이것을 깨달았노라(전 7:27)

이런 뜻에서 코헬렛은 이처럼 자신에게 주어진 것이나 당시 사람들에게 당연한 것으로 받아들여지는 것조차도 홑으로 보지 않았다. 그것들을 비교하며 살펴보고 생각하며 검증해보았다. 그런 것들 가운데 하나가 코헬렛 자신이 느끼는 즐거움의 내용이다.(2:1, 3)

그는 지혜, 세상적인 즐거움을 터득하려고 애쓰다가 어느 정도 성과를 거둔 다음에서야 비로소 "지혜가 많으면 번뇌도 많으니 지식을 더하는 자는 근심을 더하느니라"(1:18)는 깨달음을 얻었다. 그리고 2:11에서 "그 후에 내가 생각해 본즉 내 손으로 한 모든 일과 내가 수고한 모든 것이 다 헛되어 바람을 잡는 것이며 해 아래에서 무익한 것이로다"라고 고백했다.

> 나는 내 마음에 이르기를(1:16; 2:1, 15; 3:17; 3:18): 이 말을 우리말 성서는 '내가 마음 가운데 이르기를(1:16), 내가 심중에 이르기를(2:15; 3:17, 18)' 등으로 번역했다.

> 내가 시험 삼아 너를 즐겁게 하리니 … (직역: 내가 내 즐거움/쾌락으로 나 자신을 시험했다. 그리고 자 보라 이것이 낙이라 했다. 여기서 낙이란 말은 토브(ṭôb)인데, 좋은 것, 유익한 것을 가리킨다.

여기서 즐거움이란 말(śimḥâ)은 기쁨, 즐거움, 쾌락 등을 가리키는데, 육체적, 정신적 즐거움을 포괄하는 여러 가지 즐거움을 가리키며, 영적인 기쁨 외에 인간이 누리고자 하는 모든 종류의 기쁨을 의미했다.

그 결과 1절에서 자기가 즐기던 내용들이 다 허무한 것이었다고 단언한 그는 2절에 웃음과 즐거움 또한 헛되다고 말했다.

사실 웃음에도 종류가 여러 가지 있다: 마음 따로 얼굴 따로 하는 간사한 웃음, 마음속 이기적인 의도를 꽁꽁 감춘 나머지 속은 검으면서 얼굴만 환한 아부하는 웃음, 술기운으로 웃는 허탈한 웃음, 아무 뜻도 없는 너털웃음, 표정과 마음이 하나로 어우러진 활당한 웃음, 그리고 영혼의 미소에 이르기까지. 특히 웃음을 가리켜 미친 것이라고 한 말(메홀랄 *məhôlâl*)은 본디 찬양하다는 말에서 나왔다.(할랄 *hālal*) 이것이 수동형으로 쓰일 때에는 '미친 사람처럼 행동하다'란 뜻이다.

찬양하는 것과 미친 짓은 보기에 따라 백지장 하나 차이다. 예배를 드리며 오직 하나님의 이름만 높이고 하나님께만 영광 돌리면 그것은 '찬양'이다. 만일 그 과정에서 사람의 능력·업적이 부각된다면 그것은 '미친 짓'이다. 만일 우리 신앙이 인간의 공적을 쌓고 인간의 선행을 드러내는 도구로 전락한다면 그것은 찬양이 아니라 미친 짓이라는 말이다. 코헬렛은 자신과 주변 사람들이 인간을 높이며 인간의 업적과 이름을 남기려고 발버둥치는 모습을 보고 '미친 짓'이라고 혹평했다.

코헬렛은 인생사의 한 측면을 미친 짓이라고 보았다. 이는 사람들의 노력과 수고가 하나님을 높이는 것이 아니라 사람을 높이는데 있다는 사실에 착안한 것이다. 그들은 심지어 예배를 드리면서도 하나님께 영광 돌리는 것이 아니라 사람에게 영광을 돌렸다. 하나님을 자랑하는 것이 아니라 자기 자신을 자랑했다. 그는 그런 쾌락으로 잠시 웃을 수 있더라도 웃는 그 순간에조차 마음 속 깊은 곳에 있는 후회와 슬픔과 근심걱정을 내려놓지 못하는 자기 자신의 모습을 직시하면서, 바로 그것이 헛되다고 말했다.

우리는 웃음과 기쁨이 우리 인생에 얼마나 큰 활력소가 되는지를 잘 알고 있다. 울 줄 모르는 사람이 불행하듯이, 진정 영혼의 웃음을 모르는 사람도 헛된 인생을 사는 것이다. 그런데도 2절에서 코헬렛이 웃음과 기쁨이 헛되었다고 말하는 것을 들으며, 인생을 즐겁게 살라고 한 그 자신의 교훈

(전 9:2-10)에 어긋나는 듯한 느낌을 받는다. 이는 그곳에 있는 웃음과 여기서 말하는 그것의 내용이 다르다는 뜻이다.

웃음은 사람이 기쁠 때, 웃길 때, 즐거울 때 등 감정에서 우러나는 것이다. 때로는 슬픔이나 분노 등의 부정적인 감정을 느낄 때에도 나올 수 있으며, 일부러(억지로) 웃음을 지어낼 수도 있다. 때로는 아니라 간지럼 등의 자극을 통해서도 장난스러운 웃음이 나오게 하기도 한다.

우리말에서 '웃다'(웃음)는 미소 짓는다라는 뜻과 소리 내서 웃는다는 뜻이 함께 쓰인다. 물론 우리말로 웃음을 나타내는 말에는 한자어를 포함해 100가지가 훌쩍 넘는다. 영어는 Smile로 미소를, Laugh로 소리 내서 웃는 것을 표현하면서도 구체적으로 밝게 미소짓다 beam, 소리 없이 활짝웃다 grin, 깔깔 웃다 chortle, 싱글싱글 웃다 chuckle 호탕하게 웃다 howl, 왁자지껄하게 웃다 roar, 벙글벙글 웃다 smirk, 숨죽여 웃다 snigger, 낄낄거리다 giggle, 킥킥거리다 snicker라는 말들을 쓴다. 독일어에 Schadenfreude(샤덴프로이데)라는 말이 있다. 이는 남의 불행(Schaden)을 보고 즐거워한다(Freude) 행복을 느낀다는 뜻이다.

웃음과 관련된 여러 속담은 위와 같이 다양한 상황과 배경을 깔고 있다.

웃는 얼굴에 침 못 뱉는다.

매달린 개가 누워있는 개를 보고 웃는다.

비바리는 말똥만 보아도 웃는다.

처녀들은 말 방귀만 뀌어도 웃는다.

소(개)가 웃을 일이다.

웃는 웃음에도 낚시가 있다.

웃음 속에 칼이 있다.

웃음 끝에 눈물(처음에는 재미나게 잘 지내다가도 나중에는 슬픈 일, 괴로운 일이 생기는 것이

78

세상사다)

죽사발이 웃음이요 밥사발이 눈물이라.(먹을 것이 있어도 근심과 걱정 속에 지내는 것보다 가난하게 살더라도 걱정 없이 사는 편이 낫다)

한 잔 술에 눈물 나고 반 잔 술에 웃음 난다.(사람을 사귈 때 서로 대하는 태도나 방법에 따라 섭섭하여지기도 하고 기분이 좋아지기도 한다)

반 잔 술에 눈물 나고 한 잔 술에 웃음 난다 (남에게 이왕 무엇을 주려거든 흡족하게 주어야지 그렇지 못하면 도리어 인심을 잃는다)

벙어리 웃는 뜻은 양반 욕하자는 것(말 못 하는 벙어리가 호령하며 못살게 구는 양반을 보고 웃는 것은 반가워서가 아니라 욕하자고 하여 쓴웃음을 웃는 것이다)

백쥐가 나와 춤을 추고 초상상제가 나와 웃을 노릇이다(하는 짓이 너무 우습고 망측스러워 웃음을 참으려야 참을 수 없다)

거지는 논두렁 밑에 있어도 웃음이 있다(물질적으로는 가난하더라도 마음의 화평은 얼마든지 있을 수 있다)

데일 카네기(1888-1955)는 〈웃음예찬〉에서 "웃음은 지친 사람에게는 안식이요, 낙담한 사람에게는 격려이며, 슬픈 사람에게는 희망의 빛입니다. 세상의 어려움을 풀어주는 자연의 묘약이기도 합니다. 그러나 웃음은 돈을 주고 살 수도, 구경할 수도 없으며 빌리거나 훔칠 수도 없습니다. 왜냐하면 웃음은 대가 없이 줄 때에만 빛을 발하기 때문입니다."라고 했다.

즐거움은 인간 생활에 신비한 묘약(das Lebenselixier)이다. 그것은 사람의 마음과 얼굴과 생활에 웃음을 자아낸다. 잘 알다시피 웃음은 사람의 육체와 영혼을 건강하게 한다. 이렇게 저렇게 어려운 상황에서도 마음을 기울여 진정한 즐거움을 찾는 것은 건강하고 행복한 인생을 사는 지름길이다.

풍요 속의 빈곤

전 2:4-9

개역개정	직역
4 나의 사업을 크게 하였노라 내가 나를 위하여 집들을 짓고 포도원을 일구며	4 나는 내가 하는 일들을 크게 벌렸다. 나를 위해 집을 지었고 나를 위해 포도원을 가꾸었다.
5 여러 동산과 과원을 만들고 그 가운데에 각종 과목을 심었으며	5 나는 나를 위하여 동산들과 정원들을 만들었다. 그리고 거기에 각종 과일 나무를 심었다.
6 나를 위하여 수목을 기르는 삼림에 물을 주기 위하여 못들을 팠으며	6 나를 위하여 나는 연못을 만들었고 나무들이 싹 나는 숲에 물을 주었다.
7 남녀 노비들을 사기도 하였고 나를 위하여 집에서 종들을 낳기도 하였으며 나보다 먼저 예루살렘에 있던 모든 자들보다도 내가 소와 양 떼의 소유를 더 많이 가졌으며	7 나는 남종과 여종을 사들였다. 그리고 나를 위하여 자식 낳는 종을 두었다. 또한 가축들, 소떼와 양떼를 많이 소유했다, 나보다 먼저 예루살렘에 살았던 그 누구보다도 더 많이.
8 은 금과 왕들이 소유한 보배와 여러 지방의 보배를 나를 위하여 쌓고 또 노래하는 남녀들과 인생들이 기뻐하는 처첩들을 많이 두었노라	8 나는 은과 금을 차곡차곡 쌓아 놓았다. 그리고 왕의 특별한 보물로서 여러 지방을 (소유했다).

9 내가 이같이 창성하여 나보다 먼저 예루살렘에 있던 모든 자들보다 더 창성하니 내 지혜도 내게 여전하도다	나를 위하여 노래 부르는 남녀를 두었으며 사람의 아들의 가슴위에 가슴을 즐겁게 하는 여성들도 (두었다). 9 그리고 나는 크게 되었다, 나보다 먼저 예루살렘에 살았던 그 누구보다도 더.

　이것은 인생의 진정한 즐거움을 방해하는 요소들에 관한 말씀이다. 코헬렛은 생활의 즐거움을 찾으려고 자신의 활동범위를 최대한 넓혀나갔다. 이는 즐겁게 살 의도로, 뚜렷한 목적의식 아래 즐거움(쾌락)의 본질을 알아내려는 것이었다. 그가 즐거움을 위해 문어발식으로 투자영역을 확장하며 선택한 것들은 무엇인가? 그 내용이 3-9절에 나와 있다.

술 (포도주)

지혜 (이해력)

어리석음 붙잡아 둠

큰 사업(집, 포도원, 정원, 과수원, 연못)

남녀 노비

소와 양떼를 소유함

은, 금, 보석

노래하는 남녀들

처와 첩들

다른 이들보다 부유함(번영함)

소득을 얻고자 노력하는 수고를 즐거워함

이 목록을 눈여겨 보라! 이 세상 사람 가운데 위와 같은 것들을 마음껏 누린 사람이 과연 몇이나 될까? 이런 사람은 아마 수만년 인류역사를 통틀어도 0.001%도 되지 않으리라. 그런데 이런 자랑을 하는 그 사람은 과연 그 풍요 속에서 만족하게 살았을까? 아니다. 결코 아니다. 자기에게 주어진 것, 자신이 얻어낸 것을 마음가는 대로 실컷 누린 그는 내린 결론은 이것이다.

> 그 후에 내가 생각해 본즉 내 손으로 한 모든 일과 내가 수고한 모든 것이 다 헛되어 바람을 잡는 것이며 해 아래에서 무익한 것이로다(전 2:11)

그는 한마디로 말해 참 궁핍하게 살았다. 마음과 정신적 지향에서 참된 만족과 행복을 모르는 영혼은 아무리 많은 것을 소유하며 누린다 하더라도 실제로는 세상에서 둘째 가라면 서러울 정도로 빈곤한 사람이다.

코헬렛은 자신의 생활에 좋은 것들(*bonum physicum*)로 쾌락을 시험해 보았다. 이를 통해 그는 i) 사람이 과연 스스로 행복(즐거움)을 창조할 수 있는가 ii) 인생에게 진정한 행복이란 무엇인가를 찾아내려 했다. 전 2:3에서 그는 마음을 위해서는 지혜를, 육체를 위해서 술을 선택했다. 문자 그대로 하면, '포도주로 내 몸을 관리하려 했다'라는 뜻이다.(고대 사회에서는 포도주가 건강식품 또는 의약품 중에 하나였다). 일찍이 파스칼은 '포도주를 마시지 않으면 그는 지혜에 이를 수가 없다. 포도주를 너무 많이 마시면 그도 역시 지혜에 도달할 수가 없다' (팡세 II, 71쪽)고 했다. 비록 히브리 성경 원문 그대로 직역한 것은 아니라도, 공동번역성서 개정은 이 부분의 뜻을 보다 잘 밝혀준다:

내가 내 마음으로 깊이 생각하기를

내가 어떻게 하여야

내 마음을 지혜로 다스리면서

술로 내 육신을 즐겁게 할까

또 내가 어떻게 하여야

천하의 인생들이

그들의 인생을 살아가는 동안 어떤 것이 선한 일인지를 알아볼 때까지

내 어리석음을 꼭 붙잡아 둘까 했다

6 … 포도주는 마음에 근심하는 자에게 줄지어다 7 그는 마시고 자기의 빈궁

한 것을 잊어버리겠고 다시 자기의 고통을 기억하지 아니하리라(잠 31:6-7)

연락을 좋아하는 자는 가난하게 되고 술과 기름을 좋아하는 자는 부하게 되지

못하느니라 (잠 21:7; 20:1; 23:19-21 참조)

그는 또한 호화판으로도 살아보았다.(전 2:25 아, 먹고 즐기는 일을 누가 나보

다 더 해 보았으랴).

　5절에 '여러 동산과 과원을 만들고'라는 부분에서 여러 동산이란 말

(phardēs 파르데스/phardēsîm 파르데심)은 본디 페르시아말(파르디스)에서 '울타

리에 둘러싸인 정원'이란 뜻인데, 여기에서 낙원이란 뜻에 생겨났다. 영어

의 파라다이스(paradise)도 여기서 나온 말이다. 예수님이 십자가에서 어떤

강도에게 '오늘 네가 나와 함께 낙원에 있으리라'라고 말씀하셨을 때, 그

낙원도 바로 이 말에서 유래했다.

　코헬렛은 지상낙원을 건설하려 했던 것이다. 그는 자기를 위하여 6절에

는 수목을 기르는 산에 연못들을 만들었다.(6절) 그는 이 일에 백성을 동원해 뼈골 빠지게 일을 시켰으리라. 자기는 그것을 보며 흐뭇하고 즐거웠을 것이다. 그 웃음 밑바닥에는 품삯도 못 받고 죽어라 일만 했던 백성의 한숨과 눈물이 철철 흐르고 있다.

전북 김제에 가면 유명한 벽골제(碧骨堤) 유적이 있다. 그것은 저수지다. 《삼국사기》《삼국유사》에 따르면 330년(신라, 흘해왕 21)에 공사를 시작해 790년(신라, 원성왕 6)에 증축했다. 《동국여지승람》《세종실록지리지》에는 고려 현종 및 인종 때와 조선 1415년(태종 15)에 개축했다고 했다. 김제시 부량면 포교리를 기점으로 하여 남쪽으로 월승리에 이르는 평지에 남북으로 일직선을 이루고 약 3㎞에 달하는 제방이 지금도 남아 있다.

농사를 많이 짓는 호남평야에 물이 많이 필요하니 벽골제라는 저수지를 쌓았다. 그 옆에는 '신떨메'라는 산이 있었다고 한다. 저수지 공사에 동원된 백성이 일을 마친 후에 짚신에 묻은 흙을 털은 것이 쌓여서 산이 되었다 하여 '신떨메'다. 짚신의 흙이 쌓여서 산을 이룰 정도라면 얼마나 많은 백성이 동원되었을까? 아마도 저수지 공사에 동원된 백성은 품삯을 받지 못하고 부역을 했으리라. 벽골제는 그나마 백성이 농사짓는 데 도움을 주는 것이었다. 전도서에 나오는 연못은 왕의 과수원에 물을 대기 위한 것 곧 왕에게만 좋은 것이었다는 점에 큰 차이가 있다.

똑같은 낱말들이 이 창세기와 전도서 본문에 많이 쓰였다. 이를테면 심다(나타) 동산(간) 각종 과목(에츠 콜-페리) 물을 주다(샤카) 기르다(챠마흐) 행하다(아사＝만들다) 등이 그것이다. 이런 낱말들로 알 수 있듯이 에덴동산은 한가하게 노닥거리는 장소가 아니었다. 그곳은 일과 책임의식이 작동하는 자리였다.

창 2:4-6	전 2:4-6
4 이것이 천지가 창조될 때에 하늘과 땅의 내력이니 여호와 하나님이 땅과 하늘을 만드시던 날에 5 여호와 하나님이 땅에 비를 내리지 아니하셨고 땅을 갈 사람도 없었으므로 들에는 초목이 아직 없었고 밭에는 채소가 나지 아니하였으며 6 안개만 땅에서 올라와 온 지면을 적셨더라	4 나의 사업을 크게 하였노라 내가 나를 위하여 집들을 짓고 포도원을 일구며 5 여러 동산과 과원을 만들고 그 가운데에 각종 과목을 심었으며 6 나를 위하여 수목을 기르는 삼림에 물을 주기 위하여 못들을 팠으며

8절의 '기뻐하는'이란 말(ta'anûg 타아누그, ta'anûgîm 타아누김 ⋯ 'anag)은 구약성경에서 즐거움의 다양한 양상 곧 사치(잠 19:10) 육체의 아름다움(아 7:6) 자식(미 1:16) 집(미 2:9)과 관련되어 쓰였다. 여기에는 하나님 물질적인 복 어머니 젖가슴 등이 포함된다.(Provan 72 ; D. Fredericks & D. Estes 119)

이 부분에서 사람의 아들들(인생들)이 기뻐하는 것은 무엇인지를 확정하기가 매우 어렵다. 기쁨과 젖가슴이 같은 문맥에서 등장하는 경우가 구약성경에는 여기를 포함해 3곳이다.(아 7:6; 사 66:11) 이 말과 함께 쓰인 '처첩들'이란 말(šārîm wəšārôt)에 관한 해석은 매우 분분하다.

i) 루터(M. Luther) 킴치(Kimchi) 등은 이를 '온갖 종류의 악기'로 보았으며, KJV도 '악기들과 모든 종류의 악기들'(musical instruments, and that of all sorts)로 번역했다. ii) 페쉬타(Peshitta)는 이를 '술 따르는 남녀들'로 옮겼다. iii) 현대 주석가 대부분은 '처와 첩들' 또는 '부인과 부인들'로 보았다.(Lange, Delitzsch, Hengstenberg, Hitzig, Eaton). RSV, NASB는 '많은 첩들'(many concubines)로 번역했다. iv) 프레더릭스와 에스테스(D. Fredericks &

D. Estes)는 이를 젖가슴과 자음이 비슷하다는 점에 착안하여 많은 젖가슴(abundant breasts)이라고 했다.

여기서는 이를 성적인 표현으로 보느냐 아니냐가 관건이다. 만일 성적인 표현으로 본다면 솔로몬이 거느린 많은 여성을 생각나게 한다.

사람이 즐거워할 수 있는 일들은 아주 많다. 그 가운데 하나가 곡굉지락(曲肱之乐)이다. 이는 팔을 구부리는 즐거움. 팔을 구부려 베개 삼아 누워 있는 즐거움이란 뜻이다. 곧 가난하더라도 그 속에서 즐거움을 찾는 평화로운 삶을 비유한 말이다. 《논어 論語》에 이 이런 말이 있다.

거친 밥을 먹고 물 마시며 팔을 굽혀 베고 눕더라도 즐거움이 또한 그 속에 있나니, 옳지 못한 부귀는 나에게는 한낱 뜬구름과 같을 뿐이다.(飯疏食飮水, 曲肱而枕之, 樂亦在其中. 不義而富且貴, 於我如浮雲) 〈술이 述而〉

부귀는 누구나 원하는 것이지만 부정한 방법으로 얻은 것이라면 가지지 말 것이며, 빈천은 누구나 싫어하지만 정당한 것이라면 피하지 말 것이다.(子曰, 富與貴, 是人之所欲也. 不以其道得之, 不處也. 貧與賤, 是人之所惡也. 不以其道得之, 不去也) 〈이인 里仁〉

부를 얻을 수 있다면 나는 마부노릇이라도 할 것이다. 하지만 구할 수가 없다면 내가 좋아하는 바를 좇겠다.(富而可求也, 雖執鞭之士, 吾亦爲之. 如不可求, 從吾所好) 〈술이 述而〉

공자(孔子)는 부귀를 추구하는 인간의 정상적인 욕망을 부정하지 않았다. 그렇더라도 수단 방법을 가리지 않고 부당한 부귀를 추구하는 것보다는 부끄럽지 않은 빈천함을 받아들여 '곡굉이침지(曲肱而枕之)'하면서 안빈낙도(安貧樂道)하는 것이 더 마음에 평안을 가져다주는 것이라고 여겼다.

하나님보다 더 아끼고 사랑하는 것이 있다면, 그것이 무엇이든 누구이든 우상이다. 현대사회에서 우상의 대표주자는 물질(소유)이다. 나와 너, 우리 모두에게 물신숭배(fetishism 物神崇拜)가 팽배해 있다. 사람에 따라서는 이것이 하나님보다 더 의지할 대상으로 격상된다.

오늘 나(우리)의 재물관 세계관은 어떤가? 그것은 성경의 가르침 위에 서 있을까?

마음가는 대로(?)

전 2:10

개역개정	직역
무엇이든지 내 눈이 원하는 것을 내가 금하지 아니하며 무엇이든지 내 마음이 즐거워하는 것을 내가 막지 아니하였으니 이는 나의 모든 수고를 내 마음이 기뻐하였음이라 이것이 나의 모든 수고로 말미암아 얻은 몫이로다	내 눈이 원하는 것을 나는 주저하지 않았다. 즐거움을 위한 것이라면 그 어떤 것이든 나는 내 마음이 가는대로 했다. 진실로 이것은 모든 수고함으로부터 (얻어지는) 내 마음의 즐거움이었다. 그리고 이것은 내 모든 수고로 (생겨난) 나의 몫이었다.

　이것은 사람이 진정한 기쁨을 어디서 얻을 것인가를 다룬다. 이것은 전도서의 주요 주제들 가운데 하나다.(8번 2:1-11; 2:24-26; 3:12-13; 3:22; 5:17-19; 8:15; 9:7-9; 11:8-9) 결론부터 말하자면 기쁨은 자신이 즐기는 것(유쾌한 즐거움)에서 오는 것이 아니다. 그보다는 오히려 자기의 일(노동)에서 찾아야 하는 것이다.

　즐거움을 향한 코헬렛의 활동에는 아무런 제약(제한)이 없었다:

　무엇이든지 내 눈이 원하는 것을 내가 금하지 아니하며 무엇이든지 내 마음이

즐거워하는 것을 내가 막지 아니하였으니 이는 나의 모든 수고를 내 마음이 기뻐하였음이라.(전 2:10)

내 눈이 원하는 것이란 말은 단지 자기 눈요깃감으로 좋은 것만 가리키는 것이 아니다. 이는 자기 마음에 드는 모든 것을 뜻한다. 이에 코헬렛은 10절을 '눈'으로 시작하여 '마음'으로 끝맺었다. 신약성경에서 이것은 육체의 욕구, 정욕을 가리키기도 했다. 육신의 정욕과 안목의 정욕은 이 생의 자랑과 함께 다 허무한 것(하나님이 기뻐하시지 않는 것)이다.

이는 세상에 있는 모든 것이 육신의 정욕과 안목의 정욕과 이생의 자랑이니 다 아버지께로부터 온 것이 아니요 세상으로부터 온 것이라(요일 2:16)

이 세상 아무도 주지 못하고 오직 하나님만이 주시는 웃음과 즐거움을 누리지 못하는 사람은 이 세상을 허무하게 살아간다. 위와 같은 것들을 소유하고 누리며, 즐기며 사는 사람을 세상 사람들은 부러워마지 않을 것이다. 그렇지만 이런 것들을 겪어본 코헬렛은 헛되다(무익하다)는 말을 1절과 11절에서 되풀이했다. 11절에 나타나는 그의 이런 평가가 10절의 내용과 크게 대조되기에 놀라울 정도다. 그는 자신이 하는 것들에서 '즐거워하는 것'과 '무익한 것'을 동시에 안고 있다.

특히 11절에서 무익하다는 말(엔 이트론 'ēn jɔtrōn)은 전 1:3의 내용처럼 인간이 수고와 노력으로 얻고자 한(혹은 얻은) 모든 이득이 결과적으로 보니 헛되었다(허무하게 되었다)는 뜻이다. 왜 이렇게 되었는가? 4절에 '… 내가 나를 위하여…'라는 표현처럼 이 부분에서 아주 자주 나오는 단어 중에 하나가 '나'라는 말이다.(내가 잡은 것은 신드롬이다 I got me syndrom!) 곧 사람이 '내가 … 이루었다, 내가 …하다' 라며, '나'(자아)를 강력하게 주장하는 곳에는 진정한 소득이 없었다는 것이다.

13절에서 코헬렛은 말했다: "내가 보니 지혜가 우매보다 뛰어남이 빛이 어둠보다 뛰어남 같도다." 그는 지식으로, 마치 어두운 밤길을 가는 사람이 빛의 도움을 받듯이, 편리하게 더 정확하게 앞을 내다볼 수 있었다. 그리고 그런 지식이 있다고 해서 인생이 행복한 것은 아니라는 결론에 도달했다.

이미 코헬렛이 경험하였듯이 성공한 인생인 것처럼 보이더라도 진실로 실패한(허무하고 허전한) 인생은 자기가 자신의 주인이 되고자 한 모든 사람의 것이다. 그들은 자주 '마음가는대로'라고 말하며 행동한다. 그런 것이 주체적인 것처럼 보이기도 하고, 겉으로 성공한 듯 보일 수도 있다. 진실은 겉보기와 전혀 딴판이다. 성취한 것으로 보이든지 실패한 듯 보이든지 관계없이 풍성한(충만한, 뜻깊은) 인생은 실제로는 하나님께 자기 인생의 방향을 맡기며 사는 사람의 것이다. 성경과 교회사에는 하나님을 주인으로 모시고 살았기에 부, 지식, 건강, 수명, 명예, 지위 등과 아무 상관없이 행복하고 기쁘게 살았던 사람들, 복있는 사람들이 아주 많다:

그러므로 우리가 그의 죽으심과 합하여 세례를 받음으로 그와 함께 장사되었나니 이는 아버지의 영광으로 말미암아 그리스도를 죽은 자 가운데서 살리심과 같이 우리로 또한 새 생명 가운데서 행하게 하려 함이라(롬 6:4)

내가 그리스도와 함께 십자가에 못 박혔나니 그런즉 이제는 내가 사는 것이 아니요 오직 내 안에 그리스도께서 사시는 것이라 이제 내가 육체 가운데 사는 것은 나를 사랑하사 나를 위하여 자기 자신을 버리신 하나님의 아들을 믿

는 믿음 안에서 사는 것이라(갈 2:20)

마음가는 대로 하는 것은 당장에는 매우 편안하고 쉽다. 즐겁기도 하고 유익해 보일 수도 있다. 그 결과(후과)는 대체로 쓰다. 그것은 종종 우리를 부끄럽게 만들기도 하고, 슬프고 괴롭게 만들기도 한다. 이런 뜻에서 '마음가는 대로'라는 매혹적인 말은 그 사람이 지닌 철학의 빈곤을 보여준다. 그것은 참을 수 없을 정도로, 말할 수 없을 만큼 깃털처럼 가벼운 것이다.

세상에 즐거움을 마다할 사람이 있을까? 동서고금 남녀노소를 막론하고 그럴 사람은 아무도 없으리라. 어떤 특별한 목적의식 아래 잠시동안에는 자기에게 찾아올 즐거움을 유보할 사람은 있더라도, 근본적으로 즐거움을 외면할 사람은 아무도 없다. 이런 의미에서 즐거움을 추구하는 것 자체보다는 무엇에서 어떤 상황에서 즐거움을 느끼는가 곧 즐거움의 내용이 훨씬 더 중요하다. 공자는 어디서 즐거움을 찾았을까?

i) 배우고 시시때때로 익히면 기쁘지 아니한가(子曰 學而時習之不亦說乎 자왈 학이시습지불역열호) 벗이 먼 곳에서 찾아오면 또한 즐겁지 아니한가(有朋自遠方來 不亦樂乎 유붕자원방래불역락호)

ii) 공자님이 말씀하셨다. "유익한 즐거움이 세 가지 있고, 해로운 즐거움이 세 가지 있다.(孔子曰 益者三樂 損者三樂 공자왈 익자삼요 손자삼요) 예악으로 절제하는 것을 즐기고, 타인의 장점 말하기를 즐기고, 어진 벗을 많이 사귀기를 즐기면 유익하다.(樂節禮樂 樂道人之善 樂多賢友 益矣(요절예악 요동니지선 요다현우 익의) 교만함을 즐기고, 편안하게 놀기를 즐기고, 잔치를 열어 노는 것을 즐기면 해롭다.(樂驕樂 樂佚遊 樂宴樂 損矣 요교악 요일유 요연락 손의)

iii) 공자님이 말씀하셨다. 아는 자는 좋아하는 자만 못하며(子曰 知之者不如好之者 자왈지지자불여호지자) 좋아하는 자는 즐거워하는 자보다 못하다.(好之者不如樂之者 호지자불여락지자)

iv) 자공이 말했다. 가난하되 아부하지 않고 부유하되 교만하지 않는 것은 어떻습니까?(子貢曰 貧而無諂 富而無驕 何如 자공왈 빈이무첨 빈이무교 하여) 공자가 말씀하셨다. 그것도 좋다. 그러나 가난하면서도 즐거워하며 부유하면서도 예를 좋아하는 자만은 못하다.(子曰可也 未若貧而樂 富而好禮者也 자왈가야 미약빈이락 부이호예지야)

v) 공자님이 말씀하셨다. 어질구나! 안회여(子曰賢哉 回也 자왈 현재회야) 한 그릇의 밥과 한 표주박의 음료로 누항에 살면(一簞食 一瓢飮 在陋巷(일단사 일표음 재루항) 사람들은 그 근심을 견디지 못하거늘 안회는 그 즐거움을 고치지 않으니 어질구나, 안회여.(人不堪其憂 回也不改其樂 賢哉 回也(인불감기우 회야불개기락 현재회야)

vi) 공자님이 말씀하셨다. 거친 밥을 먹고 물을 마시며 팔을 굽혀 그것을 베고 살더라도 즐거움이 또한 그 가운데 있지 않다.(子曰 飯疏食飮水 曲肱而枕之 자왈 반소사음수 곡굉이침지) 의롭지 않으면서 부하고 귀함은 나에게는 뜬구름과 같다.(樂亦在其中矣 不義而富且貴 於我 如浮雲 악역재기중의 불의이부차귀 어아 여부운)

이 가운데 i)-iii)은 외부에 있는 어떤 상황이나 대상으로 인해 정서(감정)에 긍정적인 변화(즐거움)가 일어나는 것을 보여준다. 이런 것은 비교적 그 지속성이 짧다. iv)-vi)에는 외적인 대상이나 조건에 좌우되지 않는 즐거움을 누리는 경지가 나타나 있다. 이런 것은 비교적 오래 가며 이런 저런 변화에도 별로 흔들리지 않는다. 우리는 즐거움과 관련하여 이 두 가지를 다 가지고 있다. 다만 그 둘 중 어느 쪽에 비중이 더 큰가는 매우 중요하다.

우리는 하나님의 사람이다. 하나님을 믿지 않는 사람들 말대로 우리를 표현하자면 만물의 영장이다. 그런데도 하는 꼴이 겨우 '마음가는 대로'라면 그 뒤끝이 얼마나 쓸까! 성령님 안에서 우리는 우리가 말하고 행하는 것의 끝, 우리의 미래를 안다. 이에 우리는 '마음가는 대로'라는 세상의 외침에, '성경대로'(하나님 말씀대로)라고 소리친다. 그렇게 살 때 우리는 비로소 세속화의 거센 물결 속에서도 충만한 인생, 미래가 있는 인생을 살아갈 수 있다.

생각을 다르게

전 2:11

개역개정	직역
그 후에 내가 생각해 본즉 내 손으로 한 모든 일과 내가 수고한 모든 것이 다 헛되어 바람을 잡는 것이며 해 아래에서 무익한 것이로다	그리고 나는 내 자신이 한 것들, 내 손으로 행한 내 수고를 모두 다 되돌아보았다. 그리고 그 수고로 얻어진 모든 소유물을 (되돌아보았다). 그런데 보라. 그 모든 것이 다 바람잡는 것 같이 헛것이었다. 그리고 해 아래서 아무런 유익이 없었다.

이것은 마음가는 대로 해 본 뒤 생각을 달리하게 되었다는 고백이다. '다르게 생각하라' 이것은 생각의 힘, 생각의 지혜를 아는 사람이라면 누구나 하는 말이다.

성경에는 생각하라는 표현이 자주 나온다. 이것은 과거와 현재와 미래를 아우르라는 뜻이기도 하다.

옛날을 기억하라 역대의 연대를 생각하라 네 아버지에게 물으라 그가 네게 설명할 것이요 네 어른들에게 물으라 그들이 네게 말하리로다(신 32:7)

이것은 또한 현실에 안주하거나 지치지 말고 새로운 용기와 지혜를 품
으라는 것이요, 오늘과 다른 내일을 만들어가라는 뜻이다.

끝으로 형제들아 무엇에든지 참되며 무엇에든지 경건하며 무엇에든지 옳으
며 무엇에든지 정결하며 무엇에든지 사랑받을 만하며 무엇에든지 칭찬받을
만하며 무슨 덕이 있든지 무슨 기림이 있든지 이것들을 생각하라(빌 4:8)

'생각하기'는 하나님께서 우리에게 주신 아주 귀한 선물이다. 폴 발레
리가 말했던가? "생각대로 살지 않으면 사는 대로 생각하게 된다"라고.
사람은 자칫 이 정도로까지 자아를 상실하고 사물과 현상의 노예로 될 수
도 있다.

애플 컴퓨터는 1997-2002에 다르게 생각하라(Think different)를 모토로

가나안에서 발굴된 생각하는 사람(주전 1800–1600)
The Thinker from Yehud

신석기 시대 후기(주전 4500–3000) 시대의 생각하
는 사람 The Karditsa Thinker(아테네 국립 고
고학 박물관)

광고를 내보냈다. 이에 사람들이 'Think differently'라고 해야 한다고 주장했다. 애플사는 이를 Think something different 곧 '다른 것을 생각하라'의 줄임말이라고 해명했다. 거기 딸린 메인 멘트는 다음과 같다.

미친 사람들이 여기 있습니다.

반란군,

이상주의자,

비전가들,

변두리 사상가들,

어떤 패턴에도 얽매이지 않는 사람들,

사물을 다르게 보는 사람들.

그들은 어떤 규칙도 굽히지 않습니다.

그리고 그들은 현 상태를 존중하지 않습니다.

우리는 그것들을 인용할 수도 있고, 반박할 수도 있고, 존경할 수도 있고, 거부할 수도 있습니다.

우리가 할 수 없는 유일한 일은 그들을 무시하는 것입니다

왜냐하면 그들은 상황을 바꾸어놓기 때문입니다.

인류를 발전시키기 때문입니다.

어떤 사람들은 그들이 미쳤다고 생각하지만,

우리는 그들에게서 천재를 봅니다.

생각할 정도로 미친 사람들이니까

그들은 세상을 바꿀 수 있고,

그것을 하는 사람들입니다.

애플 컴퓨터의 창업자이자 CEO는 그는 '다르게 생각하라'고 하면서 세 개의 질문을 덧붙였다: 왜(why) 무엇을(what) 어떻게(how) 이에 바탕하여 그는 다르게 행동하라(acts different)고 한다. 그가 만든 〈Think Different〉 영상에는 "세상을 바꿀 수 있다고 믿을 만큼 미친 사람들이 결국 세상을 바꾸는 사람들이다" 라는 말이 나온다.

다르게 생각하기와 관련해 탈무드에는 이런 이야기가 있다.

어느 젊은이가 저명한 학자이자 라비인 슈워츠 선생을 찾아와 말했다: "저는 션 골드스타인이라는 사람입니다. 선생님께 탈무드를 배우려고 이렇게 찾아 왔습니다."

"아람어는 할 줄 아는가?"

"아니오."

"그럼 히브리말은?"

"할 줄 모릅니다."

"탈무드를 읽어 보긴 했겠지?"

"아니오, 선생님. 하지만 걱정 마십시오. 공부는 할 만큼 했으니까요. 저는 철학 박사 학위를 따고 지금은 하버드 대학 논리학 박사 과정에 있습니다."

그러자 라비가 대답했다: "그렇다고 해도 자네가 탈무드를 공부할 준비가 되어 있는지 심히 의심스럽군. 정 그렇다면 내가 내는 논리 문제를 맞추어 보게. 이 시험에 통과한다면 탈무드를 가르쳐 주지."

젊은이가 고개를 끄덕이자 랍비는 손가락 두 개를 들어 보였다. "두 남자가 굴 뚝에서 내려왔네. 한 남자는 얼굴이 시커먼 재 투성이었고, 또 다른 남자는 깨 끗했지. 자, 그럼 둘 중 누가 얼굴을 씻었을까?"

그러자 젊은이가 자신 없는 목소리로 대답했다. "얼굴이 더러운 남자 아닌가요?"

"틀렸네, 깨끗한 남자가 얼굴을 씻었지. 단순한 논리 아닌가? 더러운 얼굴의 남자는 얼굴이 깨끗한 남자를 보고 자기 얼굴도 깨끗하리라고 생각하고, 얼굴이 깨끗한 남자는 더러운 남자의 얼굴을 보고 자기 얼굴도 더러우리라고 짐작을 한 거지. 그래서 얼굴이 깨끗한 남자가 얼굴을 씻었다네."

"정말 현명하시군요, 선생님. 하지만 한 번만 더 기회를 주십시오."

그러자 랍비는 다시 한 번 손가락 두 개를 들어 보이며 이렇게 말했다. "두 남자가 굴뚝에서 내려왔네. 한 남자는 얼굴이 시커먼 재 투성이었고, 또 다른 남자는 깨끗했지. 자, 그럼 둘 중 누가 얼굴을 씻었을까?"

"그건 이미 우리가 풀었던 문제 아닙니까? 당연히 얼굴이 깨끗한 남자죠."

"틀렸네. 두 사람 모두 얼굴을 씻었지. 논리를 잘 따라가 보게. 얼굴이 깨끗한 남자는 더러운 남자 얼굴을 보고 자기 얼굴을 씻었네. 그러자 더러운 얼굴 남자는 얼굴이 깨끗한 남자가 씻는 걸 보고 '얼굴이 깨끗한데도 씻는구나. 그럼 나도 씻어야지'라고 생각하고 함께 씻었다네."

"그건 미처 생각을 못 했군요. 선생님, 면목 없지만 제발 딱 한 번만 더 문제를 내주십시오."

그러자 랍비는 또 손가락 두 개를 들어 보이며, 말했다: "두 남자가 굴뚝에서 내려왔네. 한 남자 얼굴에는 시커먼 재 투성이었고, 또 다른 남자는 깨끗했지. 자, 그럼 둘 중 누가 얼굴을 씻었을까?"

"둘 다요."

"또 틀렸구먼. 둘 다 씻지 않았네. 더러운 얼굴의 남자는 깨끗한 남자의 얼굴을 보고 씻을 필요가 없다고 생각해 얼굴을 씻지 않았고, 깨끗한 얼굴의 남자는 더러운 남자의 얼굴을 보고 '저렇게 얼굴이 더러워도 씻지 않아도 되는구나'라고 생각하고 씻지 않았지."

이렇게 되자 젊은이는 라비의 발아래 엎드려 두 손 모아 애원했다: "선생님, 한 번만 제발 한 번만 기회를 더 주십시오." 랍비는 고개를 가로저으며 이렇게 말했다: "아니, 아직 자네는 준비가 덜 되었네. 자네가 철학을 공부했든, 논리학을 공부했든 탈무드를 배우기에는 기본이 되지 않았어. 생각해 보게. 같은 굴뚝에서 내려왔는데 어떻게 한 사람은 얼굴이 깨끗하고 한 사람은 얼굴이 더러울 수가 있겠나? 한마디로 바보 같은 질문이지. 바보 같은 질문에 대답하는 데 인생을 낭비해 봐야, 얻는 것이라곤 바보 같은 해답뿐이네."

생각은 종종 지금 보이지 않는 것, 세상(여기)에 없는 것을 눈앞에 불러내는 능력으로 작용한다. 그것은 단조로움을 이겨내고, 자기 한계에 초월하며, 현실을 훌쩍 뛰어넘는다. 외골수가 되지 않게 한다. 우리는 일상생활에서 다른 사람이 생각하고 말하는 것을 보며 i) 어쩌면 저렇게 생각 없이 말하는가 ii) 참 신기하다. 같은 일 같은 사람을 놓고도 어쩌면 이렇게 보는

미켈란젤로의 Lorenzo de Medici(1489)　　　Auguste Rodin의 생각하는 사람(1904)

관점 생각과 판단이 이다지도 다를 수 있나 iii) 저 사람의 생각과 말은 나에게 어떤 의미가 있는가 iv) 나와 다르게 생각하는 그 근원과 사고의 각도를 탐구해 보자 등 여러 가지로 반응할 수 있다.

사람을 가리켜 흔히 호모 사피엔스라고 말한다. 이는 인간이 지금 주어진 것 또는 주어질 것으로 이미 짜맞추어진 것에 고착되지 않는다는 사실을 강조한다. 자신의 상상력이 만들어내는 것에 고정되지 않는다. 다르게 생각하기는 고정·고착·단정·안주 등과 어울리지 않는다.

예수님은 다르게 생각하는 본을 보여주셨다. 마태복음 5장에서 예수님이 '…너희가 들었으나 나는 너희에게 이르노니…'라고 거듭 말씀하신 것이 그런 예들 가운데 하나다. 당시 바리새파와 서기관 및 그들에게 물든 사람들은 자신과 다르다고 여겨지는 어떤 부류의 사람들을 깔보고 단죄하며 혐오했다. 예수님은 그리하지 않으셨다. 예수님은 그런 사람들의 친구가 되기까지 하셨다. 이 모든 것이 '다르게 생각하기'에서부터 시작된 것이다.

정도전(鄭道傳, 1342~1398)은 말한다. "천하의 이치는 생각하면 얻고 생각지 않으면 잃는다."(天下之理, 思則得之, 不思則失之 천하지리, 사즉득지, 불사즉실지) 이것은 삼봉집(三峯集) 권4 〈사정전 思政殿〉에 나오는 말이다.

사람은 생각하는 동물이다. 이것은 하나님께서 사람에게 주신 매우 귀한 선물이다. 이것 가지고 구체적인 어떤 일(사물 사람 사건)에 맨날 똑같은 생각만 한다면 얼마나 게으른 것일까? 하나님은 우리에게 늘 "한 번 다르게 생각해봐. 그러면 그 일(사물 사람 사건)이 네게 다르게 다가올거야"라고 말씀하시는 듯하다. 그래서일까? 코헬렛은 당대 사람들과 다른 생각, 당시 사회의 통념·이념과 다른 것을 생각했다.

전도서는 하나님께서 그렇게 숙고에 숙고를 거듭하는 우리에게 주신 선물이다.

절제된 즐거움의 열매

전 2:12-17

개역개정	직역
12 내가 돌이켜 지혜와 망령됨과 어리석음을 보았나니 왕 뒤에 오는 자는 무슨 일을 행할까 이미 행한 지 오래 전의 일일 뿐이리라	12 그리고 나는 돌아보았다, 지혜와 어리석음 및 미련함을 살펴보려고. 진실로 왕 다음에 왕위에 오르는 자가 어떤 자인가? 그들은 이미 행해졌던 것만을 (할 뿐이다)
13 내가 보니 지혜가 우매보다 뛰어남이 빛이 어둠보다 뛰어남 같도다	13 그리고 나는 보았다, 그 어리석음보다는 그 지혜가 유익함을. 이는 마치 어둠보다는 빛이 유익함과 같다.
14 지혜자는 그의 눈이 그의 머리 속에 있고 우매자는 어둠 속에 다니지만 그들 모두가 당하는 일이 모두 같으리라는 것을 나도 깨달아 알았도다	14 그 지혜로운 자는 그 눈을 자신의 머리에 (가지고 있었다). 그러나 어리석은 자는 그 어둠속을 걸어갈 뿐이다. 그리고 나는 또한 알았다, 그 둘에게 한 가지 같은 운명이 적용되는 것을.
15 내가 내 마음속으로 이르기를 우매자가 당한 것을 나도 당하리니 내게 지혜가 있었다 한들 내게 무슨 유익이 있으리요 하였도다 이에 내가 내 마음속으로 이르기를 이것도 헛되도다 하였도다	15 그리고 나는 내 마음속으로 말했다, '어리석은 자에게 생겼던 일들이 내게도 일어나는구나. 그렇다면 무엇 때문에 내가 지금보다 더 지혜로워야 하는가?' 그리고 나는 내 마음속으로 말했다. '이것 역시 헛되도다.'
16 지혜자도 우매자와 함께 영원하도록 기억함을 얻지 못하나니 후일에는 모두 다 잊어버린 지 오랠 것임이라 오호라 지혜자의 죽음이 우매자의 죽음과 일반이로다	16 진실로 지혜로운 자나 어리석은 자나 다 영원히 기억되지 못하는구나. 그들이 세상에 오는 바로 그날에 이미 그 모든 것이 잊힐 것이로다. 그 지혜로운 자가 어떻게 그 어리석은 자와 함께 죽어야 하는가?
17 이러므로 내가 사는 것을 미워하였노니 이는 해 아래에서 하는 일이 내게 괴로움이요 모두 다 헛되어 바람을 잡으려는 것이기 때문이로다	17 이에 나는 그 인생을 미워했다. 이는 해 아래서 일어나는 그것이 내게 좋지 않았기 때문이었다. 진실로 그 모든 것이 헛되며 바람을 잡는 것이었다.

여기서 코헬렛은 지혜와 어리석음을 주제로 인생의 의미를 탐구했다. 처음에는 그도 세상 사람들처럼 지혜가 어리석음(미련함)보다 훨씬 더 좋은 것으로 생각했다. 그리고 인생의 의미와 과정을 면밀히 살펴본 다음에는 그 차이가 무의미하다는 것을 깨달았다.

그렇다면 그는 지혜가 소용없다고 하는 것일까? 결코 그렇지 않다. 비록 어리석은 자가 언젠가는 죽는 것처럼 지혜자가 죽더라도, 비록 어리석은 자가 후손에게 재산을 물려주어봤자 그들이 그것을 가지고 복을 누릴지 화를 당할지 모르는 것처럼 지혜자의 후손 역시 그렇더라도, 세상 돌아가는 이치는 어리석은 자에게나 지혜자에게나 다같이 적용되더라도, 그런 사실을 아는 지혜자와 그런 사실조차 모르고 천방지축 날뛰는 어리석은 자는 차원이 다른 인생을 사는 것이다.

대현약우(大賢若愚) 대지약우(大智若愚)

대교약졸(大巧若拙) 군자성덕 용모약우(君子成德容貌若愚)

이것들은 '크게 현명한 자는 어리석은 듯 보인다.' '대단히 지혜로운 자는 어리석은 사람처럼 보인다.' '매우 정교한 것은 겉으로는 졸렬하게 보인다.' '군자는 덕을 성취했어도 그 용모는 어리석게 보인다.'

이런 모습은 자신의 내공을 함부로 드러내지 않는 정도로 덕을 쌓은 사람에게서 나타난다. 달리 말하자면 자기 자신을 얄팍하게 밖으로 드러내지 않는 것은 내적인 긍지이자 당당함이자 교양이자 품격이다. 지금은 자신이 겨우 셋 정도 아는 것 가지고 마치 10을 아는 듯이 껍죽거리는 세상이다. 그런 세상에서 10을 알아도 겨우 3만 말할 줄 알고 '자기 말이 도리에 맞아도 남에게 양보하는' 자세는 아무나 하는 것이 결코 아니다.

옛날에 말(馬)을 유난스럽게 좋아하는 왕이 있었다. 그 왕이 어느 날 하루에 천리를 달리는 말이 있다는 소문을 들었다. 천리마를 가지고 싶었던 왕은 신하들을 전국 각지로 보내 수소문했다. 하지만 원하는 천리마는 그 어느 곳에서도 찾을 수 없었다. 왕의 시름은 갈수록 깊어갔다. 이때 어떤 신하가 자신에게 황금 500냥을 주면 천리마를 가져오겠다며 호언장담했다. 왕은 혹시나 하는 마음에 그에게 거금을 내어주었다.

몇 달이 지난 뒤 신하는 천리마를 구했다며 왕 앞에 나타났다. 그의 손에는 말 뼈 하나만 달랑 들려있었다. 왕이 물었다. "그것이 무엇인가" "네! 이것이 바로 천리마의 다리뼈입니다. 황금 500냥을 주고 샀습니다." 왕의 분노가 폭발했다. "네 이놈! 나는 살아있는 천리마를 가져오라고 했다. 죽은 말 뼈를 500냥이나 주고 사오다니!"

그러자 신하가 조용히 말했다. "조금만 기다려 보십시오. 천리마는 귀한 말이라 다들 숨겨놓고 내놓으려 하지 않습니다. 그런데 왕께서 죽은 천리마의 뼈도 500냥이나 주고 샀다고 소문이 퍼지면, 살아있는 천리마를 가진 사람이 너도나도 나서서 올 것입니다."

과연 그랬다. 얼마 지나지 않아 천리마를 가진 사람이 세 사람이나 나타나 왕에게 팔겠다고 찾아왔다.

너희 중에 누구든지 이 세상에서 지혜 있는 줄로 생각하거든 어리석은 자가 되라 그리하여야 지혜로운 자가 되리라(고전 3:18)

우리는 그리스도 때문에 어리석으나 너희는 그리스도 안에서 지혜롭고(고전 4:10)

12절의 망령됨이란 말(홀렐로트 hôlēlôt)은 구약성경 전체에서 전도서에만 4번 나온다. (1:17과 7:25에는 '미친 것' 9:3에서는 '미친 마음' 여기서는 '망령됨'으로 번역되었다)

'왕의 뒤에 오는 자는 … 무슨 일을 행할까'는 세 가지 의미로 해석될 수 있다. i) 어떤 왕(예를 들어 솔로몬) 뒤를 이어 왕이 되는 자도 앞선 자가 추구했던 것 그 이상을 하지는 못하고 결국 같은 시행착오를 되풀이하게 되리라.(what can the man do that cometh after the king? even that which hath been already done, KJV, NIV나 RSV도 이와 같은 맥락으로 번역) 열왕기에 따르면 북왕국 이스라엘 왕들은 모두가 북왕국을 건국한 여호보암 1세의 전례를 밟았다. ii) 인생의 낙을 찾아 헤매는 후대의 왕들도 결국 솔로몬과 같은 결론에 도달할 것이다.(anyone else would come to the same conclusion I did, LB) iii) 이는 "미래의 왕들은 내가 당했던 문제들에 직면할 때 어떻게 반응하며 처신할까?"라고 묻는 것이다.(M. A. Eaton) iii) 이전 왕 시대에 있었던 부조리와 모순을 최대한 해소해가며 새로운 시책으로 나라를 다시 세우려 시도하는 경우다. 유다 역사에 실제로 있었다. 유다왕 아사(주전 910-870) 여호사밧(주전 869-849) 요아스(주전 843-796) 히스기야(주전 715-687) 요시아(주전 639-609) 시대의 개혁정책(종교개혁)이 그런 예다. 물론 본문의 흐름에는 이런 경우가 적용되지 않는다.

'그들 모두가 당하는 일이 모두 같으리라는 것을'(14절)에서 '모두 같다'는 말(미크레 에카드)에 주목해 보자. 에카드('eḥād)는 '유일한 독특한 공통된 하나의'란 뜻이다. 미크레(miqərê)는 우연이란 뜻이다. 이 둘이 합쳐져 함께(공통적으로) 겪는 어떤 사건(일)이란 뜻으로 되었다. 영어성경들은 이를 '한 가지 사건'(one event KJV; he same event ESV) '같은 운명'(the same fate, NIV) '한 가지 운명'(one fate, RSV, NASB)등으로 옮겼다. 이는 궁극적으로 모든 사람 곧 지혜자나 우매자나 다같이 겪을 '죽음'을 가리키는 것으로 보인다.(M. A. Eaton, G. A. Barton, LANGE)

코헬렛은 지혜와 우매(어리석음)를 빛과 어두움의 차이에 비유하여 설명했다. 그러면서 빛과 어둠에 비교할 수 없을 정도로 차이가 크다고 생각했다. 실제로 인생의 의미를 탐구하며 살다보니, 그 차이가 별로 없었다. 그는 결국 지혜자나 우매자 사이에 큰 차이가 없더라고 고백했다. 비록 자기는 자타가 공인하는 지혜로운 자요, 어리석은 자들과는 전혀 다른 사람이라고 여겨왔는데, 이렇게 지혜를 찾고 지혜롭게 살려고 한 모든 것도 헛되었다고 했다.(전 2:15 우매자가 당한 것을 나도 당하리니 내게 지혜가 있었다 한들 내게 무슨 유익이 있으리요)

큰 소리로 읊다[放吟] — 신흠(申欽 · 1566~1628)

不信人間酒(불신인간주) 믿지 못하겠네, 술이 인간의

能澆心裏愁(능요심리수) 마음 속 시름을 풀어줄 수 있단 말

呼琴彈一曲(호금탄일곡) 거문고 가져다가 한 곡조 타고

長嘯上高丘(장소상고구) 휘파람 길게 불며 높은 언덕에 올라

高丘千里目(고구천리목) 천리 너머 먼 곳을 바라보자니

曠野風颼颼(광야풍수수) 광활한 들에 쏴아 쏴아 몰려오는 바람

賢愚同結束(현우동결속) 현자도 바보도 끝은 같나니

竟作土饅頭(경작토만두) 끝내 흙만두(= 묘지)가 되어버리지

錐刀亦何利(추도역하리) 사소한 일에서 이익 얼마나 얻겠다고

擾擾成釁讐(요요성흔수) 소란스레 다투다가 원수되는가

誰歟會心人(수여회심인) 그 누굴까 내 마음 알아줄 이는

散髮弄扁舟(산발농편주) 머리 풀어헤치고 일엽편주 물에 띄우리

이렇게 말하는 이유 중에 하나가 인생이 유한하다는 것이요, 다른 하나는 자신이 이룬 것들을 후손에게 물려주어야 하는 것이다. 아무리 지혜로운 사람이라도 그 후손이 지혜롭다는 보장이 없으며, 아무리 어리석은 사람이라도 그 후손이 어리석다는 보장이 없다.(전 2:18-19 참조)

> 그러나 그는 지혜 있는 자도 죽고 어리석고 무지한 자도 함께 망하며 그들의
> 재물은 남에게 남겨 두고 떠나는 것을 보게 되리로다 (시 49:10)

이에 유산으로 물려줄 것을 많이 장만한 코헬렛은 이 또한 허무하다고 말했다. 세상에서 부귀영화를 누린 사람일수록 그것을 잃을 때 또는 그것을 놓고 세상을 떠날 때, 다른 이보다 더 아쉽고 더 허무하고 더 허탈해지는 것일까? 그는 자기가 힘쓰고 애써서 이룩해 놓은 것을 사랑하는(혹은 믿음직한) 사람에게 물려주었는데 '물려받은 그 사람이 과연 어떤 사람인지'를 아무도 모르기에, 허무하다고 했다. 이는 그렇게 물려받은 유산이 그 당사자에게 덕이 될지 화가 될지 모른다는 것이다.

이런 사실을 일찍이 셰익스피어는 그의 4대 비극 가운데 리어왕에서 이미 밝혔다. 동양에서도 일찍부터 사람을 알아보기가 너무나 어렵고, 또 그것이 아주 중요하기에 사람을 알아보는 길을 몇 가지로 밝혀놓았다:

"한 길 물속을 알아도, 한 자 사람의 마음을 알 수 없다"는 말이 있다. 그만큼 사람 마음을 알기가 어렵다. 일찍이 고려 공민왕은 신하 김용이 죽었을 때, "앞으로 누구를 믿고 의지할 것인가"라고 탄식하며 눈물을 흘렸다고 한다. 그 김용이란 사람이 과연 어떤 사람이기에 그가 이렇게까지 반응하였을까? 그는 《고려사 열전》〈반역 反逆〉조에 실렸다. 그 일대기를 보면 공민왕을 죽이려 하였으니 반역자가 맞다. 그 책은 반역자보다는 전형

적인 간신으로 그를 소개했다. 그런데도 이런 사실들을 까마득히 모른 채 공민왕은 그의 죽음을 슬퍼하고, 눈물까지 흘리며 탄식하였던 것이다.

고려에 공민왕이 즉위할 중국은 원·명 교체의 혼란기였다. 일본은 남북조시대로 둘로 쪼개져 있었다. 각지에서 민란이 일어나고 도적 떼들이 창궐했다. 그 중 원나라에서 일어난 홍건적(紅巾賊)은 그 규모가 한 나라의 군사력을 능가할 정도였다. 한산동(韓山童)이 나타나 스스로 미륵불이라 민심을 선동하고 노략질을 일삼았다. 그들은 1359년 공민왕 8년 장수 모거경이 이끈 4만 여명이 압록강이 얼어붙은 겨울에 침략하여 서경(평양)을 점령했다. 이방실 장군이 그들을 제압했다. 그들은 1361년 다시 세력을 키워 20여만 명이 파죽지세로 고려 수도 개경까지 침략했다.

공민왕과 고려 왕실은 복주(경북 안동)까지 피난을 갔다. 이 때 탁월한 정세운(鄭世雲 ?~1362) 장군을 중심으로 안우(安祐), 이방실(李芳實), 김득배(金得培) 등 여러 장군이 홍건적 10만 여명을 몰살시키자, 남은 10만 여명이 압록강 건너로 패주했다.

이 정세운 장군은 공민왕이 세자 때 공민왕을 따라가 원나라에 갔다가 왔고 공민왕이 왕이 되면서 1등 공신의 위에 올랐다. 천성이 충직하고 청렴하며 나라와 백성을 위하는 마음이 강했다. 홍건적이 침략하자 총병관으로 개경을 홍건적으로부터 지켜내 왕의 총애를 한 몸에 받았다.

1632년 홍건적이 개경에서 패하여 물러난 후 상상하기 어려운 유혈사태가 벌어졌다. 권력의 최고 정점인 왕에 대한 신하의 일편단심은 자기 혼자라야지 다른 사람은 용인이 안되는 것이 권력 사회다.

정세운 장군이 개경 탈환의 최고 공로자가 되자 공민왕의 총애를 받았던 평장사 김용(金鏞 ?~1363)이 아주 교활하고 잔인한 음모를 꾀했다. 김용도 공민왕이 세자로 원나라에 갔을 때 시종한 공로로 대호군에 승진된 사람이다.

뜻밖의 홍건적의 난리를 겪으며 왕의 총애가 정세운 장군 쪽으로 기울어지자 정세운을 죽일 음모를 꾸몄다.

안동으로 피난갔던 공민왕이 김용에게 은밀하게 내린 명령이라며 정세운을 죽이라고 위조한 편지를 안우와 이방실에게 보여주었다. 김용에게 설득당한 안우와 이방실은 술자리를 배설하고 정세운을 초청하여 죽였다. 안우가 상주에 머물던 공민왕에게 정세운을 죽였다는 보고를 하러가자 김용은 거짓이 탄로날 것이 두려워 안우도 죽였다. 그리고 왕에게 정세운을 죽인 이방실, 김득배를 가만두면 안 된다고 모략을 했다. 결국 왕의 허락을 받아 두 사람도 죽였다.

김용의 세상이 되는 듯했다. 김용은 한 발 더 나가 공민왕을 폐위시키는 음모에도 가담했다.

원나라의 기황후가 기철 등 자신의 오빠들이 공민왕에 의해 제거된 것에 앙심을 품고 있던 차에 최유(崔濡)란 자가 기황후를 꾀었다. 그녀는 원나라 황제를 움직여 공민왕을 폐하고 덕흥군(德興君)을 고려왕으로 임명하게 했다. 김용은 최유와 좌정승과 판삼사직의 실권을 잡고 원나라 군을 동원하여 고려로 침입했다.

홍건적이 초토화시킨 개경으로 오지 못한 공민왕은 임진강 주변 흥왕사에 머물고 있었다. 김용과 최유는 부하 50명을 흥왕사로 보내 공민왕의 처소를 급습했다. 공민왕은 재빨리 도망쳐 대비의 밀실에 숨어 목숨을 보전했다. 침실에는 공민왕 대신 환관 안도적이 누워있다가 살해당했다.

김용은 원나라 세력을 업고 왕과 반대파를 모두 죽이려 했고 우정승 홍언박, 상장군 김장수도 이 때 살해당했다. 그렇게 권력을 탐하던 김용도 역신이 되어 밀성(밀양)으로 귀양을 갔다가 살아있는 상태에서 팔과 다리와 목을 다섯대의 수레에 밧줄에 매달아 찢어 토막내어 죽게하는 거열형(車裂刑)으로 생을 마감했다. 이 모든 일이 2년 사이에 일어났다. 그는 진실을 허위로 조작해서 권력을 누린 자의 말로를 보여주었다.

정의가 항상 승리하지 않고, 거짓으로 힘을 가지려는 자가 허위를 진실로 둔갑시켜 혹세무민하는 것은 어느 시대나 있다. 자기 손으로 자기를 더럽히는 사람들이 있다. 더럽고 탐욕으로 인생을 산 사람은 본인과 후손과 따르던 사람들이 닦아서 빛을 내려고 하지만 닦으면 닦을수록 더 더러워지는 것이 탐욕의 삶을 산 사람의 뒷모습이다. 탐욕스러운 생활은 결국 자기 자신을 버리는 길이다. 김용은 그 탐욕으로 자기 개인이 망했을 뿐만 아니라 가문도 몰락하고 나라도 망하게 했다.

사기(史記) 위세가(魏世家)에는 위나라 문후(文侯)가 재상 임명을 위해 이극(李克)에게 자문을 요청하면서 나눈 대화가 기록되었다. 문후는 이극에게 "선생께서 과인에게 말하기를 집안이 가난하면 어진 아내를 그리게 되고, 나라가 혼란하면 훌륭한 재상을 그리게 된다(家貧思良妻, 國亂思良相) 라고 하셨습니다. 제 동생인 성자(成子)와 적황(翟璜) 중 누가 더 적합합니까" 라고 말했다. 이에 이극은 문후에게 다음과 같은 다섯 가지 사항을 진언했다:

"평소에 지낼 때는 그의 가까운 사람을 살피고, 부귀할 때에는 그와 왕래가 있는 사람을 살피고, 관직에 있을 때에는 그가 천거한 사람을 살피고, 곤궁할 때에는 그가 하지 않는 일을 살피고, 어려울 때에는 그가 취하지 않는 것을 살피십시오."

이와 비슷하게 사람을 다섯 가지로 관찰하는 五視(오시)가 있다: i) 평소에는 무엇을 좋아하는지를 보고 ii) 높은 자리에 있을 때 어떤 인물을 천거하는지를 보며 iii) 부유할 때 어떤 사람들에게 자비를 베푸는지를 보고 iv) 가난할 때 어떤 행동을 하는지를 보며 v) 미천할 때 재물을 어떻게 대하는지를 보는 것.

전국시대 말기 진나라 재상 여불위가 지은 《여씨춘추》에 나오는 말이다: "인간의 종류는 같지만 지능은 모두 다르며 똑똑하고 못나고의 차이도 뚜렷하다. 모두가 교묘하게 자기를 변명하는 말로 스스로를 방어한다. 이것이 바로 못난 군주가 혼란스러워지는 까닭이다." 그래서 그는 '팔관육험법' (八觀六驗法) 을 제안했다. 이는 인재를 등용하기에 앞서 관찰해야 할 여덟 가지와 사람을 시험해 볼 여섯 가지 항목을 이르는 말이다. 우선 팔관법(八

觀法)은 사람의 언행과 생각을 8가지 경우에 비추어 살펴보자는 것이다:

1. 순조로울 때(잘 나갈 때) 어떤 사람을 존중하는지 본다.
2. 높은 자리에 있을 때 어떤 사람을 기용하는지 본다.
3. 부유할 때 어떤 사람을 접촉하는지 본다.
4. 무엇을 말하는지 무엇을 하는지 본다.
5. 한가할 때 무엇을 하는지 본다.
6. 친해진 뒤 말 속에 드러나는 뜻을 본다.
7. 좌절했을 때 지조를 본다.
8. 가난할 때 그가 무엇을 하고 무엇을 하지 않는지 본다.

그리고 육험법(六驗法)은 사람이 희(喜) 노(怒) 애(哀) 락(樂) 고(苦) 구(懼 :두려울 구) 등 6가지 감정에 휩싸였을 때, 어떻게 반응하는지를 찬찬히 살펴보자는 것이다:

1. 기쁘게 해서 그가 천박하게 행동하지 않는지를 본다.
2. 즐겁게 해서 그의 취향을 알아본다.
3. 화를 돋구워 자기를 통제하는 능력이 있는지를 살핀다.
4. 두렵게 만들어 그것을 견딜 수 있는지를 본다.
5. 슬프게 만들어 스스로를 지탱할 수 있는지 본다.
6. 힘들게 하여 그의 의지를 시험한다.

《여씨춘추》는 이 八觀六驗法(팔관육험법) 말고도 환경이 사람에게 미치는 영향력을 고려하여 六戚四隱(육척사은)도 살피라고 권했다. 6척이란 곧

110

아버지, 어머니, 형, 동생, 아내, 아들들을 가리키는 말이다. 그리고 4은이란 좋은 친구, 오래 사귄 사람, 고향 사람, 가까이 지내는 사람 등이었다. 이런 주변 환경과 사람들을 통해 그 사람의 성질과 됨됨이를 어느 정도 알 수 있다는 것이다. 이렇게 《여씨춘추》는 안으로는 八觀六驗法(팔관육험법)으로, 밖으로 六戚四隱(육척사은)으로 그 사람의 성품과 정직성 여부, 위선과 탐욕을 알아보라고 하였던 것이다.

팔징구징 (八徵九徵) 여덟 가지 조짐과 아홉 가지 조짐. 사람의 됨됨이를 판단하는 기준이나 방법을 이르는 말이다.

"첫째, 말로써 물어 말투를 살핀다. 둘째, 말로써 궁지에 몰아넣어 변화를 살핀다. 셋째, 더불어 한가롭게 지내기도 하고 일을 도모해 보아 성실함을 살핀다. 넷째, 명백히 드러내 물어 덕성을 살핀다. 다섯째, 재물을 다루게 하여 청렴함을 살핀다. 여섯째, 여색으로 시험하여 정절을 살핀다. 일곱째, 어려운 상황을 알려 용기를 살핀다. 여덟째, 술에 취하게 하여 태도를 살핀다. 이와 같이 여덟 가지 조짐을 갖추면 어진 사람인지 불초한 사람인지 구별할 수 있다.(一曰問之以言, 以觀其辭. 二曰窮之以辭, 以觀其變. 三曰與之閒謀, 以觀其誠. 四曰明白顯問, 以觀其德. 五曰使之以財, 以觀其廉. 六曰試之以色, 以觀其貞. 七曰告之以難, 以觀其勇. 八曰醉之以酒, 以觀其態. 八徵皆備, 則賢不肖別矣.)"

이는 태공망(太公望)이 주(周)나라 무왕(武王)에게 인재 선발의 8가지 기준에 대하여 설명한 내용으로 《육도(六韜) 〈선장(選將)〉》에 나오는데, 여기에서 '팔징(八徵)'이 유래했다. '구징(九徵)'은 다음 글에 있다.

"공자(孔子)가 말했다. 무릇 사람의 마음은 산천보다 험하고 하늘을 알기보다 어렵다. 하늘에는 봄·여름·가을·겨울·아침·저녁의 시기가 있으며, 사람은 두툼한

외모에 감정을 깊이 간직하고 있다. … 그러므로 군자는 멀리 두고 부리면서 충성됨을 살피고, 가까이 두고 부리면서 공경함을 살핀다. 번거로운 일을 시켜 능력을 살피고, 갑작스레 질문하여 지혜를 살핀다. 갑작스레 약속을 하여 신의를 살피고, 재물을 맡겨 어짊을 살핀다. 위태로운 상황을 알려 줌으로써 절개를 살피고, 술에 취하게 하여 법도를 살피며, 남녀가 섞인 곳에 있게 하여 호색함을 살핀다. 이 아홉 가지 조짐을 시험하면 불초한 사람을 가려낼 수 있다."(孔子曰, 凡人心險於山川, 難於知天. 天猶有春秋冬夏旦暮之期, 人者厚貌深情. … 故君子遠使之而觀其忠, 近使之而觀其敬, 煩使之而觀其能, 卒然問焉而觀其知, 急與之期而觀其信, 委之以財而觀其仁, 告之以危而觀其節, 醉之以酒而觀其側, 雜之以處而觀其色. 九徵至, 不肖人得矣.)」

이 이야기는 《장자(莊子)》〈열어구(列御寇)〉에 나오는데, 여기에서 '구징'이 유래했다. 위와 같이 《육도》에 나오는 팔징과 《장자》에 나오는 구징이 합해져서 '팔징구징'이 나왔다.

《맹자》〈양혜왕하편〉에도 참모를 고르는 방법이 있다. 여기서 그는, 앞의 것들과 달리, 자기 스스로에 대한 경계를 늦추지 말아야 한다고 교훈했다. 다른 사람을 판단하기 앞서 자기 자신이 스스로 바르게 눈을 뜨고 있어야 한다는 것이다:

"좌우 측근들이 누구누구가 좋다고 하더라도 가볍게 믿어서는 안 된다. 여러 대부가 누가 좋다고 하더라도 가볍게 믿어서는 안 된다. 나라 사람 전체가 누가 좋다고 한 다음에야 가서 살펴보고 진짜 좋으면 기용한다. 좌우 측근들이 누구는 좋지 않다고 하더라도 믿어서는 안 된다. 대부들이 누구는 좋지 않다고 하더라도 믿어서는 안 된다. 나라 사람 전체가 누구는 좋지 않다고 한 다음에야 가서 알아보고 진짜 좋지 않으면 조치한다. (…) 그래야 비로소 백성의 어버이라 할 수 있다. 이런 태도로 사람을 취하거나 버리면 의심할 바 없이 신중하다고 말할 수 있다."

코헬렛이 죽음보다 앞서서 언급하는 것이 있다. 그것은 기억되지 못하고 잊히는 것이다. 성경에서 잊음은 단순히 기억하지 않음이 아니다. 그것은 일부러 실존의 바깥으로 내모는 것이다. 이것은 종종 무시하는 태도 또는 작용하는 힘이 없음으로 나타난다. 이를 테면 파라오의 신하들은 감옥에 있는 요셉을 잊었다.(창 40:23)

기억함도 단순히 어떤 대상을 마음에 떠올리는 것이 아니다. 그것은 책임감으로 가득 충전된 자세로 상대방을 대하는 것이다.

24 하나님이 그들의 고통 소리를 들으시고 하나님이 아브라함과 이삭과 야곱에게 세운 그의 언약을 기억하사 25 하나님이 이스라엘 자손을 돌보셨고 하나님이 그들을 기억하셨더라(출 2:24-25)

내가 나의 침상에서 주를 기억하며 새벽에 주의 말씀을 작은 소리로 읊조릴 때에 하오리니(시 63:6)

여호와여 내가 밤에 주의 이름을 기억하고 주의 법을 지켰나이다(시 119:55)

19 내 고초와 재난 곧 쑥과 담즙을 기억하소서 20 내 마음이 그것을 기억하고 내가 낙심이 되오나(애 3:19-20)

코헬렛이 지혜로운 자나 어리석은 자나 그 결국은 마찬가지라고 말하는 세 번째 이유는 자기 자신은 물론 자신이 애써서 이룩해 놓은 업적들이 영원토록 기억되지 못한다는 사실에 있다.(전 2:16; 전 1:10-11) 곧 어리석은 자와 그 일이 기억되지 못하는 것을 당연히 받아들일 수 있지만, 그 시대의 뛰어난 지혜자와 그 일마저 잊히는 것을 생각하면 참을 수 없는 허탈감에 사로잡힌다는 것이다. 결국 아무도 기억해 주지 않을 일, 깊은 의미와 뜻이 있는 일을 하지 못한 채 겉으로 보이는 것을 쫓아가기에 급급했다는 반성이 여기에 들어 있다. 그는 '그래서 나는 산다는 일이 싫어졌다'라고 말할 정도였다.(전 2:17 공동번역). 여기서 '싫어졌다, 미워졌다'는 말(사네 śānā')은 하나님이 하시는 일 앞에서 인간이 지닌 한계를 절실히 깨달으면서 나오는 탄식이었다.(18, 20, 23절도 참조하라)

> 10 그러나 그는 지혜 있는 자도 죽고 어리석고 무지한 자도 함께 망하며 그들의 재물은 남에게 남겨 두고 떠나는 것을 보게 되리로다 11 그러나 그들의 속생각에 그들의 집은 영원히 있고 그들의 거처는 대대에 이르리라 하여 그들의 토지를 자기 이름으로 부르도다 12 사람은 존귀하나 장구하지 못함이여 멸망하는 짐승 같도다(시 49:10-12)

그렇다면 코헬렛은 어리석음이나 지혜(미련함)나 다 피차일반이니 지혜를 추구할 필요가 없다고 하는 것일까? 그런 것은 아니다. 이것은 지혜가 필요없다는 것을 말하려는 것이기보다는 이 세상에서 유익한 것을 보다 더 많이 차지하려는 무한경쟁이 덧없다는 것이다. 사람들은 종종 지혜를 경쟁이나 다툼에서 이기는 길을 발견하는 도구인 양 격하시키기도 한다. 세상의 허무한 것 사라지고야 말 것에 승부를 거는 인생만큼 어리석은 일은 없다는 것이다.

마치 코헬렛은 모든 인간이 죽음을 피할 수 없기에 지혜나 어리석음이 다 같다고 말한 것처럼 들린다. 사실은 그것이 아니다. 이 땅에서의 행복만 찾아나가는 사람은 죽음 그 자체로 모든 것이 다 헛될 것이다. 영원한 것이 그에게 남아 있지 않기에. 만일 사람과 그 수고가 죽음과 함께 다 사라지고 기억되지 않기에 허무하다면, 그것이 기억될 경우에는 이야기가 달라질 것이다. 곧 영원한 것이 찾아올 때 그 허무가 극복된다는 역설이 여기에 숨어 있다.

16절 이하에는 전도서에서 처음으로 죽음에 관한 언급이 있다.

죽음의 문제를 극복하지 못한 사람이 부와 가난, 명예와 불명예, 지혜와 어리석음 등의 차이점을 크게 하려고 애써봤자 아무 소용이 없더라는 말이다. 이런 뜻에서 그리스도와 함께 죽음을 극복하는 사람은 헛되지 않은 인생을 사는 것이다.

내가 그리스도와 함께 십자가에 못 박혔나니 그런즉 이제는 내가 사는 것이 아니요 오직 내 안에 그리스도께서 사시는 것이라 이제 내가 육체 가운데 사는 것은 나를 사랑하사 나를 위하여 자기 자신을 버리신 하나님의 아들을 믿는 믿음 안에서 사는 것이라 (갈 2:20)

쉬지 못하는 밤

전 2:18-23

개역개정	직역
18 내가 해 아래에서 내가 한 모든 수고를 미워하였노니 이는 내 뒤를 이을 이에게 남겨 주게 됨이라	19 그리고 누가 알랴, 그 사람이 현명할른지 어리석을른지. 그런데도 그가 관리하리라, 내 모든 수고 곧 내가 내 지혜로 해 아래서 행한 것들을. 이 또한 헛되도다. 20 그리고 나는 돌이켰다, 내 마음을 실망하는 쪽으로, 내가 하 아래서 수고한 모든 수고에 대하여.
19 그 사람이 지혜자일지, 우매자일지야 누가 알랴마는 내가 해 아래에서 내 지혜를 다하여 수고한 모든 결과를 그가 다 관리하리니 이것도 헛되도다	
20 이러므로 내가 해 아래에서 한 모든 수고에 대하여 내가 내 마음에 실망하였도다	21 진실로 어떤 사람이 자기 지혜와 지식과 기술로 수고하고도 그런 것도 없는 사람에게 자기 몫을 떼어주어야 하니 이 또한 헛되다. 그리고 커다란 괴로움이다. 22 진실로 무엇을 얻으랴, 사람이 자기의 모든 수고로, 자기 마음의 추구로. 이는 해 아래서 하는 수고로다.
21 어떤 사람은 그 지혜와 지식과 재주를 다하여 수고하였어도 그가 얻은 것을 수고하지 아니한 자에게 그의 몫으로 넘겨 주리니 이것도 헛된 것이며 큰 악이로다	
22 사람이 해 아래에서 행하는 모든 수고와 마음에 애쓰는 것이 무슨 소득이 있으랴	23 진실로 그의 모든 날은 아픔이요, 그의 일은 슬픔이라. 밤에도 눕실로 그 모든 것이 헛되며 바람을 잡는 것이었다.
23 일평생에 근심하며 수고하는 것이 슬픔뿐이라 그의 마음이 밤에도 쉬지 못하나니 이것도 헛되도다	

이것은 코헬렛이 자신과 자기 주변에서 일어나는 일들을 보며 실망하는 것에 관해 말하는 내용이다. 그는 앞에서 지혜와 어리석음에 관해 관찰하고, 그 결론을 냉정하게 평가했다. 그 결론이 '내가 내 마음에 실망하였도다'(20절)이다. 이와 관련하여 2:18-23에는 아말(*āmāl* 수고)이란 낱말이 11번 사용되었다.

내가 한 모든 수고(18a)

내 지혜를 다하여 수고한 모든 결과...(19a)

내가 해 아래에서 한 모든 수고…(20a) 수고하지 아니한 자(20b)

그 지혜와 지식과 재주를 다하여 수고하였어도(21)

사람이 해 아래에서 행하는 모든 수고와 마음에 애쓰는 것(22)

수고라는 말은 세 가지 말맛으로 쓰였다. 그것은 i) 인간의 활동과 수고 그 자체를 가리키거나 ii) 수고를 통해 얻어낸 것과 iii) 후손(상속자)에게 남겨줄 재산이나 성취를 의미했다.

18-19 지혜자인가 우매자인가를 따지는 것은 핵심에서 벗어난다

20-21 지혜와 지식과 재주에 대한 실망

22-23 많이 수고하고 많이 신경 써보니 밤에도 마음의 휴식이 없더라

24-26 수고하여 얻은 것을 하나님 선물로 알고 즐기는 것이 행복이다.

전 2:18-19에서 코헬렛은 자신이 이룩한 것(얻어낸 것, 재산)이 자신이 죽은 다음에 어떻게 될지에 관심을 기울였다. 죽는 사람은 그 누구도 자신이 모은 재산을 가져가지 못한다.(시 37:18, 25; 49:15; 집회서 11:19; 14:15 참조)

코헬렛은 자기가 피땀 흘려가며 모는 것을 다른 사람에게 넘겨주어야만 하는 현실에 비애를 느꼈다.

'누가 알랴'는 표현(mî jôdēă')은 구약성경에 11번(삼하 12:22; 에 4:14; 시 90:11; 잠 24:22; 사 29:12; 욜 2:14; 욘 3:9) 나오며 그 가운데 전도서에 4번 (2:19; 3:21; 6:12; 8:1) 쓰였다. 이것은 누가 아는지를 알아보려는 물음이 아니다. 그런 뜻으로는 시 19:13; 잠 24:12, 22; 렘 9:11에 쓰였다. 여기서는 '아무도 모른다'는 사실을 강조하는 것이다. 코헬렛은 이를 인간지식의 뚜렷한 한계라는 자신의 주장을 기정사실로 못박고자 수사학적 의문문을 사용했다.(최창모, 전도서의 수사적 질문과 헤벨의 상징적 기능에 관한 연구 214)

모아놓은 것이 많으면 많을수록 죽는 사람이 포기해야 할 것은 더욱 더 많아지는 법이다. (전 4:8; 5:13-15; 6:1-2) 부유하거나 안정적인 삶을 영위하는 사람이 세상에서 가장 무서워하는 것이 죽음인 이유가 바로 여기에 있다. 사람이 얻어내는 지혜와 마찬가지고 재산도 죽음을 초월하는 데에 아무런 보탬도 되지 않는다.

세상에는 자기 스스로 지혜롭다고 자처하는 이들이 많다. 그런 어리석은 자들의 모습을 괴테(Johannes Wolfgang Goethe 1749-1832)는 《파우스트》에서 묘사했다. 파우스트는 자기 욕망의 실현을 파괴적인 방법으로 추구한 사람의 대명사다. 그는 행복과 성취감을 얻기 위해 자신의 영혼을 마귀(멤피스토펠레스 Mephistopheles)에게 공개적으로 팔아넘기기까지 했다. 이 이름을 히브리어로 따라 풀이하자면 메피츠(mēfîṣ =퍼뜨리는 자)와 토펠셰케르 (ṭôfel šeqer =거짓말쟁이)가 합쳐진 것이다. 이를 그리스말에 따라 해석하자면 메(mē =아니다) 포스(phôs =빛) 필리스(phileō =사랑, 사랑하다) 곧 메포스필리스(=빛을 사랑하지 않는다)이다.

여기서 죽음의 그림자가 자신에게 다가오는 것을 느끼는 코헬렛은 그 성격이나 동기가 불확실한 사람에게 자신이 애써 모은 재산을 넘겨주어야만 하는 것에 불안을 느꼈다. 장차 자신의 죽음으로 자신이 노력해서 쌓아온 모든 것을 잃을 수도 있다는 사실을 생각하니 지금 죽어라고 수고하는 것이 무슨 소용이 있겠느냐는 것이다.

이 부분에서 우리는 솔로몬이 왕권을 어리석은 아들 르호보암에게 넘겨주었던 일을 떠올린다. 이와 관련해 일경지훈(一經之訓)이란 것이 있다.

유자손이안(遺子孫以安) 유자황금만영불여일경(遺子黃金滿盈不如一經) '자식에게 황금을 한 바구니 가득 남겨주는 것이 경서 한 권을 가르치는 것만 못하다.'
— 반고의《한서 汉书·위현전 韦贤传》

이것은 한(漢)나라 때 학자이자 정치가인 위현(韋賢)에 관한 일화에서 나왔다.

위현(韋賢 기원전 148-60년)은 서한(西漢) 초기 인물이다. 그 조상은 팽성(彭城)에 살았다가 고조부 때 추현(鄒縣)으로 이사했다. 추현은 맹자가 태어난 곳이자 공자가 활동했던 옛 노(魯)나라와 가까운 곳이다. 그곳은 유학을 향한 열정이 남다른 지방이었다. 《한서 漢書》에 따르면 위현은 천성이 순박하고 돈독했으며 명예와 이익에 대해 아주 담담했다고 한다. 그는 어릴 때부터 전력을 기울여 책을 읽었으며 학식이 아주 넓어 《예기禮記》《상서 尙書》 등 유가의 여러 경전에 정통했다. 특히 《시경》에 능해 그 강의로 일가(一家)를 이뤘다. 당시 사람들은 그를 존중하는 뜻에서 '추노대유(鄒魯大儒 추노 지방의 큰 선비라는 의미)'라 불렀다.
한나라 무제(武帝) 때 동중서(董仲舒)의 건의를 받아들여 제자백가 중 오직 유가(儒家)

만을 중시하게 되었으며 이때 처음으로 오경박사(五經博士)가 설치되어 국가적인 차원에서 널리 유학을 보급하기에 이르렀다. 유가 경서에 정통했던 위현도 박사로 추천 받았다.

당시에는 지금처럼 경학(經學)의 체계가 잡히기 전이라 매 경전마다 여러 개의 파로 나뉘어 학문적인 경쟁이 치열했다. 《역경 易經》의 경우 고(高)씨와 경(京)씨의 구별이 있었고 《상서》의 경우에도 구양(歐陽)씨와 하후(夏侯)씨의 구별이 있었다.

공자가 살았던 노나라 지방에는 신공(申公) 이후 《시경》 연구가 활발했으며 그 후 강공(江公)에 이르러 경전을 배우는 학생이 아주 많아졌다. 이 강공이 바로 위현의 스승이었다. 위현은 스승의 학문을 전수받은 위에 진일보로 연구에 정진해 자신만의 독특한 학술체계를 갖춰 '위(韋) 씨의 학문'이라 일컬어졌다.

위현의 명성이 아주 높았다. 이에 조정은 그를 특별히 초빙해 박사로 삼았다. 무제의 뒤를 이은 한나라 소제(昭帝)는 위현을 자신의 스승으로 삼고 『시경』을 배웠다. 오래지 않아 위현의 벼슬은 날로 높아져 광록대부(光祿大夫) 첨사(詹事)를 거쳐 대홍로(大鴻臚 외무부 장관에 해당)에 이르렀다. 소제가 죽은 뒤 위현은 선제를 옹립하는 공을 세워 관내후(官內侯)에 봉해졌고 정식으로 식읍(食邑)을 하사받았다.

즉위한 지 3년째 되는 해에 선제는 위현에게 승상(丞相 지금의 총리에 해당)직을 맡겼다. 당시 위현이 이미 70이 넘은 고령이었음에도 일인지하(一人之下) 만인지상(萬人之上)의 자리에 선임된 것은 그만큼 선제의 신임이 두터웠기 때문이다.

승상직을 5년 동안 수행한 뒤 그는 고령을 이유로 사직을 청했다. 선제는 더 이상 그를 잡아둘 수 없음을 알고는 사임을 허락한 후 특별히 황금 백 근을 하사했다. 몇 년 후 위현이 세상을 떠나자 선제는 '절후(節侯)'라는 시호를 내렸다.

위현에게는 네 명의 아들이 있었다. 큰아들 위방산은 지방 현령을 역임했고, 둘째

아들 위굉은 동해태수를 지냈으며, 셋째인 위순은 유가의 예법에 따라 고향에 머물면서 조상의 묘를 지켰다. 막내인 위현성은 재주와 학문이 뛰어나 부친과 마찬가지로 중용되었다. 그 역시 나중에 승상의 지위에 오르니 한 집안에서 대를 이어 승상을 배출했다. 이에 추현(鄒縣) 인근에는 '자식에게 황금을 한 바구니 가득 남겨주는 것이 경서를 가르치는 것만 못하다'는 말이 전해졌다.

유자 황금만영 불여일경(遺子 黃金滿盈 不如一經) 많은 재물상속은 경전교훈 전수만 못하다.
소시독서불용심(小時讀書不用心) 젊어 독서에 마음을 기울이지 않으면
부지서중유황금(不知書中有黃金) 책 속에 황금이 있다는 이치를 모른다
흑발부지근학조(黑髮不知勤學早) 젊어서 부지런히 배워야 함을 일찍 깨닫지 못하면
백수재회독서지(白首才悔讀書遲) 백발이 되어서 공부가 늦었음을 비로소 후회한다.
투래적재이진(偸來的財易盡) 훔친 재물은 쉽게 없어지고
매래적관이괴(買來的官易壞) 사들인 관직은 금방 타락한다.

이런 뜻에서 수고는 그에게 세 가지 난제를 안겨주었다: 진정한 이득이 없는 수고, 안식이 없는 수고, 시기심에서 출발하는 수고.(Brown 276) 그는 이것들이 잠시 화려하고 성공가도를 달리는 듯 보이더라도 반드시 헛되다는 것을 깨달았다.

20절의 번역이 쉽지 않다.

표준	공개
세상에서(히, '해 아래') 애쓴 모든 수고를 생각해 보니, 내 마음에는 실망뿐이다.	나는 하늘 아래서 수고한 모든 일을 생각하고 싶지 않고 돌아보기도 싫어졌다.
So I turned about and gave my heart up to despair over all the toil of my labors under the sun.(ESV)	Da wandte ich mich, mein Herz der Verzweiflung zu überlassen, wegen all dem Mühen, mit dem ich mich abgemüht hatte unter der Sonne.(ELB)

20-21절은 18-19절에 따른 자연스러운 결과이다. 그는 자기 힘으로는 어쩔 수 없는 현실을 마지못해 받아들이면서도 해 아래서 수고한 것으로 인해 오히려 절망감에 사로잡혔다. 왜냐하면 자신이 수고하여 얻은 성취가 아직 성품이나 경험으로 볼 때 자질이 달리는 사람의 수중에 떨어질 수 있기 때문이다. 이런 일은 단지 자신과 자신의 후계자에게만이 아니라 모든 사람에게 다 해당되는 것이다.(21절)

코헬렛의 이런 입장을 자기만 아는 이기적인 사고방식으로 볼 것이냐(Crenshaw 88) 자신의 수고와 유산의 연속성이 끊어질 것을 예상하며 느끼는 불안감·좌절감으로 볼 것이냐는 해석자의 몫이다. 코헬렛은 자신이 기대하는 것과 자신이 받아들여야만 하는 것 사이의 괴리로 인하여 이렇게 탄식했다. "사람이 해 아래에서 행하는 모든 수고와 마음에 애쓰는 것이 무슨 소득이 있으랴"(22절) 그는 미래를 긍정적으로 기대할 수 없기에 현재까지 이룬 온갖 성취에도 불구하고 만족과 평안을 누리지 못했다.(23절)

23절 '그의 마음이 밤에도 쉬지 못하나니'라는 말씀에서 우리는 일에 치이고 사람에게 치이며 사는 고단한 인생을 본다. 오늘날 밤에도 쉬지(잠들지) 못하는 사람이 많다. 그로 인해 수면제 및 그와 비슷한 약품들의 판매

량은 해마다 늘어나고 있다.

코헬렛은 자신이 웃음과 기쁨을 얻기 위해 할 수 있는 것을 다 해 보았다. 그런데도 그는 즐겁지 않았다. 사는 재미가 없었다. 2:17에 지겨워하는 표정이 역력하다. "이러므로 내가 사는 것을 한하였노니 이는 해 아래서 하는 일이 내게 괴로움이요 다 헛되어 바람을 잡으려는 것임이로다." 만일 그 한국 사람이었으면, 아마 이렇게 썼을 것입니다. "지겹다 지겨워. 사는 게 지겨워 죽겠다." 그러다가 그는 생각했다. 내 인생이 이렇게 지겹고 재미없게 살다가 마침내 죽음을 맞겠구나!

막상 죽는다고 생각하니, 죽음 이후에 대한 두려움이 생겼다. 참 묘하다. 살자니 지겹고, 죽자니 두렵다. 프랑스의 무신론자 볼테르는 "나는 사는 것이 지겹다. 그러나 죽음은 더 두렵다"고 말했던 그대로다.

코헬렛은 인생의 종말, 죽음을 진지하게 생각하면서 '아, 인생이 이런 거구나' 하고 진지하게 깨달았다. 그것이 전도서 2장 뒷부분의 내용이다. 죽음을 준비하는 사람은 자기 인생을 건강하게 준비하며 살아갈 수 있다. 사실 예수님 믿는다는 것은 죽음부터 먼저 준비하는 삶이다. 성도는 십자가 안에서 죽는 것부터 시작하여, 십자가 안에서 사는 것으로 마지막을 장식한다: "죽으면 반드시 천국과 지옥이 있다. 죽음 뒤에 사람은 하나님 앞에서 심판을 받는다." 성도는 이 사실을 붙들고 산다.

전도자도 유산 상속자를 생각하면서부터 곧 죽음을 생각하고 나서부터, 사람과 인생을 대하는 태도가 달라지기 시작했다. 인생의 종말, 죽음을 묵상하던 그가 깨달은 것 세 가지 있다. i) 인생은 하나님 선물이니 인생을 사랑하라(24절); ii) 소유물은 하나님 선물이니, 하나님께서 기쁘하시게끔 사용하라; iii) 인생은 하나님께 속한 것이니, 하나님을 의지하며 살아라.

전 2:24에 '먹고 마시며 수고하는 것'이라는 말은 자칫 그냥 놀면서 먹자판으로 오해하면 곤란하다. 이 말씀을 '수고하는 중에 먹고 마시는 것'이라고 번역하면, 원래 뜻에 가깝다. 코헬렛은 '먹고 마시며 즐기는 것'을 반드시 '수고하는 것'을 함께 조화시켜서 말씀했다. 그는 이 모든 것이 하나님께서 주신 선물임을 깨닫고나서야 비로소 자기 인생을 사랑하게 되었다.

인생은 하나님이 주신 선물이다. 허무주의자, 염세주의자와 하나님을 믿는 사람의 차이가 바로 여기에 있다. 우리는 인생을 한 번만 살 수 있다. 그 시점도 한 번밖에 없다. 20대, 30대도 한번이요, 40대 50대도 한번뿐이요, 60대, 70대, 80대도 단 한번 뿐이다. 하나님은 각 사람에게 주어진 단 한번뿐인 그 순간순간을 웃으며 기쁘게 살라 하신다.

쉼보르스카(Maria Wisława Anna Szymborska 1923-2012)는 〈두 번은 없다〉 이렇게 노래한다.

두 번은 없다. 지금도 그렇고
앞으로도 그럴 것이다. 그러므로 우리는
아무런 연습 없이 태어나서
아무런 훈련 없이 죽는다…

반복되는 하루는 단 한 번도 없다.
두 번의 똑같은 밤도 없고,
두 번의 한결같은 입맞춤도 없고,
두 번의 동일한 눈빛도 없다…
힘겨운 나날들, 무엇 때문에 너는
쓸데없는 불안으로 두려워하는가.

너는 존재한다 – 그러므로 사라질 것이다

너는 사라진다 – 그러므로 아름답다

미소 짓고, 어깨동무하며

우리 함께 일치점을 찾아보자.

비록 우리가 두 개의 투명한 물방울처럼

서로 다를지라도…

코헬렛은 왕자였기에 많은 재산을 물려받았다. 그 자신도 재산을 많이 늘렸다. 그러다 갑자기 전 2:18에서 "잔뜩 벌면 뭐 하느냐? 그 부를 끝까지 지킬 수 없고 결국 자녀에게 다 물려주는 것"이라는 생각이 들었다. 그만큼 나이를 먹어서일까? 그는 자녀에게 자기가 노력해 얻은 것을 물려주는 것이 억울했다. 19절 "그 사람이 지혜자일지 우매자일지야 누가 알랴."이것이 바로 그 이유였다. 이를테면 솔로몬의 아들 르호보암이다. 그는 어리석어서 이스라엘을 남북왕국으로 분단시켰다. 부모가 물려준 그 좋은 유산을 다 흩어버리는 어리석은 자녀를 상상하며 걱정했던 것이 현실로 되었다.

이에 코헬렛은 인생은 하나님께 속한 것이니, 하나님을 의지하며 살라고 한다. 오직 하나님만이 주시는 웃음과 즐거움을 찾아 누리지 못하는 사람은 이 세상을 허무하게 살 수밖에 없다는 사실을 그는 누누이 강조했다. 특히 11절에 무익하다는 말은 전 1:3의 내용처럼, 인간이 수고와 노력으로 얻고자 한(혹은 얻은) 모든 이득이 결과적으로 보니 헛되다는 뜻이다. 왜 이렇게 되었나? 4, 6, 8절에 '… 내가 나를 위하여…'라는 표현처럼, 이 부분에서 아주 자주 나오는 단어 중에 하나가 '나'라는 말이다.(내가 잡은 것은 신드롬이다 *I got me syndrom!*). 곧 사람이 '내가 … 이루었다, 내가 …하다'라며,

'나'(자아)를 강력하게 주장하는 곳에는 진정한 소득이 없다는 뜻이다.

이미 코헬렛이 경험하였듯이, 성공한 인생인 것처럼 보이지만 실제로는 실패한(허무하고 허전한) 인생은 자기가 자신의 주인이 되고자 한 사람에게 주어진다. 그리고 겉으로 성공한 듯 보이든지, 실패한 듯이 보이든지 관계없이 실제로는 풍성한(충만한, 뜻깊은) 인생은 하나님께 맡기며 사는 사람에게 주어진다. 성경과 교회사에는 하나님을 주인으로 모시고 살았기에 부, 지식, 건강, 수명, 명예, 지위 등과 아무 상관없이 행복하고 기쁘게 살았던 사람들, 복있는 사람들이 아주 많다.

인생의 부귀영화를 다 누려본 코헬렛, 그 부귀영화가 얼마나 헛되고 허무한가를 경험한 그는 웃으며 사는 행복한 인생을 위해 세 가지 교훈을 주며 충고했다:

i) 인생은 하나님 선물이니 인생을 사랑하라. ii) 소유물은 하나님 선물이니, 하나님께서 기쁘하시게끔 사용하라. iii) 인생은 하나님께 속한 것이니, 하나님을 의지하며 살아라.

23절 말씀(일평생에 근심하며 수고하는 것이 슬픔뿐이라 그의 마음이 밤에도 쉬지 못하나니 이것도 헛되도다)은 행복지수가 꽤 높은 나라 티벳의 속담을 생각나게 한다. "이루어질 일은 걱정할 필요가 없고, 이루어지지 않을 일은 걱정해도 소용이 없다."

손에 들어온 것

전 2:24–26

개역개정	직역
24 사람이 먹고 마시며 수고하는 것보다 그의 마음을 더 기쁘게 하는 것은 없나니 내가 이것도 본즉 하나님의 손에서 나오는 것이로다	24 사람에게 더 나은 것이 아무 것도 없더라, 먹고 마시는 것보다. 그리고 자기 일로 자신의 영혼이 좋은 것을 보게 하는 것 말고는 좋은 것이 없더라. 이것 역시, 나는 보았다, 하나님 그분의 손에서 나오는 것을.
25 아, 먹고 즐기는 일을 누가 나보다 더해 보았으랴	25 진실로 누가 먹는 자요, 누가 즐거워하는 자냐, 나보다 더.
26 하나님은 그가 기뻐하시는 자에게는 지혜와 지식과 희락을 주시나 죄인에게는 노고를 주시고 그가 모아 쌓게 하사 하나님을 기뻐하는 자에게 그가 주게 하시지만 이것도 헛되어 바람을 잡는 것이로다	26 진실로 자기 앞에서 선한 사람에 그분은 지혜와 지식과 기쁨을 주신다. 그리고 죄짓는 자에게는 모으고 쌓는 수고를 주신다. 이는 그분이 하나님을 기뻐하는 자에게 주시기 위함이라. 이것 역시 헛된 것이다. 그리고 바람잡는 일이다.

이것은 사람이 먹는 것과 인생의 즐거움 사이의 상관관계를 말하는 것이다. 먹고 마시기를 권하는 코헬렛은 공연한 탐닉이 아니라 선한 인생을

건전하게 즐기라고 하는 것이다.(Smend 1977 ; D. Fredericks & D. Estes 129)

《묵자 墨子》〈친사 親士〉에 이런 말이 있다. "편안히 살 곳이 없어서가 아니라 내게 편안한 마음이 없는 것이다.(非無安居也 我無安心也 비무안거야 아무안심야) 만족할 재산이 없는 게 아니라 내게 만족할 마음이 없는 것이다.(非無足財 我無足心也 비무족재야 아무족심야)"

1 여호와를 경외하며 그의 길을 걷는 자마다 복이 있도다 2 네가 네 손이 수고한 대로 먹을 것이라 네가 복되고 형통하리로다(시 128:1-2)

코헬렛이 이런 결론에 도달한 이유가 무엇일까? 그는 이 세상 살면서 나름대로 최선을 다하였으며 수고와 노력을 게을리하지 않았다. 그리고 이제 그 노력과 수고로 자기에게 남은 것이 무엇인지를 살펴보았다. 그 수고와 노력으로 얻은 결실이 결국 누구의 것이 되는가에 주목했다. 그는 그것이 다 자기 것이요, 자기 상속자의 것이 되리라는 기대를 안고 열심히 살아왔다. 그 결과 그것의 주인이 누구일지를 정하는 분이 저 하늘 높은 곳에 계시다는 사실을 인생 마지막에 와서야 비로소 깨달았다. 비록 그 주인이 자기 상속자 곧 자기 후손이라도, 그 후손은 자기가 한 것만큼의 수고와 노력을 기울이지 않고도 그것을 차지하는 것도 불공평해 보이는 마당에, 더 나아가 그 주인이 자기 후손이 아닐 수도 있다고 생각하니 더욱 허탈해졌다.

코헬렛이 특히 슬퍼하는 이유는 자기가 쌓아놓은 것을 물려받을 사람이 어리석은 자일지 지혜로운 자일지 모르기 때문이다. 만일 그가 어리석은 자라서 물려받은 그것을 다 날려버린다면, 자신의 수고와 노력은 말 그대로 껍데기만 남고 말 것이다. 물론 그 상속자를 자기가 낳아서 키운 사람이라 자기가 잘 알고 있더라도 자기가 낳아서 길렀다는 사실 때문에 오히려 객관성을 잃기도 한다. 그 상속자는 전도자가 해 아래서 지혜와 수고를 다하여 얻은 결과를 무상으로 물려받아 과분한 덕을 보았는데, 그것마저 신앙적으로 관리하지 못해 그 모든 결과를 한꺼번에 날려보낼 수도 있다고 생각하니 전도자의 마음은 허무하기 짝이 없었다. 전 2:25-26이 이런 사실을 잘 표현해준다.(표준새번역):

25 그분께서 주시지 않고서야, 누가 먹을 수 있으며, 누가 즐길 수 있겠는가? 26 하나님이, 마음에 드는 사람에게는 슬기와 지식과 기쁨을 주시고, 눈 밖에 난 죄인에게는 모아서 쌓는 수고를 시켜서, 그 모은 재산을 하나님 마음에 드는 사람에게 주시니, 죄인의 수고도 헛되어서 바람을 잡으려는 것과 같다.

코헬렛은 하나님 마음에 드는 사람에게 세상을 이길 슬기와 지식과 기쁨을 주시지만, 하나님이 기뻐하시지 않는 사람에게는 노고와 수고만 잔뜩 안겨주고, 그 결실을 딴 사람에게 누리게 한다는 사실을 잘 알고 있었다. 이런 냉엄한 현실 앞에 서 있는 코헬렛은 과연 자기 대를 이를 사람이 하나님 마음에 들게 사는 사람인지에 관심을 기울였다. 세상이나 교회 안에서 어떤 지위나 역할이 문제가 아니다. 과연 자신의 상속자 마음 중심에 하나님을 모시는 지성소가 있어서, 그 지성소를 통해 하나님과 영적인 교류를 나누는 사람인가 하는 점이 전도자의 관심거리다.

2장 24절에 주목해 보자.(3:13; 5:18 참조) 여기서 코헬렛은 먹고 마시며 수고하는 것을 부정하지 않고 오히려 아주 긍정적으로 표현했다. 개인의 먹고 마시는 것과 모든 수고가 '헛된 것'이 아니라, 이를 통해 지금 자신이 얻는 기쁨보다 더 좋은 것은 없다고 역설했다.(2:24) 곧 무엇이 '헛된 것'이고 헛되지 않은가 하는 구분은 인간의 '수고'가 현재 자신의 모습을 만족하고 기뻐할 것인지, 아니면 자신(혹은 후손)을 위해 무언가 '남기려는지'(야타르) '이득'(이트론)을 챙기려 애쓰는지에 달려 있다는 말이다.

2장 24절을 표준새번역(사람에게는 먹는 것과 마시는 것, 자기가 하는 수고에서 스스로 보람을 느끼는 것, 이보다 더 좋은 것은 없다. 알고 보니, 이것도 하나님이 주시는 것)과 공동번역(수고한 보람으로 먹고 마시며 즐기는 일만큼 사람에게 좋은 일은 없다. 내가 보기에 물론 이것은 하느님께서 손수 내리시는 것이다)은 마치 여기에 '이득'(이트론)이란 말이 있는 것처럼 '보람'으로 번역하여 자신의 '수고'의 '보람'을 갖고 사는 것이 좋다고 했다. 히브리성서 원문에는 '이트론'이라는 말은 없다.(개역개정)

평생토록 먹고 싶은 것을 먹지도 못하고, 입고 싶은 것 입지도 못하고 지독하게 해서 재물을 모아 보았자 그것이 엉뚱한 사람 손에 가게 된다면 차라리 그 모은 재물을 가지고 사는 날 동안 먹을 것 먹고, 입을 것 입는 편이 낫지 않을까? 누구나 이런 생각을 할 것이다. 코헬렛도 그렇다. 고생하며 절약해서 엉뚱한 사람에게 좋은 일시키는 것보다는 수고한 본인이 잘 먹고 즐거움을 누리는 것이 백 배 낫다는 것이다. 이에 코헬렛은 '사람이 먹고 마시며 수고하는 것보다 그의 마음을 더 기쁘게 하는 것이 없나니' 하고 말했다.

물론 여기서 말하는 먹고 마시며 즐긴다는 말은 인생을 놀자판으로 만들자는 뜻이 결코 아니다. 24절을 직역하면 다음과 같다. "사람에게 더 나은 것이 아무 것도 없더라, 먹고 마시는 것보다. 그리고 자기 일로 자신의 영혼이 좋은 것을 보게 하는 것 말고는 좋은 것이 없더라. 이것 역시, 나는 보았다, 하나님 그분의 손에서 나오는 것을." 여기서는 '자기 일로(또는 수고하면서)'라는 단서가 중요하다.

여기서 주목할 것이 두 개 있다. 첫째로 '수고하는 중에 좋은 것을 자신에게 보여주는 것보다 더 좋은 것이 없다.' 전도서는 '먹고 마시며 즐기는 것'을 반드시 '수고하는 것'과 결합시켰다. '사람마다 먹고 마시는 것과 수고함으로 낙을 누리는 그것(3:13).' '(사람이) 그 일평생에 먹고 마시며 해 아래에서 하는 모든 수고 중에서 낙을 보는 것(5:18).' '하나님이 사람을 해 아래에서 살게 하신 날 동안 수고하는 일 중에 그러한 일(먹고 마시고 즐거워하는 것)이 그와 함께 있을 것이니라(8:15).' '네가 사랑하는 아내와 즐겁게 살지어다 그것이 네가 평생에 해 아래에서 수고하고 얻은 네 몫이니라.(9:9)'

이는 먹고 마시는 것, 즐기는 것이 모두 수고의 대가라는 뜻이다. 열심히 땀 흘려 일한 결과로 배불리 음식을 먹는 즐거움을 누리게 된다는 것이다. 전도서에서 극구 찬양하는 즐거움은 노동의 대가로 얻어지는 것이지 아무 일도 하지 않고 빈둥거리는 것이 결코 아니라는 말이다.

둘째로 '하나님의 손에 달렸다'는 것이다. 이런 생각은 아무나 먹고 마실 수 있는 게 아니라는 현실에서 출발했다. 평생 동안 남보다 더 많이 수고하지만 즐거움을 남보다 누리지 못하는 사람도 있다. 그런가 하면 수고한 만큼 또는 수고한 것 이상으로 즐거움을 누리는 사람도 있다. 사람 눈에는 이상하게 보일지 몰라도 이것이 현실이다.

이에 코헬렛은 하나님께서 허락하신 사람만이 수고의 대가로 즐거움을 맛볼 수 있다고 보았다. 수고하는 것은 사람의 영역이지만 수고의 열매를 거두게 하고 즐기게 하는 것은 하나님께 속하엿다는 것이다. 다시말해 땀 흘려 일하는 것은 누구나 다 할 수 있지만 그 대가로 즐거움을 맛보는 것은 선택된 사람뿐이다. 이러한 즐거움을 가리켜 코헬렛은 '하나님의 손에서 나온 것'이라고 말했다. 하나님이 허락하실 때에야 비로소 사람은 수고의 열매를 차지할 수 있다. 이런 방법으로 그는 세상에서의 성공은 자신의 노력과 열성뿐이라고 하면서 인본주의를 강조하는 사람들에게 하나님과 그분의 손길을 보도록 넌지시 일깨워 주었다.

전 2:25이다.

아, 먹고 즐기는 일을 누가 나보다 더 해 보았으랴(개역개정)	그분을 떠나서 누가 먹을 수 있으며 누가 즐길 수 있으랴?(천주교새번역)
그렇지 않다면 우리가 무엇을 먹고 무엇을 즐길 수 있겠는가?(공개)	그분께서 주시지 않고서야, 누가 먹을 수 있으며, 누가 즐길 수 있겠는가?(표준)

개역개정(나보다)과 천주교새번역(그분을 떠나서)은 다르게 옮겨져 있다. 이 둘의 차이가 어디서 오는 걸까? 그것은 이 구절의 끝에 나오는 *밈멘니* (mimmenni)를 히브리 성경 그대로 읽으냐 아니면 *밈멘누*(mimmennú)로 바꾸어 읽으냐에 달려 있다.

히브리어 본문(밈멘니)을 칠십인역과 시리아역은 밈멘누(pa,rex auvtou/) 로 읽었다. '밈멘니'는 '나로부터', '나에게서', '나보다'라는 뜻이고, '밈멘누'는 '그분으로부터'라는 뜻이다. '그분을 떠나서' (그분 없이) 라고 번역하면 이는 '하나님을 떠나서는 먹고 마시는 즐거움을 누릴 수 없다', '먹고 마시는 즐거움을 주시는 분은 바로 하나님이시다'라는 의미이다. 이것은 24 에서 '(먹고 마시며 수고하는 것이) 하나님의 손에서 나온 것'이라는 내용과 잘 어울린다.

히브리성경(나보다) 대로 하면 '먹고 마시는 일을 나보다 더 많이 경험해 본 사람이 누가 있느냐?'는 뜻이다.(KJV ASV) 대부분의 번역이 칠십인역과 시리아역을 따른다. '그분께서 주시지 않고서야(표준).' 'apart from him(NIV) without him(NRSV) (하느님께서 손수 내리시는 것이다) 그렇지 않다면(공개).'

전 2:3에서 코헬렛은 짧은 인생을 사는 동안 어떻게 하여야 좋을까를 찾아내려고 했다. 그 결론이 22-26절이다. 인간은 노력 여하에 따라 원하는 것을 어느 정도까지 손에 넣을 수는 있다. 그렇더라도 그것을 영원히 소유할 수는 없다. 모든 것의 주인은 하나님이시고 우리 각 사람 인생의 주인 역시 하나님이시기 때문이다. 코헬렛이 자기 마음가는 대로 행하면서 즐겼던 쾌락과 기쁨은 항상 부정적인 결과를 가져왔다. 하나님께서 그렇게 되게 만드셨다. 이로써 그는 자신의 수고로 인해 무언가 이득을 남길 수 있는 것이 아니라는 사실을 깨달았다. 그는 사람에게 진정한 이익(이득)을 얻게 하실 분은 오직 하나님 밖에 없다는 것도 체험했다.(24b-26) 모든 것이 하나님께로부터 나오고, 이 모든 것에는 하나님이 정하신 '때'(에트/카이로스)가 들어 있다.

우리 조상님의 가르침에 따르면, 사람에게는 크게 일곱가지 감정(감성)이 있다.(칠정 七情) 그 기운(氣韻)이 사람 얼굴에 다음과 같이 나타난다: 희(喜 기쁨) 노(怒 노여움) 애(哀 슬픔) 구(懼 두려움) 애(愛 사랑) 오(惡 미움) 욕(慾 욕심). 이것들 가운데 기쁨을 살펴보자.

사실 주어진 인생을 기쁘고 즐겁게 살라는 가르침은 동서고금에 다 있다. 주전 1800년경 생명을 찾아 길을 나선 길가메쉬에게 선술집 여인은 '신들이 인간을 창조하실 때, 인간에게 이미 죽음을 예비하셨으므로, (그날이 오기 전에) 밤낮으로 기뻐하라'고 충고했다.(옛 바빌로니아의 《길가메쉬 서사시》 중에서) 이런 식으로 인생이 유한하기에 살아있는 동안에 실컷 즐기라는 주장, 곧 죽음과 쾌락을 연결시키는 생각은 세속 사회에 널리 퍼져 있다. 주전 1300년 경 고대 이집트에서 나온 《수금타는 여인》은 죽으면 저 세상으로 아무 것도 가지고 가지 못하며, 누구도 그곳으로부터 되돌아오지 못하므로, 죽어야 한다는 사실을 잊어버리기 위해서 인간은 모름지기 인생을 최대한 즐겨야 한다고 주장했다.

계영배(戒盈杯)란 것이 있다. 이는 술이 잔에 가득 차는 것을 경계하는 물건이다.

고대 중국 춘추시대의 춘추오패(春秋五覇) 중 하나인 제(齊)나라에 환공(桓公)이 있었다. 그는 군주로서 올바로 처신하기 인간의 끝없는 욕망을 경계하며 늘 곁에 놓아 마음을 가지런히 했던 그릇(攲器)이 있었다. 그것을 유좌지기(宥坐之器)라 불렀다.
《순자 荀子》에 따르면 공자(孔子)가 제환공의 사당을 찾았을 때, 그릇에 구멍이 뚫려 있는데도 술이 새지 않다가 어느 정도 이상 채웠을 때 술이 새는 것을 보았다. 그는 제자들에게 총명하면서도 어리석음을 지키고, 천하에 공을 세우고도 겸양하며, 용맹을 떨치고도 검약하며, 부유하면서도 겸손함을 지켜야한다며 이 그릇의 의미를 가르쳤다. 현존하는 그릇은 19세기 청나라 광서제(光緒帝)에 만든 것이 전해진다.
조선 후기 실학자이자 과학자인 하백원(河百源, 1781~1845)이 술이 가득 채우면 새어나가는 잔을 만들었다고 전해지며, 비슷한 시기 도공 우명옥이 계영배를 만들었다는 이야기가 강원도 홍천 지방 전설로 내려온다.
질그릇을 만들던 우명옥은 분원에서 작품을 만드는 것이 꿈이었다. 그러다 운 좋게 왕실의 진상품을 만드는 경기도 분원으로 들어가 명인 지외장의 제자가 되었고, 꾸준히 도예를 공부해 순백색의 설백자기를 탄생시켰다. 이것이 어찌나 아름다웠던지 그는 단박에 돈과 명예를 거머쥐었다. 보통 사람이 다 그렇듯 여기서부터 문제가 생겼다. 돈이 많이 생기니 그는 자연스레 기생집에 드나들기 시작했다. 그는 술과 여자에 빠져 도예를 등한시하며 거만해졌다. 그러던 어느날 뱃놀이 가서 향락을 즐기다가 폭풍우를 만나 구사일생으로 살아났다. 그는 이에 크게 놀라서 스승에게 돌아가 용서를 구하고, 실학자 하백원에게 들었던 계영배라는 술잔을 만들었다.
이 잔은 후에 조선 후기의 거상 임상옥(林尙沃, 1779~1855)에게 전해지며 그는 이 잔을 늘 곁에 두고 인간의 과욕을 경계하면서 조선 역사상 전무후무한 거상으로 거듭났다고 한다.
피타고라스의 잔(o kounenos tis dikaiosynis = Der Pythagoreische Becher, der Becher

der Gerechtigkeit, Pythagorean cup)은 컵 모양을 한 잔이다. 고대 그리스의 사모스 사람 피타고라스(주전 570-495)가 이런 잔을 처음 만들었으며, 알렉산드리아 사람 헤론이 제작한 것도 있다. 어느 높이 이상 액체를 담으면 사이펀 효과로 인해 액체가 잔 바닥으로 모두 새어나간다.

계영배는 보통 잔과 비슷해 보이지만, 중심에 기둥이 하나 서 있다. 중심 기둥은 잔 다리와 일직선상에 배치되어 있으며, 기둥뿌리와 잔 다리 바닥에는 구멍이 하나씩 있다. 기둥뿌리의 구멍은 위로 기둥 꼭대기 내부의 공간으로 연결되고, 이 공간은 다시 아래로 다리 바닥의 구멍에 연결된다.

잔을 채우면 채워진 액체가 기둥뿌리의 구멍으로 들어가 파스칼의 원리를 통해 중앙 기둥 꼭대기 내부의 공간도 채우게 된다. 채워진 액체의 높이가 이 공간의 높이보다 낮으면 잔은 정상적으로 기능한다. 하지만 그보다 높이 액체가 채워질 경우 액체가 기둥뿌리의 구멍과 기둥 속 공간을 거쳐 잔 다리의 구멍으로 흘러나간다. 일단 액체가 흘러나가면, 중력이 중앙 기둥 내부에 사이펀을 형성하게 되고 모든 액체가 기둥뿌리의 구멍으로 빨려들어가 흘러나오게 된다. 변기 물을 내리는 것과 동일한 원리다.

이것은 과유불급(過猶不及) 지나친 것은 모자라는 것만 못하다는 말이 동서고금의 지혜라는 것을 보여준다.

그리스-로마 시대에는 해골이 그려진 술잔에 '내일이면 너도 이렇게 되리라'는 말을 새겨 넣고, 먹고 마시는 것으로 인생의 향락을 추구하는 풍조가 있었다. 구약시대에도 하나님 말씀을 거슬리는 사람들 가운데 위와 같은 사람들이 있었다:

12 그 날에 주 만군의 여호와께서 명령하사 통곡하며 애곡하며 머리 털을 뜯으며 굵은 베를 띠라 하셨거늘 13 너희가 기뻐하며 즐거워하여 소를 죽이고 양을 잡아 고기를 먹고 포도주를 마시면서 내일 죽으리니 먹고 마시자 하는도다 (사 22:12-13)

인생은 애시당초부터 기쁨을 누리게 창조되었다는 생각은 예부터 있었다. 예를 들어 아리스토텔레스는 "기쁨이란 인위적인 장식물처럼 인생에 덧붙여진 것이 아니라, 생명 그 자체에 포함되어 있는 것이다"(《니코마스 윤리학》)라고 말했다. 탈무드는 "모든 사람은 그가 살아있는 동안에 보았던 좋은 것들과 즐기지 못하였던 것들에 대해 하나님께 셈을 해야 할 것이다"라고 가르쳤다.(키두심 Quiddushim) 폰 라트는 구약성경의 가르침을 이렇게 요약했다:

"먹고 마시며 기쁨을 음미하는 등, 인간 존재가 누리는 모든 즐거움과 물질의 풍요로움은 주 야훼께서 주시는 것이다. 그러므로 그것은 좋은 것이다. 사람은 이를 감사하는 마음으로 받아들였던 것이다."

이런 뜻에서 모세를 통해 하나님 율법(토라)을 전해받은 이스라엘 백성은 '가서 먹고 마시며 나누어 주고 크게 즐거워'(느 8:12)했다. 사실 구약과 신약에서 가르치는 먹고 마시며 즐거워하는 것은 '먹고 마시며 술에 취해 세월을 보내는 행동'(눅 12:19)과는 근본적으로 달랐으며, '내일이면 죽을 것이기 때문'(사 22:13)도 결코 아니었다. 오히려 '주의 몸을 분별하지 못하고 먹고 마시는 자는 자기의 죄를 먹고 마시는 것이니라'(고전 11:29) 말씀처럼, 하나님의 사람이 어떻게 먹고 마시며 기뻐해야 하는지를 바르게 아는 바탕 위에서 이루어진 신앙적 행동이었다.

26절에서도 코헬렛은 아말(수고)와 토브(행복)의 관계를 살펴보았다. '그의 마음을 더 기쁘게 하는 것(2:24)'과 '그가 기뻐하시는 자(2:26) 하나님을 기뻐하는 자(2:26)'에서 '기뻐하다'의 히브리 낱말은 토브이다. 그 뜻은 '좋은 기쁜 완전한'이다. 창세기 1장에서 하나님이 세상을 창조하시면서 '보시기에 좋았더라'에서 좋았더라도 토브이다.

사람은 수고한 대가로 토브를 얻는다. 그렇다해서 모든 수고가 다 토브로 이어지는 것은 아니다. 마치 중독이라도 된 듯이 일에 열중해봐야 얻고 싶은 것을 얻기보다는 몸만 축나는 경우가 적지 않다. 바로 여기에 문제가 있다. 하나님이 기뻐하시는(토브) 사람만이 토브를 차지할 수 있다. 이 사실을 간파한 코헬렛은 토브를 하나님의 손에서 나는 것(2:24) 하나님의 선물(3:13)'이라고 했다. 참된 행복(토브)를 얻으려면 무조건 수고하고 애쓸 것이 아니라 하나님을 기쁘게 하는 것이 무엇인가를 찾고 깨달아서 그것을 행하는 말이다.

코헬렛이 발견한 즐거움(기쁨, 선함)은 아주 소박하고 아주 세속적인 것이었다: 수고하는 중에 먹고 마시고 즐김. 커다란 영광과 휘황찬란한 그 무엇이 아니었다. 그것은 소소하고 일상적인 것이었다.

코헬렛은 욥기와 마찬가지로 지혜서이다. 욥기는 밖에서 오는 위기(시련, 시험)에 지혜롭게 대처하는 길을 찾는데 비해, 코헬렛은 자기 안에서부터 생겨나는 위기(회의, 허무)에 지혜롭게 반응하는 길을 보여준다. 곧 밤에도 편안히 쉬지 못할 정도로 열심히 일하는 것으로부터 행복과 만족이 오는 것이 아니라(전 2:23), 하나님을 경외하며, 하나님께서 주신 것 하나 하나를 기쁘고 즐겁게 활용하는 데에 진정한 행복과 만족이 있다는 것이다. 사실 코헬렛은 성공과 돈, 명예와 쾌락을 얻기 위해 누구보다도 투쟁적 공격적인 인생을 살았던 사람이었다. 그리고 그것이 어떻게 실패와 좌절로 끝나는지를 경험한 사람이었다. 이런 뜻에서 그는 인생을 복있게 살아가는 '예술'을 가르쳐준다.

이 책 첫머리에 허무하다는 말이 다섯 차례나 나오기에, 사람들은 이 책을 허무를 노래하는 것처럼 오해할 수도 있다. 그러나 2:12에 '내가 돌이켜 지혜와 망령됨과 어리석음을 보았나니 왕 뒤에 오는 자는 무슨 일을 행할까 이미 행한 지 오래 전의 일일 뿐이리라'라고 말씀과 이를 연결시켜 보자. 그 허무는 무의미한 허무가 아니었다. 하나님이 주시는 뜻깊은 허무였다. 한편으로 세상과 그 안에 있는 것에 허무를 느끼면 느낄수록 사람은 하나님과 하나님 나라에 있는 것들을 찾게 된다. 다른 한편으로 세상과 그 안에 있는 것에 허무를 느끼면 느낄수록 사람은 세상에서 자기에게 주어진 것에 집착하는 대신에, 그것을 아름답고 복되게 활용하며 살고자 하는 것이다. 마치 고난과 시련을 겪으면서, 믿음의 사람이 이 세상을 사랑하거나 자랑하지 않고, 하나님 나라와 그 의를 사모하며 영생을 기준으로 세상의 모든 것을 활용하듯이, 세상 것의 허무함을 진실로 깨달은 지혜자가 세상 것에 빠지지 않는 대신에 '하나님을 기쁘시게, 나 자신과 이웃을 기쁘게'라고 받아들이며, 그것을 복으로 활용하듯이.

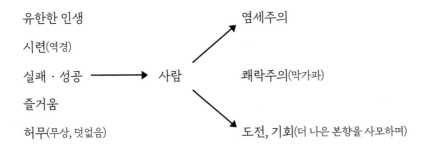

138

이 세상도, 그 정욕도 지나가되 오직 하나님의 뜻을 행하는 이는 영원히 거하
느니라(요일 2:17)

이것이 전도서 2장의 깨달음과 다르지 않다. 코헬렛은 '내가 만들어내는 나의 기쁨'에 실망하고 나서야 비로소, '하나님이 주시는 기쁨'에 최고의 가치를 두게 되었다. 이것이 참 중요하다. 그는 세상에서 실망한 것을 인생의 실패로 만들지 않았다. 그는 자신의 노력에 실망한 것을 통해 오히려 하나님께 소망을 두게 되었다. 그는 세상에서 무엇이 허무한지를 깨달은 뒤에야 비로소 진실로 허무하지 않는 그 무엇을 찾으러 나섰다. 진실로 이런 사람은 복이 있다. 이런 뜻에서 세상에서의 실망(허무)은 하나님께서 선물로 주실 영원한 기쁨과 흔들리지 않는 소망을 찾아 나가는 첫걸음이기에 그렇다. 이 기쁨(즐거움)을 전도서는 일곱 군데 노래했다.(2:24-26; 3:12-13; 3:22; 5:17-19; 8:14-15; 9:7-10; 11:7-12:1a)

다 때가 있다

전 3:1-8

개역개정	직역
1 범사에 기한이 있고 천하만사가 다 때가 있나니	1 모든 것에는 정해진 시간이 있다. 그리고 때가 있다, 그 하늘 아래 모든 일에.
2 날 때가 있고 죽을 때가 있으며 심을 때가 있고 심은 것을 뽑을 때가 있으며	2 태어날 때가 있고 죽을 때가 있다. 심을 때가 있고 심어진 것을 뽑을 때가 있다.
3 죽일 때가 있고 치료할 때가 있으며 헐 때가 있고 세울 때가 있으며	3 죽게 할 때가 있으며 낫게 할 때가 있다. 허물 때가 있고 지을 때가 있다.
4 울 때가 있고 웃을 때가 있으며 슬퍼할 때가 있고 춤출 때가 있으며	4 울 때가 있고 웃을 때가 있다. 애곡할 때가 있고 춤출 때가 있다.
5 돌을 던져 버릴 때가 있고 돌을 거둘 때가 있으며 안을 때가 있고 안는 일을 멀리 할 때가 있으며	5 돌들을 던져버릴 때가 있고 모아 쌓을 때가 있다. 껴안을 때가 있고 껴안는 것을 멀리할 때가 있다.
6 찾을 때가 있고 잃을 때가 있으며 지킬 때가 있고 버릴 때가 있으며	6 찾을 때가 있고 잃을 때가 있다. 간직할 때가 있고 내던질 때가 있다.
7 찢을 때가 있고 꿰맬 때가 있으며 잠잠할 때가 있고 말할 때가 있으며	7 찢을 때가 있고 꿰맬 때가 있다. 조용할 때가 있고 말해야 할 때가 있다. 8 사랑할 때가 있고 미워할 때가 있다. 전쟁할
8 사랑할 때가 있고 미워할 때가 있으며 전쟁할 때가 있고 평화할 때가 있느니라	때가 있고 화평할 때가 있다.

이것은 때와 시기에 관한 말씀이다. 사람들은 '철이 든다, 철부지'라는 말을 쓰곤 한다. 철은 때를 가리키는 말이다. 철이 든다는 것은 때를 분간할 줄 안다는 말이다. 철부지란 철을 모르는 사람 때를 분간하지 못하는 사람을 가리킨다. '철들자 환갑'이라는 말처럼 철이 드는 일은 말처럼 쉽지만은 않다.

적당한(알맞은) 때(시기)라는 주제는 고대 근동 지혜문학에서 폭넓게 쓰이는 소재였다. 그런 것을 아는 것과 지혜는 떼려야 뗄 수 없는 관계에 있다.

겉으로 보기에 세상만사는 헝크러진 듯 혼란스러운 듯 보인다. 해 아래서 일어나는 이런 일들을 경험하였던 코헬렛은 그 안에 하나님께서 세우신 질서가 있음을 깨달았다. 그는 언제나 하나님의 질서와 계획이라는 관점으로 세계를 바라보고자 했다.

때(시기, 기한, 기회)에 관해 예수님도 몇 차례 말씀하셨다:

이르시되 성안 아무에게 가서 이르되 선생님 말씀이 내 때가 가까이 왔으니 내 제자들과 함께 유월절을 네 집에서 지키겠다 하시더라 하라 하시니(마 26:18)

이에 제자들에게 오사 이르시되 이제는 자고 쉬라 보라 때가 가까이 왔으니 인자가 죄인의 손에 팔리느니라(마 26:45)

세 번째 오사 그들에게 이르시되 이제는 자고 쉬라 그만 되었다 때가 왔도다 보라 인자가 죄인의 손에 팔리느니라(막 14:41)

이르시되 미혹을 받지 않도록 주의하라 많은 사람이 내 이름으로 와서 이르되 내가 그라 하며 때가 가까이 왔다 하겠으나 그들을 따르지 말라(눅 21:8)

예수께서 이르시되 여자여 나와 무슨 상관이 있나이까 내 때가 아직 이르지 아니하였나이다(요 2:4)

예수께서 이르시되 내 때는 아직 이르지 아니하였거니와 너희 때는 늘 준비되어 있느니라(요 7:6)

너희는 명절에 올라가라 내 때가 아직 차지 못하였으니 나는 이 명절에 아직 올라가지 아니하노라(요 7:8)

예수께서 대답하여 이르시되 인자가 영광을 얻을 때가 왔도다(요 12:23)

유월절 전에 예수께서 자기가 세상을 떠나 아버지께로 돌아가실 때가 이른 줄 아시고 세상에 있는 자기 사람들을 사랑하시되 끝까지 사랑하시니라(요 13:1)

그러므로 때가 이르기 전 곧 주께서 오시기까지 아무 것도 판단하지 말라 그가 어둠에 감추인 것들을 드러내고 마음의 뜻을 나타내시리니 그 때에 각 사람에게 하나님으로부터 칭찬이 있으리라(고전 4:5 참조)

(하나님께서) 이르시되 내가 은혜 베풀 때에 너에게 듣고 구원의 날에 너를 도왔다 하셨으니 보라 지금은 은혜 받을 만한 때요 보라 지금은 구원의 날이로다 (고후 6:2 참조)

사실 신앙인과 비신앙인의 차이점들 중에 하나가 시기(기한)와 때에 향한 마음가짐(태도)에 있다. 우리는 하나님이 때를 주관하시는 분으로 믿으며 살아가고 있다. 그러나 비신앙인들은 자신들이 때를 만들어가는 줄로 여긴다. 한 마디로 신앙인은 하나님의 때를 기다리는 사람이요 바라보는 사람이다. 예수님을 본받아 때를 분별하려는 사람이 곧 신앙인이다. 이는 하나님께서 정한 때가 아니면 절대로 역사는 일어나지 않으며 하나님이 정하신 때가 오면 아무도 그 역사를 막을 사람이 없다는 믿음에 기초한 것이다.

신앙인 가운데서도 가끔 때를 잘 살피지 못해 하나님보다 앞서 나가거나 너무 뒤쳐져 가다가 실패하는 경우가 있다. 곧 때가 아직 차지 않았는데 먼저 뛰어들다가 고난당하는 경우도 있고, 또 때가 이미 찼는데도 그에 합당하게 응답하지 못해 때를 놓치기도 하는 것이다. 노아가 방주에 들어갈 때를 정하신 분도 하나님이요, 그가 방주 문을 열고 나올 때를 정하시는 분도 하나님이셨다.

1절에는 기한을 가리키는 말(즈만 zəmām)과 시간을 가리키는 말(에트 'ēt)이 나란히 쓰였다. 이 두 말은 서로 비슷한 뜻으로 쓰이기도 했다.(단 7:12; 행 1:7; 살전 5:1 참조) 굳이 구분하자면 앞엣것은 기간(기한)이란 뜻으로 뒤엣것은 시점이란 뜻이 강하다. 칠십인역은 이것을 크로노스(χρόνος)와 카이로스(καιρὸς)로 각각 옮겼다.

2-8절에는 서로 대조되는 28개 항목이 14쌍으로 언급되었다.($2 \times 7 = 14$; $4 \times 7 = 28$) 7이 완전수 4가 사방(동서남북)을 가리키므로 이것은 인간에게 주어진 시간 전체(완전한 시간)를 뜻하는 것이다.(Lohfink, Küger 156) 이것은 겉보기에 장점과 단점 또는 좋고 나쁨을 대조하는 것이 결코 아니다. 다만 인간 삶의 지평을 총체적으로 나타낼 뿐이다.

동시에 이것은 인간이 얻어낼 수 있는 이윤(유익)이 끊임없이 계속되지 못하게 만드는 가장 큰 방해물이기도 하다. 인간의 생애는 물론 활동에는 항상 시간의 제약이 있다는 말이다.

기한이란 본디 시간 때 시기를 가리키는 아람어에서 나왔다.(에 9:27, 31; 느 2:6; 시락서 43:7) 여기서는 미리 정해진 기약(期約)를 말한다. 하늘 아래 일어나는 일은 모든 것에는 정해진 기한(때)가 있다는 것이다. 그리고 천하만사가 때가 있다는 말(브에트 레콜 헤페츠)은 '모든 소원(즐거움)에 시기가 있다'는 뜻이다. (에트는 전도서 3장 1-8절에 29번 쓰였다) 이는 앞부분(범사에 기한이 있고)과 대칭을 이루었다. 헤페츠란 말은 '모두'라는 말과 함께 '이루어지면 즐겁다고 여길 모든 소원'을 의미하는 것이다. 여기서 이 말은 일(용건, 문제) 활동 사건(동향, 과정) 등의 말맛을 지녔다. 이를 직역하면 '그 모든 것에게는 기한이 있다. 그리고 때가 있다, 하늘 아래 있는 모든 도모(기쁨)에는'가 될 것이다.

범사가(a) ⟶ 기한이 있고(b)
시기가 있다(b')(천하) ⟶ 만사는 (a')

(천하) 만사라는 말(케페츠 ḥēfeṣ)은 즐거움, 계획 소원(원하는 것) 사업(활동) 등을 가리킨다. 여기서는 '모든'이란 말(콜 kâl)과 함께 쓰여 '이루어지면 즐거운 소원들'이란 뜻이다.

일곱 쌍으로 된 서로 대조되는 항목은 태어남과 죽음으로 시작된다. (2절) 이것은 인생의 시작과 끝이다.

줄탁동기(啐啄同機) 줄탁동시(啐啄同時) = 줄(啐)과 탁(啄)이 동시에 이루어진다.

줄(啐)은 알 속의 병아리가 바깥세상으로 나올 때 알껍질을 깨려고 안쪽에서 쪼는 것을 가리킨다. 탁(啄)은 어미 닭이 알을 쪼는 것을 말한다. 어미 닭은 품고 있는 알 속의 병아리가 부리로 쪼는 소리를 듣고 밖에서 동시에 알을 쪼아 새끼가 깨어나는 것을 도와준다. 이 두 가지가 절묘하게 일치해야 건강한 병아리가 태어난다. 조그만 빨라도 조금만 늦어도 곤란하다. 병아리와 어미닭이 서로 교감하여 동시에 안과 밖에서 껍질을 깨는 것을 줄탁동시(啐啄同時) 또는 줄탁동기(啐啄同機), 줄탁지기(啐啄之機) 또는 줄탁으로 쓰기도 한다.

이 용어는 원래 중국의 민간에서 쓰던 말이다. 나중에 임제종(臨濟宗)의 공안집(公案集:화두집)이자 선종(禪宗)의 대표적인 불서(佛書)인 송(宋)나라 때의 《벽암록(碧巖錄)》에 이것이 실렸다. 그 때부터 불가(佛家)의 중요한 공안(公案)이 되었다. 碧岩錄(벽암록) 제16칙 본칙에 나오는 내용이다.

어떤 사람이 경청(866~937) 스님에게 물었다. "학인이 줄(啐; 병아리가 달걀 안에서 장차 나오려고 쪼는 것)을 하겠으니, 스님께서는 탁(啄; 병아리가 나오려고 쪼아댈 적에 어미닭이 때맞춰 달걀을 쪼아주는 것)을 하여 주십시오." 경청(鏡淸) 스님은 대중 법문에서 이르기를 "무릇 수행하는 사람이라면 줄탁동시(啐啄同時)의 안목을 갖추고 줄탁동시의 작용이 있어야만이 바야흐로 납승(衲僧)이라 일컬을 수 있다. 이는 마치 어미닭이 쪼려 하면 병아리도 쪼지 않을 수 없고, 병아리가 쪼려고 하면 어미닭도 쪼지 않을 수 없는 것과 같다"고 했다.

오늘날 이 말은 다음과 같은 뜻으로 쓰인다. i) 선가(禪家)에서, 두 사람의 대화가 서로 응하는 일; ii) 사제(師弟) 간의 인연이 어느 기회를 동시에 맞아 더욱 두터워진다는 것; iii) 전하여, 놓쳐서는 안 될 가장 알맞은 시기(時機)를 비유; iv) 가장 이상적인 사제지간(師弟之間)을 지칭하기도 함.

동양문화와 불교에 친숙하였던 헤르만 헤세는 《데미안》에서 진리를 깨달음을 병아리가 알을 깨고 나오는 것으로 묘사하기도 했다.

고대인은 출산(의 시기)이 임신에 따라 자동적으로 정해진다고 생각하지 않았다. 아기를 밴 동안에 그리고 출산하려 진통하는 때에 뜻밖의 일이 일어나곤 하기 때문이다.(창 35:16-20; 사 13:6-8; 21:3; 26:17; 렘 6:24; 22:23; 50:43; 시 48:7) 임신이 자동적으로 출산으로 되는 것은 아니다. 이에 어떤 학자들은 1:2에서 태어난다는 말을 '태어나지다'(수동적인 의미)로 풀이하기도 했다.(Delitzsch 259; Levy 80; Gordis 211; Lauha 64-5.; Vilchez 223; Fox 207; Schwienhorst-Schönberger 249-50)

수동적인 의미는 그 다음에 나오는 '죽는다'는 말과 짝지어 생각할 때 더욱 분명해진다. 사람은 태어날 때를 스스로 정할 수 없으며 죽는 때 역시 그러하다. 이 두 낱말로 전도서는 인생의 시작과 끝을 통틀어 표현했다. 출생과 죽음을 겪지 않을 사람은 이 세상에 아무도 없다. 왕도 역시 그렇다.(전 2:13-17 참조) 심다의 상대어가 수확하다가 아니라 '뽑히다'인 것이 좀 특이하다. 이는 긍정적인 연속성이 아니라 부정적인 단절이다. 이것은 태어남과 죽음을 비유할 수도 있고 포로민 귀환(렘 24:6; 42:10; 45:4; 겔 36:36과 국가의 패망(습 2:4; 단 7:8)을 상징할 수도 있다.

3절에서 죽일 때와 치료할 (낫게 할) 때가 있다는 말에는 헤아리기 어려운 하나님의 주권적 통치 속에는 생명을 거두는 일과 유지시키는 활동이 포함되어 있다. 이런 것은 그 의미와 때를 다 알 수 없는 신비에 속한다.

사울 임금은 전쟁터에서 죽기 하루 전 죽은 사무엘의 혼을 불러내러 엔돌에 사는 신접한 여인을 찾아갔다. 그 여인이 불러올린 사무엘에게서 그는 다음과 같은 말을 들었다. "… 여호와께서 이스라엘을 너와 함께 블레셋 사람들의 손에 넘기시리니 내일 너와 네 아들들이 나와 함께 있으리라 여호와께서 또 이스라엘 군대를 블레셋 사람들의 손에 넘기시리라"(삼상 28:19) 이에 사울 임금은 먹지 못하여 기력이 빠진데다가 두려움으로 인하여 땅바닥에 쓰러졌다. 이에 여인은 그를 정성스럽게 돌보아 회복시켜 주었다, 내일이면 죽을 그를.

> 21 그 여인이 사울에게 이르러 … 22 … 청하건대 이제 당신도 여종의 말을 들으사 내가 왕 앞에 한 조각 떡을 드리게 하시고 왕은 잡수시고 길 가실 때에 기력을 얻으소서 하니 23 사울이 거절하여 이르되 내가 먹지 아니하겠노라 하니라 그의 신하들과 여인이 강권하매 그들의 말을 듣고 땅에서 일어나 침상에 앉으니라 24 여인의 집에 살진 송아지가 있으므로 그것을 급히 잡고 가루를 가져다가 뭉쳐 무교병을 만들고 구워서 25 사울 앞에 와 그의 신하들 앞에 내놓으니 그들이 먹고 일어나서 그 밤에 가니라(삼상 28:21-25)

이것은 옛날 효수될 죄인에게 그 전날 술과 고기를 먹게 하던 것을 연상하게 만든다. 사람은 태어나면서부터 죽음을 향해 가는 여정에 있다. 엔돌의 무당은 그 여정에서도 먹고 마시며 기력을 차리라고 한 것이다. 모든 것이 다 때에 맞추어 일어나는 것이므로 정해진 때가 되기 전에는 이제까지 해 오던 일을 계속하라는 뜻이다.

표준	공개
돌을 흩어버릴 때가 있고, 모아들일 때가 있다. 껴안을 때가 있고, 껴안는 것을 삼갈 때가 있다.	연장(성기)을 쓸 때가 있으면 써서 안될 때가 있고 서로 껴안을 때가 있으면 그만둘 때가 있다.

'돌들을 던져 버릴 때가 있고 돌들을 거두어 들일 때'(5절)가 있다는 말은 다양하게 풀이되었다. (성행위, 경작, 건축, 게임) 전도서에 관한 〈미드라쉬

랍바)는 이것이 그 다음에 나오는 '안을 때가 있고 안는 일을 멀리 할 때가 있다'는 말과 비슷하게 해석했다. 곧 이 두 쌍은 남녀간의 성행위를 가리키는 것이다.

그런가 하면 돌을 던지는 행위는 경작지를 계획적으로 망가뜨리는 행위이다.(왕하 3:19,25) 그리고 돌을 걷어 모으는 것은 파종하려고 밭을 일구는 것이다.(사 5:2) 이것은 전쟁 때에 일부러 들판의 경작과 수확을 방해하려고 들판에 돌을 가져다 쏟아붓는 일과 평화로울 때 농사를 위해 땅을 개간하는 일을 나타낼 수도 있다.

또한 돌을 귀하게 여기는 이스라엘 전통에 따라 여기서 돌을 보석으로 보는 해석도 있다. 실제로 에벤('eben =돌)이 보석을 가리키기도 했다.(출 25:7; 35:9) 솔로몬 시대의 부귀영화를 나타낼 때에도 돌이 보석을 의미했다.(왕상 10:2, 10-11) 그렇다면 재산을 모를 때가 있으며 분배할(또는 흩을) 때가 있다는 뜻이리라.

사람을 때와 기한에 따라 즐거워하기도 괴로워하기도 한다. 건설하기도 하고 파괴하기도 한다. 그 어떤 경우든 그 유무익과 때(시기)는 사람의 손에 달려 있지 않다. 오직 하나님의 손에 좌우될 뿐이다.

《大學 대학》은 말한다. 物有本末 事有終始 知所先後 則近道矣(물유본말, 사유종시, 지소선후, 즉근도의). "이 세상 모든 이치에는 근본적인 것과 지엽적인 것이 있으며, 이 세상 모든 일에는 시작점과 마침 점이 있다. 따라서 먼저 할 일과 나중 할 일을 알고 행한다면 최선의 삶을 살게 될 것이다."

누구나 수박의 겉만을 핥아먹는 사람은 없을 것이다. 어린아이라도 수박을 쪼개서 빨갛게 익은 부위를 맛있게 먹을 줄을 안다. 이는 시험을 앞에 둔 학생이 먼저 놀고 공부하느냐, 아니면 먼저 공부하고 노느냐의 문제다.

아버지로부터 갑자기 회사를 물려 받은 아들이 먼저 차 바꾸기와 예쁜 비서에 관심을 두느냐, 아니면 업무 파악부터하느냐의 문제다. 도로 포장 공사를 하는데 먼저 포장부터하느냐, 아니면 수도관, 전선, 가스관 배설부터 하고 나서 포장을 하느냐의 문제다.

먼저 할 일이 있고 나중 할 일이 있다. 이 순서가 뒤바뀌면 그 고생과 허비하는 시간과 경비 그리고 심리적 타격이 이만저만이 아니다. 본문은 우리 신앙인의 삶에서 먼저 해야 할 일이 무엇이며, 그 결과 받은 축복이 무엇인가를 잘 보여준다.

매사에 자신을 돌아보며 반성하는 자세로 선후(先後)의 차례를 잘 지켜가게 되면 언제든지 본말이 바로 서게 되고, 도덕성을 회복하는 단서가 된다고 할 수가 있다.

먼저 先(선)자를 풀면 소 牛(우)자 밑에 어진 사람 발 儿(인)자의 합자이다. 논밭을 갈 때 소가 앞에서 끌고 어진 농부가 쟁기를 밀고 있는 형상이다. 소는 사람에게 큰 교훈을 준다. 어렵고 힘든 일을 할 때 먼저 앞장서서 묵묵히 힘을 쓴다. 그리고 쉴 때는 앞서 먹었던 짚을 되새김하여 완전히 소화를 시킨다. 소가 반추(反芻)하는 차분한 모습을 보고 사람도 반성(反省)하는 슬기를 본받았다고 본다.

뒤 後(후)자를 풀면 '많은 사람'을 뜻하는 척(彳)과 '작다'는 요(幺)와 뒤져 올 치(夊)자의 합자이다. 즉 많은 사람이 가는데 어린이가 뒤쳐져 가는 형상이다. 이는 뒤를 잇는 후생(後生)과 후예(後裔)를 말한다. 배움에서는 후학(後學)이요, 사회에서는 후배(後輩)요, 시대로 보면 후대(後代)요, 하늘로 보면 후천(後天)이 된다.

이처럼 선(先)과 후(後)는 둘로서 상대적 개념이 되지만 밀접하게 연결되어 하나의 단어가 된다. 이에 대학은 먼저 할 일과 나중 할 일을 아는 선후(先後)관계를 이해하고, 밝게 배려하면 진리(眞理)인 도(道)에 가깝게 이른다고 했다.

이남천은 〈시간의 여울목에 서서〉라는 시를 썼다. "시간은 / 빗물이다 / 슬픔을 씻어내는 빗물이다// 시간은 / 흰눈이다 / 갈등을 덮어버리는 흰눈이다 // 시간은 / 바람이다 / 고난을 휘몰아가는 바람이다// … 시간은 / 곡예단의 마술사다 / 알리바바의 요술 램프다"

물으시는

전 3:9

개역개정	직역
일하는 자가 그의 수고로 말미암아 무슨 이익이 있으랴	무엇이 유익하랴, 사람이 스스로 애를 쓰더라도?

이것은 코헬렛이 물음을 던지는 스승으로 등장하는 것이다. 사람은 질문하는 존재다.(homo askus) 무슨 유익(이익, 소득)이 있으랴는 물음이 1:3; 2:22에 이어진다. 1장에서 우리는 질문이 자연의 영원한 순환에 관한 시의 서문으로 자리매김하는 것을 보았다. 코헬렛은 때와 시기에 관해 말하는 3장에서 '지속가능한 유익'에 관한 질문을 던졌다. 이 물음에 따라 1-8절을 다시 되짚어볼 수 있다. 코헬렛은 대부분의 일들이 정해진 시간(시기) 안에 일어나는 세상에서 지속가능한 이익이 있는지를 물었다.

코헬렛의 특징 가운데 하나가 질문이다. 전도서에는 약 30여개의 질문이 들어있다. 질문 내용에 딸 분류하지 않고 그 내용만 살펴보면 다음과 같다.(Schwienhorst-Schönberger 61 참조)

장절	내용
1:3	무엇이 유익한가
2:2	무슨 소용이 있는가
2:12	왕 뒤에 오는 자는 무엇을 행할까
2:15	내게 지혜가 있었다한들 무엇이 유익하리요
2:19	그 사람이 지혜자일지 우매자일지 누가 알랴
2:22	모든 수고와 애쓰는 것이 무슨 소득이 있으랴
2:25	먹고 즐기는 일을 누가 나보다 더 해 보았으랴
3:9	일하는 자가 그 수고로 말미암아 무슨 이익이 있으랴
3:21	인생의 혼은 위로 올라가고 짐승의 혼은 아래 곧 땅으로 내려가는 줄을 누가 알랴
3:22	그의 뒤에 일어날 일이 무엇인지를 보게 하려고 그를 도로 데리고 올 자가 누구이랴
4:8	내가 누구를 위하여 이같이 수고하고 나를 위하여는 행복을 누리지 못하게 하는가
4:11	두 사람이 누우면 따뜻하거니와 한 사람이면 어찌 따뜻하랴
5:6	어찌 하나님께서 네 목소리로 말미암아 진노하사 네 손으로 한 것을 멸하시게 하랴
5:11	그 소유주들은 눈으로 보는 외에 무엇이 유익하랴
5:16	바람을 잡는 수고가 그에게 무엇이 유익하랴
6:6	그가 비록 천년의 갑절을 산다
6:8a	지혜자가 우매자보다 나은 것이 무엇이냐
6:8b	살아 있는 자들 앞에서 행할 줄을 아는 가난한 자에게는 무슨 유익이 있는가
6:11	헛된 것을 더하게 하는 많은 일들이 있나니 그것들이 사람에게 무슨 유익이 있으랴
6:12a	헛된 생명의 모든 날을 그림자 같이 보내는 일평생에 사람에게 무엇이 낙인지를 누가 알며
6:12b	그 후에 해 아래에서 무슨 일이 있을 것을 누가 능히 그에게 고하리요
7:10	옛날이 오늘보다 나은 것이 어찜이냐
7:13	하나님께서 굽게 하신 것을 누가 능히 곧게 하겠느냐
7:16	어찌하여 스스로 패망하게 하겠느냐
7:17	어찌하여 기한 전에 죽으려고 하느냐
7:24	누가 능히 통달하랴
8:1	누가 지혜자와 같으며 누가 사물의 이치를 아는 자이냐
8:4	누가 그에게 이르기를 왕께서 무엇을 하시나이까 할 수 있으랴
8:7	장래 일을 가르칠 자가 누구이랴
10:14	나중에 일어날 일을 누가 그에게 알리요
10:15(?)	우매한 자들의 수고는 자신을 피곤하게 할 뿐이라(?)

그는 이런 물음으로 당시 사람들이 자연스럽게 받아들이는 통념이나 지혜에 의문을 제기하며 '과연 그런가'를 물었다. 그는 혼신의 노력을 기울여 그 대답을 찾고자 했다. 이런 뜻에서 잠언과 전도서는 인생 살아가는 지혜와 관련하여 동전의 양면과 같다.

코헬렛의 물음은 결국 '길이 어디에 있는가'를 묻는 것이다. 그는 길에서 길을 물었다. 그는 인생길에 서서 인생을 살아가면서 진정한 길이 어디 있느냐고 물으며 그 길을 찾아가고자 한 것이다. 다음은 영국의 옥센햄(John Oxenham 본명: William Arthur Dunkerley 1852-1941)이 1930년에 쓴 찬송가 가사다.(To Every Man There Openeth)

누구에게나 길은 열려 있다,

이 길, 그리고 길들, 그리고 또 다른 길이.

숭고한 영혼은 높은 길을 오르고,

미천한 영혼은 낮은 길을 더듬네.

그리고 다른 영혼들은

이리저리 헤매고 있네,

저 안개 낀 들판 사이에서.

그러나 누구에게나 길이 열려있다,

높은 길, 낮은 길이.

사람마다 골라야 하리,

자기 영혼이 나아가야 할 길을.

질문하는 코헬렛의 모습은 곳곳에 나타난다. 전 1:3처럼(mâ-jjitrôn ləha'ādām …) 3장 9절에서도 코헬렛은 '… 무슨 이익이 있으랴'(mâ-jjitrôn hā ʿōśê)고 질문했다. 전 2:22에서 그는 무슨 소득이 있으랴(kî me-hōwê ləhaʾādām …)고 물었다. 지금까지는 사람 모두를 가리켜 말하던 그는 여기서 '일하는 자'(hā ʿōśê)로 그 범위를 한정했다.

코헬렛은 질문하는 스승이다. 하나님은 질문하시는 분이다. 창세기 3장에서 하나님은 질문하시는 분으로 등장하신다.

여호와 하나님이 아담을 부르시며 그에게 이르시되 네가 어디 있느냐(창 3:9)
누가 너의 벗었음을 네게 알렸느냐 내가 네게 먹지 말라 명한 그 나무 열매를 네가 먹었느냐(창 3:11)
여호와 하나님이 여자에게 이르시되 네가 어찌하여 이렇게 하였느냐(창 3:11)

하나님은 가인에게 "네 아우 아벨이 어디 있느냐"(창 4:1-15) 하갈에게 "어디서 왔으며, 어디로 가느냐?"(창 16:1-16) 야곱에게 "네 이름이 무엇이냐?"(창 32:24-32) 엘리야에게 "네가 어찌하여 여기 있느냐?"(왕상 19:9-18) 이사야에게 "내가 누구를 보낼꼬?"(사 6:1-13)라고 물으셨다.

예수님은 질문하시는 분이다.

13 예수께서 빌립보 가이사랴 지방에 이르러 제자들에게 물어 이르시되 사람들이 인자를 누구라 하느냐 14 이르되 더러는 세례 요한, 더러는 엘리야, 어떤 이는 예레미야나 선지자 중의 하나라 하나이다 15 이르시되 너희는 나를 누구라 하느냐 16 시몬 베드로가 대답하여 이르되 주는 그리스도시요 살아 계신 하나님의 아들이시니이다(마 16:13-16)
25 어떤 율법교사가 일어나 예수를 시험하여 이르되 선생님 내가 무엇을 하여야 영생을 얻으리이까 26 예수께서 이르시되 율법에 무엇이라 기록되었으며

네가 어떻게 읽느냐 27 대답하여 이르되 네 마음을 다하며 목숨을 다하며 힘을 다하며 뜻을 다하여 주 너의 하나님을 사랑하고 또한 네 이웃을 네 자신 같이 사랑하라 하였나이다 28 예수께서 이르시되 네 대답이 옳도다 이를 행하라 그러면 살리라 하시니

15 그들이 조반 먹은 후에 예수께서 시몬 베드로에게 이르시되 요한의 아들 시몬아 네가 이 사람들보다 나를 더 사랑하느냐 하시니 이르되 주님 그러하나이다 내가 주님을 사랑하는 줄 주님께서 아시나이다 이르시되 내 어린 양을 먹이라 하시고 16 또 두 번째 이르시되 요한의 아들 시몬아 네가 나를 사랑하느냐 하시니 이르되 주님 그러하나이다 내가 주님을 사랑하는 줄 주님께서 아시나이다 이르시되 내 양을 치라 하시고 17 세 번째 이르시되 요한의 아들 시몬아 네가 나를 사랑하느냐 하시니 주께서 세 번째 네가 나를 사랑하느냐 하시므로 베드로가 근심하여 이르되 주님 모든 것을 아시오매 내가 주님을 사랑하는 줄을 주님께서 아시나이다 예수께서 이르시되 내 양을 먹이라(요 21:15-17)

그리스 철학자 소크라테스(주전 470-399)는 질문을 통해 가르치는 사람으로 유명하다. 그는 광장에서 거리에서 상대방의 지위 나이 소유에 구애받지 않고 많은 사람과 대화를 나누었다. 그는 사람들에게 물음을 던진 다음 그 대답을 듣고나서 그와 관련된 또 다른 질문을 던지곤했다. 이런 것을 가리켜 사람들은 소크라테스식 대화법(산파술 maieutics)이라고 한다.

플라톤의《국가》에 그가 트라시마코스라는 청년과 만나 나눈 대화가 있다.

소크라테스: 자네는 정의가 무엇이라고 생각하는가?
트라시마코스: 강자의 이익이 정의입니다.

소크라테스: 강자도 물론 사람이겠지?

트라시마코스: 예, 그렇지요.

소크라테스: 그럼 강자도 실수를 하겠군

트라시마코스: 네

소크라테스: 그럼 강자의 잘못된 행동도 정의로운건가?

트라시마코스: …

그로부터 며칠 뒤 두 사람이 다시 만났다.

소크라테스: 자네 기분이 어떠한가?

트라시마코스: 우울합니다..

소크라테스: 우울하다는 것은 무엇인가?

트라시마코스: 침울하다는 것입니다.

소크라테스: 침울하다는 것은 무엇인가?

트라시마코스: 기분이 더럽단 것입니다.

소크라테스: 기분이 더럽다? 그것은 무엇인가?

트라시마코스: 모르겠습니다.

소크라테스: 그래. 자넨 그래도 낫네. 자네가 모른다는 것을 알고 있지 않은
가?

제이콥 브로노우스키에 따르면 아인쉬타인(Albert Einstein 1879~1955)은
이렇게 말했다.

만일 내가 한 시간 동안 어떤 문제를 해결해야만 한다면, 나는 그 가운데 55분

동안 핵심이 되는 훌륭한 질문들을 찾고 그 중에서 (핵심적인 물음을) 결정하는 데 보낼 것이다. 만약 그런 좋은 질문을 찾는다면 나는 5분 안에 그 문제를 해결할 수 있으리라.

그는 좋은 질문이 문제의 핵심과 본질을 꿰뚫을 통찰력을 준다는 것을 알았다. 그것은 평소의 관점과 생각을 뛰어넘어 주어지는 문제에 관해 새로운 시야로 창의력있게 파고들게 돕는다.

사람은 질문하는 존재다.(*homo askus*) 그것을 말하는 존재다.(*homo loquens*) 이런 사람들이 오스트랄로 피테쿠스를 넘어 호모 사피엔스로 살아가는 것이다.

리즈(Dorothy Leeds)는 《질문의 7가지 힘》(The 7 Powers of Questions : Secrets to Successful Communication in Life and at Work)에서 말한다.

i) 질문하면 답이 나온다. 질문을 받으면 대답을 하지 않을 수 없다. 이러한 의무감을 나는 응답반사라고 부른다.

ii) 질문은 생각을 자극한다. 질문은 질문을 하는 사람과 질문을 받는 사람의 사고를 자극한다.

iii) 질문하면 정보를 얻는다. 적절한 질문을 하면 원하고 필요로 하는 정보를 얻을 수 있다.

iv) 질문하면 통제가 된다. 모든 사람은 스스로 상황을 통제하고 있을 때 편안하고 안전하게 느낀다. 질문은 대답을 요구하므로 질문을 하는 사람이 유리한 입장에 서게 된다.

v) 질문은 마음을 열게 한다. 사람들은 자신의 사연, 의견, 관점에 대한 질문을 받으면 우쭐해진다. 질문하는 것은 상대방과 그의 이야기에 관심을 보여주는

것이므로 과묵한 사람이라도 자신의 생각과 감정을 드러낸다.

vi) 질문은 귀를 기울이게 한다. 적절하게 질문을 하는 능력을 향상시키면 보다 적절하고 분명한 대답을 듣게 되고, 중요한 일에 집중하기 쉬워진다.

vii) 질문에 답하면 스스로 설득이 된다. 사람들은 누가 해 주는 말보다 자기가 하는 말을 믿는다. 사람들은 자신이 생각해낸 것을 좀더 쉽게 믿으며, 질문을 요령 있게 하면 사람들의 마음을 특정한 방향으로 움직일 수 있다.

삼성그룹의 창업자 이병철 회장은 1987년 세상을 떠나기 전 천주교 정의채 신부에게 24개 질문을 써서 보냈다. 그 내용은 다음과 같다.

1. 신(하느님)의 존재를 어떻게 증명할 수 있나?

2. 신은 우주만물의 창조주라는데 무엇으로 증명할 수 있는가?

3. 생물학자들은 인간도 오랜 진화과정의 산물이라고 하는데, 신의 인간창조와 어떻게 다른가? 인간이나 생물도 진화의 산물 아닌가?

4. 언젠가 생명의 합성, 무병장수의 시대도 가능할 것 같다. 이처럼 과학이 끝없이 발달하면 신의 존재도 부인되는 것이 아닌가?

5. 신은 인간을 사랑했다면, 왜 고통과 죽음과 불행을 주었는가?

6. 신은 왜 악인을 만들었는가? (예; 히틀러나 스탈린, 또는 갖가지 흉악범들)

7. 예수는 우리의 죄를 대신 속죄하기 위해 죽었다는데, 우리의 죄란 무엇인가? 왜 우리로 하여금 죄를 짓게 내버려 두었는가?

8. 성경은 어떻게 만들어졌는가? 그것이 하느님의 말씀이라는 것을 어떻게 증명할 수 있나?

9. 종교란 무엇인가? 왜 인간에게 필요한가?

10. 영혼이란 무엇인가?

11. 종교의 종류와 특징은 무엇인가?

12. 천주교를 믿지 않고는 천국에 갈 수 없는가? 무종교인, 무신론자, 타종교 인들 중에도 착한 사람이 많은데, 이들은 죽어서 어디로 가나?

13. 종교의 목적은 모두 착하게 사는 것인데, 왜 천주교만 제일이고, 다른 종교 는 이단시하나?

14. 인간이 죽은 후에 영혼은 죽지 않고, 천국이나 지옥으로 간다는 것을 어떻 게 믿을 수 있나?

15. 신앙이 없어도 부귀를 누리고, 악인 중에도 부귀와 안락을 누리는 사람이 많은데, 신의 교훈은 무엇인가?

16. 성경에 부자가 천국에 가는 것을 약대(낙타)가 바늘구멍에 들어가는 것에 비유했는데, 부자는 악인이란 말인가?

17. 이태리 같은 나라는 국민의 99%가 천주교도인데, 사회혼란과 범죄가 왜 그리 많으며, 세계의 모범국이 되지 못하는가?

18. 신앙인은 때때로 광인처럼 되는데, 공산당원이 공산주의에 미치는 것과 어떻게 다른가?

19. 천주교와 공산주의는 상극이라고 하는데, 천주교도가 많은 나라들이 왜 공산국이 되었나? 예; 폴란드 등 동구제국, 니카라구아 등.

20. 우리나라는 두 집 건너 교회가 있고 신자도 많은데, 사회범죄와 시련이 왜 그리 많은가?

21. 로마교황의 결정엔 잘못이 없다는데, 그도 사람인데 어떻게 그런 독선이 가능한가?

22. 신부는 어떤 사람인가? 왜 독신인가? 수녀는 어떤 사람인가? 왜 독신인 가?

23. 천주교의 어떤 단체는 기업주를 착취자로, 근로자를 착취 당하는 자로 단

정, 기업의 분열과 파괴를 조장하는데, 자본주의 체제와 미덕을 부인하는 것인가?

24. 지구의 종말은 오는가?

소크라테스는 산파술이라는 문답법으로 상대방을 가르치고 설득하곤 했다. 유대인들은 스승이 제자에게 끝없이 질문하고, 제자들이 스승에게 끝없이 질문하는 과정을 되풀이하며 지식을 쌓아가는 것으로 유명하다.

학문이라는 말을 보자. 여기에는 문(問)이 쓰였다. 학문은 배움(앎)과 질문이 뗄레야 뗄 수 없다는 것을 보여준다. 학문(學問)은 학문(學文)이 아니다. 그것은 배워야(알아야)할 것을 묻거나 묻는 법을 배우는 것이다. 질문은 물음으로 앎(실천)의 세계를 넓혀나가는 방법이다. 인간은 의문을 통해 문명을 발전시켜왔다.

이런 것은 성경에서 나타난 모습과 다르지 않다. 성경 안에는 이루 헤아릴 수 없이 많은 질문이 담겨있다. 하나님은 묻는 것으로 사람이 자신의 신앙과 정체성 인생의 목적과 사명을 깨달으며 살아가게 도우셨다. 예수님도 그리하셨다. 질문과 대답은 동서고금 남녀노소를 가리지 않고 가장 탁월한 교육법이며, 모든 학문의 시작이요 인생살이의 과정이다.

일이냐 사람이냐

전 3:9–11

개역개정	직역
9 일하는 자가 그의 수고로 말미암아 무슨 이익이 있으랴	9 무엇이 유익하랴, 사람이 스스로 애를 쓰더라도?
10 하나님이 인생들에게 노고를 주사 애쓰게 하신 것을 내가 보았노라	10 이제 보니, 이 모든 것은, 하나님이 사람에게 수고하라고 지우신 짐이다.
11 하나님이 모든 것을 지으시되 때를 따라 아름답게 하셨고 또 사람들에게는 영원을 사모하는 마음을 주셨느니라 그러나 하나님이 하시는 일의 시종을 사람으로 측량할 수 없게 하셨도다	11 하나님은 모든 것이 제때에 알맞게 일어나도록 만드셨다. 더욱이, 하나님은 사람들에게 과거와 미래를 생각하는 감각을 주셨다. 그러나 사람은, 하나님이 하신 일을 처음부터 끝까지 다 깨닫지는 못하게 하셨다.

이것은 사람이 애쓰고 노력하는 것에 관한 말씀이다. 곧 사람이 제각각 힘쓰고 애쓰는 다양한 활동의 방향과 목적이 어디 있느냐에 관한 것이다.

전 3:9의 물음에는 겉보기에는 부정적인 답변이, 깊이 생각해보면 심오한 대답이 이미 내포되어 있다. 앞의 내용에 비추어볼 때 인간 삶의 모든 부분은 하나님의 통치 아래 놓여 있다. 그러므로 하나님을 떠나서는 그 어떤 것도 의미를 찾을 수도 없으며 유익을 얻을 수도 없다. 인간이 아무리 노력을 하더라도 하나님께서 정하신 기한을 벗어날 수 없기 때문이다.

코헬렛은 인간을 '일하는 자'(하오세 hāʿōśé)라고 했다.(homo faber) 창세기 1장에서 하아담(그 인간, 인류 imago Dei)은 하나님의 형상이었다. 여기서 그는 인간을 존엄성이나 부여받은 특징으로 보기보다는 단지 그의 활동과 그것이 만들어내는 결과(유익)만을 보고 있다.

10절에서 그는 인간이 끊임없이 되풀이 하는 활동하는 근거를 하나님께서 인간에게 주신 노고라고 평가했다. 여기서 그는 인생(사람의 아들=벤-아담)이란 용어를 적용했다. 이로써 그는 인간을 단순히 일하는 존재로가 아니라 하나님의 형상대로 지음받은 존재로 본 것이다. 인간이 허무함을 느끼는 근거가 바로 여기에 있다. 그는 단순히 노동만하는 기계가 아니라는 것이다. 허바드는 말한다.(Hubbard 105-6)

하나님의 형상대로 지어졌기에 우리는 사람의 깊이를 탐색하려 시도할 수 있다. 그 하는 일에서 충분히 성공할 수도 있지만 그렇지 못할 수도 있다는 사실도 아는 것이다. 반면에 격이 낮은 피조물은 그런 것을 전혀 깨닫지 못한다. 마치 무지한 자들이 세상 사람이 자기와 함께 웃는지 자기를 향해 비웃는지를 분간하지 못하는 것과 같다. 이런 것을 알려면 어느 정도의 분별력이 필요하다.

우리는 하나님의 형상대로 지음받았기 때문에 … 하나님의 동산을 보살피며 (창 2:15) 세상에 하나님을 경배할 사람들로 가득 채우는 것에는 (창 1:28) 인생이 어떻게 이루어지는가 라는 문제와 씨름하는 것이 포함되어 있음을 아는 것이다.

다시 말하자면 인간의 사람이 마치 다람쥐 체바퀴도는 것 같이 된 것은 그들로 하여금 허무함을 깨닫게 하시려는 하나님의 뜻이다. 그리하여 보다 더 나은 어떤 것 곧 하나님께서 자신의 형상대로 지으신 자에게 특별히 허락하신 일을 향하여 부르짖게 하시는 것이다.

전 3:11 "하나님이 모든 것을 지으시되 때를 따라 아름답게 하셨고 또 사람들에게는 영원을 사모하는 마음을 주셨느니라"는 하나님의 섭리에 관한 최고의 고백이다. 마치 "하나님을 사랑하는 자 곧 그의 뜻대로 부르심을 입은 자들에게는 모든 것이 합력하여 선을 이루느니라"(롬 8:28)에서 우리 소망이 피어오르듯이, 이 말씀은 우리 인생에 용기를 불러 일으킨다.

전 3:11은 인간은 도저히 해 아래 사는 인생의 의미를 자기 스스로에게서 찾지 못하는 이유를 말했다. "하나님이 모든 것을 지으시되 때를 따라 아름답게 하셨고 또 사람들에게는 영원을 사모하는 마음을 주셨느니라"고 했다.(직역: 모든 것을 그가 만드셨다. 그의 시간에 알맞게. 또한 영원을 그들의 마음에 주셨다.) 여기 쓰인 시간(때)이란 말에는 … 안에(중에)를 의미하는 전치사(쁘 bə)와 3인칭 남성 소유격 어미가 붙어 있다. 우리는 이 소유격어미를 '그것의'로 할지 '그의'로 할지를 결정해야 한다. 만일 앞엣것으로 풀이한다면 이것은 모든 것(일. 사물)의 때를 가리킬 것이고(JB NASB ASV NAS ESV) 뒤엣것으로 한다면 이것은 하나님의 때를 의미할 것이다.(LXX KJV LU ELB) 우리말 성경은 대부분 앞의 입장을 채택했다. 뒤엣것이 하나님의 창조와 통치권을 강조하는 전도서의 흐름에 더 알맞는 것이리라.

코헬렛은 하나님께서 지으신 것들이 '좋다'(토브 ṭôb)고 하는 대신에 아름답다(야페 jāfê, 야파 jāfâ)고 했다. 이에 관해 학자들의 의견은 크게 두 가지로 나뉜다. i) 헤르츠베르크(H. W. Hertzberg) 라우하(A. Lauha) 크렌쇼(J. Crenshaw) 등은 이 둘을 동의어로 본다. ii) 전도서에는 토브란 낱말이 52차

레나 쓰이는데에도 여기에는 하나님의 창조와 관련된 언급을 하면서 야페
를 쓴 것을 홀으로 보지 않는 사람들도 있다. 특히 미셸(Dithelm Michel)은
코헬렛이 낱말 하나하나를 매우 신중하게 선별하고 있다는 사실에 착안하
여 여기 쓰인 것이 토브가 아니라 야페인 것은 우연이 아니라며 주의를 기
울였다.(60) 미셸의 지적에 자극받은 크뤼거(Th. Krüger)와 바크하우스(F. J.
Backhaus)는 전도서의 표현은 창세기 1장의 분위기를 약화시키는 것이라고
했다. 곧 야페는 코헬렛이 사는 시대에 보니 태초의 창조 시절과는 달리 사
람들이 항상 좋지만은 않은 현실에서 나온 것이다. 그들은 야페를 '알맞다'
(angemessen)로 옮겼다.

　나는 이렇게 생각한다. 토브와 야페는 동의어이면서도 그 말맛에 차이
가 있다. 어떤 대상을 앞엣것은 잘 박힌 못과 같이 목적과 의도에 합당하는
사실에, 뒤엣것은 아름답고 귀하다는 사실에 강조점이 있다. 이는 아마 태
초에 이루어진 하나님의 창조(creatio prima)가 자기 시대에도 여전히 계속
되고 있음(creatio continua)을 의식하며, 그 맛과 멋과 아름다움을 소중히 여
길 뿐만 아니라 향유하라는 뜻이리라.

　11b는 인간의 가치가 어디에 있는가를 단적으로 보여준다. 그의 가치는
단순히 하나님이 창조하신 세상에서 독보적인 존재라는 데에서 그치지 않
는다. 인간의 마음에 하나님께서 '그 영원함'(하올람 hā'ōlām)을 심어주셨다
는 것이다.

　하올람을 어떻게 보아야할까? i) 킷텔(R. Kittel)은 이 낱말을 전도서에 자
주 나오는 그 수고(헤아말)로 바꾸어야 한다고 보았다. 이런 용례가 성경에
없기 때문에 이런 입장은 순전히 상상의 산물이라 볼 수밖에 없다. ii) 어떤
사람은 이것을 세상이란 그 낱말(the world)로 옮기기도 했다. (LXX Vulgate,
Peschitta KJV) 이 역시 성경에 사용된 예가 없기에 받아들일 수 없다. iii) 만

일 올람을 엘렘('ēlem)으로 읽으면 그 뜻은 감추어진 것 비밀 수수께끼(공개: 그러나 하느님께서 사람에게 역사의 수수께끼를 풀고 싶은 마음을 주셨지만) 알 수 없는 것(ICC: he has put ignorance in man's mind)이란 뜻이다. 이런 입장들은 11b와 11c가 논리적으로 매끄럽게 연결되지 않기 때문에 나온 발상이다. iv) 성경에서 이것은 흘러간 먼 옛날을 가리킬 뿐만 아니라 과거 현재 미래를 통틀어 표현할 때 쓰였다. (까마득한 옛날부터 아득한 미래까지) 그러므로 이것은 시간적으로 무한대를 의미하는 동시에 하나님의 존재방식인 영원무궁을 가리키는 것이다.

어떤 성경은 영원이란 말을 시간의식(천주교새번역) 과거와 미래를 생각하는 감각(새번역, NIV) 등으로 번역했다. 앞서 밝혔듯이 영원을 마음에 두고 사는 사람은 과거와 현재와 미래를 통전(통섭)하는 사람이다. 그는 시간과 기한에 묶여 있는 동시에 영원을 향해 열려있는 것이다. 영적인 행복과 보람을 위해 유익하다면 뒤로 물러설 줄도 현재에 머물 수도 그리고 앞으로 나아갈 수도 있다.

코헬렛은 "하나님의 하시는 일의 시종을 사람으로 측량할 수 없게 하셨다"고 덧붙였다. 이 말씀은 하나님의 창조와 통치권을 강력하게 표현한 것이다. 비록 인간의 마음에는 영원한 것(영원의식)이 있더라도 그는 하나님께서 하시는 일을 처음 시작과 마지막 끝을 헤아리지 못하는 것이다. 이는 자신이 활동(노동)하는 바로 그것이 자기 인생에 굉장히 유익하다고 여기는 인간의 생각은 순전히 착각이라는 것을 말해준다.

"때를 따라 모든 것을 아름답게 지으셨다" 그렇다. 말씀에 따라, 때에 맞춰 이루어지는 것보다 더 아름다운 것은 이 세상에 없다. 이미 물러날 때가 됐는데도 여전히 자리에 욕심을 부리는 사람을 볼 때 그보다 더 추한 것은 없다.(아름다운 퇴장). 그런가 하면 아직 활동할 때인데, 이런 저런 이유와 변명을 하며 뒤로 물러서는 모습은 비겁해 보인다. 아무리 위대한 사람도 한 시대와 직업에 주어진 인생의 열매를 위해서 태어나 활동하는 것이다. 이런 뜻에서 나아갈 때(쓰임받을 때. 활동할 때)와 물러갈 때를 아는 것은 참으로 중요하다. 또 행동할 때와 기다릴 때를 아는 것도 중요하다.

우리 중에는 본질적인 것(하나님)과 지엽적인 것(물질-쾌락)의 순서를 바꾸어 사는 사람도 있다. 예수님은 "그런즉 너희는 먼저 그의 나라와 그의 의를 구하라 그리하면 이 모든 것을 너희에게 더하시리라"(마 6:33)고 말씀하셨다. 기독교인임을 자처하는 유신론적 무신론자들은 예수님의 이 말씀의 순서를 거꾸로 바꾸어놓는다. 그들은 물질-쾌락-편리-편안을 먼저 구하고 그 다음에 하나님을 구하며 살아간다.

《대학 大學》은 "모든 일에는 근본과 곁가지가 있고 모든 일에는 끝과 시작이 있다. 먼저 할 일과 나중 할 일을 가릴 줄 알면 도가 가까이 있다."(物有本末 事有終始 知所先後 則近道矣)고 한다.(진덕수는 '대학연의'에서 물物은 곧 사事라고 한다)

바둑에는 수순(手順)이라는 말이 있다. 이는 바둑알을 놓는 순서를 가리킨다. 그 수순이 바뀌면 아무리 좋은 자리에 바둑알을 놓더라도 결국은 바둑에서 패한다. 인생도 이와 비슷하다. 유신론적 무신론자들의 특징은 수순을 거꾸로 하는 데 있다. 그 결과는 인생의 실패요 하나님의 심판이다.

하나님께서 사람의 마음에 주신 '영원함'이란 무엇을 가리키는 것일까?

11절에는 인간 스스로가 해 아래 사는 생활만으로는 의미를 찾을 수 없는 이유가 나와 있다. 일하는 자(하오세)를 염두에 둔 9절과는 달리 여기서는 하나님께서 모든 것을 제 각각에게 자신의 때에 맞게 만드셨다(아사)고 했다.

의미와 가치를 찾지 못한 채 일하는 사람의 슬픔에 관한 이야기가 있다.(아우슈비츠의 경험)

세계 제 2차 세계대전 시절 헝가리에 있던 나치 수용소에서 있었던 일이다. 이 곳은 공장에서 오물을 처리하는 곳이었는데, 연합군이 이곳을 폭격하여 공장이 전부 무너지고 말았다. 그래서 이곳에 있는 포로들은 이제 아무 것도 할 일이 없었다. 나치 군인들은 이 포로들에게 무너진 공장의 파편들을 다른 곳으로 옮겨 놓으라고 했다. 그 다음 날은 그 파편들을 다시 제자리에 옮겨 놓으라고 했다. 또 그 다음 날은 다른 곳으로 옮기라고 했다. 이런 일이 계속 반복되었다. 아무리 생각해도 보람도 없는 일이요, 목적도 없는 일이었다.

그 때 아주 이상한 일이 벌어졌다. 이런 일을 한 달 넘게 되풀이 하던 포로들은 정신이 나가기 시작한 것이다. 포로들이 살아갈 의지를 잃어갔다. 왜 그런가? 그것은 그들이 매일 매일 하는 그 일이 아무런 의미나 목적이 없었기 때문이었다. 그리고 자기가 쓸모없는 일이나 하는 쓸모없는 사람이 되었다는 생각이 그들을 미치게 만들었다. 그 사람들은 그냥 벽돌을 집어들고 앞으로 뒤로 움직이면서 옮기는 것을 계속 반복할 뿐이었다. 그 사람들 중에 많은 사람들은 그만 죽고 싶어져서 나치 군에게 달려들어서 일부러 총을 맞고 죽었다.

전도서 3장은 i) 하나님께서 모든 것을 그 때에 알맞게 지으셨다는 사실과 함께 ii) 우리 마음에 '영원'을 주셨다는 사실(1:4, 10; 2:16; 3:14; 9:6; 12:5 참조) iii) 미래 일을 알지 못하게 하셨다는 사실을 강조한다. 이 세 가지 사실은 우리 인생에게 도전과 기회이다.

안주(安州) 백상루(百祥樓)는 빼어난 풍경을 지닌 관서 지방의 누각이다. 중국 사신이 오거나 우리나라 사람이 공무로 지나가게 되면, 누구든지 이 누각에 올라 풍경을 감상하지 않는 경우가 없다. 덕수(德水) 이자민(李子敏, 이안눌)이 "수많은 산이 바다에 이르러 대지의 형세는 끝이 나고, 꽃다운 풀밭이 하늘까지 이어져 봄기운은 떠오른다."라고 시로 읊은 곳도 바로 이곳이다.

어떤 상인이 소금을 싣고 가다가 이 누각을 지나게 되었다. 때는 겨울철 이른 아침으로 아직 해가 떠오르기 전이었다. 상인은 누각 아래 말을 세워 놓고 백상루에 올라서 사방을 둘러보았으나 그저 보이는 것이라곤 긴 강에 깔린 얼음장과 넓은 들을 뒤덮은 눈뿐이었다.

구슬픈 바람은 휙휙 몰아오고, 찬 기운은 뼈를 에일 듯 오싹해서 잠시도 머물 수 없었다. 그러자 상인은 "도대체 백상루가 아름답다고 한 게 누구야?"라고 탄식하며 서둘러 짐을 꾸려서 자리를 떴다.

저 백상루는 참으로 아름다운 누각이다. 하지만 이 상인은 알맞은 철에 놀러 오지 않았으므로 그 아름다움을 확인할 수 없었다. 그렇듯이 모든 사물에는 제각기 알맞은 때가 있으며, 만약에 알맞은 때를 만나지 않는다면, 저 백상루의 경우와 다름이 없게 되는 것이다.

여우 겨드랑이 털로 만든 가죽옷은 천하의 귀한 물건이지만 무더운 5월에 그것을 펼쳐 입는다면 가난한 자의 행색이 되며, 팔진미(八珍味)가 제 아무리 맛이 좋은 음식일지라도 한여름에 더위 먹은 사람을 구하지는 못한다. 황금과 구슬, 진주와 비취는 세상 사람들이 보석이라고 일컫는 물건이지만, 돌보지 않아 다 쓰러져가는 초가집 방안에서 그런 황금과 옥으로 치장을 하고 앉아 있다면 어울리지 않을 것이다. 마찬가지로 농사짓는 집의 여인이 짧은 적삼에 베치마를 입었으면서 그 위에 구슬과 비취로 만든 머리 장식을 하고 있다면 비웃지 않는 사람이 없을 것이다.

> 이뿐만이 아니다. 아름다운 명성과 좋은 관직은 세상 사람들이 누리고 싶어하는 것
> 이다. 그러나 얻을 만한 때 얻는다면 좋은 것이겠지만 얻을 만한 때가 아닐 때 정당
> 한 방법으로 얻은 것이 아니라면, 오히려 해가 될 수도 있다.

이 세상사는 우리 운명이 마치 신라시대에 성골 진골만 출세하고 그 나머지는 이미 주어진 운명의 틀에 끼여 사는 것 같다면, 그리고 인도의 카스트제도처럼 이미 정해진 신분과 처지가 죽을 때까지 그대로 간다면, 인생살이에서 도전과 응전은 무의미하다. 그러나 하나님은 위와같은 세 가지 사실에 따라 우리와 함께 하신다. 그 가운데서도 영원한 것을 사모하는 마음이 가장 중요하다. 오늘날 사람은 하나님께서 주신 것들 가운데 일부분 곧 소유 일(직업) 수명 등에 크게 집착하며 살아가고 있다. 이런 태도는 자기 자신을 하나님의 형상대로 지음받은 '하아담'으로 받아들이는 것이 아니다. 단지 자신이 행하는 일과 그것으로 얻어지는 생산물에 비추어서만 받아들이는 '하오세'(=일하는 자)일 뿐이다.

우리는 사람이 주어진 인생을 얼마나 귀하게 사는가 하는 문제를 깊이 생각해야 할 것이다. 그것은 그가 '영원한 나라와 영생'을 사모하며 사는 사람인가에 따라 결정된다.

전 3:11은 전 3:14 및 12:9-14와 함께 전도서의 기본 의도와 메시지를 이해하는 열쇠가 된다. 곧 사람은 하나님께서 자신에게 주신 영원의식과 시간에 매여사는 것 사이의 불일치를 실감하면서 살아가고 있다. 이것이 인간을 좌절하게 만든다. 자신의 노력과 열정과 소유가 허무하다는 깨달음에 이르게 한다. 이로써 그는 모든 것의 근원이요, 의미있는 모든 것의

근본 의미이신 하나님께로 방향을 돌리게 된다. 카이저(Kaiser 66-67)는 말한다.

영원을 사모하는 이 마음은 아주 깊은 열망과 강한 추진력에서 비롯되는 것이다. 왜냐하면 인간은 하나님의 형상대로 지어졌기 때문이다. 창조의 아름다움을 음미하고(심미적 차원) 세계의 성격과 구조와 존재가치를 알아가며 (학문적 철학적 차원) 그 목적과 운명을 받아들이는 (신앙적 신학적 차원) 것이라 그러하다. 모든 인간에게는 그 나름대로의 존엄성이 있으며 미친 듯한 열망이 있다. 그는 자신이 경험하는 모든 것이 어떻게 하나로 통합되는지를 알고자 하는 호기심을 타고났다. 그것을 알아낼 능력도 있다. … 그러나 그 모든 것이 대단히 많고 혼돈되어 있는 것이 압도당한 나머지 사람은 하나님께서 창조하신 선한 세계 안에서 어느 하나의 측면만을 자신이 온전히 헌신할 대상으로 선택하는 것이 헛되다며 좌절하기 마련이다.

인생을 즐기는 지혜

전 3:12-13

개역개정	직역
12 사람들이 사는 동안에 기뻐하며 선을 행하는 것보다 더 나은 것이 없는 줄을 내가 알았고	12 이제 나는 깨닫는다. 기쁘게 사는 것, 살면서 좋은 일을 하는 것, 사람에게 이보다 더 좋은 것이 무엇이랴!
13 사람마다 먹고 마시는 것과 수고함으로 낙을 누리는 그것이 하나님의 선물인 줄도 또한 알았도다	13 사람이 먹을 수 있고, 마실 수 있고, 하는 일에 만족을 누릴 수 있다면, 이것이야말로 하나님이 주신 은총이다.

이것은 즐기며 사는 인생의 행복을 말하는 것이다.

이미 앞에서 보았듯이 사람은 자기 인생의 통치자(주권자)가 아니다. 주어진 시간과 공간 안에서 자기에게 주어진 인생을 받아들여 살아가는 존재이다. 우리는 인생경험을 통해 다음과 같은 사실을 잘 알고 있다. 곧 웃기고 재미있는 구경거리를 찾아다니거나, 모든 근심걱정을 훌훌 털어버릴 만한 거리를 찾아 거기에 몰입하는 것이 우리 인생을 훌륭하게 만들어주지 않는다는 사실을. 그보다는 진정으로 의미와 가치가 있는 것을 찾아, 힘들고 어렵더라도 꾸준하게 몰입하는 데에서 행복이 느껴진다는 사실을. 특히 자신이 하나님의 초월적이고 영원한 계획을 알 수 없다는 점을 뼈저리게 깨달은 사람을 향해 코헬렛은 말했다.(2:12): i) 기뻐하는 것; ii) 선을 행하는 것.

히브리 성경의 뜻과는 달리 개역개정의 번역은 자칫 즐겨 선을 행하는 것으로 오해할 수가 있다. 영원을 마음에 두고 살아가는 사람은 인생의 행복을 위해서 이 두 가지보다 더 나은 것이 없다고 여긴다.

12-13절에는 토브라는 말이 다섯 차례 쓰였다. 자신의 유한하고 약함을 알면서도 이렇게 긍정적으로 인생을 표현할 수 있다는 것이 참 대견스럽다. 이것은 자신이 할 수 없거나 알 수 없는 것 때문에 괴로워하는 대신에 피조물이라는 자신의 한계를 온전히 받아들인 사람이 누리는 여유이다. 그리고 하나님과 함께 하는 사람만이 발휘하는 잠재력이다.

선을 행하는 것이란 표현(ləha'ăśôt ṭôb ••• 전치사 lə + 정관사 ha 동사 'ăśâ)이 가리키는 것이 무엇일까? 크뤼거는 이것을 전 7:20('ăśâ ḥāṭâ') 4:17('ăśâ ra') 8:11('ăśâ ra'/rā'â) 등에 비추어 풀이했다. 이것은 매우 생산적인 것을 만들어 내는 활동이라는 것이다.(176) 그렇다면 이것은 한편으로는 매우 감각적인 향유(rezeptive Genuss) 곧 즐거워하는 것이다. 다른 한편 이것은 매우 건설적인 현실을 세워나가는 활동이다.(Schwienhorst-Schönberger 269)

사람을 기쁘게 하는 것 가운데 하나가 먹고 마시며 즐거워하는 것이다.(13절) 이것은 세상이치를 다 꿰뚫는 거대한 통찰력보다는 소소한 일상 생활의 즐거움(소확행 小確幸)을 회복하는 데에 인생의 행복이 있다는 깨달음에서 비롯되었다. 인간에게 노고를 주신(나탄) 주체가 하나님인 것처럼 인생의 행복은 하나님의 선물(mattat ••• 마탄)인 것이다. 노고(수고)를 회피하는 것이 아니다. 오히려 그것을 하면서도 즐거움을 잃지(빼앗기지) 않는 것이 중요하다. 특히 전도서는 '먹는 것과 마시는 것과 즐거워하는 것'의 행복을 여러 차례 언급했다.

> 사람이 먹고 마시며 수고하는 것보다 그의 마음을 더 기쁘게 하는 것은 없나니 내가 이것도 본즉 하나님의 손에서 나오는 것이로다 (2:24)

> 그러므로 나는 사람이 자기 일에 즐거워하는 것보다 더 나은 것이 없음을 보았나니 이는 그것이 그의 몫이기 때문이라 (2:22)

> 사람이 하나님께서 그에게 주신 바 그 일평생에 먹고 마시며 해 아래에서 하는 모든 수고 중에서 낙을 보는 것이 선하고 아름다움을 내가 보았나니 그것이 그의 몫이로다 (5:18)

> 너는 가서 기쁨으로 네 음식물을 먹고 즐거운 마음으로 네 포도주를 마실지어다 이는 하나님이 네가 하는 일들을 벌써 기쁘게 받으셨음이니라 (9:7)

이 말이 자칫 쾌락을 추구하라는 말처럼 들릴 수도 있다. 이 말은 어차피 한번은 죽은 인생이므로, 힘들여 일할 필요도 없고 아등바등하며 살 필요도 없이 그냥 주어진 그날그날에 좋은 것들만 좇아살라는 뜻이 아니다. 만일 이렇게 한다면, 이는 이 말씀의 본뜻을 그르치는 해석이다.

오히려 너무 게으름을 피우며 살면 나중에 후회할 일이 생기고, 너무 부지런하게 살아도 나중에 후회할 일이 생긴다는 것이다. 또 장래 일만 생각하여 자꾸 모아두고 쌓아두려고 일만 성실하게 해도 나중에 후회할 일이 생기고, 지금 주어진 복에 감사하지 못하고 불평과 불만을 품고 살아도 후회하게 될 것이니, 매 순간 순간 열심히 살되 쉴 때와 일할 때를 조화롭게 하라는 것이다. 이를 위해서는 나중에 후회할 일인가, 아닌가를 살펴가며 활동하는 것이하나의 방편일 수 있다.

각자 자기 일에서 하나님과 동행하며, 즐거움과 행복을 찾는 길만이 인생을 허무하지 않게 사는 길이라는 가르침이다.(전 3:22 참조) 사람이 행복을 느끼는 지름길 중에 하나는 비교의식을 버리는데 있다. 이를테면 꽃을 볼 때 이 꽃이 더 이쁜지 저 꽃이 더 아름다운지를 가늠하지 않고 그냥 각각의 꽃이 지닌 멋과 향기를 즐기는 것이다. 나무나 호수나 산을 볼 때도 마찬가지다. 그것들을 비교하면서 이것이 더 낫니 저것이 더 낫니 하는 것은 자칫 그것을 지으신 창조주를 무시하는 것이 될 수 있다. 창조주 하나님께 미안한 짓 하는 대신에 이것은 이것대로 저것은 저것대로 각각 지닌 아름다움과 멋을 그냥 즐기는 사람은 행복하다.

16 "주님께서 이루신 모든 위업은 너무나 훌륭하고 그분의 모든 분부는 제 때에 이루어지리라… 21 아무도 "이게 무어냐? 어찌된 일이냐?"고 말해서는 안된다. 모든 것이 필요에 따라 창조되었기 때문이다… 34 아무도 '이것이 저것보다 나쁘다.'고 말해서는 안 된다. 모든 것이 때가 되면 좋은 것으로 판가름 나기 때문이다. 34 그러니 이제 온 마음과 입을 모아 찬미가를 부르고 주님의 이름을 찬양하여라."(집회서 39:16, 21, 33-34)

맘에 들지 않은 사람이 있을 때에도 우리는 그를 이렇게 두고 볼 수 있을까? 이것은 모든 것이 합력하여 선을 이루게 하시는 하나님을 믿는 믿음 없이는 도저히 불가능한 일이다. 성에 차지 않는 일이 일어날 때에도 우리는 이같이 마치 수수방관하듯이 방치할 수 있을까? 세상만사와 우주만물의 주인이신 하나님을 신뢰하지 않고는 절대로 이럴 수가 없다.

10 여호와께서 이와 같이 말씀하시니라 바벨론에서 칠십 년이 차면 내가 너희를 돌보고 나의 선한 말을 너희에게 성취하여 너희를 이곳으로 돌아오게 하리라 11 여호와의 말씀이니라 너희를 향한 나의 생각을 내가 아나니 평안이요 재앙이 아니니라 너희에게 미래와 희망을 주는 것이니라(렘 29:10-11)

힘겹고 고통스러운 시간에도 세상과 사람이 아니라 하나님만 바라볼 수 있다면 그 사람은 분명 주어진 인생길을 감사하며 즐거워하는 사람이리라.

인생을 즐기는 참된 지혜는 지금 기쁘든지 슬프든지 즐겁든지 괴롭든지 이 상태가 다가 아니라는 깨달음에서 출발한다. 그것은 지금 이 상황이 앞으로도 쭉 계속될 고착·고정된 것이 아니라는 사실을 받아들이며 하나님께서 만들어가실 우리 인생의 길에 성령님과 함께 걷는 과정으로 이어진다. 우리는 아직 끝이 아닌(다가 아닌) 것으로 인해 지지부진해지거나 망가질 이유가 하나도 없다. 그보다는 "내가 세상 끝날까지 너희와 항상 함께 있으리라"(마 28:20)는 예수님 말씀에 의지하여 용기와 소망을 붙드는 것이 신앙인의 자세다. 이러려면 우리 앞날은 선한 목자이자 지혜의 원천이신 하나님 손에 달려있다(시 31:15)는 신뢰가 중요하다.

이미 지난 것을 다시

전 3:14-15

개역개정	직역
14 하나님께서 행하시는 모든 것은 영원히 있을 것이라 그 위에 더 할 수도 없고 그것에서 덜 할 수도 없나니 하나님이 이같이 행하심은 사람들이 그의 앞에서 경외하게 하려 하심인 줄을 내가 알았도다	14 나는 알았다, 하나님이 하시는 일들은 모두 영원하다는 것을, 그것에 더할 것이 하나도 없으며 뺄 것도 아예 없음을, 하나님이 하시는 것 바로 그 앞에서 사람들이 경외해야 함을.
15 이제 있는 것이 옛적에 있었고 장래에 있을 것도 옛적에 있었나니 하나님은 이미 지난 것을 다시 찾으시느니라	15 지금 있는 것이 그 무엇이든 이미 있던 것이다. 그리고 앞으로 있을 것, 그것도 이미 있던 것이다. 그리고 하나님은 버려진 것들을 다시 찾으신다.

이것은 코헬렛이 전 3:12절에 이어 두 번째로 자기가 알아낸 것을 알려주는 내용이다. 그는 12절처럼 여기서도 '나는 안다'고 말했다.

코헬렛은 자신이 알아낸 사실들을 전 3:10-15의 세 단락 안에서 고백한다.

10-11절: 모든 것을 선하게 창조하신 하나님(나는 본다)

12-13절: 사람에게 기쁘게 살라 하시는 하나님(나는 안다)

14-15절: 이미 버려진 것도 다시 찾으시는 하나님(나는 안다)

코헬렛은 인간의 행동영역에서 이제는 하나님의 계획이라는 새로운 영역으로 눈길을 돌렸다. "하나님께서 행하시는 모든 것은 영원히 있을 것이라"(14절) 하나님께서 하시는 일은 시간과 공간의 제한을 받지 않기에 '영원하다.' (전 3:11 참조) 하나님을 경외하라는 말씀은 전도서뿐만이 아니라 성경 전체 (특히 지혜문학)의 대표적인 가르침이다.

여호와를 경외하는 것이 지식의 근본이거늘 미련한 자는 지혜와 훈계를 멸시하느니라(잠 1:7)

여호와를 경외하는 것이 지혜의 근본이요 거룩하신 자를 아는 것이 명철이니라(잠 9:10)

'하나님 경외'라는 말은 하나님과 인간 사이의 근본적인 차이를 강조한다. 곧 하나님은 하나님이고 사람은 하나님이 아니라는 뜻이다. 여기서 말하는 경외(문자적인 뜻으로는 두려움)는 이것은 하나님의 너그러우심을 믿는 믿음에서 나오는 것이다. 경외심을 공포나 두려움에 연결시키는 것은 코헬렛의 뜻이 아니다. 하나님은 인간의 행복을 억압하거나 방해하는 폭군이 결코 아니다.

성경에는 8가지 덕목이 나와 있다.

5 그러므로 너희가 더욱 힘써 너희 믿음에 덕을, 덕에 지식을, 6 지식에 절제를, 절제에 인내를, 인내에 경건을, 7 경건에 형제 우애를, 형제 우애에 사랑을 더하라(벧후 1:5-7)

하나님은 성령의 9가지 열매를 일러주셨다.

22 오직 성령의 열매는 사랑과 희락과 화평과 오래 참음과 자비와 양선과 충성과 23 온유와 절제니 이같은 것을 금지할 법이 없느니라(갈 5:22-23)

이 8가지, 9가지를 한 마디로 정리하자면 '경건'이다.

敬(경)은 진실로 구(苟) + 두드릴 복(攵)이 합쳐진 글자다. 구는 진실하다 삼가다는 뜻으로 양 무릎을 구부리고 앉은 모습을 본 따 만들어졌다. 그 모습은 참되게 보이거나 조심스러워하는 것으로 보인다. 여기서 '진실'이란 의미가 생겼다. '두드리다, 치다'는 말(攵)은 나뭇가지나 회초리로 두드리고 때리는 것 곧 손에 회초리를 들고 지도하며 깨우치는 것이다.(지도편달 指導鞭撻)

이 둘이 합쳐져 공경하다는 뜻이 되었다. 이는 입을 삼갈 것(苟)을 자기 자신에게 급하게 재촉하는 것(攵)이다. 여기서 i) 삼가는 것과 ii) 부모님이나 선생님처럼 자신을 진실한(苟) 마음으로 지도 편달하는(攵=이끌어주다) 사람을 공경한다는 뜻이 생겼다. 이럴 때 공경은 자신에게 선한 영향력을 끼치는 사람(어른)을 향한 마음가짐과 태도다. 이로써 i) 자기 스스로에게 부끄럽지 않게 삼가는 것과 ii) 자기가 공경하는 이에게 삼가는 두 가지 측면이 여기에 들어 있다.

경(敬)은 본디 공경(공 恭), 엄숙(숙 肅) 삼감(근신 勤愼) 존중(근중 謹重) 등을 포함한다. 그러나 이와 같은 의미 이상으로 우리에게 남아 있다. 경은 다른 글자와 함께 쓰이곤 한다. 경건(敬虔), 존경(尊敬), 공경(恭敬), 경천(敬天) 경의(敬意) 경로(敬老) 경천(敬天) 등이 그것이다. 이는 경이 행동으로 나타나며 그 의미가 확장된 것이다.

《서경 書經》은 '공경스러우시며 총명하시고 예의바르고 사려가 깊으시다.'(欽明文思 럼명문사)했다. 같은 책 〈撓典 요전〉은 '왕은 덕을 빨리 공경하소서'(王其疾敬德 왕기질경덕 〈召誥 소고〉을 말하고,《시경 詩經》은 '군자들은 그 몸을 삼가 경건히 해야 한다.'(丹百君子 名號爾身 小雅 단백군자 명호이신 소아)고 했다. 특히《역경 易經》〈坤卦文言 곤괘문언〉은 '경의로써 마음을 곧게 하고, 의로써 행동을 바르게 한다'(敬以直內 義以方外 경이직내 의이방외)하며 경의 의미를 마음 다스리는 공부로 확장시켰다. 이처럼 동양철학에서 경은 도덕적 의미와 내심의 정신으로 규정한다.

성리학에서 말하는 경은 넓게 볼 때 다음 다섯 가지 내용을 담고 있다. i) 마음을 오로지 한 군데에만 집중하여 다른 데로 옮기지 않는 것이다. 主一無適(주일무적) 이는 주자의 풀이다. 그는 敬(경)을 '경건하게 대하다, 삼가다'라는 뜻으로 보아 전일무적(敬者, 主一無適之謂)이라 했다. 주(主)는 주(注)와 같다. 注는 흘러가는 물을 막아 자기 논에 물을 댄다는 뜻이다. 여기서는 (뜻을) 두다로 쓰였다. 이는 '가장 핵심적인 것 하나에 전념하여 다른 데로 빠지지 않는 것'이다. 주일(主一)은 '하나의 관심사에 집중한다'는 뜻이다. 적(適)은 가다 알맞다 전일하다는 뜻이다. 이는 마치 물방울이 이리 저리 튀듯이 의식이 산만하게 흩어지는 것을 방지하는 것이다. 곧 어떤 하나에 확실하게 집중하여 다른 데로 가지 않는 것, 다시말해 마음 중심에 자리 잡게 하고 놓지 않는 것이다.

ii) 항상 마음을 대명(大明)하고 각성된 상태로 유지하는 것이다. 항상 깨어 있으라(상성성법 常惺惺法)는 말이다.

iii) 형기(形氣)의 맹목적인 욕구로 인하여 흩어지려는 본심을 한 곳으로 거두어들이는 것(收斂)이며,

iv) 항상 삼가는 마음 자세이다.(외 畏)

v) 정제엄숙(整齊嚴肅)은 욕망에 이끌려 해이되거나 해로운 버릇이나 취향[사벽 邪辟]으로 흐르는 마음과 태도를 정돈하고 엄숙한 태도로 통제하는 것이다. 또한 일상생활에서는 의관을 바르게 하고 용모를 엄숙하게 하는 것을 말한다. 이것의 외적인 표현이 바로 예절이다.

vi) 경은 본디 경천(敬天)이다. 이는 하늘(하나님)을 향한 인간의 태도를 가리킨다. 그래서 종종 섬김[사 事]과 통한다. 경사(敬事)는 일을 경건하게 처리하다는 뜻이다. 오늘날에는 이를 경업(敬業)이라고 한다. 이는 일을 하되 존중하고 삼가면서 성심성의껏 최선을 다한다는 의미다.

종교는 물론 종교인의 힘은 말에서가 아니라, 생활양식(마음가짐, 생활태도)에서 온다. 그것을 가리켜 경건이라 불러도, 영성이라 해도 좋다. 우리의 생활양식을 결정하고 이끄는 경건의 요소는 무엇일까? 종교인이 사람과 세상에 끼치는 영향력이 주로 말(말재주)이라면 그만큼 인성이 메마르고 사회가 타락한 것이다.

기독교에서 경건이란 i) 하나님을 두려워하는 마음이 여기에 들어 있다.(외경 畏敬) ii) 하나님을 향한 일편단심이다. 경은 곧 마음을 하나로 모으는 것 곧 마음 챙김과 관련이 깊다. 여기에는 잡스러운 마음 곧 의도를 가지고 억지로 외양을 구미거나 세속적인 것과 어우러진 두 가지 세 가지 마음 사이를 오락가락하는 것이 아니다. iii) 사람과 때와 자리에 알맞게 마음에서 우러나는 처신이다. 이를 가리켜 예절이라 해도 좋고, 배려라 해도 좋고 성심성의라 해도 좋다. 한 마디로 말해 경건이란 기도와 말씀묵상에

서 우러나는 생활신앙이다.

에우라베스(εὐλαβής)는 좋다(εὐ)와 붙잡다(λαμβάνω)는 말이 합쳐진 것이다. 에우라베오마이(εὐλαβέομαι)는 노아를 특징을 나타내는 데 쓰였다.(히 11:7) 이는 하나님을 공경하는 데서 우러나는 거리두기 공경심 섬김 등을 가리킨다. 에우세베이아(εὐσέβεια), 에우세베스(εὐσεβής)는 좋다(εὐ)와 예배드리다(σεβάζομαι)가 합쳐진 말이다. 이것은 하나님을 향한 인간의 마음가짐과 처신을 나타낸다.

하나님 앞에 경건한 사람은 하나님을 두려워하기에, 하나님 이외에 이 세상 그 누구 그 무엇에도 두려워하는 대신에 일편단심 하나님 말씀에 따라 사는 길을 선택한다. 그는 세상적인 것들에 기대려고 좌고우면하는 대신에 자연스럽게 하나님께서 기뻐하실 것을 우선순위에 둔다.

에우라베스는 i) 평생 예수님(메시아) 탄생을 기다리며 경건하게 살았던 시므온(눅 2:35) ii) 이스라엘의 명절에 율법(토라)의 가르침에 따라 예루살렘 온 사람들(행 2:5) iii) 처음교회 첫 순교자인 스데반 집사의 시신을 거두어 매장한 사람들(행 8:2) iv) 그리스도인을 박해하러 다마스커스로 달려가다가 예수님을 만나 눈을 먼 사울(나중에 사도 바울)을 만나 안수하여 눈을 뜨게 하고 교회 공동체로 받아들이게 한 아나니아스(행 22:12) 등을 가리키는 말이다.

하나님을 향한 경외는 피조물인 인간의 한계와 창조주이신 하나님의 전지전능하시며 영원하심 사이의 근본적인 차이를 인정하는 데서 비롯되었다. 그는 '하나님은 하늘에 계시고 너는 땅에 있다'(전 5:2 공개)이라 고백했다. 이런 뜻에서 하나님을 경외하는 것은 창조주이신 그분의 신비로우심과 위대하심을 향해 인간이 보이는 적절한 반응(응답)이다.

"일하는 자가 그의 수고로 말미암아 무슨 이익이 있으랴"(전 3:9)고 물은 코헬렛은 이제 하나님께서 하시는 일에 관해 이야기를 시작했다.

코헬렛은 인간(자기 자신)과 그 활동에서 한계를 느끼고 있다. 이런 깨달음은 하나님을 경외하는데 반드시 필요한 것이다. 아무리 위대한 인물이라도 그 업적과 공로는 세월이 흐르면 흐를수록 흐려지기 마련이다. 이루 다 헤아릴 수 없을 정도로 수많은 사건과 일과 사람이 스쳐간 인류역사(선사시대부터 지금까지)에서 우리 입에 오르내리는 사람이나 사건의 숫자가 과연 몇이나 될까?

하나님의 창조와 우주만물을 주재하시는 은총은 영원하다, 비록 인간이 그것을 다 이해하거나 받아들일 수 없을지라도. (14절) 전 3:1-8은 인생의 다양하고 변화무쌍한 모습을 아름답게 묘사했다. 그렇더라도 인생은 하나님이 하시는 일을 더할 수도 뺄 수도 없다. 지난날의 일은 없앨 수도 보탤 수도 바꿀 수도 없다. 그것은 오직 하나님께서 주시는 지혜로 자기 인생의 행복을 위해 합당한 이해(해석)로 받아들일 수는 있다. 다시말해 일 자체를 변경할 수는 없으나 그 일에 대한 해석(평가)를 얼마든지 다르게 할 수 있다.

하나님께서 이미 지나간 것에서도 새것을 찾으신다는 투의 말씀 (15절)은 전도서에 세 차례 되풀이 나온다. 이것은 과-현재-미래를 하나로 이어준다.

이미 있던 것이 후에 다시 있겠고 이미 한 일을 후에 다시 할지라 해 아래에는 새것이 없나니(1:9)

이미 있는 것은 무엇이든지 오래 전부터 그의 이름이 이미 불린 바 되었으며

사람이 무엇인지도 이미 안 바 되었나니 … (6:10)

15절은 '지금 있는 것이 그 무엇이든'(직역)으로 시작된다.(whatever에 주목하라) 15절 앞부분은 다음과 같이 두 가지 방향으로 해석된다.

i) 한 번 존재했던 모든 것은 앞으로도 계속 존재한다. 앞으로 있을 모든 일은 과거에 있었던 일이다.

ii) 과거에 일어난 일이 지금도 여전히 일어나고 있다. 장차 무슨 일이 생기든 그것은 이미 과거에 일어났던 것이다.

15절 뒷부분의 해석이 분분하다.

표준	공개
하나님은 하신 일을 되풀이하신다.(또는 '과거를 다시 불러 오신다' 또는 '지나간 것을 다시 찾으신다')	하느님께서 하시는 일은 마냥 그 일의 되풀이에 지나지 않는다.

이에 관한 영어번역들도 다양하다.

하나님은 쫓겨난 것을 찾으신다(RSV And God seeks what has been driven away)

하나님은 같은 일이 계속해서 일어나게 하신다(TEV:GNTD God makes the same thing happen again and again)

하나님께서는 그렇지 않으면 대체되었을 것을 회복시키신다(NAB God restores what would otherwise be displaced)

하나님은 과거를 심판하실 것이다(NIV 84 God will call the past to account)

그러나 하나님은 언제나 핍박받는 자들을 돌보신다(JB Yet God always cares for the persecuted)

하나님은 각 사건을 차례대로 다시 소환하신다(NEB 및 REB 89 God summons each event back in its turn)

하나님은 지나간 일을 찾으신다.(NRSV God seeks out what has gone by)

15절은 위와같이 넓고 깊은 범주를 포함하고 있다. 여기에 쓰인 동사 찾는다는 말(biqqēš Piel)은 본디 갈구한다 갈망한다는 뜻이다. 하나님께서 갈망하시는 일이니 반드시 그대로 된다는 말맛이 여기 들어있다.

우리 시대에 부는 바람들 가운데 하나는 '고전으로 돌아가자'이다. 오늘날같이 척박한 시대에 이런 바람이 아주 약하나마 불고 있어서 참 다행이다. 중세시대 르네상스도 고전으로 돌아가는데서부터 비롯되었다.

대체로 고전은 어렵다. 책도 일반소설이나 수필보다 어렵고, 음악도 대중음악보다 그렇다. 고전은 진입장벽이 높다. 고전은 누구나 읽고 싶어 하지만 아무도 읽고 싶어하지 않는 책이란 우스개 소리도 있다. 마크 트웨인은 "고전이란 모든 사람이 찬양하지만, 아무도 읽지 않는 책이다."라고 극단적으로 표현했다.

고전에 속한 것들은 대체로 오래된 것이다. 오늘날 일년 동안에도 아주 많은 책이 새로 출판된다. 그 가운데 50년 뒤, 100년 뒤 1000년 뒤에도 살아남을 것이 과연 몇 권이나 될까? 발터 카우프만 교수는 1970년대 중반에 나온 《인문학의 미래》에서 "점점 더 많은 학생이 대학에서 10년을 채 견뎌내지 못할 책과 자료들만 잔뜩 읽으며 졸업한다"고 개탄했다.

고전이란 말은 라틴어 클라시쿠스(classicus)를 번역한 것이다. 이것은 함대(艦隊) 선단(船團)이라는 뜻의 명사 클라시스(classis)에서 파생된 형용사다.

함대라면 적어도 군함이 서너 척 이상은 있다는 뜻이다. 클라시쿠스란 형용사는 로마제국이 위기에 처했을 때, 국가를 위해 군함을 그것도 한 척이 아니라 여러 대(클라시스) 기부할 수 있는 부호 곧 국가에 도움을 주는 사람을 가리켰다. 이에 고대 로마 시민은 6가지 계급으로 구분되었는데, 그 가운데 최상위층을 클라시쿠스(Classicus)였으며, 여기서 예술 분야의 최고 걸작을 가리켜 '고전'이라 부르게 되었다고 한다.

고전에 관해 이마미치 도모노부는 《단테 '신곡' 강의》에서 이렇게 말한다. "… 국가적 위기에 함대를 기부할 수 있는 상황을 인간의 심리적 차원에서 생각해볼 수도 있다. 인간은 언제든 위기를 맞을 가능성이 있다. 그런 인생의 위기를 당했을 때, 정신적인 힘을 주는 책이나 작품을 가리켜 클래식이라 부르게 된 것이다. 이는 중세의 비교적 이른 시대, 즉 교부시대부터 그러한 의미로 쓰이기 시작했다."(15) 다시 말해 클래식이란 인생의 위기에 함대만큼 든든한 힘을 주는 작품을 가리킨다.

오래됐기 때문에 마땅히 존중받을 작품이란 생각은 애당초 고전이란 말 속에 들어있지 않다. 그렇더라도 고전은 대체로 오래된 것이다. 그것은 고전은 오랜 시간을 견디어 낸 책이라는 점에서 고전 그 자체로 이미 충분히 가치가 있다. 그렇더라도 고전의 참된 가치는 그런 것이 아니다. 고전은 그것을 읽고 이해할 뿐만 아니라 받아들이는 자의 의식세계를 확장시켜 준다. 엘리어트는 이런 것을 가리켜 원숙성(maturity)이라고 정의했다. 다시말해 고전은 당대의 역사적 위치를 가장 예민하게 포착해낼 뿐만 아니라 조화롭게 표현한 작품이다. 고전을 읽고 받아들이는 사람은 그 과정에서 상상력과 창의력을 키우고 역사에 관한 통찰력을 함양하는 것이다. 그래서일까? 고전적인 책에는 해설서들이 많이 따라 붙는다.

바로 이런 이유로 사람들은 고전에 높은 가치를 둔다. 고전 안에서 우리는 이미 겪었거나 겪고 있는 일뿐만 아니라 아직 경험하지 못하는 것들을 만날 수 있다. 이래서 고전은 오랜 세월이 지난 것이라도 구닥다리가 아니라, 참신하고, 여전히 흥미롭거나 재미있으며, 존중받는 것이다.

코헬렛은 지혜가 위기에 처했던 시대에 살았다. 지혜의 위기는 당연히 인간성의 위기, 사회의 위기, 국가의 위기로 이어진다. 당시 사람들 중에는 지금의 위기는 과거에 겪어보지 못했던 새로운 위기요, 지금까지 굴러오던 사회의 관습이나 전통과 전혀 다른 사회 풍조로부터 유래한 것이요, 젊은 사람들의 의식구조가 기성세대의 그것과 완전히 다르기에 이전과는 전혀 다른 발상으로 해결해야 한다고 주장하는 이도 있었을 것이다. 그런 사람들에게 코헬렛은 고개를 가로저었다. 그리고 말했다. "하나님은 이미 지난 것을 다시 찾으시느니라."

쉼보르스카(Maria Wisława Anna Szymborska 1923-2012)는 〈가장 이상한 세 단어〉에서 이렇게 말한다.

내가 '미래'라는 낱말을 입에 올리는 순간,
그 단어의 첫째 음절은 이미 과거를 향해 출발한다.

내가 '고요'라는 단어를 발음하는 순간,
나는 이미 정적을 깨고 있다.

내가 '아무것도'고 말하는 순간,
나는 이미 무언가를 창조하게 된다.
결코 무(無)에 귀속될 수 없는
실재하는 그 무엇인가를.

그렇다. 이미 오래 전에 주어진 하나님 말씀을 지금 자기 자신에게 주신 말씀으로 여기며, 가슴으로 영혼으로 진지하게 받아들이는 사람에게 하나님은 위기를 오히려 창조적인 기회로 만들어나갈 지혜를 주신다.

다시 흙으로

전 3:16-22

개역개정	직역
16 또 내가 해 아래에서 보건대 재판하는 곳 거기에도 악이 있고 정의를 행하는 곳 거기에도 악이 있도다	16 나는 또 다른 것을 보았다, 해 아래에서, 재판하는 곳에 악이 있는 것을, 공의가 있어야 할 곳에 악이 있음을.
17 내가 내 마음속으로 이르기를 의인과 악인을 하나님이 심판하시리니 이는 모든 소망하는 일과 모든 행사에 때가 있음이라 하였으며	17 나는 마음속으로 말했다. '의인도 악인도 하나님께서 심판하시리라. 진실로 모든 일에는 때가 있다. 그리고 거기에 모든 행위에 관한 때가 있다.'
18 내가 내 마음속으로 이르기를 인생들의 일에 대하여 하나님이 그들을 시험하시리니 그들이 자기가 짐승과 다름이 없는 줄을 깨닫게 하려 하심이라 하였노라	18 나는 마음속으로 말했다. '사람의 아들들의 일에 관하여 하나님께서 시험하심은 그들이 짐승과 다르지 않음을 스스로 알아차리게 하시려는 것이다.'
19 인생이 당하는 일을 짐승도 당하나니 그들이 당하는 일이 일반이라 다 동일한 호흡이 있어서 짐승이 죽음 같이 사람도 죽으니 사람이 짐승보다 뛰어남이 없음은 모든 것이 헛됨이로다	19 진실로 사람의 아들들에게 일어나는 일이나 짐승들에게 일어나는 일이 한 가지 일이로다. 이쪽이 죽듯이 저쪽도 죽는다. 둘 다 한 가지 영을 지녔다. 사람이 짐승보다 나을 것이 하나도 없다. 진실로 모든 것이 헛되다.
20 다 흙으로 말미암았으므로 다 흙으로 돌아가나니 다 한 곳으로 가거니와	20 모든 것이 다 같은 곳으로 되돌아간다. 모든 것이 다 먼지에서 있게 되었고 모든 것이 다 먼지로 되돌아간다.
21 인생들의 혼(영)은 위로 올라가고 짐승의 혼(영)은 아래 곧 땅으로 내려가는 줄을 누가 알랴	

22 그러므로 나는 사람이 자기 일에 즐거워하는 것보다 더 나은 것이 없음을 보았나니 이는 그것이 그의 몫이기 때문이라 아, 그의 뒤에 일어날 일이 무엇인지를 보게 하려고 그를 도로 데리고 올 자가 누구이랴	21 누가 알랴? 사람의 아들들의 영, 그것은 위쪽으로 올라가고 짐승의 영, 그것은 땅 아래쪽으로 내려간다고 말하더라도. 22 그리하여 나는 알았다, 자기가 하는 일에서 보람을 느끼는 것보다 사람에게 더 좋은 것은 없다는 것을. 진실로 그것이 그가 받은 몫이다. 아, 누가 있으랴, 그 뒤에 그에게 무슨 일이 일어날지 누가 그를 데리고 다니며 보여줄 자가?

이것은 하나님의 주권적인 계획이 인생의 구체적인 현실에서 어떻게 실현되는지를 인간이 알지 못하기 때문에 생겨나는 역설적인 일들 몇 가지를 소개하는 것이다. 이 부분에서 코헬렛은 앞부분과 다른 내용을 다룬다. i) 악으로 인해 종종 정의가 왜곡된다.(16-17) ii) 인간도 짐승도 다 똑같은 형식으로 죽는다(18-22) iii) 학대당하며 눈물 흘리는 사람들이 있다(4:1-3) iv) 사람들이 서로 경쟁을 하며 살아간다.(4:4-6) v) 인간은 고립되어 있다 (4:7-12) vi) 인기는 덧없는 것(4:13-16)

16-17절에서는 낱말 세 가지가 눈에 띈다. *미쉬파트*(mišfāṭ) *체덱*(ṣedeq) *라샤*(rāšā') – 이 세 낱말에 모두 정관사가 붙어 있다. 이는 그 낱말들을 강조하는 것이다. 이로써 코헬렛은 하나님께서 자신의 백성과 그 공동체에서 추구되기를(이루어지기를) 원하시는 것이 공평 공의 바른 생활태도인 것을 분명히 밝히셨다. 이런 점에서 인류(사람의 아들)는 죽을 운명이며 호흡을 한다는 점에서 짐승과 같으면서도(18-22절) 확연한 차이를 나타낼 수 있다는 것이다.

우선 코헬렛은 눈을 돌려 인간 세상의 재판을 유심히 관찰했다. '재판하는 곳'과 '정의를 행하는 곳'은 동의어이다. 재판의 핵심은 공의이다. 차별과 편견이 없이 법과 공의에 입각하여 공평무사하게 판결함으로써 사회정의를 확립하는 것이 재판의 궁극적인 목적이다.

그런 재판이 실제로 세상에 몇 번이나 될까? 사건 당사자가 아닌 사람이 재판결과를 보고 '참 공평하다'고 말할 수 있는 것이 과연 얼마나 될까? 예나 지금이나 세상 법정에는 공의 대신 악(거짓 불공평)이 성행한다. 5:8에도 언급하듯이 법을 정당하게 지켜야할 입법부·사법부는 오히려 인간과 세상을 속이는 불의한 곳이 될 수도 있다. 특히 우리나라에서 그들에게 법꾸라지라는 오명이 붙을 정도로 신뢰도가 바닥에 떨어진 실정이다.

인간의 재판 과정이 이렇게 불합리하다. 정의라는 이름 아래 악을 두둔할 때가 많다고 지적하는 이유는 재판 과정을 시정하기 위한 것이 아니다. 공의로우신 하나님을 공격하려는 것도 아니다. 그것은 오히려 그런 불의한 상황 아래서 인간이 보여줄 최선의 반응이 무엇이냐를 밝히는데 있다.(17절) 곧 최종적인 심판관은 하나님이라는 것이다. 하나님의 심판은 공정하고 올바르다는 것을 암시하려는 것이다.

17절의 번역을 비교해 보자.

ESV	표준	공개
I said in my heart, God will judge the righteous and the wicked, for there is a time for every matter and for every work.	나는 마음 속으로 생각했다. "의인도 악인도 하나님이 심판하실 것이다. 모든 일에는 때가 있고, 모든 행위는 심판받을 때가 있기 때문이다."	사람이 무슨 생각으로 무슨 일을 하든지 다 하느님께서 때를 정하시고 누가 옳고 누가 그른지를 심판하신다는 생각이 들었다.

인간의 재판이 공정하지 못하다는 것을 지적한 코헬렛은 이제 하나님의

심판에 관해서 말했다. 하나님의 심판은 조금도 치우침이 없이 공정하다. 하나님은 공의로 의인과 악인을 심판하실 '때'가 있다. 앞에서 '때'에 관해 성찰한 코헬렛은 이어서 '심판'에 관해 성찰한 후에 이 두 개념을 묶어서 '심판의 때'를 말하는 것이다. 타메즈(Tamez 66)가 말한다.

> 비록 헤벨의(허무한) 때가 사람을 무력화시키거나 활동이 불가능한 상태를 불러온다 하더라도 모든 것 안에는 때와 기한이 정해져 있음을 믿는 사람은 자유를 얻을 것이다. 하나님은 모든 때를 관리하시는 분이다. 그분을 경외하며 자신의 한계를 인정하는 사람은 형통함을 누릴 것이다. 이것이 바로 신앙의 힘이다. 비록 그것이 지금 여기서 당장 경험되지 않는다 하더라도 코헬렛은 하나님께서 반드시 적절한 때에 공명정대하게 행하시리라는 믿음을 지녔던 것이다.(전 3:17-18; 8:12-13 참조)

《대학 大學》은 〈수신제가 修身齊家〉에 "좋아하면서 그것의 악함을 알고, 미워하면서 그것의 선함을 안다"(好而知其惡 호이지기악 惡而知其美 오이지기미)고 했다.

《예기 禮記》〈곡례 상〉은 "현명한 사람은 사랑하되 그 나쁜 점을 알고, 증오하되 그 착한 점을 안다"고 했다.(賢者 현자 愛而知其惡 애이지기오 憎而知其善 증이지기선)

공자는 "사람들이 좋아하고 칭찬해도 반드시 살펴보아야 하고, 사람들이 미워하고 비난해도 반드시 살펴보아야 한다"(衆好之必察焉 중호지필찰언 衆惡之必察焉 중오지필찰언)고 했다.(《논어 論語》〈위령공 衛靈公〉)

위와 같은 말들은 박지원이 풍자 전기 소설《예덕선생전(穢德先生傳)》에서 한 "깨끗한 것 가운데 깨끗하지 않은 것이 있고, 더러운 것 가운데 더럽지 않은 것이 있다(潔者有不潔 而穢者不穢耳)"와 그 의미가 통한다.

모든 인간에게 예외없이 심판의 때가 임한다. 그 심판의 때는 언제 있는 것일까? 그 대답을 잠시 뒤로 미룬 코헬렛은 인간과 동물을 비교했다.(18-21절)

20절에는 하나님의 피조물은 다 흙으로('el-heʿāfār=바로 그 먼지로) 되돌아간다는 사실을 강조하느라 '모든 것이 다'라는 표현(hakkāl)이 20절에만도 네 차례나 쓰였다.

흔히 사람은 하나님의 피조물 중에서 가장 뛰어난 존재이고 당연히 짐승과는 비교할 수 없다고 한다. 사람을 가리켜 만물의 영장이라고 하는 것도 이 때문이다. 코헬렛은 이런 상식을 뒤집어엎었다, 놀랍게도. 죽음 앞에서는 사람이 짐승보다 뛰어날 것도 없고 특권을 주장할 수도 없다. 앞에서 지혜자와 우매자가 똑같이 죽음을 맞이한다는 사실(2:16)에 절망했던 그는 한 걸음 더 나아가서 사람과 짐승이 똑같이 죽음을 겪는다는 사실을 새삼 깨달았다.

사람이나 동물이나 다 같이 죽을 수밖에 없는 운명이라는 점에서 그 둘 사이에 차이가 별로 없다. 그 영혼(호흡 rûaḥ)도 이 세상에서 똑같이 사라지는데, 다만 하나는 위로 올라가고 다른 하나는 아래 내려가는 것만 차이가 있을 뿐이다. 이 루아흐라는 말은 다양한 뜻을 지니고 있다: i) 바람 ii) 사람 안에서 작용하는 숨 생명력 iii) 사람의 정서-의지-성품을 나타내는 자리 iv) 활기(활력) 용기 v) 사람을 황홀경으로 몰아넣거나 말씀의 능력 안으로 끌어들이는 하나님의 창조적인 능력 vi) 하나님이 부리시는 악령 vii) 혼영(영혼).

3장 19절의 '(동일한) 호흡'과 3장 21절의 '인생들의 혼'과 '짐승의 혼'에서 '호흡'과 '혼'은 다같이 '루아흐'를 번역한 것이다. 개역개정과 표준새

192

번역은 똑같은 낱말을 왜 '호흡'과 '혼(영)'으로 달리 번역했는지 알 수 없다.(공동번역개정본은 모두 다 '숨'으로, 천주교새번역은 모두 다 '목숨'으로 옮김)

우리말로 흔히 '혼(영혼), 생명(목숨)' 등으로 번역되는 말이 히브리말에는 세 가지 있다: *루아흐*; *네페쉬(nefeš)*, *느샤마(nəšāmâ)*. *루아흐*는 동식물 등 모든 생명체에 다 해당된다. *네페쉬*는 사람 등 동물에게만 쓰인다. *느샤마*는 오직 사람에게만 적용되는 말이다. 그러므로 우주 만물이 다 제각기 영을 지니고 있다는 말(精靈信仰 정령신앙)은 맞는 것이라도 그 영의 위격(位格)에 차이가 있다는 사실을 기억해야 할 것이다.

사람과 동물은 다 티끌에서 왔다가 티끌로 되돌아간다. (20절; 창 2:7; 3:19 참조) 21절이다.

사람의 영은 위로 올라가고 짐승의 영은 아래 땅으로 내려간다고 하지만, 누가 그것을 알겠는가?(표준)	사람의 숨은 위로 올라가고 짐승의 숨은 땅속으로 내려간다고 누가 장담하랴!(공개)

어떤 이들은 히브리성경에 따라 *하올라*(올라가다)와 *하이요레데트*(내려가다)를 '하'를 정관사로 보며 전체를 능동분사(올라가는 것, 내려가는 것)로 읽는다.(인간의 숨, 그것은 위로 올라가는 것이고 짐승의 숨 그것은 아래로 내려가는 것임을 누가 알겠느냐?) 이는 "인간의 숨은 위로 올라가고 짐승의 숨은 아래로 내려간다는 것을 아는 사람은 매우 적다"는 뜻이다. 페쉬타 불가타 타르굼은 이 '하'를 의문사로 보았다.(인생의 숨이 위로 올가가는지, 또는 짐승의 숨이 아래로 내려가는지를 누가 알랴?) 이는 인간의 숨이 위로 올라가는지 짐승의 숨이 아래로 내려가는지를 아무도 모른다는 뜻이다.

성경을 열심히 읽는 어느 젊은이가 "전도서에 보면 인생의 혼은 위로 올라가고 짐
승의 혼은 아래로 내려간다고 되어 있습니다. 이것은 인생과 짐승의 근본이 다르다
는 것을 말해주고 있는 것입니다."라고 했다.

내가 보기에 그는 전도서 저자의 말뜻을 완전히 거꾸로 읽고 있었다. 그런데도 그는
자신이 성경을 올바로 이해하고 있다고 여기고 있었다. 그가 잘못 읽은 원인은 두
가지였다. 문맥을 읽지 않았다는 것이 그 하나이고, '젊은' 사람이 번역본의 자구에
크게 매달렸다는 것이 또 다른 원인이었다.

그는 전도서를 읽으면서 3장 21절 "인생의 혼은 위로 올라가고 짐승의 혼은 아래
곧 땅으로 내려가는 줄을 누가 알랴"에 강한 인상을 받은 것 같다. 여기 21절의 말
씀만을 똑 따서 읽어보면, 전도서의 저자가 그의 독자들에게 새로운 사실을 밝혀주
는 것처럼 들린다. "사람들이, 사람의 혼은 위 곧 하늘로 올라가고 짐승의 혼은 아래
곧 땅으로 내려간다는 사실을 모르고 있다. 그러나 이제 내가 이것을 깨달았고 이
점을 독자와 함께 나누고 싶다"라는 말로 이해할 수도 있다.

코헬렛은 마치 "누가 알랴? 아무도 모르는 것을 이제 내가 깨달았다"라고 말이라도
한 것처럼 그렇게 읽었고 이해하였기에 그는 성경에 그렇게 쓰여 있다고 아무런 주
저함도 없이 이 구절을 인용하고 있었다.

21절로 이어지는 그 이전의 문맥을 함께 읽는다면, 우리는 지금 전도서의 저자가
일반적인 상식을 부정하고 있다는 것을 금방 알 수 있다. 사람들은 흔히 생각하기를
사람의 혼은 위로 올라가고 짐승의 혼은 아래로 내려가는 것이니, 사람과 짐승은 크
게 다른 것이라고 하지만 전도서 저자가 깨달은 것은, 사람이나 짐승이 다를 바 없
다는 것이다.

문맥을 살펴보자. "내가 심중에 이르기를 인생의 일에 대하여 하나님이 저희를 시험
하 시리니 저희로 자기가 짐승보다 다름이 없는 줄을 깨닫게 하려 하심이라 하였노
라"(18절). 하나님은 사람이 짐승과 마찬가지라는 사실을 사람으로 하여금 깨닫게 하
시려고 사람을 시험하신다는 것이다.

"인생에게 임하는 일이 짐승에게도 임하나니 이 둘에게 임하는 일이 일반이라 다
동일한 호흡이 있어서 이의 죽음같이 저도 죽으니 사람이 짐승보다 뛰어 남이 없음

은 모든 것이 헛됨이로다"(19절) 이것은 사람에게 닥치는 운명이나 짐승에게 닥치는 운명이 같다는 뜻이다. 끝내는 죽고 만다고 하는 동일한 운명이 사람이나 짐승을 기다리고 있다는 것이다. 사람이 죽듯이 짐승도 죽는다. 짐승이 죽듯이 사람도 죽는다. 둘 다 숨을 쉬지 않고는 못 사니, 사람이라고 해서 짐승보다 나을 것이 무엇이냐? 모든 것이 헛되다는 것이다.

"다 흙으로 말미암았으므로 다 흙으로 돌아가나니 다 한 곳으로 가거니와"(20 절) 이것이 전도서 저자가 독자들에게 하고자 하는 말이다. 사람이나 짐승이나, 죽으면, 둘 다 같은 곳으로 간다는 것이다. 둘 다 흙에서 나왔으니 흙으로 돌아간다는 것이다.

"인생의 혼은 위로 올라가고 짐승의 혼은 아래 곧 땅으로 내려가는 줄을 누가 알랴" (21절) 전도서 저자는 당시에 사람들 사이에서 통용되던 상식을 먼저 말하고 그것을 부정하는 논법을 쓰고 있다. 흔히들 말하기를, 사람의 혼은 위 곧 하늘로 올라가고, 짐승의 혼은 아래 곧 땅으로 내려간다고 하지만, 그것은 누가 알겠느냐는 것이다. 그것은 사실을 모르고 하는 말이라는 것이다.

오해하기 쉬운 이 구절을 좀 더 분명하게 번역한다면 "사람의 숨은 위로 올라가고 짐승의 숨은 땅 속으로 내려간다고 누가 장담하랴!"(공개)이리라.

코헬렛은 3장 22절에서 말했다. "그러므로 나는 사람이 자기 일에 즐거워하는(크게 기뻐하는) 것보다 더 나은 것이 없음을 보았나니 이는 그것이 그의 몫이기 때문이라."(전 2:24-26; 3:12-13 참조) '자기 일에 즐거워하는 것'은 열심히 일한 대가로 즐거움을 누린다는 뜻이다. 이것은 눈을 열어서 현재 얻을 수 있는 것을 즐기라고 독자에게 말하는 것이다. 죽음 이후의 세계와 일에 대해서는 아무도 모르는 것이므로 현재 누릴 수 있는 몫의 즐거움을 미래의 일에 치여서 간과하거나 미루어두지 말라는 것이다.

예수님은 우리에게 '너희는 먼저 그의 나라와 그의 의를 구하라'고 말씀하셨다. 이것은 첫 번째로 …을 하고, 두 번째로 …을 하고, 세 번째로 …을 하라는 식으로 일의 순서를 정하라는 뜻이 아니다. 이 말씀은 어떤 것을 하든지 그 하는 일(활동)에서 하나님 나라와 그 의에 최우선의 가치를 두라는 뜻이다. 곧 하나님 나라와 그 의에 몰입하라는 것이다. 사실 성부 하나님과 성자 하나님(예수님)과 성령 하나님은 우리의 영혼구원과 영생을 위해 모든 것을 바치셨다. 거기에 몰입하셨다.

코헬렛은 '아, 그의 뒤에 일어날 일이 무엇인가를 보게 하려고 그를 도로 데리고 올 자가 누구이랴' 하고 질문을 던졌다. (22절) '그의 뒤에 일어날 일'이란 다름 아닌 '죽음'이며 죽음 뒤에 있을 '심판'이다. 그가 하고 싶었던 말이 바로 이것이다. 사람이 죽음과 심판을 성찰하면서 살아간다면 삶의 자세가 전적으로 달라질 것이다. 죽음과 심판은 인간이 좌우할 수 없는 영역이고 전적으로 하나님께 속한 영역이다. 죽음과 심판을 주관하시는 분은 하나님이다. 그러므로 죽음과 심판을 묵상하다 보면 자연스럽게 하나님의 주권과 능력을 인정하게 되고, 하나님을 경외하는 마음을 갖게 된다. 그러나 대부분의 사람이 '그의 뒤에 일어날 일'을 생각하지 않고 오로지 '지금 일어나는 일'에만 사로잡혀서 지금 이 시간에 먹고 마시고 즐기는 일에만 몰두하는 것 또한 사실이다.

인생이 유한하다는 사실을 알려주는 전도서의 말씀들(Carpe-Diem Passagen)은 다음과 같이 짜여 있다.

즐거워하라(3:22)

먹고 마시며 선을 행하라(5:18)

먹고 마시며 즐거워하라(8:15)

기쁘게 먹고 즐거운 마음으로 마시라(9:7)

즐거워하며 기뻐하여 마음에 원하는 길들을 행하라(11:9)

이런 모티브는 밈네르모스(Mimnermos 대략 주전 600년) 이래 고대 그리스 문헌에 널리 퍼졌다.(Schwienhorst-Schönberger 469)

오라, 너는 지혜로워지리라. 거치라,

지식으로 향하는 인생의 근본적인 과정을.

나는 믿지 않는다. 그런 것이 어디서 오는지?

그렇더라도 내게 귀 기울이라:

죽음은 숨을 거두는 모든 것에 달려 있다.

그리고 확실하게 아는 사람은 아무도 없다,

내일도 자신이 살아 있을지,

운명의 수레바퀴가 어디로 굴러갈지,

이런 것을 알지 못한다.

그런 것을 가르치지 말라. 학문적으로 탐구하지도 말라.

지금, 너는 내게서 들었다. 그러나 잘 알아 두어라.

그냥 즐거워 하고. 마시며, 오늘 하루만 염두에 두어라,

네게 남은 것을 가늠하기보다는, 운명을 좌우하려들기보다는.

그리고 여신 키프리스에게 경배하라.

그는 모든 인간을 사랑하신다.

그 신성이 우리를 행복하게 하리라.

찰스 디킨스가 쓴 '크리스마스 캐럴'에서는 스크루지 영감한테 미래의 영이 나타나서 영감의 비참한 미래를 보여주었다. 이처럼 미래의 영이 나

타나서 사람이 장차 겪게 될 장래의 일을 보여준다면 얼마나 좋을까? 그것은 상상하기 어려운 일이다. 설사 그런 일이 있더라도 스크루지 영감처럼 순순히 받아들일 사람이 얼마나 될른지? (눅 16:19-31 참조) 미래의 영이 해야 할 일을 지금 코헬렛이 담당하고 있다. 전도자는 우리의 시야를 넓혀서 '지금 일어나는 일'뿐만 아니라 '장차 일어날 일'까지 살펴보라고 촉구하고 있다.

네덜란드에서 아주 규모가 큰 정신건강센터의 책임자로 있는 정신의학자 마르텐 데브리스는 몰입을 통해 만들어지는 인생의 새로운 가능성을 보여주는 사례를 이야기했다.

이 병원은 환자들이 하루 종일 어떤 일을 하고, 어떤 생각을 하고, 어떤 느낌을 받는지를 세밀하게 살폈다. 그 중에 정신분열증을 심하게 앓고 있는 어떤 여인이 십 년이 넘도록 그 병원에 입원해 있었다. 심각한 정신 질환을 앓는 사람들이 보통 그런 것처럼 그 여인도 머리가 아주 산만하고 감정도 무디기 짝이 없었다. 그녀의 일거수일투족을 자세히 살펴보는 두 주 동안에, 그 여인에게 만족할 만한 요소를 찾아냈다는 보고가 들어 온 딱 두 번뿐이었다. 그 두 번이 다, 그 여인이 손톱을 다듬고 있을 동안이었다. 의료진은 밑져야 본전이라는 생각에, 그 여인을 손톱 다듬는 전문가에게 보냈다. 거기서 손톱다듬기를 제대로 배울 수 있게 해주었다. 손톱 다듬는 것을 배운 그 여인은 얼마 안 가서 병원 안에 있는 다른 환자들의 손톱을 도맡아서 다듬어 주었다. 손톱다듬기에 열중한 그 여인은 점점 정신이 온전해지더니, 나중에는 비록 전문가의 관찰을 계속 받기는 하지만 다시 평범한 사회생활을 할 수 있게 되었다. 그리고 시일이 더 지나자 손톱 다듬는 가게를 개업을 하였고 점차 생활의 기반을 잡아나갔다.

그 여인은 자기에게 알맞은 것 곧 손톱 다듬는 일을 찾고 나서부터 무엇인가에 열중하기 시작하였고, 그것에 몰입함으로써 제정신을 되찾았다는 사실이 중요하다. 다시말해 어떤 사람이든 자기가 즐거워할 수 있는 일에 자기 시간과 실력을 온통 쏟아붓는 것을 가리켜 우리는 몰입이라고 부른다. 이렇게 자기 자신이 바치는 의미있는 노력으로 이룬 성과는 이 세상 그무엇과도 바꿀 수 없는 즐거움과 만족감을 우리에게 선물한다. 남들이 보기에 그 성과가 크냐 작으냐는 전혀 문제가 되지 않는다. 가장 중요한 것은 그것을 이루기 위해 내가 얼마나 기도드렸느냐 시간과 에너지를 얼마나 의미있게 사용하였느냐에 달려 있다. 유감스럽게도 오늘날 어떤 사람들은 이렇게 해서 얻은 성과를 즐거워하고, 만족스러워하기보다는, 다른 사람들이 '내 성과'에 몇 점을 쳐 주느냐에 더 관심을 기울인다. 그래서 의미있는 노력을 한 자기 자신을 축하하고 기뻐하고 행복해하기보다는, 오히려 자기가 이룬 것을 부끄러워하고 숨기려하고 정신과 마음을 위축시킨다. 이런 태도에서 나오는 결과는 뻔하다. 곧 마땅히 누려야 할 즐거움도 빼앗기고, 마땅히 찾아야 할 의미와 보람을 빼앗겨버린다. 그 성과를 생각할 때마다 자기 자신에 대한 불만이 생기고, 자기자신의 대한 의지와 의욕이 꺾이곤 한다. 참으로 불행한 일이 아닐 수 없다.

하나님께 몰입하는데서 행복이 온다는 말은 각자 자기에게 주어진 것에서 의미와 목적을 찾으라는 뜻이다. 이를테면 대학교 입학과 졸업 – 재수 – 직장생활 – 가정살림 – 목사에게 주어진 목회현장(교회) – 교인에게 주어진 신앙의 현장(자기가 다니는 교회)에서 어떻게 행복을 찾을 수 있을까?

"하나님 이 세상에 대학이 많고, 또 학과도 참 많다. 그런데 하나님은 왜 제게 이 대학, 이 학과에 들어가게 하셨을까요? 하나님께서 이곳에 오게 하셨으니, 바로 여기서 하나님 목적과 인생의 의미를 찾게 해 주세요"라고 늘 기도드리며 학교생활을 하면, 배울 것도 많고 길이 보인다. 그렇지만

'내 머리가 나빠서, 내 부모가 내게 좋은 과외를 시켜주지 못해서'라고 생각하며, 주눅이 든 채 학교생활을 한다면, 과연 무엇을 배우겠으며, 그렇게 받은 교육이 그 인생에 어떤 역할을 할 수 있을까?

재수를 해도 그렇다. '실수를 해서, 운이 나빠서, 부모가 좋은 과외를 시켜주지 않아서, 내 머리가 나빠서…' 등과 같은 생각으로 마지못해 떠밀려서 재수를 한다면, 기껏 건져봐야 이전과 비슷한 수준밖에 유지하지 못한다. 그렇지만 "하나님, 대학에 합격하고 입학한 친구들이 많은 데, 제게는 재수의 길을 걷게 하셨네요. 이 길에서 인생의 목적과 의미를 찾게 해 주세요"라고 기도를 드리면서 재수를 한다면, 분명히 달라지는 부분이 생겨난다. 직장생활이나 가정살림, 교회와 신앙생활도 이와 크게 다르지 않다. 이렇게 각각의 생활에서 일어나는 일들을 하나님의 목적과 뜻에 연결지으며 (전 3:11 하나님께서 모든 것을 그 때에 적당하게 지으셨다) 사는 것을 가리켜 우리는 영적 몰입이라고 부르기도 하고 그 나라와 그 의를 구하며 산다고 말한다. 이런 사람들에게 주님은 약속하셨다: '그런즉 너희는 먼저 그의 나라와 그의 의를 구하라 그리하면 이 모든 것을 너희에게 더하시리라 (마 6:33).'

"아아 가련한 나는
철학과 법학과 의학을 탐구했었네.
그러나 하나님이여 나를 도우소서.
마침내 나는 난관을 무릅쓰고
뜨거운 열정으로 신학을 연구했네.
이 가련하고 어리석었던 나, 여기 다시 섰노라.
나보다 더 지혜로웠던 자 이전에는 없었으리.

(요한 괴테, 파우스트, 뉴욕, 2001년, 12).

    파우스트는 지식을 추구하면서도 솔로몬보다 만족스럽지 못했던 것 같다. 여기서 우리는 아무리 자기 의지와 의욕을 불태우더라도, 심지어 신학을 공부한다 해도 겸허한 자세로 마음을 살피지 않으면 공허한 곳으로 끌려가고 마는 것을 우리 자신을 본다.

학대당하는 이가 흘리는 눈물

전 4:1-3

개역개정	직역
1 내가 다시 해 아래에서 행하는 모든 학대를 살펴보았도다 보라 학대 받는 자들의 눈물이로다 그들에게 위로자가 없도다 그들을 학대하는 자들의 손에는 권세가 있으나 그들에게는 위로자가 없도다	1 그리고 나는 다시 돌이켜 보았다. 그리고 나는 보았다, 그 해 아래서 벌어지는 학대당하는 모든 자를. 그런데 보라, 억눌리는 사람들이 눈물을 흘려도, 그들을 위로하는 사람이 없었다. 그리고 그들을 학대하는 자들의 손으로부터 힘이 권세가 나오는데에도 당하는 자들을 위로하는 사람이 하나도 없었다.
2 그러므로 나는 아직 살아 있는 산 자들보다 죽은 지 오랜 죽은 자들을 더 복되다 하였으며	2 그래서 나는 찬양했다, 이미 숨이 넘어가 죽은 사람을, 아직 살아 숨쉬는 사람보다 더.
3 이 둘보다도 아직 출생하지 아니하여 해 아래에서 행하는 악한 일을 보지 못한 자가 더 복되다 하였노라	3 그리고 더 낫다고 했다, 그 둘보다 아직 태어나지 않아 해 아래서 일어나는 온갖가지 나쁜 일을 보지 못한 사람을.

이것은 이 세상에 학대당하는 사람들이 있다는 사실을 말한다. 다른 모든 시대의 사회(국가)와 마찬가지로 코헬렛이 살았던 시절에도 사회적 불

의나 국가폭력에 시달리는 사람들이 있었다(전 3:16-21 참조) 더 힘있는 사람이나 권력자들은 같은 나라 같은 집단의 사람들 가운데 특권이 적거나 지위가 낮은 사람들이 마치 자기들의 욕심 또는 자비에 벌거벗은 채로 내맡겨져 있다는 듯이 대우했다. 이것은 인간사회(국가)의 아픈 손가락이다.

코헬렛은 '내가 보았다'라고 말하기 전에 먼저 '나는 돌이켜 보았다'(직역: 그리고 나는 다시 돌이켜 보았다. 그리고 나는 보았다)라는 말로 이 단락을 시작했다. 이는 3:10, 16, 22에 나오는 표현을 더욱 강렬하게 나타낸 것이다.

코헬렛이 이렇게 하는 것은 아마 왕(지배자, 권력자)이었던 자신의 위상과 관련이 있으리라. 그가 자기가 추구하던 것에서 실망을 느끼기 전에는, 그리고 세상만사가 돌아가는 모양을 살피기 전에는 그런 일이 이 세상과 자기 주변에서 일어나더라도 미처 그런 데까지 눈이 가지 않았을 것이다. 그때에 그는 자기가 왕이니 당연히 모든 것을 누려야 하고, 그 과정에서 어떤 사람이 학대를 당하거나 곤궁에 빠지는 것은 자연스러운 세상의 이치라고 여겼을지도 모른다.

억압(학대)은 조금이라도 더 힘이 있는 사람이라면 누구나 행하는 (행할 수 있는) 것이다. 이것은 넓게 보면 국제관계나 국내 정치판도에서 행해지고 있으며, 좁혀보면 어떤 집단이나 단체 직장 그룹 심지어 가정이나 교회 안에서도 자행되고 있다. 그런 일은 정치적 경제적 사회적 영역은 물론 신체적 정신적 영적인 영역에서도 일어날 수 있다. 심하게 표현하자면 인간이 있는 모든 곳에 억압(학대)이 있을 수 있다.

'학대받는 자의 눈물'(1절)이란 말 속에서 우리는 그 당사자의 비참함과 무기력감 좌절감과 원망을 절절하게 느낀다.

전도서 4장은 사람이 인간관계에서 겪는 일들을 살펴보며, 무엇이 헛된 것이고 무엇이 가치와 의미가 있는 일인지를 보여주었다. 사람들 중에는 코헬렛이 불의와 그로 인해 고통당하는 사람들에게 무관심하다고 여기곤한다. 그것은 전적으로 오해라는 사실을 전 4:1-3이 보여준다.

학대와 관련하여 여기 쓰인 동사 *아샤크*('āšaq)는 억압하다 억누르다 착취하다는 뜻이다. 이것은 항상 부정적으로 평가되는 행위나 상태(제도)를 다룬다. 그런 것들은 금지되거나 기피되어야 마땅한 것이다. 구약성경에 60번 쓰이는 이 낱말은 시편(9x) 이사야 에스겔 12 예언서(각각 7x) 예레미야(6x) 잠언 전도서(각각 5x) 등에 46번 등장한다.(ThWAT VI 442) 그 밖에 레위기(4x) 신명기 욥기(각각 3x)에도 있다. 강압이나 폭력으로 약자를 착취하고 억누르며 못살게 구는 것을 묘사하는 그것이 쓰이는 영역은 크게 네 곳이다.

i) 경제분야(레 5:21; 19:13; 신 24:14; 호 12:8; 말 3:5 등)

너는 네 이웃을 억압하지 말며 착취하지 말며 품꾼의 삯을 아침까지 밤새도록 네게 두지 말며(레 19:13)

ii) 정치분야(신 28:29, 33; 삼하 12:3이하; 욥 35:9; 시 103:6; 146:7; 사 52:4; 렘 50:33; 호 5:11 등)

주 여호와께서 이와 같이 말씀하시되 내 백성이 전에 애굽에 내려가서 거기에 거류하였고 앗수르인은 공연히 그들을 압박하였도다(사 52:4)

iii) 사회분야(렘 7:6; 겔 22:19; 암 4:1 등)

사마리아의 산에 있는 바산의 암소들아 이 말을 들으라 너희는 힘 없는 자를 학대하며 가난한 자를 압제하며 가장에게 이르기를 술을 가져다가 우리로 마시게 하라 하는도다(암 4:1)

iv) 피 흘리는 죄

사람의 피를 흘린 자는 함정으로 달려갈 것이니 그를 막지 말지니라(잠 28:17)

사실 학대행위나 상황은 인간이 있는 모든 영역에 있을 수 있다. 그것에는 신체·생활에 관계된 것과 심리적인 것이 있다. 이와 관련해 우리가 흔히 듣는 말은 아동학대 장애인학대 노인학대 약자학대 정서적 학대 심리적 학대 등이다.

코헬렛은 인생을 관찰하던 중에 사회에 만연한 학대 현상을 발견했다.(1절) 그는 학대당하는 자의 눈물을 보았다. 눈물이라는 말(따므아 dimə'â)은 계속되는 슬픔을 가리킨다. (사 16:19; 렘 14:17; 애 2:18) 이것을 본 코헬렛은 그들을 위한 위로자가 없다는 말을 연거푸했다. 학대하는 자에게는 권세가 있으면 학대받는 자에게는 위로자가 있어야 한다. 그래야 서로 균형이 맞기에. 그러나 학대자는 권세를 쥐고 있는 반면에 학대받는 자에게는 위로자가 없는 경우가 허다하다. 학대자의 학대를 막을 방편이 없는 까닭에 학대당하는 이의 눈에서는 눈물이 그치지 않는 것을 그는 보았다.

학대를 당하면서도 위로받지 못하는 사람들 모습을 보니, 그들은 죽는 것보다도 못하게 살아가고 있었다.(1-3절) 코헬렛은 1절 뒷부분에서 학대(악압)당하는 것보다 더 비참한 현실을 보았다. 그것이 무엇인가? 학대받으면서도 아무에게서도 아무런 위로를 받지 못하는 사람이 있다는 현실이다. 이것이 얼마나 가슴아픈 현실이었으면, 코헬렛이 같은 구절에서 이런 사실을 두 차례나 되풀이 말할까!

코헬렛은 학대(악압)에 반대하는 설교를 하는 대신에 사람 사이에서 일어나는 이 불쾌한 모습과, 도움이 절박하게 필요한 사람을 돕는 사람이 하나도 없다는 사실을 전한다. 어쩌면 억압(학대)하는 자가 너무 강하고 그 횡포가 너무 무서워서 억압받는 자를 감히 위로하는 자가 없었을지도 모른다. 이 가슴아픈 현실을 눈물겹게 표현하느라 코헬렛은 텍스트의 리듬과 주요 요소를 반복한다. 첫 번째와 세 번째 줄의 '억압', 두 번째와 네 번째 줄의 '그들을 위로할 사람이 없음'이란 표현이 그것이다.

억압받는 이들의 눈물을 보십시오!
그러나 그들을 위로해 주는 사람은 아무도 없습니다.
권력은 그들을 억압하는 사람들의 손에 있습니다.
그러나 그들을 위로해 주는 사람은 아무도 없습니다.

현실이 이렇기에 역설적으로 위로가 반드시 필요하다. 위로는 절박한 사람을 돕는 가장 적극적인 방법이기 때문이다. 그러니 위로는 당연히 중요한 일이다. 사도 바울은 이 위로받음과 위로함의 중요성을 누구보다도 더 깊이 체험하고 느낀 사람이었다:

3 찬송하리로다 그는 우리 주 예수 그리스도의 하나님이시요 자비의 아버지시요 모든 위로의 하나님이시며 4 우리의 모든 환난 중에서 우리를 위로하사 우리로 하여금 하나님께 받은 위로로써 모든 환난 중에 있는 자들을 능히 위로하게 하시는 이시로다(고후 1:3-4)

학대받는 이에게 위로자가 없다는 말은 진정한 위로자가 필요하다는 뜻이다. 그 위로자가 누구인가? 그는 사람이 아니라 하나님이다. 사람은 사람에게 완벽한 위로자가 될 수 없다. 욥기에 등장하는 욥의 세 친구에게서도 우리는 이것을 확인할 수 있다. 그들은 욥의 고통을 위로해 주기는커녕 고통을 더해 주었다. 그렇다. 진정한 위로자는 하나님 밖에 없다.

코헬렛은 학대받는 이에게 위로자가 없다는 사실을 기초로 해서 아직 살아 있는 자들보다는 이미 죽은 자들이 더 낫다고 했다.(2-3절) 학대로 인한 육체적·정신적 고통이 그만큼 크다는 이야기다. 살아서 학대받고 고통당하느니보다는 차라리 죽는 것이 낫다는 것이고, 그보다는 처음부터 이 땅에 태어나지 않는 것이 훨씬 더 낫다고 주장했다. 마치 욥이 그리하였듯이.(욥 3:11-19)

도나 마르코바(Dawna Markova 1942-)의 시 〈삶을 살지 않은 채로 죽지 않으리라〉를 읽어보자.

삶을 살지 않은 채로 죽지 않으리라

나는 삶을 살지 않은 채로 죽지 않으리라.

넘어지거나 불에 델까

두려워하며 살지는 않으리라.

나는 나의 날들을 살기로 선택할 것이다.

내 삶이 나를 더 많이 열게 하고,

스스로 덜 두려워하고

더 다가가기 쉽게 할 것이다.

날개가 되고

빛이 되고 약속이 될 때까지

가슴을 자유롭게 하리라.

세상이 나를 알아주지 않아도 상관하지 않으리라.

씨앗으로 내게 온 것은

꽃이 되어 다음 사람에게로 가고

꽃으로 내게 온 것은 열매로 나아가는

그런 삶을 선택하리라.

그렇다. 세상에는 이루 헤아릴 수조차 없을 정도로 많은 사람이 있고, 그들은 각자 자기 나름대로 살아가기에 상상할 수 없을 정도로 삶의 모습 또한 가지가지다. 인생에는 다양한 그만큼 무수한 아픔과 시련도 있다. 어떤 상황에 놓이든 우리는 덧없음과 무의미의 심연을 건너며 살아내야 한다.

휘트먼(Walt Whitman 1819-1892)이 쓴 52편으로 된 장시 〈나 자신의 소리 Song of Myself〉라는 시 가운데 한 구절이다.(24)

나를 통해 오래동안 참묵을 지켜온 많은 목소리

무수한 세대의 죄수들과 노예의 음성들

병자와 절망한 자들과 도둑들과 난장이들의 음성

준비와 증대가 순환하는 목소리

별들을 잇는 실의 목소리, 자궁과 정자의 목소리

남에게 짓밟히는 자들의 권리의 목소리

불구자와 하찮은 자 평범하고 어리석고 경멸받은 자의 목소리

대기 속의 안개, 오물 덩어리를 굴리는 풍뎅이

나를 통하여

금지된 목소리들

성과 욕정의 소리, 베일을 쓴 목소리들, 내가 베일을 벗긴다
나로 인하여 명백해지고 모양이 바뀐 외설스런 목소리들

사실 학대하는 사람도 학대받는 사람도 다 상처를 입는다. 가해자 대부분은 가슴이 상처로 멍들어 있는 사람이다. 하나님을 믿는 우리는 사람을 가해자와 피해자로만 나누어 볼 때 그 해법에서도 커다란 오류에 빠질 것이다. 겉으로 보이는 가해자 속에는 가해자와 피해자의 모습이, 눈에 들어오는 피해자 속에도 가해자와 피해자의 모습이 겹쳐 있다.

찬송가 460장 가사에 이런 것이 잇다. "약한 자 힘 주시고 강한 자 바르게 추한 자 정케함이 주님의 뜻이라." 이처럼 그 둘이 다 하나님 안에서 치유와 회복을 경험하는 사람이 신앙인이요, 그런 처지에 놓인 사람들을 돕는 것이 신앙인의 역할이라는 말이다.

잘난 탓에
남보다 더 못 나가는 사람도 있다

전 4:4-6

개역개정	직역
4 내가 또 본즉 사람이 모든 수고와 모든 재주로 말미암아 이웃에게 시기를 받으니 이것도 헛되어 바람을 잡는 것이로다 5 우매자는 팔짱을 끼고 있으면서 자기의 몸만 축내는도다 6 두 손에 가득하고 수고하며 바람을 잡는 것보다 한 손만 가득하고 평온함이 더 나으니라	4 또 나는 보았다, 모든 수고와 활동의 모든 성취를, 진실로 그것은 이웃 사람의 시기심.(을 불러왔다) 그러니 이 수고 역시 헛되고, 마치 바람을 잡으려는 것처럼 헛것이다. 5 어리석은 자는 팔짱을 끼고서는 자기 살을 축낸다고 하더라도 6 적게 가지고 편안한 것이, 많이 가지려고 수고하며 바람을 잡는 것보다 낫다.

이것은 수고를 많이 하는 사람, 재주가 뛰어난 사람인데도 그 인생의 나래가 펴지지 않는 경우도 있다는 것을 알려주는 말씀이다.

4절은 사람이 받는 시기(질투)로 인한 인생의 허무함을 말한다. 사람들은 어떤 일의 성취를 위해 자기 스스로 최선의 노력을 다하기보다는 다른 사람의 수고와 재능에 시기하기 쉽다. 그리고 정정당당한 선의의 경쟁을 하기보다는 지나친 경쟁의식, 비교의식에 사로잡힌 나머지 상대방을 깎아내리는데 몰두하기 쉽다. 재주(개역: 교묘)라는 말(키쉐론 kišǝrōn)은 성공 성취 기술 등을 의미한다. 영어 성경들 가운데 RSV, NASB 등은 이를 기술(skill), NKJV는 뛰어난 솜씨 발휘(every skillful work; ESV all skill in work), NIV는 이를 성취(achievement)로 옮겼다. 주석가들 가운데 이를 성공으로 풀이하는 자도, 기술로 보는 자도 있다. 전 2:21의 이것을 재주(skill, RSV, NIV, NASB)로 번역하기도 한다. 아마 이것은 사람이 훌륭한 기술로 성공한다는 뜻을 내포하는 것 같다.

예수님은 어느 날 '나인성'에 들어가셨다. 그 성문 어귀에서 사람들이 어떤 과부의 외아들이 죽어 장사지내러 가는 것을 보셨다. 예수님은 그 과부를 보시고 불쌍히 여기셨다. 그리고 그 청년을 살리셨다. 그러자 예수님에 관한 이 소문이 온 유대와 사방에 두루 퍼졌다.(눅 7:17)

세례 요한의 제자들이 예수님 소문을 들었다. 그들은 그 소문을 자기 스승인 세례 요한에게 전했다. 그들이 전한 소문에 예수님이 죽은 자를 다시 살리셨다는 내용이 빠졌을리 만무하다. 아니, 어쩌면 다른 소문은 다 빼놓고 그 일만 전했을지도 모른다. 그만큼 그 일은 누가 들어도 엄청 놀라고도 남을 일이었을테니까!

그러자 세례 요한은 생각했다. '그런 일을 하시는 분이라면 혹시 내가 기다리는 메시아가 아닐까?' 그는 그 느낌(감)을 혼자 곰곰이 생각하는 대신에 예수님에게 제자들을 보냈다. 그리고 다음과 같이 묻게 했다. "오실 그이가 당신이오니이까 우리가 다른 이를 기다리오리이까"

세례 요한의 제자들이 찾아 왔을 때 예수님은 질병과 고통과 및 악귀 들린 자를 많이 고치시며 또 많은 맹인을 보게 하시는 중이었다. 세례 요한의 제자들에게 질문을 받으신 예수님은 '그래, 내가 바로 너희 스승님이 말씀하시는 그다'라고 하시는 대신에 자신이 하시는 일들을 알려주셨다.

너희가 가서 보고 들은 것을 요한에게 알리되 맹인이 보며 못 걷는 사람이 걸으며 나병환자가 깨끗함을 받으며 귀먹은 사람이 들으며 죽은 자가 살아나며 가난한 자에게 복음이 전파된다 하라(눅 7:22)

그리고 한 마디를 덧붙이셨다. "누구든지 나로 말미암아 실족하지 아니하는 자는 복이 있도다."(눅 7:23)

예수님의 마지막 이 말씀이 우리 가슴에 꽂힌다. 이 말씀 앞에서 우리는 '나는 과연 복음을 육적으로 듣는 사람일까, 영적으로 듣는 사람일까?'라고 자문하게 된다. 예수님의 사역현장에 있었거나 소문을 들었던 바리새인들 중에는 그것을 육적으로 받아들여 예수님에게 적대적으로 행동하는 이들이 있었다. 그런가 하면 아리마대 요셉이나 니고데모처럼 영적으로 받아들여 거듭난 사람들도 있었다. '복음 앞에서 나는 과연 어떤 부류의 사람일까?' '나는 다른 사람의 선행이나 탁월함에 어떻게 반응하는 사람일까?'

안타깝게도 코헬렛처럼 세상의 모순을 파헤친 다음에 그 모순을 해결하기 위한 방안을 찾는 것이 아니라 세상을 아예 부정하는 방식을 취하는 사람이 적지 않다. 이런 태도는 결코 학대와 그에 따른 눈물의 대안이 되지 못한다. 이 말씀의 의미를 시아오(Seow, 187)는 이렇게 정리했다.

살아있는 사람들은 계속되는 불의와 학대의 현실을 눈물 흘리며 바라보아야 하지만, 이미 죽은 자들에게는 그런 고통이 없다. 그들 눈에는 눈물이 없다.

여기서 우리는 교회의 역할을 다시 상기한다. 하나님은 교회에게 위로자의 사명을 맡겨 주셨다. 이를 잘 감당하려면 학대자에게 그가 갖고 있는

212

'권세'는 하나님이 주신 것으로 정의를 위해서 사용해야 한다는 것을 일깨워 주어야 할 것이다. 권세를 남용할 때에는 하나님의 심판을 면치 못한다는 사실을 분명히 말해 주어야 하리라. 나봇을 죽인 아합 왕에게 하나님의 심판을 선언한 엘리야 예언자처럼 악한 권세자들에게 약한 백성을 학대하는 일을 멈추도록 권고해야 한다.

이어서 코헬렛은 사람들이 서로 경쟁하며 살아가는 현실을 살펴보았다. (4-6절). 4절에서 그는 시기심(키나)을 보았다. 그는 다른 사람의 권리를 짓밟거나 그들 가슴에 상처를 입히는 이기적인 시기심의 폐해를 본 것이다. 롱맨(Longman 171)이 말한다.

사람이 부지런하게 일하는 삶의 배후에는 이웃보다 자신이 더 앞서려는 이기적인 시기심이 자리잡고 있다. 이것은 당사자에게 결코 만족을 안겨주지 못할 것이다. 그것은 사람으로 하여금 끊임없이(쉼 없이) 일하게 만들고 거듭 좌절하게 만든다.

그리고 뛰어난 사람이 그 실력과 재능을 발휘하여 자신과 주변 사람들에게 유익을 끼치기도 전에, 시기와 견제를 하다가 그냥 사그러지는 것을 보았다.(4절)

'이웃 사람의 시기(부러움)'라는 말(qin'at mērē'ēhû)은 다소 부정적인 의미로 들린다. 이웃 사람(다른 사람)에게 뭔가 부족하며, 그로 인해 그가 불행하다고 느끼는 인상을 받는다. 이와 같은 뿌리의 히브리말은 열심이나 열정을 의미하기도 한다.

출 20:5에서 그것은 하나님과 언약을 맺은 사람들을 향한 여호와의 모습을 묘사한다. 그분은 관계에 열정을 지니고 계시며, 맺어진 그 관계가 방해받는 것을 원하지 않으신다. 그렇다면 이 말은 긍정적인 의미를 띨 수 있다. 시기(부러움)는 질투라는 낱말처럼 다른 사람이 가진 것을 자기도 가지려는 욕구 또는 자신도 할 수 있는 일을 할 수 있기를 바라는 의욕(의지)일수도 있다.

유대인 탈무드에서 이 단어가 쓰이는 경우를 보면, 여기에서 시기로 번역된 낱말이 실제로는 경쟁심을 가리키곤 한다. 물론 그것은 때때로 부정적인 결과를 가져올 수도 있더라도 더 많은 경우에 매우 긍정적인 결과를 가져오는 원동력이다. 그것은 사람이 도전에 직면할 때 집중하며 노력하게 격려하는 자극제다. 이것이 자신에게 찾아온 도전을 향한 인간의 자연스러운 반응이다. 그렇다면 시기라는 이 말(qin'â)은 질투라는 뜻보다는 '정직한(자연스러운) 경쟁의식'이라는 의미에 더 가깝다. 여기서 이웃은 성경 여러곳에 나타나듯이 '다른 사람'이란 일반적인 뜻이며 같은 마을이나 주변에사는 사람이라는 좁은 의미가 아니다.

5-6절에 나오는 격언 두 가지는 4절에 관한 설명이다. 그 가운데 게으름과 그 영향에 관한 5절의 내용은 매우 어렵다.(잠 6:10-11; 19:15 참조)

표준	공개	천주교성경
"어리석은 사람은 팔짱을 끼고 앉아서, 제 몸만 축낸다"고 하지만…	그렇다고 팔짱을 끼고 놀다가 말라 죽는 것도 어리석은 일이다.	어리석은 자는 두 손을 놓고 놀다 제 살을 뜯어 먹는다.

'손을 접는다'(팔짱을 낀다)는 말(ḥōḇēq 'et-jādâw)은 그 사람이 일하기를 싫어하고 나태한 것을 더 좋아한다는 것을 말해주는 표현이다. 본문에는 분사형으로 표현되어, 그런 행위가 지속적인 상태 또는 그의 생활방식이 그렇다는 것을 보여준다.

'그리고 자기 살을 먹는다'(직역)는 표현은 다소 생생하면서도 격렬하다. 이것은 사람이 자신을 파괴하는 것을 의미한다. 말 그대로든 은유적으로든 그것은 낭비 또는 파괴를 가리킨다. 실제로 '먹다'는 말('ākal)은 파괴나 낭비와 연결되는 경우가 많다. 따라서 자기 살을 먹는(깎아먹는)다는 표현은 게으른 사람은 자연스럽게 자기자신을 파멸시키는 사람이라 할 수 있다. 이것은 영어 성경들에서 '그 자신을 파멸시키다, 그 자신을 쇠약하게 하다, 굶어 죽다'라는 의미를 옮겨진다. 히브리어 성경(BHS)은 5절 앞부분과 뒷부분을 접속사 '그리고'로 연결시켰다. 실제로 속담의 두 번째 부분은 그 앞의 행동이 초래하는 결과이다. 곧 자기파괴는 게으름의 결과라는 것이다. 5절은 다음과 같이 번역될 수 있다.

i) 어리석은 사람은 팔짱을 끼고 그 결과 자신을 파멸시킨다.

ii) 어리석은 자는 자기 손을 접고 있으며 자기 살을 깎아먹다가 스스로 멸망하는 자이다.

iii) 어리석은 자는 게으르고 낭비한다.

iv) 일하기를 싫어하는 미련한 자는 자신의 패망을 자초한다.

v) 가만히 앉아 있는 어리석은 자는 자기 자신을 파멸시킨다.

어느 쪽으로 풀이하든 5절은 이기적인 시기심에서 출발하는 부지런함의 대안은 결코 게으름이 아니라는 사실을 알려준다. 어리석은 자는 최소한의 수고와 노력도 기울이지 않고 빈둥거리다가 결국 먹을 것을 제대로 먹지 못해서 꼬챙이처럼 비쩍 말라버린다는 것이다. 너무 일중독에 빠져 있는 것도 문제고 전혀 일을 하지 않고 게으름을 피우는 것도 문제라는 것이다.

6절은 일 중독과 욕심에 빠진 사람에게 주는 충고이다. '두 손에 가득하고'는 자기 욕심을 가득 채우려는 모습이다. 악착같이 일을 해서 자기 욕심을 채우는 것보다는 물질적으로는 조금 부족하더라도 적당하게 일을 하는 것이 낫다는 것이다. 지나치게 일을 많이 하면 물질적으로는 풍요할지 모르나 육신이 고달프고 마음도 편치 못하기 마련이다. 반면에 일을 조금만 줄이면 경제적으로는 풍성하지 못해도 육신과 마음 그리고 더 나아가 가정이 모두 평안해질 것이다. 다시말해 쉼과 노동 야심과 만족감 불타오르는 의욕과 그 의욕(의지) 상실 사이에서 지혜로운 균형감각이 필요하다.

코헬렛은 여러 곳에서 지혜가 서려 있는 속담(격언)을 약 70번 인용했다. 그 가운데에는 잠언과 성경의 다른 책들에도 비슷한 내용 또는 상반된 내용도 있다. 그것을 살펴보면 다음과 같다.(Schwienhorst-Schönberger 62-63)

전도서	잠언과 성경의 다른 책들
2:14a	잠 2:13; 4:18이하; 10:17; 13:9; 14:8, 12; 16:25; 21:16; 28:16
3:14a	단 4:2; 13:1; 잠언 30:6; 렘 26:2
4:5	잠 6:10이하; 10:4이하; 12:14, 27; 13:4; 15:19; 18:9; 19:15, 24
4:6	잠 14:30; 15:16이하; 16:8, 19; 17:1; 28:6
4:9	ṭôb min – 격언(관용구)
4:12	시각적인 잠언(창 14:23)
4:13	잠 17:2
5:9	잠 21:17; 27:20
5:10	잠 19:6
6:9	잠 13:4, 12; 17:24; 19:2; 23:1-3
7:1	잠 22:1
7:5	잠 13:1, 18; 15:31이하; 17:10
7:6	잠 10:23; 26:9
7:8a	잠 14:12; 16:25; 20:21; 집회서 11:27이하라
7:8b	잠 14:17, 29; 15:18; 16:5, 18, 32; 18:12; 19:11; 22:1
7:9	잠 12:16

7:19	잠 21:22; 24:5
7:26	잠 2:16-19; 5:3-5; 6:24-26; 7:5-23; 22:14; 23:23, 27이하
7:28	잠 20:6
8:1	잠 15:13
8:4	욥 9:12; 단 4:32; 8:12, 13; 잠 10:27, 30
9:4	ṭôb min – 격언(관용구)
9:8	길가메시 서사시에서 인용-(?)
9:16,18	잠 16:32; 21:22; 24:
9:17	잠 29:9
10:18	잠 6:6, 9; 10:26; 13:4; 15:19, 15, 25; 20:4; 21:25
11:4	잠 10:5; 12:11(= 28:19); 20:4

엘레마이어(F. Ellermeier)는 코헬렛이 전통적인 지혜에 관해 성찰하는 것을 다음과 같이 세 가지 부류로 분류했다.(Qohelet I,1. 89-91; Schwienhorst-Schönberger 63)

i) 전체적으로 비판하며 성찰하기(전 2:18이하, 20-23; 3:16-22; 4:1-3; 6:1-6, 10-12; 7:15-22; 7:23-8:1; 8:2-8; 9:11이하; 10:5-7; 11:1-6)

ii) 부분적으로 비판하며 성찰하기(1:4-11; 1:12-2:11; 2:12-17, 24-26; 3:1-15; 4:13-16; 7:5-7, 11-14; 9:13-16; 10:12-15; 11:7-12:7)

iii) 부분적으로 비판하며 새로운 발상으로 전환하기(전 4:4-6, 7-12; 5:12-19; 6:7-9; 8:9-15; 8:16-9:10)

코헬렛은 이와같이 전해오는 지혜의 말씀들을 받아들여 활용했다. 그는 그것을 무턱대고 그냥 수용하는 것이 아니라 비판적으로 성찰하여 자기 것으로 만들 뿐만 아니라 창조적으로 적용했다.

고립된 이들이 있다

전 4:7–12

개역개정	직역
7 내가 또 다시 해 아래에서 헛된 것을 보았도다	7 그리고 나는 또 돌아보았다. 그리고 나는 보았다, 해 아래서 헛된 것을.
8 어떤 사람은 아들도 없고 형제도 없이 홀로 있으나 그의 모든 수고에는 끝이 없도다 또 비록 그의 눈은 부요를 족하게 여기지 아니하면서 이르기를 내가 누구를 위하여는 이같이 수고하고 나를 위하여는 행복을 누리지 못하게 하는가 하여도 이것도 헛되어 불행한 노고로다	8 어떤 사람이 홀로 있었다. 그리고 곁에 아무도 없었다, 자식도 형제도. 그런데도 그의 수고는 끝을 몰랐다. 그리고 그 부요함도 그의 눈에는 차지 않았다. '누굴 위하여 내가 이렇게 수고하는가, 그리고 내 영혼이 좋은 것 없이 사는가 하니, 그것 역시 헛되다. 그리고 괴로운 일이다.
9 두 사람이 한 사람보다 나음은 그들이 수고함으로 좋은 상을 얻을 것임이라	9 보다 더 낫다, 그 두 사람이 그 한 사람보다. 이는 그들 수고에 대해 좋은 상이 있을 것임이러라.
10 혹시 그들이 넘어지면 하나가 그 동무를 붙들어 일으키려니와 홀로 있어 넘어지고 붙들어 일으킬 자가 없는 자에게는 화가 있으리라	10 진실로 그들이 넘어지면 한 사람이 자기 동료를 일으키리라. 그러나 슬프다, 한 사람이 넘어졌는데도 그를 일으켜 줄 두번째 사람이 없다면.
11 또 두 사람이 함께 누우면 따뜻하거니와 한 사람이면 어찌 따뜻하랴	

12 한 사람이면 패하겠거니와 두 사람이면 맞설 수 있나니 세 겹줄은 쉽게 끊어지지 아니하느니라	11 또한 두 사람이 함께 누우면 그들에게 따스함이 있으리라. 그리고 한 사람뿐이라면 어떻게 따뜻해지랴?
	12 그리고 누군가 홀로 있는 사람을 압도하려 하면 두 사람이 그에게 맞설 수 있다. 그리고 세 겹줄은 금세 끊어지지 않는다.

이것은 홀로 사는 인생의 불행과 함께 사는 인생의 행복을 비교하는 것이다. 이 문단의 짜임새는 다음과 같다(Schwienhorst-Schönberger 298):

4:7-8 홀로 일하는 자는 만족을 모른다

  7: 해 아래 헛된 것

  8a: 수고에 끝이 없는 홀로 있는 자

  8bα: 수사학적 물음

  8bβ: 헛되도다

4:9-12 홀로 거하는 자에게 닥치는 위험들

  9: 속담

  10-12a: 세 가지 위험(넘어짐, 추위, 패배 = 사고)

  12b: 속담(세겹 줄은 쉽게 끊어지지 않는다)

여기에는 홀로(하나) 라는 말(에카드 'eḥād)이 6번 쓰였다. 이로써 코헬렛은 사랑하며 협력할 대상이 없는 인생이 허무하다는 사실을 말해주었다. 사실 사랑하고 사랑받는 생활은 사람에게 마치 먹고 배설하고, 입고 벗으며 사는 것과 똑같이 중요하다. 그런데 사람들이 자기 위주로 생각하다보니(극단적인 개인주의), 사랑을 주고받으며 사는 수고조차 귀찮은 일로 받아들이는 것이다. 오늘날 독신주의를 주장하는 사람들 말속에는 '나 혼자만 좋으면 된다'는 식의 사고방식이 자리잡았다.(물론 인간관계. 특히 남녀관계에서 겪은 뼈아픈 상처로 그리하는 사람도 있다) 그래서 사랑하고 사랑받을 기회를 활용하지 못한다.

2:18-21에서 코헬렛은 수고하여 얻은 재물을 수고하지 않은 사람에게 물려주는 것이 헛되다고 탄식했다. 여기서는 더 나아가서 아예 재물을 물려줄 사람조차 없는 사람을 예로 들었다. 그 사람은 아들도 없고 형제도 없다. 재물을 상속받을 사람이 없는 것이다. 그런데도 그 사람은 밤낮을 가리지 않고 악착같이 일을 해서 재물을 많이 모았다. 혼자 사는 몸이니 돈 쓸 데도 없고 재물이 쌓이는 것은 당연한 일이리라. 이해하기 힘든 것은 그렇게 재물이 많이 쌓여도 만족할 줄을 모른다는 점이다.

어떤 사람은 자신을 위해서는 거의 돈을 쓰지 않는다. 외식을 한다든지 맛있는 것을 사먹는다든지 좋은 옷을 사 입는다든지 여행이나 구경을 간다든지 하는 일이 전혀 없다. 쓰지는 않고 지독하게 모으기만 한다. 자린고비가 따로 없다. 죽으면 그 많은 재물을 가져가지도 못할텐데 그렇게 모아서 무엇을 하겠다는 것일까? 어느 날 그는 탄식했다. '내가 누구를 위하여 이 짓을 하는가?'

아마 죽을병에 걸려서야 비로소 이런 생각을 하게 될지도 모른다. 어떤 백만장자는 영양실조에 걸려 죽었다. 이 사람도 먹을 것 제대로 먹지 못해서 영양실조에 걸렸는지도 모른다. 죽음의 그림자가 눈앞에 아른거리니까 그제서야 조금 정신이 들었는지 '내가 무엇 때문에 이 고생을 하며 돈을 모았는가?' 그런 생각을 하게 되었다. '누구를 위하여 종을 울리나'라는 물음 그대로다. 코헬렛은 이런 사람을 지켜보면서 '헛되고 불행한 일'이라고 혀를 찼다. 그는 지혜자가 '…보다 더' 낫게 여겨야 할 것들을 이야기 했다.

- 세상 권세보다는 인생의 참된 위로자(전 4:1)
- 혼자보다 두 사람이 함께 하는 일(4:9-10)
- 육신의 쾌락보다 심령의 즐거움(전 6:3)
- 재물보다 명예(전 7:1)
- 출생일보다 죽는 날(전 7:1)
- 잔칫집보다 초상집에 가는 일(전 7:2,4)
- 웃음보다 마음을 정화시키는 슬픔(전 7:3)
- 우매자의 칭찬보다 지혜자의 책망(전 7:5-6)
- 일의 시작보다 끝(전 7:8)
- 교만한 마음보다 참는 마음(전 7:8)
- 세상의 권세보다 하늘의 소망(전 9:4)
- 힘이나 무기보다 지혜(9:16, 18)

전 4:9-12에서 코헬렛은 친구를 사귀는 것의 실제적인 유익을 세 가지로 설명했다. i) 함정에 빠진 사람 ii) 추운 날 여행하는 사람 iii) 다른 사람(동물)에게 공격당하는 사람. 앞에서 서로 자기만 잘 살겠다고 경쟁하는 것이 결국 불행을 가져온다고 말한 그는 상호의존적인 동료(친구)관계가 주는 좋은 점을 언급했다.

우리가 인생의 길을 걷다보면 누구나 예외없이 넘어지는 순간이 있다. 넘어져 본 일이 없는 사람이 단 한 사람이라도 있을까? 그러니 문제는 넘어지느냐, 넘어지지 않느냐가 아니라 넘어질 때 얼마나 빨리 다시 일어설 수 있느냐는 것이다. 또한 다시 일어서고자 할 때 자신의 일어섬을 도울 수 있는 사람이 곁에 있느냐는 것이 중요하다.

전도서 4:10 마지막 부분에 일으켜주는 사람이 없는 자에게는 화가 있으리라 했다. 그러니까 일으킬 사람을 곁에 둔 사람은 행복한 것이다. 여기에 바로 결혼생활의 행복이 있다. 물론 본문은 꼭 결혼관계만을 전제하고 주신 말씀은 아니다. 인생의 길에서 내가 넘어질 때 내 넘어진 손을 붙잡아 일으켜주는 친구들을 가진 행복을 넓은 의미에서 서술했다. 특별히 전도서의 기자는 신앙의 사람으로 신앙공동체내에서의 교제의 중요성을 강조할 의도로 이 말씀을 주신 것으로 보아야 할 것이다.

한 사람과 두 사람을 비교하면서 두 사람이 낫다는 것을 여러 가지 예를 들며 설명했다. 우선 길을 가다 넘어지는 경우가 있고, 한데서 잠을 자는 경우가 있다. 이것은 광야 길을 멀리 여행하는 사람들을 염두에 둔 이야기이다. 광야 길을 가다가 더위에 지쳐서 쓰러지는 경우가 있다. 이런 때 둘이 있으면 한 사람이 일으켜 세워줄 수 있다. 이렇게 낮에는 여행을 하다가 밤이 되면 한뎃잠을 자게 되는데 가나안 지방은 일교차가 심해서 낮에는 숨이 막힐 정도로 덥지만 밤에는 영하의 기온으로 뚝 떨어져서 잠을 잘 때는 몹시 춥다. 혼자 잠을 자면 추위를 이겨낼 수 없지만 둘이 서로 껴안고 자면 체온으로 어느 정도 추위를 견딜 수 있다.

종종 짐승이 달려들 때도 있다. 혼자서는 사나운 짐승떼를 몰아내기가 힘들지만 둘이라면 그래도 낫다. 갑작스레 강도나 도적떼를 만날 때도 있다. 혼자라면 꼼짝없이 당하고 말지만 둘이라면 그래도 해볼만 하다. '한 사람이면 패하겠거니와 두 사람이면 맞설 수 있나니(4:12)'는 이런 경험을 이야기하는 것이다.

결론적으로 '세 겹줄은 쉽게 끊어지지 않는다'고 말했다.(12b) 세 겹줄은 세 가닥의 노끈 등을 엮어서 만든 줄이었다. 세 겹줄은 여간해서는 끊어지지 않는다. 마찬가지로 여러 사람의 협력과 단결은 굉장한 힘을 발휘한다. 시너지 효과가 나타난다.

불협화음의 공동체의 특징은 좋은 행사를 훌륭하게 치르고 나서 갈등이나 다툼이 생긴다는 데 있다. 이는 그 행사를 하는 과정에서 탁월하게 또는 돋보이게 역할을 감당해낸 사람을 보며 시기하는 마음이 생기고, 그런 마음을 영적으로 다스리지 못하고 노출시키는 데서 오는 것이다.

二人同心 其利斷金, 同心之言 其臭如蘭(이인동심 기리단금 동심지언 기취여난)

두 사람이 마음을 같이 하니 그 날카로움이 쇠도 자를 수 있고, 마음을 같이하는 말은 그 향기로움이 난초와도 같다. 이것은 《역경易經》〈계사상 繫辭上〉에 나온다.

단금(斷金)은 쇠붙이도 끊을 만큼 우정이 대단히 깊음을 가리킨다. 동심(同心)은 마음이 서로 통하는 것을, 동심지언(同心之言)은 마음이 서로 통해 의기투합하여 무엇인가를 함께 하는 것을 이른다. 여기에서 금(金)과 난(蘭)을 따와 금란지교(金蘭之交)라는 사자성어가 만들어졌다. 리(利)는 날카로움. 곧 이득으로 얻을 수 있는 효과를, 취(臭)는 냄새. 곧 동심지언으로 얻어지는 시너지 효과를 의미한다.

이것은 쇠도 자를 수 있는 기개와 절개의 관계인 동시에 난초 향기 같이 은은하고 고상함이 묻어나는 우정을 설명한 말이다. 이해타산에 따라 의리와 정분을 손바닥 뒤집듯이 하는 오늘의 세태에 다시 한 번 되새겨봄직한 말이다.

코헬렛이 갑자기 두 사람의 협력을 칭송하는 이유가 무엇일까? 이는 앞뒤 문맥과 연결해서 읽으면 이해가 된다. 앞의 8절에서는 아들도 없고 형제도 없이 '혼자' 사는 사람의 경우를 다루었다. 혼자 사는 사람은 아무리 일을 하고 재물을 모아도 행복하지 못한 법이다. 그래서 혼자보다는 둘이

낫다고 하는 것이다. 그 다음에 이어지는 12-16절도 신하들의 충고를 듣지 않고 혼자 독단적으로 모든 일을 결정하는 왕이 얼마나 불행한가를 보여주었다. 역시 혼자보다는 둘이 낫다는 가르침과 긴밀하게 연결되었다.

사람이 수고를 하면서도 고통만 더 커지는 문제가 공동체 안에서 해결되었다. 다른 사람과의 관계를 단절하는 일은 쉼이 없는 노동만 하는 것과 똑같이 허무하고 소모적인 것이다. 공동체 안에서 일할 때 그 안에서 맺어지는 깊은 인간관계가 보상으로 주어질 것이다.(Brown 52)

사도 요한은 예수님을 이렇게 소개했다.

이 생명이 나타내신 바 된지라 이 영원한 생명을 우리가 보았고 증언하여 너희에게 전하노니 이는 아버지와 함께 계시다가 우리에게 나타내신 바 된 이시니라(요일 1:2)

여기 '함께 계시다'는 말은 서로를 향하여 움직이고 대화하고 교제하면서 매사에 동행한다는 뜻이다. 성부 하나님은 창조 이전부터 성자 예수님과 인격적으로 교제하셨다. 성부 하나님은 예수님, 성령님과 삼위일체가 되시어 우주 만물을 함께 창조하셨다. 인간을 창조하실 때, 하나님은 삼위일체이신 자신의 인격을 닮아 서로 교제하며 함께 살도록 지으셨다. 이런 사실을 전도서는 한 폭의 그림처럼 보여준다.

전 4:10-12는 하나님 안에서 함께 하는 기쁨, 협력하는 보람, 서로 격려하고 위로하며 세상을 이겨나가는 모습이 네 가지 있다: i) 시너지 효과 ii) 서로 위로하며 새 힘을 얻는 효과 iii) 서로 의지하는 효과 iv) 서로 보호하며 지켜주는 효과.

i) 시너지 효과(相乘效果, synergy effect)

시너지 효과란 여러 요인이 한꺼번에 작용할 때 각자 하나씩 따로 따로 활동할 때보다 효과가 훨씬 더 좋아지는 것을 가리킨다. 전 4:9다. "두 사람이 한 사람보다 나음은 그들이 수고함으로 좋은 상을 얻을 것임이라"

두 사람이 한 사람보다 나은 이유가 무엇인가? 두 사람이 마음을 합하고 힘을 합하면 시너지 효과가 나타나기 때문이다. 산수에서는 1 +1 =2다. 성경과 대인관계는 이와 다르다. 서로 갈등하고 분쟁하면 1 +1 =2가 아니라, −1, −10도 될 수 있다. 서로 이해하고 존중하면 +50도 될 수 있고, +100도 된다. 상승작용의 원리가 신 32:30에도 나와 있다.

… 여호와께서 그들을 내주지 아니하셨더라면 어찌 하나가 천을 쫓으며 둘이
만을 도망하게 하였으리요

한 사람이 천명을 물리칠 수 있다면, 두 사람은 2,000명을 격파할 수 있을 것이다. 그런데 성경은 그 둘이 하나님 안에서 힘을 합치니 이천명이 아니라 만 명을 이겼다고 말씀한다. 성도가 주님 안에서 하나가 되면, 거기서 생겨나는 시너지 효과는 엄청나다. 이것이 하나님께서 만드신 창조의 원리다.

ii) 서로 위로하며 새 힘을 얻는 효과

전 4:10다. "혹시 그들이 넘어지면 하나가 그 동무를 붙들어 일으키려니와 홀로 있어 넘어지고 붙들어 일으킬 자가 없는 자에게는 화가 있으리라"

이 말씀은 무슨 뜻일까? 우리는 너나 할 것이 없이 다 우리를 위로하며 일으켜 줄 사람을 필요로 한다는 것이다. 우리는 인생길을 여행하는 여행자다. 주변에 늘 보는 익숙한 것이 많은 것 같으면서도 늘 새롭고 낯선 문제와 부딪히곤 한다. 똑같은 사람과 관련된 일이라도 문제의 양상을 항상 낯설게 느껴진다.

항상 겪는 문제이면서도 그때마다 모양과 내용에 차이가 있기에 지난번에 문제를 해결했던 것과 똑같은 방법으로는 지금 끙끙거리는 골칫거리가 완전히 해결되지 않는다. 바로 이럴 때 자기 주변에 자기 손을 잡아 주며 위로할 사람이 있다면, 자기 어깨를 두드리며 '괜찮아 괜찮아, 오늘 문제가 해결되지 않더라도 내일 아침에는 태양이 또 떠올라' 하면서 격려하는 사람이 있다면, 우리는 참아낼 수 있다. 그렇게 참으며 견디다가 마침내 밝게 웃을 날을 맞이한다.

만일 우리가 정말 정말 힘들고 괴로울 때, 주변에 위로해 줄 사람도 격려해 줄 사람도 없으면 어떻게 될까? 혼자 끙끙 앓다가 더 크게 실망하고 더 많이 낙심하고 더 힘들게 절망할 수밖에 없다. 실제로 문제에 시달리면서 자기 스스로에게 절망하고 주변 사람에게 실망하다가 결국에는 넘어지고 쓰러지는 사람도 있다.

iii) 서로 의지하는 효과

전 4:11이다. "또 두 사람이 함께 누우면 따뜻하거니와 한 사람이면 어찌 따뜻하랴"

우리에게 의지할 만한 사람이 주변에 있다는 사실은 얼마나 큰 복일까? 예를 들어 보자. 구약성경 왕상 17장~19장에 대단한 인물이 있다. 그 이름은 엘리야다. 엘리야 선지자는 정말 탁월한 인물이었다. 하나님의 보내심을 받아 사르밧 여인 집에 가서 기근이 끝날 때까지 통의 가루와 병의 기름이 떨어지지 않게 하는 기적을 일으켰다. 또 어떤 여인의 아들이 죽었을 때 다시 살려내는 기적을 일으켰다. 그가 기도하자 3년 6개월 동안 오지 않던 비가 내렸다. 갈멜산에서 450명의 바알 선지자들과 대결하여 승리를 거두었다.

이렇게 가는 곳마다 놀라운 역사를 일으키는 탁월한 엘리야 선지자가 어느 날 '차라리 죽는 편이 더 낫다'고 탄식했다. 호렙산으로 도망쳐 아무도 없는 싸리나무 쪼그리고 앉아 혼자 탄식했다.

위대한 역사를 일으키며, 대단한 승리를 거두던 그가 이렇게 영적침체에 빠진 이유가 무엇인가? 자기가 겪는 문제가 너무나 커 감당할 수 없었기 때문이 아니다. 그보다는 왕상 19:10과 14절에 나와 있는 말, 곧 "오직 나만 남았거늘"이라는 말에 근본적인 원인이 있다. 하나님의 엄청난 역사를 일으켰던 엘리야였으면서도, 자기를 이해해주는 사람이 주위에 아무도 없었으며 믿고 의지할 사람이 하나도 없었기에 그는 커다란 영적 침체에 빠져 허덕였다.

iv) 서로 보호하며 지켜주는 효과

전 4:12다. "한 사람이면 패하겠거니와 두 사람이면 맞설 수 있나니 세 겹줄은 쉽게 끊어지지 아니하느니라"

어느 책에서 보니 이런 이야기가 나온다. 외국으로 이민을 간 한국 사람이 가게를 열면 주변에서 가게를 하는 현지인들이 '이제 망했다'라고 탄식한다고 한다. 한국 사람과 상대하면 게임이 되지 않기 때문이다. 한국 사람들은 다른 가게에 비해 일찍 문을 열고 늦게 문을 닫는다. 더군다나 친절하기까지 하다. 가격을 내리거나 사은품을 주는 등 다양한 이벤트와 새로운 아이템으로 고객 유치에 최선을 다한다.

그 다음 이야기는 진실로 놀랍고 충격적이다. 한국 사람의 가게 옆에 다른 한국 사람이 같은 업종의 가게를 열면 현지인들은 '이제 살았다'고 한시름 놓는다고 한다. 왜냐하면 두 한국 사람의 가게가 각자 많은 손님을 유치하려고 치열하게 경쟁하면서 서로를 비방하기도 하고, 적자가 날만큼 가격을 인하하다가 결국 둘 다 망하기 때문이란다.

이것이 무엇을 말하는가? 서로 이기려고만 하면 같이 망한다는 사실이다. 힘든 세상을 살아내려면 각자 살기 위해서 상대방을 이기려고 하기 보다는 서로의 존재를 인정하고 협력해야 한다. 생존경쟁이 치열하면 할수록 서로 다투기보다는 서로 협력하는 태도가 절실하다. 각자 자기 혼자 살아남으려 하면 둘 셋이 각자 다 망한다. 상생(相生)하고 공존(共存)하려 하면 둘 셋이 각각 다 살아남는다. 요즘 쓰는 말로 Blue Ocean Strategy(블루오션 전략)이다.

마가복음 2장에 나오는 이야기도 이러한 원리를 말씀한다. 한 겹줄 보다는 두 겹줄이 낫고, 두 겹줄보다는 세 겹줄이 더 낫다는 사실을 보여준다. 오랫동안 중풍을 앓고 있는 환자가 한 겹줄, 그들을 침상에 메고 오는 데 사람들이 두 겹줄, 그들을 따스하게 맞아주시는 예수님이 삽 겹줄이다.

출애굽기 17장에는 이스라엘 민족이 아말렉과 전쟁하는 이야기가 있다. 그때 여호수아는 군대를 이끌고 나가 싸웠다. 모세가 전투장면이 내려다보이는 높은 산에 올라가 기도를 드렸다. 기도드리는 모세가 팔을 들면 이스라엘이 이기고, 팔이 무겁고 힘들어 내리면 이스라엘이 졌다. 이에 모세는 전투가 끝날 때까지 팔을 들고 있어야만 했다.

이렇게 하기는 너무나도 힘들었다. 다행스럽게도 그때 아론과 훌이 함께 있었다. 그 두 사람은 피곤해진 모세의 팔 아래 돌을 가져다가 받쳐주었다. 그래도 힘들어하니까, 두 사람이 양쪽에 서서 모세의 팔을 붙들어주었다. 모세와 아론 과 훌 이 세 사람이 형성한 세 겹줄은 이스라엘에게 커다란 승리를 안겨주었다. 그 세 겹줄은 하나님의 영광을 나타내는 도구였다.

보다 나은 삶의 길을 소개하는 것이 전도서가 기록된 목적들 가운데 하나이다. 그래서 이 책에는 '낫다, 나음'(better)이란 말이 자주 나온다.(9, 13절) 곧 better life란 사람과 사람이 함께하며, 서로 격려하며 사는 데 있다. 격려하면 용기를 얻는다. 그래서 영어로 격려는 용기와 같은 의미를 갖는다.(en-courage-ment, empowerment) 이 대목에서 우리는 "사람이 혼자 사는 것이 좋지 아니하니 내가 그를 위하여 돕는 배필을 지으리라"(창 2:18)는 말씀을 떠올린다.(참조: 토빗서 8:6 주님께서는 아담을 만드시고 그의 협력자며 협조자로 아내 하와도 만들어 주셨습니다. 그 둘에게서 인류가 나왔습니다. 주님께서는 '사람이 혼자 있는 것이 좋지 않으니 그와 닮은 협력자를 우리가 만들어 주자.' 하셨습니다)

성경학자들은 여기에서 삼겹줄의 의미가 무엇인가를 놓고 여러 의견을 개진했다. 어떤 이는 꼭 두사람의 관계가 아닌 신앙공동체 안에서의 두 사람(최소 공동체)이상의 관계(소그룹)를 강조하기 위해서 삼겹줄을 소개했다고 생각하기도 한다. 어떤 사람은 부부에 자녀 등 세 부류의 사람이 함께 이룬 가정을 의미한다고 보기도 한다.(슈빈호르스트-쇤베르거, 301)

가장 흥미있는(은혜가 되는) 학설은 믿음의 사람 두 사람이 함께하면, 거기에 주님이 함께하시고 주님이 가세한 삼겹줄은 결코 끊어질 수 없다는 것이다. 그렇다. 우리가 함께하고 거기에 주님이 함께 하신다면 무엇을 두려워하겠는가? 사실 그것이 또한 우리 주님의 약속이 아니었을까? 마 18:20에 "두 세 사람이 내 이름으로 모인 곳에 나도 그들 중에 있느니라" 하지 않았는가?

전 4:10-11에서 사람이 겪는 위기 세 가지가 나와 있다: 넘어짐(낙상), 추위(외로움), 패배. 세 가지로 뒤엉켜 있는 이 어려운 현실을 누가 극복할 수 있을까 라는 문제를 코헬렛은 여기서 다루었다. 그는 이 현실에 혼자, 둘, 그리고 셋이 대처하는 모습을 보여주었다. 혼자 독불장군처럼 맞서는 것과 곁에 공감하는 사람 또는 동행자가 있는 것 사이에는 커다란 차이가 있을 수밖에 없다.

> 106 엔키두여, 함께 하는 두 사람을 죽지 않게 지켜주소서. 배(보트)에 묶여있
> 는 자들을 익사하지 않게 보호하소서.
> 107 세 겹(삼중)으로 하나 된 것은 결코 잘라낼 수 없나이다···.
> 110 도우소서, 주여, 나를, 그리하면 저도 주님을 돕겠나이다. 어느 누구 우리
> 에게 피해를 끼칠 수 있겠나이까? (길가메쉬 서사시 중에서)

우리는 '혼자' 즐기는 시절을 맞이했다. '혼밥 혼술 ···' 등 전에는 여럿이 같이 하던 일상생활의 여러 가지 것을 지금은 혼자 해결하는 경향이 늘어났다. 그것의 장점은 분명히 있다. 그렇더라도 세상에는 '함께' 해야만 할 것도 있다. 세상에는 혼자서는 일을 잘하면서도 같은 일을 다른 사람과 함께하는 데에는 심각할 정도로 어려운 사람도 있다. 우리는 어떻게 '홀로'와 '같이' – 이 둘의 조화와 균형을 이룰 수 있을까?

덧없는 것, 그 이름은 '인기'

전 4:13-16

개역개정	직역
13 가난하여도 지혜로운 젊은이가 늙고 둔하여 경고를 더 받을 줄 모르는 왕보다 나으니	13 가난하더라도 현명한 젊은이가 더 낫다, 나이들었더라도 어리석은 왕 곧 충고를 이해하지 못하는 자보다.
14 그는 자기의 나라에서 가난하게 태어났을지라도 감옥에서 나와 왕이 되었음이니라	14 진실로 그런 자는 감옥에서 나와 왕위에 오를 수도 있다, 비록 그가 자기 왕국에서 가난하게 태어났더라도.
15 내가 본즉 해 아래에서 다니는 인생들이 왕의 다음 자리에 있다가 왕을 대신하여 일어난 젊은이와 함께 있고	15 나는 보았다, 해 아래서 살아가는 사람들 가운데 그를 (그 왕을) 대신할 젊은이와 함께 가는 이인자들을.
16 그의 치리를 받는 모든 백성들이 무수하였을지라도 후에 오는 자들은 그를 기뻐하지 아니하리니 이것도 헛되어 바람을 잡는 것이로다	16 그들 앞에 나아오던 그 모든 백성이 끊이지 않았더라도 그 다음에 (세대에) 오는 자들 또한 그를 기뻐하지 않았다. 진실로 이것 또한 헛되다. 그리고 바람을 잡으려는 것이다.

이것은 코헬렛이 소개하는 짧은 에피소드다.(4:13-16) 그 내용은 나이 많고 우둔한 왕과 가난하면서도 지혜 있는 젊은이 곧 가난하게 태어난 어떤

젊은이의 일생이다. 그는 가난하더라도 지혜로웠기 때문에 젊을 때부터 이름을 날렸다. 무슨 이유에서였는지 그는 젊은 나이에 감옥에 갇혀 지냈다. 백성의 마음은 현 집권자인 왕보다는 그 젊은이에게로 더 쏠렸다. 백성은 그 젊은이가 현재의 왕을 뒤이어 집권자가 되기를 원했다. 드디어 그 젊은이가 감옥에서 나오자, 왕으로 추대되어 백성을 다스렸다. 그러나 그 명성은 당대에 그치고 말았다. 그 다음 세대 어느 누구도 그를 좋게 여기지 않았다. 백성은 마치 이전 왕 시절에 그랬던 것처럼 또 다른 왕을 선호했다.

왕의 이런 물거품같은 일생을 관찰한 코헬렛은 한때의 인기 특히 지혜롭기에 얻었던 그 명성마저도 허무하기 짝이 없는 것이요, 마치 바람을 잡으려는 것 같다고 말했다.

주석가들 중에는 이 말씀의 역사적 배경을 캐려는 이들도 있다. 그들은 실제로 가난하고 지혜로운 젊은이가 부자이고 어리석은 노인보다 더 각광을 받았던 예를 역사에서 찾아보려 했다. 그래서 이 말씀의 배경이 요셉과 파라오, 다윗과 사울, 요아스와 아마지야, 고레스와 아스티야게스, 대제사장 오리아스와 그의 조카 요셉, 헤로데 대왕과 그의 아들 알렉산더 등의 관계가 아닌가 하고 추리해보곤 했다.

이를테면 느헤미야서 5:7에서 말라크가 상담자란 뜻을 갖는 것에 착안하여 파라오 왕에게 불려가 상담한 요셉을 연상하는 것이다. 전 7:19; 8:8; 10:5에는 샬리트란 낱말이 나오는데, 이것은 요셉의 지위를 나타내는 용어이기도 했다.(창 42:6)

다윗과 사울의 경우에는 현재의 왕인 사울보다는 왕에게 미움받고 쫓겨다니는 다윗이 백성으로부터 더 많은 인기를 얻는다는 것과, 그가 나중에 더 훌륭한 왕이 된다는 점들이 두드러지게 나타났다. 블레셋과 전투에서 다윗이 큰 전공을 세우고 돌아왔을 때, 이스라엘 여인들이 "사울의 죽인 자는 천천이요 다윗은 만만이로다"(삼상 18:7)라고 노래하고 춤추며 다윗을 환영했다. 이에 사울의 비위가 뒤틀렸다. 그리고 왕위를 잃을까봐 전전긍긍했다. "다윗에게는 만만을 돌리고 내게는 겨우 천천을 돌리니 그의 더 얻을 것이 나라밖에 더 무엇이 있으랴?"(삼상 18:8)

사울은 그날부터 다윗을 경계했다. 그 후 사울을 피해 망명 생활을 하는 (삼상 21:10-22; 5:27) 다윗에게는 사울에게 복수할 기회가 두 번 있었다.(삼상 24:26) 그런데도 그는 '하나님을 경외하는' 신앙 때문에 사울 임금을 죽이거나 해치지 않았다. 나중에 사울이 그의 아들 요나단과 함께 길보아 전투에서 전사하자, 다윗은 유다의 왕이 되어 통일 왕국을 이루고 백성을 다스렸다. 비천한 신분(양치기 목동)으로 있다가, 이렇게 왕이 된 역사는 그리 드물지 않다. 외경 집회서 11장에도 이와 비슷한 교훈이 있다.

가난해도 지혜 있는 사람은 떳떳하게 다닐 수 있으며…
때마다 폭군들이 영락하여 땅바닥에 앉게 되었고
하찮은 무명 인사가 왕관을 쓰기도 했다.
때마다 권력자들은 치욕으로 끝났고
고관들은 다른 지배자의 손에 들어가기도 했다(집회서 11:15-16).

한때 폭발적인 인기를 얻었던 새나라의 건국자나 혁명가 중에도 백성의 신망을 완전히 잃은 채 '구관이 명관'이라는 탄식을 듣는 경우도 인류 역사 속에는 적지 않게 있다. 후세 사람들이 그를 평가하는 내용도 초라하기 짝이 없을 정도다.

능력과 지혜 때문에 명성을 얻었더라도 주변의 시기와 집권자만이 갖는 두려움 때문에 박해까지 받았던 사람이 정작 집권자가 된 다음에는, 이

전에 있던 그 늙고 고집 센 그 왕처럼 되어 버렸다는 것인가? 어쨌든 다음 세대는 그를 좋아하지 않더라는 것이다. 어떤 세대 사람들에게 그렇게 존경받고 사랑받던 통치자가 왜 그 다음 세대의 백성에게는 관심과 사랑을 받지 못하는 것일까? '힘을 행사하는 그의 통치'에 신물 난 사람들이, 만일 자기에게도 그 힘이 있었다면, 그 정도의 업적을 이룩할 수 있다고 생각하여, 업적이 아니라 그 힘의 행사만 기억하기 때문일까? 하바드의 말이다.(125)

전체적으로 보아 이 문단은 지혜의 이득이 상대적일 뿐이라는 메시지를 전하고 있다. 그것은 왕으로 하여금 자신의 통치기간에는 잘 처신하도록 도와준다. 하지만 나라의 안정이나 사람들의 환호를 보장하지는 못한다.

정치적인 인기는 해 아래서 일어나는 다른 일들과 마찬가지로 오래 가지 못하는 것이다. 그것은 헤벨(헛된 것)이요 그것을 잡으려는 것은 바람을 잡는 것과 같을 뿐이다. 인간 사회에서 정치가는 수없이 노력하여 겨우 인기를 얻었다가도 한 순간에 그것을 날려보내는 일이 비일비재하다. 공자는 말했다.

공자님은 말했다. 대중이 싫어하는 것도 반드시 살피고, 대중이 좋아하는 것도 반드시 잘 살펴라.(子曰 자왈 衆惡之 必察焉 衆好之 必察焉 중오지 필찰언 중호지 필찰언《논어》〈위령공〉27)

인기·명예·권세·소유는 어느 누구에게나 영원하지 않다. 사람이라면 누구나 다 그런 것을 원하며, 비록 그것을 누리기는 기간에 차이는 있더라도 그런 것을 잡으려고 안간힘을 다한 사람·앞만 보고 달려간 사람이 막판에 가서 허탈감에 빠지는 이유가 바로 그 때문이다. 이에 코헬렛은 우리에게 비록 지금은 힘들더라도, 비록 지금은 손에 잡히는 것이 별로 없는 것 같더라도 인생이 끝날 때까지, 그리고 이 세상에서 끝난 다음에도 충만해지는 길을 보여주고자 한 것이다.

하나님께서 코헬렛을 통해 알려주시는 이런 깨달음과 가르침이 오늘 우리에게 어느 정도 영향력을 발휘하고 있을까? 우리는 지금도 코헬렛이 헛되다고 말하고, 마치 바람을 잡으려는 것 같다고 한 그런 것을 잡으려고 달려가고 있다, 그 과정에서 자신이 망가지는 줄도 모르고, 인간관계가 파탄 나는 줄도 모른 체하며.

가까이 하여 말씀을 듣는 것

전 5:1–2

개역개정	직역
1 (4:17)너는 하나님의 집에 들어갈 때에 네 발을 삼갈지어다 가까이 하여 말씀을 듣는 것이 우매한 자들이 제물 드리는 것보다 나으니 그들은 악을 행하면서도 깨닫지 못함이니라	1 네 발을 보전하라, 네가 하나님의 집에 들어갈 때. 하나님의 집으로 갈 때에, 그리고 듣기 위하여 가까이 가라. 어리석은 자가 제물 드리러 가는 것 같이 하지 말라. 그들은 자기들이 악을 행하는 줄조차 모르느니라.
2 (5:1) 너는 하나님 앞에서 함부로 입을 열지 말며 급한 마음으로 말을 내지 말라 하나님은 하늘에 계시고 너는 땅에 있음이니라 그런즉 마땅히 말을 적게 할 것이라	2 하나님 앞에서 말을 꺼낼 때, 함부로 입을 열지 말아라. 마음을 조급하게 가져서도 안 된다. 하나님은 하늘에 계시고, 너는 땅 위에 있으니, 말을 많이 하지 말아라.

이것은 하나님과 그분의 성전 앞으로 나아가는 사람의 마음가짐과 자세에 관한 말씀이다.

코헬렛은 중요한 주제를 마무리할 때 "이것도 헛되어 바람을 잡으려는 것이로다!"라고 한다. 그리고 계속해서 다음 주제로 나아가고 있다. 전

4:16에서도 그는 "이것 또한 헛되어 바람을 잡으려는 것이로다"라는 말로 결론을 맺은 뒤, 전 5:1(히브리 성경에는 4:17)부터 또 다른 주제를 시작했다. 전 5:1에서 시작된 주제는 전 6:9에서 또 다시 "이것도 헛되어 바람을 잡으려는 것이로다" 라는 말로 마무리되었다. 이에 우리는 전 5:1부터 전 6:9을 한 묶음으로 볼 수 있다.

전 5:1-6:9에는 여러 가지 다양한 주제들이 포함되어 있다. 그 가운데 중요한 세 가지는 다음과 같다: i) 예배와 맹세 (전 5:1-7) ii) 왕과 공의 (5:8-9) iii) 재물, 욕망, 지혜의 허무함 (5:10-6:9)

전도서 5장은 장소를 기준으로 본다면 크게 둘로 나누어진다. 5:1-7은 성전(신앙생활)에서 이루어지는 일, 5:8-20은 성전 밖(사회, 세상)에서 일어나는 일이다.

전 5:1-6:9의 주제는 5:1의 '하나님 전에 들어갈 때, 네 발을 삼가라'는 말로 요약된다. 발이란 말(regel)은 다 알다시피 신체기관 중 하나인 발이라는 뜻보다는 비유적인 의미로 더 자주 사용된다. 삼가다는 말(샤마르 šāmar)은 본디 보전하다, 보호하다, 지키다는 뜻이다. 이것은 부주의하고 경거망동하게 하나님의 전에 들어가 망령되게 행하지 말고 신중하고 거룩하게 행동하라는 뜻이다. 그리고 하나님의 권위와 거룩하심을 의식하라는 말씀이다.

2 지식 없는 소원은 선하지 못하고 발이 급한 사람은 잘못 가느니라 3 사람이 미련하므로 자기 길을 굽게 하고 마음으로 여호와를 원망하느니라(잠 19:2-3)

잠언은 지혜와 근신을 온전히 지키는 사람에게 하나님께서 가는 길을 평안히 하시며 발이 걸려 넘어지지 않게 하실 것이고(3:23) 족쇄에 걸리지 않게(3:26) 보호하시리라고 한다. 이와 비슷한 맥락에서 선지자 하박국은

"오직 여호와는 그 성전에 계시니 온 천하는 그 앞에서 잠잠할지니라"(합 2:20)고 했다.

　그렇다고 해서 삼가다는 말을 지나치게 소심하게 받아들여서는 곤란하다. 이는 믿음과 소망과 사랑의 가치를 보다 적극적으로 펼치고자 자신을 갈고 닦는 내적인 수련과 같은 것이다.《채근담=(菜根譚)》청각본(淸刻本) 225다.

배우는 사람에게는 두려워하며 삼가는 마음가짐이 있어야 하고, 시원스러운 맛 또한 있어야 한다. 만약 하나같이 거두어들여 묶고(몸가짐을 너무 엄격하게 하여) 청렴하려 고심하기만 하면 그것은 마치 가을의 쌀쌀한 냉기만 있고 봄의 소생함은 없을 것이니 무엇으로 만물을 발육하게 하겠는가(學者要有段 학자요 유단 兢業的心思 긍업적심사 又要有段 우요유단 瀟灑的趣味 소쇄적취미 若一味斂束淸苦 약일미렴속청고 是有秋殺無春生 시유추살무춘생 何以發育萬物 하이발육만물)

1절에서 제물과 관련된 이 말씀은 삼상 15:22-23을 생각나게 한다.

22 사무엘이 이르되 여호와께서 번제와 다른 제사를 그의 목소리를 청종하는 것을 좋아하심 같이 좋아하시겠나이까 순종이 제사보다 낫고 듣는 것이 숫양의 기름보다 나으니 23 이는 거역하는 것은 점치는 죄와 같고 완고한 것은 사신 우상에게 절하는 죄와 같음이라…

이 말씀처럼 전 5:1-2에도 제물이란 말(zebaḥ)과 듣는다(순종한다)는 말(šāmâ')이 같이 쓰이면서 제물보다 들음(순종)에 우선순위를 두었다.

　모세는 시내산에서 불꽃을 일으키며 타면서도 사라지지 않는 떨기나무를 보았다. 그 광경에 압도당한 그가 다가가자 하나님은 말씀하셨다. "네가 선 곳은 거룩한 땅이니 네 발에서 신을 벗으라"(출 3:5)

하나님은 시내산에 친히 강림하실 것을 예고하시며 "너는 백성을 위하여 주위에 경계를 정하고 이르기를 너희는 삼가 산에 오르거나 그 경계를 침범하지 말지니 산을 침범하는 자는 반드시 죽임을 당할 것이라"(출 19:12) 말씀하셨다.

이스라엘 백성이 여리고성에 가까이 갔을 때 여호와의 군대 대장이 여호수아에게 "네 발에서 신을 벗으라 네가 선 곳은 거룩하니라"(수 5:15) 하셨다.

조고각하(照顧脚下)는 발밑을 살펴보라는 말이다. 삼불야화(三佛夜話)라는 선화(禪話)에 나오는 화두(話頭)다. 중국 송나라 때 오조 법연선사 밑에 삼불(三佛) 제자가 있었다. 불감(佛鑑)혜근, 불과(佛果)원오, 불안(佛眼)청원스님이다.

세분의 제자와 오조법연스님이 밤길을 멀리 갔다 오는 길에 손에 들고 있던 등불이 바람이 세차게 불자 꺼지고 말았다. 어둠을 밝히던 등불이 꺼지자 칠흑같이 캄캄해서 앞뒤를 분간할 수 없게 되었다. 스승인 법연스님이 세 제자에게 그대들은 어떻게 하면 되겠는가? 하고, 묘책을 물었다. 칠흑 같은 밤에 등불에 의존했는데, 그 등불이 꺼져 버렸으니, 어찌 해야 좋겠는가? 하고 묻는 것이다. 그동안 수행한 경지로 이 난관을 해쳐나갈 방법을 말하라는 것이다.

그러자 불감 혜근이 채색 바람이 붉게 물든 노을에 춤춘다(彩風舞丹宵), 대답을 하자, 불안 청원 스님은 쇠 뱀이 옛길을 건너가네(鐵蛇橫古路)라고 대답을 했다. 마지막으로 불과 원오스님은 조고각하(照顧脚下)라고 말했다. 조고각하는 각자 발밑을 조심히 살펴서 걸으라는 말이다. 어둠은 눈앞에 당면문제다. 선(禪)은 현실 문제를 극복하는 데 있다. 조고각하는 이 삼불(三佛) 선화(禪話)에서 비롯된 것이다. 선(禪)의 본질은 바로 지금 여기에서 자기 일을 통해서 현실 문제를 제시하고 해결하는 것이 핵심이다.

스승 법연선사가 묻는 것은 바로 지금 여기에서 이 어둠을 해결할 방법을 물었다. 그런데 세 제자 답이 각기 다르게 말하고 있다. 세 제자 중에 불과 원오스님만 "발밑을 살피십시오" 했다.

어둔 밤길은 한발 한발 조심히 살펴 걷는 것이 최상이다. 한 발 잘못 걸으면 산길에서 살아남을 수가 없다. 발밑을 살펴보라는 말이 살아 있는 말(活句)이다. 발밑을 보지 않으면 천길 만길 절벽 밑으로 떨어져 죽게 된다. 그래서 발밑을 살피라는 말이다.

선禪의 핵심은 인생의 근본문제를 해결하는 데 있다. 관념의 늪에 빠진 것은 선(禪)이 아니다. 당송(唐宋)때 선(禪)이 너무 관념적 구두선(口頭禪)으로 흘러갔다. 그것을 이 조고각하 선화가 바로 지금, 여기서, 현실적 문제로 전환시킨 계기가 되었다. 절에 가보면 스님들이 신발 벗어놓은 마루 토방을 보면 절마다 조고각하(照顧脚下)라고 써 놓았다. 그리고 신발이 가지런히 정돈되어 있는 것을 볼 수가 있다. 그것은 각자 발밑을 살펴보면서 수행 하라는 말이다. 신발을 벗을 때 제자리에 놓았는지, 나갈 때 바로 신을 수 있게 놓았는지 살피는 것이 수행 규칙이다. 신발하나 잘 벗어놓는 것도 수행이다,

신발 정돈이 잘 되어 있는 집은 도둑도 그냥 간다고 한다. 털어 갈 것이 없다는 것이다. 도둑도 단념케 하는 것이 조고각하. 조고각하가 신발 정돈만 잘하라는 말은 아니다. 거기에 담긴 깊은 뜻은 삶을 통찰하라는 말이다. 우리의 삶 전체를 살피고 돌아보라는 메시지가 담겨져 있다. 살피고 돌아본다는 것은 수행(修行)을 말한다. 수행(修行)이라는 것은 닦는다는 말이다. 무엇을 닦느냐? 행(行)을 닦는다. 행이란 우리 행동 행위(行爲)를 말한다. 그것을 불교에서는 업(業)이라고 한다. 행위(行爲)가 업(業)이다. 사람의 행위를 살펴보면 세 가지로 요약이 된다. 몸으로 짓는 행위(身業)가 있다. 입으로 짓는 행위(口業)가 있고, 마음으로 짓는 행위(意業)가 있다. 이를 신삼구사의삼(身三口四意三)라고도 한다. 이 세 가지를 나누(細分)면 열 가지가 된다. 몸.으로 짓는 행위가 셋이 있다. 죽이는 것(殺生業) 도둑질 하는 것(偸盜業) 삿된 음행(邪淫業). 입으로 짓는 업은 네 가지다. 거짓말(妄語業) 꾸밈말(綺語業) 이간질(兩舌業) 험한 악담(惡語業).

마음으로 짓는 업은 세 가지다. 지나친 욕심(貪慾業) 화내는 것(嗔恚業) 어리석은 것

(癡暗業). 옛말에 화 한 번 잘못 내면 뱀이 된다 했다(一起嗔心受蛇身). 화내는 사람은 자기 뜻대로 되지 않으면 화를 낸다. 욕심과 화는 이렇게 서로 붙어 다닌다.

사람의 행동 행위는 이렇게 열 가지로 업을 쌓는다. 이런 것을 멀리하며 마음을 닦는 것을 가리켜 수행이라 한다. 착한 마음으로 잘 닦으면 십선(十善)이 되고, 닦지 않으면 십악(十惡)이 된다.

조고각하는 우리 행동 행위를 살피고 통찰하는 수행이다. 수행은 자기반성이고, 자아 통찰이다. 자기 내면에서 일어나는 욕구 욕망을 제대로 조절하려는 것이다. 이 열 가지 업을 정화시키는 것이 자기 통찰 수행이다. 그리고 인격 수양이다. 반성, 통찰, 성찰이 잘 된 사람을 인품이 있는 사람, 품격이 있는 사람이다. 열 가지 업(業)중에서 각자 삶을 비교하여 비율을 따져보면 그 사람의 인격 품격이 나온다.

조고각하는 삶의 통찰(洞察)이고, 성찰이며, 깨어있음이다. 자신의 내면을 보는 거울이 조고각하다. 주어진 인생을 진득하게 살자는 것이 조고각하다. 조고각하가 혼탁한 우리 시대에 전하는 뜻은 아주 크다.

전도서 5장은 신앙생활을 하는 우리에게 삼가고 조심할 것 세 가지를 알려준다: 하나님 집에 들어가는 발; 입; 맹서.

'너는 하나님의 집에 들어갈 때에 네 발을 삼갈지어다'(전 5:1a). 여기서 '발'은 단순히 신체기관이 아니라, 인간의 행동과 행실 모두를 가리키는 것이다. 더 나아가 이것은 인생의 방향, 인생길을 가는 것 등 여러 가지 상징적인 의상(이미지)로 쓰인다. 그러므로 발을 삼간다는 말은 모든 행동을 온유하고 겸손하게, 신중하게 그리고 지혜롭게 하라는 뜻이다.

코헬렛은 전도서 5:1(MT 4:17)에서 말씀했다: "… 가까이 하여 말씀을 듣는 것이 우매한 자들이 제물 드리는 것보다 나으니 …" 이 부분은 '… 보다 … 이 더 낫다'는 식으로, 곧 비교형식으로 되어 있다. 이는 지혜문학에 단골로 쓰이는 형식 곧 '토브 민(ṭôb min) 격언'이다.

'가까이 하여 말씀을 듣는 것'은 하나님께서 주시는 말씀을 들을 뿐 아니라 순종하는 것까지 내포하는 말이다. 이는 선지자 사무엘이 말하였듯이 "순종이 제사보다 낫고 듣는 것이 수양의 기름보다 낫다"(삼상 15:22)라는 말씀과 같은 뜻이다.(시 50:7-15; 잠 21:3; 사 1:11; 렘 7:21-23; 호 6:6 참조; Schwienhorst-Schönberger 314)

놀랍게도 코헬렛은 사람이 성전(하나님)에 가까이 가는 것과 관련하여 '말씀을 듣는 것'과 '제물을 드리는 것' ─ 그 둘을 구분한다. 우리가 예배에는 그 순서(순위?)가 명확히 구분되어 있더라도 사람들 대부분의 의식 속에서는 그것이 거의 구별되지 않기도 한다.

이것은 형식적인 신앙생활의 무익함을 경계하며 내실 있는 신앙생활 곧 말씀에 입각하여 말씀을 실천하는 신앙생활을 강조하는 것이다. '우매자들이 제물 드리는 것'이란 표현은 예언자 이사야의 가르침을 생각나게 한다. 그 당시 타락한 백성은 하나님의 성전 마당만 밟을 뿐 형식적으로 제사 드리면서 마음은 하나님에게서 멀리 떨어져 있었던 것과 그로 인해 그들이 하나님으로부터 심한 책망을 받았다.(사 1:10-17)

여기서 제사라고 한 말(제바흐 zebaḥ)은 희생제사(번제)가 아니라, 화목제 곧 희생제물의 일부분을 친교하며 서로 나누어 먹는 예식을 가리킨다. '드린다'는 말(나탄 nātan)도 흔히 하나님께 드리는 예배를 가리키는 말이 아니다. 아마 예배 후에 나누는 친교를 염두에 둔 표현인 듯하다. 만일 그렇다면 어리석은 자가 드리는 예배는 하나님을 진심으로 경외하며 드리는 것이 아니라, 자기 양심이 찔리는 것을 스스로 달래려는 형식적인 제사이거나 제사 후에 나눌 친교에 더 큰 비중을 두는 것일 수 있다. 어리석은 자는 이런 예배가 바르지 못한 것이요, 심지어 악으로까지 발전할 수 있다는 사실을 깨닫지조차 못했다.(5:1c) 그래서 하나님은 하나님 뜻을 온전히 받는 순종이 제사보다 낫다고 여러 차례 말씀하셨다.(삼상 15:22; 잠 21:3; 호 6:6; 암 5:22-24; 미 6:6-8)

6 내가 무엇을 가지고 여호와 앞에 나아가며 높으신 하나님께 경배할까 내가 번제물로 일 년 된 송아지를 가지고 그 앞에 나아갈까 7 여호와께서 천천의 숫양이나 만만의 강물 같은 기름을 기뻐하실까 내 허물을 위하여 내 맏아들을, 내 영혼의 죄로 말미암아 내 몸의 열매를 드릴까 8 사람아 주께서 선한 것이 무엇임을 네게 보이셨나니 여호와께서 네게 구하시는 것은 오직 정의를 행하며 인자를 사랑하며 겸손하게 네 하나님과 함께 행하는 것이 아니냐(미 6:6-8)

코헬렛은 2절에서 '하나님은 하늘에 계시고'라는 말로 자신이 권면하는 이유를 제시했다. 그는 창조주 하나님과 피조물 인간 사이에는 결코 넘나들 수 없는 차이가 있다는 사실을 강조했다. 이로써 그는 사람이 자신의 본분에 맞게 생각하며 처신하는 길을 보여주고자 한 것이다.

오직 우리 하나님은 하늘에 계셔서 원하시는 모든 것을 행하셨나이다(시 115:3)

우리는 지금 소위 인류세(人類世 Anthropocene)에 살고 있다. 그래서일까? 판단과 행동의 모든 척도가 사람의 이기적인 욕구에 맞추어져 있다. 그런데 참 놀랍다. 어떤 개인이 자기만 위하고 자기만 생각하다보면 점점 더 자기 스스로 망가지듯이, 사람(인류)이 다른 피조물보다 자기만 앞세울 때, 자기들에게 좋고 유리한 것만 추구할 때, 미래보다 현재에 우선순위를 둘 때 온갖 가지 피해가 인류와 그들이 사는 시대·사회·국가·지구촌으로 몰려드니 말이다. 코헬렛은 이런 시대·이런 풍조 아래 사는 우리에게 하늘에 계신 하나님을 의식하며 사는 지혜를 일러준다.

네 발을 보전하라, 네가 하나님의 집에 들어갈 때. 하나님의 집으로 갈 때에, 그리고 듣기 위하여 가까이 가라. 어리석은 자가 제물 드리러 가는 것 같이 하지 말라. 그들은 자기들이 악을 행하는 줄조차 모르느니라.(전 5:1)

맹세

전5:3-7

개역개정	직역
3 (5:2) 걱정이 많으면 꿈이 생기고 말이 많으면 우매한 자의 소리가 나타나느니라	3 진실로 그 꿈이 온다, 많은 근심이 있는 곳에. 어리석은 소리가 있다, 말이 많은 곳에.
4 네가 하나님께 서원하였거든 갚기를 더디게 하지 말라 하나님은 우매한 자들을 기뻐하지 아니하시나니 서원한 것을 갚으라	4 네가 분명히 하나님께 어떤 맹세를 했으면 그것 완수하기를 머뭇거리지 말라. 진실로 그분은 어리석은 자를 기뻐하지 않으신다. 네가 서원한 것을 완수해라.
5 서원하고 갚지 아니하는 것보다 서원하지 아니하는 것이 더 나으니	5 맹세하지 않는 편이 더 낫다, 그것을 이행하지 않느니보다는.
6 네 입으로 네 육체가 범죄하게 하지 말라 사자 앞에서 내가 서원한 것이 실수라고 말하지 말라 어찌 하나님께서 네 목소리로 말미암아 진노하사 네 손으로 한 것을 멸하시게 하랴	6 네 입으로 네 몸이 죄를 짓게 내주지 말라. 그리고 말하지 말라, 그 (주님의) 사자 앞에서 '그것은 실수였노라'고. 어찌하여 그 하나님께서 화내셔야 하겠느냐, 네 목소리로 인하여. 그리고 그분이 망가뜨리셔야 하겠느냐, 네 손으로 한 것을.
7 꿈이 많으면 헛된 일들이 많아지고 말이 많아도 그러하니 오직 너는 하나님을 경외할지니라	7 진실로 꿈이 많은 곳에 헛된 것들이 있다. 말들이 넘쳐나는 곳에도 (그러하다) 오직 하나님만 경외하라.

이것은 맹세 및 꿈과 관련된 이야기다.

로핑크는 델리취(F. Delitzsch)의 뒤를 이어 전도서가 매우 수준높은 예술적인 감각에 따른 의도적인 편찬물이라 보았다. 그는 전 5:1-7을 현재 모습으로 편찬된 전도서의 중심이라 보았다.(N. Lohfink 10)

전 1:2-3 전도서의 틀
　　전 1:4-11 우주론(시)
　　　　전 1:12-3:15 인간론
　　　　전 3:16-4:16 사회비평 1
　　　　　　전 5:1[4:17]-5:7[6] 종교비평(시)
　　　　전 5:6[7]-6:10 사회비평 2
　　　　전 6:11-9:6 이념의 재구성
　　전 9:7-12:7 윤리(시)
전 12:8 전도서의 틀

3절에 걱정이라 옮겨진 말(인얀 'inajān)은 임무 수고 일 사업 사건 근심 등 여러 가지 뜻을 포함하고 있다. 이 낱말은 성경 중에서 전도서에만 나온다. 전 5:3에서 이것은 부정적인 말맛으로 쓰였다.

꿈이란 말(칼롬 ḥālôm)도 여기서는 별도의 해석이 필요하다. 쉬빈호르스트-쉰베르거는 이것은 환상(망상)이라 옮겼다.(314) 제물드림(5:1) 고되고 불안정함(5:2a) 하나님께 함부로 또는 급하게 말함(기도)이 지나치면 사람에게 망상이 찾아온다는 것이다. 그릇된 신앙생활은 하나님에 관한 이해를 그릇되게 하는 것으로 그치지 않는다. 그것은 그 사람의 의식구조와 활동에도 바람직하지 않은 것들을 나타나게 만들곤 한다.

'일(걱정)이 많으면 꿈이 생기고'에서 꿈은 불면상태이든 비몽사몽 상태이든 그런 데서 생겨나는 악몽 또는 망상이다. 그 의미를 공동번역개정판이 잘 살려 '걱정이 많으면 꿈자리가 사나워지고…'라고 옮겼다. 이에 코헬렛은 정제·정화된 신앙생활의 필요성을 이야기한다.

사람들 중에는 대중이 모인 장소에서 앞자리에 나가서 앉기를 거리끼는 사람도 있다. 보통 중간쯤이나 뒤에 자리를 잡으려 한다. 이런 곳에서 더 편안하다고 느끼기 때문인지 모른다. 이런 뜻에서 앞자리에 앉으려면 용기가 필요하다.

물론 앞자리에 앉은 사람에게는 여러 가지 유익이 있다. 우선 말하는 사람의 표정을 볼 수 있어서 강조점이나 중요한 점을 보다 잘 파악할 수 있다. 그 다음으로 예배(강의나 수업 등)에 보다 더 집중할 수 있다. 무엇을 하든지 집중(몰입)이 얼마나 중요한 지를 우리는 잘 알고 있다.

겉으로 나타나는 이런 유익보다도, 더 큰 유익은 앞자리일수록 성령의 역사(하나님의 에너지) 혹은 화자의 에너지가 더 강력하게 작용한다는 점이다. 최근 양자물리학의 발달로 이런 사실이 입증되었다. 이런 사실이 과학적으로 입증되기 전에 이미 그런 감을 잡았던 사람이 있다. 록펠러(1839-1927, John Davison Rockefeler)의 어머니다.

록펠러의 어머니가 남긴 유언:

1. 하나님을 친아버지로 섬겨라.
2. 목사님을 하나님 다음으로 섬겨라.
3. 오른쪽 주머니에는 항상 십일조를 준비해라.

4. 누구도 원수로 만들지 말아라.

5. 예배드릴 때에는 항상 맨 앞자리에 앉아라.

6. 항상 아침에는 그날의 목표를 세우고 하나님 앞에 기도를 드려라.

7. 잠들기 전에는 반드시 하루를 반성하고 기도해라.

8. 남을 도울 수 있으면 힘껏 도와라.

9. 주일 예배는 꼭 본 교회에 가서 드려라.

10. 아침에는 가장 먼저 하나님의 말씀을 읽어라.(《십일조의 비밀을 안 최고의 부자 록펠러》 44)

흔히 알려진 대로 약 80여 년 전에 록펠러의 어머니는 그에게 열 가지 유훈을 남겼다. 그 가운데 5번째가 "예배드릴 때 항상 맨 앞자리에 앉아라"는 것이다.

아무리 좋은 교훈이라도 본인 자신이 절실히 깨닫기 전에는 그것이 자기 것이 되지 못하는 법이다. 록펠러도 예외가 아니었다. 그는 33세에 백만장자가 되었고 43세에 미국의 최대 부자가 되었고(세계최대규모의 석유회사 스텐더드오일회사 창립) 53세에 세계 최대 갑부가 되었다. 그가 지녔던 재산을 오늘날의 화폐로 환산하면 빌 게이츠의 재산보다 세 배나 더 많은 액수라고 한다.

그런 그는 행복하지만은 않았다. 록펠러는 펜실베니아주 유전지역 주민에게 큰 원한을 사기도 했다. 사람들은 그의 모형을 만들어 놓고 무너뜨리며 교수형에 처하는 의식을 했다. 사람들은 록펠러 모형의 목을 노끈에 묶어 매달아놓고 채찍질을 하기도 했다. 록펠러의 사무실에는 그를 증오하고 저주하는 내용의 협박편지가 꼬리에 고리를 물었다. 그는 늘 경호원을 대동하고 다녀야 할 정도였다. 그는 자기를 반대하는 사람들을 무시하는 발

언을 서슴지 않았다: "이런 것으로 내 사업이 영향을 받지 않는다. 저주를 하든 증오를 하든 그것은 그들의 자유다."

23살의 록펠러는 자신의 목표를 향해 무섭게 돌진했다. 록펠러를 아는 사람들은 모두 "그는 돈 버는 일에 대한 이야기가 아니면 전혀 웃지 않았다"고 말했다. 그는 돈벌이가 되는 정보를 얻으면 흥분하여 모자를 집어던지고 펄쩍펄쩍 뛰며 기뻐했다. 그리고 만약 조금이라도 손해를 보는 날이면 병이 났다.

언젠가 그가 약 4만 달러치 곡물을 사들인 적이 있었다. 그것을 선박으로 오대호를 거쳐 운반할 계획이었다. 그는 보험료(150달러)를 내기가 아까워, 그 어떤 보험에도 가입하지 않았다. 그날 밤 오대호에 거센 광풍이 몰아쳤다. 이에 록펠러는 매우 당황하며 배에 실린 곡물이 광풍에 날라가 호수에 잠김으로 큰 손실을 보지 않을까 노심초사했다. 다음날 아침 그의 사업 파트너인 조지가 사무실에 들어섰을 때, 그는 초조하게 사무실 안을 왔다 갔다 하고 있었다. 그를 보자 "어서 오게! 어서 와!" 하면서 그는, 너무 긴장하여, 말도 제대로 하지 못했다. "지금이라도 보험을 들을 수 있을까? 지금 당장 보험회사에 가서 보험을 들어야겠네." 그래서 조지는 곧 바로 보험회사에 달려가 보험에 가입했다.

그가 다시 사무실로 돌아와 보니 조금 전 보다 더 초췌한 록펠러가 안절부절못하고 있었다. 조지가 보험회사에 간 사이 곡물수송이 무사히 끝났다는 연락이 왔다는 것이다. 이에 록펠러는 보험금 150달러를 헛되이 날렸다고 생각했다. 그는 계속 투덜거렸다. 그렇게 그의 신경은 극도로 예민해졌고 결국 홧병이 나 앓아눕기까지 했다. 그 당시 록펠러의 회사가 일년 동안 벌어들이는 돈은 50만 달러가 훨씬 넘었는데 그는 겨우 150달러 때문에 앓아누운 것이다.

그는 55세까지 이렇게 살았다. 이때 그는 불치병으로 1년 이상 살지 못한다는 사형선고를 받았다. 어느 날 이리 뒤척 저리 뒤척하며 잠을 이루지 못하던 그가 갑자기 벌떡 일어나며 외쳤다: '돈이 전부가 아니야, 돈은 아무 소용이 없어. 하나님이 내 인생의 주인이야, 하나님이 내 인생의 주인이야!' 바로 이날이 록펠러가 거듭난 날이었다.

코헬렛은 2-7절에서 언어생활 특히 맹세할 때에 아주 신중해야 할 것을 교훈했다. 믿는 사람이 신중해야 할 것 가운데 언어생활은 빼놓을 수 없이 중요하다. 그 말이 사람을 향한 것이라도 그러할진대 더구나 하나님께 드리는 말씀일 경우 더욱 더 그러하다.(하나님 앞에서＝하나님 얼굴 앞에서, *리프네 하엘로힘*(lifnê hā'lōhîm) 하나님은 하늘에 계신 거룩하신 분이시며, 우리는 땅에 사는 부정한 존재라는 것이다. 성경은 하늘과 땅을 대조시키면서 하나님의 높은 권위와 인간의 연약함을 표현할 때가 많다.(시 115:3; 사 55:7; 66:1; 마 5:34)

그러므로 우리는 마땅히 말을 적게 함으로(2절) 하나님 앞에서 실수하지 않도록 조심해야 할 것이다.(3절)

코헬렛은 하나님께 맹세한 것을 속히 갚고 지체하지 말라고 말했다.(창 28:20-22; 신 23:21-23; 삿 11:30-31) 하나님은 맹세한 후에 그것을 이행하지 않는 사람들을 기뻐하지 않았다.(4) 그는 맹세하고 갚지 않는 것보다 차라리 서원하지 않는 것이 더 낫다고 말했다.(5) 6절에서 '사자'(*말아크 mal'āk*)는 하나님께서 보낸 사자(천사) 또는 제사장을 가리킨다. 그러므로 코헬렛은 함부로 맹세한 후에 취소하려고 하지 말고 처음부터 말을 조심함으로 하나님을 섬기라고 권면했다.(7)

21 네 하나님 여호와께 서원하거든 갚기를 더디하지 말라 네 하나님 여호와께서 반드시 그것을 네게 요구하시리니 더디면 그것이 네게 죄가 될 것이라 22 네가 서원하지 아니하였으면 무죄하리라 그러나 23 네 입으로 말한 것은 그대로 실행하도록 유의하라 무릇 자원한 예물은 네 하나님 여호와께 네가 서원하여 입으로 언약한 대로 행할지니라(신 23:21-23)

코헬렛은 2-7절에서 사람이 범하는 죄(오류)의 대부분을 입과 연결시켰다. 우리가 쓰는 말 중에 품격이란 말이 있다. 한자로는 品格이라 쓴다. 품(品)에는 입을 가리키는 말(구 口)이 3개나 들어있다. 이는 사람이 한평생 살면서 주고받는 말이 쌓여 그 사람의 됨됨이를 결정한다는 뜻일까? 이것은 많은 사람의 평판과도 관련된다. 이에 우리는 사람의 품격을 가리켜 인격(人格)이라고도 한다.

격(格)은 나무(木)가 각각(各) 똑바로 자란다는 뜻이다. 이 글자에도 말(구 口)이 들어있다. 그러고보니 품격이란 낱말 하나에 입(구 口)이 4개나 된다. 그만큼 사람의 품격은 말과 평판이 좌우한다는 의미이리라.

서양에서도 격(dignity)은 '여러 사람을 위한 명예로운 가치'를 가리킨다. 그리스 시인 소포클레스가 "품격과 지혜는 세상의 모든 부를 뛰어넘는다"고 한 것도 이런 이유에서였다.

품격을 제대로 갖춘 사람은 젊어서도 나이 드신 어르신과 교류하고 나이 들어서도 젊은 사람과 교감한다. 그런 사람은 평생 쌓은 경륜을 공유하며 살아간다. 눈앞의 상대를 존중하고 배려할 뿐만 아니라, 주어진 상황에 진지하고도 명예롭게 대처하다보니 자연스럽게 그가 하는 말에도 품격이 실리는 것이다.

우리말 성경은 히브리말 네데르(neder)를 서원이라고 번역했다. 서원이

251

란 말은 본디 불교용어이다. 이는 맹세할 서(誓)와 바랄 원(願)자가 합쳐진 말이다. 곧 수행을 목적으로 원하는 소망을 밝히는 한편, 그것이 이루어지게 하려고 서약하는 것을 가리켜 서원이라고 한다. 흔히 보살들이 행하는 사홍서원(四弘誓願)이 대표적인 예이다.

① 중생무변서원도(衆生無邊誓願度): 일체의 중생, 즉 생명체를 구제하기 위하여 깨달음의 피안(彼岸)에 도달하겠다는 서원.

② 번뇌무진서원단(煩惱無盡誓願斷): 다함이 없는, 인간의 그 많은 번뇌를 끊겠다는 서원.

③ 법문무량서원학(法門無量誓願學): 광대무변한 불타의 가르침을 모두 배워 깨닫겠다는 서원.

④ 불도무상서원성(佛道無上誓願成): 가장 존귀하고 그 이상 뛰어난 것이 없는 불도를 닦아 깨달음에 이르러 성불하겠다는 서원.

우리는 서원이라는 말보다는 맹세라는 말을 쓰는 것이 더 좋겠다. 맹세 혹은 서원이란 하나님을 향한 약속을 가리킨다. 서양 속담에 '약속은 약속이다'는 말이 있다. 이는 약속이란 어떤 경우에도 지켜야 한다는 뜻이다. 더구나 그 약속이 하나님과 하는 것이라면, 그 무게는 엄청나다. 그러기에 더욱 신중하고, 더욱 삼가야 할 것이다.

신앙생활이나 인간관계에서 걸핏하면 맹세를 하는 사람도 가끔 있다. 겉보기에는 이런 사람에게 더 신뢰가 갈 수도 있다. 그렇지만 이런 사람은 오버를 잘하는 사람일 경우가 많다. 맹세를 하는 이유는 첫째로 마음에 두려움이나 불안이 그만큼 크다는 뜻이기도 하다. 예를들어 구약시대 사사 입다는 하나님께 이렇게 맹세했다:

30 … 주께서 과연 암몬 자손을 내 손에 넘겨 주시면 31 내가 암몬 자손에게서 평안히 돌아올 때에 누구든지 내 집 문에서 나와서 나를 영접하는 그는 여호와께 돌릴 것이니 내가 그를 번제물로 드리겠나이다 (삿 11:30-31)

그 결과 그는 무남독녀 외동딸을 불태워 하나님께 제물로 드리고 말았다. 그는 하나님께서 전혀 원하시지 않는 일, 기뻐하시지 않는 일을 하나님 이름으로 행하고 말았다. 이는 참 어리석은 맹세요, 비신앙적인 행위였다. 그의 이 어리석고 비신앙적인 모습은 전승을 거두고 돌아오는 아버지를 환영하러 나온 딸에게 다음과 같이 행동과 말하는 모습에서 분명하게 드러났다:

입다가 이를 보고 자기 옷을 찢으며 이르되 어찌할꼬 내 딸이여 너는 나를 참 담하게 하는 자요 너는 나를 괴롭게 하는 자 중의 하나로다 내가 여호와를 향하여 입을 열었으니 능히 돌이키지 못하리로다 하니 (삿 11:35)

누가 입다에게 맹세하라고 시켰는가? 제 풀에 제가 맹세를 해 놓고 아버지의 전승을 기뻐하며 축하하러 나오는 딸에게 엉뚱한 화살을 돌리는 이런 태도는 얼핏 보기에도 민망하다. 입다는 왜 이런 맹세를 하였을까? 하나님께서 이런 맹세를 하라고 시키시지도 않았는데 왜 이렇게 바보같은 맹세를 하였나? 이는 전쟁을 눈앞에 둔 그 마음이 그만큼 흔들리고 있어서 사태를 정확히 판단할 수 없었다는 점을 말해준다. 주어진 상황 앞에 너무 당황하고 겁이 난 나머지 믿음대로 행하지 못했다.

맹세를 하는 또 다른 경우는 믿음을 거래처럼 착각하는 데서 나온다. '만일 하나님께서 … 해 주시면, 저는 … 하겠나이다'는 맹세는 자칫 하나님을 은혜롭고 자애로운 창조주로 믿기보다는 빅딜(Big Deal) 대상으로 격하시키는 것일 수 있다.

우리는 이런 경우에 맹세를 하는 대신에 신뢰하며 하나님께 맡기거나, 기도를 드린다. 맹세하는 대신에, 임마누엘 하나님을 의지하고 나아간다. 다시말해 섣부른 맹세 경솔한 맹세는 자기 자신에게 기도나 예배가 부족하다는 사실 곧 믿음이 적다는 사실을 보여줄 뿐이다. 성경에서 맹세는 빅 딜이 아니라, 감사제물 곧 하나님 은총에 감사드리는 것과 깊은 관련이 있다.(신 23:21이하) 예수님은 전도서 등 성경의 이런 전통에 따라 다음과 같이 말씀하셨다.

> 33 또 옛 사람에게 말한 바 헛맹세를 하지 말고 네 맹세한 것을 주께 지키라(레 19:12; 민 30:2; 신 23:21) 했다는 것을 너희가 들었으나 34 나는 너희에게 이르노 니 도무지 맹세하지 말지니 하늘로도 하지 말라 이는 하나님의 보좌임이요 35 땅으로도 하지 말라 이는 하나님의 발등상임이요 예루살렘으로도 하지 말라 이는 큰 임금의 성임이요 36 네 머리로도 하지 말라 이는 네가 한 터럭도 희고 검게 할 수 없음이라 37 오직 너희 말은 옳다 옳다, 아니라 아니라 하라 이에서 지나는 것은 악으로부터 나느니라

전도서의 주제들 가운데 하나는 하나님을 경외하라는 것이다. 코헬렛이 경험한 무상함(헛수고, 덧없음, 부조리)은 하나님을 경외하는 마음없이 계획하거나 실행한 것에서부터 온 것이다.

경외하다(야레 jārē')에 뿌리를 둔 말은 동사(333x) 동사형 형용사(45x) 명사처럼 쓰이는 부정사(45x) 명사(12x) 등 구약성경에 435번 나온다. 이것은 에스라 느헤미야 에스더 아가 오바댜 나훔을 뺀 다른 책들이 다 있다. 전도서에서 이것은 동사와 형용사로 9번 쓰였다.(3:14; 5:7; 7:18; 8:12[2x], 13;

254

9:2; 12:5, 13)

경외라는 말 속에 들어 있는 '두려워서 피하기(숨기) 공포감'라는 의미는 하나님 경외라는 개념 속에는 포함되지 않는다. 성경에서 하나님 경외는 i) 신비적 종교적인 영역에서의 경외 ii) 도덕적 윤리적인 본질에서의 경외 iii) 예배의식의 범주에서 표현되는 경외 iv) 율법준수 등 신앙생활 환경에서의 경외 등으로 나타난다.(J. Becker, Gottesfurch im Alten Testament 250; F. Vornach, Nähere dich um zu hören 72; Schwienhorst-Schönberger 98-101)

전 5:7에서 언급되는 하나님 경외는 1절부터 이어진 신앙생활(예배 및 성전)과 관련된 것이다. 그것은 하나님 앞에서 발(행실)에 주의를 기울이는 것이다. 만일 신앙생활 따로 일상생활 따로인 사람이 있다면, 그는 경건과 아주 멀리 떨어진 사람 곧 진실한 신앙인이 아닌 무늬만 신앙인일 따름이다.

높음의 차이

전 5:8-9

개역개정	직역
8 너는 어느 지방에서든지 빈민을 학대하는 것과 정의와 공의를 짓밟는 것을 볼지라도 그것을 이상히 여기지 말라 높은 자는 더 높은 자가 감찰하고 또 그들보다 더 높은 자들도 있음이니라 9 땅의 소산물은 모든 사람을 위하여 있나니 왕도 밭의 소산을 받느니라	8 네가 어느 지방에서 빈민에 대한 학대나 정의와 공의가 부정당하는 것을 보더라도 놀라지 말라, 그것에 대해. 이는 높은 자를 그보다 더 높은 자가 지켜봄이라. 그리고 그들 위에 (더) 높은 자들이 있음이라. 9 그리고 땅의 유익은 모든 이에게 해당된다. 왕은 경작되는 밭을 위해 있는 것이다.

이것은 평균적인 소양과 상식에 비추어 볼 때 매우 놀라운 일들이 이 세상에서 아무렇지 않은 듯 일어나는 것을 이야기한다.

학자들 가운데에는 전 5:8-9가 프톨레미 왕국의 지배체제를 합리화한 것이거나 비판하는 것이라고 보는 이들도 있다.(M. Rostovtzeff; L. Schwienhorst-Schönberger 등) 그들의 해석이 받아들여지려면 전도서가 쓰여진(편찬된) 시기에서부터 시작하여 여러 가지 가설이 한꺼번에 맞아떨어져야 한다. 그러므로 그런 주장은 하나의 가설일 뿐, 전 5:8-9를 해석하는 열쇠가 될 수는 없다.

8절에 있는 이상히 여기지 말라('al-titəmāhâ)에서 '이상히 여기다'는 말은 i) 낯설게 여기다 ii) 자포자기하다(낙심하다) iii) 놀라다 경악하다 등을 의미한다. 감찰하다는 말(샤마르)은 i) 감찰하다, 살피다 지켜보다 (Schwienhorst-Schönberger 322) ii) 직접 손을 대지는 않더라도 거리를 두고 통제한다 iii) 보전하다 보호하다 지키다 등을 뜻한다. 이 두 낱말이 다 이 중적인 의미 곧 긍정적으로도 부정적으로도 해석될 여지를 안고 있다.

여러 학자가 이미 말했듯이 전 5:8-9는 이 책 안에서도 대표적인 난해 구절에 속한다. 크뤼거는 이에 관해 다음과 같이 말했다.(Th. Krüger, Meaningful Ambiguities in the Book of Qohelet 65-7)

우리는 모호한 이 부분에 관해 전체적으로 살피며 그 의미를 찾아보면 두 가지 해석 가능성을 안고 있다.

"만일 그 지방에서 어떻게 가난한 사람들이 탄압을 받고 법과 정의가 무시되는지 보더라도 두려워하지 말라. 왜냐하면 공식적으로 그것을 통제하는 고위직의 인사가 있고, 더 나아가 그보다도 더 높은 인물이 있기 때문이다." 그러므로 고위직 사람의 실수는 그를 책임지고 있는 보다 더 높은 사람이 곧바로 바로잡을 것이다.

두 번째 해석 가능성은 이렇다. "만일 … 것을 보더라도 놀라지 말라. 그 높은 사람을 높은 사람들이 보호해 줄 것이다. 심지어 그보다 더 높은 사람도 그를 방어해주리라." 이처럼 고위직 사람들은 가난한 이와 법과 종의를 위해 상호 조절하고 관리하는 대신 각자 자기들의 이득을 얻기에 더 높은 관심을 기울일 것이다.

8절에 대한 첫 번째 해석은 계층적 정부 체제에 관한 설명이다. 이는 7절을 이해하는 데 잘 들어맞는다. 반면 두 번째 해석은 7절이 정부조직에 대한 신랄한 비판으로 보인다.(A. Schoors 416)

곰곰이 살펴보면 매우 이상하고도 비정상적인 것인데도 인류의 역사·관습·현실에서는 아무렇지도 않게 받아들여지는 일들이 있다. 그 가운데 하나가 사람들 차이의 높고 낮음의 차이와 역학관계다. 인류 역사 이래 사람들 사이에는 계급 또는 계층의 차이가 늘 있어왔다. 이것이 고대 노예제 사회에서 자유 시민과 노예, 중세 봉건제에서 영주와 기사와 농노, 현대 자본주의 사회에서 자본가와 노동자 등으로 대충 분류되기도 한다. 실제로는 그보다 훨씬 더 복잡하고 미묘한 차이와 역학관계가 각각의 계층·계급 안에도 존재한다. 그런 것들은 심지어 만민 평등을 외치며 출범한 공산주의 체제 안에서조차도 전혀 해소되지 않았다.

하나님께서 모든 사람을 하나님의 형상대로 지으시고 소중히 여기시는 데에도 하나님의 피조물인 인간은 사람을 그렇게 대우하지 않는 것이 이 세상의 현실이다. 심지어 모든 사람이 다 평등·공평하게 하나님의 형상이라고 고백하는 기독교가 그 사회의 지배이념으로 작용하고, 그런 기독교인이 통치자로 된 시대와 나라에서도 사람이 사람을 짓누르고 핍박하며 착취하는 일들이 벌어졌고, 지금도 벌어지고 있다.

코헬렛은 이런 모순된 현실을 놓치지 않고 간파했다. 왕이었던 코헬렛은 비록 어떤 사람이 그 나라에서 가장 높은 지위(예를 들면 왕위)에 있더라도 자기보다 더 높은 분이 계시다는 사실을 의식하는 것이 지혜라고 했다. 이것은 어느 가정이나 단체나 회사에도 그대로 적용된다. 직업의 종류나 직분에서 자기보다 더 높은 사람이 아무도 없다 하여 타인을 깔보거나 내리까는 등 안하무인격으로 말하고 행동하는 것만큼 어리석은 일이 없다는 것이다.

이것은 정신적·영적인 영역에도 그대로 적용된다. 자신의 학력·경력·수양·도닦기의 정도(수준)가 다른 이보다 길고 깊다고 하여 다른 이의 그것을 무시하는 것은 그 사람이 아직 낮은 수준의 사람이라는 증거다.

경제활동은 개별적인 한 사람 한 사람으로 이루어진 모든 사람을 위한 것이다. 왕이라는 존재도 이런 것에서 예외가 아니다. 오늘날 사람의 차별이 가장 심한 곳은 아마 경제분야일 것이다. 오늘날에도 일하고 싶어도 일자리가 없는 사람, 최저생활에도 못미치는 임금을 받는 사람이 있는가 하면 그것과는 비교할 수 없을 정도로 고액연봉을 받는 사람도 있다. 이런 것은 학경력의 차이를 감안하더라도 지나치게 큰 차이인 것이다.

전 5:8-9는 성전 안에서 시작하여 세상 안에서도 지극히 높으신 하나님을 의식하며 사는 지혜로운 사람이 되라는 교훈이다.

코헬렛을 통해 성전으로 들어갈 때 발걸음을 조심하라는 말씀을 주신 하나님은 성전 밖으로 나가는 우리에게 위와 똑같은 취지에서 말씀했다. 곧 성전 밖에서도 발걸음을 조심하라는 것이다.

왕과 공의에 관해 언급한 뒤(전 5:8-9) 코헬렛은 "재물과 욕망, 그리고 지혜가 허무하다"고 말했다. 이 부분에는 다음과 같은 여러 가지 주제들이 포함되어 있다.

전 5:9의 해석은 까다롭다. NRSV는 각주에서 히브리어 본문의 의미가 불확실하다고 밝혔다.(Meaning of Hebr uncertain) 여러 번역을 비교해 보자.

모든 것이 이러한데도 농경지를 돌보는 임금이 있음은 나라에 유익하다(천주교성경)

이러니 저러니 해도 나라에 왕이 있어서 땅을 갈아 부칠 수 있는 것을 다행으

259

로 여겨라(공동번역)

한 나라에서 가장 소중한 것은 왕이다. 왕이 있으므로 백성은 마음 놓고 농사를 짓는다(새번역)

땅의 산물은 모두를 위한 것이다. 왕도 들판에서 나는 곡식을 먹는다(쉬운 성경)

But all things considered, this is an advantage for a land: a king for a plowed field.(NRSV)

The increase from the land is taken by all: the king himself profits from the fields. (NIV)

무엇보다도 나라에 유익한 것은 왕이 경작할 땅을 소중히 여기는 것이다.(일본 어성경)

위의 것을 살펴보면 번역은 대체로 두 갈래로 분류된다. 하나는 왕도 땅의 혜택을 받는다는 것이요 다른 하나는 왕이 있어서 편안하게 농사를 지을 수 있다는 것이다.

왕도 땅의 혜택을 받는다는 해석을 받아들인다면 이런 뜻이다. 땅에서 나는 곡식과 채소로 모든 백성이 혜택을 누리고 왕도 역시 똑같은 혜택을 누린다는 것이다. 그럼 땅의 산물을 내게 하시는 분이 누구일까? 앞에서 말한 것처럼 '높은 자를 감찰하는 더 높은 분'이다. 그분은 왕까지도 감찰하는 더 높은 분이다. 코헬렛은 그 높은 분을 향해 고마움과 경외심을 품는 것은 인간이 마땅히 해야 될 도리인 것을 넌지시 짚어준다.

우리가 믿는 하나님은 지극히 높은 분이다.(창 14:18-20, 22; 민 24:16; 신 32:8; 막 5:7; 행 7:48; 히 7:1) '지극히 높으신 하나님'이란 하나님보다 더 높은 존재는 이 우주 안에 그리고 삼라만상에 없다는 뜻이다.

1628년 1월 중국 가톨릭교회 역사에서 처음으로 국제회의가 열렸다.(오늘날 상하이 嘉定婁塘聖伯多祿堂 St. Peter's Church, LouTang) 가정회의(嘉定會議)는 하나님이란 낱말(Deus)을 중국어로 표현할 때 천(天) 상제(上帝) 두 사(斗斯 Deus의 중국어 음역) 대신에 천주(天主)라는 용어로 통일했다. 1704년 11월 20일 교황 클레멘스 11세는 '천주'라는 호칭만을 허용하고 다른 것들을 금지시켰다.

가톨릭교회가 하나님을 가리켜 천주님이라 할 때 그 말은《周礼 주례》에 있는 至高莫若天(지고막약천=하늘보다 더 높은 것은 없고) 至尊莫若主(지존막약주=주보다 더 존귀한 것은 없다)라는 글에서 두 글자를 따온 것이다. 그렇다. 이 세상에 하나님보다 더 높은 것은 없고, 주님보다 더 존귀한 것은 없다. 찬송가 94장 '주 예수보다 더 귀한 것은 없네...'라는 가사 그대로다.

그런데도 사람 중에는 가끔 자기가 하나님과 동격이거나 더 높은 사람인 양 드러나게 혹은 감추어진 모습으로 행세하려는 자들이 있다. 참으로 어리석음의 극치가 아닐 수 없다.

만족하는 부자는

전 5:10–12

개역개정	직역
10 은을 사랑하는 자는 은으로 만족하지 못하고 풍요를 사랑하는 자는 소득으로 만족하지 아니하나니 이것도 헛되도다	10 은을 사랑하는 사람은 만족하지 못한다, 은으로는. 그리고 풍요를 사랑하는 자 그 누구도 소득이 없으리라. 또한 이것도 헛되다.
11 재산이 많아지면 먹는 자들도 많아지나니 그 소유주들은 눈으로 보는 것 외에 무엇이 유익하랴	11 재산이 많아지면 그것으로 먹는 자도 많아진다. 그리고 무엇이 소유자에게 유익한가? 진실로 그는 눈으로 볼 뿐이다.
12 노동자는 먹는 것이 많든지 적든지 잠을 달게 자거니와 부자는 그 부요함 때문에 자지 못하느니라	12 달콤하다, 일하는 자의 잠은, 많이 먹든지 적게 먹든지. 그리고 풍요로움이 부자에게 잠들지 못하게 한다.

이것은 물질 또는 그것의 소유에 필요 이상으로 치우친 마음가짐에 관한 교훈이다. 이는 재물 그 자체 또는 그것의 소유 자체를 비판하는 것이 결코 아니다. 다만 재물을 사랑하는 사람이 매일 매일 직면하는 상황을 묘사하고 있을 뿐이다.

10절에서 분사로 나오는 '사랑한다'는 말('āhab)은 부정적인 말맛으로 쓰였다. '은'은 당시에 통용되던 화폐이므로 '돈'이라 옮겨도 좋다. 물론 이 말은 재물 소유 재산 등의 말맛을 지니고 있다.

'돈을 사랑하는 자'라는 말은 여러 가지 의미를 담고 있다. 그것은 가능한 한 많은 돈을 얻으려는 욕구를 나타낸다. 이는 '최대한 부자가 되기 위해 노력하는 사람' 또는 '더 많은 돈을 버는 것이 인생의 목표인 사람'이란 의미다.

그런 사람이 돈으로 만족할 리가 없다. 그는 다른 사람이 보기에는 충분하게(넘칠 만큼?) 벌어놓았다. 그런데도 그는 '조금만 더'라며 계속 자기 자신을 채찍질한다.

여기서 우리는 풍요라는 말(hāmôn)을 8절과 관련시켜 다시 한번 살펴보자. 여기서 이 말은 '한가득 풍부함 재물'이란 뜻으로 쓰였다. 성경에서 이것은 빗소리(왕상 18:41) 바퀴 굴러가는 소음(렘 47:3) 군중이 외쳐대는 시끄러운 함성(사 31:4) 군중의 소란스러움(사 16:14; 단 10:6) 시끄러운 노랫소리(겔 26:13; 암 5:23) 내적인 충동(자극 사 63:15) 등으로도 사용되었다.

여기 이것은 행진 행렬(Aufzug) 호화스러움 화려 낭비 허례(Gepränge) 등의 의미로 볼 수 있다.(Schwienhorst-Schönberger 329) 이런 것은 예나 지금이나 자신을 과시하며 잠시잠깐 동안 만족을 줄 수는 있다. 그러나 그것은 진정한 만족이나 행복을 가져다주지 못한다. 일찍이 세네카(Seneca)가 설파한 그대로다. "얼마나 많은 사람이 부요함의 짐에 짓눌리며 사는가! 얼마나 많은 사람이 말재간과 일상적인 유혹으로 자신의 달란트를 구경거리로 내놓는가! 그런 것은 인생의 활력을 소진시킨다. 얼마나 많은 사람이 그런 것을 즐기다가 천천히 죽어가는가!"(《De brevitate vitae》 II4)

'조금만 더'에서 그 조금이란 것이 달성하기 얼마나 힘겨우며, 사람을 고단하게 하는지 겪어본 사람들은 다 알리라. 지금 말하는 '그 조금 이전' 수준까지 올라오는 것도 저절로 된 것이 결코 아니다. 제삼자가 볼 때에는 앞으로 조금만 더하면 될 것 곧 그리 힘들지 않게 노력해도 달성할 수 있는 목표처럼 보일 것이다. 당사자에게도 그렇게 보일까? 아니다. 당사자는 이미 죽을 둥 살 둥 모르고 안간힘을 다해서 간신히 거기까지 도달한 것일 수도 있다. 그런데도 '조금만 더' 하라고? 이것은 그 당사자에게는 죽으라는 말과 같다.

'만족하다'는 말(śābā‘)은 객관적으로 볼 때 사람이 필요로 하는 것이 충족되었다고 느낄 만큼 무언가를 충분히 가지고 있다는 뜻이다. 그런데도 만일 우리가 무엇인가를 소유하고도 아직 더 필요하다고 생각한다면 우리는 이미 가진 것만으로는 결코 만족하지 못한다.

5:11 재산은 히브리말로 **토바**(tôbâ)이다. 이는 **토브**(tôb 선하다, 좋다, 유용하다)에서 왔는데, 영어에서 좋다(good)가 재산, 상품(goods)으로 쓰이는 것과 같다. 10절과 11절은 '많다'와 '만족하다'는 낱말로 연관된다. 그 많음이 오히려 사람의 만족과 안면을 방해한다니 참으로 역설적이다.

이와 관련하여 코헬렛은 돈을 사랑하는 자(소유주)와 노동자를 대조시킨다. 노동자란 말('ōbēd)은 그 뿌리로 보면 노예 종 하인 등을 생각하게 한다. 잠 12:11에는 이 말이 농업노동자라는 의미로 쓰였다.(*자기의 토지를 경작하는 자는 먹을 것이 많거니와 방탕한 것을 따르는 자는 지혜가 없느니라*)

코헬렛은 이 용어로 자신이 속한 집단이나 사회에서 비교적 특권을 누리지 못하는 구성원을 가리켰다. 그런 사람은 땀흘려 힘들게 일한 데 비해 보수를 적게 받는다.

그런데도 그는 잠을 푹 잔다.(12절) '적게 먹든지 많이 먹든지' 상관없이 그는 밤에 단잠을 잔다. 그 이유는 아마 i) 하는 일이 많고 힘들어서 자주

지치기 때문이리라. ii) 또한 가진 것이 별로 없으므로 소유한 재산문제로 걱정할 것도 거의 없으리라.

달다는 말(마토크 mātōq)은 쓰다(마르 mar)의 반대말이다. 성경에서 동사 (mātaq)와 형용사로 나오는 이 말은 문자적인 의미로도 비유적인 의미로도 쓰였다. 이것의 기본적인 뜻은 단맛이 나다(삿 14:14, 18; 사 5:20; 시 19:11; 잠 16:24; 24:13; 27:7; 아 2:3)이다. 전도서 5:12; 11:7에는 개운하다, 기분 좋다는 말맛으로 쓰였다.

코헬렛은 주어진 인생에 만족하며 사는 사람의 예로 그런 사람을 들었다. 이 예로 그가 전하고자 하는 메시지는 긴 설명을 덧붙이지 않아도 아주 분명하다. 곧 만족을 달게 자며 커다란 근심걱정 없이 평화롭게 사는 것으로 표현할 수 있다면, 그것은 재물이 많다고 해서 생기는 것이 아니라는 것이다.

12절에는 부자라는 말(āšîr)과 부요함이란 말(개역: 배부름 haśśābā')이 나온다. 이에 관한 해석은 크게 두 가지다. i) 개역처럼 위(胃)에 음식을 가득 채우는 포식으로 보거나(G.A. Barton) ii) 개역개정처럼 일반적인 의미에서 생활의 풍족함의 뜻하는 것으로 보는 것이다.(D.R. Glenn) 영어성경 NASB ESV는 이를 '가득 찬 위'(the full stomach) RSV는 '과식'(surfeit) NIV KJV는 '풍부함'(the abundance)으로 옮겼다.

이것의 어근은 히브리말 사바(śābā')다. 이는 충분하게 하다 만족시키다는 뜻이다. 이 말은 일반적으로 배부름을 가리키거나(출 16:12; 레 26:26; 신 31:20; 욥 31:31; 시 78:29; 잠 1:31 참조) 풍부함을 의미한다.(창 41:29-31,34,47,53; 잠 3:10 참조) 여기서 우리는 이를 위(胃)의 두 의미 곧 재물의 풍부함과 식사를 통한 배부름의 뜻을 동시에 지닌 것으로 이해하는 것이 무난하다. 재물이 늘어나면 그만큼 걱정거리도 많아지는 법이다. 그 스트

레스로 타락의 길을 걷거나 불면증에 시달리는 사람도 있다.

한 회사가 망하면 거기서 일하던 직원들도 덩달아서 일자리를 잃는다. 경영자 한 사람의 판단에 여러 사람의 생계가 달려 있다. 경영자의 어깨가 무겁지 않을 수 없다. 이에 노동자는 잠을 달게 자더라도 경영인은 잠을 이루지 못하고 고민하는 것이다. 그 많은 재물이 마음과 몸에 행복을 가져다 주는 것이 결코 아니다.

성경에는 자신이 소유한 것으로 만족하지 못하는 부자와 만족하는 부자가 나와 있다. 앞의 경우는 나발(삼상 25:1-13)과 예수님을 찾아온 부자청년 이야기(마 19:16-23)에 있다. 뒤의 경우는 어리석은 부자의 비유(눅 12:16-21)이다. 예수님 비유에서 만족하는 부자는 참된 의미에서의 만족이 아니다. 그의 만족은 그릇된 판단에서 나오는 것이기 때문이다.

16 또 비유로 그들에게 말하여 이르시되 한 부자가 그 밭에 소출이 풍성하매 17 심중에 생각하여 이르되 내가 곡식 쌓아 둘 곳이 없으니 어찌할까 하고 18 또 이르되 내가 이렇게 하리라 내 곳간을 헐고 더 크게 짓고 내 모든 곡식과 물건을 거기 쌓아 두리라 19 또 내가 내 영혼에게 이르되 영혼아 여러 해 쓸 물건을 많이 쌓아 두었으니 평안히 쉬고 먹고 마시고 즐거워하자 하리라 하되 20 하나님은 이르시되 어리석은 자여 오늘 밤에 네 영혼을 도로 찾으리니 그러면 네 준비한 것이 누구의 것이 되겠느냐 하셨으니 21 자기를 위하여 재물을 쌓아 두고 하나님께 대하여 부요하지 못한 자가 이와 같으니라

사람이 자기 인생에 만족하며 살지 못하는 예로 왕과 사회적인 공의에 관해 언급한 뒤(전 5:8-9) 코헬렛은 "재물과 욕망, 그리고 지혜가 허무하다"는 사실을 다각도로 보여주었다.

행복은 하나님의 선물

전 5:13-16

개역개정	직역
13 내가 해 아래에서 큰 폐단 되는 일이 있는 것을 보았나니 곧 소유주가 재물을 자기에게 해가 되도록 소유하는 것이라	13 병폐가 되는 악이 있음을 나는 보았다, 해 아래서. 재물, 그것이 그것의 소유자 자신에게 해로움을 유지하게 하는 것이다.
14 그 재물이 재난을 당할 때 없어지나니 비록 아들은 낳았으나 그 손에 아무것도 없느니라	14 그리고 어떤 사람이 재물을 잃었다, 재난을 만나서. 그리고 그에게 아들이 태어났어도 , 그 손에 아무것도 남은 것이 없었다.
15 그가 모태에서 벌거벗고 나왔은즉 그가 나온 대로 돌아가고 수고하여 얻은 것을 아무것도 자기 손에 가지고 가지 못하리니	15 마치 그가 모태에서 벌거숭이로 나왔듯이 돌아갈 때에도 그렇게 간다. 그리고 그가 수고해서 얻은 것 단 하나도 자기 손으로 가져 가지 못한다.
16 큰 불행이라 어떻게 왔든지 그대로 가리니 바람을 잡는 수고가 그에게 무엇이 유익하랴	16 그리고 이것 역시 큰 병폐로다. 사람이 온 모양 고대로 돌아간다. 무엇이 유익한가, 바람을 잡으려 수고한들?

이것은 가질 만큼 가진 사람이 만족하지 못하는 또 다른 이유에 관한 말

씀이다. 달리 말하자면 이것은 진정한 행복이 어디에서 나오는가를 일러주는 말씀이다. 결론부터 말하자면 그것은 인간이 만들어내는 것이 아니다. 그것은 하나님을 경외하는 자에게 하나님께서 선물로 주시는 것이다. 그 선물은 그 사람의 처지나 형편, 주변환경이나 사람에게서 만들어지는 것이 결코 아니다.

이 부분에 사용된 주요 낱말들은 다음과 같다. 12, 15 16절의 라아 홀라(rāʻā hōlâ) 및 홀리(hālî) 14a와 14b 15절의 할라크(hālak) 13 14절의 브야도(bəjādô) 므우마(məʼûmâ) 14 15절의 아말(ʼāmal) 15 16절의 감(gam) 등이 그것이다. 같은 낱말이 짧은 단락 안에 이렇게 중첩된 것은 이 부분의 무게중심이 어디 있는가를 가늠하게 해 준다.

5:13에서 폐단(弊端)은 우리말로 괴롭고 번거로운 일 귀찮고 해로운 일 좋지 못하고 해로운 일 등을 가리킨다. 우리말 성경에는 기막힌 노릇 기가 막히게 억울한 일 못마땅한 일 비참한 일 잘못되고 억울한 일 잘못된 일 불행 등으로 번역되었다. 다른 나라 성경들은 이 말을 '옳지 못한 일 불가사의한 일 큰 불의 큰 불행 참혹한 일' 등으로 옮겼다.

히브리말로는 전도서에만 4번(전 5:13, 16; 6:1; 10:5) 나오는 이 말은 라아 홀라(rāʻā hōlâ)로 본디 '고질적인 악'을 가리켰다. 그 용례는 다음과 같다.

i) 소유가 그 소유주를 해롭게 하는 것(재물을 지키는 경비견의 신세로 전락)

ii) 죽을 때 그 재산을 가지고 가지 못함

iii) 부를 쌓아 놓기는 하지만, 그것을 누릴 만큼 누리지 못하고, 그가 죽은 후에 엉뚱한 사람이 그것을 누림.

iv) 정치적으로 서열이 바뀌는 것

코헬렛은 재물은 불확실한 것이라고 말했다. 그는 은을 사랑하는 자는 은으로 만족하지 못하고, 풍요를 사랑하는 자도 소득으로 만족하지 못한다고 말하고 있다.(10) 그는 재산이 많아지면 써야 할 곳도 많아지게 되고, 재산을 많이 가진 사람들은 자기 재산을 눈으로 보는 것 외에 특별한 유익이 없다고 말했다.(11) 그는 노동자는 먹는 것이 많든지 적든지 잠을 달게 자는 반면, 부자는 많은 재물에 대한 염려로 인해서 잠을 달게 자지 못한다고 했다.(12) 부자는 이웃에게 나누지 않고 지나치게 자기 재물을 지키다가 마음과 건강을 잃는 경우도 있다.(13)

코헬렛은 재물이 우리 손에 있다가도 재난이 오면 한 순간에 사라져 버린다고 말했다.(14) 우리 주변에서도 억대 부자가 알거지 신세가 되는 경우가 간혹 있다. 평생 수고해서 모든 재산을 송두리째 잃어버렸을 경우 그 사람의 마음이 얼마나 허탈할까? 그러기에 코헬렛은 '벌거벗고 나왔은즉 그 나온 대로 돌아간다(5:15)'고 말했다. 하나님을 떠난 사람이 이 땅에서 하는 수고를 한마디로 요약하자면 결국 '바람 잡는 수고(5:16)'인 것이다. 그는 재물을 얻으려고 수고하면서 일생을 근심과 질병과 분노 속에 사는 것은 어리석은 일이라고 경고했다(17).

세상에는 벼락부자가 되는 사람이 있는가 하면 한 순간에 재물을 잃은 사람도 있다. 전자의 경우 부요(재산) 자체에 이미 불행이 잉태되어 있다. 후자의 경우 의욕상실과 허탈감으로 잠을 이루지 못하고 홧병으로 쓰러지는가 하면, 세상과 운명에 대해서 분노를 품기도 한다. 코헬렛은 이를 '많은 근심과 질병과 분노'가 그 사람에게 있다고 했다. 빈털터리가 되면 친구들도 자신을 멀리하지만 자기 자신도 사람들을 만나는 것을 꺼려하고 혼자 두문불출하며 지내곤 한다. 이를 그는 '일평생을 어두운 데서 먹는다'고 표현했다. 재물을 모으는 동안에는 일에 몰두하느라고 인생의 행복을 누리지 못했다가 막상 여유가 생겼을 때에는 재물이 다 사라져 버리고 말았으니 재물을 통해서 행복을 얻으려는 것은 헛된 일이라는 것이다. 딤전 6:7-10 이다:

> 7 우리가 세상에 아무 것도 가지고 온 것이 없으매 또한 아무 것도 가지고 가지 못하리니 8 우리가 먹을 것과 입을 것이 있은즉 족한 줄로 알 것이니라 9 부하려 하는 자들은 시험과 올무와 여러 가지 어리석고 해로운 욕심에 떨어지나니 곧 사람으로 파멸과 멸망에 빠지게 하는 것이라 10 돈을 사랑함이 일만 악의 뿌리가 되나니 이것을 탐내는 자들은 미혹을 받아 믿음에서 떠나 많은 근심으로써 자기를 찔렀도다

이런 뜻에서 15a를 읽는 우리는 전도서에 등장하는 인물의 허탈 및 덧없음과 욥의 초연함 사이에 서게 된다.

> 20 욥이 일어나 겉옷을 찢고 머리털을 밀고 땅에 엎드려 예배하며 21 이르되 내가 모태에서 알몸으로 나왔사온즉 또한 알몸이 그리로 돌아가올지라 주신 이도 여호와시요 거두신 이도 여호와시오니 여호와의 이름이 찬송을 받으실지니이다 하고 22 이 모든 일에 욥이 범죄하지 아니하고 하나님을 향하여 원망하지 아니하니라(욥 1:20-22)

세상적인 것은 우리에게 취득과 상실의 과정을 끊임없이 경험하게 한다. 어떤 사람은 그럴 때마다 천당과 지옥 사이를 오르내린다. 어떤 사람은 그런 일 속에서 세옹지마(塞翁之馬)의 심정으로 태연자약하게 처신한다. 우리는 어느 쪽에 더 가까운가? 이 이야기를 우리가 다 알고 있더라도 이

대로 처신하기가 매우 어려운 현실에 우리가 살고 있으니, 다시 한번 인용해 보자.

전쟁이 자주 일어나던 국경지대에 어떤 노인이 살았다. 그가 기르던 말이 어느 날에 도망을 갔다. 마을 사람들은 "말이 도망가서 어쩝니까? 정말 안되셨습니다"라고 위로했다. 그 노인은 오히려 "글쎄요, 이 일이 복이 될지 어찌 알겠소"라며 담담한 표정을 지었다.

그러다가 얼마 뒤에 도망갔던 말이 많은 야생마를 이끌고 노인에게로 돌아왔다. 사람들은 "이제 부자가 되셨구려! 축하합니다!"라고 환호했다. 그 노인은 또 "글쎄요, 이 일이 재앙이 될지도 모르지요"라며 담담한 표정을 지었다.

그 노인의 아들이 그 말들 가운데 좋은 말 하나를 골라 타고 다녔다. 어느날 그가 말에서 떨어져 다리를 크게 다치고 절름발이가 되었다. 마을 사람들은 이를 보고 "아드님이 다리를 다쳐서 저 지경이 되었으니 어떡합니까? 정말 안됐습니다" 라며 같이 걱정해주고 위로했다. 노인은 "글쎄요. 이게 다시 복이 될지 어찌 알겠습니까"라며 초연한 태도를 보였다.

얼마 뒤, 북쪽 오랑캐들이 쳐들어왔다. 많은 남자가 징집되어 대부분 전장에서 전사하였고, 그나마 살아남은 이들 역시 상당수가 장애를 안고 돌아왔다. 이제 그 마을에선 육신이 멀쩡한 청년을 찾아보기 힘들 정도였다. 마을에서는 전사 군인 유족들의 울부짖음과 살아남았어도 장애를 입은 상이군인들의 한숨, 그리고 걱정하는 가족들의 한숨이 뒤섞였다. 그런데 노인의 아들은 다리를 못 쓰게 된 것이 오히려 약이 되어서 징집되지 않고 살아남았다. 그제서야 사람들은 노인이 길흉사에도 어찌 그리 태연했는지 알게 되었다.

이 이야기는 《회남자》〈인간훈〉에 나온다. 나중에 송말원초 승려 회기원희(晦機元熙) 선사가 〈기경산허곡릉화상(寄徑山虛谷陵和尙)〉에 인용했다. 그의 시 가운데 인간만사새옹마(人間萬事塞翁馬) 추침헌중청우면(推枕軒中聽雨眠)이라는 구절에서 '새옹지마'라는 말이 널리 퍼져 나갔다. 이것은 인생의 화와 복은 알 수 없으니 매사에 일희일비(작은 일 하나에 하나하나 기뻐하고 슬퍼하는 것)하지 말라는 의미로 쓰인다.

이 시를 지은 이는 원나라 사람이다. 그렇다면 변방은 원나라와 송나라의 국경지대다. 당시 점점 커가는 원나라와 쪼그라드는 형편에 놓인 송나라 사이에 충돌이 잦았다. 그 바람에 거기 사는 사람들은 애꿎은 일을 수시로 당하고 심지어 죽기까지 했다.

원나라 승려 희회기(熙晦機)는 어느 날 추침헌이라는 누추한 집에 들었다. 거기서 어느 송나라 노인과 그 아들이 전란 통에 살아남은 이야기를 들었다. 원나라와 송나라가 맞붙을 때 마을 사람 중 남성은 모두 차출당했다, 말을 타다가 허벅지를 심하게 다친 아들과 그 아들을 돌봐야 하는 그 노인만 빼놓고. 그렇게 끌려나간 사람들 대부분은 죽었다.

그 노인은 송나라가 망한 뒤 원나라 치하에서 오래 살아남았다. 그는 송나라 시절을 그리워하며 신세타령을 했다. 그 말을 들으며 희회기는 인생만사새옹지마, 천하의 몽고라 한들 그 기세가 언제까지 가겠느냐고 했다. 추침헌중청우면, 마치 가을비 내리는 소리 들으며 잠들었는데 어느덧 봄날 새소리를 듣는 것이 인생이듯이 사람이든 나라든 일이든 오르내림이 없을 수 없다는 것이다.

마음의 기쁨도 하나님의 선물

전 5:17-20

개역개정	직역
17 일평생을 어두운 데에서 먹으며 많은 근심과 질병과 분노가 그에게 있느니라	17 또한 평생 동안 그는 어둠 속에서 먹는다. 그리고 그는 짜증과 질병과 분노을 크게 안고 살 것이다.
18 사람이 하나님께서 그에게 주신 바 그 일평생에 먹고 마시며 해 아래에서 하는 모든 수고 중에서 낙을 보는 것이 선하고 아름다움을 내가 보았나니 그것이 그의 몫이로다	18 보라, 내가 보는 선하고 아름다운 것은 이것들이라. 곧 자신이 하는 모든 수고 가운데서 먹고 마시며 좋은 것을 향유하는 것이라. 그러려고 그는 해 아래서 수고하는 것이다, 하나님께서 그에게 주신 날들을 지나는 동안. 진실로 이것이 그의 몫이로다.
19 또한 어떤 사람에게든지 하나님이 재물과 부요를 그에게 주사 능히 누리게 하시며 제 몫을 받아 수고함으로 즐거워하게 하신 것은 하나님의 선물이라	19 또한 그 사람에게 하나님이 부요와 재물을 주셨고 그것으로 먹고 살며 자기 몫을 갖게 하셨다. 그리고 자기 일을 즐거워하게 하셨다. 바로 이것이 하나님이 주신 선물이다.
20 그는 자기의 생명의 날을 깊이 생각하지 아니하리니 이는 하나님이 그의 마음에 기뻐하는 것으로 응답하심이니라	20 진실로 그는 깊게 생각하지 않는다, 자기가 사는 날들을. 이는 하나님께서 그의 마음을 기쁨으로 채우시기 때문이라.

코헬렛은 다시 한 번 하나님께서 일하는 자에게 주신 선물 곧 일하는 즐거움과 보람에 관해 말했다.

여기 나오는 낱말들 가운데 전 5:12-16의 흐름과 이어지는 것은 다음과 같다. 곧 'ōšer(5:18 ···▶ 5:12, 13) 'ākal(5:17, 18 ···▶ 5:16) 'āmāl(5:17, 18 ···▶ 5:14, 15) harəbê(5:19 ···▶ 5:16) 그리고 jəmê ḥajjāw(5:17, 19 ···▶ kāl jāmâw 5:16과 비교) 등이 그것이다. 그리고 ṭôb / ṭôbâ(5:17) ḥēleq(5:17, 18) 'ælōhîm(5:17, 18a.b, 19) śāmaḥ(5:18) śiməḥâ(5:19) 등은 앞의 단락에 나오지 않고 여기에 등장하여, 앞의 단락의 내용을 변화·심화시키는 역할을 한다.

17절의 첫 낱말은 '또한'(감 gam)이다. 전 1:13; 2:17,23과 같은 맥락에서 주어진 이 말씀은 착취(수탈)하는 방법으로 재물을 모은 부자에 관해 부정적인 입장을 보인다. 그 죄로 인하여 그는 한 평생 편안하지 못하며, 각종 비참한 일들로 얼룩진 생활을 한다는 것을 암시한다. '어두운 데에서'란 생명과 번영, 평안을 암시하는 빛(욥 3:20; 시 56:13; 잠 4:18; 13:9)과 대조된다. 이는 사망, 비극, 불행 등을 암시한다.(욥 3:5; 18:6; 19:8; 요 8:12) 이 말씀은 잠 17:22를 생각나게 한다.

마음의 즐거움은 양약이라도 심령의 근심은 뼈를 마르게 하느니라(잠 17:22)

18절 이하 내용은 17절과 대조를 이룬다. 18절에서 첫 번째로 눈에 띄는 표현은 토브 아쉐르 야페(ṭôb ăšer jāfē)다. 이것은 두 가지 방향으로 풀이된다.(Schwienhorst-Schönberger 337) i) 아쉐르를 관계대명사로 보아 '아름다운 선함'이라고 풀이하는 것이다.(Hieronymus: bonum quod est optimum; LXX: εἶδον ἐγὼ ἀγαθόν ὅ ἐστιν καλόν) 이것은 최상급(Superlativ, Elativ)을 나타낸다. 곧 가장 선한 것, 진실로 선한 것이란 의미다. ii) 아쉐르를 목적절을 이

ᄁ는 접속사로 보는 것이다. 마소라텍스트는 이런 방향에 가깝다.(Vulgata: visum est mihi bonum, ut comedat quis et bibat)

이것은 가깝게는 전 5:12-16에서 언급한 병폐를 상쇄시키고, 멀리는 4:1-5:6에서 상대적인 우위에 관해 언급한 것을 뛰어넘어 진실로 좋은 것을 알려준다.(Schwienhorst-Schönberger 339)

의미상으로는 이 둘의 차이가 그리 크지 않다. 다만 어떻게 해석하느냐에 따라 이 부분이 카르페-디엠 부류에 속하느냐(전 2:24; 3:12-13, 22; 8:15; 9:7-9; 11:9-12:1) 아니면 전도서의 둘째 부분(전 4:1-6:9)의 흐름 안에서 이해할 것이냐가 정해질 수 있다.

그의 몫이란 말(헬레크 ḥēleq)은 (제비 뽑는 돌과 관련되어) 매끄럽다 혹은 분배하다는 뜻을 지닌 할라크(ḥālaq)에서 유래되었다. 그 뜻은 할당 몫 상속재산 등을 뜻한다. 이는 전도서에서 여섯 차례 쓰였다.(3:22; 5:18, 19; 9:6,9) 다른 책에서 이것은 분깃이라 번역되기도 했다.(창 31:14; 민 18:20; 신 12:12)

그는 세상에서 일평생 수고하며 살아가는 사람들에게 하나님께서 자기 일에서 기쁨과 보람을 느낄 수 있도록 하셨다고 했다.(19절) 그는 일을 통해서 기쁨과 보람을 느끼는 사람은 근심 속에 살지 않을 수 있다고 말했다.(20절) 우리는 일상생활에서 자칫 분노 시기 질투 욕심 좌절 슬픔 고통 미움 등을 느끼기 쉽다. 우리의 즐거움(기쁨)도 자칫 이런 데서 생겨날 수도 있다 니체가 말한 것처럼.

우리의 기쁨은 다른 이들에게 힘이 되는가. 우리의 기쁨이 타인의 원망과 슬픔을 한층 배가시키거나 모욕을 안겨주고 있지는 않는가. 우리는 정말 기뻐해야 할 것을 기뻐하고 있는가. 타인의 불행과 재앙을 기뻐하고 있지는 않은가.

복수심과 경멸, 차별의 마음을 만족시키는 기쁨은 아닌가.

- 《권력에의 의지》 중에서

우리의 기쁨과 즐거움의 원천은 예수 그리스도다. 때때로 그것은 어렵고 힘든 일을 믿음과 사랑과 소망의 정신으로 감내하는 사람에게 찾아온다. 어떤 상황에서도 사람을 살리고 피조물의 기운을 북돋는 일을 하는 사람에게 하나님은 영혼의 웃음을 주신다. 영혼이 깃든 웃음을 웃을 때 비로소 우리 기쁨과 즐거움의 뒷맛이 쓰지 않다. 그러므로 그것을 예수님께서 주실 때 우리 마음에 기쁨이 일어날 때마다 예수님 말씀을 일부러 기억하자.

평안을 너희에게 끼치노니 곧 나의 평안을 너희에게 주노라 내가 너희에게 주
는 것은 세상이 주는 것과 같지 아니하니라 너희는 마음에 근심하지도 말고
두려워하지도 말라(요 14:27)

근심할 수밖에 없고 두려워할 수밖에 없는 현실에서도 예수님의 길을 꾸준히 걷는 사람에게는 세상이 알지도 못하고 줄 수도 없는 평안이 깃든다. 그 평안이 바로 하나님의 선물이다. 그러면 빌 4:7과 같이 할 수 있으리라.

주 안에서 항상 기뻐하라 내가 다시 말하노니 기뻐하라(빌 4:4)

20절에서 '그는 자기 생명의 날을 깊이 생각하지 아니하리니'를 해석하기가 까다롭다. 다음 번역을 비교해 보자.

공개	ESV	천주교새번역[19]
하느님께서는 사람들이 행복하게 살기만 바라시니, 인생을 너무 심각하게 생각하지 마라.	For he will not much remember the days of his life because God keeps him occupied with joy in his heart.	정녕 하느님께서 그를 제 마음의 즐거움에만 몰두하게 하시니 그는 제 인생의 날수에 대하여 별로 생각하지 않는다.

그는 자기의 생명의 날을 깊이 생각하지 아니하리니 이는 하나님이 그의 마음에 기뻐하는 것으로 응답하심이니라 (개역개정)

21 슬픔에 너 자신을 넘겨주지 말고 일부러 너 자신을 괴롭히지 마라. 22마음의 기쁨은 곧 사람의 생명이며 즐거움은 곧 인간의 장수이다. 23 긴장을 풀고 마음을 달래라. 그리고 근심을 네게서 멀리 던져 버려라. 정녕 근심은 많은 사람을 망쳐 놓고 그 안에는 아무 득도 없다. 24 질투와 분노는 수명을 줄이고 걱정은 노년을 앞당긴다. 25 마음이 밝은 이는 진수성찬을 반기며 제 음식에 관심을 기울인다.(집회서 30:21-25)

공동번역과 표준새번역(크게 마음 쓸 일이 없다.)은 명령형으로 번역해서 코헬렛이 인생살이에 대해 별로 심각하게 고민하지 말고 그저 즐기라는 식으로 해석했다. 좋은 게 좋다는 식이다. 천주교새번역은 인생을 너무 쉽게 생각하는 풍조를 안타깝게 여기고 있다. 그렇다면 두 번역은 정반대의 뜻을 취하고 있는 셈이다. 어떤 번역이 옳은 것일까? 둘 다 타당성이 있고, 선택은 해석자(설교자)의 몫이다.

나는 천주교새번역에 따르고 싶다. 인생을 쉽게 생각하라는 권고는 전도서 전체의 흐름과 맞지 않기 때문이다. 오히려 코헬렛은 인생을 너무 심각하고 진지하게 탐구하다가 탈이 날 정도였다. 다른 한편 그는 세상 사람들이 인생의 의미를 너무 가볍게 여기거나 별로 생각하지 않고 당장 좋은 것, 자기에게만 유리한 쪽으로 행동하는 것을 안타까워했다.

마음의 기쁨은 아무나 누릴 수 있는 것이 아니다. 예수님은 당시 사람들 가운데 일부가 무엇인가에 집착하며 마음의 여유도 기쁨도 없는 것을 보시고 마음 아파하셨다. 그들은 기뻐해야 할 때에도 기뻐하며 즐기지 못하고, 슬퍼해야 할때에도 그에 걸맞는 반응을 하지 못했다.

16 이 세대를 무엇으로 비유할까 비유하건대 아이들이 장터에 앉아 제 동무를 불러 17 이르되 우리가 너희를 향하여 피리를 불어도 너희가 춤추지 않고 우리가 슬피 울어도 너희가 가슴을 치지 아니했다 함과 같도다(마 11:16-17)

이런 뜻에서 아름다운 것을 보며 아름다움을 느끼고, 추한 것을 보며 거부감을 느끼며, 선한 것을 보면 따라 하고픈 마음을 갖는 것이야말로 은혜받은 심령이라 하겠다.

있어도 즐기지 못함

전 6:1-6

개역개정	직역
1 내가 해 아래에서 한 가지 불행한 일이 있는 것을 보았나니 이는 사람의 마음을 무겁게 하는 것이라	1 악한 일이 있는 것을 나는 보았다, 해 아래서. 그리고 그것은 사람에 대해 큰 것이다.
2 어떤 사람은 그의 영혼이 바라는 모든 소원에 부족함이 없어 재물과 부요와 존귀를 하나님께 받았으나 하나님께서 그가 그것을 누리도록 허락하지 아니하셨으므로 다른 사람이 누리나니 이것도 헛되어 악한 병이로다	2 어떤 사람이 있었다. 하나님은 그에게 부유함과 재물과 명예를 주셨다, 그리고 그 영혼에게는 부족한 것이 없을 정도로 원하는 것을 모두 다. 그러나 하나님은 그에게 그것들을 먹을 능력을 주지 않으시고 다른 사람이 먹게 하셨다. 이는 헛되도다. 그리고 병폐로다.
3 사람이 비록 백 명의 자녀를 낳고 또 장수하여 사는 날이 많을지라도 그의 영혼은 그러한 행복으로 만족하지 못하고 또 그가 안장되지 못하면 나는 이르기를 낙태된 자가 그보다는 낫다 하나니	3 어떤 사람이 백명을 낳으며 오래 살았다고 하자. 그리고 그의 영혼은 그 복으로도 만족하지 못했다고 하자. 그리고 또한 무덤에 묻히지도 못했다고 하자, 그렇다면 나는 말한다. 차라리 태어날 때 죽은 그 사람보다 더 낫다고.
4 낙태된 자는 헛되이 왔다가 어두운 중에 가매 그의 이름이 어둠에 덮이니	4 진실로 그는 헛되이 왔다가 어둠 속으로 사라진다. 그리고 그의 이름은 어둠에 덮여진다.
5 햇빛도 보지 못하고 또 그것을 알지도 못하나 이가 그보다 더 평안함이라	5 그는 해도 보지 못한다. 그리고 그는 알지도 못한다, 자기가 (그 아이보다) 더 편하게 안식하는지도.
6 그가 비록 천 년의 갑절을 산다 할지라도 행복을 보지 못하면 마침내 다 한 곳으로 돌아가는 것뿐이 아니냐	6 그리고 그가 비록 천 년씩 두 번을 살더라도, 복을 보지도 못하면 마침내 둘 다 같은 곳으로 가지 않느냐?

이것은 우리가 소유한 것이 확고·확실하지 않다는 말씀이다. 사람들 가운데에는 지극히 당연한 이런 사실을 까마득히 잊어버린 채 소유에 목을 매고 사는 경우가 적지 않다.

전 6:1b는 해석하기가 매우 어렵다.

표준	천주교새번역	NAS
나는 세상에서 또 한 가지, 잘못되고, 억울한 일을 본다. 그것은 참으로 견디기 어려운 것이다.	태양 아래에서 내가 본 불행이 있는데 그것이 인간을 무겁게 짓누른다.	There is an evil which I have seen under the sun and it is prevalent among men.

개역개정(공개)가 '무겁다'고 옮긴 말은 히브리성경에 없다. 이것은 독자의 이해를 도우려고 번역자가 덧붙인 것이다. 히브리 성경에는 많다 풍부하다는 뜻으로 쓰이는 낱말(wərabâ ⋯ 라브 rab)이 들어있다. 번역성경은 이것을 옮길 때 크게 두 가지 방향으로 향했다.

  i) 공통성: "그것은 사람들 사이에 흔하다."(it is common among men. KJV, MLB) "그것은 사람들 사이에 널리 퍼져 있다."(it is prevalent among men. NASB) "그것은 사람들 사이에서 흔히 일어나는 일이다."(that is frequent among men. Douay)

  ii) 짓눌림: "그것은 사람에게 무겁다."(it lies heavy upon men. RSV, NRSV) "그것은 사람에 대해 무겁다."(it weighs heavily upon men. NEB, NAB, NIV) "사람에 대해 무겁게 짓누른다."(it presses heavily on men. Moffatt) "사람에 대해 무겁다."(it is heavy upon men. ASV) "사람에게는 무덤이다."(a grave one it is for man. NJPS)

여기에 쓰인 전치사 'al(= … 에 대하여, … 위에)을 감안하면 ii)의 해석이 직역에 가깝다. 문제는 이 부분을 문자적으로만 해석해서는 뜻이 잘 통하지 않는 데 있다.

코헬렛은 사람의 마음을 무겁게 짓누르는 것을 한 가지 이야기했다. *라아(rā'ā)*는 소단락 전 6:1-2을 열고 *홀리 라(hǒlî rā')*는 이를 닫는다. 이로써 전 6:1-2가 통일성있는 하나의 소단락을 이룬다.

불행한 일(개역: 폐단) 이란 말(*라아, 홀리 라*)은 전 5:13, 16에도 나왔다. *라아*는 흔히 악으로, *홀리 라아*는 불치의 병 고질적인 악 병폐 등을 의미했다. 이와 비슷한 표현은 전 6:2의 *홀리 라아*(=악한 병)이다. 여기서 이 말은 불행한 일, 나쁘고도 불가사의한 일을 가리켰다. 그런 일은 사람의 마음을 무겁게 짓누른다.(*라브 rāb*;=크다)

코헬렛은 여기서 두 부류의 인생을 대조했다. 한 사람은 온갖 부요와 재물과 명예를 다 가졌다. 코헬렛은 5:19에서 부유함과 재물을 가진 사람을 소개했는데, 여기서는 거기에 덧붙여 명예까지 얻은 사람을 소개했다. 명예란 사회에서 존경받는 지위나 공동체 안에서 받는 좋은 평판일 것이다. 비록 여기에 직접 해당되지 않더라도 대하 1:11-12가 이 부분을 이해하는 데 도움이 될 수 있다.

11 하나님이 솔로몬에게 이르시되 이런 마음이 네게 있어서 부나 재물이나 영광이나 원수의 생명 멸하기를 구하지 아니하며 장수도 구하지 아니하고 오직 내가 네게 다스리게 한 내 백성을 재판하기 위하여 지혜와 지식을 구하였으니 12 그러므로 내가 네게 지혜와 지식을 주고 부와 재물과 영광도 주리니 네 전의 왕들도 이런 일이 없었거니와 네 후에도 이런 일이 없으리라 하시니라(대하 1:11-12)

이렇게 복을 많이 받은 그 사람은 안타깝게도 그로부터 오는 혜택을 누리지 못했다. 다른 사람이 그 혜택을 누렸다. 다른 사람이란 표현('îš nåkî = 낯선 사람)은 여기와 신 17:15(외국인)에만 나오는 드문 용어다. 그 사람은 다른 부족 또는 다른 가족일 수도 있고, 그 보다 훨씬 더 일반적인 존재 곧 '다른 사람'일 수도 있다. 여기서는 그 사람이 구체적으로 누구인지는 중요하지 않다. 코헬렛이 말하는 핵심은 어떤 복을 받은 사람 또는 어떤 것을 위해 일하는 사람이 그것을 즐기지 못한다는 데 있다.

> 19 우상에게 제사 음식이 무슨 소용이겠느냐? 우상은 먹지도 냄새 맡지도 못한다. 주님께 벌을 받은 자도 이와 마찬가지다. 20 그는 음식을 보면서도 한숨을 쉬고 있으니 마치 내시가 처녀를 품에 안고 한숨 쉬는 것과 같다. 폭력으로 정의를 실천하려는 자도 이와 같다.(집회서 30:19-20)

다른 한 사람은 장수하고 수많은 자녀를 낳는 복을 누렸어도 재물이 없어서 헐벗고 굶주림에 시달리다가 죽은 경우이다. 마치 흥부와 놀부 이야기의 한 부분과 비슷하다. 놀부는 재물이 풍부했지만 자녀가 하나도 없었던 반면에 흥부는 자식은 주렁주렁 매달렸는데 재물이 없어서 날마다 가난에 시달린 적이 있었다.

어떤 사람은 백 명의 자녀를 낳았다.(3절) 고대 사회에서 다산은 그 자체가 복이었다. 히브리성경은 그냥 '백'이라고만 했다. 불가타 타르굼 이디오피아역본 등은 이를 100명의 아들들이라고 옮겼다. 개역개정은 이를 백명의 자녀라고 번역했다. 이것은 과장법이다. 실제로 백 명의 자녀를 낳는 경우는 아직 없었다. 웨슬리의 어머니 수산나는 모두 19명의 자녀를, 조선시대 세종은 26명의 자녀를 두었다. 청(清)나라 4대 황제인 강희제(康熙帝)

는 56명의 자녀를 낳았다. 이것도 엄청 많이 낳은 것이다.

그런 사람의 이름도 어둠 속에 묻혔다. 이는 기억에서조차 사라진다는 뜻이다. 그 자녀들마저 자기 부모 이름을 기억해 주지 않았을까? 그 자녀들 중에 유명해진 사람이 하나도 없어서 부모의 존재도 잊혀진 것일까? 이름이란 말은 가끔 기억이란 말과 함께 쓰였다.(신 9:14; 삼상 24:21)

어떤 사람은 천년의 갑절을 살았다.(6절) 그는 무드셀라보다 두 배나 더 장수했다.(창 5:27) 요즈음 인간의 수명은 기껏해야 100년 남짓이다. 물론 창세기 5장에는 그보다 훨씬 더 오래 산 사람들이 나온다. 고대 메소포타미아에는 2~3만년 통치한 왕의 이야기도 있다. 어쨌거나 삼천갑자 동박삭이라면 모를까 '천 년의 갑절'을 사는 사람은 이 세상에서 없다는 점에서 이것도 과장법이다.

코헬렛은 무슨 이유로 이런 과장법을 썼을까? 이 세상에는 있어도 즐기지 못하는 사람이 있다는 것이다. 실제로 자식이 있어도 자식이 있음 그 자체를 즐기지 못하고 재물이 있어도 소유 그 자체로 기쁨을 얻지 못하는 사람이 있다. 이런 인생은 헛것이요 마치 태어나지도 못하고 죽은 아이만도 못하다는 것이다. 있어도 그 있는 것을 통하여 기쁨(행복)을 얻지 못하면 차라리 없는 것만도 못하다는 뜻이다. 성경은 969세를 산 므두셀라보다 거의 삼분의 일(365년) 밖에 살지 않은 에녹을 더 높이 평가했다.

천년이 두 배이나 되도록 산 이 사람에게는 재물이 풍부하지 못했다. 그리고 자녀의 복과 장수의 복을 받았다. 그는 자기가 받은 것을 축복으로 생각하지 않고 재물이 없는 것만 탓하다가 죽었을 수도 있다. 그리되면 그는 극단적으로 말해서 낙태된 아이보다 못한 셈이다. 장수가 아무리 복이라 말하더라도 사는 날 동안 진정한 즐거움을 누리지 못한다면 그것은 오히려 저주인 것이다.

동서고금을 막론하고 다산과 장수는 모두가 부러워하는 복이다. 코헬렛은 이런 상식을 뒤집었다. 코헬렛은 '어둠'과 '해'를 비유로 하여 낙태된 자의 운명을 그려냈다. 낙태된 자는 '어둠 중에(바-호쉐크)' 사라지고 '어둠 중에(바-호쉐크)' 그 이름이 묻혀 버렸다. 또한 해(쉐메쉬)를 보지도 못하고 알지도 못한 채 사라졌다. 해를 보는 것이 사람이 태어나 살아가는 것을 상징한다면 어둠은 아직 태어나지 않은 것, 혹은 사람의 생명이 끝난 죽음의 세계를 상징했다. 이것은 또한 기존의 관계가 끊어진 인생을 상징하는 표현이다.

코헬렛이 즐겨 사용하는 해 아래에서라는 문구는 인생이 살아있는 동안을 뜻하는 말이다. 해가 사라지고 어둠이 짙어지는 것은 한 생명이 끝나고 죽음의 세계로 들어간 것을 가리킨다. 12장 2절의 말씀을 읽어보면 이 점이 더욱 분명하다: 해와 빛과 달과 별들이 어둡기 전에 (그리하라).

'다 한 곳으로 돌아가는 것뿐이 아니냐'(6절)에서 '한 곳(마콤 에하드)'은 죽음을 의미했다. 낙태된 아이나 천년의 갑절을 사는 사람이나 죽는 것은 마찬가지였다. 모든 사람은 다 똑같이 '한(에하드)' 장소를 향해 달려가고 있다. 죽음은 짐승과 사람을 '한 장소(마콤 에하드)'로 데리고 가고(3:20) 낙태된 자나 장수한 자를 똑같이 '한 장소'로 데리고 가는 것이다. 코헬렛은 죽음의 속성을 '에하드(하나)'로 표현했다.

3장에서 코헬렛은 '때'에 관하여 자세하게 열거하고(3:2-8) 그렇기 때문에 인간이 그 어떤 '수고'를 한다고 해서 이 모든 '때'에 그 어떤 '이득'을 볼 수도 없으며, 그런 것은 '헛된 것'이라고 결론을 내렸다.(3:9) 이것을 그는 깨달았다(야다)고 말했다.(12a) 그리고 다시 한번 강조했다: "이제 나는 깨닫는다. 기쁘게 사는 것 살면서 좋은 일을 하는 것 사람에게 이보다 더 좋은 것이 무엇이랴! 사람이 먹을 수 있고 마실 수 있고 하는 일에 만족을

누릴 수 있다면 이것이야말로 하나님이 주신 은총이다."(3:12-13 표준)

《채근담 菜根譚》을 지은 홍자성(洪自誠 1573-1619)은 말한다.

하늘이 나에게 복을 박하게 준다면 나는 내 덕을 두텁게 쌓아 이를 막을 것이
고, 하늘이 내 몸을 수고롭게 한다면 나는 내 마음을 편하게 함으로써 이를 보
충하리라. 하늘이 내 처지를 곤궁하게 한다면 나는 도(道)를 형통하게 함으로
써 이를 뚫으리라. 그러면 하늘인들 내게 어찌하랴(天薄我以福 吾厚吾德 以迓之
천박아이복 오후오덕 이아지 天勞我以形 吾逸吾心 以補之 천로아이형 오일오심 이보지 天
阨我以遇 吾亨吾道 以通之 天且我奈何哉 천액아이우 오형오도 이통지 천차아내하재)

　물론 앞날의 '이득'을 구하려 애쓰지 않고 살라는 것이 단순히 현실 안
주를 권하는 게 아니다. 그 어떤 '이득'을 따져서 '수고'하지 말라는 것이
며, 다만 지금의 자리에서 '선'을 행하라는 것이다. 진정 오른 손이 하는 일
을 왼 손이 모르게 하며 살라는 뜻이다. 전도서는 모든 것이 '헛되다'고 가
르쳐 현실을 외면하고 도피하라는 염세주의적 성경이 결코 아니다. 오히
려 더욱 적극적으로 지금의 자리에서 기쁘고 행복하게 살라고 했다. 이 표
현이 전도서 곳곳에 계속 반복하여 쓰이고 있다는 점을 주목할 필요가 있
다.(2:24; 3:22; 5:17[18]; 8:15; 9:9; 11:8-9). 특히 마지막 결론부에 가서는
저녁에 거두어들일 것(이득=이트론)을 위해 아침에 씨를 뿌리는 것(수고=
아말)이 아니라 "아침에 씨를 뿌리고 저녁에도 부지런히 일하라"고 권했
다.(11:6)

　코헬렛은 인간의 '수고'에 대한 부정적인 이유는 무언가 자신의 '이득'을
더 얻기 위해 사람들끼리 '경쟁'하는 것에 있다고 보고, 바로 이것이 '헛된
것'이라고 말했다.(4:4) '경쟁'은 곧 보다 나은 '이득'을 위한 것인데, 이것

이 '헛된 것'임을 4장 7-12절에서 열거했다. 이것은 자식도 형제도 없이 혼자서 살려는 것이다.(8) 둘이 일하면 그 분깃을 나누어야 하기에 혼자 일하는 것이 '이득'을 위해서 더 낫다고 여기기 때문이었다.

코헬렛은 오히려 그 반대로 역설했다. 혼자보다 둘이 일하는 것이 일의 능률이 있고(9) 하나가 넘어지면 동료가 일으켜 세워 줄 수가 있으며(10) 혼자 누우면 춥지만 둘이 누우면 따뜻하고(11) 혼자 싸우면 지지만 둘이 힘을 합하면 적에게 맞설 수 있고 세 겹줄은 쉽게 끊어지지 않는다는 것이다.(12) '이득'을 늘리려고 '경쟁'에서 홀로서기를 하는 것이 헛되다는 말이다. 전도서는 이 세상 모든 것이 '헛되다'고 결코 말하지 않았다. '헛된 것'이 무엇인지를 분명하게 말함으로써 더불어 사는 삶의 기쁨을 강조했다.

5-6장에서는 '이득'을 상징하는 '돈'과 '부' '재산'이 '헛된 것'임을 다시 반복한다. 이는 돈을 아무리 많이 번다고 해도 만족이란 끝이 없는 것이며 (5:9[10]) 아무리 먹어도 식욕을 채울 길이 없기 때문이다.(6:7) 그리고 죽음 앞에서는 모든 이가 맨 손으로 돌아갈 것이기 때문이다. 그러니 이를 위한 그 어떤 '수고'도 '헛된 것'이 된다는 말이다. 그러니 여기에서도 다시 한 번 현실에서 기뻐하고 살라는 말로 결론을 삼고 있다.(5:17-19[18-20]; 6:9)

재산을 모아 물려주어도 자손이 다 지키지 못할 것이요,

책을 쌓아 남겨주어도 자손이 다 읽지 못할 것이니,

자손을 위한 계책으론 음덕(陰德)을 쌓느니만 못하니라.

司馬溫公曰, 積金以遺子孫, 未必子孫能盡守(사마온공왈, 적금이유자손 미필자손 능진수)

積書以遺子孫, 未必子孫 能盡讀(적서이유자손 미필자손능진독)

286

不如積陰德於冥冥之中, 以爲子孫之計也(불여적음덕어명명지중 이위자손지계야).
《明心寶鑑》〈繼善篇〉

소동파(蘇東坡 1037-1101)가 쓴 〈아이가 태어난 날에 장난삼아 짓다 洗兒戲作〉이다.

남들은 모두 자식 낳아 총명하길 바라지만
人皆養子望聰明
나는 총명 때문에 일생을 망쳤구나
我被聰明誤一生
그저 내 아이는 어리석고 노둔하여
惟願孩兒愚且魯
재앙이나 난관 없이 높은 벼슬(공경)에 이르기를
無災無難到公卿

지킬 것이 많아지면 많아질수록 그 사람에게는 사람다움이 사라진다. 그것들을 지키려면 모질게 처신해야 할 경우가 많아진다. 아마 왕이었던 코헬렛도 이런 일을 많이 겪었으리라. 왕이라는 자리를 지키려고, 자기 감정을 긁어놓는 자들이 미워서, 자신의 체면과 명예가 흔들리지 않게 하려고 그는 아마 필요 이상으로 모질었던 때도 있었으리라. 지나놓고 생각해 보니 그까짓게 뭐라고 내가 그 일로 인해 사람 목숨을 파리 목숨처럼 다루었던가 하며 후회한 적도 많았으리라. 마치 맥베드처럼 낮에는 모진 독재자(살인자)요 밤에는 자기가 저지른 일로 인해 두려워 떨며 잠도 제대로 자지 못했을지도 모른다.

욕망도 지혜도 헛되다

전 6:7-9

개역개정	직역
7 사람의 수고는 다 자기의 입을 위함이나 그 식욕은 채울 수 없느니라	7 사람이 수고한 것이 모두 다 자기 입으로 들어가더라도 그 역시 그의 배를 결코 채우지 못한다.
8 지혜자가 우매자보다 나은 것이 무엇이냐 살아 있는 자들 앞에서 행할 줄을 아는 가난한 자에게는 무슨 유익이 있는가	8 진실로 무엇이 더 나은가, 지혜로운 자에게는 어리석은 자에게보다는. 무엇이 나는가, 자기 주변의 살아있는 자들에게 행할 바를 아는 겸손한 자에게는?
9 눈으로 보는 것이 마음으로 공상하는 것보다 나으나 이것도 헛되어 바람을 잡는 것이로다	9 눈에 보이는 것이 더 낫다, 욕심에 사로잡혀서 헤매기보다는. 이것 역시 헛되다. 그리고 바람을 잡으려는 것이다.

이것은 욕망과 지혜의 허무에 관한 것이다. 코헬렛은 세상에서 만족을 얻지 못했다.

성경에서 '입'은 문자 그대로도 비유로도 쓰인다. 전 5:6에서 입은 '말'을 은유한다. 전 6:7 '자기의 입을 위함이나'에서 입은 분명 앞의 것과 다른 의미다. 사람이 일하는 목적은 간단히 말해 '음식을 입(몸)에 넣기 위한 것'이다. 이것은 보다 더 넓은 의미 곧 인간이 지닌 육체적·정신적인 욕구들을 충족시키려는 것이라고 확대 해석될 수 있다.

사람이 일하며 수고하는 이유들 중 하나는 먹고 살기 위한 것이다. 그 식욕은 평생동안 먹어도 먹어도 채워지지 않는다.(7절) 식욕이 채워지는 만족은 길어야 하루도 못 간다. 개역개정이 식욕이라 옮긴 말은 본디 *네페쉬* (*nefesch*)이다. 이 낱말 역시 목구멍 목숨 욕구(욕망) 영혼 생명체 등 다양한 뜻으로 풀이된다. 창 2:27에서 그것은 하나님께서 지으신 다음 숨결을 불어넣어 주심으로 살아있는 존재(생명체)로 묘사됐다. 사 5:14에서 그것은 입과 나란히 쓰이며 욕망이라는 뜻으로 쓰였다. 여기서는 배 또는 식욕으로 풀어도 좋다.

사람이 이 땅에서 수고하는 것은 결국 자기의 욕망을 채우려는 목적에서 나오는 것이다. 욕망 중에서 가장 강한 것이 식욕이다. 흔한 말로 '다 먹고 살자고 하는 것'이다. 그는 이를 '다 자기의 입을 위함'이라고 했다. 사람의 식욕은 끝이 없다. 사람은 맛있는 것을 먹으면 더 맛있는 것을 찾게 되고, 더 자극적인 것을 원한다. 인간의 식욕은 마치 굴우물에 말똥을 쓸어넣는 것과 같이 아무리 산해진미를 먹어도 만족할 줄을 모른다.

하나님은 출애굽 한 이스라엘 백성이 광야에서 먹을 것 때문에 불평할 때에도 벌을 주지 않으셨다. 이는 먹는 것이 인생에 반드시 필요하기 때문일까? 하나님도 예수님도 백성에게 먹을 것을 주셨다.(출 16장 만나와 메추라기 기적; 막 6:30-44 오병이어 기적)

그러면서도 하나님은 '너를 낮추시며 너를 주리게 하시며 또 너도 알지 못하며 네 조상들도 알지 못하던 만나를 네게 먹이신 것은 사람이 떡으로만 사는 것이 아니요 여호와의 입에서 나오는 모든 말씀으로 사는 줄을 네가 알게 하려 하심이니라'(신 8:3)라고 말씀하셨다. 예언자 아모스는 '보라 날이 이를지라 내가 기근을 땅에 보내리니 양식이 없어 주림이 아니며 물이 없어 갈함이 아니요 여호와의 말씀을 듣지 못한 기갈이라'(암 8:11)라고 하나님 말씀을 전했다.

예수님은 사탄에게 시험을 당하실 때 "사람이 떡으로만 살 것이 아니요 하나님의 입으로부터 나오는 모든 말씀으로 살 것이라 하였느니라"라는 신명기 말씀을 인용하셨다.(마 4:4) 이 모든 것을 음식을 먹되 음식에 매이지 말고 인생의 수준이 음식의 수준에 좌우되지 말아야 할 것을 말씀하신 것이다. 먹는 것(식욕, 욕망)에 끌려다니는 사람에게는 인생의 만족이 머나먼 곳으로 도망간다.

식당 명 병서(食堂銘幷序) - **석계응**(釋戒膺 고려 전기)

먹는다는 것은 중이 그것에 의지하여 도를 닦기도 하지만 이것이 또 허물을 만드는 원인이 되기도 한다. 이에 식당에 명을 짓는다.(食者.僧所倚以修道業.而此所由以成過咎也.於是乎銘其堂云)
먹어야 마땅하다 하자니 지옥에서 양동(洋銅)으로 입에다가 부어 넣는다고 말하였네. 먹는 것을 마땅하지 않다 하자니 부처님도 우유죽[乳糜]을 마시었네. 약을 쓰는 데는 질병에 알맞게 써야 하는데 꼭 달아야만 된다든지 꼭 쓴맛이라야만 된다고 하는 것은 미쳤거나 아니면 어리석은 것이다. 물(物)이 반드시 그 물이어야 한다면 물마다 병되지 않을 것이 없고, 일정함이 없는 물은 물이 때로는 덕(德)을 이루게 된다. 만일 마음에 집착(執着)이 있으면 물이 있고 없는 것이 모두 병통이 되는 것이다. 선각(先覺)들이 말씀하시기를 한 입 한 입을 모두 생각하라 했다. (謂食以宜.道洋銅灌口.謂食以不宜.乳糜或取.惟樂之設.視疾之宜.必甘必苦.非狂卽癡.物於其物.物無非賊.無物之物.物或成德.苟存諸中.有無俱玷.先覺有言.口口作念)

코헬렛은 8절에서 '무슨 장점(jôtēr)이 있느냐'고 묻는다. RSV는 이것을 잇점(advantage)이라 옮겼다. 이 말은 앞에 자주 나오는 (지속 가능한) 유익(jitrôn)과 같은 뿌리에서 나왔다.

코헬렛은 2.13-16에서 지혜는 항상 장점이며 빛과 어둠이 다르듯이 지혜는 어리석음과 다르다고 말했다. 그렇더라도 현명한 사람과 어리석은 사람은 모두 죽는다는 점에서 차이가 없다. 또한 아무리 지혜로운 사람이라도 가난하면 사람들에게 무시당하는 것이 세상 현실이다. 이에 그는 '마-(무엇이냐)'로 시작되는 질문을 두 번 던졌다. '지혜자가 우매자보다 나은 것이 무엇이냐(마-)'. '살아 있는 자들 앞에서 행할 줄을 아는 가난한 자에게는 무슨(마-) (유익이 있는가)'. 두 가지 질문은 결국 똑같은 내용이다. '살아있는 자들 앞에서'이라고 한 것은 히브리 성경에 삶(생명)앞에서(네게드하카임)이다.

코헬렛은 사람이 지혜롭든 어리석든 사람에게는 정기적으로 먹는 것이 필요하고, 누구에게나 있는 그 자연스러운 식욕을 완전히 만족시키는 것이 불가능하다는 사실에 착안했다. 곧 우리 입(식욕)은 잠시동안만 만족할 수 있으며 조금 지나면 다시 배가 고프게 된다. 이것은 지혜로운 사람이든 어리석은 사람이든 누구에게나 적용되는 생활현실이다. 다만 지혜로운 자와 어리석은 자는 그 기본적인 욕구 앞에 어떻게 처신하느냐에서 차이가 날 뿐이다. 코헬렛은 여기서 그 차이점을 다루지 않았다.

코헬렛은 지혜자와 어리석은 자에게 눈길을 두었다. 물론 여기서 말하는 지혜나 어리석음은 영적인 의미에서가 아니라 인간 세상의 시선에서 판단하는 것이다. 그는 '지혜자가 우매자보다 나은 것이 무엇이냐'는 질문으로 지혜롭다고 해서 특별히 나은 것도 없고 달라질 것도 없다고 했다. 구체적인 예로 아무리 지혜가 많아도 가난하면 사람들이 알아주지 않고 세상에서 인정받지 못한다. '살아 있는 자들 앞에서 행할 줄 안다'는 것은 세상살이를 어떻게 해야 옳은 것인가를 깨우쳤다는 뜻이다. 새번역은 '세상 살아가는 법을 안다고 해서'라고 번역했다. 인생의 지혜를 터득한 것을 말한 것이다.

> 그렇다고 해서 지혜로운 사람이 어리석은 사람보다 나은 점이 있는 것도 아니다. 인생을 어떻게 살아야 할지 안다고 해도 가난하다면 아무 소용이 없다.(공개)

그는 지혜로운 사람도 가난하다는 이유로 사람들에게 무시(외면)당하는 것이 이 세상의 현실이다. 이에 '지혜가 우매자보다 나은 것이 무엇이냐'고 탄식했다.

전 6:8에서 코헬렛은 "지혜자가 우매자보다 나은 것이 무엇이냐 살아 있는 자들 앞에서 행할 줄을 아는 가난한 자에게는 무슨 유익이 있는가"라고 말했다. 여기서 '살아있는 자들 앞에서 행할 줄 아는 자'란 스스로 절제하며 바르게 살고자 노력하며, 대인관계를 부드럽게 유지하는 겸손한 사람을 가리킨다. 아마 이런 사람은 많은 사람에게 칭찬과 존경을 받을 것이다. 비록 여기 언급된 대로 '가난한 사람'이라는 점이 다른 이에게 부드러움의 대상이 되는 것에 방해가 될지 모르겠으나, 재산보다도 더 좋은 것을 소유한 사람이요 가난한 상황을 전혀 개의치 않는 의연한 사람일 수도 있다.

그런데도 코헬렛은 이런 사람이 어리석은 자보다 더 나은 것이 무엇이며 유익한 것이 무엇이냐고 물었다. 이는 수사 의문문이므로 그 대답은 '없다'는 단정이거나 아니면 '별로 나을 것이 없다'이다. 그렇다면 코헬렛은 지혜를 무시하는 사람일까? 아니면 뒤틀린 안목으로 지혜롭게 사는 척하기보다는 차라리 부를 추구하며 재산을 늘려나가는 재미로 세상을 살라고 권하는 것일까? 아니다. 이 둘은 다 그 대답이 아니다.

그는 아무리 많은 지혜를 갖추어 현명하고 바르게 사는 사람일지라도 그것으로 구원을 얻을 수 없다는 점을 말하고 있을 뿐이다. 아무리 수양을 많이 쌓아 뛰어나고 인격적으로 존경을 받더라도 그것이 곧 영원할 수 없으며, 그것으로 그 영혼이 구원받는 것은 아니라는 것이다. 인류 역사에 위대하고 지혜로운 스승들은 참 많았다. 훌륭한 가르침으로 당대는 물론 후대까지 감화를 끼친 인물도 많았다. 물론 지식과 지혜, 학문과 경륜, 기술 등을 향한 탐구정신과 습득하려는 노력은 가치있고 의미있는 일이다. 그렇지만 영원하신 하나님과 관계없이 이루어지는 위와같은 노력들은 다 영원하지 못한 것이다. 신령한 명철과 지혜의 근본이신 하나님을 경외하지 않는 모든 인간적인 노력과 수고의 열매는 죽음 앞에서 지혜로운 자에게나 어리석은 자에게나 다 똑같이 허무와 허탈이라는 것이다.

그러므로 코헬렛은 묻는다. 이는 "지혜로운 사람은 어리석은 사람이 갖지 못한 어떤 지속적인 만족을 누리는가?" 또는 "현명한 사람이나 어리석은 사람이나 지속적인 이점을 얻을 수는 없다" 것이다.

7절과 8절의 내용이 서로 연관이 없고 단절된 것 같이 느껴지더라도 자세히 읽어보면 그렇지만은 않다. 7절은 인간의 욕망을 근본적으로 채울 수 없다는 사실을 지적하였고, 8절은 지혜조차 그것에는 별 소용이 없다는 사실을 말했다. 이것은 전도자가 처음에 실험해 보았던 지혜 추구(1:12-18)와 향락 추구(2:1-11)의 내용을 요약하는 것이다. 코헬렛은 힘써 지혜를 추구해 보고는 지혜가 많으면 근심도 많아진다는 결론을 얻었다. 또한 온갖 향락에 빠져 보았어도 그것들으로부터 진정한(지속적인) 기쁨을 얻지 못했다. 코헬렛은 그런 결론을 여기에 반복하고 있다. 전 6:9다.

표준	공개	ELB
이것 또한 헛되고, 바람을 잡으려는 것과 같다. 가지고 있는 것으로 만족하는 것이, 욕심에 사로잡혀서 헤매는 것보다 낫다.(niv 참조)	이 또한 바람을 잡듯 헛된 일이라, 굶어 죽는 것보다 눈뜨고 사는 것이 낫다.	Besser das Sehen mit den Augen als das Umherschweifen der Begierde! Auch das ist Nichtigkeit und ein Haschen nach Wind.

ESV	KJV	Luther 2017
Better is the sight of the eyes than the wandering of the appetite: this also is vanity and a striving after wind.	Better is the sight of the eyes than the wandering of the desire: this is also vanity and vexation of spirit.	Es ist besser, zu gebrauchen, was vor Augen ist, als nach anderm zu verlangen. Das ist auch eitel und Haschen nach Wind.

9절 앞부분은 속담이고 뒷부분은 코헬렛이 전 6:1-9에 내리는 결론이다. 코헬렛은 '눈으로 보는 것'과 '마음으로 공상하는 것'을 대조했다.

'마음으로 공상하는 것'은 욕심을 채우려는 헛된 추구를 가리킨다. 이는 출세나 부귀영화를 꿈꾸고 일확천금을 바라는 것이다. 다시 말해 실제로는 이루어질 수 없는 것을 꿈꾸는 것이다. 마치 소금 먹은 소가 굴우물 들여다보듯 할 뿐이다.

'눈으로 보는 것'은 단순히 사람의 외모나 사람의 볼 수 있는 능력을 의미하는 것도 아니다. 이것 우리가 바라보는 우리 너머의 것 특히 우리가 모으려 애쓰는 부와 소유물을 가리킨다. 이런 것들은 보는 이에게 즐거움을 선사하며 단순한 욕망 이상의 가치를 부여한다. 따라서 우리는 이것을 '사람이 얻은 것, 사람이 붙잡은 것'이라는 의미로 받아들일 수 있다.

코헬렛은 '마음으로 공상하는 것'보다는 '눈으로 보는 것'이 낫다고 강조했다. 헛된 공상에 빠지는 것보다 주어진 현실에 만족하며 사는 것이 합당하다는 말이다. 이 가르침은 앞에서 말한 7절의 내용과 연결된다. 7절에서는 사람의 식욕을 채울 수가 없다고 했다. 만족하지 못하기 때문이다. 그러므로 욕망을 채우기 위해서 끊임없이 발버둥치는 것보다는 현재의 상태에 만족하는 것이 현명한 태도라는 것이다. 다만 '이것도 헛되어 바람을 잡는 것이로다'는 말은 욕망을 채우려고 애쓰는 것이 헛되다는 것인지 아니면 욕심을 멈추고 만족하는 것이 헛되다는 것인지 분명하지 않다.

이 말씀은 물질적인 것 곧 눈으로 보는 것을 즐기는 편이 어떤 꿈(환상)을 끊임없이 추구하는 것보다 낫다는 것을 암시한다. 왜냐하면 그 꿈이 실현되더라도 그것으로부터도 지속적인 만족을 유지할 수 없기 때문이다. 사람은 항상 더 많은 것을 갈망하는 속성을 지니고 있기 때문이다. 개역개정이 '공상'이라 옮긴 말(mēhǎlāk-nefeš)을 NASB는 영혼이라는 말에 주목하여 '영혼이 원하는 것'(what the soul desires)으로, KJV, RSV, Luther, ELB 등은 '욕망의 방황'(the wandering of the desire) 이라 옮겼다. 9절을 풀어쓰면 다음과 같다.

이미 갖고 있는 것을 즐기는 것이 아직 갖지 않은 것을 취하려는 욕심으로 방황하는 것보다 낫다. 물론 이렇게 하기가 쉽지 않다. 그것은 바람을 조종하려는 것만큼이나 어렵다.

코헬렛은 세상적인 수고에 이렇게 말했다:

15 그가 모태에서 벌거벗고 나왔은즉 그가 나온 대로 돌아가고 수고하여 얻은 것을 아무것도 자기 손에 가지고 가지 못하리니 16 이것도 큰 불행이라 어떻게 왔든지 그대로 가리니 바람을 잡는 수고가 그에게 무엇이 유익하랴(전 5:15-16)

곧 세상적인 수고는 바람을 잡으려는 것과 같은 허무함만을 안겨다 줄 뿐이라는 것이다. 비유적인 의미를 담은 '바람을 잡으려는 것'이란 표현 (reʿût rûaḥ)은 '바람을 쫓아가려는'과 '바람을 다스리려는'이란 두 가지 의미로 쓰인다. 이것은 전도서에서 '헛되다'고 말한 것과 의미와 내용에 별 차이가 없다.(Köhlmoos 52) 곧 '바람을 잡는 것이로다'란 말은 '헛됨, 무상함'을 나타낸다. 이것은 전도서에서 10번 나왔다.(1:14, 17; 2:11, 17, 22, 26; 4:4, 6, 16; 6:9) 옛말 그대로다: 득지본유(得之本有) 얻었다 한들 본래 있었던 것이고, 실지본무(失之本无) 잃었다 한들 본래 없었던 것이다. 예전에 즐겨 불렀던 복음성가 〈만족함이 없었네〉가 생각난다.

사람을 보며 세상을 볼 땐 만족함이 없었네
나의 하나님 그분을 뵐땐 나는 만족하였네
저기 빛나는 태양을 보라
또 저기 서 있는 산을 보아라
천지 지으신 우리 여호와 나를 사랑하시니
나의 하나님 한 분만으로 나는 만족하겠네

사람을 보며 세상을 볼 때 만족함이 없었네
나의 하나님 그분을 뵐 때 나는 만족하였네
동남풍아 불어라 서북풍아 불어라
가시밭의 백합화 예수 향기날리니 할렐루야 아멘
가시밭의 백합화 예수 향기날리니 할렐루야 아멘
할렐루야 아멘

우리 땀과 수고가 허무해지지 않으려면, 우리의 수고는 주님과 함께하는 수고 주님 영광을 위한 수고라야 한다. 사도 바울은 "내 사랑하는 형제들아 견고하며 흔들리지 말며 항상 주의 일에 더욱 힘쓰는 자들이 되라 이는 너희 수고가 주 안에서 헛되지 않은 줄을 앎이니라"(고전 15:58) 고 말씀하면서, 주 안에서 하는 수고는 결코 헛되지 않으며 선한 열매를 가져다준다는 사실을 일러주었다.

지금 우리의 땀과 수고는 어떤가? 우리가 무슨 일을 하든지 주님 영광을 염두에 두지 않은 채 하면 그 땀과 수고는 세상적인 것이다. 세상적인 목표·열심·목적에만 몰두해 있으면, 사람이 작아지기 마련이다. 마음씀씀이가 밴댕이 속알딱지처럼 작아진다. 그렇지만 우리가 무슨 일을 하든지 주님 영광을 염두에 두고 하면 그것이 바로 우리 자신을 위한 수고이자 주님을 위한 수고이다. 이런 땀을 흘리면 흘릴수록 이런 수고를 하면 할수록 인생이 풍요로워지고 통이 커지고 하나님께 영광이 된다. 지금 우리의 땀과 수고가 우리 자신만을 위한 것인지 하나님의 영광을 위한 것인지를 돌아보자.

코헬렛은 세계관이 바뀐 사람이다. 곧 다르게 생각하기 시작한 사람이다. 물론 이전에도 그에게는 확고한 신념과 주체성과 주관이 뚜렷했다. 그런 것에 바탕하여 열심히 사는 그에게 불현듯 회의와 좌절이 찾아왔다. 자기가 노력해 쌓아놓은 보아도 하나도 기쁘지가 않았다. 자기가 자기 인생의 주인이라 여겼던 생각이 변화가 생겼다.

코헬렛은 이제까지 자신을 지탱해 오던 정신적·물질적·사회적 지주가 무너지고, 이전과 다른 것이 자리잡는 과정을 전도서에서 그려냈다. 그에게 이전과 다른 신앙관·세계관이 찾아온 것이다.

인생의 한계

전 6:10-12

개역개정	직역
10 이미 있는 것은 무엇이든지 오래 전부터 그의 이름이 이미 불린 바 되었으며 사람이 무엇인지도 이미 안 바 되었나니 자기보다 강한 자와는 능히 다툴 수 없느니라	10 그것이 무엇인가? 이미 그 이름이 불렸고, 사람이 무엇인지 알려져 있다. 그리고 그는 자기보다 강한 자와 다툴 수 없다.
11 헛된 것을 더하게 하는 많은 일들(혹은 많은 말들)이 있나니 그것들이 사람에게 무슨 유익이 있으랴	11 진실로 말이 많을수록 헛됨도 더욱 커진다. 그러니 무엇이 유익한가, 인간에게?
12 헛된 생명의 모든 날을 그림자 같이 보내는 일평생에 사람에게 무엇이 낙인지를 누가 알며 그 후에 해 아래에서 무슨 일이 있을 것을 누가 능히 그에게 고하리요	12 진실로 누가 아는가, 사람에게 무엇이 유익한지를, 헛되게 살아가는 수많은 날 동안? 마치 그림자처럼 지내는구나. 누가 사람에게 말해 주겠는가, 그에게 무슨 일이 있을지 해 아래서?

이것은 인간이 지닌 이념적인 한계에 관한 말씀이다. 이 부분을 이끄는 낱말(Key Word)은 '사람'(ʾādām)이다.(10절과 11절, 그리고 12절에 두 번) 의문사 mâ(what)와 mî(who)도 여기서 주요한 역할을 한다. 우선 6:10의 번역을

298

비교해 보자.

표준	공개	ESV
지금 있는 것은 무엇이든지, 이미 오래 전에 생긴 것이다. 인생이 무엇이라는 것도 이미 알려진 것이다. 사람은 자기보다 강한 이와 다툴 수 없다.	이미 결정되지 않은 일이 어디 있으랴? 그것이 어떤 일인지를 알 수야 있지만, 그렇다고 사람이 자기보다 강한 어른에게 왜 이러느냐고 따질 수는 없는 노릇 아닌가.	Whatever has come to be has already been named, and it is known what man is, and that he is not able to dispute with one stronger than he.

10절에서 '이미(벌써)'라는 말(케바르 āᵊbār)은 해 아래 새것이 없으며, 지난 시절부터 이미 존재하였음을 강조했다.(1:10; 2:12. 16; 3:15; 4:2; 9:6. 7) 그리고 '이름이 불려지다'(카라)와 '알려지다'(야다)는 모두 수동형(니팔형)이다. 자기 스스로 한 것이 아니라 누군가가 그 이름을 불러주었고 그 실체를 알려주었다. 코헬렛은 그가 누구인지 명백히 밝히지는 않았다. 그래도 우리는 그분이 바로 하나님이라고 금방 짐작한다. 이름을 불러주는 행위는 창조주 하나님을 생각하게 만든다. 하나님은 피조물 하나 하나가 완성될 때마다 이름을 붙이시고 또 불러주셨다.(창 1:5,8,10 등 참조) 이 세상에 존재하는 모든 것은 이미 하나님께서 창조하시고 이름을 붙여주신 것이다. 하나님은 모든 피조물 중에서 인간에게 자신과 더욱 특별한 관계를 맺게 하셨다. 성경은 이것을 '야다'란 로 표현했다. 이는 그냥 아는 정도가 아니라 긴밀하고도 인격적인 관계에 있다는 뜻이다.

히브리인 사람은 이름으로 어떤 사람이나 사물의 칭호(명칭)만을 나타내지 않았다. 그보다는 그것의 성격이나 특성, 능력 존재 또는 존재가치를 표현했다. 그러므로 '이미 오래 전부터 그 이름이 불린 바 되었다'는 말은 과거에도 그 이름으로 불렀던 적이 있었으므로 전혀 새로울 것이 없다는 뜻과 더불어, 그것이 하나님의 섭리를 따라 움직인다는 사실을 말해주는 것이다.

이런 점에서는 사람도 예외가 아니다. 그러므로 '자기보다 강한 자'는 하나님을 에둘러 표현한 것이다. 일찍이 욥은 하나님과 다툴 수는 없지만(욥 9:1-4), 하나님 앞에 나아가 변론하겠다는 뜻을 밝혔다.(욥 13:3) 그렇지만 하나님과 대면하였을 때 그는 자신이 무지한 말로 이치를 가리는 자요 알수도 없고 헤아릴 수도 없는 일을 말하는 어리석은 자였음을 스스로 인정할 수밖에 없었다.(욥 42:2-6)

여기서 다툰다는 말(띤I)을 '싸우다'는 뜻 곧 보다 적극적으로 해석한다면, 하나님 앞에서 고개를 뻣뻣하게 들고 대항하였던 이집트의 파라오를 상상하게 된다. 그는 모세가 "이스라엘의 하나님 여호와께서 이렇게 말씀하시기를 내 백성을 보내라 그러면 그들이 광야에서 내 앞에 절기를 지킬 것이니라 하셨나이다"라고 말하였을 때, 이렇게 대답했다:

여호와가 누구이기에 내가 그의 목소리를 듣고 이스라엘을 보내겠느냐 나는 여호와를 알지 못하니 이스라엘을 보내지 아니하리라(출 5:2)

파라오가 이렇게 하나님과 다툰 결과가 어떠하였는지 우리는 잘 알고 있다.

11절에서 그 뜻이 분명하게 밝혀졌다. 드바림 하르뻬를 '많은 일'이라고 번역할 수도 있다.(ASV KJV ERV) 이는 인간이 제아무리 수고를 많이 하더라도 하나님의 섭리와 목적에 따르지 않는다면 아무런 유익이 없다는 뜻이다. 또한 이를 '많은 말'이라고 번역할 수도 있다.(ESV NAV NAS NAU

NIV NRSV RSV) 이는 12절과 연결시켜 볼 때 뜻이 잘 통한다. 인간이 염려 실망 불만족 이해할 수 없는 하나님의 섭리 등에 관해 하나님이나 사람들 앞에서 불평불만을 많이 털어놓는다고 해도 달라지는 것은 하나도 없다는 뜻이다.

그 두 가지 중 어느 쪽으로 해석하든 그 의미에는 큰 차이가 없다. 인생의 문제를 자기 혼자 힘으로 해결하려는 사람은 허무와 고독을 씹으며 살 것이다. 인생의 문제를 불평하며 상대하는 사람은 인생의 허무감과 고독을 더해 줄 뿐 하나도 유익하지 않다. 이렇게 보내는 인생의 나날은 '헛된 생명의 모든 날을 그림자 같이 보내는 일평생'(12절)이라 일컬을 만큼 허무하고 허탈한 것이다. 여기서 그림자라는 말(첼)은 하나님 섭리와 목적을 벗어나서 사는 인생의 특징을 단적으로 보여준다.(전 7:12 참조) 이 무모하고 허무한 모습을 잘 아는 시편기자는 노래했다:

1 왕이신 나의 하나님이여 내가 주를 높이고 영원히 주의 이름을 송축하리이다 2 내가 날마다 주를 송축하며 영원히 주의 이름을 송축하리이다(시 145:1-2)

예수 그리스도는 패배하심으로 승리하셨다. 치욕과 수치를 당하시면서도 끝까지도 견뎌내서 영광을 받으셨다. 우리는 패배가 곧 승리였던 믿음의 선배들을 잘 알고 있다. 환도뼈가 부러진 야곱, 이세벨을 피해 도망쳤던 엘리야, 예언자 예레미야, 사도 바울 등

12절의 번역을 비교해 보자.

표준	ELB	ESV
지금 있는 것은 무엇이든지, 이미 오래 전에 생긴 것이다. 인생이 무엇이라는 것도 이미 알려진 것이다. 사람은 자기보다 강한 이와 다툴 수 없다.	Denn wer erkennt, was für den Menschen im Leben gut ist, die Zahl der Tage seines nichtigen Lebens, die er wie ein Schatten verbringt(w. und er macht sie wie einen Schatten)? Denn wer kann dem Menschen mitteilen, was nach ihm sein wird unter der Sonne?	For who knows what is good for man while he lives the few days of his vain(The Hebrew term hebel can refer to a 'vapor' or 'mere breath') life, which he passes like a shadow? For who can tell man what will be after him under the sun?

위에서 보듯이 개역개정이 '이후에'라고 옮긴 말('aḥărâw)은 학자들과 성경번역에 따라 i) 단순히 아직 오지 않은 미래를 가리키는지 ii) 사람이 죽은 이후를 가리키는지로 의견이 나뉜다. 어느 경우에나 이것은 이 세상에 사는 인간이 무지하고 연약하며 한계가 뚜렷하다는 점에서 하나님을 떠나거나 그분을 거역하고서는 결코 제대로 된 인생을 살 수 없다고 한다.

내일 일을 너희가 알지 못하는도다 너희 생명이 무엇이냐 너희는 잠깐 보이다가 없어지는 안개니라(약 4:14)

전 6:12에서 코헬렛은 두 개의 예리한 물음을 던졌다. i) 헛된 생명의 모든 날을 그림자 같이 보내는 일평생에 사람에게 무엇이 낙(토브)인지를 누가 알며? ii) 그 후에(=그가 죽은 다음에) 해 아래에서 무슨 일이 있을 것을 누가 그에게 알려줄 수 있으리요? 그 대답은 이미 주어져 있다: '사람 중에는 아무도 모르며 오직 하나님만이 아신다.' 결국 인간은 이 세상에 사는 동안 선한 열매를 맺기에 합당한 사건과 행동과 태도를 스스로 결정하지 못한다는 말이다. 마치 해 아래에서의 삶이 끝난 뒤에 어떤 일이 벌어질지 모를 뿐만 아니라 그 방향을 좌우할 수 없듯이 살아서도 그렇다.

그는 인생을 그림자로 비유했다.(전 8:13; 대상 29:15; 욥 8:9; 14:12; 시 102:11; 109:23; 144:4) 성경에서 그림자(그늘)은 몇 가지 의미로 사용되었다. i) 단명하는 인생, 덧없는 인생 ii) 하나님의 그림자(그늘)는 안전 보호 즐거움을 나타내었다. 얼핏보기에는 첫 번째 해석이 여기에 적용되는 듯하다. 물론 두 번째 해석도 그리 나쁘지 않다. 이에 따르면 하나님의 주권에 순종하는 자는 비록 짧은 기간 동안 이 세상에 살더라도 즐거움을 누릴 수 있다. 하나님을 경외하지 않는 자는 그것을 맛보지 못할 것이다.(전 8:13 참조) 여기에는 이런 두 가지 방향으로 해석할 여지가 다 들어 있다. 현재와 미래 그 어느 것도 인간이 스스로 좌지우지할 수 없는 것이다.

다른 한편 이것은 지혜자나 학식있는 자가 내세우는 주장이 그들 자신의 생활방식과 얼마나 부합하느냐를 묻는 것이다. 이런 것에 관해 이현주 목사는 〈이름값을 하면서 살고 싶다〉라는 글에서 이렇게 썼다:

어떤 목사가 도시 빈민의 가난을 염려하는 소리를 하면,

그가 어떤 집에서 살고 있는지 물어야 한다.

누가 공해 문제에 대해 심각한 우려를 말하면

그가 무슨 차를 타고 다니는지 물어야 한다.

우리는 반드시 그것을 물어야 한다.

소리를 내는 놈의 정체를 알아봐야 한다.

대한제국(구한말) 시기 오적(五賊)이 있었다. 권중현 박제순 이근택 이지용 이완용이 바로 그것들이다. 그들은 어려서부터 영재였다. 만일 그 정도로 똑똑한 사람이 아니었더라면 그들은 나라를 팔아먹은 도적이 되지 않았으리라. 그런 오명을 남기지 않았으리라. 사람의 재질(才質)이 덕(德)보다 뛰어나면 여러 가지로 해롭다. 그런 사람은 남을 해롭게 하는 것보다 더 크게 자기 자신을 해친다. 꾀는 꾀를 낳고 그 꾀가 다시 꾀를 부려 처음에는 잘 나가는 듯 싶다가도 어느 순간 제 꾀에 제가 넘어가 일생을 망치기 마련이다.

물음 두 가지가 12절에 있다. i) 사람이 헛된 생애의 며칠을 사는 동안 무엇이 유익하리요…? ii) 그 사람 뒤에 무슨 일이 일어날지 누가 사람에게 말할 수 있겠는가? 이 두 가지 물음은 코헬렛이 7장에서 다룰 내용의 방향을 알려준다. 전 6:10-12는 그만큼 7장 내용과 긴밀하게 연결되어 있다.

전도서는 크게 두 부분으로 나누어진다. 전도서의 가장 가운데 위치한 전도서 6장 9절과 10절을 기준으로.(Horne 467; Schwienhorst-Schönberger 50, 359) 전 1:1-6:9 와 6:10-12:14에 각각 111개 절이 포진되어 있다. 물론 이것은 단순히 양적인 구분만이 아니다. 이 둘 사이에는 그 내용과 어조에도 뚜렷한 차이가 있다.

1부(1:1-6:9)에서 코헬렛은 '인생이 허무하다 하면서, 그 주제들을 설명한 후에 '이것도 헛되어 바람을 잡는 것과 같다!'는 말로 각 단원을 끝맺었다.

2부(6:10-11:8)에서 그는 '인간이 지닌 능력이 제한되어 있다는 사실을 강조다. 곧 사람들이 무엇이 진정으로 유익한 일인지 알지 못하며(6:10-8:17), 또 자신의 앞날도 알 수 없다는 것이다.(9:1-11:8) 이 부분에는 '알지 못한다'는 말이 앞부분보다 더 자주 쓰였다. 우리는 2부의 내용을 구분할 때, 이 말을 기준으로 삼을 것이다.

이름과 기름

전 7:1

개역개정	직역
좋은 이름이 좋은 기름보다 낫고 죽는 날이 출생하는 날보다 나으며	이름이 더 낫다, 값진 기름보다. 죽는 날이 더 낫다, 태어난 날보다.

이것은 이름(명예)과 기름(재산)을 비교하며 어느 쪽에 중요한 가치를 둘 것인가에 관한 이야기다.

이름(쉠 šēm)과 기름(쉐멘 šemen)에 관해 살펴보자. 이름은 단순히 이 사람과 저 사람을 구별하는 호칭에 지나지 않는 것이 아니다. 이것은 종종 어떤 사람이 얻은 평판을 가리킨다. 히브리어나 우리말에서뿐만 아니라 세계 여러 나라에서 좋은 이름은 훌륭한 평판 또는 명성(명예)을 나타낸다.

'좋은(보배로운) 기름'은 감람(올리브)나무에서 추출한 감람유(올리브유)다. 이 기름은 식용으로 사용된 것은 물론, 피부의 건조함을 막는 의약품과 화장품으로도 사용되었고, 잔치와 장례에도, 성전에서 불을 밝기는 용도로도 사용되었다. 또한 왕궁의 보물목록에도 포함되었다. 기름이란 말은 '재산'이나 '재능'을 비유하는 것으로도 쓰인다.

좋은 기름이란 말은 비유로 쓰이기도 한다. 그것은 땅에서 나는 좋은 수확물, 사람들이 좋아하는 감각적인 즐거움(기쁨의 기름), 대단히 명예로운 호칭(왕이나 제사장이 기름부음을 받음)을 상징하기도 한다. 마리아는 예수님에게 기름을 부음으로 아름다운 일을 한 여인으로 영원히 기억되고 있다.(마 26:13)

우리말로는 '이름'과 '기름'이 끝 자가 같은데, 히브리말로는 첫 글자가 같다. 이에 착안하여 코헬렛은 이름과 기름을 비교하고 대조했다. 우리의 인생길에서 기름(재산, 재능)과 이름 중 무엇이 더 필요하고 더 중요한지를 저울질을 하면 '기름' 쪽으로 천칭을 기울이는 사람이 더 많으리라. 종종 "이름(명예)이 밥 먹여주나?"라며 이름을 비웃는 사람도 있다. 그만큼 우리 사고방식·생활양식이 물질에 끌려다니곤 한다.

인생을 살아갈수록, 살아있는 날이 얼마 남지 않았을수록 지혜로운 사람은 '이름'(평판)이 중요하다는 사실을 깨닫곤 한다. 지나온 세월동안 '기름, 기름, 기름'하며 살았던 세월이 부끄럽기도 하고 후회 되기도 한다.

아가에도 이름과 기름이 나란히 등장한다:

네 기름이 향기로워 아름답고 네 이름이 쏟은 향기름 같으므로 처녀들이 너를 사랑하는구나(아 1:3)

이 말씀은 '많은 재물보다 명예를 택할 것이요 은이나 금보다 은총을 더욱 택할 것이니라'는 잠언 22:1를 떠올리게 한다. 호랑이는 죽어서 가죽을 남기고 사람은 죽어서 이름을 남긴다는 말도 있듯이, 좋은 평판을 얻는 것은 참으로 어려운 일이지만, 가치있고 보람있는 일이다.

하나님은 욥 18:17에서 악인의 운명을 '그의 이름이 거리에서 전함이 없을 것이며' 라고 하셨고, 사 56:4-5에는 믿는 사람의 이름의 가치를 이렇게 말씀하셨다:

4 여호와께서 이와 같이 말씀하시기를 나의 안식일을 지키며 내가 기뻐하는 일을 선택하며 나의 언약을 굳게 잡는 고자들에게는 5 내가 내 집에서, 내 성 안에서 아들이나 딸보다 나은 기념물과 이름을 그들에게 주며 영원한 이름을 주어 끊어지지 아니하게 할 것이며(사 56:4-5)

세상 사람들 대부분은 물질적 풍요와 부를 목표로 살거나, 그것을 뽐내며 살지만, 코헬렛은 그것보다는 의로운 생활, 평판이 좋은 인생이 더욱 좋은 것이라고 했다.

이 말씀은 이 세상사는 동안에 좋은 평판을 얻으라는 앞의 말씀에 어긋나는 것처럼 들린다. 그러나 이 말씀을 세상이나 인생을 비관하는 염세주의자의 말로 들으면 곤란하다. 그보다는 부조리한 세상을 살면서 사람은 좋은 평판보다는 나쁜 평판을 듣기가 더 쉽다는 점에서, 좋은 평판을 얻고, 세상을 마칠 때까지 그것을 유지하는 데에는 혹독한 시험과 유혹, 시련과 고난이 따른다는 점에서, 우리에게 도전이 되는 말씀이다.

네가 세상에 태어날 때
너는 울었지만
세상은 기뻐했지
네가 죽을 때
세상은 울지만

너는 기뻐할 수 있는

그런 삶을 살아라 (나바호 인디언 격언)

알렉산더 대왕의 아버지는 늘 죽음을 생각하며 하루하루를 최선을 다해 살았던 사람이다. 그는 신하들에게 날마다 그에게 인사를 할 때 "폐하… 만수무강하소서…"라고 말하지 말고 "폐하… 폐하도 돌아가십니다…"라고 말하도록 시켰다고 한다. 비록 지금은 한 나라의 황제로서 부귀와 권세를 누리면서도 그는 늘 자신이 죽을 존재임을 잊지 않고 살고자 했다. 사실 죽음을 염두에 두고 사는 사람은 주어진 인생을 함부로 살 수 없다. 유진 피터슨은 이렇게 말했다. "죽음은 우리가 비인간화 되는 길을 완전하게 막아준다."

> 10 우리의 연수가 칠십이요 강건하면 팔십이라도 그 연수의 자랑은 수고와 슬픔뿐이요 신속히 가니 우리가 날아가나이다 … 12 우리에게 우리 날 계수함을 가르치사 지혜로운 마음을 얻게 하소서 (시 90:10, 12)

이스라엘 사람들은 자기 이름이 오래 오래 사람들에게 기억되는 것을 대단히 명예롭게 생각했다. 그들은 인간이 태어나면 세 가지 이름을 갖게 된다고 생각했다. 부모님이 자녀가 태어났을 때 붙여주는 이름, 친구들이 우애의 정을 담아 부르는 이름, 그리고 자기 생애가 끝났을 때 획득하는 명성이 바로 그것이다. 지혜로운 사람은 보배로운 기름(재물)보다 아름다운 이름을 남기는 자다. 사람들로부터 존경받는 인물이 되는 사람은 지혜로운 사람이다. 역사 속에 아름다운 이름을 남기는 사람은 지혜로운 사람이다.

《채근담 菜根谭》1이다.

도리와 덕에 머물며 지키는 사람은 한때 외롭고 고독해질 것이다. 권세에 의지하며 아부하며 사람은 영원히 처량해지리라. 통달한 사람은 눈앞에 보이는 물체 밖의 물체를 살펴보고, 죽음 다음의 세상을 염두에 둔다. 차라리 한때 외롭고 고독할지언정 영원한 처량함을 선택하지 않는다.(棲守道德者 서수도덕자 寂寞一時 적막일시 依阿權勢者 의아권세자 凄凉萬古 처량만고 達人 달인 觀物外之物 관물외지물 思身後之身 사신후지신 寧受一時之寂寞 영수일시지적막 毋取萬古之凄凉 무취만고지처량)

우리 조상들은 나이 50이 되면 호를 짓기도 했다. 이는 50세까지 부모님이 지어주신 이름의 의미를 살리려고 최선을 다해 살다가, 이제부터 자신의 인생 경험에 기초하여 주체적으로 그리고 뜻깊게 살고자 함이었다.

그보다 더 지혜로운 사람은 '하나님 앞에서 아름답게 살고 이름을 소중하게 남기는 사람'이다. 그런 사람은 자신의 이름을 빛내주는 것은 자신이 아니라 하나님이라는 믿음이 굳건하기에 세상 사람이 알아주든지 알아주지 않든지에 개의치 않고, 일상생활에서 복음을 살아내는 사람이다. 심하게 말하자면 생활신앙인이 아니라면 진정한 신앙인이 아니다.

'요셉'이란 이름에서 우리는 선하신 하나님의 주권을 믿고 믿음으로 산 요셉의 아름다운 삶의 향기를 맡는다. '다니엘'이라는 이름에서 우리는 외국에서 나그네로 살면서도 믿음의 순결을 지키며 살았던 위대한 인물의 향기를 맡는다. '다윗'이라는 이름에서 우리는, 비록 그 자신은 연약한 심성을 지녔고 그가 처한 환경도 녹녹하지 않았지만, 하나님을 경외하며 일생을 살았던 아름다운 향기를 느낀다. '사도 바울'이라는 이름에서 우리는 그의 선교를 향한 불타는 열망과 그리스도를 얻고자 한 평생 한 길을 달려온 믿음의 거장에게서 풍겨나는 향기를 맛본다.

우리는 가정 안에서, 직장 속에서, 교회 안에서 사람들에게 어떤 사람으로 기억될 것인지를 늘 기억하며 살 필요가 있다. 더 나아가서는 죽어 하나님의 심판대 앞에 설 때 우리의 이름이 어떤 의미를 갖게 될지를 내다보며 살 필요가 있다.

하나님은 사도 베드로를 통해 말씀하신다.

2 하나님과 우리 주 예수를 앎으로 은혜와 평강이 너희에게 더욱 많을지어다 3 그의 신기한 능력으로 생명과 경건에 속한 모든 것을 우리에게 주셨으니 이는 자기의 영광과 덕으로써 우리를 부르신 이를 앎으로 말미암음이라 4 이로써 그 보배롭고 지극히 큰 약속을 우리에게 주사 이 약속으로 말미암아 너희가 정욕 때문에 세상에서 썩어질 것을 피하여 신성한 성품에 참여하는 자가 되게 하려 하셨느니라 5 그러므로 너희가 더욱 힘써 너희 믿음에 덕을, 덕에 지식을, 6 지식에 절제를, 절제에 인내를, 인내에 경건을, 7 경건에 형제 우애를, 형제 우애에 사랑을 더하라(벧후 1:2-7)

어디로 갈꺼나

전 7:2-4

개역개정	직역
2 초상집에 가는 것이 잔칫집에 가는 것보다 나으니 모든 사람의 끝이 이와같이 됨이라 산 자는 이것을 그의 마음에 둘지어다	2 슬픔 가득한 집에 가는 것이 더 낫다, 웃음 가득한 집에 가는 것보다. 모든 인간의 끝이 거기 있다. 그리고 살아있는 자는 이를 마음에 둘 일이다.
3 슬픔이 웃음보다 나음은 얼굴에 근심하는 것이 마음에 유익하기 때문이니라	3 슬픔이 더 낫다, 웃음보다. 이는 슬퍼하는 얼굴에서 마음은 선해지기 때문이다.
4 지혜자의 마음은 초상집에 있으되 우매한 자의 마음은 혼인집에 있느니라	4 지혜로운 이들의 마음은 슬픔 가득한 집에 있다. 그러나 어리석은 자들의 마음은 웃음 가득한 집에 있다.

이 부분은 여러 가지 짧은 교훈들로 채워져 있다. 앞절과 마찬가지로 여기에도 '…이 무엇보다 좋다/낫다'(tôb-min)로 표현되는 짧은 격언형식이 계속된다. 이것은 '…이 더 가치가 있다' 또는 '…이 더 소중하다'는 의미다.

- 일시적인 세상의 호사보다 영원히 남을 명예(1절)
- 경박한 유흥보다 영원한 인생의 본질을 진지하게 추구하는 태도(2-4절)

‒ 어리석은 자의 노래보다는 지혜자의 책망(5-7절)

‒ 조급 · 교만보다는 신중함과 인내심(8-10절)

‒ 이 세상에서만 유용한 재물보다는 영원한 생명을 위한 지혜(11-12절)

‒ 인간적인 판단보다는 하나님께서 행하시는 일을 겸허하게 수용(13-14절)

특히 1-12절에는 낫다(좋다 선하다 *ṭôb*)는 말이 9차례 되풀이 나온다. 그 내용은 하나님 중심으로 사는 것(신본주의)이 인간 위주로 사는 것보다 더 좋고, 낫다는 것이다.

2절 말씀은 두 부분으로 이루어져 있다. i) '⋯이 무엇보다 좋다/ 낫다'는 격언형식의 말씀이다. 여기서 코헬렛은 초상집(크게 울어 마땅한 일이 일어난 집)과 잔치집(축하받을 일이 생긴 집)이 있다면 그 가운데 어느 쪽으로 가는 것이 지혜로운 사람의 처신인지 말했다. ii) 앞부분에서 말한 것의 정당성을 뒷받침하는 보충설명이다.

앞서 코헬렛은 세상에서 호사를 누리는 것보다, 영원히 남을 명예를 더 소중히 받아들였다. 개역개정이 초상집이라고 옮긴 말(베트 에벨)은 다양한 의미로 해석될 수 있다. 이것은 본디 슬퍼하는(애곡하는) 집이란 뜻으로 가족의 죽음, 재난, 시련, 실패와 좌절 등으로 통곡할 정도로 슬퍼할 일을 당한 집을 가리킨다. 이 낱말을 초상집으로 옮기는 것이 7:2ab의 짝을 맞추는 장점이 있더라도, 이 말씀이 적용될 범주를 그렇게 좁게 제한하기보다는 폭넓게 열어놓는 것이 더 나으리라. 영어성경들은 이를 초상집(NLT ISV NET CEB) 애통하는 집(KJV NASB ESV LSV 등 대다수) 우는 집(Peshitta Bible Aramaic Bible NEBP) 등으로 옮겼다.

잔치집(뻬트 미쉿테)은 문자적으로는 '마시는 집'인데 이는 웃음을 자아내는 일, 인생이 즐겁다는 기분이 드는 장소를 상징한다. 잔치는 욥 1:5;

5:11-12에서 술자리를 묘사하는데 쓰였다.

성경에서 잔치하면 에스더서가 생각난다. 에스더서 1-2장에 보면 진탕 마시고 놀던 페르샤의 아하수에로스왕은 엉겁결에 왕비를 쫓아냈다. 그가 왕비를 몰아내고 새로운 왕비를 뽑는 기준은 진실로 천박하기 짝이 없다. 비록 코헬렛이 말하는 잔치가 이런 정도로 타락한 것은 아니더라도 잔치가 빚어내는 부작용은 예나 지금이나 참 많다.

코헬렛은 크게 울어 마땅한 일이 일어난 집을 찾아가는 것이 웃음소리 나는 집으로 가는 것보다 낫다고 했다. 이는 언젠가 자기에게 반드시 찾아 올 죽음(고난)을 미리 음미하고, 자기 인생의 앞과 뒤를 살펴보는 곳이기에 지혜롭고 유익하다는 것이다. 그는 진정 "애통하는 자는 복이 있나니 그들이 위로를 받을 것임이요"(마 5:4)라는 진리를 아는 사람이었다.

哀樂不同而不遠, 吉凶相反而相襲(애락부동이불원: 길흉상반이상습: 슬픔과 기쁨은 서로 다르더라도 멀리 있지 아니하며, 길함과 흉함은 상반되더라도 서로 이어진다).

哀(애)는 悲哀(비애)나 哀悼(애도)처럼 슬픔 또는 슬퍼한다는 뜻이다. 樂(락)은 苦樂(고락)이나 歡樂(환락)처럼 즐거움 또는 즐거워한다의 뜻이다.

吉(길)은 병기를 기물 안에 담은 모습의 변형이다. 무기가 사용되지 않는 것으로 전쟁이 없음을 나타냈다. 祥瑞(상서)로움이나 행운 또는 福(복)을 뜻한다. 그와 상대적인 凶(흉)은 파인 웅덩이에 빠짐을 나타낸 指事字(지사자)이다. 불운이나 불길함, 凶惡(흉악)처럼 모질고 사나움, 재앙이나 흉년을 뜻한다.

反(반)은 절벽인 厂(엄,한)과 손인 又(우)가 합해져, 손으로 절벽에 오르는 모습을 나타냈다. 본뜻 외에 뒤집거나 구른다는 뜻, 正(정)과 상대적인 반대의 뜻, 되돌린다의 뜻이 있다.

襲(습)은 옷 위에 옷을 덧입히다가 그 본뜻이다. 殮襲(염습)은 시신에 옷을 입히고 염

포로 묶는 것이다. 중첩하다의 뜻, 踏襲(답습)처럼 그대로 이어받는다는 뜻이 있다.

掩襲(엄습)은 뜻하지 않게 또는 갑작스럽게 들이닥치다의 뜻이다. 여기서의 相襲(상습)은 서로 밀접하게 이어짐을 의미한다.

슬픔과 기쁨은 그리 멀리 있지 않아 바로 뒤바뀔 수 있다. 그러니 슬퍼도 희망을 잃지 말며, 기뻐도 마냥 기뻐만 하지 말 일이다. 길흉화복도 서로 서로 잠복되어 있다. 행복하고 좋으면 불행에 대비하고, 불행하면 소망으로 그것을 극복하는 것이 인생이다. 唐(당) 王勃(왕발)의 '平臺秘略贊(평대비략찬)'에 나오는 말이다.

'마음에 둘지어다'라는 말(잇텐 엘 립보)을 직역하면, 그것을 그의 마음에 둘 것이라는 뜻이다. 사실 타인의 죽음을 목도하는 것은 자기 인생에 대해 생각할 기회를 주며, 타인의 장례식에 참석하는 것은 자기의 장례식에 대해 생각할 기회다.(정승집 개가 죽으면 문전성시를 이루지만, 정승이 죽으면 아무도 찾아오지 않는다)

초상집에서 우리는 분명한 메시지 하나를 받는다: "사람은 누구나 한번 태어나 반드시 죽는다. 그렇다면 나도 반드시 죽는다." 곧 '지금은 네 차례, 다음에는 내 차례'라는 것이다. 이렇게 타인의 죽음을 보며, 자기 자신의 죽음을 보는 사람은 복이 있다. 죽는다는 것은 우리에게서 웃음을 빼앗아 가고 우리를 슬프게 한다. 그러나 "사람은 모두 죽습니다. 나도 죽습니다." 사람이 죽음 문제로 근심하게 될 때, 우리 마음은 부드러워지고 겸손해진다. 잔칫집은 마음을 들뜨게 하지만, "초상집은 나의 삶을 뒤돌아보며 반성하게 하고 어떤 삶을 살아야 할지 고민하게 만든다." 하나님은 시편에서 말씀하셨다:

우리에게 우리 날 계수함을 가르치사 지혜로운 마음을 얻게 하소서(시 90:12)

여기서 코헬렛은 슬픔과 웃음을 대조한다.

여기서 슬픔이란 2절에서 에벨(죽음을 애통해하는 것)을 보고 나서 느끼는 유한한 인생에 대한 회의와 슬픔과 숙연해짐(겸손) 등을 가리킨다. 그 근심은 단순한 근심이 아니라, 사색하는 근심, 진지한 근심, 진리를 향한 근심이다.

코헬렛이 말하는 슬픔은 추상명사가 아니다. 그것은 얼굴에 표시가 나게 하는 사건이나 경험이다. NAB 성경은 이 부분을 '얼굴이 슬퍼질 때 사람(그 마음)은 현명해진다'(when the face is sad the heart grows wiser)고 옮겼다. 이는 슬퍼할 일을 당하는 경험이 우리에게 무엇이 가치있는 것인지를 가르쳐주는 동시에 마음의 변화(성숙 지혜로움)을 가져다준다는 뜻이다.

여기서 말하는 웃음은 진리를 깨닫고, 바른 관계를 맺은 다음에 오는 영혼의 웃음이 아니다. 그것은 세상적인 기쁨 곧 6절에 나오는 것과 같은 어리석은 자의 웃음이다.

8 그러므로 내가 편지로 너희를 근심하게 한 것을 후회하였으나 지금은 후회하지 아니함은 그 편지가 너희로 잠시만 근심하게 한 줄을 앎이라 9 내가 지금 기뻐함은 너희로 근심하게 한 까닭이 아니요 도리어 너희가 근심함으로 회개함에 이른 까닭이라 너희가 하나님의 뜻대로 근심하게 된 것은 우리에게서 아무 해도 받지 않게 하려 함이라 10 하나님의 뜻대로 하는 근심은 후회할 것이 없는 구원에 이르게 하는 회개를 이루는 것이요 세상 근심은 사망을 이루는 것이니라(고후 7-8-10)

코헬렛은 4절에서도 지혜로운 자와 어리석은 자의 처신을 대조시킨다. 그 내용은 2절과 같은 내용이다. 초상집과 잔치집이란 표현이 2-4절을 한 묶음으로 만든다. 그는 이런 반복으로 지혜로운 자의 발걸음이 어디로 향하는지를 분명하게 밝힌다. 웃음 예찬론자들은 "1 온스(28.35g)의 즐거움은 1파운드(0.45kg)의 슬픔과 맞먹는다'는 속담을 입에 담을지 몰라도, 코헬렛은 마음의 슬픔을 경험하는 것이 인생에게 주는 이점을 설득력있게 보여주었다.

여기서 잔치집은 즐거운 것만 좋아하는 사람들이 모인 자리에서 일어나는 일을 가리킨다. 그것은 단순히 장소나 집 자체보다 훨씬 더 중요한 의미가 있다. 그것은 인생에 관한 천박한 태도, 곧 즐거움 그 자체에 집중하는 모습이다. 그것이 유익한 즐거움인지 해로운 즐거움인지 분별하지도 않은 채. 이런 뜻에서 4절은 "그러나 바보들은 즐거운 시간을 찾는 사람들과 합류하기를 원한다"는 의미다.

시작과 끝

전 7:5-9

개역개정	직역
5 지혜로운 사람의 책망을 듣는 것이 우매한 자들의 노래를 듣는 것보다 나으니라	5 지혜로운 이에게 꾸지람 듣는 것이 더 낫다, 어리석은 자들의 노래를 듣는 것보다.
6 우매한 자들의 웃음소리는 솥 밑에서 가시나무가 타는 소리 같으니 이것도 헛되니라	6 진실로 그것은 마치 솥 밑에서 타는 가시나무 소리 같다. 그리고 이 또한 헛되다.
7 탐욕이 지혜자를 우매하게 하고 뇌물이 사람의 명철을(마음을) 망하게 하느니라	7 진실로 탐학은 지혜로운 자를 어리석게 만든다. 그리고 마음을 망가뜨린다, 뇌물은.
8 일의 끝이 시작보다 낫고 참는 마음이 교만한 마음보다 나으니	8 나중이 더 낫다, 그 처음보다는. 긴 호흡이 더 낫다, 급히 몰아쉬는 숨보다는.
9 급한 마음으로 노를 발하지 말라 노는 우매한 자들의 품에 머무름이니라	9 네 영혼이 조급한 분노로 방해당하지 않게 하라. 진실로 화는 어리석은 자들의 품에 자리를 튼다.

이것은 앞에 나오는 '… 보다 …이 좋다'에 계속 이어지는 내용이다. 코헬렛은 전 7:1-4에서 지혜로운 사람과 어리석음 사람을 대조했다. 전

7:5-7에서 그는 지혜로운 자의 신랄한 말을 듣는 것이 어리석은 자의 아첨을 듣는 것보다 낫다고 한다.

코헬렛은 이런 사실을 설명하느라 지혜자의 책망과 우매한 자의 노래를 비교한다.(5절) 현명한 사람의 꾸지람(책망)이란 말(nə'ārâ)에서 우리는 가정이나 학교 교실을 연상한다. 거기서 나오는 가르침은 경우에 따라 부드러운 상담, 지혜로운 조언, 따스한 격려, 배려심 깊은 위로, 엄격한 교훈, 다른 선택이 없는 명령, 매서운 채찍질(질책), 냉정한 비평 등 다양한 형식이 겹쳐진다. 그 안에 비판 책망(꾸지람) 위로 격려 방향제시가 들어있다. 이는 그 사람이 더 나은 방향으로 변화·성숙할 수 있으리라는 희망으로 그 사람의 약점·결점을 지적하여 개선시키려는 의도로 행해지는 것이다. 이에 코헬렛은 지혜자가 던져주는 엄한 말을 듣는 것이, 어리석은 사람의 속셈 어린 칭송을 듣는 것보다 더 낫다고 했다.

코헬렛은 우매자의 웃음소리를 가마솥 밑에서 가시나무 타는 소리에 비유했다.(6절) 참 멋진 비유다. 그것을 듣고 있노라면 마치 하늘을 붕붕 나는 듯이 기분 좋다. 그러나 그것은 그 순간뿐이다. 칭찬받을 유혹에 빠진다면 우리는 마치 가마솥 밑에서 타던 가시나무처럼 재로 변할 것이다, 내다 버려야 하는 신세로 전락할 것이다.

우리는 책망보다 칭찬을 듣고 싶다. 우리는 충고보다는 찬사를 받고 싶다. 이는 사람이라면 누구나 다 같다. 우리는 책망을 받을 때 잠시 자존심에 상처를 받을 수도 있고, 잠시 슬픔이나 절망에 빠질 수도 있다. 하지만 책망과 충고를 마음으로 받아들이면 좋은 약이 되어 성장한다. 반면 자주 책망을 받으면서도 목이 곧은 사람은 갑자기 패망을 당하고 피하지 못한다(잠 29:1), 마치 이집트의 파라오처럼.

가정에서 남편의 충고를 받아들이는 아내는 지혜로운 사람이다. 아내의 조언을 받아들이는 남편은 현명한 사람이다. 다 안다고 생각하지 않고 신앙의 선배가 하는 말을 듣고 마음으로 받아들이는 사람은 지혜로운 사람이다. 후배들의 이야기를 듣고 받아들이는 선배 또한 슬기로운 사람이다.

5절 뒷부분의 어리석은 자들(아첨하는 자들)의 노래는 귀에 듣기 좋은 아부(아첨)을 비유한 것이다. 사실 우리 귀뿐만 아니라 마음에는 현명한 사람의 지적보다는 그들의 아부가 더 좋게 받아들여진다. 이런 사실을 나타내느라 코헬렛은 현명한 사람은 단수로, 어리석은 자들은 복수로 썼다. 마치 시 1:1-2처럼. 이는 단 한 명의 현자가 하는 비평이 많은 어리석은 자의 칭송보다 더 가치있다는 것이다.

1 복 있는 사람은 악인들의 꾀를 따르지 아니하며 죄인들의 길에 서지 아니하며 오만한 자들의 자리에 앉지 아니하고 2 오직 여호와의 율법을 즐거워하여 그의 율법을 주야로 묵상하는도다

마른 가시나무는 불에 탈 때, 타는 소리를 크게 내지만, 오래 가지 못하기에, 화력도 약하고 불의 효과도 약하다.(6절) 그것은 솥 안의 재료가 충분히 익기도 전에 다 타 화력없이 재만 남긴다. 어리석은 자(아첨하는 자)의 아부가 바로 이렇다. 그것은 잠깐 반짝이는 듯 보이더라도 눈깜짝할 사이에 사라지거나 변질된다.

코헬렛은 7절에서 지혜자에게도 경고했다. 지혜로운 자를 어리석게 만드는 것을 두 가지 언급하면서. 그 하나는 탐학(貪虐)이다. 히브리말 오셰크(ʿōšq)를 개역개정 표준새번역 공동번역개정은 탐욕으로 옮겼다. 본디 이것은 학대(억압)과 강요(수탈 착취) 탐욕 등 여러 의미로 쓰인다. 이 두 가지

뜻을 한 낱말로 담아낸 것이 개역성경의 탐학이다.

이것은 지혜로운 자의 인생 품격을 망가뜨린다. 이 경우 우리는 능동적인 것과 수동적인 것 등 두 가지 방향으로 해석할 수 있다.

i) 지혜롭던 자가 자기 지혜만 믿고 타락하는 경우다. 그런 자는 남보다 우위에 있다는 생각에서 자신이 타인에게 탐욕 부리는 것을 아무렇지 않게 (당연하게) 여길 수도 있다. 거기서 비롯되는 타인에 대한 압박 강요 수탈은 지혜롭던 자를 눈멀게 하고 마음을 모질게 한다. 그의 이런 모습은 자연스럽게 뇌물을 탐하는 것으로 이어진다. 뇌물의 부정적 작용에 관해서는 동서고금의 수많은 예가 있으므로 따로 설명할 필요조차 없다.

ii) 지혜롭던 자가 권세자에게 부당한 학대를 오랫동안 당하다가 스스로 망가지는 경우다. 그런 자는 자신의 품격과 위상에 맞지 않는 가시 돋친 말을 하게 되고 하나님과 사람에게 불평쟁이가 된다. 그러다가 받은 은사를 파괴하고 마음의 관대함을 잃는다.

코헬렛은 일의 시작과 끝을 대조시켰다.(8절) '천리 길도 한 걸음부터' '시작이 반이다'는 말처럼 시작은 항상 어렵다. 얼마나 많은 사람이 지레 겁을 먹고 아예 시작도 하지 못하다가 모처럼 주어진 좋은 기회를 날려버리던가! 그렇더라도 시작만 해 놓고 끝을 내지 못하는 경우가 적지 않은 것을 보면, 시작보다 더 어려운 것은 끝을 맺는 일이다.

사람들 중에는 비교적 젊은 시절에는 바르게 활동하다가 나이가 들어갈수록 어긋난 길로 가는 이도 있다. 우리 주변에 그런 사람들이 있다. 그런 사람들을 볼 때마다 우리는 인생의 첫걸음과 중간과정이 중요하더라도 '나중'(끝)이야말로 정말 정말 중요하다는 사실을 음미한다.

오죽하면 예수님도 짓다만 망대 이야기를 하셨을까?

28 너희 중의 누가 망대를 세우고자 할진대 자기의 가진 것이 준공하기까지에 족할는지 먼저 앉아 그 비용을 계산하지 아니하겠느냐 29 그렇게 아니하여 그 기초만 쌓고 능히 이루지 못하면 보는 자가 다 비웃어 30 이르되 이 사람이 공사를 시작하고 능히 이루지 못하였다 하리라 31 또 어떤 임금이 다른 임금과 싸우러 갈 때에 먼저 앉아 일만 명으로써 저 이만 명을 거느리고 오는 자를 대적할 수 있을까 헤아리지 아니하겠느냐 32 만일 못할 터이면 그가 아직 멀리 있을 때에 사신을 보내어 화친을 청할지니라(눅 145:28-32)

일의 끝에 도달하는 것은 아무나 할 수 있는 것이 아니다. 좋은 목표나 계획, 그리고 착수하는 것의 어려움을 무시할 수 없더라도 오직 성실하고 꾸준한 사람, 슬기롭고 인내하는 사람만이 일의 끝에 도달할 수 있다. 일의 끝에 도달하는 것은 단순히 일을 처리했다(해치웠다)는 뜻이 아니다. 이는 끝에 이르는 과정에서 겪어내야만 할 것들(회의 懷疑, 방해거리, 신경쓰임, 손실 등)을 다 겪어내면서 '마침내 여기까지 이르렀다'는 뜻이다.

그런 사람은 목적지를 향해가는 과정에서 능력의 부족과 내적인 회의와 외부로부터 오는 난관을 겪으면서도 "지금의 상태가 다가 아니다" "지금의 모습이 전부가 아니라 하나님께서 나를 통해 계획하신 바가 있다"는 믿음으로 견뎌내고 이겨내며 살아간다.

일의 끝이 시작보다 낫다는 믿음은 아주 긍정적인 인생관을 보여준다. '안될 것이다, 성공하지 못할 것이다, 이런 것 저런 것 고려해보니, 성공(승리)하더라도 남는 것은 상처 뿐일 것이다' 등 아예 시작하기 전부터 발목을 잡는 것들이 많다. 그래서 옛말에 '시작이 반'이라고 했다.

그렇지만 하나님께서 기뻐하실 일이라면, 그 성과를 염두에 두지 않고 끝까지 밀고 나가는 뚝심이 곧 믿음이다. 하나님 목적에 합당한 일이라면 자기 능력도 딸리고, 주변 환경도 받쳐주지 않지만, 하나님 도우심을 믿고 나가는 것이 신앙이다. 주역(역경)의 93이다.

君子終日乾乾(군자종일건건) 된 사람은 종일토록 최선을 다해 일하고

夕惕若厲無咎(석척약여무구) 저녁이 되어서도 자신의 일에 걱정하고 내일 일에

준비하니 어렵고 험하여도 허물이 없으리라. 《주역》 93

코헬렛은 참는 마음과 교만한 마음을 대조시켰다. 진정으로 슬기로운 사람은 참는 마음을 지닌 사람이다. 그것은 교만한 마음보다 낫다고 가르쳤다.(7:8) 그는 9절에서 '급한 마음으로 노를 발하지 말라 노는 우매한 자들의 품에 머무름이니라'라고 했다. 곧 믿음에 바탕하여 그 결과를 영적으로 느긋하고 여유있게 기다리면서 끝까지 인내하지 아니하고 조급하게 굴거나 마음 한 구석에 화를 품고 사는 것은 불행의 씨앗이자, 지혜로운 태도가 아니다.

우리말에 '홧김에 한다'는 말이 있는 것처럼 질투심, 경쟁심 또는 자랑하려는 마음, 교만한 마음 등도 어떤 일을 시작하는 동기가 될 수 있다. 이런 동기로 일을 시작하는 사람은 경쟁에서 이겨야 행복하고, 자기가 드러나고 과시될 때 기쁨을 얻는다. 그렇지만 이런 마음을 오래 품고 있으면 그것이 마음의 화로 되고, 마음의 화를 오래 품고 있으면 홧병이 된다. 그래서 코헬렛은 참는 것이 교만한 것보다 낫다고 말씀한다. 아름다운 이름은 자기를 과시하거나 어떤 성과물로 나타나는 것이 아니라 하나님께서 주시는 것이요 자연스럽게 저절로 우러나는 것이기 때문이다.

아…옛날이여!

전 7:10

개역개정	직역
옛날이 오늘보다 나은 것이 어찜이냐 하지 말라 이렇게 묻는 것은 지혜가 아니니라	말하지 말라, 지난 날들이 이날보다 더 좋았다고. 진실로 이렇게 묻는 것은 지혜가 아니다.

이것도 앞에 있는 '… 보다 …이 좋다'에 계속 이어지는 내용이다. 코헬렛은 여기서 옛날과 오늘을 대조시켰다.

인생에서 옛날 지금 그리고 앞날은 항상 미묘한 긴장관계에 있다. 사람마다 사안마다 이 셋 가운데 어느 쪽에 높은 비중을 둘 것인가가 다르게 적용될 수 있다. 성경에도 옛일을 기억하지 말라와 기억하라 사이에는 묘한 긴장감이 서려 있다.

옛날을 기억하라 역대의 연대를 생각하라 네 아버지에게 물으라 그가 네게 설명할 것이요 네 어른들에게 물으라 그들이 네게 말하리로다(신 32:7)

내가 옛날 곧 지나간 세월을 생각하였사오며 … 곧 여호와의 일들을 기억하며 주께서 옛적에 행하신 기이한 일을 기억하리이다(시 77:5,11)

내가 옛날을 기억하고 주의 모든 행하신 것을 읊조리며 주의 손이 행하는 일을 생각하고(시 143:5)

너희는 이전 일을 기억하지 말며 옛날 일을 생각하지 말라(사 43:18)

너희는 옛적 일을 기억하라 나는 하나님이라 나 외에 다른 이가 없느니라 나는 하나님이라 나 같은 이가 없느니라(사 46:9)

예루살렘이 환난과 유리하는 고통을 당하는 날에 옛날의 모든 즐거움을 기억하였음이여 그의 백성이 대적의 손에 넘어졌으나 그를 돕는 자가 없었고 대적들은 그의 멸망을 비웃는도다(애 1:7)

무슨 까닭에 하나님 말씀에조차 이런 긴장관계가 흐르고 있을까? 그것은 아마 과거가 우리인생에 양날의 칼로 작용하기 때문이리라.

긍정적인 측면에서 보자면 과거는 오늘 우리에게 힘과 지혜를 준다. 어제가 있었기에 오늘의 내가 있다. 비록 지금 삶에 크고 작은 어려움이 있을지라도 과거에 함께하신 하나님을 기억하는 일은 지금 이 상황에도 임마누엘 하나님이 함께 하심을 확신하는데 도움이 된다. 지난 날 받은 은혜과 구원 체험을 발판삼아 현재의 상황를 새롭게 해석하며 수용할 때 우리는 낙심과 혼란 대신에 용기와 희망으로 충전된다.

다른 한편 과거는 우리에게 족쇄로 작용하기도 한다. '자라보고 놀란 가슴 솥뚜껑보고 놀란다'는 말처럼 지난날의 경험이 악몽처럼 되살아나 우리 생각과 몸과 활동을 칭칭 동여맬 수도 있다는 말이다. 그런 사람은 이미 지나간 것 흘러간 것을 줄줄이 이어가며 무겁게 끌고 다닌다.

퇴보적인 사람의 특징 가운데 하나는 과거 자신이 겪었던 일을 과장하여 떠벌리면서 현재를 불평하는 모습으로 나타난다. 이스라엘 자손들이 광야를 지날 때에 끊임없이 애굽에서 있었던 일, 특히 거기서 값없이 먹었던 생선, 오이, 참외, 부추, 파, 마늘 등을 떠올리며 불평했다. 마치 그곳에서 그들은 그런 채소와 고기를 배터지게 먹었던 것처럼 과장해 가며, 광야생활에 불평을 쏟아놓았다. 코헬렛은 그런 자들에게 아주 적절한 대답을 주었다.

옛날이 오늘보다 나은 것이 어찜이냐 하지 말라 이렇게 묻는 것은 지혜가 아니니라

주어진 현실에서 '아, 옛날이여' 하며 흘러간 옛 가락이나 읊조리며 진취성을 잃는 자에게 하나님은 말씀하셨다.

우리는 뒤로 물러가 멸망할 자가 아니요 오직 영혼을 구원함에 이르는 믿음을 가진 자니라(히 10:39)

톨스토이는 말했다, 가장 소중한 시간은 지금 바로 이 시간, 가장 소중한 사람은 바로 내 앞에 있는 그 사람, 가장 소중한 일은 이웃에게 사랑을 베푸는 일이라고.

데일 위더링톤(Dale Witherington)이 〈인생을 설계하는 사람의 신조〉라는

시의 일부다.

오늘은 내 인생에서 가장 중요한 날

성공과 승리, 노력과 패배로 가득 찬 어제는 이미 사라지고 없다네.

과거는 과거일 뿐.

이미 지나갔고

더 이상 존재하지 않는 시간이라네.

과거를 되돌릴 수는 없는 법. 과거로 돌아가서 바꿀 수도 없는 법.

그러나 나는 과거로부터 배워서 오늘을 개선하고 있지.

오늘 바로 이 순간은

하나님이 나에게 주신 선물이자 내가 갖고 있는 모든 것.

하나님이 나에게 주신 것은 바로 오늘.

이것이 내가 가진 모든 것이니 최선을 다하리.

영화 〈쿵후 팬더〉에 이런 대사가 나온다. "시계는 달려간다. 하루 하루 최선을 다하자. 세월은 사람을 절대 기다리지 않는다. 어제는 역사이고, 내일은 수수께끼이다. 하지만 오늘은 선물이야. 그래서 프레젠트라고 불리는 거지."(Yesterday is history, tomorrow is a mystery, but today is a gift. That is why it is called the present.)

하나님은 오늘 우리에게 말씀하신다. "세월을 아끼라"(엡 5:16; 골 4:5) 이 말씀을 받아 우리는 페르난두 페소아가 《불안의 서》에서 말한 것처럼 "하루여, 흔들리지 않는 네 종말을 향해 걱정하지 말고 가라… 이 쓸모없는 오후의 멜랑콜리여"라고 외치며 오늘을 살아간다.

지혜

전 7:11-14

개역개정	직역
11 지혜는 유산 같이 아름답고 햇빛을 보는 자에게 유익이 되도다 12 지혜의 그늘 아래에 있음은 돈의 그늘 아래에 있음과 같으나, 지혜에 관한 지식이 더 유익함은 지혜가 그 지혜 있는 자를 살리기 때문이니라	11 지혜는 좋다, 마치 유산을 받는 것만큼이나. 그리고 그것은 그 해를 보는 것처럼 유익하다. 12 진실로 지혜의 그늘 안에 있는 것은 돈의 그늘 아래 있는 것이다. 그리고 그 지식은 유익하다. 지혜는 그 주인을 살게 한다.

이것은 지혜의 가치에 관한 말씀이다. 지혜라는 말은 우리 일상생활에서 매우 폭넓게 쓰이고 있다.

히브리 성경은 그 전체를 세 부분으로 나누었다: 오경 예언서 성문서. 이 가운데 성문서(시가문학 詩歌文學 지혜문학 智慧文學)에는 지혜문학 양식이 널리 퍼져 있다. 성문서를 그 성격에 따라 나누면 다음과 같이 분류된다:

경건훈련 및 예배문학: 시편

지혜문학: 욥기, 잠언, 전도서

묵시문학: 다니엘

역사문학: 역대기상하, 에스라, 느헤미야

시 (노래): (트힐라 = 시편), 예레미야 애가, 아가

이를 도표로 나타내면 다음과 같다.

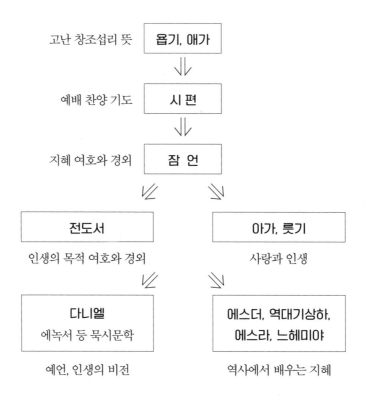

지혜문학의 입김이 오경과 예언서에도 서려 있음은 물론이다. 브루거만(W. Brueggemann)은 지혜문학의 특징을 다음과 같이 말했다.(In Man We

i) 지혜문학은 인생살이에는 의미도 종착지도 있다는 사실을 강조한다. 잠언의 가르침은 어떻게 하면 인생을 그 마지막이 이르기 전에 창조적으로 살아가며 충만함에 이를 수 있는가를 디자인하고 안내해주는 데 있다.

ii) 지혜문학은 인생의 권위는 자신이 일상생활에서 겪은 일들을 어떻게 분별하는가에 달렸다고 확언한다. 무엇이 바르고 선한가를 결정하는 것은 어떤 관청이나 사람 또는 연구기관이 아니다. 그것은 우리가 '우리'로 생존하기 위해서는 무엇을 해야 하는가를 인내심 있게 그리고 주의 깊게 분별하는 데에서 나온다.

iii) 지혜문학은 인간 각자에게 그 자신의 운명에 대한 원초적인 책임이 있다고 역설한다. 자신이 내리는 결정과 자신이 누구를 존경하며 충성할지를 정하는 일은 그 자신의 운명에 영향을 준다. 사람은 현명하게 선택하고 책임적으로 결정할 능력을 가지고 있다. 지혜는 이런 장점을 실현하고 책임 있게 행동할 용기를 살려나가도록 인간을 안내하는 길잡이다.

iv) 지혜문학은 질서 있게 순환하는 우주 안에서 가능한 한 최대로 순 순환할 수 있게 자신의 역할을 하는데 인생의 의미가 있다고 믿는다. 우리 운명을 좌우하는 것은 하나님이 주신 질서를 제대로 분별하고 그 안에서 자신에게 부여된 책임을 찾아내는 데 있다.

v) 지혜문학은 주님의 피조물인 인간을 축복한다. 인간의 능력과 책임성은 자

연적이고 사회적인 환경과 관련되어 있다. 창조란 살기 좋은 곳을 보여주는 것이다. 하나님의 의도하신 즐거움을 얻는 곳이다. 지혜로운 사람은 피조물의 영광 질서 아름다움 그리고 선에 대해 깊이 생각한다.

지혜(Weisheit, Wisdom)란 말은 무슨 뜻인가? 그 대답을 직접 제시하기 전에 이 낱말과 직간접적인 동의어(비슷한 말)로 쓰이는 것들을 찾아보자. 유식함(Gelehrtheit) 현명함(Klugheit) 풍부한 인생경험(Lebenserfahrung) 세상물정을 앎(Weltkenntnis) 영혼(Geist) 똑똑함(Intellekt) 예리한 뜻(Scharfsinn) 간파함(Beschlagenheit) 배움(Bildung) 근원(기원)을 앎(Kunde) 실천(Praxis) 성숙(Reife) 숙련됨, 노련함(Routine) 세계관(Weltblick)

지혜라는 말보다는 약하더라도 넓은 의미에서 거기에 포함되는 낱말은 다음과 같다. 통찰력(Einsicht) 영리함(Intelligenz) 이해(Verstand) Instinkt(직감) 속뜻(Spuersinn) 사고력(Denkkraft) 사고능력(Denkvermoegen) Schlauheit(꾀) 재치(Esprit) 유머감각(Witz) 경험(Erfahrung) 지식(Kenntnis) 신뢰(Vertrautheit) 앎(Wissen) 파악능력(Auffassungsgabe)

히브리말 호크마(ḥăkmâ)의 뿌리는 구약성경에 318번 나오며(아람어까지 합치면 340번), 명사로는 153회 쓰였다.(THAT I 558; DCH 222) 그 가운데 138번이 욥기 잠언 전도서에 있다.

이것은 주로 현실상황을 제대로 파악하거나 타개해 나가는 능력을 나타내기도 한다. 이를테면 야곱이 집에서 도망쳐 루스의 길바닥에서 잠을 자고 깬 뒤 "여호와께서 과연 여기 계시거늘 내가 알지 못하였도다"(창 28:16)라고 했다. 이런 하나님에 관한 기억과 그 하나님이 어디 계신가에 관한 새롭게 깨닫는 경험이 곧 지혜다.

고대 이스라엘에서 이 말은 우리가 오늘날 쓰는 것처럼 지식이 많거나 주어진 일을 슬기롭게 해내는 사람 혹은 그의 태도를 나타내거나 종교적 의미로 사용되지 않았다. 오히려 솜씨 기술(테크닉) 방법 수단 등 숙련된 기술을 가리켰다.(창 41:33; 신 1:13; 삼하 14:20; 삿 28:14) 곧 지혜(코크마)는 사변-이론적 능력에 관한 것이라기보다는 솜씨, 기술 등 실제적인 것과 관련된 능력을 말하는 것이었다. 다시말해 이지적 차원보다는 경험의 중요성을 강조하는 용어였다.

이스라엘 역사 초기에 지혜는 점쟁이 마술사 해몽가 건축가 기술자 항해사(왕상 9:27; 22:48-49; 겔 27:8) 건축기술자(출 35:31-33) 시인 가수 연주가(왕상 5:10-12) 직물 짜는 사람(출 35:25) 대장장이(렘 10:9) 초상집에 불려가 삯을 받고 곡하는 사람 제사장 서기관 재판관 왕 등과 관련하여 사용되었다. 이는 이들이 학술적·이론적 지식을 가지고 있어서가 아니라 나름대로의 기술과 솜씨들을 가지고 있다는 측면에서 적용된 것이었다.

성경의 지혜문학은 하나님-나(인간), 인생-나, 너-나, 세계-나 등 인간이 사는 동안 얽히고 설켜있는 관계 모두를 하나님의 창조섭리에 비추어 숙고하면서, 세상사는 마음가짐과 처신을 정해가라고 한다.

성경은 지혜와 여호와 신앙의 관계를 이렇게 알려준다.

여호와를 경외함이 지혜의 근본이라 그의 계명을 지키는 자는 다 훌륭한 지각을 가진 자이니 여호와를 찬양함이 영원히 계속되리로다(시 111:10)

여호와를 경외하는 것이 지식의 근본이거늘 미련한 자는 지혜와 훈계를 멸시하느니라(잠 1:7)

13 지혜를 얻은 자와 명철을 얻은 자는 복이 있나니 14 이는 지혜를 얻는 것이

은을 얻는 것보다 낫고 그 이익이 정금보다 나음이니라 15 지혜는 진주보다
귀하니 네가 사모하는 모든 것으로도 이에 비교할 수 없도다 16 그의 오른손
에는 장수가 있고 그의 왼손에는 부귀가 있나니 17 그 길은 즐거운 길이요 그
의 지름길은 다 평강이니라 18 지혜는 그 얻은 자에게 생명 나무라 지혜를 가
진 자는 복되도다 19 여호와께서는 지혜로 땅에 터를 놓으셨으며 명철로 하늘
을 견고히 세우셨고 20 그의 지식으로 깊은 바다를 갈라지게 하셨으며 공중에
서 이슬이 내리게 하셨느니라(잠 3:13-20)

여호와를 경외하는 것이 지혜의 근본이요 거룩하신 자를 아는 것이 명철이니
라(잠 9:10)

코헬렛은 지혜를 세상 사람들이 아주 좋아하는 것 곧 상속받는 유산(재
산) 및 돈의 역할에 비유했다. "지혜는 유산과 더불어 좋은 것이다"(Wisdom
with an inheritance, is good) 또는 "지혜는 유산처럼 좋은 것이다"(Wisdom is as
good as an inheritance.)라 했다.(11-12절)

11절 번역처럼 전치사 임('im)은 동반의 의미 '…과 더불어'(together with)
또는 비교의 의미 '…과 같이'(as good as; like; in comparison to)로 풀이된다.
영어성경과 학자들 중에서 RSV NASB YLT Levy Bonora Vilchez는 앞의
입장에 있다. ASV NRSV MLB NJPS Laucha Zimmerli Michel 등은 뒤의
입장에 섰다.

앞의 것은 지혜에 재산을 겸비하면 최고로 좋다라는 뜻으로 풀이할 수
있다. 그 둘은 서로 모순되는 것이 아니라 함께 공존할 수 있다. 만일 지혜
로운데도 재산이 없다면 자칫 사람들에게 무시당할 수도 있다.

뒤의 것의 강조점은 돈보다 지혜에 있다. 이런 입장은 지혜문학의 전형

적인 가르침이다. 잠 3:14-15 "이는 지혜를 얻는 것이 은을 얻는 것보다 낫고 그 이익이 정금보다 나음이니라 지혜는 진주보다 귀하니 네가 사모하는 모든 것으로도 이에 비교할 수 없도다"에서 보듯이.

12절은 지혜를 그늘에 비교한다. 히브리어에서 그늘이란 말(첼 ṣēl 그늘, 그림자)은 문자 그대로도 비유로도 사용되며, 긍정적·부정적인 방향으로 다 쓰인다. 이 낱말은 강렬한 태양열로부터 보호하거나 위기에 빠진 사람에게 피난처를 제공하는 것을 가리킨다.(창 19:8; 삿 9:36; 사 25:5; 32:2; 렘 48:45; 요나 4:5) 비유적으로는 재난으로부터의 보호를 의미한다.(민 14:9; 사 49:2; 호 14:8; 시 17:8; 36:8; 57:2; 63:8; 91:1; 121:5; 애 4:20)

진실로 지혜의 그늘 안에 있는 것은 돈의 그늘 아래 있는 것이다.(12a 직역 kî baṣṣēl haḥākmâ baṣṣēl hakkāsef) 여기 두 차례 쓰인 전치사 베(ba)는 어떤 존재의 본질(동일성)을 나타낸다.(Beth-Essentiae HAL 104; BDB 88; R. J. Williams §249) 이를 장소의 의미로 보는 것은 이 문맥에는 어울리지 않는다.(예: 지혜의 피난처에 있는 것은 돈의 피난처에 있는 것이다 "to be in the shelter of wisdom is to be in the shelter of money" (NJPS).

피엘(의미강화)으로 쓰인 동사 카야(ḥājâ = 살다 to live)는 i) 살게 하다, 살아남으려고, 생존을 유지하기 위해, 행복하게 살게 하려고 등의 의미다.(창 12:12; 출 1:17; 민 31:15; 신 6:24; 수 9:15; 사 7:21; 렘 49:11) 그리고 ii) 돌아오게 하려고, 생명에 이르게 된 사람(시 30:4) 또는 사망한 사람(호 6:2)과 평행을 이루는 것은 조기 사망이나 재난으로부터 누군가의 생명을 보존하게 한다는 의미다. 여기서 이 낱말의 뜻은 생명을 주다"(KJV, Douay, NRSV, YLT)보다는 생명을 보존한다(RSV, NAB, ASV, NASB, NIV, NJPS)가 더 바람직하다.

그늘진 날의 단상

전 7:13-14

개역개정	직역
13 하나님께서 행하시는 일을 보라 하나님께서 굽게 하신 것을 누가 능히 곧게 하겠느냐	13 보라, 그 하나님이 하시는 일을. 진실로 누가 할 수 있을까, 그분이 구부려 놓으신 것을 곧게?
14 형통한 날에는 기뻐하고 곤고한 날에는 되돌아 보아라 (또한/ 진실로) 이 두 가지를 하나님이 병행하게 하사 사람이 그의 장래 일을 능히 헤아려 알지 못하게 하셨느니라	14 좋은 날에는 좋아하라. 그리고 곤고한 날에는 바라보아라. 이 두 가지가 병행되게 하나님께서 만드셨다. 그러므로 사람은 그것들로부터 어떤 일이 생길지 알지 못한다.

이것은 하나님의 절대 주권, 그리고 사람은 그 작용을 자기 마음대로 조절하거나 미리 알 수 없다는 이야기다. 이것도 앞에 있는 '… 보다 …이 좋다'에 계속 이어지는 내용이다. 코헬렛은 이 아홉 번째 말씀으로 그런 교훈을 마무리짓는다.

코헬렛은 6장에서 해 아래 사는 인생의 허무와 공허에 대해 말하면서, 태양 위에 계신 하나님과의 관계를 회복함으로써 절대적인 허무를 극복하는 길을 살짝 비추어주었다. 7장에서 이것을 보다 자세히 설명했다. 그는 일이 잘 풀려나갈 때에는 하나님께 아뢰며, 하나님께 영광을 돌리며 살라고 했다. 곧 감사드리는 생활이 되라는 것이다. 그리고 곤고한 날 곧 일이 제대로 풀리지 않을 때에는 '생각하라', 곧 하나님 목적과 섭리가 어디에 있는가를 깊이 묵상하라 했다.

14절에는 형통한 날과 곤고한 날이 대조를 이룬다. 인생행로에는 형통한 날과 곤고한 날이 병행한다. 이런 것을 잘 아는 코헬렛은 모든 일이 잘되는 날에는 기뻐하되 고난과 슬픔의 날에는 그 목적, 이유가 무엇인지 돌아보라고 했다. 사실 하나님께서 인간이 형통한 날과 곤고한 날이 언제 임하는지 모르게 하셨다. 인간은 똑 같은 시간 속에서 살고 있다. 하지만 어떤 이들은 만사가 뜻대로 잘되어 번영을 구가하고, 어떤 이들은 역경 속에서 헤어나지 못하고 신음하고 있다.

그런가 하면 만사가 형통하던 사람이 역경에 처하기도 하고, 역경에 처해 있던 자가 만사형통하기도 한다. 다시 말하면 동일한 한 사람이 두 행로, 즉 형통한 날과 곤고한 날을 다 겪는다. 낮과 밤이 맞물려 돌아가고, 여름과 겨울이 이어지는 섭리처럼 인생행로도 밝은 날과 어두운 날이 잇대어 있기도 하고 나란히 같이 가기도 한다.

코헬렛은 이 모든 일이 하나님께서 정한 이치라는 사실을 거듭 강조했다. 그리고 하나님의 섭리에 따라 일어나는 것과 삶의 모든 상황에서 어떠한 반응을 보이고 어떻게 대처해야 하는가를 우리에게 교훈했다.

'형통'이란 모든 일이 뜻대로 잘되는 것이다. 따라서 형통한 날 기뻐하기는 아주 쉽다. '형통'이라는 히브리어 '토브'는 '좋은 선한 아름다운'이란 뜻이며, '기뻐하다'라는 히브리어 '투바'의 원형도 '토브'다. '형통하게 되었다'는 것은 '선(善)중에 거하게 되었다'라는 말이며, '기뻐하라'는 '선'중에 머물러 있어야 하고, 선을 행하고 있어야 하며, 또 다른 선을 얻도록 살아야 한다는 의미다. 풀어 말하자면 거룩하신 분이 주시는 복 안에서 거룩한 기쁨을 유지해야 하고, 모든 것이 풍부한 가운데 있을 때 심령의 기쁨으로 여호와를 섬기지 아니하면 안된다는 것이다.

노아는 당대의 완전한 자요, 하나님의 은혜를 입은 자요, 하나님과 동행할 만큼 훌륭한 신앙의 사람이요, 믿음으로 구원의 방주를 준비한 의인이었다. 그런데도 그가 축복의 풍요로움, 즉 형통한 날에 포도주에 취함으로 말미암아 벌거벗은 하체를 드러내는 수치스러운 실수를 범했고, 이로 인하여 자기 아들을 저주하는 비극의 아버지가 되고 말았다.(창 9장)

2021년 11월 1일 0시 기준 2021년 인구주택총조사 집계결과 우리나라 총인구 5,174만명 가운데 65세 이상 고령인구는 16.8%(871만명)에 이른다. 2020년 대비 42만명(5.1%)이 증가 했다. [통계청(https://kostat.go.kr) 보도자료, "2021년 인구주택 총조사 결과", 2022.7.28]
우리나라는 2001년부터 전체인구의 7%를 초과함으로써 고령화사회(高齡化社會)에 진입되었다. 고령화사회(高齡化社會, Aging Society)는 총인구 중에 65세 이상의 인구가 총인구를 차지하는 비율이 7% 이상인 사회를 말한다.
한국의 고령자 고용촉진법시행령에서는 55세 이상을 고령자, 50~54세를 준고령자(2조)로 규정하고 있으나 UN은 65세 이상 고령인구 비율이 △7% 이상~14% 미만이면 고령화 사회 △14% 이상~20% 미만이면 고령 사회 △20% 이상이면 초고령 사회로 분류하고 있다.
앞으로는 가족관계·주거·교육·일자리·복지·금융 등 개인의 삶과 모든 사회 시스템을 100세 시대에 맞추어야 할 것으로 보인다. 우리나라는 정년퇴직 법적 연령이 60세로 상향 조정되긴 했지만 태반이 50세 중반을 넘기지 못한다. 운 좋게 60세에 정년을 했더라도 나머지 20여년을 잘 살 수 있을 만큼 돈을 모은 사람은 그리 많지 않다.

퇴직 전후에 인생의 대소사가 가장 많다. 자녀 교육이나 결혼 등의 뒷바라지를 해야 하고, 연세드신 부모의 의료비도 감당해야 한다. 부모에게 물려받은 재산이 많거나 고위 임원이 돼 억대 연봉을 탄다면 모를까 대개 집(아파트) 한 채와 약간의 금융자산만 있을 뿐이다.

성경은 "많이 거둔 자도 남지 아니하였고 적게 거둔 자도 모자라지 아니했다"고 공평을 말하고 있다. 이는 아마도 많이 거둔 자들에게 부족한 이들의 평안과 균등을 위해 보충할 것을 권고하는 말씀이 아닌가 싶다.

이제는 하던 일을 성취할지니 마음에 원하던 것과 같이 완성하되 있는 대로 하라 할 마음만 있으면 있는 대로 받으실 터이요 없는 것은 받지 아니하시리라 이는 다른 사람들은 평안하게 하고 너희는 곤고하게 하려는 것이 아니요 균등하게 하려 함이니 이제 너희의 넉넉한 것으로 그들의 부족한 것을 보충함은 후에 그들의 넉넉한 것으로 너희의 부족한 것을 보충하여 균등하게 하려 함이라 기록된 것 같이 많이 거둔 자도 남지 아니하였고 적게 거둔 자도 모자라지 아니하였느니라.(고린도후서 8:11~15)

미국을 비롯한 서구에선 얼마 전부터 '앙코르 커리어(Encour Career)'란 말이 쓰이고 있다. 앙코르 커리어(Encour Career)는 시니어들이 사회에 공헌하면서 적당한 임금을 받는 것을 말한다. 과거 은퇴해 일로부터의 해방을 꿈꿔왔다면 이제는 은퇴 후 일을 통한 자유를 선택한다는 것이다.

형통한 날에는 기뻐하고 곤고한 날에는 생각하라 하나님이 이 두 가지를 병행하게 하사 사람으로 그 장래 일을 능히 헤아려 알지 못하게 하셨느니라.(전도서 7:14)

이를 위해서는 종합적인 커리어 플랜(Career Plan)이 필요하다. 커리어 플랜(Career Plan)은 파벌이나 인간관계에 기초한 인사이동이 아니라 사원의 자기실현에 대한 희망, 장래의 목표 등을 듣고 능력이나 경험을 정확히 파악한 다음 계획적으로 직장의 훈련이나 연수를 진행시켜 가는 인사관리제도를 의미한다.

본래 커리어 플랜(Career Plan)은 1950년대 중반 미국 연방정부 직원의 인사관리 방법으로 만들어졌다. 오늘날 그것은 노인을 보는 시각이 사회적 비용 지급 대상에서 생산적 주체로 바뀌면서 앙코르 커리어(Encour Career)라는 새로운 경향을 띠고 있다.

이는 커리어(Career)가 단순히 직업이나 경력이 아닌 개인의 인생이나 삶의 방식, 곧 '평생현역'이라는 폭넓은 개념으로 돈보다는 생활의 질을 우선할 때 가능해진다.

이럴 때 평생현역이란 말은 자신이 원하는 일, 좋은 일을 하면서 인생을 뜻깊게 마무리 짓는다는 뜻이다. 자신의 소질과 취향이 어떤 것이 있는지 꼼꼼히 살펴가며 그것을 발휘할 기회를 만들어 보는 것이 중요하다. 미래학자 드러커(Peter Drucker, 1909-2005. 11)가 말한 '더블 커리어(Double Career)'가 그 대안이 될 수 있다.

우리는 지금 오래(long) 사는 것보다 잘 늙는(well-aging) 것이 더 중요한 시기에 와 있다.

> 너는 청년의 때에 너의 창조주를 기억하라 곧 곤고한 날이 이르기 전에, 나는 아무 낙이 없다고 할 해들이 가깝기 전에 해와 빛과 달과 별들이 어둡기 전에, 비 뒤에 구름이 다시 일어나기 전에 그리하라.(전 12:1-2)

> 2 정해진 때가 이르기 전에(히, '명령이 내리기 전에') 세월이 겨처럼 날아가기 전에, 주의 격렬한 분노가 너희에게 이르기 전에, 주께서 진노하시는 날이 너희에게 이르기 전에, 함께 모여라. 3 주의 명령을 따르면서 살아가는 이 땅의 모든 겸손한 사람들아, 너희는 주를 찾아라. 올바로 살도록 힘쓰고, 겸손하게 살도록 애써라. 주께서 진노하시는 날에, 행여 화를 피할 수 있을지도 모른다.(습 2:2-3 표준)

'곤고'라는 히브리어 *라*(rā')는 '악한 해로운 비참한 슬픈' 등을 나타내며, '역경 고난'의 의미로도 사용된다. '생각하라'는 히브리어 '*라아*'는 '보다 관찰하다 숙고하다'라는 말이다. 따라서 '곤고할 때 생각하라'는 말은 고통과 괴로움을 당할 때 그 목적과 이유를 찾고, 자기 성찰과 인생을 깊이 생각할 때라는 것이다.

곤고한 날에 자기를 관찰할 줄 아는 사람은 새로운 복의 문을 열고 들어갈 수 있다. 곤고 할 때 자신을 돌아보지 못하고 주변환경이나 남 탓만 하는 자는 그 곤고로 인하여 더욱 더 고통에 짓눌리며 살 수밖에 없다:

그러므로 이제 만군의 여호와가 이같이 말하노니 너희는 너희의 행위를 살필 지니라(학 1:5)

성공을 그냥 성취로만 받아들이고 좌절을 그냥 실패로만 받아들이면, 지혜롭고 향기로운 인생이 결코 될 수 없다. 자기에게 일어나는 일을 깊이 숙고하지 않고, 말씀에 비추어 묵상하지 않고, 그냥 운명으로만 받아들이는 것은 신앙적인 태도가 아니다. 자기자신과 주변에서 생겨나는 일들을 하나님 목적, 뜻과 연결시켜서 하나님 섭리가 어디에 있는지를 묵상하며 살아가는 사람이 신실한 사람이요 믿음의 사람이다. 그러므로 생각하는 사람이 된다는 말은 그냥 흘러가는 인생을 사는 것이 아니라 진실하게 뜻깊게 살아간다는 뜻이다.

사람은 보통 연락하는 집(환락, 기쁨의 집)에 살기를 원한다. 이는 흥청거리며 맛있게 먹고 재미있게 사는 것을 가리킨다. 그런 곳에는 웃음이 있고 흥겨움이 있는 듯하다. 그런 곳에는 깊이가 없는 웃음 깊이가 없는 즐거움 오래 가지 않는 웃음과 즐거움만 있을 뿐이다. 그래서 이런 것들을 다 체험한 코헬렛은 즐거움의 근원을 잘못짚은 과오를 딛고 일어나 깊이 있는 기쁨 오래 가는 행복을 찾아가는 것이다.

독선기신 独善其身

《맹자》〈진심장 盡心章〉에 궁즉독선기신(窮則獨善其身) 달즉겸선천하(達則兼善天下)이란 말이 있다. "무슨 일이 잘 안 풀려서 궁색할 때는 홀로 자기 몸을 닦는 데 힘쓰고, 일이 잘 풀릴 때는 세상에 나가 좋은 일을 한다"는 것이다.

인생 살다 보면 안 풀릴 때 과연 어떻게 해야 할 것인가? 형통[달 達]보다는 곤궁할 때가 문제다. 우리 대부분은 성장과정에서 궁한 때(궁시 窮時) 어떻게 처신해야 하는지를 제대로 배우지 못했다. 성공해라, 일등 해라, 출세해라는 교육은 많이 받았으면서도 나락에 떨어져서 처참하게 깨지는 상황을 맞았을 때 어떻게 마음을 추스르고, 어떻게 인생을 받아들여야 하는가에 관한 가르침을 별로 받지 못했다. 그렇다 보니 겨우 서너 번 밑바닥에 떨어지고는 불행한 선택을 생각하는 사람도 있다. "죽어 버리면 모두 끝나는 것 아닌가"라는 유혹을 받는 것이다.

'궁즉독선기신'이라는 말에는 아마 맹자 자신의 개인경험도 들어있으리라. 맹자도 나름대로 고생이 많이 한 사람이다. 인생사에는 반드시 궁한 시절이 찾아오는 것이니 그때 닥쳐서 당황하지 말고 홀로 있으면서 자기를 돌아보고 몸과 마음을 닦아야 한다는 말은 오늘날에도 여전히 유효하다.

그렇다면 어떻게 '독선기신'할 것인가. 칼럼니스트 조용헌은 말한다. 궁즉 변방독서 삼일등산(窮則 邊方讀書 三日즁山) 곧 잘 안 풀릴 때에는 외딴 곳에 처박혀 열심히 책을 읽고, 일주일에 3일은 부지런히 산을 올라다니면서 땀을 흘리자고.

키 150cm 작은 키, 중국 현대화의 거인 덩샤오핑(鄧小平)은 동유럽 사회주의가 붕괴하고 소련이 해체되는 1990년 전후의 위기상황을 침착한 전략으로 돌파해나갔다. 세계 강대국으로 하루가 다르게 발전하는 중국의 오늘은 덩샤오핑의 이런 판단과 지도력과 무관하지 않다.

그는 당시 급변하는 국제정세에 대응하는 방법을 28자로 압축했다. 냉정관찰(冷靜觀察·냉정하게 관찰하고) 광주여각(洸住黎脚·최전선을 튼튼히 하고) 침착응부(沈着應付·침착하게 대응하며) 선우수졸(善于守拙·능숙하고 우직하게 행동하며) 절부당두(絶不當頭·절대

우두머리가 되지 않으며) 도광양회(韜光養晦·재능을 드러내지 않고 때를 기다리며) 유소작위(有所作爲·필요할 때 제역할하기를 마다하지 않는다)가 그것이다.

그 가운데 '도광양회 유소작위'가 우리 입에 가장 많이 오르내린다. 쓰러지지 않는 노인[부도옹 不倒翁] 덩샤오핑의 처신과 국가운영 전략은 누구에게나 생활방편으로 적용할 만하다.

우리 사회에서 정기적으로 치러지는 선거를 예로 들어보자. 선거, 그리고 세상살이에는 승자와 패자가 있다.

승리의 열매는 매우 달다. 당선자들은 그 열매를 맘껏 즐길 자유가 있다. 그보다 더 중요한 것이 있다. 그것은 당선자가 선거운동기간 중에 보여준 초심을 잊지 말고 국민에게 한 약속을 겸허히 지켜가는 일이다.

패배의 잔은 무척 쓰다. 거기에 따른 희생도 엄청 많으리라. 낙선자는 그 '독배'를 들고 아파하는 것은 치유를 위해서라도 꼭 필요한 과정이다. 인생은 어차피 찬가(讚歌)와 비가(悲歌)가 엇갈리는 과정을 거치면서 더욱 단단하여지고 깊어지기 마련이다. 그렇다면 어떻게 승리와 패배를 원숙하게 수용하며 수습하는가는 승자와 패자 모두를 승리로 이끄는 가늠자이다. 빛이 있어 그림자가 있고, 그림자가 있어 빛이 있기에 태양이 소중한 것처럼 말이다.

궁즉독선기신(窮則獨善其身·궁색할 때는 홀로 닦는 데 힘쓰고)하고 통즉겸 선천하(通則兼善天下·잘 풀릴 때는 세상에 나가 좋은 일을 한다)하라는 맹자의 말씀은 일이 잘 풀릴 때나 자꾸 꼬이기만 할 때 우리의 길라잡이가 된다. 이는 앞에서 말한 도광양회 유소작위와도 통하는 말이다.

이것이 부정적인 의미로 쓰일 때에는 자기 자신만 생각하고 남을 배려하지 않는 이기적인 삶을 가리킨다.

'만물은 흘러가면서 뒤집어진다'(유전 流轉)는 헤라클레이토스의 말처럼 세상만사는 결국 돌고 도는 것이다. 어떻게 처신하느냐에 따라 오늘의 패배는 내일 승리하는 밑거름이 될 수도 있고, 오늘의 승리는 내일 몰락하는 출발점일 수도 있다.

지나치지 말라

전 7:15–22

개역개정	직역
15 내 허무한 날을 사는 동안 내가 그 모든 일을 살펴보았더니 자기의 의로움에도 불구하고 멸망하는 의인이 있고 자기의 악행에도 불구하고 장수하는 악인이 있으니	15 그 모든 것을 나는 보았다, 내 헛된 세월동안. 의롭게 살다가 자신의 의로 인하여 망하는 의인이 있는 것을, 그리고 자신의 악을 통하여 오래 사는 악인도 있는 것을.
16 지나치게 의인이 되지도 말며 지나치게 지혜자도 되지 말라 어찌하여 스스로 패망하게 하겠느냐	16 의롭되 넘치도록 의롭지 말라. 그리고 지혜롭되 지나치게 지혜롭지 말라. 어찌하여 스스로 망하게 하려느냐?
17 지나치게 악인이 되지도 말며 지나치게 우매한 자도 되지 말라 어찌하여 기한 전에 죽으려고 하느냐	17 악하되 넘치도록 악하지 말라. 그리고 어리석지 말라. 어찌하여 때 이전에 죽으려 하느냐?
18 너는 이것도 잡으며 저것에서도 네 손을 놓지 아니하는 것이 좋으니 하나님을 경외하는 자는 이 모든 일에서 벗어날 것임이니라	18 참 좋다, 이것을 붙잡으면서도 동시에 이것으로부터 네 손을 놓지 않는 것이. 진실로 하나님을 경외하는 자는 그 모든 것으로부터 벗어나리라.
19 지혜가 지혜자를 성읍 가운데에 있는 열 명의 권력자들보다 더 능력이 있게 하느니라	19 그 지혜는 강하게 한다, 그 지혜로운 사람을 그 성읍에 있는 권력자 열명보다 더.

20 (왜냐하면, 진실로, 참으로) 선을 행하고 전혀 죄를 범하지 아니하는 의인은 세상에 없기 때문이로다	20 진실로 하나도 없다, 이 땅에 의롭기만 한 사람은, (항상) 선하기만 하고 죄를 (전혀) 짓지 않는.
21 또한 사람들이 하는 모든 말에 네 마음을 두지 말라 그리하면 네 종이 너를 저주하는 것을 듣지 아니하리라	21 또한 사람들이 하는 모든 말에 네 마음을 바치지 말라. 이는 듣지 않기 위함이라, 네 종이 너를 저주하는 것을.
22 너도 가끔 사람을 저주했다는 것을 네 마음도 알고 있느니라	22 왜냐하면 네 마음이 알고 있기 때문이다, 너 또한 그보다 더 자주 그렇게 하는 것을.

이것은 코헬렛이 세상을 사는 처세술에 관한 것이다. 그는 우리가 생활 현장에서 만나는 사람들에게 흠이 없기를 기대하지 말라고 한다. 우리 자신이 완전하지 않은 것과 똑같이 그들도 결코 완전하지 않다. 흠결이 없는 사람은 너나 할 것 없이 이 세상에 단 하나도 없다.

그는 의인이 자신의 의로움으로 인하여 사람들의 미움과 시기를 받다가 죽임을 당하고, 악인은 악한 방법을 쓰기에 형통하는 것을 보았다. 매우 부조리해 보이는 이런 일이 성경 안에서도 세상 역사에 차고 넘칠 정도로 쉽게 찾아볼 수 있다.

"지나치게 의인이 되지 말라, 지나치게 악인이 되지 말라"(17절)는 말씀을 자칫 적당 적당하게 살라는 말로 오해할 수 있다. 남에게 손가락질당하지 않을 정도로 적당히 의를 행하고, 적당히 악도 행하며 살라는 뜻으로.

그러나 세상은 단순하게 흑과 백으로 나누어지지 않는다. 사람도 그냥 의인과 죄인으로 갈리지 않는다. 이런 사실을 잘 아는 코헬렛은 "너는 이것도 잡으며 저것에서도 네 손을 놓지 아니하는 것이 좋으니"라고 말한다.

요즘 우리 사회 일각에서 평소에 잘 쓰지 않던 '전체주의'라는 낱말이 입에 오르내린다. 전체주의의 특징은 '답은 하나다'라는 데 있다. 인간의 현실에서 답이 단 하나뿐인 곳은 아무 데도 없다. 우리는 어떤 일이나 문제에 배어있는 여러 가지 답 가운데 자기 마음에 드는 것 또는 자기에게 유익한 것들 중에서 하나를 선택할 뿐이다. 그리고 자신이 선택한 그 답(그 길)을 주변 사람에게 다 따라오라고 강요할 수 없다, 다른 사람은 다른 답을 선택할 자유와 권리를 가지고 있기에.

만일 어떤 사람이 세상과 사람과 우주에 관해 말하면서 대답을 단 하나만 안다면 그는 자신이 삼척동자이거나 바보 천지거나 무식이 하늘을 찌르는 자라고 한다. 또는 자기 욕심이 지나친 나머지 타인을 과도하게 매도하는 것이다. 교회와 인류의 역사를 살펴보면 하나로 고정된 인간관, 한쪽으로 편향된 세계관, 우주와 세상을 품지 못하는 편향된 신관(신앙)은 반드시 부작용을 가져왔다. 때로는 끔찍한 일도 서슴지 않고 저지르는 모진 사람(집단)을 만들어냈다.

코헬렛은 인간의 진실(한계와 잠재력)을 아주 잘 알기에 이런 말을 하는 것이다.(21절) 인간은 결코 완전하지 않다. 비록 의롭거나 선한 사람이라도 모든 경우에 그런 것도 아니고 더구나 항상 그런 것이 아니다. '이 땅에'라는 말은 그가 사는 공간을 가리킬 수도 있고, 그가 죽지 않고 아직 살고 있다는 뜻일 수도 있다.

코헬렛은 이 세상에 살고 있는 모든 의인 중에 (항상) 선을 행하는 사람은 하나도 없다, 실제로 모든 경우에 옳은 사람은 하나도 없다. 여기 쓰인 동사 형태(āśā의 미완료 Impf.)는 규칙적이거나 지속적인 행동을 나타낸다. 이 경우에는 '매번은 아니다' '항상은 아니다'라는 뜻이다.

성경에서 '선을 행한다'는 말은 친절하게 다른 사람을 돕는 것을 포함하면서도 그보다는 자신이 처한 환경에서 올바르고 옳은 일을 행하는 것을 가리킬 때가 더 많다. 그런 사람의 행동은 항상 다른 사람들에게 모범이 된다. 21절에는 선을 행하는 것과 나란히 '결코 죄를 짓지 않는다'는 말이 나온다. 이런 경우 두 동사 모두 법적인 영역에서 내리는 평가를 나타낸다. 그것은 순종 특히 하나님의 토라에 순종하는 것이다. 21절을 풀어쓰면 다음과 같다. "실제로 의롭고 선하게 사는 사람이라도 하나님께서 원하시는 일을 언제나 어김없이 행할 수 없습니다."

이런 사실을 진지하게 받아들이지 않으면 자칭 의로운 사람이 되어 이중인격자로 될 수도 있다. 그런 사람은 입으로는 자주 정의를 들먹거리며, 정의로운 사람으로 행세한다. 그러면서도 실제 행실 특히 자신의 이해관계가 얽힌 일에서는 그 누구보다도 이기적으로 행동을 할 수 있다. 이런 예도 동서고금 역사에서 아주 쉽게 찾아볼 수 있다.

코헬렛은 21-22절에서 어리석은 행위들 가운데 구체적인 예를 들어가며 지혜롭게 처신하라고 권한다. i) 남들이 하는 험담에 지나치게 마음을 기울이지 말라. ii) 너도 남에 관한 험담을 자주 하는 것을 깨달아 알라.

'마음을 바치다, 기울이다'는 말(nātan 'et-libî)은 전도서에서 코헬렛이 인간 사회에 관해 진지하게 검토한 것을 묘사할 때 쓰이는 관용어다.

마음을 다하며 지혜를 써서 하늘 아래에서 행하는 모든 일을 연구하며 살핀즉 이는 괴로운 것이니 하나님이 인생들에게 주사 수고하게 하신 것이라(1:13)

내가 다시 지혜를 알고자 하며 미친 것들과 미련한 것들을 알고자 하여 마음을 썼으나 이것도 바람을 잡으려는 것인 줄을 깨달았도다(1:17)

내가 이 모든 것들을 보고 해 아래에서 행하는 모든 일을 마음에 두고 살핀즉

사람이 사람을 주장하여 해롭게 하는 때가 있도다(8:9)

내가 마음을 다하여 지혜를 알고자 하며 세상에서 행해지는 일을 보았는데 밤
낮으로 자지 못하는 자도 있도다(8:16)

21절에서 이것은 외부에서 들려오는 말들이 자신의 마음가짐과 태도에
필요 이상의 영향력을 발휘하지 않게 하라는 것이다. 이것은 '크게 신경쓰
지 말라' 또는 '(들려오는 말을) 듣고 화내지 말라'는 뜻이다. 이렇게 하는 것
이 곧 마음의 여유요 지혜라는 것을 알면서도 실제로 이렇게 하기가 여간
어렵지 않다.

여기서 '모든 것'이란 말(kâl-haddəbārîm)에서 '모든'에는 말 그대로 모든
(everything) 것 곧 사람 일 사물 등이 다 포함된다. 저주라는 말(məqallēl ←
qālal)은 저주 모욕 경멸 등의 말맛으로 쓰였다.

성경 해석은 언제나 성경 전체 사상에서 빗나가서는 곤란하다. 살전
5:22는 "악은 그 모양까지라도 버리라"고 한다. 또한 히 12:4는 "죄와 싸
우되 피 흘리기까지 싸우라"고 한다. 성경은 결코 적당히 살라고 가르치지
않는다. 오히려 적당히 세상 악과 타협하며 살아가는 사람들에 대한 경고
의 음성으로 가득하다. 계 3:15-16에서 하나님은 "차지도 덥지도 않은 미
지근한 신앙인들을 토해 내치겠다"고 말씀하셨다.

전도서 7장 16절에 나오는 '지나친 의'는 7장 15절에서 언급된 '자기 의로
움'이다. 여기서 전도자가 문제삼는 의는 사도 바울이 말했던 믿음으로 말미
암는 하나님의 의가 아니라 '스스로 의롭다고 생각하는 자기 의'다. 로마서 2
장에 등장하는 끊임없이 남을 판단하면서도 자신의 죄로 인해서는 애통하며
회개하지 않는 유대인들의 자기 의를 생각하면 그 의미를 이해할 수 있다.

우리 시대에도 정의나 평화를 위하여 투쟁하는 사람이 진정으로 정의를 사랑하고 평화를 소중히 여기는 사람인지 아닌지 모른다. 그런 것은 입(구호)으로 증명되는 것이 아니라 몸(생활방식)으로 증명되는 것이다.

子曰(자왈) 死生有命(사생유명) 富貴在天(부귀재천)

공자께서 말씀하셨다. "죽음과 삶에는 정해진 운명이 있고, 부자가 되고 귀하게 되는 것은 하늘에 달려있다"
《남송명현집(南宋名賢集)》에 실려 있다는 시가 있다. 주희(주자)가 이 시를 지었다는 주장이 있지만, 분명하지 않다.

  耕牛無宿草(경우무숙초) 밭 가는 소 자기 먹을 풀조차 없는데
  倉鼠有餘糧(창서유여량) 창고 속 쥐 양식이 남아도는구나
  萬事分已定(만사분이정) 모든 일에 분수가 이미 정해져 있는데
  浮生空自忙(부생공자망) 덧없는 인생 부질없이 자기 혼자 분주하구나

이 가운데 뒷 부분은 허욕(虛慾)을 경계하는 것이다. 부질없이 헛된 욕망을 채우는데 인생을 낭비하지 말라는 충고. 물론 이 시 앞의 두 줄과 같은 현실이 바람직하다거나 좋다할 사람은 아마 없을 것이다. 동시에 이것이 인간 사회의 현실이라는 것을 인정하지 않을 사람도 없을 것이다.
《명심보감 明心寶鑑》〈순명편 順命篇〉에 인용된 공자의 말씀이나 이 시는 우리에게 운명론적인 인생관을 가르치는 것이 아니다.
우리는 미래를 향한 도전이나 고난에 대한 극복을 운명론에 맡길 수 없다. 운명론은 생각하는 데 따라서 긍정적인 측면과 부정적인 측면이 있다.
그것의 긍정적인 측면은 지나친 허욕을 경계하는 것이다. 타고난 달란트나 능력을

초과하는 욕망은 인생을 피곤하고 지치게 할뿐만 아니라, 실패를 거듭하다가 끝내 좌절과 불행에 빠지게 하는 것이다. 운명론은 이것을 조절하게 한다. 곧 사람이 태어나기 전에 이미 그 운명이 정해져 있으니 지나친 욕심을 버려야 제 명을 다 누리며 편히 살 수 있다는 것이다.

분수(分數)란 자기가 타고난 운명의 한계를 말한다. 사람마다 자기의 분수가 있으니 그것을 초과하면 실패하고 아무리 고생해도 이뤄지지 않는다는 말이다. 아무 것에나 무조건 '하면 된다'고 달려들다가는 큰 낭패를 겪는다. 이렇게 하면 아등바등하며 마음의 여유없이 사는 대신 느긋하며 낙천적으로 살 수 있다.

그것의 부정적인 측면은 사람이 충분히 자기 능력으로 할 수 있는데도 지레 포기하면서 노력하지 않는 것이다. 그런 사람은 어려운 문제를 만나면 너무 쉽게 포기한다. 결코 이래서는 안 된다.

인간도 광대한 우주의 일부분이다. 비록 사람이 우주의 질서를 다 들여다 볼 수 없더라도, 하나님은 그것을 물 샐 틈 없이 치밀하게 짜놓으셨다.(섭리. 天網恢恢 踈而不漏 천망회회 소이불루) 각 사람은 그 안에서 자기의 역할값(분수)이 있다. 사람은 자기 수명과 복을 자기의 노력에 따라 주어진 범위 안에서 극대화할 수는 있다. 그럴더라도 그 이상의 욕심을 내면 역할값이 서로 뒤엉키면서 충돌을 일으킨다. 하나님의 섭리 안에서 주어진 나의 역할값은 어디까지일까? 그 역할값을 키우는 방법은 없을까? 사도 바울은 "내게 능력 주시는 자 안에서 내가 모든 것을 할 수 있느니라"(빌 4:13)라고 했다. 그것을 키우거나 줄이는 일은 하나님 손에 달렸다는 말이다.

그러니 어떤 일에 관하여 섣불리 운명(분수)라고 말하며 굴복·포기할 것이 아니다. 그렇다고 무조건 '하면 된다'도 아니다. 하나님께서 정해 놓으신 자연의 이치나 섭리를 거스르지 않는 것이 중요하다. 우리는 순간순간 말씀을 되새기며 성경이 가르치는 도리(순리)에 맞게 행동할 뿐이다.

인간은 스스로 결코 의인이 될 수 없으며 스스로 지혜자가 될 수 없다. 이 사실을 아는 자는 겸손히 하나님 앞에 무릎 꿇는다. 의를 행할 수 있는 동시에 악을 범하지 않을 수 없는 인간의 죄성을 깨달은 자는 결코 자기의에 사로잡혀 자기의를 내세우지 않는다. 다만 자신이 의롭게 되는 것은 그리스도의 보배로운 피로 말미암은 줄 믿고 감사하며 살뿐이다. 또한 자신이 얼마나 악에 대해서 연약한 자인가 알기에 조그마한 죄도 회개하며 십자가를 붙든다.

지나치게 의인이 되려다가, 오히려 자기의에 빠질 수가 있다. 지혜로운 사람이 되려다가 제 꾀에 제가 넘어가 오히려 어리석은 사람이 될 수 있다.

믿음과 기도로 인간차별의 유혹을 극복해나가던 마틴 루터는 자신을 비롯해 모든 그리스도인은 '의인이자 동시에 죄인(simul iustus et peccator)'이라고 했다. 이런 '이중적 자아(two egos)' 개념은, 희랍 신화에 등장하는 상체는 인간이고 가슴 아래부터는 말(馬)인 '반인반수(therianthrope, 半人半獸)'의 켄타우로스(Centaurus) 같은 것이 아니다.

다시 말하면 그리스도인은 '의인 50%, 죄인 50%'라는 뜻이 아니라는 말이다. 그는 '100% 완전한 의인'인 동시에 '100% 완전한 죄인'이다. 그가 죄를 범하는 것도 불완전한 그리스도인으로서가 아니라 완전한 그리스도인으로서 하는 것이다.

그리스도인의 범죄는 그가 구원받지 못한 증거거나 그 구원이 미완성이라는 증거일 수 없다. 그의 죄가 결코 그의 '칭의와 구원'을 훼손하거나 무효로 만들지 않는다.

동시에 그것은 "그리스도인은 '죄인 된 의인(the guilty righteous man)'이기에 죄짓는 것은 당연하다"는 '죄의 낙관주의'를 인정하는 것도 아니다. 이는 '완전한 의인'과 '완전한 죄인' 사이에 끼인, '갈등하는 존재(a conflicting existence)'라는 뜻이다.

사도 바울의 다음과 같은 고백도 같은 맥락이다.

18 내 속 곧 내 육신에 선한 것이 거하지 아니하는 줄을 아노니 원함은 내게 있으나 선을 행하는 것은 없노라 19 내가 원하는 바 선은 행하지 아니하고 도리어 원하지 아니하는 바 악을 행하는도다… 21그러므로 내가 한 법을 깨달았노니 곧 선을 행하기 원하는 나에게 악이 함께 있는 것이로다(롬 7:18-19, 21)

이에 마틴 루터 등 종교개혁자들은 자신과 신앙인을 가리켜 의인이자 죄인(*simul iustus et peccator*)이라고 불렀다. 타인이나 타인의 판단이나 행태 및 이념이 자신의 그것과 다르다 하여 정죄하거나 죄악시하는 것은 자신이 의인이라는 교만과 다르지 않다. 그런 사람은 오늘의 바리새인이다. 비록 사람들 보기에는 천주교회 신앙과 개신교회 신앙, 장로교회, 침례교회, 성공회 등의 신앙이 다른 것처럼 보이더라도 사람이 하나님 앞에서 의

천주교 수도사 클레르보의 베르나르(Bernhard von Clairvaux)와 개신교 종교개혁자 마틴 루터(Martin Luther)를 동시에 보듬으시는 예수님

롭다 인정받는 것은 그가 속한 교단이나 교파를 통해서가 아니다. 사람은 교단 교파 또는 특정 교회에 속함으로써가 아니라, 예수 그리스도를 통한 하나님의 구원을 믿음으로 구원받는다.(義認) 그리고 하나님과 말씀 앞에 진실하고 꾸준함으로 거룩해진다.(聖化)

교만하거나 잘난 척하느라 그들과 원수가 되는 일은 참으로 어리석기 짝이 없는 노릇이다. 앞의 그림에서 보듯이 예수님은 그런 사람들 사이에

막힌 담을 허시는 분이다.

18절에 따르면 선과 악의 문제뿐만 아니라 우리의 신앙의 모든 부분이 좌로나 우로나 치우치지 않아야, 곧 진심과 원칙을 지켜나가야 지혜로운 사람이다. 그래야 "이것을 잡으며 저것을 놓치지 않는다." 인간은 자칫 극단으로 치달을 수가 있기에, 이런 사실을 확고히 하는 것은 매우 중요하다.

중용이란 바로 분에 넘치고 허황된 욕심을 버리며 자기의 분수를 알고 할 말은 당당히 하지만 남을 헤아릴 줄 아는 지혜다. 이는 절제의 철학이다.

중(中)이란 어느 한쪽으로도 기울어지지 않은 한 가운데를 가리킨다. 다시말해 '한 가운데'라는 말에는 진실(사실)과 원칙을 지키기에 권세있는 사람이나 세상의 평판에 좌우되지 않는 것을 포함한다. 용(庸)이란 평상, 일상을 지칭한다. 다시 말해 중은 어느 한쪽으로 기울어지지 않고 지나침도 미치지 못함도 없는 것을 뜻하고 용은 한결같음과 바뀌지 않음을 뜻한다. 이는 진실과 원칙에 굳게 서겠다는 다짐을 꿋꿋이 밀고 나가는 용기요 힘이다.

이런 의미에서 이편도 저편도 아닌 '중간지대'는 중용과 거리가 멀다. 중용을 이쪽도 저쪽도 아닌 중간(중립)으로 심하게 말하면 회색분자로 오해하면 곤란하다. 그 의미는 '중'이라는 말과 전혀 다르다. 중용이란 한마디로 일상생활을 할 때에 무엇을 하든지 '완전·완벽하게 하려고 하지도, 어리석게 치우치게 하지도 말아라'는 뜻이다.

물론 그런 것을 합리화시키면 곤란하다. 다만 성취나 죄절을 겪더라도 자만하거나 낙심하지 말고 다시(계속) 일어서는 사람이 믿음의 사람이다. 그래서 정말 큰 사람·훌륭한 사람은 실패나 패배를 모르는 사람이 아니라, 실패와 좌절을 겪으면서도 그리스도 안에서 꺾이지 않는 소망의 의지를 불태우며 사는 사람이다.

과유불급(過猶不及) 곧 지나친 것은 모자란 것만 못하다는 말이 있다. 코헬렛은 여기서 앞부분에 이어 불완전한 인간의 자기 의나 지혜보다는 하나님을 경외하는 것이 더 중요하다는 사실을 거듭 강조한다. 이런 뜻에서 그의 메시지를 중용(中庸)이라고 말하는 사람도 있다.

코헬렛은 의와 악, 지혜와 어리석음 사이에 사는 사람이 어느 극단을 피하라고 가르친다. 사람이 그렇게 할 수 있는 힘은 하나님으로부터 받는 은혜, 곧 하나님을 기쁘시게 하는 것에서 나온다. 그는 하나님 경외와 중용을 밀접하게 연결시킨다는 점에서 유교나 불교와는 차이가 있다.

- 에이브러햄 링컨은 대통령에 다섯 번이나 출마했다가 낙선한 적이 있고, 인 동초(忍冬草)란 별칭을 받은 김대중씨는 4수 끝에 당선이 되었다.
- 「갈매기의 꿈」-Jonathan Livingston Seagulls-의 리처드 바크는 18번이나 출판사에 의해 출판을 거절당했다.
- 전설의 홈런왕 베이브 루드는 714개의 홈런을 쳐내기 위해 무려 1,330번이나 치욕적인 스트라이크 아웃을 당해야 했다.
- 에디슨은 전구를 발명하는 데 무려 2,000여회나 실패를 맛보았다.
- 루이스 라모르는 첫 원고의 출판 요청 이후 무려 350번의 거절을 당하고 말았지만 훗날 그는 미 의회로부터 최초의 특별메달을 받는 영광을 안았다.

이런 뜻에서 실패와 성공, 실수와 완벽함이 조화를 이루는 인생이 참으로 좋다. 패배를 모르는 인생, 성취를 모르는 인생 - 둘 다 위험하다.

코헬렛은 우리에게 지나친 의인이 되지 말라고 권한다. 지나치게 의인이나 지혜 자가 되지 말라는 것은 정의와 지혜를 철저히 추구하지 말고 대강 시늉만 내리는 뜻이 결코 아니다. 이는 하나님께서 원하시는 방법과 방향을 떠나 자기 멋대로 도취되거나 성급히 자기 의를 추구하지 말라는 뜻이다. 자기만 옳다고 하는 독선과 옹고집 엄격하고 편벽된 바리새적 정신과 오만한 금욕주의를 추구하는 인간은 자기 의가 지나쳐서 교만하기 쉽고 지나친 악행을 저지르기 쉽다.

극단적인 사람은 하나님을 기쁘시게 할 수 없다. 너무 잘하고자 하면 지나친 행동이 나오는데, 지나친 의인이 되는 것은 자기 과시에 해당된다. 그러다 보니 잘난 체 하는 자와 누가 친구 하려고 할까? 모든 친구가 다 그 사람 곁을 떠나려 하리라. 지나친 것을 삼가고 중용의 미덕을 취할 때 진솔하고 실수를 적게 하며 살 수 있을 것이다.

12 내 생명을 찾는 자가 올무를 놓고 나를 해하려는 자가 괴악한 일을 말하여 종일토록 음모를 꾸미오나 13 나는 못 듣는 자 같이 듣지 아니하고 말 못하는 자 같이 입을 열지 아니하오니 14 나는 듣지 못하는 자 같아서 내 입에는 반박할 말이 없나이다(시 38:12-14)

18절에 있는 좋다(선하다)는 말(*tôb*)은 구약성경에 741번(아람어 3번 포함) 쓰였다. 많이 쓰인 만큼 그 의미도 다양하다. 그 풀이는 문맥에 따라 다음과 같이 다양한 말맛을 담아낼 수 있다. 이것은 기분 좋은 유쾌한 편안한 만족스러운 호의적인 선한 유용한 옳은 아름다운 잘 생긴 즐거운 기쁜 건강한 가치 있는 행복한 복 있는 등으로 번역된다.(THAT 652) 이것은 항상 긍정적인 것을 창출하거나 증진시키거나 고양시키거나 장식하는 것으로 쓰인다. 성경은 인생에 도움이 될 만한 것들을 다 이 낱말로 나타냈다.

ṭôb(토브=좋다)의 쓰임새를 알아보자.(HAL 354-356; Gesenius(18) 417-420; THAT I 652-664; ThWAT III 315-339; A. Ross, Psalms I 837-838)

이것은 구약성경에 '좋다'는 뜻이 들어있는 다양한 품사로 741번 나오며 매우 폭넓은 영역에 적용된다. 따라서 여러 가지 낱말이 그 번역에 사용된다.

i) 이 낱말과 관련해 가장 많이 쓰이는 것은 어떤 대상(사람·물체)이 설정된 목적에 부합하는가이다. 이를테면 창조된 피조물이 좋다든가(창세기 1장) 나무 열매가 먹음직스럽다든지(창 3:6) 룻 한 사람이 일곱 아들보다 더 낫다는 것이다.(룻 4:15) 여기에는 목적을 완성하기에 적합하다는 것과 함께 주어진 어떤 상황에 유익하거나 적절하다는 말맛을 지닌다. 이를테면 왕이 하는 은혜로운 말(시 45:2) 좋은 기별(잠 25:25) 등이 그것이다.

ii) 어떤 사람이나 사물의 자질을 나타낸다. 이를테면 좋은 땅 좋은 나무 등이다. 이것은 좋은 그늘을 형성하거나 좋은 열매를 내는 것을 가리킨다.(왕하 3:19, 25) 어떤 사람을 좋은 사람이라고 하면서 그의 도덕·윤리적인 또는 의로운 측면(삼상 25:28)을 묘사한다.

iii) 사람의 건강상태나 외모를 말하기도 한다. 이를테면 건강한 아이 모세(출 2:2) 아름다운 사람(아가서에 7번) 등이 그것이다. 이 낱말은 사람과 관련하여 폭넓게 쓰이고 있다. 삿 15:2(아름답다); 삼상 9:2(준수하다); 25:3(아름답다), 15(선대하다) 삼하 18:27(좋다/ 좋은 사람. 좋은소식); 왕상 1:6(준수하다) 2:32(선하다); 20:3(아름답다); 대하 30:22(일에 능숙하다)

iv) 건강한 마음이라는 뜻에서 좋은 마음을 나타낸다. 좋은 마음은 건강한 영혼이다.(잠 17:22)

v) 주어진 상황(환경) 아래서 제대로 된 의견제시(결정)이다. 모세의 장인 이드로가 모세에게 조언한 것은 선한 것이다.(출 18:17)

vi) 현자에게는 다른 사람들과 구별되는 면모 곧 품위가 있다. 그들의 어떤 것이 다른 것보다 더 좋다.(잠 21:9, 19; 25:24)

vii) 신앙을 나타낸다. 예를 들면 '선한 길'(잠 2:9) 같은 것이다. 이는 사람이 마땅히 걸어갈 삶의 올바른 길을 가리킨다. 이 경우 선을 추구하는 생활과 하나님을 향해 나아가는 것은 거의 같다.

viii) 어떤 사람에 관해 호소력이 있거나 적절한 사람이라고 하는 것보다 더 큰 의미에서 좋은 사람이라고 할 수도 있다. 곧 의로운 사람이다.(삼상 2:26; 시 125:4)

ix) 이 낱말은 하나님의 속성(본질)·사역(활동)을 나타낸다. 사람들은 예배의식과 일상 생활에서 하나님의 선하심 또는 좋으신 하나님을 찬양한다. 하나님은 선하시고, 그 인자하심은 영원하시다.(시 118:1) 하나님께서 창조하신 것들은 모두 다 선하다.(창 1:31) 하나님은 환난 때의 요새시며(나 1:7), 악을 선으로 바꾸실 수 있는 분이다.(창 50:20) 하나님은 자기 백성에게 선한 선물(토라 땅 선지자 등)을 주신다.(시 145:15-16) 모든 좋은 것과 온전한 선물은 다 하나님으로부터 온다.

x) 복받은 상태를 나타낸다. 토브의 명사형 토바(tôbâ)는 종종 단순히 좋다는 뜻을 넘어 '복'이라 옮겨진다.

21-22절의 '사람의 말을 마음에 두지 말라'는 말씀은 인간의 지혜와 의가 불완전하다(21절: 좋은 일만 하고, 잘못을 전혀 저지르지 않는 의인은 이 세상에 하나도 없다 – 표준새번역)는 바탕 위에서 이해해야 할 말씀이다. 살다보면 일반적으로 의롭고 바르다고 평가받는 사람보다는 그보다 훨씬 더 못한 사람의 말을 마음에 담아두고 상처를 받는 경우가 적지 않다. 본문 뒷부분에서 '네 종이 너를 저주하는 말'이란 i) 주인 덕에 먹고 사는 사람이 그 은혜도 모르고 내뱉는 말이다. ii) 객관적으로 볼 때 자기 자신보다 훨씬 더 못한 사람이 하는 말이다. 더 나아가 자기 자신도 이런 범주에서 벗어나지 못할 때가 많다: 너도 가끔 사람을 저주했다는 것을 네 마음도 알고 있느니라.(7:22)

사실 사람이 하는 말에는 거짓이나 과장이 들어 있을 뿐만 아니라, 상대방의 말을 자기 식으로 받아들일 수도 있다. 이런 데서 오해가 생겨나고 마음의 상처와 분노도 일어난다. 그래서 코헬렛은 하나님 음성을 무엇보다도 가장 진실하고 유일한 표준으로 삼는 신앙은 사람을 지혜롭고 건강하게 만든다고 했다.

유비자가 무시옹에게 "옹은 어째서 어떤 사람에게는 좋은 사람 대접을 받고, 어떤 사람에게는 좋은 사람 대접을 못 받습니까?"라고 묻자, 무시옹은 다음과 같은 요지로 대답했다.

'내가 어떤 평가를 받느냐는 중요치 않다.

나를 평가하는 사람이 어떤 사람인가가 중요하다.

나를 좋게 평가하는 그가 어떤 사람이며,

나를 나쁘게 평가하는 그가 어떤 사람인가?

좋은 사람이 나를 좋은 사람이라 하면 기쁜 일이지만,

좋지 않은 사람이 나를 좋은 사람이라 하면 두려워할 일이다.

또 좋은 사람이 나를 좋지 않은 사람이라 하면 두려워할 일이지만,

좋지 않은 사람이 나를 좋지 않은 사람이라 하면 기뻐할 일이다.'*

– 제정(霽亭) 이달충(李達衷 ?~1385),《제정집(霽亭集), 애오잠 병서(愛惡箴幷序)》

사람의 생각이나 말이나 행동이 무슨 까닭에 지나칠 정도로 치우치는가? 그것은 경직되기 때문이다. 무릇 생명이 있는 것은 모두 다 부드럽다. 등 껍질이 딱딱한 거북이도 살아 있으면 그 살결이 부드럽다. 시체에는 그런 것이 없다. 경직되는 것은 생명력을 잃는 것이다.

---

* 有非子造無是翁曰。日有群議人物者。人有人翁者。人有不人翁者。翁何或人於人。或不人於人乎。翁聞而解之曰。人人吾。吾不喜。人不人吾。吾不懼。不如其人人吾。而其不人不人吾。吾且未知人吾之人何人也。不人吾之人何人也。人而人吾。則可喜也。不人而不人吾。則亦可喜也。

어리석어도 지혜로워도

전 7:23-24

개역개정	직역
23 내가 이 모든 것을 지혜로 시험하며 스스로 이르기를 내가 지혜자가 되리라 하였으나 지혜가 나를 멀리 하였도다	23 이 모든 것을 나는 시험했다, 지혜로. 그리고 말했다. '나는 지혜로워지리라.' 그런데 그것은 내게서 멀어지고 말았다.
24 이미 있는 것은 멀고 또 깊고 깊도다 누가 능히 통달하랴	24 이미 있는 것은 멀고도 심오하도다. 누가 그것을 찾을 수 있을리오?

이것은 세상 사람은 지혜로운 자와 어리석은 자로 양분될 수 없다는 이야기다. 지혜로운 자에게도 어리석은 구석이 있고, 지식이 많은 자에게도 까맣게 모르는 것이 있기 마련이다.

코헬렛은 자기 나름대로 아는 것이 많고 지혜로운 자라는 긍지를 안고 살아왔다. 그러던 어느 날 가슴에 손을 얹고 자기 인생과 자기 모습을 되짚어보니 자기가 많이 안다는 것이 곧 자기 무지를 드러내는 것이요, 자기가 지혜롭다고 자부하는 것이 자기가 얼마나 어리석은가를 드러내는 것임을 깨달았다. 참 역설적이다. 코헬렛은 자기가 지식있는 사람이라고 한 것이나 지혜로운 사람이라고 자부했던 것이 자기기만인 것을 깨닫는 순간 비로소 지혜로운 자가 되었으니.

앞 단락과 비교하면 23-24절에서는 2인칭이던 것이 1인칭으로 바뀌었다. 이는 새로운 내용이 전개된다는 신호다.

'이 모든 것'(kâl-zōt)이란 말이 23절 맨 앞에 놓여 있다. 그렇다면 코헬렛이 이 말을 강조하는 것일 텐데, '이 모든 것'은 무엇을 가리키는가? '이것'(zōt)이 쓰인 전 7:14, 18을 보니, 이것은 앞부분에서 제기되었던 생각이나 문제를 다시 환기시키는 역할을 한다. 그렇다면 23절의 '이것'은 전 7:19-22 곧 지혜의 능력과 지혜자의 불완전함에 주목하도록 우리를 이끈다.

23절에서 코헬렛은 '이 모든 것을 지혜로 시험했다'고 말한다. 시험하다 (창 22:1), 시도하다, (연습하여) 익숙하게 하다(삼상 17:39)는 말(나싸)는 1인칭 피엘형으로 쓰였다. 이는 코헬렛이 지혜를 얻고자 하여 주의 깊고도 철저하게 시험하고, 조사하고, 탐구하며, 시도했다는 뜻이다(욥기 28장 참조).

앞서(전 1:13; 2:3) 그는 자기 개인 및 자신과 관련있는 사회생활의 모든 측면을 조사했다. 그때 그는 특별한 방법을 도입했다. 그것이 바로 지혜였다. 그는 자기가 살펴보는 일들의 결론에 제대로 도달하기 위해 지혜 전통의 가르침과 그에 따른 검토 및 성찰 방법을 사용했다. 이럴 때 지혜는 전 2:3, 9에서와 같은 의미다. 이렇게 그는 지혜가 가진 힘이 무엇인지 시험하는 한편 지혜로운 사람에게도 있는 허물도 살펴보았다. 23절은 다음과 같이 풀어 쓸 수 있다. "나는 이 모든 것에 대해 더 많은 것을 배우기 위해 지혜의 원리를 사용했다." 그는 이렇게 하고 나서 한편으로는 인간이 지닌 지혜의 능력(내가 지혜자가 되리라)과 그 한계(지혜가 나를 멀리 하였도다)에 관해 더 많이 발견했다.

한계라 함은 코헬렛이 현명한 사람이 되는 것이 불가능하다는 사실을 절실하게 느꼈다기보다는 자신이 품고 있는 많은 질문에 대한 대답을 그가 찾을 수 없었다고 인정하는 것이다. 이런 뜻에서 자신이 지혜로부터 멀리 떨어져 있다는 깨달음 자체가 이미 그 이전보다 지혜로워졌다는 의미다.

스스로 지혜 있다 하나 어리석게 되어(롬 1:22)

지혜 있는 자가 어디 있느냐 선비가 어디 있느냐 이 세대에 변론가가 어디 있느냐 하나님께서 이 세상의 지혜를 미련하게 하신 것이 아니냐(고전 1:20)

여기에 지혜라는 말이 똑같이 두 번 나오지만 그 의미는 서로 다르다. 전자는 코헬렛 자신의 지혜 곧 인간의 지혜(지성)를 가리키는데 비해 후자는 하나님의 창조적인 지혜를 가리킨다.(잠 8:22-31, 요 1:3 참조) 곧 사람은 아무리 자기 지성과 지식과 경험을 다 동원하더라도 하나님의 창조적인 지혜에 담긴 깊고 오묘한 내용과 뜻을 제대로 알 수 없다는 것이다.

24절에 (지혜를) '누가 능히 통달하랴'는 말씀은 인간이 하나님께서 하시는 일을 깨닫거나 이해하는데 한계가 있다는 사실을 강조하는 수사의문문이다. 이것을 풀어쓰면 다음과 같다. "이 세상에 존재하는 모든 것은 우리가 이해할 수 있는 범주를 넘어서며 매우 깊고도 깊다. 어느 누구도 그것을 다 이해할 수는 없다."

7 네가 하나님의 오묘함을 어찌 능히 측량하며 전능자를 어찌 능히 완전히 알겠느냐 8 하늘보다 높으시니 네가 무엇을 하겠으며 스올보다 깊으시니 네가 어찌 알겠느냐 9 그의 크심은 땅보다 길고 바다보다 넓으니라(욥 11:7-8)

12 그러나 지혜는 어디서 얻으며 명철이 있는 곳은 어디인고 13 그 길을 사람

이 알지 못하나니 사람 사는 땅에서는 찾을 수 없구나 14 깊은 물이 이르기를 내 속에 있지 아니하다 하며 바다가 이르기를 나와 함께 있지 아니하다 하느니라 … 20 그런즉 지혜는 어디서 오며 명철이 머무는 곳은 어디인고 21 모든 생물의 눈에 숨겨졌고 공중의 새에게 가려졌으며 22 멸망과 사망도 이르기를 우리가 귀로 그 소문은 들었다 하느니라(욥 28:12-14, 20-22)

33 깊도다 하나님의 지혜와 지식의 풍성함이여, 그의 판단은 헤아리지 못할 것이며 그의 길은 찾지 못할 것이로다 또는 부요와 지혜와 지식이여 34 누가 주의 마음을 알았느냐 누가 그의 모사가 되었느냐(롬 11:33-34)

코헬렛은 마음으로 지혜와 명철을 살피고(투르) 연구했다.(바케쉬 25절) 투르는 사실관계를 분명히 파악하고자 세심하게 살피고 조사하는 것을 나타낸다.(민 13:2, 16, 17, 21, 25, 32; 14:7, 34; 잠 12:26) 피엘형으로 쓰인 *바케쉬*는 무엇인가를 알아내기 위해 열심히 물으며 간절한 마음으로 찾아다니는 것을 가리킨다. 이 두 낱말은 얻어내고자 하는 것을 얻고자 열과 성을 다하는 모습을 보여준다. 그는 외골수로 이렇게 행하는 것들이 다 부질없고 어리석은 짓인 것을 실감했다. '뒤에야(然後)'라는 제목으로 진계유(陳繼儒 1558~1639 明)가 지은 시를 보자:

靜坐然後知 平日之氣浮(정좌연후지 평일지기부)
고요히 앉아 본 뒤에야
평소에 마음 경박했음을 알았네.

守默然後知 平日之言燥(수묵연후지 평일지언조)

침묵을 지킨 뒤에야

일상 언어가 소란스러웠음을 알았네.

省事然後知 平日之費閒(성사연후지 평일지비한)

일을 돌아본 뒤에야

평소에 시간을 한가하게 썼음을 알았네.

閉戶然後知 平日之交濫(폐호연후지 평일지교람)

문을 닫아 건 뒤에야

평소 사귐에 지나쳤음을 알았네.

寡慾然後知 平日之病多(과욕연후지 평일지병다)

욕심을 줄인 뒤에야

평소에 병든 곳이 많았음을 알았네.

近情然後知 平日之念刻(근정연후지 평일지염각)

마음을 쏟은 뒤에야

평소 마음씀씀이 각박했음을 알았네.

우성형질만으로 조작된 '과학의 아들'과 부모의 사랑 때문에 열성형질로 태어난 '신의 아들' 이야기. 1997년에 만들어진 SF 영화 《가타카(Gattaca)》는 저 대사로부터 시작한다.

이 영화는 앤드류 니콜이 감독을 맡았으며, 에단 호크, 쥬드 로, 우마 서먼 등이 출연했다. 영화 제목 '가타카(GATTACA)'는 DNA를 구성하는 염기인 아데닌(Adenine), 티민(Thymine), 시토신(Cytosine), 구아닌(Guanine)의 머릿글자를 조합한 말이다.

영화는 과학적 유전자 조작으로 태어난 사람들이 사회 상층부를 이루는 반면, 전통적인 부부관계로 태어난 사람들은 열등한 것으로 취급받아 사회 하층부로 밀려나는 디스토피아(Dystopia)적인 미래를 배경으로 한다.

저곳에서 부모의 사랑으로 태어난 자연 잉태자들은 신의 가혹한 형벌을 받은 자들이다. 그들은 태어나는 순간, 인간으로서의 결함을 모조리 갖고 있는 부적격자다. 부모의 사랑으로 태어난 빈센트 안톤, 그의 첫 이력서는 치명적이었다.

신경계 질병 60% 가능

우울증 42% 가능

집중력 장애 89% 가능

심장질환 99% 가능

조기사망 가능

예상수명 30.2년

세상 빛을 막 본 빈센트의 발에서 한 방울의 피로 알아낸 미래이다. 유전학자에 의해 인위적 조작을 통해 태어난 동생 안톤은 최상의 조건을 갖추었다. 신체, 두뇌 등, 유전학자의 말대로 '천 번 자연 임신을 한다 해도 얻지 못할 조건'이다.

부적격자 빈센트는 우주인이 되려 했다. 그 아버지의 말처럼, 빈센트는 그 일에 부적격자였다. 만일 그래도 그가 길로 가고자 한다면 우주 항공사 '가타카(Gattaca)의 청소부'가 되는 것이 그나마 그리로 가까이 다가갈 수 있는 길이었다. 청년 빈센트는 집을 떠나 화장실 청소하는 일을 하다가 드디어 가타카의 청소부가 되었다. 건물 바닥을 거울보다 더 반짝이게 하는 것이 우주 항공사 가타카 청소부의 임무이다. 우주인이 되기 위한 빈센트의 도전, 꼬마 시절 그가 꾼 꿈은 여기서 마침표를 찍었다.

빈센트는 청소부를 하여 모은 돈으로 제롬 머로우의 유전자를 샀다. 제롬 머로우는 유전학자의 조작된 우성형질로 태어났지만, 사고로 하반신이 마비되었다. 우주인이 되기 위해선 우성형질의 유전자가 필요했다. 빈센트의 유전자로는 아무리 우주 항공사를 꿈꾸며 자신을 가꾸더라도 원천적으로 불가능하기 때문이다.

이미 굽은 몸으로 태어난 빈센트, 그가 몸을 펼 수 있을까? 영화는 그럴 수 있다고 힘을 주어 말한다.

"가능한 지 아닌지의 운명을 정하는 것은 자신의 몫이야."

"모든 게 가능해.

유전자를 조작해 제롬 머로우가 된 빈센트에게 문제가 생겼다. 그것은 제롬 머로우의 큰 키와 비교적되는 그의 등치였다. 빈센트는 자신의 열성형질인 키를 늘이려고 다리를 수술대 위에 올렸다. 결국 빈센트는 최선으로 노력하고, 결국 주위 사람들 도움을 받아 우주 비행선에 몸을 실었다.

빈센트에게 도움을 준 이들 역시 하나 같이 빈센트와 유사하다. 심장이 열성인 여자친구, 자식 또한 빈센트와 같이 열성인 의사, 심지어 꿈을 잃었던 제롬 머로우까지. 자연 잉태자, 부적격자인 빈센트가 사는 유일한 길임을 이해하고 돕는다. 사실 그 모든 것은, 빈센트가 꾼 꿈의 곁가닥이다.

동생 안톤과 수영 시합을 하는 빈센트를 주목해 보자. 바다를 헤엄쳐 가다 지쳐 먼저 돌아서면 지는 게임이다. '천 번 자연 임신을 한다 해도 얻지 못할' 조작된 유전자로 태어난 동생 안톤을 빈센트가 이겼다. 이길 수 있는 방법이 있을까?

방법은 이것이다. "난 되돌아갈 힘을 남겨 두지 않아." 동생 안톤이 어떻게 형이 "나를 이길 수 있느냐?"고 묻자 빈센트가 한 말이다. 빈센트는 동생과 시합에 목숨을 걸고 임했다. 물론 빈센트가 목숨을 건 것은 동생 안톤이 아닌, 자신의 운명이었다.

남들은 서넛씩 갖고 있는 그 흔한 인맥도, 학벌도, 학력도, 머리도, 신체적 강인함도, 심지어는 생긴 것까지도 주목받지 못하는 사람들, 신의 축복을 덜, 혹은 아주 덜 받은 자들에게 이 세상은 저 영화와 다르지 않다. '과학의 아들'과 '신의 아들'은 오늘도 어디에나 있다. 더욱이 대한민국의 오늘, 나는 저 영화 속 디스토피아(Dystopia)의 망령을 본다. 그렇다면 우리는 무엇으로 이 세상을 살아갈 것인가?

코헬렛은 지금 아프다. 자신이 옳다고 여겼던 것 이상적인 목표로 세우고 열심히 추구했던 것 멀리하고자 했던 것 가까이하려 했던 것들이 다 허무하게 느껴졌다. 이게 아니라는 생각이 꼬리에 꼬리를 물고 일어났다. 이 과정에서 그는 마음과 영혼의 몸살을 앓았다. 이런 것을 페르난두 페소아의 시 〈나의 시 poesia do eu〉에 빗대어 이렇게 표현할 수 있으리라.(김한민 《페소아》51)

병보다 지독한 병이 있지

아프지 않은 아픔도 있어. 영혼조차 아프지 않아

그런데도 다른 아픔보다 더 심하게 아파

꿈꾸긴 했어도 현실의 삶이 가져오는 것보다

더 현실적인 고통이 있지, 그리고 그런 감각도 있어

상상하는 것만으로도 느껴지는

우리 삶보다도 더 우리 것인 것들

얼마나 많은 것들이 있는지, 있지도 않으면서도

존재하고, 느지막이 존재한다…

이 몸살을 앓으면서 코헬렛은 진정한 사람, 진실한 신앙인의 모습에 한 발자국씩 다가섰다.

천 명 중에 단 하나도

전 7:25-29

개역개정	직역
25 내가 돌이켜 지혜와 명철을 살피고 연구하여 악한 것이 얼마나 어리석은 것이요 어리석은 것이 얼마나 미친 것인 줄을 알고자 하였더니	25 나는 돌이켰다, 나 자신과 내 마음을, 지혜와 그 결론을 알고 살피고 연구하고자. 그리고 악함이 어리석은 것이요, 그 어리석음이 미친 짓이라는 것을 알고자.
26 마음은 올무와 그물 같고 손은 포승 같은 여인은 사망보다 더 쓰다는 사실을 내가 알아내었도다 그러므로 하나님을 기쁘게 하는 자는 그 여인을 피하려니와 죄인은 그 여인에게 붙잡히리로다	26 그리고 나는 발견하는 자가 되었다, 그 여인이 죽음보다 더 쓰다는 것을. 그녀는 올가미요, 그녀 마음은 덫, 그녀 손은 족쇄다. 참 좋다, 하나님 앞에서 그녀로부터 피하는 자는. 그리고 죄짓는 자는 그녀에게 붙잡힌다.
27 전도자가 이르되 보라 내가 낱낱이 살펴 그 이치를 연구하여 이것을 깨달았노라	27 보라, 내가 이것을 깨달았노라. 코헬렛이 말한다, 하나하나씩 살펴본 그 결론을.
28 내 마음이 계속 찾아보았으나 아직도 찾지 못한 것이 이것이라 천사람 가운데서 한 사람을 내가 찾았으나 이 모든 사람들 중에서 여자는 한 사람도 찾지 못하였느니라	28 내 영혼이 계속 살펴보는데도 아직 깨닫지 못한 것은 이것이라. 한 사람을 천 명 가운데서 내가 찾았다. 그리고 그 모든 이 가운데서 여성을 나는 찾지 못했다.

29 (보라) 내가 깨달은 것은 오직 이것이라 곧 하나님은 사람을 정직하게 지으셨으나 사람이 많은 꾀들을 낸 것이니라(바케쉬)	29 단지 이것을, 보라, 나는 깨달았다, 하나님께서 그 사람을 바르게 지으셨다 것을. 그러나 그들이 잔꾀를 많이 부린다는 것을.

이것은 코헬렛이 악과 어리석음의 문제를 깊이 들여다보는 이야기다. 코헬렛은 '나, 내가 지혜를 얻고자 마음을 돌이켰으니'라는 비교적 긴 서문으로 이 단락을 시작한다. 그 결과 자신이 발견한 것을 26절 27-28절 그리고 29절에서 세 가지로 이야기한다. 그 주제를 나타내는 주요 낱말로 '구하다'가 세 번(25, 28, 29절) '합계(결과 결론)'가 세 번(25, 27, 29절) '찾지 못함'이 일곱 번 나온다.

7:1-22에서 인간생활에서 유혹이나 시험이 될 수 있는 여러 가지 경우를 살펴본 코헬렛은 26-29절에서 이성의 유혹을 다루었다. 학자들 중에는 전 7:26에 근거하여 코헬렛이 여성차별적인가를 놓고 논의해 왔다. 그러나 이것은 7:25-29의 전체 흐름 속에서, 더 나아가 전 7:23-24와 관련시켜 살펴보아야 한다.(Schoors 566) 이로써 그는 사람의 정욕에는 만족이 없다는 것을 보여준다. 속된 속담 '열 여자 마다할 사내 없다'는 말이 그런 뜻이다.

코헬렛은 자기 자신과 자기 마음을 돌이켰다.(sābab) 이것은 그가 자신의 생활방식은 물론 사고방식의 방향을 바꾸었다는 이야기다.(Hitzig 177; Schoors 568 참조) 이는 그가 1:17에서 말했던 "내가 다시 지혜를 알고자 하며 미친 것들과 미련한 것들을 알고자 하여 마음을 썼으나 이것도 바람을 잡으려는 것인 줄을 깨달았도다"에 변화가 생긴 것이다. 그는 새로운 길로 접어들었다.(sābab) 그는 알기를 원했는데(ld't) 그것은 지난날 자기가 알고 있던 지혜를 답습하는 것이 아니었다. 그는 또한 살피며 탐구하기를 원했다.(ltwr wbqš) 이것은 그가 이미 알고 있던 가르쳐왔던 것들을 비판적으로 재구성하겠다는 것이다. 그는 자신이 얻어내고자 하는 비판적 인식을 대유법(Hendiadioin, Merismus) 형식으로 표현했다.(ḥkmh wḥbwnš=지혜와 그 결론: Lohfink 57)

히브리 낱말 ḥešəbbôn은 구약성경 가운데 전 7:25, 27; 9:10에만 나온다.(집회서 9:15; 27:5, 6; 42:3; 1QH 9:29; 4Q254 1:2에도 있다) 이 낱말의 의미를 놓고 학자들 사이의 견해가 나누어져 있다.(그 내용은 Schoors 569-70를 참조하라) 가이어 캐스틀리 위드보어 등은 이 낱말의 뿌리를 카샤브(ḥāšab)로 본다. 그렇다면 이것은 근거 간주 현명한 숙고와 생각, (철학적인) 논쟁 등을 가리킨다. 아이삭손은 전적인 삶에 이르기 위한 보다 심오한 지혜 퍼드챠드는 회의론적인 지혜라 한다. 아우어바흐 재스트로우 아알더 고르디스 애르톰 등은 생각하기의 결과 곧 결론이라 본다. D. 미셸은 탐구대상에 주목했다. 그는 비록 이것이 인간의 활동을 직접 가리키는 것은 아니라도 그에 따른 결과라는 것이다. 그는 이 말을 '탐구의 결론 숙고의 결론 결과'(Untersuchungsergebnis, Denkergebnis, Resultat)로 풀이했다. 일부학자들은 미쉬나 히브리어에서 이것이 상업적인 의미로 쓰인 것에 착안하여 계산 합계(총계) 등으로 풀이한다. 물론 이것은 거기서도 비유적인 의미로 쓰이기도 한다.

쇼르스는 로핑크의 연구에 따라 이것을 '결론에 도달하려고 다른 어떤. 것에 하나(하나의 관찰)를 덧붙인 것'(adding one [obserbation] to the other to find the result)이라 풀이했다.

25절에 전치사 르(lə)와 함께 나오는 부정사형 동사 세 개(jādâ=알다 tûr=살피다 bāqēš=찾다 탐구하다)는 하나로 뭉뚱거려 해석하기보다는(예: Riesner 는 찾다 suchen) 서로 세심하게 구별되어야 한다.(Aadler 164, Schoors 568) 이것은 세심하고 치밀한 연구과정을 나타낸다.

전도서에는 여성에 관한 언급이 별로 없다. 코헬렛의 여성 경험은 별로 행복하지 못했다. 그가 '마음이 올무와 그물 같고 손이 포승(捕繩) 같은 여인은 사망보다 더 쓰다'고 말한 것에 그의 개인적인 경험과 판단이 들어있다. 물론 이것은 자신이 남성이기에 자기 경험을 이렇게 말한 것일 뿐, 사실 이성의 유혹과 시험은 남녀 모두에게 있다.

던햄(K. C. Dunham)은 전도서의 이 부분을 잠언과 비교했다.(Dunham 45-46, 참조 Garrett, Young)

전도서(7:26)	잠언
그녀는 더 쓰다	쑥 같이 쓰다(5:4)
그녀는 죽음보다도	그의 발은 사지로 내려가고, 그의 걸음은 스올로 나간다(5:5)
그녀는 올무, 그물, 그녀 손은 포승줄, 죄인을 붙잡는다	악인은 자기 악에 걸리며 그 죄의 줄에 매인다(5:22) 그 눈꺼풀에 홀린다(6:25) 귀한 생명을 사냥한다(6:26)
그녀의 유혹을 실현하는 기관은 팔과 손	유혹하는 신체기관은 눈꺼풀(6:25)과 입술
그녀 마음은 그물이다	간교한 마음(7:10)
여인에게 붙잡힌 죄인	마음이 간교한 여인(7:10)
하나님 앞에서 좋은 사람은 그녀를 거부한다	악인은 악의 줄에 걸린다(5:22)
좋은 사람은 그녀를 피한다	지혜는 그녀로부터 구원한다(2:16)

던햄(K. C. Dunham)은 이 부분을 열왕기상에 나오는 솔로몬의 경우와 비교했다.(51-52)

전도서 7 : 25-29	열왕기상 11장
그 여인(7:26)	많은 이방 여인(1-13) 여인이란 낱말이 5번
그녀 마음은 그물(7:26)	솔로몬의 아내들은 '그의 마음'을 돌아서게 했다(11:3-4, 9)
그녀를 죽음과 비교하다(7:26)	솔로몬은 가증스러운 것들(11:5, 7)과 연합했으며, 결과적으로 신명기에서 교훈한 언약을 깨뜨렸다. 이는 그에게 죽음과 같은 것이었다.(신 29:16-21)
그녀는 올무 그물 포승줄. 죄인은 그에게 붙잡힌다	솔로몬이 그녀들과 통하며, 연애했다(11:2)
그는 천명이나 되는 여인 중에도 마음에 드는 사람을 찾지 못했다(7:28)	솔로몬의 왕비는 천명이나 되었다(11:3)
하나님을 기뻐하는 자는 그 여인을 회피한다(7:26)	솔로몬의 마음이 돌아서서 다른 신들을 쫓다(11:4)
유혹에 넘어가는 사람이 죄인이다(7:26)	그녀들은 솔로몬에게 여호와의 눈에 악한 짓을 하게 했다(11:6)

26절에 나오는 '마음이 올무와 그 물같고, 손이 포승 같은 여인'이라는 말은 두 가지로 해석될 수 있다: i) 문자 그대로 받아들여 코헬렛(솔로몬?)이 여성을 수없이 편력하였지만 지나놓고 보니 그것이 후회와 한탄스럽다는 뜻이다; ii) 여기 나오는 '마음, 손, 여인'은 이성(理性)을 비유하는 표현이다. 이는 지혜와 명철과 반대되는 말이다. 신앙과 이성의 관계를 논하자면 한도 끝도 없을 것이다. 여기서 이성이란 하나님 중심주의와 반대되는 인본주의를 가리킨다. 이성(인본주의)을 '올무, 그물, 포승, 사망보다 독하다'로 표현한 것이 지나치다고 여겨질 수도 있다. 그것이 지나치게 될 때 하나님과 사람을 멀어지게 할 뿐만 아니라 마침내 인간의 진정한 행복과

생명을 상실하게 만드는 것이다.

26절에서 코헬렛은 자신이 여성과의 관계에서 겪은 불행한 기억을 되살리는 듯하다. 여성을 가리켜 남자를 사로잡는 그물(므초딤)이라든가 덫(하라밈)이라든가 오랏줄(아쑤림)이라고 한 것, 혹은 여자를 죽음보다 더 독한 것(마르 밈마벳)이라고 한 것 등은 코헬렛이 처음으로 한 말은 아닐 것이다. 이것은 여성에게 있는 이런 부분을 코헬렛 자신이 자기 생활의 어느 단계에서 실감했다는 고백일 것이다. 그리고 이는 단지 여성에게만 국한된 것이 아니다. 여성들 가운데 남성에게서 이런 쓴맛을 본 사람도 얼마든지 있을 수 있다.

27절과 29절에 '보라, 내가 이것을 깨달았노라'는 말(레에 제 마챠티)란 말이 두 번 되풀이 쓰였다. 이는 26절 첫부분에 '우모체 아니=바로 이것이다, 내가 깨달은 것이)'라는 표현과 쌍벽을 이루었다. 26절의 그것은 25절에서 열심히 살피고 탐구한 것 결과를 나타낸 것이다. 27절과 29절에 표현된 '깨달은 것'의 내용은 29절 하반절에 가서야 비로소 나왔다. 그가 이렇게 길게 시간을 끌고 장황하게 설명하는 것은 자신이 깨달은 내용이 그만큼 중요하다는 사실을 강조하려는 것이다.

'하나님을 기쁘시게 하는 자'란 말(토브 리프네 하엘로힘 tôb lifnê hā'ălōhîm)은 '하나님 면전에서 선한 자'이다. 이는 구약성경에서 하나님을 경외하는 자 하나님께 은혜를 받은(입은) 자 하나님을 즐거워하는 자 등과 비슷한 뜻으로 쓰였다. 우리말로 '피하다'라 옮겨진 말(말라트)은 피하다 도망치다 구출하다 등을 의미했다. 우리는 이 말이 여기서 수동형으로 쓰인 것에 주목할 필요가 있다.(신적 수동형) 이는 하나님을 기쁘시게 하는 일이 인간의 힘이나 이성으로 되는 일이 아니라는 뜻이다. 곧 하나님을 기쁘시게 하는 일은 하나님께서 주시는 은혜를 의지하는 사람에게만 가능하다는 말이다. 그렇지만 죄인은 하나님의 은혜를 의지하지 않기에 그 여인에게 붙잡히고 말 것이다.

고대 가나안의 신화에서 여성은 남성에게 두 가지 힘을 지닌 존재로 보였다. 하나는 여성이 지닌 '아스타르테'의 세력이고, 다른 하나는 '아세라'의 세력이다. '아스타르테'의 힘이란 여성이 지닌 무시무시한 성애적(性愛的) 매력 곧 일상생활에서 남성의 성욕을 자극하고 활력을 유지하며 발휘하게 하는 힘 또는 남성을 사로잡아 꼼짝도 못하게 하는 그물과 덫과 오랏줄과 같은 매혹적인 면모를 가리킨다. 이것은 남성으로 하여금 황홀경을 체험하게 하고 살맛을 느끼게 만드는 힘이다. 이와 달리 '아세라'의 세력이란 여성이 지닌 임신과 출산과 양육의 신비가 갖는 여성의 모성적인 힘을 가리킨다. 이것은 남성에게 안정과 생활의 동기를 부여했다.

고대 메소포타미아에서 기록된 아주 오래된 작품《길가메시 서사시》에 일찍이 사람을 교육시키는 '교사'라는 말이 나왔다. 인류가 지닌 가장 오래된 이 문학유산인 이 책 첫머리에 '짐승 같은 한 남성'를 아스타르테의 힘으로 다스리어 '사람 같은 남성'으로 만든다는 말이 있다.

남녀간에 서로 끌어당기면서 밀어내는 힘에 대한 경험 고백은 그것이 어떤 유형의 것일지라도 결코 남녀관계의 새로운 사실을 말하는 것이 아니다. 그것은 개인과 집단이 오랜 세월에 걸쳐 경험한 사실을 주관적 혹은 객관적으로 말하는 것일 뿐이다. 각기 서로 다른 환경에서 경험한 것이므로 서로 다른 언어로 또는 서로 다른 예들로 표현되는 경우가 많다.

예를들어 아가에 나오는 남녀가 고백하는 사랑은 남성의 여성 경험을 아주 황홀하고 이상적으로 묘사되었다. 코헬렛의 여성 경험과 반대되는 것이다. 서로 그리움만을 쌓아 오던 남녀 사이의 육체적 결합이 그들을 더욱더 질긴 사랑의 줄로 묶고 그것이 또 서로의 육체와 존재를 더욱더 탐하게 하는 관계로 발전되는, 결합과 사랑, 사랑과 결합의 역동적 순환을 한없이 아름답게 묘사하는 것이 바로 '노래 중의 노래'인 아가의 주제였다.

유대교와 기독교는 일찍이 아가를 경전으로 받아들일 때, 아가에 나오는 남녀의 사랑과 사랑을 통한 대상의 인식을 그대로 하나님과 사람 사이에 적용시켜 해석했다. 남녀 사이의 에로틱한 애정이 사랑하는 사람들 사이의 이해를 깊게 하고 그 이해가 다시 그들 사이의 사랑을 더욱 풍요롭게 하는 것이듯이, 이런 사랑의 유비를 통하여 하나님과 사람 사이의 밀착된 사랑의 관계를 이해하려 했다. 에로틱한 애정 관계의 극치에서 하나님과 인간 사이의 관계를 파악했다는 점에서 아가에 대한 유대교나 기독교는 공통점을 갖고 있다. 여기서 우리는 남녀 사이에 넘쳐흐르는 사랑과 이해와 신뢰의 형성, 그리고 이러한 사랑에서 비롯되는 육체적 관계를 통해 주고받는 황홀한 경험이 하나님과 사람 사이의 사랑의 신비를 이해하는 좋은 비유를 발견했다.

아가의 남녀관계는 두 사람을 사랑으로 묶는 '서로 살리는 관계'였다. 코헬렛이 고백한 남녀관계는 두 사람을 증오로 묶고 '서로 죽이는 관계'였다. 사실 우리 모두는 이성(異性)과의 관계에서 이 두 가지를 동시에 경험하며 살아가고 있다.

아가서와 전도서는 무엇이 다른가? 예루살렘 왕의 역할을 연출하고 있는 코헬렛은 남자들이 좋아하는 처와 첩들을 수없이 거느렸다.(전 2:8) 솔로몬은 바로의 딸 외에도 많은 외국 여자들 곧 모압과 암몬과 시돈과 헷 여인들을 사랑했다. 후궁(나쉼사로트)가 칠백이었으며 첩(필라그쉼)이 삼백이었다.(왕상 11:1,3)

그 여인들이 왕의 마음을 사로잡았다. 천여 명의 여인들에게 시달렸으니 어찌 여자를 죽음보다 쓰디쓰다 하지 않을 수가 있을까! 그는 평생 이 여인들의 그물과 덫과 오랏줄에 묶여 살았다. 그리고 거기서 전혀 만족하지 못했다. 진정한 사랑을 찾기에 목말라 했다. '닭이 천마리 있다면 그 중에 하나는 봉이라'는 말처럼, 그는 천명의 남자 가운데서는 쓸 만한 남자 하나쯤은 찾을 수 있었다고 말했다. 그는 천명의 여자 가운데서는 여자 같은 여자 하나도 찾지 못했다고 고백했다.(전 7:28) 이 말을 성차별 언사로도, 여성과 진정한 사랑의 관계를 맺는데 실패했다는 사실을 스스로 고백하는 말로도 볼 수 있다.

솔로몬이 천명의 여인을 거느리고도 갈증을 느끼고 배고파한 애정을 아가에 나오는 목동은 오직 한 사람(시골 처녀)에게서 마음껏 누렸다. 목동이 느끼는 사랑을 향한 배고픔은 자기를 사랑하는 얼굴이 검은 시골 처녀를 만날 때마다 흡족하게 해소되었다. 그러나 왕이 느끼는 사랑을 향한 배고픔은 그 숱한 미녀들, 외국에서 들어온 미녀들마저도 채워 주지 못했다. 이것은 여성 곧 이성적 관계의 대상이 지닌 본질에서 나오는 문제가 아니라 여성을 대하는 남성의 여성을 향한 마음가짐과 태도에서 나오는 문제였다. 이는 여성(남성)의 존재 그 자체의 문제가 아니라 어떤 남성(여성) 그 개인의 문제인 것이다. 전도서의 왕과 아가서의 목동이 이성(異性)을 아주 다르게 경험하고, 아주 다르게 대하며, 아주 다르게 받아들인다는 사실이 이것을 말해주었다.

여기 나오는 시험(유혹)을 단지 이성(異性)의 유혹(시험)으로만 볼 필요는 없다. 사실 우리 시대에 피할 수 없는 유혹들 중에는 인본주의 이성(理性) 지식 경험 알콜 마약 등을 빼놓을 수 없다. 이런 것들에는 강한 매력과 흡입력이 들어있다. 누구든 거기에 한번 빠져들면 헤어나오기가 참 어렵다.

코헬렛은 인간의 지혜(이성, 지성)에 깊이 몰두해 본 사람이었다. 그래서 그 한계와 폐해를 누구보다도 더 잘 알고 있다. 그러므로 그는 이를 피해버리든지 아니면 그에 빠져서 사망에 이르든지 하는 두 길이 우리 앞에 놓여 있다고 가르쳤다.

하나님은 사람은 본디 정직하게(야샤르=반듯하게) 지으셨다.(29절) 코헬렛은 '하나님을 기쁘게 하는 자'와 죄인을 비교하면서 전자는 늘 유혹과 시험을 이긴다고 말했다. 이런 유혹과 시험의 또 다른 모습이 꾀(힛샤본 ḥiššābôn)이다. 특히 29절 중간에 '하나님은 사람을 정직하게 지으셨으나…'라는 말씀은 첫 창조 시절의 인간과 오늘을 사는 인간 사이에는 차이가 많다는 점을 알려준다. 여기서 '야샤르'란 말(jāšār)은 곧은(잠 21:8; 겔 1:7) 바른(시 11:2; 107:7) 의로운(신 12:25; 삼상 12:23) 등 하나님 안에서 균형잡힌 인생을 의미했다. 꾀라는 말은 25절에 명철로 번역된 말(힛샤본, 힛쉬보노트)과 같은 뿌리에서 나왔다. 이것은 생각한다는 말(카샤브 ḥāšab)에서 유래한 것으로 생각 계산 계획 꾀 간계(奸計) 등을 가리켰다. 여기서는 부정적인 의미 곧 간계(계책)이란 뜻으로 쓰였다.

우리말로 '낸다'고 번역된 말(바카쉬 bāqaš)은 추구한다, 찾는다는 뜻으로, '하나님 혹은 하나님 뜻을 구한다'는 뜻으로 쓰일 만큼 적극적인 행동을 가리킨다. 이런 점에서 꾀를 부리고 싶은 마음은 신앙인에게 큰 유혹이다. 여기서 꾀라는 말은 하나님께서 선물로 주신 창조적인 지혜와 능력으로 악을 도모하거나 죄를 짓는 등, 타락한 인간의 면모를 가리킨다. 신앙으로 사는 사람은 신앙에 합당하지 않은 꾀나 악한 꾀를 부리지 않을 뿐만 아니라, 그런 꾀에 빠지지 않아야 한다. 물론 이런 일을 저절로 되지 않는다. 하나님과 가까이 하고, 하나님 말씀을 묵상하고, 성령님의 인도에 따라 하나님 목적을 따르려는 의식이 깨어 있을 때에만 이렇게 할 수가 있다. 사도 바울은 하나님의 피조물인 우리가 거룩한 인생을 살 수도 있고, 더러워진 상태로 허무하게 살 수도 있음을 알고 있었다. 그래서 우리에게 이렇게 권고했다:

또한 너희 지체를 불의의 무기로 죄에게 내주지 말고 오직 너희 자신을 죽은 자 가운데서 다시 살아난 자 같이 하나님께 드리며 너희 지체를 의의 무기로 하나님께 드리라(롬 6:13)

광채나는 얼굴

전 8:1

개역개정	직역
누가 지혜자와 같으며 누가 사물의 이치를 아는 자이냐 사람의 지혜는 그의 얼굴에 광채가 나게 하나니 그의 얼굴의 사나운 것이 변하느니라	누가 지혜로운 사람과 같은가? 그리고 누가 사물의 이치를 아는가? 사람의 지혜는 그의 얼굴을 빛나게 한다. 그리고 굳어진 그의 얼굴을 바뀌게 한다.

이것은 사람의 얼굴빛에 관한 말씀이다. 사람마다 얼굴 생김새도 다르듯이 그 얼굴에서 우러나는 표정과 빛도 제각각이다. 이렇게 다르기에 사람이 이렇다 저렇다고 말하기는 어렵더라도 어떤 색조인가, 어떤 분위기인가, 어느 방향으로 향하는가 하는 점은 쉽게 느껴진다.

이 세상에서 변하지 않는 것은 단 하나 곧 모든 것은 변화한다는 사실뿐이다. 이 변화와 관련하여 주역(周易)에 64괘(卦) 가운데 혁괘(革卦)라는 것이 있다. 거기에 대인호변(大人虎變) 군자표변(君子豹變) 소인혁면(小人革面)이라는 말이 나온다. 대인호변이란 호랑이가 여름에서 가을에 걸쳐 털갈이를 하면서 그 가죽의 무늬가 뚜렷해지고 빛이 더해지는 것을 가리킨다. 해가 갈수록 호랑이 가죽의 아름다움이 이렇게 더해가는 것처럼 큰 사람의 마음과 행실은 평생동안 아름다운 모습으로 변해가는 것이다.

표범의 털도 털갈이를 통해 아름답게 바뀐다. 물론 호랑이의 그것에는 미치지 못한다. 군자표변이란, 비록 호랑이처럼 완벽하게 변화하지는 못하지만, 군자는 잘못을 고칠 때에 그 마음이 선명하고 아름다우며 선하게 변함으로 그 행위가 더욱 아름답게 빛난다는 뜻이다.

소인배는 본심은 그대로 있으면서도 자기 이해관계에 따라서 얼굴색이나 표정만 바꾼다는 뜻이다. 경우에 따라 안면몰수를 하거나, 경우에 따라 아침에 따르고 저녁에 또 달라지는(조변석개 朝變夕改) 것이 여기에 해당된다. 이것은 대체로 변하되, 추하게 변하는 것을 가리키는 것이다. 게다가 소인은 자기 자신은 군자표변처럼 변하지만, 남을 향해서는 소인혁면처럼 변하는 것으로 몰아붙이기까지 한다. 사실 변화한다는 사실 그 자체가 아니라, 어떻게 변하느냐 곧 변화하는 내용이 중요하리라.

8장 전체의 주제는 1절에 있다:

누가 지혜자와 같으며 누가 사물의 이치를 아는 자이냐 사람의 지혜는 그의 얼굴에 광채가 나게 하나니 그의 얼굴의 사나운 것이 변하느니라

코헬렛은 '지혜는 그의 얼굴에 광채가 나게 하나니'라고 한다. 광채나는 얼굴에 관해 말하자면 선뜻 모세와 예수님이 생각난다. 요한계시록에도 광채나는 얼굴에 관해 말씀이 여러 번 나온다.

시내산에서 모세가 하나님과 만나 대화를 나누고 계명(토라)를 받아들고 이스라엘 백성이 있는 곳으로 왔을 때, 그 얼굴에 광채가 났다.(출 34:29-35) 이 밖에도 구약성경에는 하나님을 경외하며, 성령으로 충만하여 그 길을 따라 걷는 자의 얼굴이 빛나는 것을 여러 차례 말씀했다.(민 6:25-26; 욥

377

29:24; 시 4:7; 참조 행 6:15 공회 중에 앉은 사람들이 다 스데반을 주목하여 보니 그 얼굴이 천사의 얼굴과 같더라) 반면에 지혜가 없고 악하게 구는 자의 얼굴은 굳어 있을 뿐만 아니라 사납게 보인다.(잠 21:29 악인은 자기의 얼굴을 굳게 하 나 …)

예수님이 베드로와 야고보와 요한만 데리고 변화산에 올라가셨을 때, 그 얼굴과 온 몸 옷에서 햇볕보다 더 빛나는 광채가 났다.

이런 이야기들을 살펴보면 하나님의 신령한 은혜에 접한 사람, 하나님 영광을 본 사람, 하나님의 목적과 기쁨을 나누어 가진 사람에게는 영적인 광채가 나기 마련이다. 우리가 흔히 말하는 '은혜받은 사람'에게는 영적인 광채가 있다.

우리 속담에 '사람 얼굴은 평생 동안 열 번은 변한다'고 했다. 이는 사람이 평생 사는 동안에 크고 작은 일들을 만나고 또 이런 저런 사람을 만나는데 그럴 때에 어떻게 반응하고 어떻게 처신하느냐에 따라 그 사람 얼굴이 정해진다는 뜻이다. 만일 사람이 어둡고 힘든 시절에도 믿음과 소망에 흔들림이 없으면 그 얼굴에는 환하고 밝은 빛뿐만 아니라 위엄과 평화가 깃들기 마련이다.

너 성결키 위해 네 머리 숙여 / 저 은밀히 계신 네 주께 빌라 / 주 사귀어 살면
주 닮으리니 / 널 보는 이 마다 주 생각하리 – 찬송가 420(212) 2절

레오나르드 다 빈치(1452-1519)가 그린 〈최후의 만찬〉이란 그림에서 예수님 모델이 된 사람과 가룟 유다의 모델이 되었던 사람이 동일 인물이라고 한다. 그 사연은 이렇다:

1491년 로마 교황청이 밀라노에 새로 지어진 수도원의 벽화를 그릴 유명한
화가를 찾았다. 그리고 그 당시 명성이 높던 화가 레오나르도 다빈치에게 이
를 부탁했다. 이에 다빈치는 예수님과 제자들의 최후의 만찬을 그리기 위하
여, 실제 그림의 모델로 될 만한 사람들을 물색했다.

1492년 다빈치는 예수의 모습을 상징할 수 있는 깨끗하고 선하게 생긴 19세
의 젊은이를 찾아, 본격적으로 그림을 그리기 시작했다. 그 뒤 6년 동안 예수
의 11명 제자 그림을 모두 완성한 다빈치는 마지막으로 예수를 배반한 유다의
모델을 찾아다녔다.

다빈치가 유다의 모델을 찾는다는 소식을 듣게 된 로마의 시장은 그에게 로마
지하감옥에서 사형을 기다리는 죄수를 추천했다. 그는 흉악한 죄를 짓고 사형
당할 날을 기다리는 중이었다. 다빈치는 한 죄수를 모델로 택하여 유다의 그
림을 완성했다. 그림을 다 완성할 무렵, 그 죄수가 다빈치에게 자신을 모르겠
냐고 물었다. 다빈치는 그 죄수를 처음 보았으며, 모르겠다고 대답했다. 그 죄
수는 다빈치가 그리는 그림을 가리키며, 자신의 예전 모습이 예수님의 모델이
었다고 말했다. 그제서야 다빈치는 그 죄수가 6년 전 그렇게 선하고 깨끗하게

생겼던 19세 소년이라는 것을 기억해냈다.

그렇게 얼굴이 성스럽고 깨끗했던 젊은이가 로마 최악의 살인마로 돌변했다는 사실을 알게 된 다빈치는 커다란 충격을 받았다. 그리고 이 그림 이후에는 그는 예수님 모습을 더 이상 그림으로 그리지 않았다.

초대교회에 스데반 집사가 있었다. 그는 복음을 전하다가 사람들의 분노를 샀다. 사람들이 그에게 마구 돌을 던졌다. 그 돌에 맞아 죽어가는 스데반 집사는 눈을 들어 하나님이 계신 하늘을 우러러보았다.

그때 하늘 문이 열리며 예수님이 하나님 오른편에 계신 것이 보였다. 순간 그는 잠시 잠깐 뒤 예수님이 두 팔을 벌리시고 자기를 영접하여 품에 안으며 위로해 주실 것을 생각했다. 그러자 그의 얼굴에서 광채가 났다. 그 얼굴이 마치 천사의 얼굴처럼 환하게 빛났다.

바로 이것이 지혜로운 자의 얼굴이다. 지혜로운 사람은 형통할 때에는 하나님의 은혜를 의식하며 감사드리는 한편 기뻐한다. 곤고한 일을 당할 때에는 하늘에 계신 하나님을 우러러보며 낙심하거나 불평하지 않는다. 자신이 겪는 모진 일 속에도 하나님의 선하신 뜻이 반드시 들어있음을 생각하기에 마음의 평화를 빼앗기지 않는다. 영적인 지혜를 지니고 사는 믿음의 사람의 모습이 이렇다. 진실로 삼일수심천재보(三日修心千載寶) 곧 삼일(짧은 기간) 동안 닦은 마음은 천년(오랜 세월) 동안 보배처럼 작용한다.

동서고금에 마음을 닦는 것과 관련된 교훈이 참 많다. 이런 것이 많다는 것은 마음을 닦는 것이 그만큼 중요하다는 뜻이다. 그 가운데 심안모옥온(心安茅屋穩) 성정채갱향(性定菜羹香)이 있다. 《명심보감》에 나오는 이 말은 "마음이 평안하면 초가집도 안온하고, 성품이 안정돼 있으면 나물국도 향기로운 법"이란 뜻이다.

'초막이나 궁궐이나 내 주 예수 모신 곳이 하늘나라'(찬송가 438)라는 가
사 그대로다.

사람은 실제로 마음을 어디에 두느냐는 것 하나에 따라 천국과 지옥을
오간다. 평소 마음을 갈고 닦는 이들은 어떠한 위기 상황에서도 당황하는
법이 없고 어떤 횡재 앞에서도 우쭐하지 않는다. 이런 뜻에서 성령님이 우
리 마음을 몸소 이끌어주시기를 늘 기도드릴 필요가 있다.

누가 사물의 이치를 아는가?

전 8:2-4

개역개정	직역
2 내가 권하노라 왕의 명령을 지키라 이미 하나님을 가리켜 맹세하였음이니라	2 나는 (말한다.) 왕의 입을 보전하라. 그것이 곧 하나님 앞에서 한 맹세이기 때문이다.
3 왕 앞에서 물러가기를 급하게 하지 말며 악한 것을 일삼지 말라 왕은 자기가 하고자 하는 것을 다 행함이니라	3 성급하게 떠나지 말라, 왕의 얼굴 앞에서. 도모하지 말라, 악한 일을. 진실로 그는 다 할 수 있다, 자기가 원하는 것을.
4 왕의 말은 권능이 있나니 누가 그에게 이르기를 왕께서 무엇을 하시나이까 할 수 있으랴	4 왕의 말이 곧 권세이다. 그런데 누가 그에게 말할 수 있겠는가, '도대체 임금님은 무엇을 하신 것입니까'라고?

이것은 마음을 닦아 얼굴에 광채가 나는 사람의 처신에 관한 말씀이다.

전도서 1-7장에서 코헬렛은 창조적이고 긍정적인 인생을 살기 위해서 우리 인생에서 부정적인 모습들을 살펴보며 그것을 극복하라고 교훈했다. 8장부터 그는 "하나님의 사람은 이런 사람이다, 하나님의 사람은 이렇게 산다"며 긍정적인 내용으로 교훈했다.

8:2의 첫 낱말은 '나'(아니 'ānî)이다. 이것은 동사도 없이 단독으로 쓰였

다. 이에 학자들은 이 문장을 풀이하려고 본문 수정을 비롯하여 다양한 의견을 제시했다. 그 가운데 고르디스(R. Gordis)가 "랍비의 가르침에서 '나'라는 말은 '내가 말한다'를 의미한다"고 한 것을 개역개정을 비롯한 많은 성경 번역과 학자들이 받아들였다.(예: Schoors 597 I myself say …)

코헬렛은 8장 2절 이하에서 한편으로 광채 나는 얼굴 빛나는 얼굴을 가진 사람의 모습을, 다른 한편으로 그런 얼굴을 지니기 위한 우리의 태도를 교훈했다. 그 첫 번째 예로 그는 왕 앞에 나오는 모습을 말씀했다.(2-4절) 여기서 임금은 세상의 통치자를 가리키는 것이 아니라, 하나님이다.

i) 왕(하나님)의 명령을 지키라.

왕의 명령이라 옮긴 말(fi-melek)은 본디 '입'을 가리킨다. 입은 문자 그대로 입을 가리키기도 하고 말, 먹음(먹거리) 등 비유로도 쓰인다. 여기서는 '왕이 말하는 것' 곧 왕의 명령이나 요구를 가리킨다. 이 부분은 '왕이 말씀하실 때 순종하라'는 '왕이 말씀하실 때 삼가서 행하라'라 등 시간을 나타내는 부분장(절)으로 옮길 수도 있다.

2절 뒷부분(개역개정: 이미 하나님을 가리켜 맹세하였음이니라)은 전치사 알(ʿal)로 시작된다. 이는 '… 위에'를 기본 뜻으로 하고 '…으로 말미암아'(이유) '… 에 관하여'(전 3:18), '…의 명령에 따라'(시 110:4)를 의미한다. ("~의 명령에 따라")에만 사용된 후기 히브리어 표현으로 시작된다. 여기서는 '…을 위하여'라는 의미로 우리에게 왕에게 순종해야 하는 이유(목적)를 알려준다.

맹세는 두 가지 의미로 풀이된다. i) 왕이 즉위할 때 백성이 하나님과 왕 앞에서 한 서약을 가리킨다. 그것이 백성에 왕에게 충성을 다하겠다는 맹세였다. ii) 본문을 문자 그대로 옮기면 '하나님의 맹세'다. 이는 하나님께서 왕을 보호하겠다고 맹세하신 것이다. 시 89:19-21은 하나님께서 다윗과 그의 후손을 왕(통치자)로 선택하시고 기름부으셨다는 이스라엘의 전통적인 신앙고백을 담고 있다. 이것은 하나님이 하신 맹세다. 코헬렛은 여기서 그것을 염두에 두고 있는 것이리라.(참조: 삼하 7장에 나오는 하나님께서 다윗의 가문에 주신 약속들)

따라서 전 8:2는 "내가 말하노니 왕의 명령을 지키라. 하나님이 그에게 맹세하셨느니라."라고 옮길 수 있다.

'왕의 말을 지키라'는 이 말씀은 예수님을 그리스도로 영접한 사람 누구에게나 익숙하더라도 그대로 따르기가 결코 쉽지 않다. 만일 우리가 우리 자신의 명령(결심 의지 뜻) 가족의 명령(요구사항) 상사의 명령 사회의 명령 정부의 명령 등에 따르는 우선순위를 메기면, 그 가운데 하나님 말씀(명령)은 몇 번째쯤 있을까?

ii) 왕 앞에서 물러가기를 급하게(경솔하게) 하지 말라

2절은 명령으로 시작하고 그 명령을 이행할 이유를 말한다. 3절은 두 가지 부정적인 명령과 그렇게 경고하는 이유가 나온다. 2-3절은 이렇게 왕이 존중받아야 할 이유를 제시한다.

급하게 하지 말라는 말은 경솔하지 말라는 것이다. 경솔(성급)은 바보에게 있는 전형적인 특징들 가운데 하나다. 여기서 코헬렛은 어떤 사람에게 자신이 하고있는 일을 주의 깊게 고려하지 않는 한 왕 앞에서 떠나지 말라고 한다. 이것은 천천히 걸으라는 조언이 아니다. 오히려 행동을 실행하기 전에 신중하게 판단하라는 것이다.

여기서도 왕을 인간으로 보다는, 하나님으로 보는 것이 좋다. 만일 예배를 드리면서, 이것이 언제나 끝나나 하고 기다리는 심정으로 드린다면, 우

리는 왕 앞에서 물러가기를 급하게 하는 사람 축에 속할 것이다.

예수님이 말씀하신 '마리아와 마르다의 비유'도 여기에 해당된다. 갈라디아서 1장을 보면 사도 바울은 갈라디아 교회 성도들이 하나님의 복음을 빨리 떠났다고 탄식했다. 하나님은 복음의 길에서 속히(성급하게 경솔하게) 떠나는 것을 좋아하실 리 없다. 물론 천천히 떠나더라도 싫어하시리라. 이는 왕이나 권세자 곧 권위가 있는 분일수록 그 출입에 주의해야 한다는 뜻이다.

우리가 생활에는 경우에 따라서 빨리 결정하고 빨리 떠나도 무방하거나 오히려 더 나은 것도 있다. 영적인 문제 특히 하나님 앞에서 행할 때 대체로 급히 물러가는 것은 위험한 행동일 수 있다. 어떤 사람들은 함께 교회 생활을 하다가도 어느 날 급히 자신의 향방을 결정짓기도 한다. 하나님 앞에서 어떤 것을 급히 결단하는 것은 위험부담도 그만큼 크다.

iii) 악한 것을 일삼지 말라(교활한 꾀를 부리지 말라)

'일삼다'는 말('āmad)은 본디 서다 머물다 지속하다 참가하다 등 여러 가지 의미를 지닌다. 여기서 부정어가 붙으면 '떠나다 머무르지 말라 고집 피우지 말라'는 뜻이다. 아카드어나 우가릿어에서 라(rā')는 왕에 대한 음모를 나타낼 수 있으며 이것이 아마드 동사와 합쳐지면 왕에 대한 음모에 가담하지 말라는 경고다. 음모는 그 성격상 매우 은밀하게 진행되기 마련이다. 비록 그 자리에서는 왕을 속일 수 있을지 몰라도, 반드시 진실은 드러나기 마련이다.

"왕 앞에서 … 악한 것을 일삼지 말라"(8:3)는 말은 그 뜻이 확실하지 않다. 왕을 시해할 음모를 품지 말라는 것 또는 신하인 사람이 왕에게 환심을 사 자신이 행하려는 악한 짓을 하지 말라는 것인데 여간한 간신배가 아니고서는 이런 짓을 '일삼아' 할 것 같지 않다.

3절은 다음과 같이 풀어 쓸 수 있다. "너무 성급하게 왕을 공격하거나 왕에 대한 반역에 가담하지 말라. 그는 원하는 것은 무엇이든 할 수 있다!"

iv) 왕의 말은 권능이 있나니 누가 그에게 이르기를 왕께서 무엇을 하시나이까 할 수 있으랴

코헬렛은 4절에서 왕이 하는 말(일)에 따라야 할 또 다른 이유를 제시한다. '왕의 말씀'이란 말(dᵊbar-melek)은 2절의 왕의 입과 같은 뜻이다. 이것은 왕의 말씀 곧 왕이 하는 명령(일)에 순종하는 모습들 가운데 하나를 보여준다.

권능이란 말(šilṭôn)은 전 5:18; 6:2에서 누군가 또는 사물에 대한 권력을 갖는다는 의미로 쓰였다. 코헬렛은 전 2:9에서 이 낱말의 원형을 사용했다. 또한 8절(권세 권력)에 두 번, 9절에 한 번 더 썼다. 여기에 쓰인 명사는 왕이 내린 명령의 힘을 묘사하는 형용사(최고의, 전능한)로 번역할 수 있다. 이는 분명 왕의 말보다 더 강력한 말은 없다는 뜻이다. 4절의 의미를 구체적으로 표현하자면 "왕은 이 나라의 가장 높은 권위자이므로 그가 말하는 것은 반드시 지켜져야 합니다."이다.

우주 만물을 창조하시고 다스리시는 하나님 앞에서, 피조물인 인간이 정의-불의 행-불행 성공-실패 성과-헛수고 등을 논해봐야 유익할 것이 별로 없다. 이것들을 완전히 무시할 수도 없더라도 이것들에 목을 매달 수도 없다.

9 질그릇 조각 중 한 조각 같은 자가 자기를 지으신 이와 더불어 다툴진대 화 있을진저 진흙이 토기장이에게 너는 무엇을 만드느냐 또는 네가 만든 것이 그

는 손이 없다 말할 수 있겠느냐 10 아버지에게는 무엇을 낳았소 하고 묻고 어머니에게는 무엇을 낳으려고 해산의 수고를 하였소 하고 묻는 자는 화 있을진저(사 45:9-10)

이 사람아 네가 뉘기에 감히 하나님을 힐문하느뇨 지음을 받은 물건이 지은 자에게 어찌 나를 이같이 만들었느냐 말하겠느뇨 토기장이가 진흙 한 덩이로 하나는 귀히 쓸 그릇을, 하나는 천히 쓸 그릇을 만드는 권이 없느냐(롬 9:20-21).

하나님께서 이미 정해 놓으신 일을 가지고 이러쿵저러쿵 말을 많이 해 보았자 뜻없는 말만 되고 말거라는 것이다. 하나님에게 대들어 얻을 유익이란 아무것도 없는 것이다. 역사가 요세푸스는 바리새파 · 사두개파 · 엣쎄네파 사람들 사이에서 이런 문제로 오랜 논쟁을 해 온 역사가 있었다는 것을 기록했다. 그에 따르면 정해진 운명이 인간의 행위를 어느 정도 지배하느냐 하는 것에 대하여 바리새파는 부분적으로 지배한다고 주장했고, 사두개파는 운명 결정론에 대해 전적으로 반대했고, 엣쎄네파는 정해진 운명이 인간의 행위를 전적으로 지배한다고 주장했다. 이런 것을 놓고 하나님과 논쟁을 벌이기에는 인간은 너무나 무기력하다는 것이 코헬렛의 입장이다. 그런 논쟁해 봤자 얻을 것이 아무것도 없기 때문이다.

고려 시대 지눌 국사는《열반경》에서 마음 닦는 네 가지 길을 다음과 같이 밝혔다.

사랑하는 마음을 닦는 이는 탐욕을 끊게 되고
불쌍히 여기는 마음을 닦는 이는 노여움을 끊게 되며
남을 기쁘게 하는 마음을 닦는 이는 괴로움을 끊게 되고 자기를 버리는 마음을 닦는 이는 탐욕과 성냄, 차별하는 마음을 끊게 된다.

이 네 가지 마음은 온갖 착한 일의 근본이다.

《열반경》은 보조국사 지눌(知訥 1158~1210)이 고려시대 종단의 타락으로 불교정신이 위태롭게 흔들리며 위기에 처했을 때 지은 책이다. 이 책에서 그는 "진리를 구하려면 밖으로 눈을 돌리지 말고 먼저 마음을 닦으라"고 했다.

실제로 사람은 마음 닦는 것 곧 마음을 어떻게 갖느냐에 따라 야만인의 마음이 되기도 하고 천사의 마음이 되기도 한다. 그렇다. 마음을 닦는 일이 곧 자기 자신의 행복과 직결될 뿐만 아니라 평화로운 세상을 만드는 밑바탕이요 출발점이다.

어떻게 될지 누가 알랴

전 8:5-9

개역개정	직역
5 명령을 지키는 자는 불행을 알지 못하리라 지혜자의 마음은 때와 판단을 분변하나니	5 명령을 지키는 이는 나쁜 일을 겪지 않으리라. 그리고 때와 법도를 안다, 지혜로운 이는.
6 무슨 일에든지 때와 판단이 있으므로 사람에게 임하는 화가 심함이니라	6 진실로 하고자 하는 모든 일에는 때와 법도가 있다, 비록 그 사람에 대하여 화가 크게 임할지라도.
7 사람이 장래 일을 알지 못하나니 장래 일을 가르칠 자가 누구이랴	7 진실로 알지 못한다, 무엇이 어떻게 될지를. 진실로 그것이 어떻게 될지를 누가 말해 줄 수 있겠는가?
8 바람을 주장하여 바람을 움직이게 할 사람도 없고 죽는 날을 주장할 사람도 없으며 전쟁할 때를 모면할 사람도 없으니 악이 그의 주민들을 건져낼 수는 없느니라	8 바람을 다스릴 사람, 곧 그것을 그치게 할 이는 없다. 그리고 죽는 날을 좌우할 이도 없다. 그리고 전쟁의 대를 모면할 사람이 없다. 그리고 악도 그 주관자를 피해가지 않는다.
9 내가 이 모든 것들을 보고 해 아래에서 행하는 모든 일을 마음에 두고 살핀즉 사람이 사람을 주장하여 해롭게 하는 때가 있도다	9 이 모든 것을 나는 보았다. 그리고 그 모든 행위에 내 마음을 기울였다, 해 아래서 행해지는. 거기에는 그 사람이 (다른) 사람에게 악을 행하다가 자기가 나쁘게 되는 때가 있었다.

이것은 때와 법도를 아는 것이 지혜라는 가르침이다. 코헬렛은 왕 앞에서 지켜야 할 도리를 이야기했다.(8:2-4) 이제 그는 그것에 관해 설명한다.(8:5-9) 그 내용은 때와 판단에 관한 것이다.

코헬렛이 때에 관해서는 3장에서 이미 기본원리와 방향을 이야기했다. 5a "명령을 지키는 자는 불행을 알지 못하리라"에서 우리는 잠 19:16a를 떠올린다. '계명을 지키는 자는 자기의 영혼을 지키거니와'(*šōmēr miṣwâ šōmēr našô*)

전 8:2-5에 나오는 가르침과 비슷한 것은 고대 근동 문헌에도 널리 퍼져 있다.(Michel 94, 95 ; Schwienhorst-Schönberger 417)

6 없애버리지 말라, 왕의 말을.

  그것이 네게(네 마음에) 남아 있기를!

  왕의 말은 부드러운 동시에 예리하고 기운차다, 양날의 칼보다 더.

7 보라, 네게 있는 왕에 대한 불순한 것을. 넌 그것을 겉으로 드러내지 말라! 그의 분노가 번개보다 더 순식간이리라! 보전하라,

8 그가 그것으로 네 신체기관을 쪼개기 전에 그리고 네가 때가 되지도 않았을 때 사라지기 전에.

9 왕의 분노는 이렇다: 네게 어떤 명령이 주어질 때 그것은 활활타는 불꽃과 같다. 어서 이행하라, 그가 네 위에 부채질을 하지 않도록. 너는 네 손을 숨겨야만 한다.

10 완수하라, 왕의 말들을 열심히.

  불길에 든 나무, 칼과 함께 잇는 육신, 왕과 더불어 있는 사람들.(Die Weise Achiqar X 6-10)

12 가까이 다가서지 말라, 아직 시간이 되지 않았을 때. 그렇지 않으면 네 상관

　　이 너를 좋아하지 않는다.

13 너무 멀리 가지 말라, 너를 찾지 못할 정도로. 그렇지 않으면 그가 마음속으

　　로 너를 멀리하리라.

14 자주 불평하지 말라, 네가 받은 선물에 대해, 네 맘 내키는 대로.

15 네 인내심을 그에게 말하지 말라, 그가 기분 좋은 날에.

16 큰 소리로 말하지 말라, 그가 네 인내심을 눈치챌라.

17 공개적으로 그를 비웃지 말라, 그가 자기 보호본능으로 너를 벌할라.

18 그에게 나쁜 말을 하지 말라, 그가 네 어리석음을 탓할 때.

19 말하지 말라, 재미삼아 그가 적대하는 자들의 장점을.

20 한 마디도 하지 말라, 그가 화를 내며 자리에 앉아 있을 때.

21 바쁜 순간에 앉았다 섰다 하지 말라.

22 지체하지 말라, 그가 무엇인가를 명령했을 때. 그가 원하는 시간이 흘러가

　　버릴라.

23 서둘지 말라, 그에게 드러나게 나쁜 짓을 하기에. 그런 것이 그에게 들릴

　　라.(die Lehre des Papyrus Insinger 10:12-23)

개역개정이 판단이라 옮긴 낱말(5b)은 히브리말로 미쉬파트(*mišfāt*)다. 이것은 매우 광범위한 영역에 여러 가지 의미로 쓰이고 있다. 그 정확한 뜻은 문맥의 흐름 안에서 찾아야 한다. 우선 사전에 따라 이 낱말의 의미를 정리해 보자.(Gesenius 17Aufl. 472-73. 18Aufl. 760-61 ; HAL 1634-35 참조)

i) 공의 정의

　악인은 정의를 깨닫지 못하나 여호와를 찾는 자는 모든 것을 깨닫느니라(잠

28:5)

선행을 배우며 정의를 구하며 학대 받는 자를 도와 주며 고아를 위하여 신원하며 과부를 위하여 변호하라 하셨느니라(사 1:17)

ii) 법 법률 법조문

모세가 와서 여호와의 모든 말씀과 그의 모든 율례(표준·공개: 법규)를 백성에게 전하매 그들이 한 소리로 응답하여 이르되 여호와께서 말씀하신 모든 것을 우리가 준행하리이다(출 24:3)

이스라엘아 이제 내가 너희에게 가르치는 규례와 법도(공개: 법규)를 듣고 준행하라 그리하면 너희가 살 것이요 너희 조상의 하나님 여호와께서 너희에게 주시는 땅에 들어가서 그것을 얻게 되리라(신 4:1)

iii) 개인의 권리

a) 어떤 사람이 자기 권리를 찾게 돕다

고아와 과부를 위하여 정의를 행하시며 나그네를 사랑하여 그에게 떡과 옷을 주시나니(신 10:18)

b) 어떤 사람이 자기 권리(권한)를 행사하다

이는 이스라엘의 율례요 야곱의 하나님의 규례(공개: 법)로다(시 81:4)

9 그러므로 그들의 말을 듣되 너는 그들에게 엄히 경고하고 그들을 다스릴 왕의 제도(표준: 권한)를 가르치라… 이르되 너희를 다스릴 왕의 제도(표준: 권한)는 이러하니라 그가 너희 아들들을 데려다가 그의 병거와 말을 어거하게 하리니 그들이 그 병거 앞에서 달릴 것이며(삼상 8:9, 11)

c) 습관 관습 문화

이에 그들이 큰 소리로 부르고 그들의 규례를 따라 피가 흐르기까지 칼과

창으로 그들의 몸을 상하게 하더라(왕상 18:28)

iv) 옳음 (올)바름, 당연함

   a) 바른, 목적에 합당한 행위

이는 그의 하나님이 그에게 적당한 방법을 보이사 가르치셨음이며(사 28:26)

   b) 모양(방식) 질서(규정)에 따름

너는 산에서 보인 양식(표준·공개: 규격)대로 성막을 세울지니라(출 26:30)

   c) 곡조에 맞게 노래부름

다윗은 축제를 화려하게 벌였고 그 시기를 완벽하게 정리하였으며 주님의 거룩하신 이름을 찬미하고 그 찬미가 이른 아침부터 성소에 울려 퍼지게 하였다.(집회서 47:10)

v) 심판(재판) 판결(언도), 판결하기

   a) 심판

너희는 재판할 때에 불의를 행하지 말며 가난한 자의 편을 들지 말며 세력 있는 자라고 두둔하지 말고 공의로 사람을 재판할지며(레 19:15)

청년이여 네 어린 때를 즐거워하며 네 청년의 날들을 마음에 기뻐하여 마음에 원하는 길들과 네 눈이 보는 대로 행하라 그러나 하나님이 이 모든 일로 말미암아 너를 심판하실 줄 알라(전 11:9)

   b) 판결 법적인 결정

온 이스라엘이 왕이 심리하여 판결함을 듣고 왕을 두려워하였으니 이는 하나님의 지혜가 그의 속에 있어 판결함을 봄이더라(왕상 3:28)

멸하리라, 멸하리라. 일찍이 그같이 처참한 일을 당한 자 없도록 내가 그를

멸하리라. 마침내 정당한 통치권을 받은 자가 오면, 나는 그에게 권세를 넘겨주리라.(겔 21:32 공개)

주의 의는 하나님의 산들과 같고 주의 심판은 큰 바다와 같으니이다 여호와여 주는 사람과 짐승을 구하여 주시나이다(시 36:6)

c) 법적인 문제, 법정에서 다룰 일

모세가 그 사연(표준: 사정; 공개: 요구)을 여호와께 아뢰니라(민 27:5)

더욱이 압살롬은 이런 말도 하였다. "누가 나를 이 나라의 재판관으로 세워 주기만 하면, 누구든지 소송 문제가 있을 때에, 나를 찾아와서 판결을 받을 수가 있을 것이고, 나는 그에게 공정한 판결을 내려 줄 것이오."(삼하 15:4)

d) 범죄 사형선고

그 사람이 그에게 본래 원한이 없으니 죽이기에 합당하지 아니하나 두렵건대 그 피를 보복하는 자의 마음이 복수심에 불타서 살인자를 뒤쫓는데 그 가는 길이 멀면 그를 따라 잡아 죽일까 하노라(신 19:6)

그 사람이 그에게 본래 원한이 없으니 죽이기에 합당하지 아니하나 두렵건대 그 피를 보복하는 자의 마음이 복수심에 불타서 살인자를 뒤쫓는데 그 가는 길이 멀면 그를 따라 잡아 죽일까 하노라(렘 26:11 표준)

vi) 공평 도의 도덕

공평한(표준: 정확한) 저울과 접시 저울은 여호와의 것이요 주머니 속의 저울추도 다 그가 지으신 것이니라(잠 16:11)

vii) 의무 책임

보라 네 숙부 살룸의 아들 하나멜이 네게 와서 말하기를 너는 아나돗에 있는

내 밭을 사라 이 기업을 무를 권리가 네게 있느니라 하리라 하시더니(렘 32:7)

5절의 번역을 비교해 보면 다음과 같다.

표준	공개
왕의 명령을 지키는 이는 안전하다. 지혜 있는 사람은 언제 어떻게 그 일을 하여야 하는지를 안다.	그러므로 그의 명령을 지키는 사람은 화를 입지 않는다. 생각이 지혜로우면 어떤 경우에 어떻게 행동해야 할지도 알게 된다.

개역개정이 판단이라 옮긴 5절의 미쉬파트를 ESV는 바른 길(just way) KJV ZB Luther 등은 심판(Judgement = Gericht) ELB 바른 행실(die richtige Verhalten) 등으로 옮겼다. 여기서는 이를 도리(길) 법도 질서라는 의미로 풀어도 좋으리라.

6-7절에는 불변사 *kî*(=왜냐하면, 진실로, 확실히)에 이끌리는 네 가지 사항이, 8절에는 부정적으로 표현된 네 가지 사항이 들어 있다.

코헬렛은 세상 일에는 시기와 도리(질서)가 있기 마련인데, 그것을 무시하는 사람은 화를 크게 입을 것이라 한다.(6절) 5-6절은 때와 판단이라는 낱말로 밀접하게 연결되어 있다.

'때'(시기)는 어떤 일이 발생하거나 마무리되는 순간을 말한다. 여기서는 '언제'라는 의미 곧 일하기에 가장 적절한 시간 활동하기에 가장 좋은 시간을 가리킨다. '판단'이란 말에는 법적 윤리적으로 바람직하다는 의미가 들어있다. 곧 '어떻게'를 묻는 것이다. 그러므로 지혜로운 자는 시기와 도리 곧 언제 어떻게 물으며 살아간다.

사람은 아무도 장래 일을 알지 못하는데(7절) 이렇게 하는 것이 그나마 그 미지의 나날을 대비하는 방법이다. 6절과 그 이하의 말씀은 사람이란 언제 어떻게 행동해야 할지 알더라도 많은 어려움에 부딪히며 산다는 사실을 바탕에 깔고 있다. 우리는 때때로 찾아오는 까닭을 알 수 없는 인생의 무거운 짐을 견뎌내야만 한다.

이런 사실에 착안하면 사람의 한평생이란 짧고 허무한 것, 그러기에 실체가 없는 그림자 같기도 하다. 이런 생각은 구약성경 여러 곳에 널리 퍼져 있다.

주 앞에서는 우리가 우리 열조와 다름이 없이 나그네와 우거한 자라
세상에 있는 날이 그림자 같아서 머무름이 없나이다 (대상 29:15).

우리는 어제부터 있었을 뿐이라
지식이 망매하니 세상에 있는 날이 그림자와 같으니라 (욥 8:9).

내 날이 기울어지는 그림자 같고
내가 풀의 쇠잔함 같으니이다 (시 102:11).

나의 가는 것은 석양 그림자 같고
또 메뚜기 같이 불려가오며 (시 109:23).

사람은 헛것 같고
그의 날은 지나가는 그림자 같으니이다 (시 144:4).

악인은 잘되지 못하며 장수하지 못하고 그 날이 그림자와 같으리니

이는 하나님 앞에 경외하지 아니함이니라 (전 8:19).

여인에게서 난 사람은 사는 날이 적고 괴로움이 가득하며

그 발생함이 꽃과 같아서 쇠하여지고

그림자 같이 신속하여서 머물지 아니하거늘 (욥 14:1-2).

이런 물음은 사람에게 진정 좋은 것이 무엇인지 누가 알겠느냐는 것이다. 그 답은 '아무도 그것을 모른다'이다. 하나님께서 허락하신 영원을 사모하는 태도를 상실한 채 이 세상에 얽매인 자에게는 권세도 재산도 감각적인 쾌락도 심지어 지혜마저도 다 헛된 것이며, 그런 인생 자체가 '천년이 하루 같고 하루가 천년 같은' 하나님의 섭리 안에서는 하루살이처럼 살아가는 덧없는 인생인데 무엇이 좋으면 얼마나 좋을 것이며 무엇이 나쁘면 얼마나 나쁘겠느냐는 뜻이다. 이런 사람은 사람이 죽고 난 다음 이 세상에서 무슨 일이 일어날지 전혀 알 수 없으니 사람에게 무엇이 좋은 것인지를 말하기란 더욱 더 어렵다는 것이다.

한편으로 광채나는 얼굴 빛나는 얼굴을 가진 사람의 모습을, 다른 한편으로 그런 얼굴을 지니려는 사람을 위한 교훈이 5-8절에 계속되었다:

비록 우리는 적합한 시기와 길(time and way) 을 아는 사람이 지혜로운 사람이라고 알고 있고, 그렇게 되려 노력하더라도 정말 그렇게 살기는 거의 불가능하다. 우리가 하나님이 아니라 사람이기에 그렇다. 우리 구주 예수님은 무엇을 언제 하여야 하는 지를 아는 분이다:

"지금 내 마음이 괴로우니 무슨 말을 하리요 아버지여 나를 구원하여 이때를

397

면하게 하여 주옵소서 그러나 내가 이를 위하여 이때에 왔나이다"(요 12:27)

"내가 이를 위하여 태어났으며 이를 위하여 세상에 왔나니 곧 진리에 대하여 증언하려 함이로라(요 18:37)."

7-8절에는 인간의 한계 인간의 조건이 나와 있다. 비록 위와 같은 한계와 약점을 지닌 유한한 인간이라도 하나님의 때와 하나님이 이루시려는 역사를 염두에 두면 "때(시기)와 길(way 판단)"을 아는 지혜로운 하나님의 사람이 된다.

그러므로 우리는 악인이 형통하는 것을 부러워하지 말고, 하나님 섭리를 바라보며 사는 지혜를 얻고자 하는 것을 본다.(전 8:9-13) 사람이 장래 일을 알지 못하면서도 지금의 현실을 하나님께 맡기기보다는, 그것으로 희희낙락하거나, 속을 끓이는 것은 결코 지혜롭지 못하기 때문이다.

1 하나님이 참으로 이스라엘 중 마음이 정결한 자에게 선을 행하시나 2 나는 거의 넘어질 뻔하였고 나의 걸음이 미끄러질 뻔하였으니 3 이는 내가 악인의 형통함을 보고 오만한 자를 질투하였음이로다 (시 73:1-3)

악인은 어째서 담대할까

전 8:10–13

개역개정	직역
10 그런 후에 내가 본즉 악인들은 장사지 낸 바 되어 거룩한 곳을 떠나 그들이 그렇게 행한 성읍 안에서 잊어버린 바 되었으니 이것도 헛되도다	10 그 뒤에 나는 보았다, 악인들이 매장된 것을. 그들은 거룩한 곳을 오가던 사람 이었다. 그런데도 그들은 그 도시 안에 서 행한 것들이 잊혀졌다. 이 또한 헛 되다.
11 악한 일에 관한 징벌이 속히 실행되지 아니하므로 인생들이 악을 행하는 데 에 마음이 담대하도다	11 자기들의 악한 행동에 대한 평가가 속 히 이루어지지 않는다. 그러므로 사람 의 아들 가슴에 가득찼다, 악한 것을 하 려는 것이.
12 죄인은 백 번이나 악을 행하고도 장 수하거니와 또한 내가 아노니 하나님 을 경외하여 그를 경외하는 자들은 잘 될 것이요	12 죄인이 악한 짓을 백번이나 행했다. 그 리고 그 자신은 오래 살았다. 진실로 또 한 나는 알았다, 하나님을 경외하는 이 들이 좋은 것을, 그들이 그분 앞에서 두 려워하는 것을.
13 악인은 잘 되지 못하며 장수하지 못하 고 그 날이 그림자와 같으리니 이는 하 나님을 경외하지 아니함이니라	13 그리고 좋지 않았다, 악인들은. 주님을 두려워하지 않는 그들의 나날은 길지 않고 마치 그늘진 것 같다, 하나님 앞 에서조차 주님을 두려워하지 않으니까.

전 8:14-12:7에는 하나님과의 관계를 디딤돌로 하여 인생의 허무를 극복할 수 있는가 라는 문제를 다루고 있다.

전 8:10 본문은 여간 까다롭지 않다.

표준	ELB	NIV
나는, 악한 사람들이 죽어서 무덤에 묻히는 것을 보았다. 그런데 사람들은 장지에서 돌아오는 길에 그 악한 사람들을 칭찬한다. 그것도 다른 곳이 아닌, 바로 그 악한 사람들이 평소에 악한 일을 하던 바로 그 성읍에서, 사람들은 그들을 칭찬한다. 이런 것을 보고 듣노라면 허탈한 마음 가눌 수 없다.	Und so sah ich Ungerechte(o. *Gottlose*), die begraben wurden und 〈zur Ruhe〉 eingingen. Die aber das Rechte getan hatten, 〈mussten〉 von der heiligen Stätte wegziehen und wurden in der Stadt vergessen. Auch das ist Nichtigkeit.	Then too, I saw the wicked buried—those who used to come and go from the holy place and receive praise in the city where they did this. This too is meaningless.

*qəbûrîm wābāû' ûmimmǝqôm*의 번역에는 세 가지 제안이 있다. i) BHS에는 매장하다는 말(qābar)은 칼 수동 분사로 쓰였다. 번역된 성경들은 이 부분을 대체로 받아들였다. ii) 칠십인역(LXX)은 이 부분을 *qəbāîm môbāîm ûmimmǝqôm*(=그들은 무덤으로 불려가고, 그곳으로부터…)로 바꾸었다. iii) 씨라노(. S. Serrano) 드라이버(G. R. Drvier) 미셸(D. Michel) 비엔제(P. Beentje) 등 몇몇 학자들이 *qəbûrîm*(← qābar 매장하다 장사지내다의 Qal 수동태 분사 남성 복수) 대신에 *qəribîm*(qā ← 다가서다 가까이가다 접근하다)으로 읽으라고 제안했다. 그리고 *wəjišǝttakǝhû*(← šākaḥ 그들은 잊어졌다) 대신에

wəjišəttabəḥû (··· *šābaḥ* 칭송하다 찬양하다)도 제안했다. 그들에 따르면 10절
은 다음과 같이 읽힌다.

그에 관련하여 나는 관찰했다.

악인들은 가까이 왔다. 그리고 입장했다.

그리고 성소에서 갔다.(다시 갔다)

그리고 그 도시는 칭송했다, 그들은 그렇게 대우받았다.

역시 이것이 헛되다.

개역개정은 10절 전체를 악인에 관한 것으로, ELB와 EIN은 앞부분에
는 악인에 관해 뒷부분에는 의인에 관해 말하는 것으로 옮겼다. 개역개정
은 BHS와 대다수 히브리어 사본에, 표준새번역과 NIV ELB EIN은 일부
히브리어 사본과 그리스 역본(아퀼라)에 각각 따른 것이다.

미셀(D. Michel)은 히브리성경(BHS)의 본문을 변경하지 않고는 본문
특히 마지막 부분의 '이것도 헛되도다'를 도저히 이해하기 어렵다고 했
다.(219) 그렇게 수정된 본문에서 악인들은 아무런 거리낌없이 그리고 자
기들이 행한 것의 결과와 상관없이 성전을 드나들고, 하나님 앞으로 나아
왔다. 그리고 그 도시는 나중에 그들의 행위를 칭송하기까지 했다. 그들이
신성과 만나는 데에도 그들의 철면피 같은 악행에는 겉으로는 아무런 결과
가 뒤따르지 않았던 것이다.(Michel 219) 코헬렛이 보기에 이런 것은 참으
로 허탈한 일이다.

이런 일은 오늘날의 현실에서도 일어난다. 특히 자기 권력 유지를 위해
국민을 학대하고 심지어 많은 사람을 죽이기까지 한 독재자들이 바로 그
국민에게 칭송과 흠모를 받는 어처구니 없는 일도 실제로 있다. 예를들면

우리나라에서 유신독재자나 5·18 광주민주화운동을 유발시킨 살인마를 공공연히 칭송하는 이들이 있지 않은가!

우리는 여기서 본문을 수정하지 않고도 그 이해에 아무런 어려움을 겪지 않는다. 말하자면 10절의 내용은 헛됨의 평준화다. 생각이 있고 지혜롭고 잘 나가던 사람에게만 죽음과 잊힘이 허무한 것이 아니라는 말이다. 그 헛됨은 악인에게도 해당된다. 성경 여러 곳에 악인이 잘 되는 경우가 나와 있다. 전도서에도 7:15; 8:12 등에 악인이 잘되며 장수하는 것을 알려준다. 그렇다면 살아서 잘 나가는 듯하던 악인이 죽자마자 그가 쌓은 재물이 다른 사람 손에 넘어가고 그 자신도 잊혀진다면, 악인이란 소리를 들어가면 악착같이 살아온 세월이 얼마나 허망할까? 코헬렛이 보기에 그동안 잘 나가던 것도 소용없고 헛되지 않았을까 싶다.

10절에는 해석상 또 하나의 난점이 있다. 그것은 '거룩한 곳에서부터 떠나'에서 '거룩한 곳'이 어디냐 하는 것이다.

거룩한 곳(마콤 카도쉬)은 거룩한 성 예루살렘을 가리키는 것일 수도 있고 아니면 하나님께 예배드리는 성소를 가리키는 것일 수도 있다. 본문의 흐름을 살펴볼 때 둘 중에 어느 것을 말하는지 분간하기가 쉽지 않다. 만약 예루살렘을 가리킨다면 악인이 예루살렘에서 살다가 예루살렘에서 죽어 예루살렘 밖에 장사되는 것이다. 반면에 성소를 가리키는 것이라면 악인이 성소를 방해받지 않은 채 거리낌없이 들락거리다가(평소에 예배를 드리다가) 무덤에 묻히는 것을 가리킨다.

거룩한 곳이 예루살렘이든 성소이든 전도자는 '거룩한 곳'과 '무덤'을 대조적으로 보여주고 있다. '거룩한 곳'이 살아있는 사람이 사는 장소라면 '무덤'은 죽은 사람이 묻히는 장소이다. 무덤은 거룩한 곳과 정반대되는 곳으로 부정하고 더러운 곳임을 부각시켰다.

코헬렛은 악인의 죽음을 이야기했다. 이 악인은 앞 절에서 말한 것처럼 '사람이 사람을 제욕심대로 주무르는' 악을 행하는 사람이었다. 그렇게 권세를 휘두르고 악을 일삼던 사람도 죽음을 비껴가지 못했다. 죽음 앞에는 장사가 없다. 그 악인도 역시 산 사람이 지내는 '거룩한 곳'에서 죽는 사람이 묻히는 '부정한 곳'으로 옮겨지지 않을 수 없다.

악인을 장사지낸 뒤에 성읍 사람들의 반응이 볼만했다. 두 부류의 사본 중 '잊어버린 바 되었다'는 사본을 채택한다면 성읍 사람들은 악명 높은 사람의 행적을 까마득히 잊어버리고 말았다. 살아있을 때에는 사람들을 두렵게 하고 사람들의 마음속에 돌덩이처럼 자리잡고 앉은 채 떠나지 않던 인물이 죽고 나서는 사람들의 기억에서 흔적도 없이 사라져 버리고 만 것이다. 참으로 허망한 일이다.

'찬양하다'는 사본을 채택한다면 악한 권세자를 장사지내고 오면서 성읍 사람들이 그 악인을 칭송한다는 뜻이다. 악한 권세자한테 숱한 고통과 괴로움을 겪고서도 그 사람이 떠나자마자 칭찬하는 인간의 변덕스러움이 한심스럽기 짝이 없다. 인간의 마음이란 이렇게 믿을 바가 못 된다. 금방 비난했다가 금방 칭찬하고, 금방 추겨세웠다가 금방 깎아내린다. 변덕이 죽 끓듯 한다. 그런 사람들에게서 인정받고 좋은 평가를 받으려고 애쓰는 인생은 얼마나 불쌍한가! 우리에게는 하나님께 칭찬받고 인정받는 것이 제일 중요하다.

세상에서 악인들이 활개치는 이유가 무엇일까? (11절) 코헬렛은 악에 대해서 하나님의 징벌이 신속하게 내려지지 않기 때문이라고 진단했다. 악을 행할 때마다 악에 합당한 심판이 내려진다면 무서워서 악한 일을 저지를 사람이 없을 것이다. 죄를 지을 때마다 벼락이 떨어지고 못된 짓을 할 때마다 사고가 나고 거꾸러진다면 누가 감히 죄를 범하겠는가? 특히 '속히(므

헤라)'라는 말에 주목해 보자. 죄를 짓자마자 '즉각' 벌을 내리고 악행을 저지를 때마다 '지체없이' 심판이 임해야 하는데 그렇지 않는 것이 현실이다. 그렇기 때문에 악인들은 하나님의 심판이 없는 것으로 생각하고 마음이 담대해져서 악을 행하고도 두려워하지 않는다. 그러나 하나님의 심판은 '즉각' 임할 수도 있고, '서서히' 임할 수도 있다. 분명한 사실은 즉각 임하든 서서히 임하든 하나님의 심판은 분명히 그리고 반드시 있다는 것이다.

12절에 '죄인은 백 번이나 악을 행하고도 장수하거니와' 하는 말씀과 13절에 '악인은 잘 되지 못하며 장수하지 못하고 그 날이 그림자와 같으리니'라는 말씀을 살펴볼 필요가 있다. 결론부터 말하자면 이 둘은 모순되지 않는다. 코헬렛은 6:12에서 이미 '헛된 생명의 모든 날을 그림자 같이 보내는 일평생에'라고 하며 인생은 지나가는 그림자 같다고 했다. 이런 뜻에서 보자면 13절 말씀은 12절 말씀에 대한 역설적인 주해라고 이해할 수 있다.(Krüger 289)

하나님은 모든 사람 곧 악인에게나 선인에게나 오래 참으시며 아무도 멸망하지 않고 구원에 이르기를 기다리시는 분이다.(벧후 3:9) 세상에는 하나님의 이 은혜를 감사로 받아 선용하는 사람과 은혜를 무시하며 악용하는 사람이 있다.

경건한 자에게 깃드는 웃음

전 8:14-15

개역개정	직역
14 세상에서 행해지는 헛된 일이 있나니 곧 악인들의 행위에 따라 벌을 받는 의인들도 있고 의인들의 행위에 따라 상을 받는 악인들도 있다는 것이라 내가 이르노니 이것도 헛되도다	14 헛된 것이 있다, 땅에서 행해지는 것에. 의들이 있다, 그들을 치는 악인들의 수작에 당하는. 악인들이 있다, 그들의 수작이 마치 의인들의 그것인 양 취급받는. 나는 말한다. "이것 참 헛되다."
15 이에 내가 희락을 찬양하노니 이는 사람이 먹고 마시고 즐거워하는 것보다 더 나은 것이 해 아래에는 없음이라 하나님이 사람을 해 아래에서 살게 하신 날 동안 수고하는 일 중에 그러한 일이 그와 함께 있을 것이니라	15 그리고 칭송한다, 나는, 즐거움을. 더 좋은 것이 사람에게 없기 때문이다, 해 아래서, 진실로 그가 먹고 마시고 즐기는 것보다. 그리고 그에게 따르리라, 그가 수고롭게 사는 나날 동안에, 하나님께서 그에게 주신 것들이 해 아래서.

이것은 헛되고 허무한 것이 많은 인생에도 결코 흔들리지 않는 행복이 있다는 이야기다. 그런 이유로 전 8:14-15는 하나님 경외에 관해 세 번 되풀이 이야기하는 전 8:12-13 바로 뒤에 이어진다.

코헬렛은 12-13절은 백 번 악을 행하고도 장수하는 사람으로 인해 난감

해했다. 장수하는 것은 흔히 구약에서 하나님이 주시는 복으로 여겨졌다. 그렇다면 흉악한 악인이 하나님의 복인 장수를 누리는 일을 어떻게 이해해야 할까? 하나님을 경외하며 사는 의인이 그 사회의 악인이 받아야할 벌을 받기도 한다면 경건하게 사는 일은 헛된 것일까?

코헬렛이 보기에 이것은 일시적인 현상일 따름이다. 잠시잠깐 동안에는 악인이 장수할지 모르더라도 멀리서 내다보면 결코 그렇지 못하다. 코헬렛은 하나님을 경외하는 사람은 장수하고 형통하더라도 하나님을 두려워하지 않는 악인은 그림자처럼 사라져 버리고 형통하지 못한다고 단언했다. 장수(아라크)와 형통(토브)은 인간이 이 땅에서 누리는 하나님의 복이다. 하나님을 경외하는 사람만이 진정으로 이런 복을 누릴 수 있다.

악인은 비록 세상에서 그런 것을 누리는 경우가 있더라도 하나님을 경외하며 산 사람과는 달리 영원한 즐거움에는 참여하지 못한다. 하나님을 경외하지 않으면서도 이 세상에서 복을 누리는 것처럼 보이는 것들은 다 허상이요 헛된 것이다. '하나님 경외'는 전도서에서 핵심적인 주제 가운데 하나다.

델리취는 전도서가 '하나님 경외를 노래하는 최고의 노래'(Hohelied der Gottesfurcht)라고 불렀다.(Delitzsch 190) 쉬빈호르스트-쉰베르거는 이런 평가에는 지나친 감이 있다고 한다. 왜냐하면 하나님 경외가 전도서의 주요 주제들 가운데 하나이기는 해도 핵심 주제는 아니기 때문이다.(100-101)

코헬렛은 하나님을 향하는 인간의 적절하고도 당연한 태도를 경건이라고 불렀다. 이 낱말(jirê' (ha)'ælōhîm)은 전 8:12-13에 세 차례 쓰이는 등 전도서에 이 개념은 네 부분(1:3-3:22; 4:1-6:9; 6:10-8:17; 9:1-12:9)으로 짜여진 전도서의 각 부분마다 한 번씩, 그리고 이 책의 결론에 해당하는 전 12:13에 등장한다.(전도서 전체에 7번 등장) 이는 하나님 경외 사상이 전도서

전체에 흐른다고 보아도 좋을 정도다.(Schwienhorst-Schönberger 98-101)

하나님께서 행하시는 모든 것은 영원히 있을 것이라 그 위에 더 할 수도 없고 그것에서 덜 할 수도 없나니 하나님이 이같이 행하심은 사람들이 그의 앞에서 경외하게 하려 하심인 줄을 내가 알았도다(전 3:13 *하나님 경외는 하나님을 향하는 인간의 가장 기본적인 태도다.*)

꿈이 많으면 헛된 일들이 많아지고 말이 많아도 그러하니 오직 너는 하나님을 경외할지니라(전 5:7 *하나님 경외는 성전에서 행하는 종교·예배 활동의 근본원리다*)

너는 이것도 잡으며 저것에서도 네 손을 놓지 아니하는 것이 좋으니 하나님을 경외하는 자는 이 모든 일에서 벗어날 것임이니라(전 7:18 *하나님 경외는 의인과 악인에 관한 토라 윤리의 근본원리다*)

12 죄인은 백 번이나 악을 행하고도 장수하거니와 또한 내가 아노니 하나님을 경외하여 그를 경외하는 자들은 잘 될 것이요 13 악인은 잘 되지 못하며 장수하지 못하고 그 날이 그림자와 같으리니 이는 하나님을 경외하지 아니함이니라(전 8:12-13 *오해에 선긋기 – 겉으로 보기에는 하나님 경외가 세속적인 성공을 보장하지는 않는다.*)

일의 결국을 다 들었으니 하나님을 경외하고 그의 명령들을 지킬지어다 이것이 모든 사람의 본분이니라(전 12:13)

코헬렛이 보기에 하나님을 경외하는 사람이라고 해서 세상풍파로부터 완전히 벗어나는 것은 아니다. "땅 위에서 되어가는 꼴을 보면 모두가 헛된 일이다. 나쁜 사람이 받아야 할 벌을 착한 사람이 받는가 하면 착한 사람이 받아야 할 보상을 나쁜 사람이 받는다. 그래서 나는 이 또한 헛되다고 한 것이다."(전 8:14 공개) 이렇게 어처구니 없고 부조리한 일들은 예전에는 물론 오늘날에도 여전히 실제로 일어난다.

이와 같이 인간의 판단과 평가는 공정하지 못할 적이 많다. 선악에 대한 평가가 정확하고 이에 따르는 상벌이 공정하다면 인간 세상은 훨씬 더 아름답고 살기 좋은 곳이 될 것이다. 실상이 그렇지 못하다는 데에 문제가 있다. 그렇더라도 경건한 사람은 하나님의 심판이 반드시 있을 것을 믿는다. 하나님의 심판은 공정하고 차별이 없다. 그러기에 그는 세상에서 형통하든지 고생하든지 그런 처지와 형편에 구애받지 아니하고 하나님을 경외하며 살고자 하는 것이다.

> 13 들을 만한 말을 다 들었을 테지만, 하느님 두려운 줄 알아 그의 분부를 지키라는 말 한마디만 결론으로 하고 싶다. 이것이 인생의 모든 것이다. 14 좋은 일이든 나쁜 일이든, 심지어 남몰래 한 일까지도 사람이 한 모든 일을 하느님께서는 심판에 붙이신다는 사실을 명심하여라.(전 12:13-14 공개)

코헬렛은 수고의 대가로 이 땅에서 먹고 마시며 즐거워하는 것이 인생의 유일한 보람이라고 말했다.(15절) 이러한 말은 인생의 의미와 행복을 관찰한 다음에 내린 결론 2:24-25 및 5:18-20의 그것과 비슷하다. 그는 즐거움(희락)을 찬양했다.(샤바흐 šābaḥ) 정말 수고하고도 즐거움을 누리지 못한다면 이는 참 큰 불행이 아닐 수 없다. 수고한 결과로 즐거움을 누릴 수 있다는 것은 모순과 불의가 가득 찬 인간 세상에서 그나마 인간이 얻을 수 있는 조그만 위안인데 말이다. 이 세상은 불완전한 곳임에 틀림이 없다. 그렇더라도 만일 사람이 그 냉엄한 현실에 사로잡혀 가슴이 잘게 뛴 나머지 하나님께서 인생에게 허락하시는 웃음마저 빼앗긴다면 진실로 허무하고도 허무한 인생이 아닐 수 없다.

이런 뜻에서 즐겁게 살라는 말씀은 전 7:2의 권면(초상집에 가는 것이 잔칫집에 가는 것보다 나으니)을 정면으로 거부하는 것이 결코 아니다. 그는 즐거움을 시련이나 고통을 잊기 위한 마약으로 쓰지 않았다. 다만 살아있는 동안 수고와 즐거움이 조화로운 균형을 이루게 하라는 것이다.

코헬렛은 인생의 행복을 하나님 앞에서의 경건과 연결지었다. 15절에서 코헬렛이 전하는 메시지 '이에 내가 희락을 찬양하노니 이는 사람이 먹고 마시고 즐거워하는 것보다 더 나은 것이 해 아래에는 없음이라 하나님이 사람을 해 아래에서 살게 하신 날 동안 수고하는 일 중에 그러한 일이 그와 함께 있을 것이니라'는 내용은 이 책에 여러 차례 반복되었다. 15절에는 이것이 경건한 자의 신앙과 깊이 연관되어 나타난다.

전도서에 쓰인 헛되다는 낱말의 예를 다시 한 번 살펴보자.(Schwienhorst-Schönberger 86-87)

i) 가치나 재물을 상대화시킴

1:2 수고로 얻어낸 소유

1:14 해 아래서 행하는 모든 일들

1:17 지혜로움과 어리석음의 차이

2:1 기쁨과 왕의 행복

2:11 왕의 위대한 행위들

2:15 왕다운 지혜

하나님을 경외하는 사람은 겉보기에 헛된 것을 넘어선다. 주변 사람들이 세상이 이렇게 부조리하고 사람들이 이다지도 험악하게 처신하는데 의롭고 경건하게 사는 일을 어리석다고 말해도, 가끔은 자기 자신에게 그런 회의가 찾아오더라도 결국에는 신앙대로 사는 길을 꾸준하게 걸어간다, 때로는 먹고 마시며 즐기는데서 오는 소확행을 누리며, 때로는 세상풍파에 흔들리지 않고 하나님의 길을 가는 자기 자신의 굳건한 심지에 긍지를 느끼며.

마음 가다듬으며 하나님과 하나님의 창조세계를 바라보노라면, 하나님을 경외하는 사람에게 찾아오는 평온함이 깃든다.

헛된 생각 마구 치달을 때 구름 한 점 없는 하늘빛을 우러르면 그 많던 생각 깨끗이 사라진다. 이는 바른 기운 깃드는 까닭이다. 정신 맑을 때 꽃 한 송이, 풀 한 포기, 바위 하나, 냇물 한 줄기, 새 한 마리, 물고기 하나를 가만히 살펴본다. 그러자면 가슴속에 안개와 구름 같은 것이 뭉게뭉게 피어나며 흐뭇하여 마치 무엇인가를 저절로 깨달은 듯하다. 그러다 다시 나 자신을 헤아려보자면 도리

어 멍해진다.(妄想走作時 망상주작시 仰看無雲之天色 앙간무운지천색 百慮一掃 以其正

氣故也 백려일소 이기정기고야 且精神好時 차정신호시 一花一草一石一水一禽一魚靜觀

일화일초일석일수일금일어정관 則胷中烟勃雲翁 즉흉중연발운옹 若有欣然自得者 약유흔

연자득자 復理會自得處 부리회자득처 則却茫然矣 즉각망연의)

– 이덕무 李德懋《청장관전서 靑莊館全書》49

멀고도 먼 길

전 8:16-17

개역개정	직역
16 내가 마음을 다하여 지혜를 알고자 하며 세상에서 행해지는 일을 보았는데 밤낮으로 자지 못하는 자도 있도다 17 또 내가 하나님의 모든 행사를 살펴보니 해 아래에서 행해지는 일을 사람이 능히 알아낼 수 없도다 사람이 아무리 애써 알아보려고 할지라도 능히 알지 못하나니 비록 지혜자가 아노라 할지라도 능히 알아내지 못하리로다	16 내가 내 마음을 정했다, 지혜가 무엇인지를 알고자 그리고 이 땅에서 행해지는 수고를 살펴보려고, 낮에도 그리고 밤에도 그의 눈은 자지 못하고 보려하였다. 17 그리고 나는 보았다, 하나님께서 하시는 일을. 진실로 사람이 해 아래서 일어나는 그 일을 깨달을 수는 없다, 사람이 그것을 찾으려 애를 써도 깨달을 수 없다. 그리고 어떤 지혜로운 자가 안다고 말할지라도, 그 역시 깨달을 수 없으리라.

이것은 세상에서 일어나는 일을 사람이 다 제대로 알 수 없다는 것을 이야기한다. 누구에게나 깨달음의 길은 멀고도 멀다. 그리고 그 깨달음대로 사는 길은 더욱 더 험난하다.

16절 '내가 마음을 다하여 지혜를 알고자 하며'는 7:23 " 내가 이 모든 것을 지혜로 시험하며 스스로 이르기를 내가 지혜자가 되리라 하였으나 지

혜가 나를 멀리 하였도다"과 비슷하다.(전 1:13, 17도 참조)

'세상에서 행해지는 일'에서 일(개역: 노고; 공개: 수고)이란 말('inəjān = occupation, task)은 사람이 죄를 범한 뒤 하나님께서 애쓰며 수고하게 하신 것을 가리킨다. 이는 1:13의 '수고하게 하신 것'이란 말과 같다. 그리고 '밤 낮으로 잠을 자지 못하는 자도 있도다'란 i) 코헬렛처럼 지혜를 추구하며 세상사를 탐구하기 위해 불철주야 애쓰는 것을 뜻할 수도 있고 ii) 이 세상 에서 하는 고된 일로 인해 잠도 제대로 자지 못하는 것을 일컫는다. 여기서 지혜란 세상살이의 고된 경험과 지적인 탐구 및 사고과정을 거치면서 농축 되는 현자의 가르침과 탐구방법을 가리킨다. 이런 지혜를 얻고자 그는 자 기 자신과 직접 관계있는 것들만이 아니라 땅(세상)에서 일어나는 일들을 세심하게 살피고 관찰했다.

"밤낮으로 자지 못하는 자도 있도다"는 말씀은 두 가지 방향으로 풀이할 수 있다. i) 그가 '자기 눈 속에서 잠들었기' 때문에 '아무것도 보지 못했다' 는 것이다. 이것은 코헬렛이 '눈이 멀었다'고 비유하는 것이다. 그는 자신 이 찾고 있던 답을 찾지 못했다. 이런 해석은 전체 구절의 주제와 잘 연결 된다. 이 세상 사람 누구도 하나님께서 이 세상 안에서 하시는 일을 완전히 이해할 수 없다. ii) 이는 "그가 잠을 자지 못했다"고도 해석할 수 있다. 곧 그가 쉬지 않고 일했다는 뜻이다. 그는 밤낮으로 잠을 자지 않을 정도로 지 혜를 탐구하는 데 열심이었다.

번역성경 대부분(RSV, TEV:GNTD, NJB, NIV84, NAB 및 NJV:NJPS)이 ii) 의 입장에 섰다. 이에 따라 쉴 시간도 없이 오랫동안 연구하고도 코헬렛은 결국 그 답을 찾지 못할 것이라는 결론이 도달했다.(17절)

17절은 스스로 지혜를 추구하며 하나님의 행하시는 일을 알고자 애쓰되 그 오묘하신 섭리와 역사를 능히 깨달을 수 없다는 사실을 강조한다. 하나님의 역사 섭리는 그만큼 위대하고 오묘하다.

이를 강조하느라 여기에는 '능히 깨달을 수 없도다' '능히 깨닫지 못하리니' '능히 깨닫지 못하리로다'는 표현이 세 차례나 되풀이 나온다. 히브리 낱말로는 마차(māṣā')다. 여기에 부정어 로(lō=not)가 세 번, 조동사 야칼(jākal=can)이 두 번 따라붙었다. 그만큼 지혜에 이르는 길은 멀고도 험난하다. 사실 하나님의 깊고도 오묘한 섭리와 목적을 피조물인 인간이 다 알아낼 수 없다.

이미 있는 것은 멀고 또 깊고 깊도다 누가 능히 통달하랴(전 7:24)

깊도다 하나님의 지혜와 지식의 풍성함이여, 그의 판단은 헤아리지 못할 것이며 그의 길은 찾지 못할 것이로다(롬 11:33)

막 8:13-21이다.

13 그들을 떠나 다시 배에 올라 건너편으로 가시니라 14 제자들이 떡 가져오기를 잊었으매 배에 떡 한 개밖에 그들에게 없더라 15 예수께서 경고하여 이르시되 삼가 바리새인들의 누룩과 헤롯의 누룩을 주의하라 하시니 16 제자들이 서로 수군거리기를 이는 우리에게 떡이 없음이로다 하거늘 17 예수께서 아시고 이르시되 너희가 어찌 떡이 없음으로 수군거리느냐 아직도 알지 못하며 깨닫지 못하느냐 너희 마음이 둔하냐 18 너희가 눈이 있어도 보지 못하며 귀가 있어도 듣지 못하느냐 또 기억하지 못하느냐 19 내가 떡 다섯 개를 오천 명에게 떼어 줄 때에 조각 몇 바구니를 거두었더냐 이르되 열둘이니이다 20 또 일곱 개를 사천 명에게 떼어 줄 때에 조각 몇 광주리를 거두었더냐 이르되 일

이것은 예수님이 떡 일곱 개로 광야에 모여 있는 사천명을 먹이신 기적 다음에 나오는 이야기다. 예수님과 함께 배를 타고 길을 떠난 제자들은 배를 저어 호수 반대편으로 와서야 비로소 자기들이 빵을 가져오지 않은 것을 알았다. 제자들은 이 일로 예수님에게 야단맞을까봐 지레 겁을 먹었다. 그때 예수님이 말씀하셨다. "삼가 바리새인들의 누룩과 헤롯의 누룩을 주의하라"

그 순간 제자들은 "누룩이라! 스승님께서 빵 안 챙겨 온 것을 아셨구나. 이제 혼줄 나게 생겼구나" 하며 자기들끼리 "빵 담당자, 넌 도대체 정신을 어디다 두고 다니냐? 이게 벌써 몇 번째냐? 정신 좀 차려라"며 수군거렸다.

그들은 예수님이 말씀하신 누룩을 제멋대로 해석했다. 이 문맥에서 '바리새인들의 누룩' '헤롯의 누룩'이란 빵(양식, 음식)과 관련된 말이 전혀 아니었다. 그 의미는 다분히 부정적인 의미로 '악한 기운 악한 세력 부정적 영향력' 등이다.

예수님은 지금 바리새인들과 헤롯왕이 지닌 악한 기운 악한 세력 부정적 영향력을 조심하라고 하신 것이다. 그런데도 예수님 말씀을 엉뚱하게 적용하여 제멋대로 수군거리는 제자들을 향해 예수님은 "아직도 깨닫지 못하느냐"고 두 번이나 되풀이 하셨다.

삼수도하(三獸渡河)란 말이 있다. 이것은 세 마리 각기 다른 짐승이 강을 건넌다는 것을 나타낸다. 세 마리 짐승(三獸)이란 토끼, 말, 코끼리이다. 그들이 강을 건너는데 토끼는 발을 강바닥에 대지 않은 채 수면 위로 헤엄쳐 건너고 말은 강바닥에 대기도 하고 혹은 대지 않기도 하며 건너고 코끼리는 물속 강바닥에 발을 확실하게 대고 건너간다는 것이다. 진리를 터득하

416

고자 수행을 하되 토끼처럼 수박 겉핥기로 하거나 말처럼 오락가락하지 말고 코끼리처럼 기초를 든든히 하며 깊이있게 하는 것이다. 이것은 또한 같은 말씀(진리)을 들어도 타고난 바탕에 따라 깨달음의 깊이(경지)가 다른 것을 비유하는 말이다.

공자(주전 551~479)는 어느 해의 연말 제사에 손님으로 참석했다가 나오면서 언언(言偃 주전 506~443)에게 이렇게 말했다.

먹고 마시고 남녀가 만나는 것, 인간의 큰 욕망은 거기에 있다. 죽는 것과 가난하고 고생스러운 것은 인간이 가장 싫어하는 것이다. 그러므로 음식남녀와 죽음 가난 고통은 사람의 마음이 움직이는 근본적인 단서다. 사람이 그 좋아하고 미워하는 마음을 속에 감추기에 헤아릴 수 없다. 아름다운 것도 악한 것도 그 마음에 있고, 그 색깔이 얼굴에 나타나는 것이 아니다.(《礼记 예기》〈礼运 예운〉 飲食男女 人之大欲存焉 음식남녀 인지대욕존언 死亡貧苦 人之大惡存焉 사망빈고 인지대오존언 故欲惡者 心之大端也 고욕오자 심지대단야 人藏其心 不可測度也 인장기심 불가측도야 美惡皆在其心 不見其色也 미오개재기심 불견기색야)

코헬렛이 전하는 말씀과 예수님의 말씀이나 공자의 말씀은 모두 깨달음의 길이 우리 일상생활과 멀리 떨어져 있지 않다는 사실을 보여준다. 동시에 지혜를 깨닫는 길이 만만치 않다는 것을 보여준다. 우리 모두에게는 그 길을 발견하고 그 길에 꾸준히 서고 그 길을 벗어나지 않고 걷는 일이 쉽지 않다. 곧 지혜로운 깨달음 또는 지혜를 깨달음은 이렇게 쉽지 않은 것이다.

인생의 수수께끼를 즐겨라

전 9:1–2

개역개정	직역
1 이 모든 것을 내가 마음에 두고 이 모든 것을 살펴 본즉 의인들이나 지혜자들이나 그들의 행위나 모두 다 하나님의 손 안에 있으니 사랑을 받는지 미움을 받는지 사람이 알지 못하는 것은 모두 그들의 미래의 일들임이니라	1 진실로 나는 받아들였다, 이 모든 것을 내 마음에. 그리고 시험해보고자 했다, 그 모든 것을. 의로운 자들이나 지혜로운 자들이나 그들이 모든 행위가 다 하나님 손에 있는지를. 사랑이든 미움이든 사람은 알지 못한다, 그 모두가 자기 앞에 있더라도.
2 모든 사람에게 임하는 그 모든 것이 일반이라 의인과 악인 선한 자와 깨끗한 자와 깨끗하지 아니한 자 제사를 드리는 자와 제사를 드리지 아니하는 자에게 일어나는 일들이 모두 일반이니 선인과 죄인, 맹세하는 자와 맹세하기를 무서워하는 자가 일반이로다	2 그 모두에게 모든 운명은 한결같다, 의인과 악인에게나 선한 자에게나 정결한 자와 불결한 자에게나 예배드리는 자와 예배드리지 않는 자에게나, 마치 선한 사람이나 죄인이나 같듯이, 맹세하는 사람이나 맹세하기를 두려워하는 사람이나 (다 같다).

이것이 인간의 운명 특히 죽음에 관한 비판적인 성찰이다. 성경 전체를 통틀어 죽음 그 자체를 이 정도로 신랄하게 보는 것은 코헬렛이 유일하다.

비록 역설적인 표현이기는 해도 모세 엘리야 욥 예레미야는 하루빨리 죽기를 원했다. 사도 바울은 자기 개인적으로는 어서 빨리 죽는 것이 행복하나 예수님이 맡겨주신 사명과 관련해서는 빨리 죽는 것만이 능사는 아니라고 했다.

전 9:1은 8장 마지막 절과 연결되어 있다. 코헬렛은 우리가 하나님의 길을 이해할 수 없다는 말로 8장을 끝마쳤는데, 9장 첫머리에 이렇게 말했다:

> 이 모든 것을 내가 마음에 두고 이 모든 것을 살펴본즉 의인들이나 지혜자들이나 그들의 행위나 모두 다 하나님의 손 안에 있으니 사랑을 받을는지 미움을 받을는지 사람이 알지 못하는 것은 모두 그들의 미래의 일들임이니라(전 8:7 참조).

이렇게 사람은 누구나 다 한계를 지니고 있고 또 반드시 한번은 죽는다. 그러므로 살아 있을 때, 하나님 안에서 기쁘게 살아야 할 것이다. 이런 뜻에서 바로 9장 1절에 전도서 9장 전체의 주제가 나와 있다: "… 모두 다 하나님의 손 안에 있으니 … "

> 나의 앞날이 주의 손에 있사오니…(시 31:15)

손이란 말(*jad*)은 성경에서 매우 다양한 뜻과 말맛으로 쓰였다. 하나님 손은 한편으로는 구원하는 손이요, 다른 한편으로는 심판하는 손이다. 그것은 자비롭게 보호하는 하나님의 섭리를 의미할 수도 있고(시 31:6; 사 50:2; 지혜서 3:1) 만물을 주재하며 다스리시는 하나님의 통치를 가리킬 수도 있다.(야드=권능 잠 21:1; 사 66:2) 어느 경우에나 그것은 인간이 좌우하

는 것도 피할 수 있는 것도 결코 아니다.(R. Mutphy 260)

코헬렛은 2절을 '모든 사람에게 그 모든 몫(운명)이 똑같다'(하콜 카아세르 라콜 미크레 에카드)라고 시작했다. 여기 나오는 *미크레*(miqərē)는 전 2:14이하; 3:19와 마찬가지로 인간의 운명, 그 가운데서도 죽어 사라질 존재라는 의미를 내포하고 있다. 2절을 이끄는 *hakkål ka'ăšer ləhakkål*은 단순히 '모든 사람에게 다 같이'라는 뜻일 뿐만 아니라 (인간의 의지나 활동에 상관없이) '모든 이가 다 있는 그대로 거쳐야 하는'이라는 의미도 내포하고 있다. 그것은 하나님의 통치권에 속한 일이다.(Krüger 302-03)

14 주님을 경외하는 이들의 영은 살아 있으리라. 15 그들의 희망이 자신들을 구원하시는 분께 있기 때문이다. 16 주님을 경외하는 이는 아무것도 겁내지 않으리라. 주님께서 그의 희망이시니 무서울 것이 없다. 17 주님을 경외하는 이의 영혼은 행복하다. 18 그는 누구를 의지하는가? 누가 그를 후원하는가? 19 주님의 눈은 당신을 사랑하는 이들 위에 머무시니 그들에게 든든한 방패요 힘 있는 버팀목이시며 열풍을 막아주는 쉼터요 한낮의 뙤약볕을 가려 주는 그늘이시다. 또 비틀거리지 않게 지켜주시고 넘어지지 않게 붙잡아 주신다.(집회서 34:14-19)

그는 세상 물정을 살펴보았다. 그랬더니 의인이라고 반드시 잘 되거나 악인이라고 반드시 잘 안 되는 것도 아니라는 것을 알게 되었다. 그는 의인이 잘못되는 수도 있고 악인이 오히려 잘 되는 수가 있다는 것을 알았다. 물론 그는 의인이 잘 풀리기도 하고 악인이 몰락하기도 하는 것을 보았다. 코헬렛이 그 이유를 묻고 또 캐어보았다. 그 결론은 '왜 그런지 모른다'였다.

하나님이 하시는 일을 사람은 다 알지 못한다. 더구나 우리가 내리는 '의인입네, 혹은 죄인입네'하는 판단도 제대로 된 것이 아닐 때가 많다. 그것은 그 사람의 모습 가운데 겉으로 드러난 지극히 작은 일부분만 보는 것일 수 있다. 이런 사실에 따라 '알지 못한다'고 깨닫는 것만 해도 크나큰 지혜다. 오늘날 사람들이 저지르는 실수나 잘못 중에 많은 부분은 다 안다고 생각하거나 다 알려고 하는 데서부터 시작된다.

의인에게는 좋은 일만 생겨야 하는데 좋지 않은 일이 생겨난다. 악인은 망해야 맞는데 악인도 장수하는 수가 있고 잘 되는 수도 있다. 그래서 전도자는 모든 것이 다 하나님 손에 있다고 말한다. 의인이나 지혜자나 다 하나님 손에 있다. 사랑을 받을는지 미움을 받는지도 알지 못한다. 지혜자이고 의인이면 좋은 사람들이기에 사랑받는 쪽으로 하나님이 역사해주셔야 하는데, 미움을 받을지도 모른다는 것이다. "사람이 알지 못하는 것은 모두 그 미래임이니라". 왜 모르는가? 장래 일이기 때문에 모른다. 의인이고 지혜자인데도 좋은 일을 만날지 나쁜 일을 만날지 잘 모른다는 뜻이다.

코헬렛의 이런 마음은 시인 휘트먼(Walt Whitman 1819-1892)에게 배어들었다. 그가 쓴 52편으로 된 장시 〈나 자신의 소리 Song of Myself〉라는 시 가운데 한 구절이다.(18)

실패한 자에게 만세

바다에 자기들의 전투함이 침몰한 자들에게도 만세

바다에 빠진 자들에게도 만세

교전에서 패한 모든 장군과 정복당한 모든 영웅에게도 만세

잘 알려진 영웅들에게도,

그들에게 뒤지지 않는 이름이 알려지지 않은 많은 영웅에게도 만세

사람은 자기 개인 안에 자기만의 개성과 특성을 품고 있을 뿐만 아니라, 모든 사람의 다양성 곧 사람들 가운데 하나라는 보편성을 지닌다. 휘트먼의 시가 그런 사실을 잘 보여준다. 코헬렛의 가르침과 이 시는 다른 사람에게 지나칠 정도로 성급하게 찬사를 보내거나 무시하는 우리를 되돌아보게한다.

위와 같은 맥락에서 휘트먼은 다른 사람들, 이를 테면 박해받는 노예 상처입은 사람의 고통에 공감하며 '지옥과 절망이 내 위에 있다'(33)고 했다. 또한 그는 익사한 사람의 고통을 이해하고 공감하며 '내가 그 사람이며, 괴로워했고 그곳에 있었다'(33)라고 했다. 그것은 단순히 이해와 공감으로 끝나지 않고 시인 자신을 전보다 더 개방적이고 넓은 시야를 지닌 사람으로 변화시켰다.

고통은 나를 변화시키는 옷 중에 하나다
나는 상처입은 사람에게 얼마나 아픈지 묻지 않는다
나 스스로 상처입은 자가 된다
네가 지팡이에 기대어 지켜볼 때
내 상처는 내 위에서 멍든다(33)

개개인의 아픔을 보며 자기 아픔을 되돌아보고 스스로를 변화시키던 휘트먼은 34-37번 시에서 미국 역사에서 발생했던 아픔을 자기 것으로 받아들였다. 그는 역사의 아픔을 자기 아픔으로 느끼며 '무뎌지거나 그치지 않는 고통을 느꼈다.'(37) 나중에 그는 자신을 거지와 동일시 했다. "거지들은 내 안에서 구현되고, 나는 그들 안에서 구현된다. 나는 모자를 벗고 겸손한 얼굴로 앉아 구걸한다."

사람의 행위와 마음과 태도는 평가(평판)이라는 도마 위에 놓여 있다, 자기 스스로 또는 다른 사람에 의해. 곧 자신 혹은 자신의 행위가 사랑받을 만한 행동인가, 미움을 살 만한 행동인가가 항상 평가된다. 사람에게는 물론 하나님에게도. 문제는 우리의 하나하나를 놓고 볼 때 그것이 '사랑을 받을는지 미움을 받는지'를 우리는 잘 모른다.

이런 평가의 도마 위에 놓여진 채 인생을 사는 코헬렛은 '모든 것이 하나님 손 안에 들어 있다'는 신앙에 바탕하여 세 가지 바른 태도를 교훈했다:

2-10절: 주어진 생명에 감사하고, 주변의 생명체들을 존중하라

11-12절: 하나님의 섭리(목적)를 믿고 살아라

13-18절: 조용한 지혜를 무기로 삼는 신앙적인 용기를 지녀라

"모든 사람에게 임하는 그 모든 것이 일반이라"(전 9:2)는 말씀을 다시 한 번 살펴보자. 코헬렛은 이 부분에서 일곱 가지 부류의 사람을 언급했다: '의인과 악인 선한 자와 깨끗한 자와 깨끗하지 아니한 자 제사를 드리는 자와 제사를 드리지 아니하는 자' 그들은 서로 상반되는 세 부류로 나누어진다.

사람이 정말로 이렇게 나누어질 수 있을까? 물론 '그 사람의 경향(지향하는 바)이 대체로 그렇다' 라고 할 수는 있더라도 그것들을 마치 칼로 무 토막 내듯이 분류할 수는 없다. '나'라는 개인에게도 '우리' 또는 '그들'이라는 집단에도 선과 악 깨끗함과 더러움 경건과 불경건의 요소들이 다 섞인 채 들어있다.

이런 사실을 잘 아는 성호(星湖) 이익(李瀷 1681-1763)은 말한다.

나는 사서(史書)를 읽을 때마다 늘 의심이 생긴다. 왜냐하면 착한 자에게는 착한 데로만 치우치고 악한 자에게는 악한 데로만 치우치게 기록되었기 때문이다. 그 당시에는 반드시 그렇지 않았으리라. 이는 사서를 지을 때 악한 것은 징계하고 선한 것은 권장해야 한다는 지극한 뜻에서 나왔을 것이다. 그렇더라도 오늘날 우리가 치우치지 않은 입장에서 본다면, 착한 자는 진실로 그처럼 착하게 되었는데 악한 자는 왜 이처럼 악하게 되었던가 하는 생각을 하게 된다.(常時讀史每疑 善者偏善惡者偏惡在 當時未必然 作史雖因懲惡勸善之至意 今人平地上看過以爲善者固當彼惡者胡此至極)

실제로는 선한 중에도 악함이 있고 악한 중에도 선함이 없지 않다. 당시 사람이 옳고 그름에 현혹되었던 까닭에 취사(取捨)를 자세히 하지 못해서 후세의 비난도 받고 죄를 얻는 자가 있으리라. 역사서를 읽는 자는 그런 것을 몰라서는 안 될 것이다.(其實善中有惡惡中有善 當時之人實有是非之眩故有去取不審貽譏得罪者也 讀史不可不知此意) …

주자는 또 말했다. "주량(朱梁)은 오래지 않아 멸망했기에 저들을 위해 나쁜 점을 숨기고 덮어 주는 이가 없었다. 그런 까닭에 그들의 악행이 모조리 드러났다. 만약 조금만 오래되었더라면 그 나쁜 점을 한 반쯤은 숨길 수 있었을 것이다." 이것은 모두 군자로서 시비(是非)의 진정을 깨달은 말이니 취해서 본보기로 삼을 만하겠다.([朱子]又曰 朱梁不久而滅無人爲他藏掩得故諸惡一功發見 若更稍久必掩得一半此皆君子看得 是非之眞可以取法也)

자공(子貢)은 말했다. "주(紂)의 악도 이같이 심하지는 않았을 것인데, 여럿의 악을 모두 그에게로 돌린 때문이다." 주량도 그 악이 반드시 이렇게 크지는 않앉을 것이다. 생각마다 일마다 이렇게 큰 잘못이 있고서는 천하를 얻어낼 수 없었을 듯하다.(子貢曰 紂之惡不如是之甚也衆惡歸焉 如朱梁者其惡却未必如此之大恐 未有心心事事若是之鉅愿而能得天下者矣)

선함도 역시 이와 마찬가지이다.《송조명신록(宋朝名臣錄)》같은 것도 개인 개인이 모두 어질었다는 사실을《어류(語類)》에 거론된 것에 따랐다. 어찌 일찍이 한결같이 깨끗하고 결점 없는 자가 있겠는가(善亦如此 如宋朝名臣錄箇箇仁賢據 語類所論 何嘗一向潔淨無瑕纇耶) - 이익(李瀷)《성호사설 星湖僿說》20권〈경사문 經史門〉

해 아래서 돌아갈 몫

전 9:3-6

개역개정	직역
3 모든 사람의 결국은 일반이라 이것은 해 아래에서 행해지는 모든 일 중의 악한 것이니 곧 인생의 마음에는 악이 가득하여 그들의 평생에 미친 마음을 품고 있다가 후에는 죽은 자들에게로 돌아가는 것이라	3 이것이 악한 일이로다, 해 아래서 일어나는 모든 것 중에서. 진실로 모두에게 똑같은 운명이로다. 게다가 사람의 아들의 마음은 가득차 있다, 악으로 그리고 살아가는 그들의 마음 속에는 어리석음으로. 그리고 나중에 그들은 죽은 자들에게로 (간다).
4 모든 산 자들 중에 들어 있는 자에게는 누구나 소망이 있음은 산 개가 죽은 사자보다 낫기 때문이니라	4 진실로 살아 있는 자들에게 선택된 자는 누구나 소망이 있다. 이는 살아 있는 개에게 좋은 것이 있기 때문이다, 죽은 사자에게 보다는.
5 산 자들은 죽을 줄을 알되 죽은 자들은 아무것도 모르며 그들이 다시는 상을 받지 못하는 것은 그들의 이름이 (기념이) 잊어버린 바 됨이니라	5 이는 살아잇는 자들은 알기 때문이다, 자기들이 죽는다는 것을. 그리고 죽은 자들은 알지 못한다, 아무 것도. 그리고 그들에게는 더 이상 없다, 보상이. 진실로 잊혀졌다, 그들에 관한 기억이.
6 그들의 사랑과 미움과 시기도 없어진 지 오래이니 해 아래에서 행하는 모든 일 중에서 그들에게 돌아갈 몫은 영원히 없느니라	6 그들의 사랑도 그들의 미움도 그들의 야망도 이미 없어졌다. 그리고 그들의 몫은 이제 영원히 없다, 해 아래서 일어나는 거들 가운데 그 어느 것도.

이것은 코헬렛이 사람이 죽은 다음 곧 이 세상에 사는 동안 손에 넣은 것들 가운데 남는 것이 무엇인지를 살펴보는 이야기다.

코헬렛은 2절에서 하나님의 섭리(통치)에 속하는 죽음과 관련하여 일곱 가지 종류의 사람을 언급했다. '의인과 악인 선한 자와 깨끗한 자와 깨끗하지 아니한 자 제사를 드리는 자와 제사를 드리지 아니하는 자' 그들은 종교·윤리의 측면에서는 구별이 되더라도 죽는다는 사실에서는 차이가 없다.

바로 그것이 코헬렛의 마음에 들지 않았다. '이것이 (가장) 나쁘다, 해 아래서 일어나는 모든 것 가운데' (3a 직역) 그런 불평은 4절부터 사라진다. 4절은 1-3절에 대한 논리적인 반증이다. 5-6절은 4절의 내용을 더욱 발전시킨 것이다. 4-5절에서 그는 삶과 죽음에 관련된 용어를 세 차례씩 나열했다.

산 자가 죽은 자보다 나은 것은 무엇인가? 코헬렛은 죽은 자의 현실에 비추어 그것을 설명했다. i) 죽은 자들은 아무 것도 알지 못한다. ii) 죽은 자들에게는 보상이 없다. iii) 죽은 자들은 기억되지 않는다. iv) 죽은 자들에게는 사랑 미움 시기(야망, 열정 qin'â, qin'ôt)도 없다. v) 죽은 자들은 이 세상 어디에도 참여하지 못한다.

전도서의 카르페-디엠(Carpe-Diem) 모티브는 고대 근동에 널리 퍼져 있는 문학형식과 크게 다르지 않다.(Uehlinger 209이하; Schwienhorst-Schönberger 451) 이것은 주전 42-41년 이집트에서 나온 타임호텝 비문(die Stele der Taimhotep)에 있는 글이다.

오, 내 형제여, 내 주군, 내 친구, 대제사장이여

네 마음을 고단하게 하지말라, 마시고 먹는 것으로,

술에 취하거나 사랑하는 것으로!

네 날을 아름답게 만들라!

네 마음에 낮과 밤이 따르게 하라!

네 마음에 염려를 담아놓지 말라!

이 세상에 있는 연수를 즐기라!

서쪽, 거기는 잠드는 나라, 무거운 어둠이 있는 곳이다.

죽음이 자리잡은 곳이다.

네 활동이 잠자는 곳이다.

그들은 깨어나지도 않는다, 자기 형제들을 보려고.

그들은 자기 아버지와 어머니도 볼 수 없다.

그들 가슴은 부인과 아이도 없이 지낸다.

모든 생명체에게 생명을 주는 생수, 목마름이 내게 있도다.

그것은 땅 위에 있는 자에게만 존재한다.

그러나 물이 내 곁에 있어도 나는 여전히 목마르다.

나는 그것이 어디에 있는지 모른다.

이 골짜기에서 나는 그것을 구하고 있다.

내게 흐르는 물을 다오!

내게 말해 달라, 물에서부터 멀리 떨어지지 말라고.

내 얼굴을 북풍으로 곧 물가로 돌리라고.

아마 내 가슴은 이 시련으로 차가워지리라.

죽음, 그 이름은 '온다'이다, 그는 누구든 자기에게로 부른다.

그들은 곧 죽음에게로 오리라,

비록 그들 가슴은 죽음 앞에서 두려움으로 떨리더라도.

아무도 그를 보지 못하리라, 신들과 사람들 중에서.

위대한 자라도 그의 손에서는 왜소한 자처럼 된다.

아무도 그가 사랑하는 모든 저주로부터 멀어질 수 없다.

그는 아들을 그의 어머니에게서 훔친다.

그는 자기를 둘러싼 노인들보다 그를 더 좋아한다.

모든 두려움의 씨앗이 그의 앞에 있다.

그래도 그는 자기 얼굴을 그에게서 돌리지 않는다.

그는 자기에게 간청하는 사람의 오지 않는다.

그는 자기를 칭송하는 소리를 듣지 않는다.

사람은 쳐다보지 않는다. 그가 무엇이든 만들어낼 수 있는 그 어떤 종류의 선물도.

죽은 자에 비해 산 자가 좋은 점은 무엇일까? 그것은 사랑과 미움과 시기(야망, 소망)이 있다는 점이다. 6절의 시기라는 말은 야망(소망) 열정을 의미하기도 한다. 코헬렛은 4절에서도 죽은 사자와 살아있는 개를 대조하면서 '비록 개라도 살아있으면 죽은 사자보다 낫다'고 했다.

고대 근동에서 개는 불결과 죽음의 이미지로 쓰이곤 했다. 사람들은 개를 경멸했다. 때로는 왕 앞에 선 신하가 자신을 최대한 낮추면서 자신을 개 또는 벼룩에 비유하곤 했다.

이 종이 무엇이기에 왕께서 죽은 개 같은 나를 돌아보시나이까(삼하 9:8)

당신의 개 같은 종이 무엇이기에 이런 큰일을 행하오리이까(왕하 8:13)

429

이와같이 개는 어리석음 약함 비굴함을 상징했다. 그런 개도 살아 있으면 죽은 사자보다 낫다고 하는 것은 코헬렛이 그만큼 생명의 긍정적인 가치를 칭송하는 것이다.

롱펠로우(Henry Wadsworth Longfellow 1807-1882)가 쓴 〈잃은 것과 얻은 것〉이다.

내 이제껏
잃은 것과 얻은 것
놓친 것과 잡은 것
저울질해 보니 자랑할 게 없네.

나는 알고 있네.
긴긴세월 헛되이 보내고
좋은 의도는 화살처럼
과녁에 못 닿거나 빗나가 버린 걸.

그러나 누가 감히
이런 식으로 손익을 헤아릴까.
패배는 승리의 다른 얼굴일지도 모르네.
썰물이 나가면 분명 밀물이 오듯이.

전 9:1에 나온 사랑 미움이란 낱말이 9:6에 다시 쓰였다. 9:6에는 거기에 시기란 말이 하나 더 있다. 사람이 살아있는 동안에는 이런 것들로 인해 얼마나 많이 웃고 울며 즐거워하며 짜증을 내는가! 이제 그가 죽은 다음에

는 인생에 커다란 영향력을 발휘하던 그런 것들이 하나도 작용하지 않는다

인생의 마지막 여정 곧 죽음을 묵상하는 코헬렛은 무슨 생각을 할까? 그는 때로는 벅차 오르는 감동, 때로는 땅속으로 꺼져들어가는 듯한 절망감, 때로는 모든 것을 손에 쥔듯한 충만함, 때로는 빈털터리가 된 듯한 허탈감 등을 경험하며 지금까지 살아왔다. 그런 경험들을 되돌아보는 지금 아마 그는 이렇게 독백하리라. '인생에는 성공도 실패도 없어. 다만 깨달음·교훈을 주는 사건과 경험만 있을 뿐.'

죽음의 날이 이르기 전에

전 9:7-9

개역개정	직역
7 너는 가서 기쁨으로 네 음식물을 먹고 즐거운 마음으로 네 포도주를 마실지어다 이는 하나님이 네가 하는 일들을 벌써 기쁘게 받으셨음이니라	7 가서 먹으라 기쁘게, 네 음식을. 그리고 마셔라 좋은 마음으로, 네 포도주를. 이는 이미 기꺼워하시기 때문이다, 하나님께서 네 행위를.
8 네 의복을 항상 희게 하며 네 머리에 향기름을 그치지 아니하도록 할지니라	8 언제나 네 옷들을 희게(깨끗하게) 하라. 그리고 기름을 네 머리 위에서 부족하지 않게 하라.
9 네 헛된 평생의 모든 날 곧 하나님이 해 아래에서 네게 주신 모든 헛된 날에 네가 사랑하는 아내와 함께 즐겁게 살지어다 그것이 네가 평생에 해 아래에서 수고하고 얻은 네 몫이니라	9 보라, 생명을 네가 사랑하는 네 아내와 함께, 살아있는 너의 모든 헛된 날들 동안, 해 아래 네게 주어진 그 모든 헛된 날들을. 진실로 그것이 네 몫이다, 살아가는 동안, 네가 해 아래서 수고하는 동안.

이것은 사람이 누릴 수 있는 몫을 구체적으로 보여주는 이야기다. 코헬렛은 인생을 즐겁게 사는 모습을 몇 가지 말했다. 그것은 먹고 마시며(7절) 깨끗한 옷을 입고(8a) 머리에 기름을 바르며(8b) 가족을 사랑하는 모습으로 (9절) 나타난다.

7절의 양식은 히브리말(레헴=빵 혹은 떡)이나 그리스말(아르토스=빵, 떡)을 직역해서는 그 뜻이 제대로 통하지 않는다. 요즈음 식생활문화가 많이 달라지긴 하였더라도 빵이나 떡은 우리 식생활에서 주식이 아니다. 대부분 사람은 이를 간식 혹은 별미로 먹는다. 그러므로 이 말은 '양식' 혹은 '음식'으로 번역하는 것이 더 낫다.

머리에 기름을 바르는 것을 나타내는 히브리말은 세 가지가 있다:

i) 마샤흐: 이는 어떤 사람이 예언자, 왕, 제사장 등 중요 직책에 임직될 때, 그 머리에 기름을 바르며 안수하는 것을 가리킨다.(삼상 9:16 참조) 여기서 메시아라는 말이 파생했다.

ii) 다샨: 이것은 손님을 환영하며, 극진히 모시는 예법이다.(시 23:5)

iii) 셰멘: 이는 바른다는 뜻으로, 말 그대로 단정하고 예쁘게 화장하는 것을 뜻한다.

의복을 바꾸어 입는 것은 여기 8절을 포함해 성경에 7차례 나와 있다.(삿 10:3; 에 8:15 등) 깨끗한 옷을 입고 머리에 기름을 바르는 일은 즐거움과 축제를 상징한다.(A. Schoors 671)

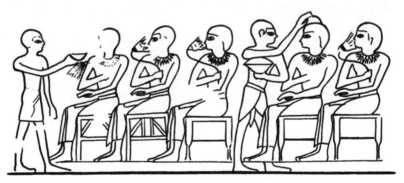

네 머리에 향 기름을 그치지 아니하도록 할지니라(Keel, 176)

9절 '네가 사랑하는 아내와 함께 즐겁게 살지어다'에서 아내라고 한 말은 문자 그대로는 '여자'이다. 코헬렛은 여기서 한 남자의 한 아내를 생각한다. 그녀를 자기 인생의 '몫'으로 받아들이면서 '헛된 날'과 그 '수고'의 관점을 유지하라는 것이다. 솔로몬이 천 명의 후궁을 두고도 만족하지 못해 허탈했던 것에 비추어보건데 코헬렛은 진정 지혜로운 사람이다.

천상병 시인이 쓴 〈행복〉이다.

나는 세계에서

제일 행복한 사나이다

…

이쁜 아내니 여자 생각도 없고

아이가 없으니 뒤를 걱정할 필요도 없고

집도 있으니 얼마나 편안한가

막걸리를 좋아하는데 아내가 다 사주니 무슨 불평이 있겠는가

더구나 하나님을 굳게 믿으니

이 우주에서 가장 강력한 분이 나의 빽이시니 무슨 불행이 온단 말인가!

생명을 아끼는 코헬렛은 우리에게 힘껏 일하라고 권한다.(10절 '네 손이 일을 얻는 대로 힘을 다하여 할지어다') 일은 즐겁고 행복한 인생을 위한 선택이 아니라 필수 요소다.

오 길가메쉬여,

너는 어디로 더 달려가고자 하느냐?

네가 도달하고자 하는 삶을 너는 결코 찾아내지

못하리라. 왜냐하면 신이 인간을 창조하실 때, 인

간성이 한번은 죽게끔 예비하였기 때문이다.

그렇지만 사람은 누구나 자기 스스로를 위한 인생

을 선택해야 하는 것이다.

그러므로 길가메쉬여,

네 배를 채우며 살아라.

낮과 밤마다 즐겁게 하라.

날마다 네 자신의 축제를 벌리고,

밤낮으로 춤과 재미를 즐겨라.

네 의복을

반짝반짝 빛나도록 깨끗하게 하여라네 머리를 씻고

물로 목욕을 하여라네 손에 있는

작은 아가에게 주의하라네 배우자를

네 가슴에서 기쁘게 하라이 모든 것이 인간이 누릴 기쁨이기 때문이다.

– 시두리 현자가 길가메쉬에게 준 충고(Tafel 10) TUAT III 65–66

전 9:1-10은 다음과 같이 짜여 있다.

I. 죽음의 보편성   vv. 1-3

　전도자의 고민   v. 1aα

전 9:7-10은 고대 이집트 11왕조 시기(주전 21-20세기)에 쓰인 〈안테프의 노래〉(아름다운 날들의 축제)와 비교할 수 있다.(TUAT II/6 905-06; Krüger 309)

행복한 자는 바로 그이다, 이 선한 군주여.

선한 운명이 그를 찾아왔다.

한 세대가 지나가고

지금 다른 세대가 머물고 있다,

조상들의 시대 이래.

신들은 그들보다 먼저 생성되어

그들의 피라미드에서 안식하고 있다.

보석과 광채나는 것들도 그렇게

그들의 피라미드에 묻혀 있다.

그 건설을 주도했던 자들의 자리는 더 이상 존재하지 않는다.

그들에게 무슨 일이 일어난 것일까?

나는 임호텝과 호르더뎁의 말씀들을 들었다.

그들의 교훈이 모든 이들 입에 오르내린다:

어디에 너희 자리가 있느냐? 너희 성은 무너졌다.

너희 자리는 없다, 마치 그것이 아예 존재하지 않았던 것처럼.

그가 말하기를 '아무도 거기에서 오지 않는다, 마치 그들 주위에 멈추어 있는
듯이.'

그는 말한다, 그들이 필요로 하는 것을.

그는 우리 영혼은 편안하게 한다, 우리도 거기로 갈 때까지,

그들이 이미 간 그곳으로.

그렇더라도 너는 네 마음을 기쁘게 하라. 그리고 그것들을 생각하지 말라!

그것이 네게 좋다, 네 마음을 따라가는 것은, 네가 존재하는 한.

향수를 네 머리에 부어라.

비단 옷을 입어라.

신의 보석인 순수한 기름을 바르라.

너를 더욱 아름답게 하라. 네 마음을 고단하게 하지 말라.

너 자신을 아름답게 하려는 네 마음을 따라가라.

세상에서 네 할 일을 해라, 네 마음을 다치지 않게 하면서.

죽음의 곡소리가 나는 날이 네게 찾아올 때까지 그리하라.

고단한 심장은 그들의 외침을 듣지 못하리라.

그리고 그들의 탄식은 어떤 사람의 마음도 죽음의 세계에서 끌어올리지 못하리라.

후렴) 잔치를 벌여라, 아름다운 날에. 그 날에는 고단하지 않으리!

보라, 아무에게도 허용되지 않는다, 자기가 소유한 것을 가지고 가는 것이.

보라, 아무도 가지 못한다, 이미 지나온 길을 또다시.

몇 년 전에 나왔던 제러미 리프킨의 《소유의 종말》이라는 책이 있다. 원제는 The age of access(접속의 시대)인데, 우리말로 번역하면서 《소유의 종말》이란 제목을 붙였다. 이 책은 과거의 시대를 소유의 시대라고 한다면, 21세기 미래의 시대는 접속의 시대라고 부른다. 앞으로는 소유하는 사람이 성공하는 시대가 지나가고, 접속과 (우호적인) 관계를 충실히 하는 사람이 성공하는 시대가 열린다는 내용이다.

과거에는 무엇을 가져야만 그것도 최대한 많이 가져야만 행복하다고 생각했다. 이제는 그런 시대가 아니다. 지금 같이 네트워킹 하는 링크의 시대 허브개념을 갖고 있는 시대에는 무언가를 갖고 있을 필요가 없다. 많은 사람과 접속을 할 수 있고 많은 사람과 좋은(긴밀한) 관계를 맺을 수 있는 사람이 진짜 실력 있고 능력 있는 사람이다. 지난 시대에는 소유를 많이 한 사람이 부자였다면 앞으로는 사용을 잘 하는 사람이 성공한다는 말이다.(스마트폰이나 아이 패드의 등장)

예전에는 좋아하는 영화나 노래를 들으려고 LP음반이나 비디오 테이프 CD DVD 등을 사 소장했다. 언제부터인가 그것은 MP3나 아이튠즈를 통한 음원 형태로 바뀌었다. 지금 사람들은 멜로 플로 등 음원 플랫폼에 회원으로 가입해 회원권을 얻는다. 소비방식이 소유(ownership)에서 가입 (membership) 곧 구독경제로 되었다. 이에 따라 실시간 시청·청취 디지털 기술(Streaming)을 바탕으로 하는 스포티파이, 넷플릭스, HBO, 훌루, 애플 뉴스플러스 등 영상이나 음악 뉴스 스트리밍 업체들이 각광을 받고 있다. 이렇게 소유경제의 시대가 가고 구독경제의 시대가 열리고 있다.

요셉은 벌써 3천700여 년 전에 이렇게 했다. 그는 소유가 다가 아님을 알고 있었다. 창 41:48이다:

요셉이 애굽 땅에 있는 그 칠년 곡물을 거두어 각성에 저축하되 각성 주위의
밭의 곡물을 그 성중에 저장하매

욕심이 있는 보통 사람 같으면 수도(首都)에 창고 수천 채를 지어 놓고 난 다음에, '전국에 있는 모든 곡물들, 다 카이로로 모아라' 했으리라. 이렇게 하면 한눈에 보기에도 요셉이 굉장한 일을 하는 것처럼 보일 것이다. 그런데도 요셉은 그렇게 하지 않았다. 각 성에, 지방에 있는 창고에 저축하고 그 성에 저축해 놓았다. 새로 만들지 않고 있는 것 활용했다.

그 이유가 무엇일까? 7년 동안은 풍년이지만 곧 흉년이 되면 곡식은 다 먹어서 없어질 것 아니겠는가? 요셉에게는 미래를 대비하는 시각이 있었다. 각 성중에 있는 창고에다가 저축하면 창고를 새로 짓는 비용도 안 들고 물류비용이 절약된다. 곡식을 왔다갔다 하며 나르면, 동선이 길면 길수록 비용이 많이 든다. 물류비용만 많이 들고 좋을 것이 하나도 없다. 그러므로 건축하지 않았다. 그는 7년 이후의 흉년을 생각하면서 합리적으로 생각했다.

우리나라도 요셉을 닮으면, 필요 이상의 건축이나 토목공사를 하지 않을 것이다. 지방자치 단체들이 호화청사니, 빚내서 토목사업하는 등 무리수를 두지 않을 것이다. 지금은 필요하지만 조금 지나면 없어질 것들을 짓느라 낭비하는 것은 풍년에 유혹과 시험에 빠지는 결과를 가져온다.

한국교회도 그렇게 될까봐 염려스럽다. 잔뜩 지어놓고 난 다음에, 나중에 어떻게 하려는지… 전통적으로 교회는 건물을 키우기보다는 사람 키우는 일을 우선했다. 안타깝게도 지금 우리나라 교회는 그렇지 않다. 교회가 인물을 키우려는 사람보다는 자기가 더 커지려는 사람들로 채워졌다. 인물 키우는 비용보다 건물(부동산)을 키우거나 유지하는 비용의 비중이 훨씬 더 크다. 인물키우기는 교회활동의 우선순위에서 한참 뒤로 밀려나 있다. 그러다보니 인물될 새싹이 교회에 들어오지 않는다. 그리고 이런 현실은 교회의 미래를 점점 더 어둡게 한다.

자기 인생의 지난 시절을 되돌아보는 코헬렛, 그는 언제부터인가 이미 주어진 관념과 지혜와 관습을 '다시 생각'해왔다. 자신의 위상과 모습을 다시 되짚어보았다. 그런 그를 바라보는 내게 밥 딜런(Bob Dylan)의 노래 〈My Back Pages〉의 후렴구가 떠오른다. "아, 하지만 그때 나는 지금보다 훨씬 더 고루했지. 지금이 그때보다 더 생동감이 넘쳐."(Ah, but I was so much older then. I'm younger than that now) 코헬렛은 이렇게 나이 들어도 늙지 않는 길을 걷고 있다.

앎과 행함 사이에서

전 9:10

개역개정	직역
네 손이 일을 얻는 대로 힘을 다하여 할지어다 네가 장차 들어갈 스올에는 일도 없고 계획도 없고 지식도 없고 지혜도 없음이니라	네 손이 할 일로 찾아내는 모든 것에 네 힘을 다 쏟아라. 이는 네가 할 일도 결론도 지식도 지혜도 없음이라, 네가 장차 들어갈 곳 그 스올에는.

이것은 아직 살아있는 동안에 행할 바를 가르치는 것이다. 그것은 주어진 것, 자기가 해야 할 것에 전심전력하는 것이다.

코헬렛은 스올(죽음의 세계)에 없는 것이 무엇인지를 언급한다. 거기 없는 것은 일, 계획, 지식, 지혜다. 예언자 이사야는 메시아와 함께 사는 곳의 역동성을 이렇게 노래했다.

1 이새의 줄기에서 한 싹이 나며 그 뿌리에서 한 가지가 나서 결실할 것이요 2 그의 위에 여호와의 영 곧 지혜와 총명의 영이요 모략과 재능의 영이요 지식과 여호와를 경외하는 영이 강림하시리니 3 그가 여호와를 경외함으로 즐거움을 삼을 것이며 그의 눈에 보이는 대로 심판하지 아니하며 그의 귀에 들리

는 대로 판단하지 아니하며 4 공의로 가난한 자를 심판하며 정직으로 세상의 겸손한 자를 판단할 것이며 그의 입의 막대기로 세상을 치며 그의 입술의 기운으로 악인을 죽일 것이며 5 공의로 그의 허리띠를 삼으며 성실로 그의 몸의 띠를 삼으리라(사 11:1-5)

그 가운데 지식에 관해 살펴보자.

게제니우스 사전(GM)과 쾰러-바움가르트너의 사전(HAL)에 따르면 '지식'이란 말(da'at)은 명사로 구약에 90회 쓰였다.(그 가운데 잠언에 40번, 전도서 8번) 그것은 다음과 같이 쓰였다.

i) 이것은 지식 일반을 가리킨다.(잠 24:4) ii) 기술·기능에 관해서도 이 말이 쓰였다. 곧 '할 수 있음'이다.(출 31:3; 35:31; 왕상 7:14) iii) 이것은 어떤 사물(일)에 관해 아는 것이다. iv) 여기에는 규칙도 포함된다.(신 4:42; 19:4; 수 20:3, v) 인식 곧 '하나님을 아는 지식'이다.(민 24:16; 사 53:11; 호 4:1; 6:6) vi) 지각능력 곧 선과 악을 아는 것이다.(창 2:9, 17) vii) 인지·감지능력 곧 일반적인 앎이다.(사 11:2; 33:6; 전 1:16) viii) 통찰력이다.(욥 34:35; 38:2; 시 94:10; 119:66; 사 5:13; 단 12:4) 이렇게 보니 '지식'(학 學)이란 인간이 건전하고 건강하게 살아가는 데 필요한 모든 것을 종합적으로 나타내는 말이다.

성경은 하나님을 가리켜 '지식의 하나님'이라 했다.(삼상 2:3 여호와는 지식의 하나님이시라 행동을 달아 보시느니라) 또한 이상 사회의 모습 가운데 하나를 "내 거룩한 산 모든 곳에서 해 됨도 없고 상함도 없을 것이니 이는 물이 바다를 덮음 같이 여호와를 아는 지식이 세상에 충만할 것임이니라"(사 11:9)고 했다.

공자는 '배우고 그것을 꾸준히 익히면 참으로 즐겁지 않은가'(학이시습지 学而时习之 불역열호 不亦说乎)라고 했다. 이것이 사실상 《논어》의 첫마디다. 다시말해 《논어》에서 사실상 첫 글자(낱말)는 학(學)이다. 이 세상의 어떤 책이 그 첫 낱말로 이 글자를 뽑았을까? 지금까지 나는 《논어》 말고 다른 어떤 책도 '학'으로 시작하는 것을 보지 못했다. 그렇다면 학(지식)은 무엇을 의미하는가?

i) 허진(許慎, 동한 東汉 58-149 ?)은 '학'이란 깨달음(각오 觉悟, 돈 敎)이라 했다.(《설문해자 说文解字》) 우리는 배움을 통해 전에 미처 알지 못했던 것들을 새롭게 깨닫는다. 공자가 논어 첫머리에 '배우고 꾸준히 익히면 정말로 기쁘지 않은가'라 한 것은 배우고 익힐 때 얻어지는 깨달음에서 저절로 느껴지는 내적인 기쁨(흥겨움)을 노래한 것이리라. 논어는 여기서 즐겁다(락 樂)보다 강도가 훨씬 더 센 기쁘다(열 說)란 낱말을 골라서 썼다.

　오늘날 사람들도 이런 것에서 기쁨을 느낄까? 사람들 중에는 소유(재산) 성취(성공) 지위 성(性) 놀이(게임) 여행 등에서 그것을 찾는 경향이 있다. 세상 풍조가 이렇더라도 학(배움, 가르침)에서 기쁨을 찾는 이가 있다면 나는 그 사람이야말로 진정한 기쁨이 무엇인지 아는 사람이라 하겠다.

ii) 주자(朱子 1130-1200)는 본받음(效＝본받다)이라 보았다. 그에게 학문이란 선대 조상이나 스승의 가르침과 도를 본받는다는 뜻이다.(《논어집주 論語集注》) 이는 선대 학자들의 사상에 영향을 받아 정의한 것이다. 일찍이 맹자(371-289?)는 '어려서의 배움은 장성한 뒤 그것을 행하고자 함'(夫人幼而學之 壯而欲行之 유이학지 장이욕행지 《맹자》)이라 했다. 정이천[정자] 1033-1107)은 '배움이란 장차 그것을 행하려는 것'(學者 將以行之也 학자 장이행지야＝선지후행 先知後行)이라 했다.

　이는 자기보다 앞서 살았던 성현들을 본받아 바르게 살고자 하는 것이다. 그 가르침과 본보기를 따라 자기 자신을 갈고 닦음(수신 修身)으로써 주변 사람 더 나아가 세상을 평화롭게(위정爲政) 하자는 것이다.

주자는 '학' 자의 유래를 밝히는 것들 중 다음과 같은 것을 염두에 두었으리라. 이 글자 모양은 본디 아이(子)가 책상(一)에 앉아 글(文:爻처럼 생긴 것의 원래 글자)을 손으로 감싸쥐고(臼) 읽는 모습을 나타낸다. 이는 모르는 것을 알게 된다는 뜻이다.

iii) 공부(배움, 가르침을 받음 受教)-'학'자는 臼(깍지 낄 국, 양 손 국) 안에 爻(사귈 효)를 넣고, 그것을 一(덮을 멱)과 子(아들, 아이)로 받쳐놓은 모양이다. 사람들은 자녀를 가르치지 않고 키우는 것은 짐승을 키우는 것과 마찬가지라고 여겼다. 이런 뜻에서 '학'은 가르침과 배움의 관계를 나타낸다.

공자는 앎(학문, 배움)의 과정을 다음과 같이 말했다.(논어 계씨편 9)

태어나면서부터 저절로 아는 사람이 최상이요, 배워서 아는 사람이 그 다음이며, 막힘이 있어 배우는 것은 그 다음이다. 막힘이 있어도 배우지 아니하는 것은 최하이다."(孔子曰, 生而知之者上也, 學而知之者次也, 困而學之, 又其次也. 困而不學, 民斯爲下矣. 공자왈 생이지지자상야 학이지지자 차야 곤이학지 우가차야 곤이불학 민사위하의)

나는 여기에 인이지지(人而知之 =사람·인간관계를 통하여 배운다)를 하나 더 추가하고 싶다. 물론 이것도 넓은 의미에서 생이지지 또는 곤이지지에 속할 수도 있다. 그렇더라도 사회 안에서 이런 저런 일을 하는 동안 그 일에서 경험과는 달리 인간관계를 통해서만 배울 수 있는 것이 있다. 이것은 지식의 영역에서 매우 큰 비중을 차지한다.

공자는 또 말했다.(술이편(述而篇 19)

나는 나면서부터 안 자가 아니라 옛것을 좋아하여 힘써서 구하는 자이다.(子曰

我非生而知之者 好古敏以求之者也 자왈 아비생이지지자 호고민이구지자야)

배움의 과정은 꾸준한 반복이다. 한 번 배웠거나 깨달았다고 해서 그것으로 그 분야를 끝내는 것은 배움이 아니다. 정자(程子, 伊川)은 말했다. "내 나이 열일곱 여덟부터 논어를 읽었는데 당시에도 이미 문장의 뜻을 깨달았으나 읽기를 더욱 오래하니 그 의미가 더욱 심장해짐을 느꼈노라."(頤自十七八讀論語 當時已曉文義 讀之愈久 但覺意味深長 이자십칠팔독논어 당시이효문의 독지유구 단각의미심장.) 정자처럼 탁월한 사람도 《논어》를 여러 차례 되풀이 읽으며 읽을 때마다 새로운 의미를 깨달았다고 하니, 하물며 우리 같은 사람에게야 반복학습이 얼마나 중요한지 두말할 필요조차 없다.

iv) 지(知) 지식(知识) 이것은 배움 경험 등을 통해 알게 된 지식이다. 다산 정약용(1762-1836)은 말했다.

"외워 익히는 것은 후대에 생겨난 학이다. 예악사어(禮樂射御)에는 익혀야 할 것이 많은데, 어찌 외우기만 하겠는가? 《역경 易經》에 '벗과 함께 강습한다'하였으니(태괘 兌卦 대상 大象) '강講'이란 논변으로 모든 것을 다 포함하고 있더라도, 외운다(송 誦)는 것은 《시경 詩經》과 《역경 易經》에만 해당될 뿐이니, 학이 어찌 거기에 그치겠는가?"(《논어고금주 論語古今註》)

지와 지식을 중시하는 학문의 세계, 학자의 태도는 자칫 경직되기 쉽다. 조선시대를 예로 들어보자. 조선시대 성리학자들은 논어를 풀이한 주자(朱子 주희 朱熹 1130-1200 남송 南宋)의 해석(《논어집주論語集註》)에 이의를 제기하는 것에 질색했다. 그들은 경직된 교조주의자였다. 백호 윤용(白虎 尹鑴)이나 서계 박세당(西溪 朴世堂 1629~1703)은 아주 살짝 주자와 달리 해석했는데도 우암 송시열이 사문난적(斯文亂賊)이라고 쏘아붙였다. 사람들은 황당하게도 송시열을 공자와 주자를 잇는 '송자(宋子)'라 불렀다. 그는 이런 허명(虛名)을 즐겼다.

퇴계 이황과 율곡 이이 같은 탁월한 학자들도 이에서 벗어나지 못했다. 정작 주자가 태어난 중국에서는 명나라 말기부터 양명학이 나오고 청나라 시절 고증학이 발달하면서 주자 정자를 비판하는 분위기가 널리 퍼졌어도, 조선의 학자들은 요지부동이었다. 이런 분위기 탓인지 실학자인 다산 정약용(1762~1836)도《논어고금주 論語古今注》(1813년)에서 주자와 다른 의견을 말한 곳이 겨우 100여 곳에 지나지 않았다.

《논어집주》를 다 마친 뒤 주자는 이렇게 자화자찬했다. "한 글자도 보탤 것이 없다.(모자라지 않는다) 한 글자도 뺄 것이 없다.(많지 않다)… 혹 저울에 단다 하여도 차이가 없으니 높지도 않고 낮지도 않다."

다산 정약용도 자화자찬했다. "《논어고금주》는 여러 해 동안 자료를 수집하여 완성했다. (그 분량이) 40권이다. 한 장씩 대할 때 매번 고금의 여러 학설을 다 고찰하여 그 중 잘 된 것을 취하여 논단하였다. 이제는 이 밖에 새로 추가할 것이 없다."

주자나 다산의 이런 말들은 그 책을 낼 당시에는 분명히 그랬으리라. 그러나 그로부터 몇십년 뒤에도 그럴까? 분명 아니다. 나에게는 솔직히 그들보다는 막스 베버(Max Weber 1864-1920)의 말이 더 마음에 와 닿는다. 그는 1917년 11월 7일 뮌헨대학교 '대학생 자유연맹'의 초청으로 행한 특강 〈소명으로서의 학문〉에서 말했다.(Max Weber, Wissenschaft als Beruf, Verlag von Duncker & Humbolt, 1919. 14)

우리 각 사람은 자기가 학문적으로 연구한 것이 10년, 20년, 50년 뒤에 낡아진 다는 사실을 알고 있습니다. 이것이 그 운명입니다. 이는 진실로 학문을 연구하는 정신입니다… 학문 연구에서 도달한 모든 '성취'는 새로운 '질문'을 의미합니다. 그리고 그 성취가 (다른 사람들에 의해) 넘어서고 낡아지기를 원합니다. 학문에 헌신하고자 하는 자는 이것을 감수해야 합니다. 물론 학문적 업적이 그 학술적 우수성으로 인해 '향유수단' 또는 학문적 작업을 위한 훈련수단으로 그 중요성을 (오래) 지속할 수도 있습니다. 그러나 학문적으로 (누군가에 의해) 추월당하는 것은 – 다시 말씀드립니다 – 우리 모두의 운명일 뿐만 아니라, 목적이기도 합니다. 우리는 다른 사람들이 우리보다 더 풍성하게 발전하기를 바라지 않고서는 학문을 할 수 없습니다. 기본적으로 이런 진보가 끝없이 계속됩니다.(괄호 안은 필자가 추가한 것임)

v) 앎과 함. 이것은 지식과 실천의 문제다. 배움은 지식으로 나타나고 지식은 그의 행동으로 표현되며 행동이 되풀이 되면 습관(버릇)이 된다. 정조 (1752-1776)는 《경사강의》에서 '학이라는 글자에는 지(知)와 행(行)이 모두 들어 있다'라고 했다. 지행합일은 양명학을 완성한 왕양명(1472-1528)의 지론이기도 하다.

다산 정약용(1762-1836)은 말했다.

학이란 알기 위한 것이며 습이란 행하기 위한 것이니 학이시습(學而時習)은 지 (知)와 행(行)이 함께 나아가는 것이다. 후세의 학은 배우기만 하고 익히지 않기 에 기쁠 수가 없는 것이다.

그는 학을 知공부(치지 致知)로 습을 行공부(역행 力行 힘써 실천함)로 보

면서 지행일치(知行一致)를 말했다. 《논어고금주 論語古今註》(1813, 52세 때 완성)

나더러 주여 주여 하는 자마다 다 천국에 들어갈 것이 아니요 다만 하늘에 계신 내 아버지의 뜻대로 행하는 자라야 들어가리라(마 7:1)

vi) 문(文)과 도(道). 논어의 여러 구절을 살펴보면 '문'이란 통치에 필요한 모든 제도와 그 법도의 구체적인 내용이며 '도'란 태평성대를 이끌었던 선조들의 통치이념이다.

vii) 사마광(司马光 1019-1086)의 《자치통감》에서 이 말은 상호토론(호상토론 互相讨论)을 가리킬 때도 있다.

viii) '학'은 사람다운 사람 되기를 배우는 것이다. 여기서 우리는 안타깝게도 지성이 인성을 뒷받침해주지 않는다는 사실을 인정할 수밖에 없다. 학문이 자기를 위한 것이냐(위기지학爲己之學) 타인을 위한 것이냐(위인지학 爲人之學)는 양자택일의 문제가 아니다. 그것은 '학'은 위기지학과 위인지학을 넘어 대인지학(大·對人之學)을 지향한다. 논어에 따르면 그것은 자기 삶의 행로를 결정한 사람, 적어도 '어떻게 살아야 하는가'를 고민하는 사람이 하는 것이다.

왕원우(王雲五. 1888-1979 대만, 《논어금주금석 論語今註今譯》)는 수기이인(修己利人)이라 했다. 학이란 자기를 갈고 닦는(수기 修己) 도리를 배우는 것과 다른 사람과 세상을 유익하게 하는(제세이인 濟世利人)의 지식을 배우는 것이다. 이를 노자 식으로 표현하자면 '채움과 비움'이다.

爲學日益 爲道日損 (위학일익 위도일손) 損之又損 以至於無爲 無爲而無不爲(손
지우손 이지어무위 무위이무불위) -《老子 48》
배움의 길은 날로 쌓아가는 것이며, 도(道)의 길은 날로 덜어내는 것이다. 덜어
내고 또 덜어내면 무위의 경지에 이른다. 무위는 못함이 없는 함이다.

율곡 이이 선생은 말했다.(《격몽요결 擊蒙要訣》〈독서장 讀書章〉37)

만일 입으로만 읽고 마음에 본받지 않고, 몸으로 행하지 않으면, 책은 책대로
나는 나대로일 것이니 무슨 유익함이 있으리요(약구독이심불체신불행 若口讀而心
不體身不行 즉서자서아자서 則書自書我自我 아익지유 何益之有)

이런 뜻에서 '학'은 좋기만 하거나 편안한 활동이 아니다. 이 글자는 회
초리를 자그마치 네 개(爻)나 품고 있다. 배움이란 경건하고 진실한 자세
로 스승으로부터 커리큘럼을 받는 것이다. 이렇게 정신을 바짝 차리고 들
은 내용이 자기 것으로 될 때까지, 마치 새가 날개짓 연습을 미친 듯 계속
하듯이(습 習) 뼈와 살을 깎는 노력이 수반될 때 비로소 '학'이 진정으로 발
전·성숙한다.

ix) 맹자는 학문을 '잃어버린 마음을 다시 찾아가는 것'이라 했다.

사람이 닭이나 개를 잃어버리면, 곧 찾을 줄 아나, 잃어버린 마음은 찾을 줄을
모른다. 학문의 도는 다른 것이 아니다. 그 잃어버린 마음을 찾는 것뿐이다.(人

有鷄犬方 인육계견방, 卽知求之 즉지그지 有放心·유방심 而不知求이부지구 學問之道無他

학문지도무타, 求基放心而已矣구기방심이이의《맹자》〈고자 告子〉11)

x) 배움이란 사람이 자신의 세계관을 만들어가는 과정이다.(博文約禮 문헌을 통해 널리 배우고 익히며, 이미 익힌 것을 다시 예로써 요약한다 - 논어 옹야) 박문〔博學於文〕은 문헌을 통해 널리 배우고 익힌다는 뜻이며 약례〔約之以禮〕는 이미 익힌 것을 다시 예로써 요약한다는 뜻으로 《논어》에 보인다. 박문은 인식적 영역을 말하고, 약례는 실천적 영역을 의미한다.

'학' 자의 유래를 밝히는 또 다른 이야기가 있다. 사람들은 학의 冖(덮을 멱)을 보자기로 해석하고 이를 중심으로 한자를 위아래 두 부분으로 나눈다. 아랫부분에서 아이(子)는 보자기(冖)에 덮여 있다. 보자기는 아이를 따뜻하게 감싸고 외부로부터 보호한다. 보자기 안에 있을 때 아이는 안전하다. 그러나 그것 때문에 아이는 주변을 제대로 살필 수 없다. 윗부분은 보자기가 벗겨져야 그는 드디어 세상을 만난다. 그럴 때 아이가 두 손을 흔들며 기뻐서 어쩔 줄 모르는 모습을 나타낸 것이 '학'이다.(우석영 《낱말의 우주》)

여기에서 말하는 문(文)은 《시경》·《서경》·《주역》·《춘추》 등 주로 성현들의 경전을 지칭하고, 예(禮)는 《주례》·《의례》·《예기》 등에 명시되어 있는 생활상의 의절(儀節)과 행동 상의 규범을 가리킨다. 《논어정의(論語正義)》를 보면, 박문은 《대학》의 격물(格物)·치지(致知)이고, 약례는 성의(誠意)·정심(正心)·수신(修身)이라 했다.

xi) 고대 중국에서 학은 육예(六藝)를 배운다는 뜻으로도 쓰였다. 육예란 예(禮) 예절; 악(樂) 음악; 사(射) 활쏘기; 어(御) 수레몰이; 서 (書) 글쓰기; 수(數) 셈하기 등이다.

'학' 자의 기원을 해석하는 가설들 하나는 집에서(宀) 두 손(臼와 비슷한 모양)으로 매듭(爻) 묶는 방법을 배우는 아이(子)의 모습을 나타냈다고 한다. 예전엔 짚을 꼬아 끈을 만들거나 실로 매듭을 지어 집과 그물, 신발 등을 만들었다. 생활에 꼭 필요한 기술을 배우는 모습이 이 글자에 담겨 있다.

xii) '학'의 옛꼴(斆)은 경전 공부와 관련이 있다. '학'이란 시경(詩經) 서경(書經) 역경(易經) 춘추(春秋) 예경(禮經) 악경(樂經) 등 13경을 배우는 과정 또는 배우는 곳이다. 여기에는 '학'자 옆에 '복'(攵 두드리다 때리다)이 붙어 있다. 이런 뜻에서 '학'자는 고대에 어린이 교육을 담당하는 신성한 건물을 가리켰다.(시라카와 시즈카《한자의 세계》) 이곳에서 씨족의 전통과 관례, 제사, 주술, 의료 등 다양한 지식교육을 전수했으리라.

이것은 서양의 아카데미에 해당된다. 아카데미(academy)는 원래 고대 그리스의 철학자 플라톤이 아테네에 연 아카데메이아(그리스어: Ἀκαδήμεια Ákadêmeia; 코이네: 아카데미아 Ἀκαδημία Akadēmía)에서 유래했다. 르네상스 시대 이후 이것은 학술단체, 학회 등의 의미를 지녔다. 이는 학원(學院)의 명칭까지 다양한 의미로 사용되기도 하면서 한림원(翰林院) 학술원(學術院) 학사/학사원(學士院)으로 번역되기도 한다.

xiii) 학문을 연구하는 사람 또는 학문에 능통한 사람을 학자(學者)라고 부른다. 학문에서 주장 또는 사상 철학 등을 달리 하는 갈래 또는 그러한 사람들의 모임을 학파(學派)라고 한다. 학자의 주요 역할은 연구와 가르침이다. 가르침과 배움의 상호작용에서 학생은 틀린 것을 말해도 언제나 용납된다. 학자(선생)는 틀리게 가르치는 것이 결코 허용되지 않는다. 이와

관련해 재미있는 이야기가 있다. 어느 마을 어리석은 선생이 죽어 염라대
왕 앞에 섰다.

염라: 너는 평생 아이들에게 거짓된 것을 가르쳤으니 그 죄가 크다. 그 죄로 짐
승들 중 하나로 다시 태어나게 할테니 어떤 것이 좋은지 말해보라.

선생: 예, 암캉아지가 되고 싶습니다.

염라: 그 이유가 무엇이냐?

선생: 제가 살던 마을에 어떤 부부가 강아지를 기르고 있었습니다. 그들은 임
재모구득(臨財母狗得) "재물을 얻으려면 어미 개를 얻어라"는 말이 예부터 있어
서인지 그 암캉아지를 무척 아낍니다. 그래서 암캉아지로 태어나 사랑을 받고
싶습니다.

염라: 허허… 저승에 와서까지 무식을 떠는구나. 임재무구득(臨財毋笱得) "재물
을 대할 때 구차하게 얻지 말라"를 임재모구득으로 알고 아이들을 잘못 가르
쳤으니 그 죄가 아주 크다.

선생은 《예기 禮記》〈곡례상편 曲禮上傳〉에 나오는 임재무구득(臨財毋
笱得)을 임재모구득(臨財母狗得)으로 잘못 알고 있었다. 그는 모(母)와 모
(毋) 구(狗)와 구(笱)를 구별하지 못했다.

xiv) 정이천(程伊川)은 學이라는 것을 학문적으로 볼 때 사장지학(詞章
之學) 곧 글을 짓는 학문 훈고지학(訓詁之學) 곧 글자의 해석. 글자의 뜻을
연구하는 학문 유자지학(儒者之學) 곧 글의 의어(義語)와 글에서 추구하는
것이 무엇인가를 따지는 것이라고 했다.

《순자 荀子》〈권학편 勸學篇〉에 口耳之學(구이지학) 곧 남에게 들은 것을 그대로 남에게 전할 정도밖에 되지 않는 천박한 학문에 관한 말이 있다.

군자의 학문은 귀에 들어가면 그대로 마음에 말하고, 신체에 정착하여 인격을 높이고, 그것이 행동으로 나타난다. 그러한 과정을 거쳤기 때문에 사소한 말이나 동작도 많은 사람이 거울이 될 수 있다. 이에 반하여 소인의 학문은 귀로 들어가면 곧바로 입으로 나온다. 들은 대로 즉시 타인에게 전하고, 조금도 자신을 수양하는 양식으로 삼지 않는다. 귀와 입 사이는 겨우 네 치, 그 네 치 사이만 신체에 머물러 있었던 것으로 된다. 그러므로 이것을 '구이지학(口耳之學)'이라고 한다. 이래서는 사람의 마음과 행동을 훌륭하게 할 수가 없다.

옛날 사람은 자신의 몸을 닦고 덕을 높이기 위해 학문을 했으나 요즈음 사람은 배운 것을 남에게 가르쳐서 그 수입으로 생활 수단을 삼으려고 학문을 하고 있다. 군자의 학문은 자신을 훌륭하게 하기 위한 것인데 비해 소인의 학문은 생활의 도구로 삼기 위한 것이다. 그러므로 묻지 않은 것까지 가르치는 것을 훤조(喧조)라고 한다. 하나를 물으면 둘을 대답한다. 이것을 다언(多言)이라고 한다. 훤조도 다언도 다같이 잘못이다. 군자는 묻지 않은 것은 대답하지 않으며 하나를 물으면, 때리면 울리듯이 하나만을 대답한다.

순자가 지적했듯이 곧잘 다른 사람을 가르치고 싶어하며 모르는 바를 아는 체하는 것을 보고《맹자》는 "사람들의 병폐는 자기가 다른 사람의 스승이 되는 것을 좋아하는 데에 있다"라고 했다. 이 '구이지학'과 뜻이 비슷한 말로《論語 논어》〈陽貨篇 양화편〉에 도청도설(道廳塗說)이 있다: "길에서 들은 풍월을 길에서 되받아 옮기는 것(道廳而塗說)은 덕을 버리는 짓이다."《荀子》

혹시 우리에게 이런 경우는 없을까? 만일 그렇다면 우리는 살아있는 사람의 세상이 아니라, 죽어 있는 자의 세상에 머무는 셈이다.

알지 못하는 사이에

전 9:11-12

개역개정	직역
11 내가 다시 해 아래에서 보니 빠른 경주 자들이라고 선착하는 것이 아니며 용사들이라고 전쟁에 승리하는 것이 아니며 지혜자들이라고 음식물을 얻는 것도 아니며 명철자들이라고 재물을 얻는 것도 아니며 지식인들이라고 은총을 입는 것이 아니니 이는 시기와 기회는 그들 모두에게 임함이니라 12 분명히 사람은 자기의 시기도 알지 못하나니 물고기들이 재난의 그물에 걸리고 새들이 올무에 걸림 같이 인생들도 재앙의 날이 그들에게 홀연히 임하면 거기에 걸리느니라	11 나는 돌이켰다. 그리고 보았다, 해 아래서. 빠르다고 달리기에서 이기는 것은 아니며, 용사라고 전쟁에서 이기는 것도 아니더라. 그리고 또한 지혜롭다고 먹을 것이 생기는 것도 아니며, 총명하다고 재물을 모으는 것도 아니며, 배웠다고 해서 늘 잘되는 것도 아니더라. 불행한 때와 재난은 누구에게나 찾아온다. 12 진실로 또한 사람은 자신의 때를 모른다. 마치 물고기가 치명적인 그물에 걸리듯이 그리고 마치 새가 올무로 잡히듯이, 사람의 아들들도 악한 때를 피하지 못한다, 갑자기 그들을 넘어지게 하는.

이것은 인생에서 일어나는 일의 결말을 알지 못한다는 가르침이다.

코헬렛은 이를 논증하려고 네 가지 예를 들었다. i) 달리기 실력이 뛰어난 육상선수 ii) 전투력이 탁월한 용사 iii) 지혜로운 자 iv) 아는 것이 많은

자. 이것은 하나님을 믿고 사는 신앙적 인생관이 어떤 것인가를 보여준다. 코헬렛은 세상 사람이 강하다고 받아들이는 이런 사람들조차도 생존경쟁의 현장에서 탈락하거나 뒤처지는 것을 보았다.

i) 빠른 경주자라고 달리기 경기에서 반드시 승리하는 것이 아니다. 이 부분에서 우리는 스포츠 경기, 그중에서도 육상을 떠올린다. 여기서 우리가 생각하는 상식이 생겨났다. 곧 승패는 속도(빠름)가 결정한다는 생각, 그래서 발이 빠른 사람 남보다 앞서서 손을 쓰는 사람이 이긴다는 것이 일반적인 상식이다.

예수님은 먼저 된 자가 나중 되고 나중 된 자가 먼저 된다고 말씀하셨다. 이런 뜻에서 성경이 가르치는 성공(승리)은 속도에 있기보다는 '꾸준하고 일관된' 성실성에 달려 있다. 사도 바울은 "나는 이를 위해서 내 안에서 강하게 활동하시는 그리스도께 힘입어 애써 노력하고 있습니다"(골 1:29 공개)라고 고백했다.

'토끼와 거북이' 우화는 달리기 경주와 관련하여 매우 유명한 이야기다. 신앙생활에서는 속도(재빠름)·발빠른 적응력(응용력) 보다는 꾸준함과 신실성이 훨씬 더 중요하다.

ii) 용사들이라고 전쟁에 승리하는 것이 아니라는 것이다. 우리는 흔히 힘이 있으면 이기고, 공격력이 뛰어나면 이긴다고 생각한다.

사울 시대에도 그랬다. 이스라엘 군대와 블레셋 군대가 전투현장에서 만났을 때 블레셋 진영에는 골리앗이 등장했다. 거는 거구인데다가 전투력도 매우 뛰어나서 이스라엘 군사의 가슴을 쪼그라들게 만들었다. 그의 모습을 눈으로 보는 것만으로도 이스라엘 군대는 이미 전투에서 진거나 진배 없었다.

그때 어린 소년 다윗이 나타났다. 그가 골리앗과 싸우려 할 때 거기 있던 갑옷과 투구 중에 그의 작은 등치에 맞는 것이 없어서 맨 몸으로 나갔다. 그리고 자신과 이스라엘, 더 나아가 이스라엘이 섬기는 하나님을 비웃는 골리앗에게 말했다.

45 다윗이 블레셋 사람에게 이르되 너는 칼과 창과 단창으로 내게 나아 오거 니와 나는 만군의 여호와의 이름 곧 네가 모욕하는 이스라엘 군대의 하나님의 이름으로 네게 나아가노라 46 오늘 여호와께서 너를 내 손에 넘기시리니 내가 너를 쳐서 네 목을 베고 블레셋 군대의 시체를 오늘 공중의 새와 땅의 들짐승 에게 주어 온 땅으로 이스라엘에 하나님이 계신 줄 알게 하겠고 47 또 여호와 의 구원하심이 칼과 창에 있지 아니함을 이 무리에게 알게 하리라 전쟁은 여 호와께 속한 것인즉 그가 너희를 우리 손에 넘기시리라

우리는 그 전투의 결과를 다 알고 있다. 이 일에서 큰 영감을 받은 코 헬렛은 이미 4:13-16과 4:17-5:6에서 이와 비슷한 말씀을 전하고도 전 9:11-12에서 그것을 다시 한번 강조했다. 이 장면에 큰 영감을 받은 예언 자 아모스도 이렇게 말씀을 전했다.

13 보라 곡식 단을 가득히 실은 수레가 흙을 누름 같이 내가 너희를 누르리니 14 빨리 달음박질하는 자도 도망할 수 없으며 강한 자도 자기 힘을 낼 수 없으 며 용사도 자기 목숨을 구할 수 없으며 15 활을 가진 자도 설 수 없으며 발이 빠른 자도 피할 수 없으며 말 타는 자도 자기 목숨을 구할 수 없고 16 용사 가 운데 그 마음이 굳센 자도 그 날에는 벌거벗고 도망하리라 여호와의 말씀이니

라(암 2:13-16)

예수님은 '온유한 자는 복이 있나니 그들이 땅을 기업으로 받을 것임이요' 라고 말씀하셨다. 온유한 자는 대체로 전투력이 떨어진다. 이는 힘의 승리가 아니라 사랑과 평화의 승리를 말씀하신 것이다. 사도 바울도 '내가 약한 그 때에 강함이라'(고후 12:10)고 말씀하셨다. 인생의 최후 승리(끝맺음)을 결정하는 것은 사람 손에이 아니라, 하나님 손이라는 뜻이다.

14 ··· 나는 주께 의지하고 말하기를 주는 내 하나님이시라 하였나이다 15 나의 앞날이 주의 손에 있사오니 내 원수들과 나를 핍박하는 자들의 손에서 나를 건져 주소서 16 주의 얼굴을 주의 종에게 비추시고 주의 사랑하심으로 나를 구원하소서(시 31:14-16)

iii) 지혜로운 자들이라고 해서 음식물이 저절로 생기는 것도 아니다. 현명하고 지혜로운 자라고 재물을 얻는 것도 아니다. 이는 지식이 전부인 양, 점수에 몰입하는 오늘날의 학교와 가정에 크게 써 붙일 교훈이다. 우리는 더 나은 식량(음식)과 더 풍요로운 생활을 위해 학교에 가고, 거기서 얻는 지식으로 이를 이룰 수 있다고 생각한다. 그러다 보니 우리 사회에서는 많이 배울수록 더 크게 나쁜 짓을 하고, 지위가 높을수록 더 악한 수단을 아무렇지 않게 사용하는 부작용을 낳았다.

조선시대 전문 직업인이었던 기생은 일제의 저급한 게이샤 문화가 들어오면서 천대·경시 대상으로 전락하고 말았다. 우리나라 기생은 본디 격이 높아 '천민의 몸, 양반의 머리'라 불러졌다. 조선시대에는 이들을 해어화 [解語花], 곧 말을 알아듣는 꽃이라 했다. 노래와 웃음은 팔지언정 평생 지조를 팔지 않는다는 말처럼, 그들은 한시대의 멋과 풍류를 알았다. 남자들은 풍류 또는 놀이개로 그들을 대했으나 그들은 온 몸으로 삶을 승화했다. 기생은 술자리의 시중을 드는 것이 적어도 겉으로 나타난 업무다. 상류층이나 한학적 교양이 높은 유생들을 상대하다보니 예의범절은 물론 문장에도 능하지 않으면 안되었다. 이에 그들과 맞상대하기 위하여 여러가지 훈련을 받았다. 처음에는 기예(技藝)라 하여 춤과 노래뿐만 아니라 거문고, 가야금 등 악기 다루는 법을 배워야 하고, 그림도 그리고, 시도 잘 짓는 실력이 있어야 했다. 말도 고상한 것을 골라 써야 하며 행동도 교양있는 사람의 행동을 배웠다.

이 과정이 최소 2년 이상 걸렸다.(권번 券番) 이들에게 가장 중요한 것은 언어훈련이었다. 때로는 아는 것도 모른 척, 모르는 것도 아는 척해야 하고, 또 들어도 못들은 척, 못들어도 들은 척해야 하기 때문이다. 그들에게 가장 중요한 태도는 들어주는 것, 곧 경청하는 태도였다.

기생에게도 종류가 있어 1패, 2패, 3패 같은 등급이 있었다. 1패란 궁중에서 여악(여자 악공)으로 어전에 나아가 가무를 하는 일급기생이다. 2패는 관가나 재상집에 출입하는 기생으로, 은군자 또는 은근짜라고 하며, 내놓고 몸을 팔지는 않지만 은밀히 매음도 하는 즉 겉으로는 기생의 품위를 유지하면서(기생은 이론적으로는 술좌석 또는 연희의 흥을 돋우는 연예인이므로) 숨어서 매음하는 류의 기생으로서 대개 이들이 관리의 첩이 되곤 했다. 3패는 술좌석에서 품위 있는 기생다운 가무를 하지 못하고 잡가나 부르며 내놓고 매음하는 유녀(遊女)를 일컬었다.

예수님은 "나는 하늘에서 내려온 살아 있는 떡이니 사람이 이 떡을 먹으면 영생하리라"(요 6:51)고 말씀하셨다. 배움의 세계에서도 참된 지혜자,

참된 지식을 얻고자 하는 사람은 먹을 양식얻고자 그 지식과 지혜를 추구하지 않는다. 하나님 보시기에 우수한 사람은 하늘로부터 내려온 살아있는 양식인 예수님 안에서 참된 지식과 지혜를 발견하는 사람이다. 여기서 양식이란 하나님 뜻이요 하나님 목적(섭리)를 가리킨다:

너희는 썩을 양식을 얻으려고 일하지 말고, 영원한 생명에 이르게 하는 양식을 위해 일하여라. 그 양식은, 인자가 너희에게 줄 것이다(요 6:27 표준)

iv) 지식인들이라고 은총을 입는 것이 아니다(표준: 배웠다고 해서 늘 잘되는 것도 아니더라)는 것이다.

오늘날은 기능장(자격증) 시대다. 일반적인 기술만이 아니라, 대화의 기술, 체세술, 사교술, 상담기술 웃음치료사 등 기술(기능)이 있어야 대접을 받으며 활동할 수 있다고 하여 너도 나도 그것을 얻으려 배운다. 하나님은 겉으로 드러나는 기술(기능)이 아니라, 그 속에 들어있는 사람과 그 영성과 인품을 보신다.

v) 코헬렛은 위와같은 금언의 결론으로 '시기와 우연'의 문제를 다루었다: '이는 시기와 기회는 그들 모두에게 임함이니라.'

이는 물고기가 그물에 걸리는 것과 같다. 물고기가 바다 속을 헤엄칠 때에는 무한정 넓은 것 같고 그 넓은 바다가 다 제 세상처럼 보이더라도, 그물이 어디에 있는지 예측하지 못한다. 하늘을 나는 새가 그 날개로 하늘을 주름잡고 다니는 것 같이 보이더라도 올무(새그물)가 어디에 있는지를 알지 못한다.

우리는 거친 세상 살면서 어떤 위기가 우리 앞에 찾아올지 모르는 인생길을 걸어가기에 빌 4:4-7 말씀을 마음에 새긴다.

4 주 안에서 항상 기뻐하라 내가 다시 말하노니 기뻐하라 5 너희 관용을 모든 사람에게 알게 하라 주께서 가까우시니라 6 아무 것도 염려하지 말고 다만 모든 일에 기도와 간구로, 너희 구할 것을 감사함으로 하나님께 아뢰라 7 그리하면 모든 지각에 뛰어난 하나님의 평강이 그리스도 예수 안에서 너희 마음과 생각을 지키시리라(빌 4:4-7)

미켈란젤로(Michelangelo 1475 – 1564)의 다윗상(1501–04)의 일부분
작가는 상대방을 뚫어져라 응시하는 얼굴. 왼쪽 발뒤꿈치를 살짝 들고 발가락에 힘을 모으는 모습. 돌을 움켜쥔 오른손. 왼쪽 어깨에 걸친 돌주머니 등 금방이라도 돌을 던질 듯한 태세를 매우 긴장감 넘치는 장면으로 생생하게 묘사했다.

건강한 인생을 위하여

전 9:13–18

개역개정	직역
13 내가 또 해 아래에서 지혜를 보고 내가 크게 여긴 것이 이러하니	13 또한 이것을 나는 보았다, 해 아래서의 지혜를. 그리고 그것은 내게 크게 다가왔다.
14 곧 작고 인구가 많지 아니한 어떤 성읍에 큰 왕이 와서 그것을 에워싸고 큰 흉벽을 쌓고 치고자 할 때에	14 작은 도시가 하나 있었다. 적은 사람들이 그 안에 살았다. 어떤 큰 왕이 왔다. 그는 그 성읍을 에워싸고 큰 공성벽을 쌓았다.
15 그 성읍 가운데에 가난한 지혜자가 있어서 그의 지혜로 그 성읍을 건진 그것이라 그러나 그 가난한 자를 기억하는 사람이 없었도다	15 그리고 그 성읍 안에 가난하고 지혜로운 어떤 사람이 있었다. 바로 그가 구했다, 그 성읍을 지혜로. 그리고 사람들은 생각하지도 않았다, 바로 그 가난한 그 사람을.
16 그러므로 내가 이르기를 지혜가 힘보다 나으나 가난한 자의 지혜가 멸시를 받고 그의 말들을 사람들이 듣지 아니한다 하였노라	16 그리고 나는 말해왔다, 지혜가 용맹스러움보다 더 낫다고. 그러나 가난한 자의 지혜는 무시당하고 그의 말들을 사람들은 듣지도 않는다.
17 조용히 들리는 지혜자들의 말들이 우매한 자들을 다스리는 자의 호령보다 나으니라	17 지혜로운 사람들의 말들은 작더라도 따라야 한다, 다스리는 자의 호령보다 더.
18 지혜가 무기보다 나으니라 그러나 죄인 한 사람이 많은 선을 무너지게 하느니라	18 지혜가 더 낫다, 전쟁무기보다. 그리고 죄인 하나가 선한 것들을 많이 망칠 수 있다.

이것은 가난하면서도 지혜로운 자에 관한 가르침이다. 이에 지혜라는 낱말이 13, 15, 16ab에 네 차례 쓰였다. 지혜롭다는 말도 15절에 있다. 가난하다는 말도 15ab, 16절에 세 차례 나오며, 이것들과 관련하여 크다(13, 14절) 작다(적다 14절)는 낱말도 보인다. 이로써 전 9:13-18의 주제는 가난하면서도 현명한 어떤 사람의 모습이다.

이를 설명하면서 코헬렛은 자신이 자주 사용하는 '…보다 …이 더 낫다'는 형식(… ṭôb …min… ; 'ên ṭôb …min…)을 활용했다. 이런 형식의 대표적인 예는 시 84:10이다.

주의 궁정에서의 한 날이 다른 곳에서의 천 날보다 나은즉

이것은 두 가지 또는 그 이상의 요소들을 비교하거나 가치평가를 내릴 때 등장한다. 클라인에 따르면 그런 것이 29번 쓰였다.(ṭôb란 낱말은 52번) 그것을 성격에 따라 나누면 다음과 같이 세 그룹으로 분류된다.(Klein 95-105)

i) ṭôb – 잠언들(전 4:6; 6:9; 7:1a; 7:8ab; 9:4)

ii) 'A는 B(C. D)보다 좋다' 형식: 4:9, 13, 17; 5:4; 6:3; 7:2, 3, 5, 10, 18; 9:16)

iii) ṭôb – 잠언인 것을 알아챌 수는 있어도 구체적인 주제가 드러나지 않는 경우: 4:2-3; 7:11-12; 9:18a; 10:1b. 그리고 'ên ṭôb(최상급의 의미): 2:24a; 3:12, 22a; 5:17; 8:15

이것들은 '좋다, … 보다 낫다(좋다), … 가장 좋다' 등으로 풀이된다. 이 형식에 따라 전도서에 쓰이는 ṭôb(선하다 좋다)와 rā'(나쁘다 악하다)에는 윤리적인 의미가 별로 가미되어 있지 않다.(Köhlmoos 53) 빌페는 전도서에서

이것이 쓰인 부분들 가운데 23곳을 다음과 같이 정리했다.(Wölfe liv-v)

성경	더 좋은 것	덜 좋은 것	컨텍스트
2:24		카르페-디엠	
3:12		카르페-디엠	
3:22		카르페-디엠	
4:2-3	아직 태어나지 않은 자(3)	죽은 자와 살아있는 자(2)	아직 태어나지 않은 자는 해 아래서 일어나는 나쁜 일들을 보지 않아도 됨
4:6	한 손에만 가득쥐고 평온한 것	두 손 가득 쥐고 수고하는 것	바람잡는 것과 같이 헛되다
4:9	두 사람	한 사람	수고함으로 좋은 상을 얻을 것이다
4:13	가난하더라도 지혜로운 젊은이	나이 많아도 어리석은 왕이 둔하여 충고를 받아들이지 않음	
5:1	가까이 하여 말씀을 듣는 것	우매한 자가 드리는 재물	어리석은 나머지 어떻게 악으로부터 자신을 지켜야 하는 줄을 모름
5:5	서원하지 않음	서원해놓고서도 지키지 않음	
6:3	죽은 채로 태어난 아이	백 명의 자녀를 낳고 장수하더라도, 좋은 것을 즐기며 행복해 할 줄 모름	
6:9	눈으로 보는 것	공상하는 것	헛되다
7:1	좋은 이름	좋은 기름	
7:1	죽는 날	태어난 날	
7:2	초상집에 가는 것	잔칫집에 가는 것	모든 사람의 끝이 이러한 것을 마음에 담아둠

7:3	슬픔	웃음	얼굴에 근심하는 것이 마음에 유익
7:5	지혜자로부터 책망을 들음	어리석은 자로부터 칭송을 들음	
7:8	일의 끝	일의 시작	
7:8	참는 마음	교만한 마음	
7:10	옛날	지금	이렇게 말하지 말라
8:15	카르페 – 디엠		
9:4	살아있는 개	죽은 사자	산 자에게는 희망이 있음
9:16	지혜	힘	지혜롭더라도 가난하면 무시당하고 말이 먹혀들지 않음
9:18	지혜	전쟁무기	죄인 한 사람이 많은 선을 무너뜨림

13-18에서 코헬렛은 신앙인에게 용기를 가지라고 권했다. 그는 인구가 적고 크지 않은 어떤 도시를 예로 들었다. 그 성을 어떤 큰 나라 왕이 군사력으로 공격했다. 그런데 그 성에 살고 있던 사람들 중 잘 알려지지 않은 어떤 무명의 사나이가 그 성을 구했다. 그렇지만 모래 위에 씌여진 글자가 파도가 쓸려 사라지듯이, 사람들은 그를 그 기억 속에서 지워버렸다.

이 비유로 코헬렛은 정말 애국자가 누구냐, 정말 빛을 남긴 사람은 누구냐 라는 물음을 우리에게 던졌다. 신문에 이름이 나고, 훈장(상)을 받고, 유명해진 사람이 그 성을 구원하지 않았다. 그 성의 장군이나 왕이 그곳을 살려내지 않았다. 이름도 없이 빛도 없이 자기 몫을 감당하다가 말없이 사라져 간 바로 그 사람이 그 성에 사는 사람들을 살려냈다. 그래서 코헬렛은 '조용히 들리는 지혜자들의 말이 우매한 자들을 다스리는 자의 호령보다 나으니라'라고 했다. 이는 명예 지위 유명세보다는 하나님의 섭리를 믿는 사람, 모든 것이 하나님 손에 달려있다는 사실을 믿는 신앙인이 위대한 사람이라는 뜻이다.

"죄인 한 사람이 많은 선을 무너지게 하느니라"는 말씀(18절)은 '미꾸라지 한 마리가 온 웅덩이를 흐려놓는다'는 우리 속담을 생각나게 한다.

하나님의 섭리가 이러하다면, 사람이 자기자신이나 이웃이나 주어진 환경에 어떻게 반응할지가 분명해진다. 어떤 사람은 자기 자신이나 이웃, 환경을 정죄하고 심판하는 눈초리로 본다. 보통의 경우 사람은 어떤 문제가 터지면, 그 문제의 원인을 꼭 찾으려는 본능을 가지고 있다. 사람은 대체로 그 문제의 원인을 정확하고 바르게 보기보다는 누군가에게 그 원인과 책임을 돌리곤 한다. 에덴동산에서 아담과 하와도 그랬고, 요한복음 9장 2절에서도 그렇다. 이것이 하나님 뜻을 깊이 헤아리지 못하는 인간의 연약한 모습이다.

심판하는 관점에서 자기 자신과 이웃의 모습을 보는 사람은 원망한다.(이 일만 없었어도, 당신과 만나지만 않았어도 … 라고 하면서) 불평한다. 누군가를 탓한다. 비관한다. 인상파의 얼굴을 지니고 살아간다. 좌절한다. 이렇게 하여 자기 자신도 별로 가치가 없는 존재로, 다른 사람을 향해서도 별로 쓸모 없는 사람으로 평가한다. 오늘날 어떤 사람들은 심판적인 관점으로, 정죄하는 관점으로 자기 인생을 바라보면서 절망하고, 자기 자신을 쥐어뜯으며 살아간다. 오늘날 어떤 사람은 심판적인 관점 정죄하는 관점에서 자기 자신과 이웃을 바라보다가 인간관계를 해치거나, 스스로 목숨을 끊는다.

언제까지? 주 성령님께서 내 눈을 영적으로 열어주시기까지. 주 성령님께서 우리 심장에 주님 마음 품게 만드시기까지.

자식이 부모를 보아야 할 모습으로 보지 못하니까 그 부모님을 공경하지 않고, 봉양하지 않는다. 부모가 자식을 보아야 할 모습으로 보지 못하니까 영적인 길로 인도하지 못하고, 세상적인 출세나 세상적인 기준을 최고로 여기도록 만든다. 형제자매를 보아야 할 모습으로 보지 못하니까 형제대하기를 원수대하듯이 한다. 성도가 성도를 성도로 보지 못하니까 교회가 냉냉해진다. 하나님께서 우리에게 주신 사랑과 은총을 제대로 보지 못하니까 사랑해야 할 사람을 사랑하지 못하고, 멀리해야 할 사람을 가까이 하며 살아가는 사람도 있다. 이런 모습은 영적 감각이 부족한데서 온다.

구원하는 관점 소망적인 관점에서 자기 자신과 이웃의 모습을 보는 사람은 같은 고통을 겪으면서도, 같은 사람을 대하면서도, 같은 대상을 만나면서도 무엇인가 다르다. 비록 때로는 불편하고 때로는 너무나 힘들어 눈물이 나는 일이라도 이 일 속에도 자신을 향한 하나님의 기대가 들어있고, 하나님이 이루시려는 목적이 있다는 믿음으로 그 일을 감당한다. 이 사건을 통해서도 이 절망적인 상황 속에서도 하나님은 내가 반드시 이루어내야 할 일이 있고, 그것을 이루기를 원하신다는 하나님의 뜻이 자기 인생에 있음을 깨닫는다.

하나님께서 우리를 이 땅에 보내신 목적이 무엇일까? 왜 우리로 하여금 여기서 살게 하셨으며 이렇게 살게 하셨을까? 때로는 아픔의 모습으로 살게도 하시고 때로는 여유있게 살게도 하시고 때로는 다른 사람들에게 짓밟히며 살게도 하시고 때로는 환영을 받고 때로는 무시당하며 살게 하시는 등 인생의 다양한 모습들을 주님은 왜 허락하셨을까? 어떤 사람은 장애를 안고 살아가고 어떤 사람은 질병을 지닌 채 살아가며 또 어떤 사람은 건강하고 또 어떤 사람은 부유하고 또 어떤 사람은 가난하다.

이런 모습들을 주님은 왜 허락하셨을까? 만일 우리가 우리의 현실을 심판하는 마음 정죄하는 눈으로 대하지 않고, 주님의 거룩한 목적에 비추어 본다면, 주님께서 우리 각 사람에게 주어진 상황, 주어진 모습 그대로 우리가 해야 할 일을 알려주시는 음성을 들을 것이다. 자기가 분명히 해야 될 사명을 아는 사람은 짓밟혀도 자존심이 상하지 않는다. 주님 사랑의 눈길이 자신을 향해 있음을 확신하는 사람은 고난과 시련을 겪어도 좌절하지 않는다. 이런 뜻에서 주님의 사랑스러운 눈길이 자신에게 향해있음을 잊지 않는 사람은 복이 있다.

《대지》라는 유명한 작품을 써, 노벨문학상을 받은 펄벅 여사에게는 딸이 하나 있었다. 그 딸은 자폐증에 정신발달 지체를 앓는 아이였다. 그는 이런 글을 썼다:

차라리 죽음이 더 편할 지 모르겠습니다. 죽음은 그것으로 끝나기 때문입니다. 내 딸 아이가 지금 죽어준다면, 얼마나 다행일지 모른다고 생각하였습니다. 그 아이를 있는 그대로 받아들일 때까지, 수없는 실망과 기대와 끝없는 고통 … 그러나 돌아보니 그 딸에게서 배운 점이 참 많이 있습니다. 나는 그 누구에게도 존경과 애정을 보여야 한다는 것을 배웠습니다. 그러나 지능만으로는 훌륭한 인간이 될 수 없음도 배웠습니다. 내 딸이 없었다면 나는 분명히 나보다 못한 사람을 깔보는 오만한 태도를 버리지 못하였을 것입니다. 나는 결코 체념하지 않고, 내 딸 아이를 자라지 않는 아이로 만든 운명에 저항할 것입니다.

헨리 나우웬은 하버드대학교, 예일대학교에서 교수로 존경을 받던 사람이다. 그런 그가 어느 날 갑자기 교수직을 내려놓고, 카나다 토론토 근처에 있는 데이브리이크라는 장애인 시설로 들어갔다. 거기서 아담 페터라는 장애인을 돌보며 살았다. 그 청년과 함께 살다가 그 청년의 장례식을 치른 다음에 《아담》이라는 책을 썼다.

"나는 평소에 예수님을 본 적이 없습니다. 예수님을 만진 적도 없습니다. 그분을 느껴본 적도 별로 없습니다. 그러나 나는 아담을 면도시켜 주고, 목욕시켜 주고, 옷을 입혀주면서, 함께 예배를 드리고 성만찬에 참여하면서, 나는 주님을 만졌습니다. 나는 주님을 느꼈습니다. 그 청년을 구체적으로 만날 때, 나는 주님을 구체적으로 만날 수 있었습니다. 그는 나에게 삶의 의미를 주었습니다. 주님을 만나는 기쁨을 나는 그를 통해서 느낄 수 있었습니다. 그는 그냥 장애인이 아니라, 나에게 예수님을 만나게 한 축복의 통로였습니다."

만일 우리가 진정으로 주님을 만나고자 한다면, 주님을 보고자 한다면 우리 자신과 우리 주변 사람을 정죄하는 눈으로, 심판하는 눈으로 보면 곤란하다. 이렇게 하면 비록 그 비판이 있는 사실을 그대로 지적하는 것일지라도, 그 안에서 반드시 보아야 할 것 곧 하나님 손길과 목적을 보지 못하게 만든다. 그래서 손해다.

예수님을 만나 긍정적 사고방식의 눈을 뜨고, 창조에 눈을 뜨고, 소망에 눈을 뜬 사람은 복이 있다. 마치 예수님을 눈을 뜬 이 사람처럼 눈에 보이는 것을 볼 뿐만 아니라, 눈에 보이지 않는 영원한 기쁨, 영원한 소망, 영원한 행복까지도 보는 인생을 살 수 있다. 예수님을 만나 신앙적인 눈을 뜨고 나면, 어떤 사람의 단점을 보거나 귀찮게 여기거나 불편하게 여기기에 보지 못했던 그 사람의 장점, 그 사람의 훌륭한 모습, 그 사람의 존재의미를 새롭게 발견할 수 있다. 그래서 예수님을 만나 긍정적인 눈을 뜨고 창조적인 눈을 뜨고 소망적인 눈을 뜬 사람은 다른 사람에 관해 이야기할 때에도 그 사람이 못한 일, 그 사람이 실수한 일을 입에 담기보다는 그 사람이 한 좋은 일, 그 사람이 여기에 있음으로 해서 좋아진 일을 입에 담는다. 그리고 자기 자신이 있는 그 자리가 덕이 있고, 보다 더 좋아지게 만들고자 신앙적으로 노력한다.

작은 것 하나가

전 10:1-3

개역개정	직역
1 죽은 파리들이 향기름을 악취가 나게 만드는 것 같이 적은 우매가 지혜와 존귀를 난처하게 만드느니라	1 죽은 파리들이 향내나는 기름에 악취를 풍긴다. 사소한 지혜가 더 소중하다, 약간의 어리석음보다.
2 지혜자의 마음은 오른쪽에 있고 우매자의 마음은 왼쪽에 있느니라	2 지혜로운 자의 마음은 오른쪽으로 향하고, 어리석은 자의 마음은 왼쪽으로 기운다.
3 우매한 자는 길을 갈 때에도 지혜가 부족하여(마음이 부족하여) 각 사람에게 자기가 우매함을 말하느니라	3 그리고 또한 길에서 걸어갈 때조차도 바보의 마음은 부족하다. 그리고 모두에게 말한다, 어리석은 자기 자신을.

이것은 귀한 향유를 망치는 이야기로 지혜를 소중히 다루어야 할 것을 교훈한다. 미꾸라지 한 마리가 연못물을 온통 흐리게 하고, 꼴두기 한 마리가 어물전 망신을 시키는 일은 이 세상에 자주 있다.

전도서 10:1은 전도서 9:17-18과 이어서 읽으면 그 뜻이 잘 통한다. 거기서는 작은 것이 의외로 큰 힘을 발휘하는 것을 말한다. 코헬렛은 그런 경향을 향기로운 기름 속에 빠진 파리 한 마리 지혜자와 우매자의 비교(2-3

절) 권력자의 교체(5-7절) 그리고 속담들 곧 자업자득 자승자박 자작자수 (自作自受) 등으로 표현했다.(10:8-11)

10:1-4는 9:17-18에 제시된 주제의 범주를 확장시킨다. 9:17-18과 10:4에는 '통치와 죄' '고요하다와 남아 있다'(이 둘은 같은 어근에서 유래)는 용어가 반복된다. 우리는 9:17에서 어리석은 자가 '지혜로운'과 대조되고, '조용한'이 '시끄러운'과 대조되는 것을 본다. 9:18에는 '죄인 한 사람'이 '선한 일이 많음'과 대조된다. 그리고 10:4 '평안함'은 '많은 죄'를 대신한다. 2절과 3절에는 생각(또는 마음)이라는 주요 낱말이 키워드가 '지혜로운' 과 '어리석은' '오른쪽'과 '왼쪽'이 대조된다.

이 단락에도 지혜의 중요성이 죄의 파괴적인 힘과 대조된다. 9:17은 지혜로운 말이 어리석은 자의 외침보다 낫다고 하는데 9:18절에서는 한 죄인(혹은 어리석은 자)이 많은 선을 망친다. 10:1은 속담 형태(작은 파리가 좋은 기름을 망친다)로 9:18의 원칙을 강조하고 2-3절은 어리석은 자의 절망을 확대장시킨다.

향유는 향기가 아주 좋은 기름을 가리킨다. 그 향기를 좋아하는 사람들은 그것을 소유하려 들 것이다. 그런데 좋은 향유에 파리가 한 마리 빠져 그 파리로 인하여 악취가 났다. 그 향유를 통째로 다 버리게 되었다. 이것의 핵심은 귀한 것도 아주 사소한 것에 의해 훼손될 수 있다는 것이다.

여기에 뜻이 사뭇 다르면서도 비슷하게 들리는 동사 두 개($b\bar{a}^{'}a\check{s}$=make stinking 와 $n\bar{a}b\bar{a}^{'}$=boil out, pour out)가 나란히 쓰인 것은 다분히 의도적인 것으로 보인다.

한비자는 "개미구멍으로 하나로 큰 둑이 무너진다"(제궤의혈 堤潰蟻穴) 면서 사소한 결함이라고 대수롭지 않게 여기고, 곧바로 손쓰지 않으면 큰 재난을 당하게 된다고 말했다.(한비자 喩老篇):

천길 제방은 땅강아지와 개미구멍 때문에 무너지고 백척 높은 집도 조그마한 연기구멍 때문에 타버린다.(千丈之堤 以螻蟻之穴潰 百尺之室 以突隙之烟焚)

이에 힌트를 얻은 삼국시대 위나라 사람인 응거는 "작은 구멍이라 해서 어찌 삼가지 않으리. 제방도 개미구멍 때문에 무너지는데"(細微可不愼 堤潰自蟻穴)라고 노래했다. 이런 예로 명의 편작(扁鵲)과 채(蔡)나라 환공(桓公) 이야기가 있다.

편작이 환공에게 살갗에 병이 있으니 치료하지 않으면 심해질 것이라고 말하였다. 이에 환공은 자기 몸에는 아무 이상이 없노라며 듣지 않았다. 열흘 뒤에 편작이 환공을 보고 근육에 병이 들었으니 치료하지 않으면 심해질 것이라고 말했다. 채공은 또 편작의 말을 듣지 않았다. 열흘 뒤에 다시 찾아온 편작이 위장에 병이 들었다고 하였으나 환공은 이번에도 듣지 않았다. 열흘이 또 지나 편작은 환공을 찾아와서는 물끄러미 바라보기만 하다가 돌아갔다. 환공이 사람을 시켜 그 까닭을 물었다. 편작은 "살갗에 든 병은 약을 바르면 고칠 수 있고, 근육에 든 병은 침석(鍼石)으로 고칠 수 있으며, 위장의 병은 화제(火齊)로 고칠 수 있으나, 골수까지 스며든 병은 손을 쓸 수가 없다"고 말하고는 가버렸다. 그로부터 5일 뒤 환공은 갑자기 병이 도져 죽고 말았다.

사람들은 여러 해 동안 헌신적으로 유익을 끼치고 선행을 많이 한 사람이라도 한 두 가지 사소한 잘못 하면 사람들은 그의 공로를 그것으로 상쇄시키는 경향이 있다. 그 한 두 가지 실수로 그 사람과 그 사람 일생 전체를 도매금으로 매도하는 것이다. 사람은 이렇게 모질고 삭막할 수가 있다. 그러므로 만일 "나는 일생동안 잘 해왔기 때문에 한 가지 잘못을 하더라도 그런 것쯤이야 큰 문제가 없을 것이다"고 생각한다면 어리석은 것이다. 백

번에 한 번, 천 번에 한 번 하는 잘못도 마치 죽은 파리가 향내나는 기름을 망치는 것과 같을 수 있다.

10:1b의 번역을 비교해 보자.

Literal Standard Version	TKW
The precious by reason of wisdom—By reason of honor—a little folly!	gewichtiger als Weisheit, als Ehre ist ein wenig Thorheit.
Douay-Rheims Bible	**ELB**
Wisdom and glory is more precious than a small and shortlived folly.	Ein wenig Torheit hat mehr Gewicht als Weisheit ⟨und⟩ Ehre.
NAB	**천주교 새번역**
more weighty than wisdom or wealth is a little folly!	작은 어리석음이 지혜와 명예보다 더 무겁다.

개역개정 표준새번역 공동번역개정 등은 이것을 평서문으로, 그 밖의 성경 대부분은 비교문으로 옮겼다. 비교문으로 옮길 때 카보드(kābôd)를 형용사(kābēd의 분사)로 옮길 것이냐 명사로 옮길 것이냐에 차이도 있다. 이런 것은 10b와 10a를 동의적 평행법으로 옮기느냐 반의적 평행법으로 옮길 것이냐에 따라 생겨난다.

"적은 우매가 지혜와 존귀로 패하게 하느니라". 작은 한 가지 어리석은 행동이 그 사람의 모든 지혜로운 역사를 다 패망하게 만들어버릴 수 있다는 뜻이다. 이름을 굳이 거명하지 않아도 이런 경우를 당한 사람이 우리 주변과 시대에도 많이 있다. 매우 좋은 평판을 받던 사람인데 무조건 상대방을 서로 물고뜯는 정치계에 한 번 발을 들여놓았다가 장점은 가려지고 단점만 부각되면서 인생 자체가 꼬이기도 한다. 우리 나라 헌법과 노동법을 만드는 데 이바지한 어떤 분도 정치에 발 한번 잘못 들여놓는 바람에 그분의 이름을 대면 그 잘못만을 떠올리게 하는 예도 있다. 사람들은 그분이 평생토록 법의 발전과 법정신의 실현을 위해 수고한 것은 별로 기억하지 않는다. 이것이 세상의 살벌한 모습이니 우리는 세상을 탓하기보다는 각자 자신의 처신에 조심할 수밖에 없다.

어리석음이란 말($Kəsil$)은 전도서에 18번 나온다.(2:14, 15, 16; 4:5, 13, 17; 5:2, 3; 6:8; 7:4, 5, 6, 9; 9:17; 10:2, 12, 15) 바보라는 말($s\bar{a}k\bar{a}l$)은 4번 쓰였다.(2:19; 7:17; 10:3, 13) 만일 우리가 크실과 사칼의 의미를 구분하지 않고 비슷한 말로 본다면 이것은 오래전부터 전해내려온 지혜자의 말을 인용한 것이리라.(Hertzberg 188; Schwienhorst-Schönberger 485)

9:17-18a와 9:18b-10:1의 관계를 어떻게 볼 것이냐도 쉽지 않은 문제다. 미셸(D. Michel)은 이를 지혜의 한계를 나타내기 위하여 이미 널리 알려진 속담으로 속담을 인용한 다음에, 그 속담의 한계(=지혜의 한계)를 구체적으로 제시하는 것이라 보았다.(Qohelet, 161) 곧 전통적인 속담은 지혜를 찬미하는 것이었는데(*17조용히 들리는 지혜자들의 말들이 우매한 자들을 다스리는 자의 호령보다 나으니라 18 지혜가 무기보다 나으니라 …*), 코헬렛은 이에 비판적으로 받아들여 자기 입장을 표명했다는 것이다.(*18 … 그러나 죄인 한 사람이 많은 선을 무너지게 하느니라*).

헤르츠베룩(Hertzberg)은 이를 '물론 …이다. 그러나 … 이 더 알맞다' (zwar … aber)는 표현형식이라 했다. 그에 따르면 이 부분은 '물론 지혜는 호령이나 전쟁무기도 낫다. 그러나 겨우 한 사람의 실수가 그 많은 선을 무너뜨린다'는 뜻이다. 어떤 방향으로 해석하든지, 전 9:17-10:1은 지혜(또는 지혜자)의 한계를 보여준다. 전 9:13-16과 같이 전 9:17-10:1도 현자의 교만을 경계하는 것이다.

여기서 죽은 파리들(즈부베이 마벳)은 이미 죽은 파리일 수도 있고 장차 죽음을 몰고 올 파리일 수도 있다. 10:1에는 복수형 주어에 단수형 동사가 두 개 나온다. 물론 주어의 수와 동사의 수가 일치하지 않는다 하여, 본문을 교정할 필요는 없다. 히브리어에는 이런 경우가 적지 않기 때문에 이를 특이하게 보다는 일반적인 현상으로 받아들여야 하기 때문이다. 이를 문법용어로 '어떤 조건 아래서 일어나는 단수형'(distributiver Singular : one dead fly – GesK, §145l)이라 부른다.

이는 수없이 죽은 파리들 가운데 어떤 한 마리가 … 하다는 뜻이다. 이는 9:18의 '수많은 실수들 가운데 어떤 실수 하나가 … 하다'는 표현과 일맥상통한다. 곧 수많은 경우 수(數) 가운데 하필이면 바로 그 하나가(어떤 결정적인 수 하나가) 그 일(사람, 사물)에 결정적인 영향을 끼친다는 것이다. 하필이면 죽은 파리 한 마리가, 사실 이럴 가능성도 매우 낮은 것인데, 향 기름통에 빠지면서 거기서 향기대신에 악취가 나고(빠아쉬) 기름 고유의 보존 기능을 잃고 부패하듯이.(나아으)

이는 인간의 행동을 비유로 말하는 것이다. 어떤 사람이 지혜가 많고 명예와 덕망을 쌓고 지위를 많이 차지하고 훌륭한 명성을 소유하더라도 죽은 파리 한 마리 같은 작은 실수나 잘못된 일 때문에 모든 일생의 업적이 악취가 나고 패망하는 결과를 가져올 수 있다는 말이다. 우리 속담에 '공든 탑이 무너지랴'는 말이 있지만 실제로 작은 한 가지 일로 그 공든 탑은 무너질 수 있다.

다음은 믿음에 따라 살던 사람들이 나쁜 선택을 한 몇 가지 사례다. 무엇 때문에 이 사람들은 넘어졌으며, 그들의 어리석음의 결과는 무엇이었을까?

여자가 그 나무를 본즉 먹음직도 하고 보암직도 하고 지혜롭게 할 만큼 탐스럽기도 한 나무인지라 여자가 그 열매를 따먹고 자기와 함께 있는 남편에게도 주매 그도 먹은지라(창 3:6)

1 백성이 모세가 산에서 내려옴이 더딤을 보고 모여 백성이 아론에게 이르러 말하되 일어나라 우리를 위하여 우리를 인도할 신을 만들라 이 모세 곧 우리를 애굽 땅에서 인도하여 낸 사람은 어찌 되었는지 알지 못함이니라 2 아론이 그들에게 이르되 너희의 아내와 자녀의 귀에서 금 고리를 빼어 내게로 가져오라 3 모든 백성이 그 귀에서 금 고리를 빼어 아론에게로 가져가매 4 아론이 그들의 손에서 금 고리를 받아 부어서 조각칼로 새겨 송아지 형상을 만드니 그들이 말하되 이스라엘아 이는 너희를 애굽 땅에서 인도하여 낸 너희의 신이로다 하는지라(출 32:1-4)

1 그 해가 돌아와 왕들이 출전할 때가 되매 다윗이 요압과 그에게 있는 그의 부하들과 온 이스라엘 군대를 보내니 그들이 암몬 자손을 멸하고 랍바를 에워쌌고 다윗은 예루살렘에 그대로 있더라 2 저녁 때에 다윗이 그의 침상에서 일어나 왕궁 옥상에서 거닐다가 그 곳에서 보니 한 여인이 목욕을 하는데 심히 아름다워 보이는지라 3 다윗이 사람을 보내 그 여인을 알아보게 하였더니 그가 아뢰되 그는 엘리암의 딸이요 헷 사람 우리아의 아내 밧세바가 아니니이까 하니 4 다윗이 전령을 보내어 그 여자를 자기에게로 데려오게 하고 그 여자가 그 부정함을 깨끗하게 하였으므로 더불어 동침하매 그 여자가 자기 집으로 돌아가니라(삼하 11:1-4)

코헬렛은 우리에게 하나님과 함께 살아가는 사람의 지혜롭게 처신할 바

른 위치를 알려준다(전 10:2):

개역개정	공개
지혜자의 마음은 오른쪽에 있고 우매자의 마음은 왼쪽에 있느니라	지혜로운 생각을 따르면 잘되지만 어리석은 생각을 따르면 실패하게 마련이다.

표준	천주교새번역
지혜로운 사람의 마음은 옳은 일 쪽으로 기울고, 어리석은 사람의 마음은 그릇된 일 쪽으로 기운다	지혜로운 마음은 오른쪽에 있고 어리석은 마음은 왼쪽에 있다.

지혜자의 마음이 있고 우매자의 마음이 있다. 어떤 사람이 지혜자인가? 마음을 오른편에 두는 사람이다. 우매자는 그 마음을 왼편에 두는 사람이다. 지혜자는 그 마음을 언제나 우편에 둔다. 여기서 오른쪽 왼쪽은 다음과 같이 해석할 수 있다:

i) 오른편이란 일을 하는데 있어서 올바른 쪽을 말한다. 오른편과 왼편이란 말을 비유로 쓰는 곳은 성서 여러 곳에 나온다. 이때 오른편은 존경과 권위와 은총 인정받는 자리를 가리킨다. 예수님은 재림하실 때 '권능의 오른편에 앉을 것'이라고 말씀하셨다.(마 26:64; 참조 마 25:31-34; 행 7:55) 그리고 왼편은 악과 불행 또는 거절(거부)당하는 자리를 의미한다. 라틴어에서 왼편을 가리키는 시니스트라(sinistra)라는 단어는 '불길하다'는 의미를 지닌 영어의 시니스터(sinister)라는 말로 이어졌다. 하나님 목적과 섭리로 가는 방향을 뚜렷하게 정하지 않은 사람은 '우매한 자는 길을 갈 때에도 지혜가 부족하여 각 사람에게 자기가 우매함을 말하느니라'(전 10:3)는

식이다.

ii) 오른쪽은 약점이 있는 곳, 왼쪽은 강점이 있는 곳을 가리킨다. 곧 지혜로운 사람은 일을 추진할 때 자신의 약점이나 주위환경의 위험요소들을 미리 미리 살피지만, 어리석은 사람은 자기 강점만 믿고 밀어붙인다는 뜻이다.

iii) 하나님의 구원을 나타낼 때 주로 오른손에 비유했다.(출 15:6, 12; 신 33:2; 시 17:7; 48:10; 60:5; 63:8; 77:10; 78:54; 80:15; 98:1; 118:15; 138:7; 139:10)

여호와여 주의 오른손이 권능으로 영광을 나타내시니이다 여호와여 주의 오른손이 원수를 부수시니이다(출 15:6)

두려워하지 말라 내가 너와 함께 함이라 놀라지 말라 나는 네 하나님이 됨이라 내가 너를 굳세게 하리라 참으로 너를 도와 주리라 참으로 나의 의로운 오른손으로 너를 붙들리라(사 41:10)

조선시대에는 우의정보다 좌의정이 더 높은 직위였다. 영어에서 오른쪽 왼쪽의 의미가 다음과 같이 쓰인다.

i) Right: good(좋다), proper(적합하다), fitting(적당하다, 어울리다), straight(곧다)
ii) Left: weak(약하다); foolish(어리석다), lameness(다리를 절다), paralysis(마비)
iii) Righteous: Right_wise에서 나옴, 즉 옳은 길 혹은 옳은 방법

iv) Righteousness: 의, 동일한 히브리말이 정의로도 번역됨(Justice)

오늘날 정치적 입장에 관해 오른편(우익) 왼편(좌익)을 나누기도 한다. 우편향이나 좌편향 둘 다 별로 좋은 것이 아니다. 좌로든 우로든, 그 어떤 것이든 지나치게 치우치는 것(경직되는 것)이 끼치는 해악은 참으로 크다.

사람들 중에는 어떤 일에 관해 '최악의 경우'를 상정하며 결정을 내리는 이가 있다. 그리고 '최선의 경우'를 기대하며 결정을 내리는 이도 있다. 그 둘 사이에 비록 위험부담의 차이는 있을지라도, 그 결론이 어떤 차이로 나타날지 아무도 모른다. 계획은 사람의 손에 성취는 하나님의 손에 달려 있으니(모사재인 謀事在人 성사재천 成事在天) 사람이 그 결론을 억지로 바꿀 수는 없다.(불가강야 不可强也)

제갈량은 아주 기막힌 전술로 사마의를 호로곡에 유인했다. 그 군대가 호로곡에 들어오자 산등성이에 매복을 하고 있던 제갈량의 군사들이 산 위에서 돌덩어리와 나무들을 굴려 입구를 막아 버렸다. 그리고 불씨를 던져 이미 쌓아 두었던 염초, 화약 등을 터뜨렸다. 호로곡은 순식간에 불바다가 됐다. 이를 보고 제갈량은 크게 기뻐하며 이번에 사마의가 반드시 죽겠구나 하고 생각했다. 바로 그때 갑자기 하늘이 시꺼멓게 변하더니 엄청난 소나기가 쏟아졌다. 그 바람에 화공이 실패하고 사마의 군대는 살아서 퇴각했다. 이를 두고 그는 "과거 적벽에서는 화공으로 조조의 대군을 물리쳤으나 이번에는 소나기로 인해서 실패하였으니, 일이 이루어지고 이루어지지 않는 것은 하늘의 뜻에 달렸으니 강제로 할 수가 없구나."라고 탄식했다.《삼국지연의》

계획은 사람이 세우고 결정은 야훼께서 하신다.(잠 16:1 공개)

그렇다면 어떤 내용을 선택(결정)했느냐 보다는 지금 그의 생활과 판단이 하나님 앞에서 어떤 모습인가가 더 중요하다. 이런 것을 분별하는 것이 지혜다.

나아오기 물러나기

전 10:4-7

개역개정	직역
4 주권자가 네게 분을 일으키거든 너는 네 자리를 떠나지 말라 공손함이 큰 허물을 용서 받게 하느니라	4 만일 통치자의 영이 너를 거슬러 올라 온다면, 너는 뜨지 말라, 네 자리를. 평정 심이 큰 허물을 막을 수 있기 때문이다.
5 내가 해 아래에서 한 가지 재난을 보았 노니 곧 주권자에게서 나오는 허물이라	5 악한 것이 있음을 나는 보았다, 해 아래서. 곧 통치자의 얼굴로부터 나오는 허물이 었다.
6 우매한 자가 크게 높은 지위들을 얻고 부자들이 낮은 지위에 앉는도다	6 그는 어리석은 사람을 아주 높은 자리에 앉힌다. 그리고 부유한 사람을 낮은 자 리에 앉힌다.
7 또 내가 보았노니 종들은 말을 타고 고 관들은 종들처럼 땅에 걸어 다니는도다	7 나는 보았다, 종들이 말을 타는 것을. 그 리고 고관들은 마치 종처럼 땅바닥에 걸 어다니는 것을.

이것은 전 10:1-3에 이어 꼴뚜기가 어물전 망신을 시키는 이야기다.

주권자가 네게 분을 일으키거든 너는 네 자리를 떠나지 말라 공손함이 큰 허

물을 용서 받게 하느니라(전 10:4)

4절에 쓰인 주권자라는 말(mōšēl … māšal)은 왕이나 제후 등 권세를 가지고 다스리는 자 또는 코헬렛 주변에 있는 힘센 자(공직자)를 가리킨다. 여기서 '자리를 뜨다'는 말(rûaḥ)이 8장 3절의 '물러가다'는 같은 뜻인가, 아니면 또 다른 뜻인가를 구별하기가 어렵다. 왕 앞에서 물러간다는 것이 무엇을 뜻하는가? 왕이 화를 낼 때 그 자리에서 급히 빠져나간다는 말인가? 혹은 자기 직책에 대해 서둘러 사표를 내버린다는 것인가? 비슷한 표현이 전도서 안에 또 있다: "왕의 명령을 지키라… 왕 앞에서 물러가기를 급하게 하지 말며 …."(전 8:3) 물러나는 (도망치는) 일과 관련하여 이런 이야기가 있다:

공자(孔子)의 제자(弟子) 가운데 증자(曾子)는 孝行(효행)에 뛰어났다. 한 번은 증자가 참외밭을 매다가 잘못해 그만 참외를 뿌리째 뽑고 말았다. 이에 화가 난 아버지 증석(曾晳)이 몽둥이로 등을 마구 후려쳤다. 얼마나 많이 맞았는지 그는 그 자리에서 까무라쳐 한동안 일어나지를 못했다. 한참 후에 정신을 차린 증자는 아무 일도 없었다는 듯 얼굴에 웃음기를 띠면서 아버지에게 말했다. "아까 제가 아버님께 죄를 지었을 때, 아버님께서 너무 힘껏 훈계하시느라 속이 상하셔서 혹 병환이나 나시지 않으셨습니까?" 하고는 자기 방으로 들어가 거문고를 타면서 신나게 노래를 불렀다. 이는 자신이 매맞은 것이 그리 대수롭지 않다는 사실을 아버지께 보여드리기 위해서였다.
이 이야기를 전해들은 공자는 증자에게 화를 내며 말씀했다: "옛날 순(舜) 임금은 어릴 적 아버지와 계모의 미움을 받았지만 효심이 지극했다. 부모가 노여워 때리고자 회초리를 들면 무릎 꿇고 맞았지만, 죽이고자 몽둥이를 들면 달아나서 부모님의 분노가 가라앉기를 기다렸다. 이에 그 부모는 자기 자식을

481

죽이는 큰 죄를 짓지 않을 수 있었다. 하지만 증자는 부친이 몽둥이를 휘두르자 도망가지 않고 그 자리를 지키며 얻어맞다가 기절까지 한 적이 있다, 누가 더 효자인가?”

다윗은 사울에게 엄청난 불이익을 당해 충분히 분을 일으킬만한 상황에 처했다. 그렇지만 그는 사울을 도와 이룩한 많은 공로를 주장하지 않고, 감정이 폭발하는 그를 공손히 대했다. “(진실로) 공손함이 큰 허물을 용서받게 하느니라.” 여기서 공손함은 침착하고 조용한 반응이다. 공손이란 말(마르페 marfě’)은 본디 치유(치료)하다는 말 라파의 명사형인데, 치료(렘 14:19; 말 4:2) 고침(대하 21:18; 렘 8:15)을 가리킨다. 더 나아가 고침을 받은 후 회복되어 평온해진 모습(잠 14:30) 마음을 어루만지는 부드럽고 따뜻한 태도(잠 15:4)를 의미한다. 개역개정은 이를 ‘공손함’으로, 표준새번역과 공동번역개정은 ‘침착함’으로 옮겼다.

평온한 마음은 육신의 생명이나 시기는 뼈를 썩게 하느니라(잠 14:30)

KJV성경은 “치리자의 영이 너를 대항하여 일어나면 너는 네 자리를 떠나지 말라. 이는 굴복함이 큰 화를 진정시키느니라”고 옮겼다. 굴복하는 것, 양보하는 것, 느슨하게 상대하는 것이 감정을 폭발시키는 사람 앞에 가장 지혜로운 처신인 것이다.

코헬렛은 10장에서 압제자 밑에 사는 백성의 괴로움을 여러 차례 이야기했다. 그는 폭군이 지배하는 사회에서 일어나는 부조리를 비판했다.(전 10:5-7) 여기서 코헬렛은 권세있는 자들이 일으키는 재난 위계질서의 파괴를 다루었다. 그는 ‘나는 해 아래서 한 가지 재난(악, 폐단)이 있음을 보았다. 이는 허물 곧 그 주권자의 얼굴로부터 일어나는 것과 같은 것이었다'는 말로 이 부분을 시작했다.

HAL에 따르면 4b의 *janîaḥ* (⸱⸱⸱ *nûaḥ*) Hi. II는 다음과 같은 뜻이다. 곧 '자리잡다(stellen) 앉다(setzen) 어떤 장소나 자리에 놓인 곳을 그대로 놔두다 (legen ⸱⸱⸱ an Ort u. Stelle belassen) 남겨두다(⸱⸱⸱ hinterlassen) 현상유지시키다(⸱⸱⸱ bestehen lassen) 만들게 하다, 처리하게 하다, 차지하다, 남겨놓다, 허락하다, 유지하게 만들다 등이다. 그렇다면 전10:4a에서 이것은 자기 자리를 포기하다(s. Platz aufgeben), 10:4b에서 이것은 변하지 않게 하다(ungeschehen machen) 는 뜻이다. 전 10:4b에 따르면 방치는 커다란 실책을 허용하는 꼴이 된다.

전 10:4는 여러 가지 뜻으로 풀이될 수 있다.(Krüger 323) i) 권세자를 대하는 기회주의적인 처신 ii) 기회주의자가 하는 임기응변하는 처신에 대한 비판 iii) 시민불복종을 부추김.

4절과 달리 5절에는 주권자라는 낱말로 샬리트(*šallît*)가 쓰였다.(전 7:19: 8:8) 그 둘 사이에 의미삿의 차이는 그리 크지 않다.

여기 허물이라는 말(쉐가가)은 무심코 저지른 우연한 실수(전 5:6), 또는 그의 인간적 한계에서 나오는 필연적인 실수를 가리킨다. 그 내용이 무엇인가를 코헬렛은 6-7절에서 구체적으로 설명했다. 그 우매한 자(핫세켈)과 대조되는 부자들(아쉬림 *'ăšîrîm*)은 단순히 물질적으로 부자인 사람만이 아니라, 사람들에게 존경을 받으며 높은 직위를 잘 감당할 만한 소양과 교양을 갖춘 사람이었다. 그런데도 그는 처세술이 뒤떨어지거나, 권력자 근처에 맴돌지 않기에 제 역할을 할 만한 자리에 기용되지 못했다.

코헬렛은 6절에서 어리석은 사람을 단수로, 부유한 사람을 복수로 썼다. 이런 방법으로 그는 어리석은 사람이 매우 희소성의 가치가 높은 자리에, 부유한 사람이 흔하디 흔한 자리에 배치되는 것을 대조시켰다. 그러므로 6절 하반절 맨 앞에 놓인 봐브-접속사는 역접(but, while)의 말맛으로 풀어도 좋다. '많이 높은 자리'란 사회적·정치적으로 탁월한 영향력(선한 영향력)을 끼쳐야할 직분이라는 의미를 담고 있다. 여기서 부유한 사람들(*ăšîrîm*)이란 자질과 능력이 탁월한 사람들을 가리킨다. '부자'라는 말 속에 들어있는 부정적인 요소로 인해 이 부분이 오해될 수 있기에, 이것은 '중요한 사람' 또는 '탁월한 사람'이라 옮겨도 좋다.

코헬렛은 6절에서 직분부여에서 순리가 뒤바뀐 모습을, 7절에서 귀천이 전도된 상황을 보여준다. 솔로몬 이전의 왕족이나 귀족은 노새 또는 나귀를 탔다.(삿 5:10; 10:4; 삼하 18:9) 그러다가 이집트에서 수입해 오면서부터, 극히 일부의 사람들만 말을 타기 시작했다. 그러므로 말을 타는 사람은 그 자체로 높은 지위나 부유한 신분을 표시하는 것이었다.

코헬렛 시절에 본디 종이었던 사람은 최상류층이 되고, 본래 영광과 존경를 받던 사람은 멸시와 천대의 대상이 된 것이었다. 물론 여기서 종이란 말은 그 사람의 사회적 신분을 가리키기보다는, 지도자 또는 높은 직위에 앉기에 자질이 턱없이 부족한 사람을 가리키는 상징적인 표현이다, 마치 6절의 부유한 사람이 단지 재산만 가리키는 것이 아니라 그 사람의 자질과 능력을 나타내듯이.

미련한 자가 사치하는 것이 적당하지 못하거든 하물며 종이 방백을 다스림이랴(잠 19:10)

21 세상을 진동시키며 세상이 견딜 수 없게 하는 것 서넛이 있나니 22 곧 종이 임금된 것과 미련한 자가 음식으로 배부른 것과 23 미움 받는 여자가 시집 간 것과 여종이 주모를 이은 것이니라(잠 30:21-23)

코헬렛은 권력자에게 안목이 빈약한 탓에, 지혜로운 자를 억누르는 자리에 우매한 자들이 쓰임받거나 득세하는 것을 보았다. 이는 전 9:13-16과는 또 다른 의미에서 전도된 사회분위기를 나타낸다. 거기서는 지혜로운 사람이 가난하다는 이유로 푸대접 받고, 그가 행하는 아름다운 역할마저 무시당하는 현실을 지적했다. 여기서는 무지하고 어리석은 자들이 높은 자리에 기용되어 세상에 위세를 떨치는 현실이다. 코헬렛은 이렇게 모순되고 가치가 전도된 해 아래의 허무한 현실을 꿰뚫어 보았다. 그러므로 해 아래 사는 동안 하나님과 자신의 관계를 깊이 생각하며, 한편으로는 담담하게, 다른 한편으로 주어진 자리에서 최선을 다해 살아가는 자세가 필요하다는 것이다.

오늘날 우리가 사는 이 세상에는 부조리가 넘쳐난다. 정말 뒤죽박죽인 듯한 세상에 우리가 살고 있다. 우리가 보기에 실력도 경험도 딸리는 우매한 자가 권력자에게만 잘 보이거나 뇌물을 잘 써서 높은 자리 차지한다. 그는 거기서 기본적인 역할도 제대로 하지 못하다고 밥벌레처럼 지내다가 일을 그르치는 경우가 적지 않다. 정말 훌륭한 사람이나 적합한 사람인데도 얄팍한 처세술이 모자란 못한 탓에 제대로 대우받지 못하는 세상이다.

그래서 프롤레타리아트 혁명도 일어났다. 그렇게 해보았는데, 사실 사회의 모순 인간관계의 모순은 크게 달라지지 않았다. 공산주의(사회주의) 아래서도 엘리트들은 약자와 국민을 억압했다. 제도와 이념을 달리하는 체제 아래서도 이런 악순환은 되풀이되었다.

이에 코헬렛은 '네 자리를 지키라'고 충고한다. 하나님의 목적과 섭리를 믿는 사람이라면, 주권자에게 적당히 타협하거나 무조건 굴복하지 말고, 자기에게 주어진 자리를 지키며 맡은 바 본분을 다하라는 말씀이다.

함정을 파는 자

전 10:8–11

개역개정	직역
8 함정을 파는 자는 거기에 빠질 것이요 담을 허는 자는 뱀에게 물리리라	8 함정을 파는 자는 그 안으로 떨어지리라. 그리고 담벽을 허무는 자는 뱀에게 물리라.
9 돌들을 떠내는 자는 그로 말미암아 상할 것이요 나무들을 쪼개는 자는 그로 말미암아 위험을 당하리라	9 돌들을 떠내는 자는 그것들로 인해 상하리라. 나무들을 자르는 자는 그로 말미암아 위험해지리라.
10 철 연장이 무디어졌는데도 날을 갈지 아니하면 힘이 더 드느니라 오직 지혜는 성공하기에 유익하니라	10 만일 그 철이 녹슬었는데도 날을 갈지 않으면 그는 힘을 더 많이 써야 한다. 그리고 지혜의 유익은 이것이니 곧 (사람을) 성공으로 이끈다.
11 주술을 베풀기 전에 뱀에게 물렸으면 술객은 소용이 없느니라	11 만일 뱀을 홀리지도 않았는데 문다면, 그 뱀은 혀의 주인에게 유익함이 없다.

이것은 코헬렛이 지혜로운 자가 세상 살아가는 태도를 속담(금언)형식으로 교훈하는 것이다. 그 내용이 속담형식이기에 해석도 그만큼 다양하게 내려질 수도 있다. 전 8:14-12:7에서 그는 해 아래서(세상에서)가 아니라

하나님과 맺은 관계 안에서 허무와 탄식을 극복할 가능성을 발견한 사람이 취하는 최선의 태도를 보여주었다. 여기에는 교훈하는 부분들(전 8:14-9:12; 11:1-12:7) 사이에 탄식하는 부분(전 9:13-10:20)이 끼어들어 있는 것이 특징이다. 이는 지혜를 발견하는 데에는 탄식, 부조리가 매우 핵심적인 역할을 하는 것을 나타냈다.

함정을 파는 자는 거기에 빠질 것이요 담을 허는 자는 뱀에게 물리리라(전 10:8)

이는 아마 야생동물을 사냥하는 자가 자신이 파 놓은 함정에 부지중에 빠지는 것에서 힌트를 얻은 듯하다. 남을 파괴하려는 자는 마침내 자기도 그 전에 혹은 그 후에 파괴된다는 것이다. 어떤 곳에 함정이 파 있더라도 겉보기에는 멀쩡해 보인다. 그래서 함정에 빠지는 것이다. 곧 겉으로 드러내지 않으면서 사람을 해치는 모함 모략 등 지능적인 파괴행위는 남을 해치기 전에 먼저 자기 자신의 인간성을 해치고 자기 자신의 평화와 안정을 깨뜨린 후에야 가능해진다.

다른 한편 이 말씀에는 사람이 자기도 알지 못하는 사이에 재앙을 당할 수도 있다는 사실을 말해준다. 마치 함정을 파는 자가 그 일로 해서 남을 해칠 수 있지만 자기 스스로에게 화가 미치리라고는 전혀 생각을 하지 못하듯이, 사람에게는 자기가 전혀 예상하지 못하던 일을 당할 수가 있다.

코헬렛은 이런 사실을 남의 담을 허는 자에 비유했다. 성경에서 담을 허는 것은 i) 타인의 과실이나 곡식을 훔쳐가려고 포도원이나 밭의 담을 무너뜨리는 행위, ii) 재산과 소유의 경계를 표시하는 담을 헐어가면서 남의 재산을 자기 것으로 강탈하는 행위를 가리킨다. 사람들은 이런 짓을 남이 보지 않는데서 은밀하게 행하곤 했다. 코헬렛은 이렇게 은밀하게 숨어서 자기 자신을 드러내지 않으면서 이웃을 방해하고 파괴하려는 자는, 그 담 밑에 숨어사는 독사에게 물린다고 했다. 이는 뱀이 주로 풀(나무)속이나 돌틈(담)에 사는 것에 착안한 것이다.(암 5:19 참조) 곧 남을 해치려다가 자기가 먼저 희생된다는 것이다.

함정을 파는 자는 그것에 빠질 것이요 돌을 굴리는 자는 도리어 그것에 치이리라(잠 26:27)

그가 웅덩이를 파 만듦이여 제가 만든 함정에 빠졌도다 (시 7:15)

그들이 내 앞에 웅덩이를 팠으나 자기들이 그 중에 빠졌도다 (시 57:6b)

돌들을 떠내는 자는 그로 말미암아 상할 것이요 나무들을 쪼개는 자는 그로 말미암아 위험을 당하리라(전 10:9)

돌들을 떠내는 자는 석공이요, 나무들을 쪼개는 자는 목공이나 벌목군이다. 이들의 행위는 앞서 8절과 같은 악한 의도나 술책이 숨어 있지 않는 것이라는 점에서 심리적으로 안도하게 한다. 그러나 세상 어디에나 어떤 일에나 사고의 위험이 없는 곳은 없다. 이들은 돌이나 나무를 익숙하게 다루지만, 만일 그 일을 기계적으로 하거나 주의를 기울이지 않고 하다가는 큰 코 다친다. 직업을 위한 직업, 일을 위한 일은 그 결과가 해롭게 나타난다는 뜻이다. 사자는 토끼 한 마리를 사냥할 때에도 최선을 다한다고 하는 말처럼, 주어진 역할에 언제나 신중하고 언제나 성심성의껏 하라는 것이다.

가령 사람이 그 이웃과 함께 벌목하러 삼림에 들어가서 손에 도끼를 들고 벌목하려고 찍을 때에 도끼가 자루에서 빠져 그의 이웃을 맞춰 그를 죽게 함과 같은 것이라 이런 사람은 그 성읍 중 하나로 도피하여 생명을 보존할 것이니라 (신 19:5)

물론 이 부분을 8절과 연결시켜 읽는 사람도 있다. 곧 돌을 떠내는 것은 소유의 경계석(지계석)을 옮겨가며 자신의 영역을 부당하게 넓히는 행위요 (신 19:14; 27:17 참조) 나무를 뽀개는 자는 남의 과수원에 있는 나무들을 없애가며 자기 소유를 쌓아가는 행위(신 19:19)라는 것이다.

철 연장이 무디어졌는데도 날을 갈지 아니하면 힘이 더 드느니라 오직 지혜는 성공하기에 유익하니라(전 10:10)

철 연장이란 낫, 칼, 톱 등 쇠로 만든 도구를 가리킨다. 우리 속담에 '무딘 낫에 팔을 벤다'는 것이 있다. 이는 날이 무뎌졌는데 갈지 않고 그대로 두면, 뒷일이 점점 더 어렵게 된다는 뜻이다. 코헬렛은 구덩이를 파고, 벽을 허물며, 돌을 나르고, 나무를 쪼개는 행위를 소개하면서 이 모든 활동에는 생각지도 못한 사고의 위험이 도사리고 있다고 말했다. 이에 그는 10절에서 그 위험을 피하거나 최소화시킬 지혜를 전해준다.

조선시대 위대한 발명품들 가운데 하나가 거중기(擧重器)다. 조선 중기 다산 정약용(1762~1836)이 서양과 중국에서 들어 온 서적《기기도설 (奇器圖說)》을 참고하여 개발한 이 기구는 수원성을 짓는 데서 그 효력을 나타냈다. 이로써 본디 10년을 계획하였던 성건축 기간은 2년으로 줄어들었고, 축성비용도 금4만궤가 절약되었다. 그리고 무거운 돌들, 목재들을 기중기

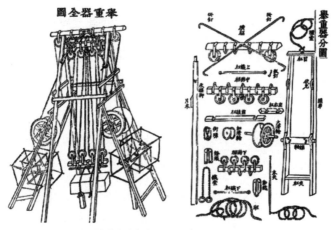

화성성역의궤에 수록된 그림과 분해도

가 들어 올림으로써, 사고를 많이 줄여, 인명피해가 줄어들었다. 이 기중기
는 작업능률을 4-5배 높여주었다. 그런데 만약 이런 것을 가지고 있으면서
도 그것을 쓸 줄 모르거나, 제대로 보수하며 관리하지 않아서 녹슬어버렸
다면 어떻게 될까?

　이를 정신적, 영적 훈련에 비유할 수 있다. 단지 도구, 기구만이 아니라,
사람의 몸과 신앙과 정신, 지혜와 정서도 갈고 닦아야만 숨어있는 잠재력
이 드러난다. 우리 신앙, 정신, 인격도 이 정도면 되지 하는 마음으로 내버
려두면, 점점 더 무뎌진다. 점점 더 작용력과 쓸모가 줄어든다.

　주술을 베풀기 전에 뱀에게 물렸으면 술객은 소용이 없느니라(전 10:11)

　코헬렛은 앞 절에 이어 여기서도 지혜의 유효(효용)에 관해 말씀했다. 옛
날에 뱀을 부리는 술객(術客)은 어떤 주문을 외우거나 피리를 불어서 뱀을

자기 의도대로 조종했다.(시 58:4-5; 렘 8:17 참조) 그 주문을 외우거나 피리를 불기도 전에 뱀에게 물려버리면 그는 뱀을 부릴 수 없게 된다. '선행은 될 수 있는 대로 서둘러 하라'는 일본 속담이 있다. 좋은 일이라고 판단되는 것 하나님을 기쁘시게 하는 일 등은 다른 것보다 먼저 곧 빠르면 빠를수록 좋다. 만일 그 적절한 시기를 놓치고 나면, 생각이 달라질 수 있기 때문이다.

그렇지만 그런 선한 일일지라도 무턱대고 뛰어들기보다는 조건과 환경을 미리 만들어 놓는 것이 필요하다. 이런 뜻에서 뱀에게 물린 술객은 실력을 발휘할만한 조건과 기반을 조성해 놓기도 전에 섣불리 뛰어들었다가 허무하게 무너져버린 사람을 가리킨다. 이는 유혹이나 시험 등을 뛰어넘지 못한 채 무너져 내린 인생을 가리킨다. 그러므로 이 말은 일의 순서와 시간(때)을 지키며, 기반부터 닦는 등 순서(순리)대로 하라는 말이다.

말과 사람

전 10:12-15

개역개정	직역
12 지혜자의 입의 말들은 은혜로우나 우매자의 입술들은 자기를 삼키나니	12 지혜로운 사람의 입의 말들은 은혜롭다. 그리고 어리석은 사람의 혀는 입술은 자기를 망친다.
13 그의 입의 말들의 시작은 우매요 그의 입의 결말들은 심히 미친 것이니라	13 그의 입에서 나오는 말들의 시작은 어리석음이다. 그리고 그 입의 마지막은 미치도록 악하다.
14 우매한 자는 말을 많이 하거니와 사람은 장래 일을 알지 못하나니 나중에 일어날 일을 누가 그에게 알리요	14 그리고 어리석은 자는 이런 자 곧 말이 많은 자로다. 그는 알지 못한다, 사람에게 무슨 일이 일어날지. 그리고 그 다음부터 있을 것을 누가 그에게 말해 주랴?
15 우매한 자들의 수고는 자신을 피곤하게 할 뿐이라 그들은 성읍에 들어갈 줄도 알지 못함이니라	15 그 어리석은 자의 수고는 자신을 지치게 한다. 그는 알지 못한다, 성읍으로 들어갈 줄조차도.

이것은 코헬렛이 지혜로운 자가 살아가는 태도를 짧은 속담(금언)형식으로 교훈하는 것이다.

지혜자의 입의 말들은 은혜로우나 우매자의 입술들은 자기를 삼키나니(전 10:12)

은혜로운 말(ḥēn)이란 경우에 합당한 말(잠 15:23; 25:11), 덕을 세우는 역할을 하는 말(엡 4:29; 골 3:8), 호감이 가는 말(잠 25:12, 15), 관계를 활기차고 부드럽게 하는 말(잠 25:11) 등을 가리킨다.(시 45:2 참조).

어리석은 자는 말을 많이 하더라도 그 말들은 결국 14절처럼 꼭 필요한 말을 하지도, 듣지도 못한다는 것이다.(우매한 자는 말을 많이 하거니와 사람은 장래 일을 알지 못하나니 나중에 일어날 일을 누가 그에게 알리리요) 어리석은 자의 입술들은 자기 자신을 삼킨다, 파괴시킨다(빨라 bālaʿ)고 했다. 사실 우리 곁에도 하는 일을 보면 참 필요하고 잘 하는데, 마땅히 칭찬받을만한 그 공적을 자기 말로 자기가 깎아버리는 사람이 종종 있다.

13절은 12절 뒷부분에 '그 자신을 삼키는/패망하게 하는' 언어생활을 보다 자세하게 보여주었다. 이는 어리석은 자란 지능이 떨어지는 자가 아니라, 생각이 그릇된 사람이요 생활태도가 삐뚤어진 사람이었다. 심히 밀친 것이란 말(홀렐루트 라아)에는 미련함, 광기(홀렐루트)와 악, 죄(라아)란 뜻이 들어있다. 곧 어리석은 자의 말에는 실제적인 폐해와 도덕적 결함 정신적·영적 혼돈이 뒤섞여 있다는 것이다. 처음에는 어리석게만 들리는 그 말이 끝으로 (시간이) 갈수록 점점 더 미혹과 혼돈 그릇됨과 오류의 결실을 맺는다.

말 속에 은혜가 들어있다는 격언은 다른 사람에게 웃음과 기쁨, 배움과 유익, 위로와 격려를 주는 힘이 우리 언어에 들어있다는 뜻이다. 하나님 지혜를 따라 말하는 사람에게는 이런 힘이 우러난다. 그래서 사도 바울은 서로 덕을 세우는 말을 하라고 되풀이 권면했다. 이 권면은 단순히 말의 표현

방법이나 말의 내용만 바꾸라는 것은 아니다. 그보다는 말을 효과적으로 하는 기술(레토릭=수사법)만이 아니라, 말속에 호의적인 태도와 세심한 배려, 사랑하는 마음을 포함시키라는 것이다. 이런 뜻에서 은혜로운 말을 하는 사람이 지혜로운 사람이다.

20 의인의 혀는 순은과 같거니와 악인의 마음은 가치가 적으니라 21 의인의 입술은 여러 사람을 교육하나 미련한 자는 지식이 없어 죽느니라(잠 10:20-21)

미련한 자의 입은 그의 멸망이 되고 그의 입술은 그의 영혼의 그물이 되느니라(잠 18:7)

우리 각 사람이 이웃을 기쁘게 하되 선을 이루고 덕을 세우도록 할지니라 (롬 15:2)

무릇 더러운 말은 너희 입 밖에도 내지 말고 오직 덕을 세우는 데 소용되는 대로 선한 말을 하여 듣는 자들에게 은혜를 끼치게 하라 (엡 4:29)

14절에서 코헬렛은 '사람은 장래에 무슨 일이 일어날지 알지 못하나니'라고 했다. 진실로 그렇다. '내일 일을 모른다'는 사실을 도전과 기회로 받아들이는 것이 신앙이다.

11 하나님이 모든 것을 지으시되 때를 따라 아름답게 하셨고 또 사람들에게는 영원을 사모하는 마음을 주셨느니라 그러나 하나님이 하시는 일의 시종을 사람으로 측량할 수 없게 하셨도다 12 사람들이 사는 동안에 기뻐하며 선을 행

하는 것보다 더 나은 것이 없는 줄을 내가 알았고 13 사람마다 먹고 마시는 것과 수고함으로 낙을 누리는 그것이 하나님의 선물인 줄도 또한 알았도다(전 3:11-13; 전 6:12; 7:14; 8:7 참조)

우매한 자들의 수고는 자신을 피곤하게 할 뿐이라 그들은 성읍에 들어갈 줄도 알지 못함이니라 (전 10:15)

히브리 성경대로 직역하면 '우매자들의 수고가 그 자신을 피곤하게 한다'이다. 여기서는 '우매자들'과 '그'라는 낱말 사이에 수가 일치하지 않는다는 데 있다. 학자들 중에 우매자들(학크실림)을 우매자(학크실)로 고치며, '우매자의 수고가 그를 (그 자신을) 피곤하게 한다'로 옮기는 사람이 있다. 그러나 굳이 이렇게 할 필요가 없다. 히브리어에서 복수 주어에 단수 동사가 쓰이는 경우는 흔히 있다. 또한 히브리어에서 복수는 다수를 나타낼 수도 있고, 그 낱말의 의미를 강조하는 용법으로도 쓰인다.

이 문장(아쉐르 로 야다 랄레케트 엘 이르)은 두 가지로 해석된다. 하나는 아쉐르가 이유를 나타내는 접속사라는 입장으로 "우매자들은 성읍에 들어갈 줄조차 모르기 때문에 스스로 피곤하다"로 보는 것이다. 평소에 그들은 세상만사를 다 아는 것처럼 제 혼자 떠벌리지만 정작 자기 집에 있는 성읍으로 들어가는 간단한 방법, 삼척동자도 아는 것조차 모른다는 뜻이다. 다른 하나는 이를 관계대명사로 보아 "우매자들은 자기 수고로 자기를 피곤케 하기에, 그 결과 성읍에 들어가는 간단한 일조차 하지 못하게 된다"는 것이다.

이 말은 유대인의 격언이다. 아무리 어린 아이라도 자기가 사는 도시의 성문이 어디 있는지, 어떻게 들어가는지를 안다. 어리석은 자는 하는 일 없이 바쁘고 분주하게 살아간다. 그러면서 아주 간단한 것조차 모르거나 이루지 못한다. 곧 우매한 자들은 자기의 활동방향이 하나님께서 기뻐하시는 방향, 하나님께서 복주시는 방향이 아니라 자기 자신이나 세상적인 것에 목표가 있기 때문에 몹시 바쁘게 뛰어다니더라도 남은 것은 불만족과 괴로움뿐이라는 것이다. 헛수고를 한 사람에게 찾아오는 허탈감은 이런 사람의 몫이다.

임금과 권력

전 10:16-20

개역개정	직역
16 왕은 어리고 대신들은 아침부터 잔치하는 나라여 네게 화가 있도다	16 화로다, 나라여, 네 왕은 어리고, 네 고관들은 아침부터 잔치하는구나.
17 왕은 귀족들의 아들이요 대신들은 취하지 아니하고 기력을 보하려고 정한 때에 먹는 나라여 네게 복이 있도다	17 행복하도다, 나라여, 네 왕은 귀족의 아들이요, 고관들은 제때에 먹는구나, 마시기 위해서가 아니라 강건해지려고.
18 게으른즉 서까래가 내려앉고 손을 놓은즉 집이 새느니라	18 게으름으로 인해 집의 서까래가 내려앉고, 손을 떼니가 집이 샌다.
19 잔치는 희락을 위하여 베푸는 것이요 포도주는 생명을 기쁘게 하는 것이나 돈은 범사에 이용되느니라	19 음식은 웃음을 만들어내고, 포도주는 인생을 즐겁게 한다. 그리고 돈은 범사에 대답을 준다.
20 심중에라도 왕을 저주하지 말며 침실에서라도 부자를 저주하지 말라 공중의 새가 그 소리를 전하고 날짐승이 그 일을 전파할 것임이니라	20 네 마음속으로라도 왕을 저주하지 말라. 잠자리에서라도 부자를 저주하지 말아라. 진실로 하늘 나는 새가 네 말을 옮기고, 날개 달린 것이 네 소리를 전할 것이기 마련이다.

이것은 국가의 통치자와 국민이 지혜롭게 살아가는 자세를 교훈하는 것

이다. 이 단락은 여러 가지 면에서 전 9:17-18과 연결된다. 현명한 통치자와 대조되는 어리석은 통치자는 전 10:1, 8, 11처럼 아주 작은 실수 하나로도 대단히 가치있는 소중한 것들을 파괴시킬 수가 있다.

16절의 '왕은 어리고' 라는 말에서 어리다는 말(naʿar)은 흔히 소년 젊은 이를 가리킨다. 경우에 따라서는 종이나 유아를 나타내기도 한다. 여기서 이 말은 독립적이고 주체적으로 자기 역할을 해내는 강한 사람(gǝbûrâ 17절)과 대조적으로 쓰였다. 이는 i) 신체적으로 나이가 적다; ii) 정신연령이 낮다 곧 분별력 판단력이 뒤떨어진다는 뜻이다. 여기서는 뒤의 경우를 적용하는 것이 더 적절하다. 그런 사람은 줏대가 없이 남의 말에 따라 우왕좌왕하며(귀가 여리다) 끌려다닌다. 그리고 그 고관들은 아침부터 파티(연락)를 하는 곧 맡은 바 직무에 충실할 시간에 딴 짓을 하는 나라는 망한다. 지혜가 부족하고 미성숙하며 성실하지 않은 자들이 고관대작의 자리에 앉아 있으면 나라를 들어먹는다.

> 난봉꾼과 잡배가 모여 따르므로 스스로 강하게 되어 솔로몬의 아들 르호보암을 대적하였으나 그 때에 르호보암이 어리고 마음이 연약하여 그들의 입을 능히 막지 못하였었느니라(대하 13:7)

그 반면에 귀족의 아들은 출신이 혈연적으로 귀족가문 출신이라는 뜻이 아니다. 그는 주관적 줏대가 있는 사람 (뜻과 목적이 분명한 사람)이므로 술에 취하지 않았다(취하려 하지 않았다). 16절의 고관대작은 즐기는 맛에 자리를 보전하고 즐기는 맛에 먹고 마시는데 비해, 17절의 고관대작은 기력을 보하려고, 맡은 소임을 더욱 잘 감당하려고 먹었다. 16절과 17절은 무능하고 비도덕적인 통치자가 다스리는 나라의 불행과 정신이 제대로 된 통치자가 다스리는 나라와 그 결과를 비교했다. 그래서 '화가 있도다'는 말과 '복이 있도다' 라는 말이 각각의 구절에서 첫 낱말로 쓰였다. 16절과 같은 통치자가 다스리는 나라는 그 서까래가 썩어도 손을 쓰지 않기 때문에 비가 새는 집과 같아진다.(18절)

> 손을 게으르게 놀리는 자는 가난하게 되고 손이 부지런한 자는 부하게 되느니라 (잠 10:4)

우리말 성경에 '게으른즉'이라 옮겨진 말(뻬아차르타임)은 이유나 장소, 동시동작을 가리키는 전치사(뻬)와 게으름을 나타내는 명사 명사(아츨라, 아찰타임)가 합쳐진 것이다. 이는 이유로도, 동시동작으로도 해석될 수 있다. 학자들은 이 부분을 16-17, 20절 등과 관련시켜 통치자가 무능하고 게으르고 도덕적으로 결함이 있는 나라의 모습을 묘사했다고 해석한다. 물론 나라만 이런 것이 아니라 가정이나 회사, 공동체, 단체도 다 이와 같을 것이다. 19절은 17절에 이어서 지혜롭고 신실한 통치자가 다스리는 나라의 모습을 묘사한다고 보는 사람도 있고, 18절과 관련시켜 안이한 통치자가 즐기는 쾌락을 비꼬는 것이라 보는 사람도 있다.

20절에 '마음속으로라도 …'라는 표현이 있다. '네 심중에라도'(깜 맛다아카)에서 심중을 가리키는 히브리말 맛다(madda')는 지식, 생각, 침실이다. 많은 번역본이 이를 '마음속에서라도, 생각속에서도'라고 옮겼으며, NAS와 NAU는 침실이라고 번역했다. 어떻게 번역하든 이 말은 아주 은밀한 곳 좀처럼 남들이 들여다 볼 수 없는 비밀스러운 곳을 가리킨다.

이것은 그 뒷부분에 나오는 '침실에서라도'(우베카드레이 미셧캅카)와 나란히 쓰이면서 비밀이 완벽하게 보장되는 듯 보이는 곳에서 하는 말조차도 비밀로 끝나지 않는 경우가 많다는 사실을 경고한다. 그리고 숨은 의중이 드러나는 순간 낭패나 부끄러움을 당하게 될 것이다. 코헬렛은 왕이나 고관대작을 드러내놓고는 물론 감추어진 모습으로라도 '저주하지 말라'(알 테칼레)고 두 번이나 되풀이 말했다. 이는 현상유지를 옹호하는 가르침이 아니다. 그보다는 오히려 모순과 부조리가 가득 찬 세상에서는 그들의 영향력이 막강하기에, 결코 섣불리 대하다가 낭패를 보거나 엄청난 대가를 치르게 되는 현실을 밝혀주는 것이다. 역설적으로 말하자면 이는 권력자에게 대항할 때 낮말은 새가 듣고 밤말은 쥐가 듣는다는 자세로 신중하고도 철두철미해야 한다는 가르침이다.

다른 한편 사람은 믿을 만하고 가까운 사람들에게 누군가에 대한 좋지 않은 감정을 토설하는 경우가 있다. 그것이 왕일 수도 있고 어떤 권위자일 수도 있고 사역자나 장로 집사일 수도 있다. 믿을 수 있다고 생각해 어떤 지체에게 안의 모든 사람에 대해 좋지 않은 견해와 판단을 다 말하곤 한다. 심지어는 목회자도 이럴 때가 있다. 이는 참으로 어리석은 태도다. 좋지 않은 말을 해놓고는 '그 사람이 가서 다 말하면 안 되는데…' 하면서 마음을 졸이기 되니 … 심지어 '주여, 그 사람의 입을 지켜주소서'라고 기도드리는 경우도 있다. 그러므로 이 코헬렛은 이런 표현양식을 통해 지혜의 가치를 밝혀준다.

팔간(八姦)

아래의 여덟 가지는 신하가 임금을 호리는 간사한 짓들인데, 지도자가 권위(또는 권력)를 잃는 원인이 된다. 곧 신하가 간교하고 악독한 행위를 이루는 수법에는 여덟 가지가 있다.

첫째는, 같은 잠자리에 있는 자(同床)를 이용하는 수법이다. 귀부인, 애첩, 또는 군주의 마음에 든 미소년들은 군주가 극진히 사랑하는 자들이다. 군주가 한가롭게 즐기고 있을 때, 또는 술에 취해 기분이 좋을 때는 긴장이 풀려 있으므로, 귀부인, 애첩, 미소년들은 전부터 원하던 것을 조르는 것이다. 이것은 반드시 이루어질 수 있는 수법이다. 간신들은 그러한 자들을 매수하여 군주를 매혹시킨다.

둘째는, 측근자(在旁)를 이용하는 수법이다. 여기서 측근이란 사람을 웃기는 광대, 난장이, 몸종, 내시들을 말한다. 그들은 군주가 말하기 전에 눈치로 그 내심을 꿰뚫어 보고, 앞질러 일을 한다. 그래서 간신들은 속으로는 그들에게 황금, 보석, 노리개 따위를 주어 얼굴을 익히며, 또 밖으로는 그들을 위해서 법을 관대히 해주며 기분을 맞추어 그 힘을 빌려 군주의 마음을 움직이는 것이다.

셋째는, 부형(父兄)을 이용하는 수법이다. 부형이란 군주의 백숙부와 형제를 말하는 것인데, 군주가 친애하는 사람들이다. 대신이나 궁정의 고급관리는 군주의 상담역이다. 이들은 전력을 기울여 섬기고 있으므로 군주는 반드시 그들의 말을 들어준다. 그래서 간신들은 군주의 백숙부, 형제에게 음악이나, 미남, 미녀를 제공하여 그 비위를 맞추고 대신이나 궁정의 관리에게는 달콤한 약속을 하여 환심을 사는 동시에 그들을 시켜 군주에게 진언하도록 하고, 그 일이 성사되면 대신이나 궁정의 관리는 그 공에 의해 벼슬이 올라간다. 그래서 간신들은 더욱 힘을 얻어 그들을 이용하여 군주의 권력을 잠식한다.

넷째는, 재앙(養殃)을 이용하는 수법이다. 군주는 궁전, 누대, 연못 등을 아름답게 꾸미는 것을 즐기며, 소년 소녀나 개나 말을 치장하는 걸 좋아한다. 이것은 군주에게는 재앙인 것이다. 자신은 백성을 수탈하여 궁전, 누대, 연못을 아름답게 꾸미고, 세금을 무겁게 하고, 소년 소녀나 개나 말을 호화롭게 치장시켜 군주를 즐겁게 하고,

그 마음을 사로잡아, 이러쿵저러쿵 하는 사이에 사리사욕을 채운다.

다섯째는, 민중(民萌)을 이용하는 수법이다. 간신은 국가 재정을 뿌려 서민을 즐겁게 하며, 선심을 베풀어 서민을 끌어들이고, 조야가 자신을 칭찬하도록 만들어 군주의 은덕이 서민에게까지 미치지 못하게 하고 자기 욕망을 채운다.

여섯째는, 유행(流行)의 변설을 이용하는 수법이다. 군주는 궁전 깊숙이 들어앉아 공평한 말을 듣지 못하고, 자유로운 논의를 듣는 일이 희소하므로 남의 말재간에 넘어가기 쉽다. 그래서 간신은 밖으로는 타국의 변사를 초청하고 안으로는 나라 안의 웅변가를 길러 두었다가 이들에게 간신 자신의 생각을 교묘하게 퍼뜨리게 하여 군주를 매혹시킨다. 군주의 이익이나 세력을 기르는 방법을 미리 일러 놓고 군주의 마음을 달래는 한편, 듣지 않으면 해가 돌아온다는 식으로 협박하여 헛된 웅변으로 군주를 농락하는 것이다.

일곱째는, 위력(威強)을 이용하는 수법이다. 군주는 신하들과 서민에 의해서 자기 위력을 보유하고 있다. 신하들과 서민이 좋아하면 군주도 좋아하고, 그들이 좋지 않다고 하면 군주도 좋지 않다고 한다. 그래서 간신은 검객을 모아 자기 위력을 과시하며, 자기편이 되면 반드시 이익이 올 것이고, 배반을 하면 죽음을 당할 것이라고 위협함으로써 그들이 군주를 버리고 자기편을 들게 하여 군주가 무력해진 틈을 이용하여 사리사욕을 채운다.

여덟째는, 사방(四方)을 이용하는 수법이다. 대체로 군주란 것은 자기 영토가 작으면 대국에 굴복하고, 그 병력이 약하면 타국의 강병을 두려워한다. 그래서 간신은 조세를 무겁게 하고, 국고를 낭비하여 자국을 가난에 허덕이게 하여 대국을 섬기도록 하고, 자기 위력으로 자국의 군주를 자기 좋을 대로 유도한다. 그 중 지나친 자는 타국 군대를 자기 나라 국경에 집결시켜 놓고, 그것을 배경 삼아 국내를 제압한다. 때로는 강대국의 사절을 초청하여 군주를 협박하도록 한다. 《韓非子》〈9篇 八姦〉

딤전 2:1-4이다.

1 그러므로 내가 첫째로 권하노니 모든 사람을 위하여 간구와 기도와 도고와 감사를 하되 2 임금들과 높은 지위에 있는 모든 사람을 위하여 하라 이는 우리가 모든 경건과 단정함으로 고요하고 평안한 생활을 하려 함이라 3 이것이 우리 구주 하나님 앞에 선하고 받으실 만한 것이니 4 하나님은 모든 사람이 구원을 받으며 진리를 아는 데에 이르기를 원하시느니라

딤전 2:1-4 말씀에는 '모든(일, 사람)'이란 표현이 우리말 번역에 4번 나온다. 그리스 성경에는 5번 있다.

1절: '모든 것보다도 먼저(개정: 첫째로 권하노니) 모든 사람을 위하여'
2절: '임금들과 높은 지위에 있는 모든 사람을 위하여'
3절: '모든 경건과 단정함으로'
4절: '모든 사람이 구원을 받으며'

이 말씀의 주제는 자기 자신을 포함하여 모든 사람을 위하는 기도다. 우리가 드리는 기도의 내용에 누가 포함되어 있나? 디모데전서 2:1-2a이 그 대답이다.

하나님은 1절 뒷부분에 '모든 사람을 위하여 (기도하라)'고 말씀하시고도 2절 중간부분에도 다시 한번 '모든 사람을 위하여 하라'고 말씀하셨다. 그냥 '모든 사람을 위해 기도드리라'고 하면 될 것을 하나님께서 1절에 이어 2절에서도 '임금들과 높은 지위에 있는 모든 사람'이라고 콕 집어 말씀하셨다.

사도 바울이 디모데에게 편지를 쓸 당시 로마의 황제는 네로였다. 그는 자신이 저지른 로마의 대화재를 그리스도인이 한 일로 덮어씌우고 엄청난 박해와 폭정을 하던 자다. 총독 빌라도는 재판정에서 예수님에게 죄가 없음을 알면서도 십자가형을 선고했다. 총독 베스도는 사도 바울에게 죄가 없다고 인정하면서도 로마로 압송시켰다. 초대교회 시절 그리스도인은 죄가 없었는데도 처벌과 사형 선고받았다.

디모데전서를 쓰는 사도 바울 자신도 그 박해의 피해자다. 그는 지금 감옥에 갇혀있었다. 그 핍박과 박해는 과거의 일이 아니라 지금 현재의 일이다. 그러니 그 박해의 우두머리 격인 왕(황제)을 위해 기도드리기보다는 그를 저주하고픈 마음이 굴뚝같았으리라. 그런데도 그는 하나님은 특히 '임금들과 높은 지위에 있는 모든 사람을 위하여' 기도드리라고 권했다. 이것은 너희를 해치려는 사람을 위해 기도드리라, 악을 악으로 갚지 말고 선으로써 악을 이기라는 예수님 말씀과 통한다.

그런 사람들을 위해 기도하라는 권면은 쉽게 받아들이기 어렵다. 그 사실을 다 아시면서도 하나님은 '임금들과 높은 지위에 있는 모든 사람을'(2절)을 위하여 기도드리라고 말씀하셨다.

어떤 사람은 오늘날 정치적 신념의 차이로 인해 국가 지도자들을 위해서 기도드리는데 어려움을 겪기도 한다. 이 정당이 집권하면 저쪽 사람들 중에, 저 정당이 집권하면 이쪽 사람들 중에 그런 경우가 있다. 하나님은 그런 우리 현실을 잘 아시기에 말씀하신다. 하나님은 정치적인 성향이나 이념의 차이로 인해 국가지도자를 위해서도 따뜻한 마음으로 기도드리기 어려운 사람에게 '모든 사람을 위한 기도를 빼놓지 말라'고 하시며 '임금들과 높은 지위에 있는 모든 사람'을 콕 짚어주셨다.

로마 황제와 그 신하들이 교회와 성도를 탄압하는 것을 몰라서 그들을 위해 기도드리는 것이 아니다. 로마 황제와 그 신하들이 올바르고 유익한 일을 하기에 그들을 위해 기도드리라는 것이 아니다. 비록 그 태도와 정책은 싫더라도 바람직한 것이 아니더라도 기도드리는 우리를 긍휼히 여기시는 하나님에서 그들을 변화시켜주신다면 우리에게는 물론 국민 모두에게 유익하다. 이런 뜻에서 지도자를 위한 기도는 그들의 태도나 정책에 동조하느냐 거부하느냐 여부와 별개의 문제다. 그들을 위한 기도는 우리 자신과 국민 모두와 국가와 민족를 위하는 기도다. 이런 뜻에서 지도자를 위한 중보기도는 기도의 초점이 인간인 우리 자신에게 있느냐 하나님과 그 말씀에 있느냐 아니냐를 보여주는 시금석이다.

우리가 아무리 그들을 위해 중보기도를 드리더라도 그들 자신이나 그들의 정책이 변하지 않더라도, 중보기도에는 신비한 힘이 있는 것을 알기에 우리는 그들을 위해 중보기도 드린다. 마 10:12-13이다.

12 그 집에 들어가면서 평안하기를 빌라 13 그 집이 이에 합당하면 너희 빈 평안이 거기 임할 것이요 만일 합당하지 아니하면 그 평안이 너희에게 돌아올 것이니라(마 10:12-13)

이 말씀이 무슨 뜻일까? 자기가 싫어하는 사람을 위해 중보기도를 드리라는 말씀이다. 자기가 싫어하는 사람을 위해 중보기도를 드렸을 때 만일 우리가 그 사람을 위해 기도드린 내용이 그 사람에게 이루어지기 합당하지 않다면, 우리가 드린 기도에 들어 있는 축복의 내용이 그 사람에게가 아니라 우리에게 이루어주신다는 말씀이다. 이렇게 되면 우리 입술로는 우리가 싫어하는 사람을 축복하는 기도를 드렸는데, 하나님은 그 축복을 그 사람에게가 아니라 우리에게 이루어주신다. 그러니 만일 우리가 영적으로 지혜로운 사람이라면 우리 자신을 위한 기도보다, 우리 맘에 드는 사람을 위한 기도보다, 우리가 생각할 때 잘못되고 불의한 사람을 위해 기도드리는 것이 자기 자신에게 훨씬 더 유익하다.

우리가 임금과 높은 지위에 있는 사람을 포함하여 모든 사람을 위해 중보기도 기도드려야 할 이유, 그 중요한 이유가 2절 뒷부분에 있다.

우리가 모든 경건과 단정함으로 고요하고 평안한 생활을 하려 함이라

고요하고 평안한 생활 – 이것이 무엇일까? 누군가를 향해 자기감정을 폭발시키고 나서도 '고요하고 평안한' 사람은 아마 없으리라. 어떤 일을 하면서 자기감정대로 기분 내키는 대로 행동하고도 좋은 이익을 얻으며 '고요하고 평안한 사람은 아마 없으리라.

고요하다는 말은 소란스럽지 않은 마음이나 환경을 가리킨다. 평안하다는 말은 내적 불안이나 외적인 소용돌이에 휘말리지 않는 태도를 의미한다. 안으로 불안하지 않고 또 밖으로 두려워할 필요가 없는 생활, 우리는 모두 이런 삶의 환경 속에서 살기를 원한다.

디모데전서 2:2 뒷부분에 보면 '고요하고 평안한 생활을 하려 함이니라'는 말씀 앞에 그보다 더 강조되는 낱말이 두 개 있다. 그것이 무엇인가? '경건과 단정'이다. 이 두 가지 낱말 곧 경건과 단정은 비슷하면서도 그 강조점에 차이가 있다.

우선 경건이라는 말은 하나님의 관계에서 쓰이는 낱말이다. 그것은 하나님과 하나님 약속을 바라보는 사는 생활 태도, 하나님을 닮아가는 생활이다. 하나님과의 관계에서 주님을 닮아가는 인격을 성경은 경건이라고 한다. 아담과 하와를 보자. 하나님 말씀을 어김으로 하나님과 관계에서 어긋났을 때 부부는 합력하여 서로돕는 관계가 깨지고, '남탓'하며 비난하는 관계로 변했다. 자연과의 관계가 깨지고, 자기 자신과의 관계가 깨지면서 죽음이라는 비극적인 환경에 빠져들었다. 이 모두가 하나님과의 관계가 깨어진 것 곧 경건에 문제가 생겼을 때 일어났다.

단정이란 무슨 뜻인가? 남 욕을 많이 하면서도 얼굴이 편안은 사람은 이 세상에 없다. 자기 처지에 불평불만을 쏟아놓으면서도 마음이 평온한 사람은 이 세상에 없다. 단정이라는 말은 인간관계와 관련이 있다. 이것은 하나님과의 관계보다는 이웃들과의 관계에서 평온하게 사는 모습을 가리킨다. 혹시 자녀들과 불화하는 부모님이라면, 오늘 아침 말다툼을 하고 이곳에 온 부부라면, 이웃과 한바탕 하고 온 분이라면, 이 시간 예배를 드리면서도 예배에 집중하지 못하고 말씀을 들어도 그 말씀에 집중하지 못하리라. 은혜받지 못하리라. 은혜받지 못한 채 예배를 드리면 그 손해는 누가 보는 것일까?

바로 이런 이유로 하나님은 우리에게 단정하라고 하신다. 우리 영혼이 밝고 순결하기 위해, 우리 마음이 평온하기 위해, 그리고 우리가 반드시 이루고 싶은 일에 우리가 지닌 에너지를 모두 모아 집중할 수 있기 위해 다른 사람과 불화하지 말라 하신다.

주일예배에서 은혜를 받고, 받은 은혜를 애문데 까먹지 않고, 한 주간 동안 행복하게, 그리고 자기 에너지를 최선을 활용하라는 것이다. 성경은 이런 것을 단정한 태도라고 한다. 이렇게 단정한 모습은 우리를 고요하고도 평안한 마음과 행복한 생활로 인도한다.

네 양식을 물 위로 던져라

전 11:1-2

개역개정	직역
1 너는 네 떡을 물 위에 던져라 여러 날 후에 도로 찾으리라	1 네 양식을 던져라, 물 표면 위로. 진실로 많은 날 뒤에 너는 그것들을 되찾으리라.
2 일곱에게나 여덟에게 나눠 줄지어다 무슨 재앙이 땅에 임할는지 네가 알지 못함이니라	2 일여덟에게 몫을 나누어주어라. 네가 이 세상에서 무슨 악한 것이 생길지 모름이니라.

이것은 내일 일어날 일을 모르면서도 내일을 준비(대비)하는 이야기다. 내일이란 우리에게 어떤 의미를 지닌 것일까?

중국말은 내일을 명일(明日). 명천(明天)이라 한다. 영어(독일어)는 yesterday(Gestern), today(Heute), tomorrow(Morgen)로 한 다음 나머지는 구(句)로 표현한다. 그저께는 the day before yesterday(Vorgestern)가 되거나 모레는 the day after tomorrow(Uebermorgen)이다.

날짜를 표현하는 낱말이 우리말에는 많이 있다. 그끄제, 그제, 어제, 오늘, 내일, 모레, 글피, 그글피… 등이 그것이다. 그런데도 오늘 바로 다음날은 순 우리말이 아닌 한자어 '내일(來日)'이라고 한다.(물론 한자문화권인 중국이나 일본이 내일을 말할 때 명(明) 자를 사용하지 내(來) 자는 쓰지 않는다는 점에서 내일이 한잣말인지 의문를 제기하는 사람도 있다) 이에 해당하는 순수 우리말은 '올제'다.

송나라 사신인 손목(孫穆)이 초기 중세국어 단어를 한자로 음차하여 기록한 고려《계림류사 鷄林類事》(1103?)에 날자와 관련된 우리말을 이렇게 기록했다.

前日日記載(전일왈 기제: 전일을 그제라 한다.)

昨日日訖載(작일왈흘제: 어제를 흘제라 한다.)

今日日烏載(금일왈오제: 오늘을 오제라 한다.)

明日日轄載(명일왈할재: 내일을 할재라 한다.)

여기서는 할(轄)을 송나라에서 어떻게 발음하였는가 하는 것이 관건이다. 사람들은 할재(轄載)의 소리값이 '하제 올제 후제 등으로 추정하는데, 대다수는 '올제'라고 본다.

일본 고전 연구가 이영희씨는 일본 지명 '아스카'에서 종적을 감춘 우리말 '날새'를 찾아냈다. 무슨 이유일까? 마치 '뫼'와 '가람'이 '산(山)'과 '강(江)'에 밀려났듯이 이것도 우리말에서 사라졌다. 이어령은 '날새'가 없어진 곡절에 관해 이렇게 설명한다.

예전 우리나라에는 전쟁이 많았다. 그 옛날 고구려·신라·백제가 끊임없이 싸웠고 고려와 조선시대도 크고 작은 전란이 자주 일어났다. 왜구의 출몰도 여러 시대를 통틀어 잦았다. 백성은 그 과정에서 크나큰 고통을 겪었다. 그들은 날만 새면 또 무슨 괴로움이 기다리고 있을까 두려워했다. 그리고 내일이 오지 않았으면 하는 마음으로 '날새'라는 말까지 외면하게 됐

다는 것이다. 우리말 '날샜다'라는 표현이 매우 부정적인 의미로 쓰이는 것
도 이 주장을 뒷받침한다.

1977년에 스트루제(Charles Strouse) 작곡 채민(Martin Charnin)의 가사로
구성된 뮤지컬 애니(Annie)에 〈내일 Tomorrow〉이 있다.

내일 해가 뜰거야

내일은 해가 뜰 거라고 최저 금액을 걸고

내일만 생각하면

거미줄과 슬픔이 없어질 때까지 없앤다.

칙칙하고 외로운 하루에 갇혀있을 때

난 그냥 턱을 내밀고 웃으며 말해, 오

내일 해가 뜰거야

오, 내일까지 버려야 해, 무슨 일이 있어도

내일, 내일, 사랑해, 내일

당신은 항상 하루 떨어져 있어.

내일 해가 뜰거야

내일은 해가 뜰 것이라는 데 최저 금액을 걸고

내일만 생각하면

아무도 없을 때까지 거미줄과 슬픔을 치워

칙칙하고 외로운 하루에 갇혀있을 때

나는 턱을 내밀고 웃으며 말한다.

내일 해가 뜰거야

오, 내일까지 버려야 해, 무슨 일이 있어도

내일, 내일, 사랑해, 내일

당신은 항상 하루 떨어져 있어.

내일, 내일, 사랑해, 내일

당신은 항상 하루 떨어져 있어.

각자 자기 입장에서 내일을 꿈꾸며 기다리는 사람들의 노래가 뮤지컬 영화 《레미제라블 Les Misérables》에 있다. 그 제목은 〈내일이 오면 One day more〉이다.

발장(Valjean): 내일이 오면! 새로운 날, 새로운 운명, 결코 끝나지 않는 이 고난. 나의 죄를 아는 듯한그 사람들은 반드시 다시 돌아오리라. 내일이 오면!

마리우스(Marius): 나는 오늘까지 살아온 것이 아니도다. 우리가 헤어지면 난 어떻게 살아가야 하나?

발장: 내일이 오면.

마리우스 & 코제트(Cosette): 내일이 되면 그대는 저 멀리 있겠지요, 나의 세계는 그대와 함께 이제 막 시작했는데!

에포닌(Eponine): 홀로 지나가는 또 하나의 날이여.

마리우스 & 코제트: 우리가 다시 만날 수 있을까요?

에포닌: 그에겐 안중에도 없는 또 하나의 날이여.

마리우스 & 코제트: 나는 그대와 함께하기 위해 태어났어요

에포닌: 어쩌면 이미 각오하고 있었던 인생일지니

마리우스 & 코제트: 나의 말이 진실임을 맹세할게요

에포닌: 그럼에도 그는 나를 쳐다보지도 않네…

앙졸라스(Enjolras): 폭풍이 몰아치기까지 단 하루를 남기고

마리우스: 그녀가 가는 곳에 따라가야 하나?

앙졸라스: 자유의 바리케이드에서

마리우스: 나의 동지들과 함께해야 하나?

앙졸라스: 우리의 대오가 형성될 때

마리우스: 이곳에 감히 머물러야 하나?

앙졸라스: 나와 함께 그대의 자리를 지키겠는가?

모든 등장인물: 바로 지금, 오늘 이곳에서

발장: 내일이 오면!

자베르(Javert): 혁명이 일어나기 단 하루 전, 우리는 그 싹을 짓밟아야 한다! 우리는 그 애송이들을 대비해야 하고, 그들은 스스로의 피로 젖게 되리라!

발장: 내일이 오면!

테나르디에 부부(Les Thernardiers): 그들이 설치도록 내버려두고 그들이 쓰러지는 순간을 노리자. 모두가 모두와 투쟁할 때는 누구도 운을 장담할 수 없으니 약간의 소매치기와 약간의 도둑질 정도야. 어차피 다 죽은 사람이니 그다지 잃을 것도 없을렌데!

학생들: 새 시대의 출발을 하루 앞두고 자유의 깃발을 높이 휘날려라. 모든 사람이 왕이 되리라. 모든 사람이 왕이 되리라. 승리를 위한 새로운 세계가 있노라. 승리해야만 하는 새로운 세계가 있노라.

모든 등장인물: 민중의 노랫소리가 들리는가?

마리우스: 나의 자리는 여기, 그대들과 함께 싸우겠소!

발장: 내일이 오면!

마리우스 & 코제트: 나는 오늘까지 살아온 것이 아니에요.

에포닌: 홀로 지나가는 또 하나의 날이여

마리우스 & 코제트: 우리가 헤어지면 난 어떻게 살아가야 하죠?

자베르: 우리는 저 민중의 영웅들 사이로 침투하리라. 우리는 그들이 가는 곳

을 따르리라. 우리는 그들의 작은 비밀을 캐리라. 우리는 그들이 아는 것을 알아내리라.

발장: 내일이 오면!

마리우스&코제트: 내일이 되면 그대는 저 멀리 있겠지요

에포닌: 어쩌면 이미 각오하고 있었던 인생일지니

마리우스&코제트: 나의 세계는 그대와 함께 이제 막 시작했는데!

자베르: 혁명이 일어나기 단 하루 전. 우리는 그 싹을 짓밟아야 한다. 우리는 그 애송이들을 대비해야 한다.

테나르디에: 그들이 설치도록 내버려 두었다가 그들이 쓰러지는 순간을 노리자. 모두가 모두와 투쟁할 때는 누구도 운을 장담할 수 없으니!

발장: 내일 우리는 멀리 떨어지리라

발장&자베르: 내일은 심판의 날이 되리라

모든 등장인물: 내일 우리는 하늘에 계신 주의 뜻을 확인하게 되리라. 동이 터 오면, 내일이 오면, 내일이 오면!

내일이란 말과 관련하여 우리는 희망고문이란 말을 쓰기도 한다. 이는 아직 오지도 않은 미래에 오늘을 빌려주며 살아가는 것 또는 내일을 담보삼아 오늘 그와 정반대되는 현실을 가리려는 얕은 수작을 가리킨다. 이런 뜻에서 섣부르게 내일을 향한 희망을 품기보다는 지족상락(知足常樂=만족할 줄 알아야 늘 즐겁다)이란 말처럼 지금 이곳에서의 감사와 만족이 필요하다. 이와 관련해《노자》44에 나오는 말을 보자.

名與身孰親(명여신숙친, 명예와 생명 어느 것을 더 사랑하는가)

身與貨孰多(신여화숙다, 생명과 재물 어느 것을 더 중히 여기는가)

得與亡孰病(득여망숙병, 이중에 하나를 얻고 하나를 잃는다면 어느 쪽이 더 고통스러운가)

是故甚愛必大費(시고애필대비, 이런 까닭에 애착이 크면 큰 대가를 치르고)

多藏必厚亡(다장필후망, 많이 쌓아두면 반드시 크게 잃는다)

知足不辱(지족불욕, 만족할 줄 아면 욕되지 않고)

知止不殆(지지불태, 적당히 멈출 줄 알면 위태롭지 않다)

可以長久 가이장구, 그러기에 오래도록 편안할 수 있다)….

禍莫大於不知足(화막대어부지족, 만족할 줄 모르는 것보다 더 큰 재앙은 없고)

咎莫大於欲得(구막대어욕득, 욕심부리는 것보다 터 큰 잘못은 없다)

故知足之足 常足矣(고지족지족 상족의, 그래서 스스로 만족할 줄 알면 언제나 부족함이란 없다)

그렇더라도 우리는 내일을 바라보는 시선을 거둘 수 없다. "행운은 준비된 사람에게 온다"(Luck favors the prepared)는 말처럼 현실에 만족 또는 안주해서는 성숙도 발전도 기대하기 어렵다.

내일은 여러 가지 얼굴을 가지고 있다. 우리는 그것에 몰두해서도, 그것을 무시해서도 곤란하다. 비록 구체적인 현실에서 어느 쪽을 선택하느냐가 결코 쉽지 않더라도 우리 인생은 늘 '오늘'과 '내일'의 경계선에 서서 선택의 기로에 있다.

내일은 난 몰라요

전 11:1-2

개역개정	직역
1 너는 네 떡을 물 위에 던져라 여러 날 후에 도로 찾으리라	1 네 양식을 던져라, 물 표면 위로. 진실로 많은 날 뒤에 너는 그것들을 되찾으리라.
2 일곱에게나 여덟에게 나눠 줄지어다 무슨 재앙이 땅에 임할는지 네가 알지 못함이니라	2 일여덟에게 몫을 나누어주어라. 네가 이 세상에서 무슨 악한 것이 생길지 모름이니라.

이것은 내일을 염두에 두고 살라는 것이다. 그 이유는 사람이 내일 일을 알지 못하기 때문이다. 이런 뜻에서 전 1:1-2는 전도서 11장의 주제이기도 하다. 코헬렛은 그 가운데 전 11:1-6에서 물 바람 구름 비 나무 땅 씨앗 등 자연에서 가져온 예를 통해 인간의 지혜(지각능력)에는 한계가 뚜렷하다는 사실을 밝힌다.

'던지다'는 말(살라흐 šalaḥ)은 흔히 무엇인가를 누군가에게 보내는 것을 나타낸다.

표준	공개
1 돈이 있으면, 무역에 투자하여라. 여러 날 뒤에 너는 이윤을 남길 것이다.	1 돈이 있거든 눈 감고 사업에 투자해 두어라. 참고 기다리면 언젠가는 이윤이 되어 돌아올 것이다.
2 이 세상에서 네가 무슨 재난을 만날지 모르니, 투자할 때에는 일곱이나 여덟로 나누어 하여라.	2 세상에서는 어떤 불운이 닥쳐올는지 모르니, 투자하더라도 대여섯 몫으로 나누어 하여라.

표준새번역과 공동번역개정은 본문을 경제활동과 연관시켜 번역했다. 비록 그런 방향의 해석이 틀리지는 않더라도 굳이 그 적용 범주를 이렇게 제한할 필요는 없다. 우리는 이 말씀을 우리 몸과 마음(정신)에는 물론 우리 생활 전 영역에 적용할 수 있다.

13 들으라 너희 중에 말하기를 오늘이나 내일이나 우리가 어떤 도시에 가서 거기서 일 년을 머물며 장사하여 이익을 보리라 하는 자들아 14 내일 일을 너희가 알지 못하는도다 너희 생명이 무엇이냐 너희는 잠깐 보이다가 없어지는 안개니라(약 4:13-14)

1-2절에서 코헬렛은 배를 띄우고 출항하는 선원을 예로 들었다. 아마 오래 걸리는 항해이리라. 선원들은 이럴 때 무엇보다 먼저 식량을 충분히 준비할 것이다. 항해가 순조로워 예정된 날자에 돌아올 수도 있고 뜻밖의 일이 생겨 귀향일에 늦어질 수도 있기에, 실제로 필요한 양보다 더 많이 준비하는 것이 상식이다.

사정이 이럴진대 코헬렛은 '너는 네 떡(빵)을 물 위에 던져라'고 말한다. 여기서 떡(레헴 lehem)이란 말은 문자적으로 정확한 번역이라도 본디 양식

516

(음식물)을 가리킨다. 우리가 밥이란 말로 양식 전체를 나타내는 환유법으로 쓰는 것과 같은 이치다.

여기서 던지라는 말은 '너그럽게 베풀라'는 뜻이다. 구약성경에서 물은 크게 두 가지 얼굴을 가지고 잇다.

내가 주는 물을 마시는 자는 영원히 목마르지 아니하리니 내가 주는 물은 그 속에서 영생하도록 솟아나는 샘물이 되리라(요 4:14)

1 하나님이여 나를 구원하소서 물들이 내 영혼에까지 흘러 들어왔나이다 2 나는 설 곳이 없는 깊은 수렁에 빠지며 깊은 물에 들어가니 큰 물이 내게 넘치나이다(시 69:1-2)

그것은 위와 같이 인간생활에 반드시 필요한 것으로 때로는 생명을 살리는 도구인 동시에 때로는 생명을 위협하는 아주 위험천만한 것에 비유되곤 한다. 그러므로 식량을 물 위로 던지는 행위는 생명의 위험을 각오하는 위태로운 모험이다.

1절에 관한 해석은 다양하다:

1) 상업 또는 사업에 관계된 말로, 배가 먼 항해를 마치고 그 이윤을 얻어 돌아 올 때까지 인내심을 가지고 상품(물품)들을 계속 (바다에) 띄우라는 뜻이다(Hitzig, Delitzsch, Mendelssohn, Wildeboer).

돈이 있으면, 무역에 투자하여라. 여러 날 뒤에 너는 이윤을 남길 것이다(표준)

돈이 있거든 눈 감고 사업에 투자해 두어라. 참고 기다리면 언젠가는 이윤이 되어 돌아올 것이다(공개)

2) 농업이나 사업 등 경제활동에 관한 말로서 곡식의 씨앗을 촉촉한 땅에 뿌려 (투자하여) 추수 때에 풍요로운 결실을 얻는 것을 뜻한다(Palm, Baur, Leale).

3) '식물'을 인간 생명의 '씨앗'으로 볼 때 성생활에서 방종한 자에 대해 경계하는 뜻으로 볼 수 있다.(Graetz)

4) 하나님께 대한 믿음과 신뢰를 굳세게 지님으로 인생의 진정한 즐거움을 얻으라는 뜻이다.(M. A. Eaton)

5) 자선 또는 구제 생활을 권면하는 말로서 남을 위해 선을 베풀고 쌓으면 이내 그것을 좋은 결과로서 자기 자신에게 돌아온다는 뜻이다.(Leupold, Lange, Ginsburg, Wright 불의한 재물로 친구를 사귀라 눅 16:9a)

사람들은 전통적으로 이 말씀을 자선행위로 보아왔다.

"선한 눈을 가진 자는 복을 받으리니 이는 양식을 가난한 자에게 줌이니라"(잠 22:9).

"또 주린 자에게 네 식물을 나눠 주며 유리하는 빈민을 네 집에 들이며 벗은 자를 보면 입히며 또 네 골육을 피하여 스스로 숨지 아니하는 것이 아니겠느냐"(사 58:7).

그렇지만 이것을 신앙의 본질을 말하는 것으로 볼 수도 있다. 곧 아브라함은 하나님만 의지하여 '갈 바를 알지 못하고' 곧 목적지조차 확실하지 않은 길을 떠났다. 이렇게 고향과 친지를 떠나는 그의 행위를 성경은 믿음이라고 가르친다. 아브라함은 이렇게 식량을 물위로 던졌다. 이로써 그는 나중에 믿음의 조상이요, 하나님의 친구라는 영적인 칭송을 받았다.

이스라엘 민족은 이집트의 고기냄비를 던져버리고 광야로 길을 떠났다. 광야에서 너무 배고프고 힘들 때 그들은 이집트에 두고 온 고깃국을 그리워하기도 했다. 그러면서도 한편으로 위태롭고, 다른 한편으로 대담한 여행을 시작하고 또 계속했다. 이렇게 식량을 물 위로 던진 이스라엘 민족은 40여년 후에 약속의 땅, 젖과 꿀이 흐르는 가나안땅을 선물로 받았다.

예수님을 믿음생활에 관해 이렇게 말씀하셨다: 누구든지 자기 목숨을 구원하고자 하면 잃을 것이요 누구든지 나와 복음을 위하여 자기 목숨을 잃으면 구원하리라 (막 8:35). 이는 만일 네 목숨을 구하고자 한다면 그 목숨을 내게 내놓으라는 뜻이다.

히브리서는 믿음을 이렇게 설명한다:

1 믿음은 바라는 것들의 실상이요 보이지 않는 것들의 증거니 2 선진들이 이로써 증거를 얻었느니라 (히 11;1-2).

요한일서는 믿음을 이렇게 설명한다:

4 무릇 하나님께로부터 난 자마다 세상을 이기느니라 세상을 이기는 승리는 이것이니 우리의 믿음이니라 5 예수께서 하나님의 아들이심을 믿는 자가 아니면 세상을 이기는 자가 누구냐 (요일 5:4-5).

물 위에 던진 식물

미국 스탠포드 대학에서 공부하던 두 남학생은 등록금이 부족하여 돈 벌 궁리를 했다. 그들은 그 당시 세계적인 피아니스트인 폴란드 사람 이그나치 얀 파데레프스키(Ignacy Jan Paderewski:1860 - 1941)를 초청하여 음악회를 열기로 했다. 두 학생의 제의를 받은 파데레프스키의 매니저는 출연료로 2,000 달러를 요구했고 두 학생은 이에 동의했다. 음악회는 성공적이었으나 청중은 예상 밖에 적어 음악회 총 수입이 1,600달러 밖에 되지 않았다.

하는 수 없이 두 학생은 파데레프스키에게 1,600 달러를 건네면서 부족한 금액 400 달러는 앞으로 최대한 빠른 시일 내에 갚겠다며 사과하고 양해를 구했다.

설명을 다 듣고 난 파데레프스키는 1,600 달러를 되돌려 주면서 말했다. "음악회 준비로 수고가 많았소. 이 돈으로 음악회를 위해 소요된 비용을 제한 후에 남은 돈 중에서 10%는 두 사람이 나누어 갖고 그리고도 남는 돈이 있으면 나한테 돌려주시오."

오랜 세월이 흐른 후 파데레프스키는 폴란드의 수상이 되었다. 당시 세계 대전이 막 끝난 뒤라 폴란드는 경제 공항으로 국민들이 굶주림과 싸워야 했다. 수상은 기대하기 어려운 일이었지만 미국의 도움을 청하기로 했다. 뜻밖에도 미국으로부터 대량의 원조 식량이 도착했다. 그것으로 당장의 위기를 모면할 수 있었다.

수상은 그 당시 미국의 식량 국장이었던 후버((Herbert Hoover 미국 31대 대통령)를 찾아가 정중하게 감사를 드렸다. 그러자 후버가 말했다.

"천만에요. 저는 신세를 갚을 뿐입니다. 제가 대학에 다니며 어려움을 당할 때 저를 크게 도와주신 일이 있었습니다. 스탠포드 대학 음악회가 생각나지 않습니까? 그때 그 학생이 바로 저랍니다"하고 대답했다.

우리가 베푸는 선행은 물 위에 식물(食物)을 던지는 것 같이 아무런 가치가 없어 보일 때 많지만 알지 못하는 어느 날 그 식물이 내게도 돌아와 나를 굶주리지 않게 도와준다. 파데레프스키가 이름 모르는 대학생들에게 던진 그 식물이 오랜 후에 차고 남치는 양식으로 폴란드의 국민을 기아에서 건져 주었다

(http://www.nsletter.net/bbs/board.php?bo_table=nsletter&wr_id=969).

출애굽기 1장 15절 이하에도 하나님을 두려워하는 믿음으로 세상을 이긴 사람들이 나온다. 그들은 히브리 산파였던 '십브라'와 '부아'라는 여인이었다. 애굽왕 파라오는 애굽에 있는 이스라엘 사람들이 많아지자 그들을 핍박하기 시작했다. 그는 히브리 여인들이 아이를 낳을 때 아이가 남자면 죽이고 여자면 살리라고 산파들에게 명령을 내렸다. 파라오는 그 시대에 최고의 권력을 가진 사람이었을 뿐만 아니라 애굽에서 파라오는 신을 대신하는 자였다. 파라오는 그 나라 사람 누구나 무조건 복종해야 할 신이면서 최고의 권력자였다. 이 말은 히브리 산파들에게도 그대로 해당된다.

이러한 바로의 명령 앞에서 그들은 어떻게 행동해야 했을까? 파라오의 명령은 히브리 산파들에게 '자신의 생명을 택할 것인가 아니면 아이들의 생명을 택할 것인가'하는 양자택일의 문제였다. 바로의 명령을 불복하면 그들은 분명히 사형을 당할 것이었다. 그렇다고 바로의 명령을 따르게 되면 아이들은 죽을 수밖에 없었다.

만약 우리가 그들이었다면 어떻게 하였을까? 그 상황 가운데서 산파들이 바로의 명령대로 아이들을 죽였다고 해도 그들을 정죄할 수는 없을 것이다. 우리는 '내가 만약 그런 상황에 있었다면 나는 바로의 명령에 불복하여 갓난 아이들을 살렸을 것'이라고 자신 있게 말할 수 있을까? 나에게는 그럴만한 자신이 없다. 그런 상황에 처하는 사람들 가운데 대부분은 아마 바로의 명령에 그대로 따르면서 스스로 자기 행동을 정당화했을 것이다. 내가 아이들을 죽이지 않으면 결국 내가 바로의 손에 죽게 되고, 내가 죽으면 바로가 다시 다른 산파들에게 명령하고, 그래서 그 아이들은 다른 산파들에게 죽음을 당할 수밖에 없을 것이라고. 그들은 죽을 운명을 타고 태어났다고. 불쌍하지만 그들은 시대를 잘못 태어난 것뿐이라고 말하며 스스로를 합리화했을 것이다.

산파들에게도 자신의 생명과 남의 생명, 이 둘 중에 하나를 선택해야 하는 순간에 남의 생명을 택하는 일이 결코 쉽지 않았으리라. 그러나 하나님을 두려워하는 믿음이 이 산파들로 하여금 갓난아이들의 생명을 살리는 쪽으로 선택하게 만들었다. 그들은 바로의 명령에 따르지 않았다. 바로에게는, 엄격하게 조사하면 드러나게 될 뻔한 말로 둘러댔다: "히브리 여인은 애굽 여인과 같지 아니하고 건장하여 산파가 그들에게 이르기 전에 해산하였더이다."(출 1:19)

하나님은 파라오에게 이 말을 그대로 믿게 만드셨다. 경찰이나 정보부 직원들을 시켜 그 말이 사실인지 확인해보지 않게 만드셨다. 그래서 갓난아이들도 살았고, 산파들도 살았다. 바로왕의 어마어마한 권력 앞에서 이들이 죽지 않고 살아갔다는 사실은 하나님의 은총 외에 달리 설명할 길이 없다. 출애굽기 1장에는 하나님께서 하신 일이 이렇게 기록되었다:

20 하나님이 그 산파들에게 은혜를 베푸시니 그 백성은 번성하고 매우 강해지니라 21 그 산파들은 하나님을 경외하였으므로 하나님이 그들의 집안을 흥왕하게 하신지라

하나님을 향한 경외심은 비록 주변 사람이나 사회의 풍조(체제)가 바람직하지 않게 흘러갈 때에도 제대로 활동을 할 수 있는 원동력으로 작용한다. 이것은 우리로 아혀금 법이나 관습을 초월하여 하나님께서 기뻐하실 일을 선택하게 한다.

박경철이라는 분이 쓴 책인 '시골의사의 아름다운 동행' 가운데 한 토막이다:

큰 교통사고를 당한 어떤 40대 여성이 응급실로 들어왔습니다. 그 가슴에는 피가 끊임없이 흘러내렸습니다. 의사 선생님은 수술을 위해 그녀의 몸을 열어 보았더니 후복막이라는 곳에서 출혈이 있었습니다. 그러나 출혈이 있을 때 후복막을 열게 되면 거의 살 수가 없었기에, 수술팀은 고민하다가 다시 그 부분을 봉했습니다. 그리고 저절로 혈액응고 기능이 작동하여 출혈이 그치기를 기다릴 수밖에 없었습니다. 수술 후 환자의 의식은 좀 돌아왔지만, 계속 흐르는 피 때문에 수혈을 계속할 수밖에 없었습니다.

그녀는 그 지역 목사님의 동생이었습니다. 그 목사님은 인근 지역의 농아들을 헌신적으로 돌보는 분입니다. 그 여동생도 대학을 졸업한 해부터 내내 독거노인과 소녀가장들을 돌보면서 삶을 바치신 분이셨습니다. 자신이 돌보던 사람들을 남편삼아 결혼도 하지 않고 혼자 살던 그 여인은, 그 날도 중풍에 걸린 노인을 돌보기 위해 찾아가다가 이런 사고를 당한 것이었습니다. 의사 선생님은 목사님께 상황을 설명했습니다. 의학적으로는 할 수 있는 것이 없다고, 후복막에서 나는 출혈이 저절로 그쳐야 살 수 있다고, 우리가 할 수 있는 것은 기도 외에는 어떤 것도 없다고 말씀드렸습니다. 그러자 그 목사님은 여동생의 손을 잡고 매일 기도를 드렸습니다. 그러나 환자의 상태는 더욱 악화되었습니다. 출혈은 더욱 늘었고 수혈을 계속하는 것도 한계가 있었습니다. 병원에 있는 모든 피를 다 투여했는데도 나아질 기미가 보이질 않았습니다. 이제 가능성이 없어 보였습니다. 의사 선생님은 환자의 가족들에게 상황을 설명했습니다.

그날 저녁 인공호흡기를 차고 있던 환자가 의사 선생님을 불렀습니다. 의사 선생님은 그 여인이 유언을 남기려고 하는 것으로 생각했습니다. 그 여인은 의사 선생님께 힘없는 손으로 펜과 종이를 달라고 했습니다. 그리고 마지막으로 이렇게 네 글자를 썼습니다. 시신기증. 그날 밤 그 여인은 세상을 떠났습니다. 그러나 그 여인은 떠나지 않았습니다. 살아있는 동안에도 사랑을 남겼고,

죽으면서도 다른 사람들에게 희망을 남겼습니다. 바로 이것이 부활과 영생을 믿는 사람에게 주시는 하나님의 특권입니다. 가장 나쁜 처지와 형편에 있지만, 자기가 선택할 수 있는 패가 별로 없지만, 부활과 영생을 믿는 사람에게는 하나님께서 그 가운데서 가장 고귀하고 가장 복된 길을 선택하게 만드십니다.

11장 2-3절은 내일 일을 알 수 없는 인간의 연약한 모습 또는 닥치는 재앙을 피할 수 없는 한계를 나타냄으로 1,2절에서 암시하는 것처럼 조금이라도 여유가 있으며 평안하고 넉넉할 때 베풀며 살라(있을 때 잘하라)는 뜻이다.

바람과 구름과 비

전 11:3-6

개역개정	직역
3 구름에 비가 가득하면 땅에 쏟아지며 나무가 남으로나 북으로나 쓰러지면 그 쓰러진 곳에 그냥 있으리라	3 만일 구름이 가득하면, 비가 땅 위로 쏟아지리라. 만일 나무가 쓰러지면, 남쪽으로든지 북쪽으로든지, 쓰러진 그곳에 그 나무는 그대로 있으리라.
4 풍세를 살펴보는 자는 파종하지 못할 것이요 구름만 바라보는 자는 거두지 못하리라	4 바람을 주목하는 자는 씨를 뿌리지 못하리라. 그리고 구름에 눈이 가 있는 자는 거두어들이지 못하리라.
5 바람의 길이 어떠함과 아이 밴 자의 태에서 뼈가 어떻게 자라는지를 네가 알지 못함 같이 만사를 성취하시는 하나님의 일을 네가 알지 못하느니라	5 마치 네가 모르는 것처럼, 바람이 다니는 길이 어디인지를, 마치 여인의 태에서 아이의 생명이 어떻게 시작되는지 제대로 모르듯이, 그렇게 너는 알지 못한다, 모든 것을 만드시는 하나님께서 이루시는 일을.
6 너는 아침에 씨를 뿌리고 저녁에도 손을 놓지 말라 이것이 잘 될는지, 저것이 잘 될는지, 혹 둘이 다 잘 될는지 알지 못함이니라	6 아침에는 파종하라, 씨를. 그리고 저녁에는 쉬게 하지 말라, 네 손을. 이는 네가 알지 못하는 까닭이라, 어떤 것일지 곧 이것이 자랄지 저것이 자랄지, 혹은 그것들 둘 다 동시에 잘될 지.

이것은 바람과 구름과 비를 보며 깨닫는 지혜에 관한 것이다. 자연현상

은 종종 우리에게 현실을 바라보는 안목을 열어준다.

히브리 문학은 이야기의 시작과 끝을 비슷한 낱말이나 표현으로 나타내는 특징이 있다. 이런 문체를 인클루지오(Inclusio) 수미쌍관법이라고 한다. 전 11:1-6은 그것의 전형적인 예다. 서론격인 1-2절은 결론인 6절과 몇 가지 내용을 공유한다. i) 두 부분 모두 명령형 명령으로 시작되어 듣는 사람이 특정한 행동을 취하라고 한다. ii) 둘 다 수적 표현(2절의 일곱 여덟과 6절의 둘)을 쓴다. iii) 그런 명령을 내리는 부사 키(*ki*)가 이끄는 부문장으로 소개한다. 그것은 2절과 5-6절에서 '너희가 알지 못함이러라'로 표현된다.

더 나아가 3-5절에도 일련의 평행되는 쌍이 있다. 3절에 있는 두 개의 평행 조건절, 4절에서 일치하는 분사 형태에 기초한 평행 격언 두 개, 그리고 5절에 그 균형을 잡아주는 격언 두 개가 그것이다.

구름은 문자 그대로 구름을 나타내기도 하고 상징적·비유적인 의미를 지니기도 한다. 히브리말로는 그 종류를 *nāśī' 'āb 'ānān 'ānān*이라 한다. 먹구름이 캄캄할 정도로 낀 것을 *'ărāfel*이라고도 한다.

3절은 평행법 두 개로 자연계에서 일어난 현상을 묘사한다.(비를 가득 머금은 구름, 스러지는 나무) 이로써 이 단락이 말하고자 하는 주제가 뚜렷이 부각된다, 비록 찾아내다(발견하다)는 낱말이 쓰이지 않더라도.

구름하면 비나 그늘이 생각난다. 이것은 땅에서 증발한 수분이 공중에 모여 일정한 모습과 패턴을 이룬 것이다.

높은 하늘에 떠다니는 구름(상층운 上層雲)의 대표적인 것은 새털구름(권운 卷雲)이다. 이외 비슷하면서도 좀더 촘촘한 것을 털쌘구름, 비늘구름, 조개구름(권적운 卷積雲)이라 한다. 지상에서부터 낮게는 200m 정도되는 구름(저층운 底層雲) 중에 비교적 두꺼운 것을 층적운(層積雲)이라 한다. 그것은 대체로 어두운 색깔을 띤다. 비를 잔뜩 머금었기 때문이다.

낮게 드리우면서 검거나 아주 짙은 회색을 띤 구름은 난층운(亂層雲)이다. 곧 비를 내리게 할 구름이다. 그 가운데 모습이 가장 험한 구름이 있다. 적란운(積亂雲)이다. 적란운은 보통 소나기구름으로도 부른다. 탑처럼 높게, 또 어지러이 쌓인 구름은 보통 번개와 함께 우레를 동반한다. 그래서 한자말로는 뇌운(雷雲)이라고도 적는다.

상징이나 비유로 쓰이는 구름의 이름도 여러 가지다. 높은 경지에 도달하려는 사람의 포부와 기개, 지향을 청운(靑雲)이라 한다. 글자대로만 하면 '푸른 구름(靑雲)'이라는 뜻인데, 아무래도 흰구름이면서도 파란 하늘 높이 떠 있는 구름을 본뜬 것이다. 이것은 '아주 높은 이상' '퍽 높은 벼슬' 등을 나타내면서 '靑雲(청운)의 뜻' 곧 높이 오르려는 사람의 의지와 노력을 가리키게 되었다.

외로이 떠 있는 구름은 고운(孤雲), 덧없는 세상살이를 빗댄 구름은 부운(浮雲)이다. 비 앞에 닥치는 바람을 함께 덧대면 풍운(風雲)이다. 이것은 정치적 험로, 전란과 재난 등 위기를 상징한다. 검은 구름은 한자말 오운(烏雲)이나 黑雲(흑운) 보다 우리말로 더 친근하다. 이것의 의상(이미지)은 별로 좋지 않다. 그것은 뭔가 심상찮은 조짐을 가리킨다. 이를테면 전쟁의 조짐을 말할 때 먹구름의 이미지를 덧대 전운(戰雲)이라고 한다. 이를 테면 전쟁의 먹구름이다.

구름과 비를 합쳐 적은 운우(雲雨)는 색다른 의미를 지녔다. 남녀가 서로 사랑을 나누면서 합(合)하는 행위를 가리켜 운우지정(雲雨之情)이라고 한다. 구름은 지나가는 것이며(행운 行雲) 흐르는 물과 같다.(유수 流水) 행운유수(行雲流水)는 그저 거침없이 흘러가는 것으로 흔히 문장이나 말솜씨 등이 자연스레 펼쳐지는 모습을 표현할 때 쓴다.

구름들이 가득 모이는 것을 운집(雲集)이라고 한다. "관중이 구름떼같이 모인다"고 할 때 이 말을 쓴다.

3절은 점괘(占卦)에 관련된 것일 수도 있다. 곧 일단 나무 막대를 던져 그것이 가리키는 방향이 정해지고 나면, 사람은 그 결과에 따를 수밖에 없다는 점치는 행위를 가리킬 수도 있다는 말이다:

복음성가 (내일 일은 난 몰라요)

1 내일 일은 난 몰라요 하루하루 살아요
불행이나 요행함도 내 뜻대로 못해요
험한 이길 가고 가도 끝은 없고 곤해요
주님 예수 팔 내미사 내 손 잡아 주소서
내일 일은 난 몰라요 장래 일도 몰라요
아버지여 날 붙드사 평탄한 길 주옵소서

2 좁은 이길 진리의 길 주님 가신 그 옛길
힘이 들고 어려워도 찬송하며 갑니다
성령이여 그 음성을 항상 들려주소서
내 마음은 정했어요 변치 말게 하소서
내일 일은 난 몰라요 장래 일도 몰라요
아버지여 아버지여 주신 소명 이루소서

3 만왕의 왕 예수께서 이 세상에 오셔서
만백성을 구속하니 참 구주가 되시네
순교자의 본을 받아 나의 믿음 지키고
순교자의 신앙 따라 이 복음을 전하세
불과 같은 성령이여 내 맘에 항상 계셔
천국 가는 그날까지 주여 지켜 주옵소서

내 백성이 나무에게 묻고 그 막대기는 그들에게 고하나니 이는 그들이 음란한 마음에 미혹되어 하나님을 버리고 음행하였음이니라(호 4:12)

4절은 두 가지로 번역될 수 있다:

i) 바람을 지켜보는 자는 파종하지 않고, 구름을 살피는 자는 거두지 않는다.(개역, NIV), 곧 지혜롭게 행동한다.

ii) 바람을 지켜보다가는 파종하지 못한다. 구름을 살피다가는 거두지 못한다.(JB, TEV), 곧 게으른 자는 하지 않을 구실만 이러 저리 찾는다.

코헬렛이 구름과 바다를 신앙의 예로 든 것은 참으로 재치있는 인용이다. 그는 비를 머금은 구름보다 더 높은 곳을 바라보는 것이 신앙이요, 폭풍우를 염려하기보다는 우주만물을 주관하시는 하나님을 신뢰해야한다는 사실을 그는 이 비유법으로 설명했다. 이런 내용은 예수님 말씀과 일치된다.(마 6:26-34)

공중의 새를 보라 심지도 않고 거두지도 않고 창고에 모아들이지도 아니하되 너희 하늘 아버지께서 기르시나니 너희는 이것들보다 귀하지 아니하냐 … 그런즉 너희는 먼저 그의 나라와 그의 의를 구하라 그리하면 이 모든 것을 너희에게 더하시리라

4-5절에서 코헬렛은 바람(rûaḥ)을 언급했다. 바람이란 말은 문자 그대로도 비유로도 쓰인다. 그것은 이 세상 어디에나 있다. 그리고 항상 있다. 흔히 '바람 한 점 없는 더운 날'이라고 툴툴거리는 바로 그 순간에도 사람이 감지하지 못할 뿐 바람은 분다. 그래서일까? 바람의 종류를 나타내는 낱말이 아주 아주 많다.

우리 조상들은 이름만 들어도 그 바람의 세기를 가늠할 수 있게 바람에 관한 아름답고 지혜로운 표현을 써왔다. 초속 0.3~1.5m의 가장 약한 바람으로 버들가지가 가볍게 흔들리는 정도를 실바람으로 부른다. 이보다 조금 세면 남실바람이다. 깃발이 살짝 움직이는 정도면 산들바람, 잔가지가 움직이면 건들바람, 큰 가지가 흔들리면 된바람이다. 나무 전체가 흔들리는 정도는 센바람, 나무가 뽑히는 정도는 노대바람으로 불렀고 산더미 같은 파도를 일으키면 왕바람과 싹쓸바람이라 불렀다.

바람이 부는 방향에 따라 부르는 우리말의 뜻은 더욱더 정겹다. 동풍은 샛바람이라 한다. 해가 뜬다는 뜻으로 날이 샌다는 것에서 따온 말이다. 서풍의 우리말은 하늬바람으로 갈바람이라고도 부른다. 남풍인 마파람은 마주본다는 뜻이고, 북풍은 뱃사람들이 된바람으로도 불러 센바람을 의미한다.

바람의 이름은 참 많기도 하다. 아직 추위가 가시지 않은 이른 봄, 살갗에 닿아 소름 돋게 하는 바람을 소소리바람이라고 한다. 고집 센 황소처럼 겨울에 꼭꼭 닫아도 바늘구멍 만한 문틈으로 매섭게 밀고 들어오는 황소바람도 있다. 가을에 외롭고 쓸쓸한 느낌은 소슬바람, 이리저리 변덕스럽게 부는 왜바람, 보드라우면서 화창하게 부는 명지바람, 살을 에듯 매섭고 차가운 고추바람도 있다.

5절에서 코헬렛은 태아가 생겨나는 과정을 믿음에 비추어 설명했다. 생명의 탄생은 참으로 하나님의 신비다. 이는 니고데모와 대화를 나누실 때 예수님이 하신 말씀을 생각나게 한다:

진실로 진실로 네게 이르노니 사람이 거듭나지 아니하면 하나님의 나라를 볼 수 없느니라 ⋯ 진실로 진실로 네게 이르노니 사람이 물과 성령으로 나지 아니하면 하나님의 나라에 들어갈 수 없느니라 (요 3:3-5)

그리고 6절에서 결론적으로 말했다:

너는 아침에 씨를 뿌리고 저녁에도 손을 놓지 말라 이것이 잘 될는지, 저것이
잘 될는지, 혹 둘이 다 잘 될는지 알지 못함이니라

인생 졸업장과 그 성적표가 어떠할지 우리 자신을 포함하여 이 세상 아
무도 모른다. 이 부분에서 자신만만한 사람이라 해서 하늘의 상급도 크다
장담할 수 없다. 이 부분에서 별로 기가 살아나지 않는 사람이라 해서 하늘
의 상급도 보잘 것 없으리라 말할 수 없다. 이런 것은 오직 하나님만 아신
다. 비록 사람들은 자기자신 또는 다른 어떤 사람을 보며 이런 저런 이야기
를 할지라도 진실로 우리는 그에 관해 확실하게 알지 못한다.

2 그러므로 구제할 때에 외식하는 자가 사람에게서 영광을 받으려고 회당과
거리에서 하는 것 같이 너희 앞에 나팔을 불지 말라 진실로 너희에게 이르노
니 그들은 자기 상을 이미 받았느니라 5 또 너희는 기도할 때에 외식하는 자와
같이 하지 말라 그들은 사람에게 보이려고 회당과 큰 거리 어귀에 서서 기도
하기를 좋아하느니라 내가 진실로 너희에게 이르노니 그들은 자기 상을 이미
받았느니라(마 6:2, 5)

우리는 겉으로 드러난 것만 보는데 비해 하나님은 드러난 것과 드러나
지 않은 것을 모두 아우르는 분이다. 우리는 믿음 안에서 성령님에게 이끌
리며, 주어진 사명을 꾸준하고 성실하게 감당할 뿐이다. 어떤 의미에서는
인생 전체가 다 씨를 뿌리는 과정이다. 곧 천국의 씨, 천국에서 받을 상급
의 씨를 심는 것이다.

눈으로 해를 보는 일

전 11:7-8

개역개정	직역
7 빛은 실로 아름다운 것이라 눈으로 해를 보는 것이 즐거운 일이로다 8 사람이 여러 해를 살면 항상 즐거워할지로다 그러나 캄캄한 날들이 많으리니 그 날들을 생각할지로다 다가올 일은 다 헛되도다	7 그리고 빛은 달다. 그리고 좋다, 해를 보며 살려는 눈들에게. 8 진실로 오래 살려는 사람은 그 모든 날을 즐거워해야 하리라. 그리고 기억하라, 많이 있을 어두운 날들을. 다가올 모든 것은 헛되다.

이것은 인생을 즐겁게 살라는 권면이다. 여기 쓰인 용어들은 전 11:9-12:8에 쓰인 것들과 맞물려 있다.

빛(12:2)

아름다운(선한, 좋은 11:9)

눈(11:9)

보다(11:9; 12:3)

해(태양 12:2)

해(연도 11:9; 12:1)

사람(12:5)

즐거워하다(11:9)

생각하다(12:1)

날들(11:9; 12:1)

캄캄한(12:2, 3)

헛되다(11:10; 12:8)

7절에서 빛과 해는 동격(同格)으로 쓰이면서 4절의 구름과 바람에 대조된다. 곧 구름과 바람이 인생의 질고와 고난 환난과 풍파를 가리키는 반면에, 빛과 해는 축복된 삶 기쁨의 삶 생명과 번영을 가리킨다. 그러므로 눈으로 해를 본다는 말은 단순히 시각능력이 있다는 것을 가리키는 말이 아니라, 즐겁고 행복하게 사는 모습을 의미한다.

코헬렛은 책 전체에서 인생의 즐거움을 찾아간다. 그 가운데 2:10-11; 2:24-26; 3:12-13; 3:22; 5:17-19; 8:15; 9:7-9; 11:8-9를 살펴보자.

문맥에 따라 즐거움·행복·기쁨 등으로 쓰인 말(심카)들은 일차적으로는 즐거움·쾌락을 가리킨다. 이것은 때때로 행복이나 기쁨을 뜻하지만 행복이나 기쁨을 가져오지 않는 쾌락의 경우에도 쓰인다. 그럴 때 이 말은 환락, 흥겹게 떠드는 소리를 지칭한다.

코헬렛은 이 낱말을 대체로 두 가지 뜻으로 썼다. 곧 오래가는 즐거움 곧 '즐거움을 누리는 것'이요, 다른 하나는 즐거운 일이나 행위나 환락 같이 즐거움을 주리라고 기대되는 것, 다시 말해 술이나 노래와 같은 물질이나 쾌락적 행위를 일컫는 것이다. 물론 대부분의 경우에 이 두 가지 의미를 구체적으로 구별하여 밝히기가 쉽지 않다.

마음과 생활로 경험된 기쁨을 가리키는 경우는 다음과 같다: "무엇이든지 내 눈이 원하는 것을 내가 금하지 아니하며 무엇이든지 내 마음이 즐거워하는 것(심카)을 내가 막지 아니하였으니"(2:10)에서 "내 마음이 즐거워하는 것"은 즐거운 행위의 결과 곧 자기 눈이 원하는 것을 '금하지 않은' 결과다. "하나님이 그 기뻐하시는 자에게는 지혜와 지식과 희락을 주시나"(2:16)에서 희락(심카)은 지혜나 지식처럼 내적인 상태 곧 경험된 즐거움을 묘사한 것이다.

"어떤 사람에게든지 하나님이 재물과 부요를 주사 능히 누리게 하시며 분복을 받아 수고함으로 즐거워하게 하신 것을 하나님의 선물이라"(5:19)에서 "수고함으로 즐거워하게 하다"는 것 역시 누리는 즐거움이다. "너는 가서 기쁨으로 네 식물을 먹고 즐거운 마음으로 네 포도주를 마실지어다"(9:7)에서 "즐거운 마음", 그리고 "잔치는 희락을 위하여 베푸는 것이요 포도주는 생명을 기쁘게 하는 것"(10:19)이라고 할 때의 "희락"(심카) 등이 다 같은 범주에 속한다고 볼 수 있다.

'심카'라는 말로 코헬렛이 즐거움을 주는 물건이나 행위, 환호의 경우는 다음과 같다. 전도서 2장에 열거된 행위들 곧 "사업을 크게 하는 것", "집을 짓는 것", "포도원을 만드는 것", "동산과 과원을 만들고 그 가운데 각종 과목을 심는 것", "못을 파는 것", "노비를 얻고 부리는 것", "재산을 늘리는 것", "남녀 가수를 거느리는 것", "처와 첩을 거느리는 것" 등이 그것이다. 11장 7절의 "청년이여 네 어린 때를 즐거워하라"(11:7)는 것은 행복이나 기쁨을 '느끼라'는 권면이 아니라, 즐거움을 '누리라'는 곧 실천하라고 하는 명령이다.

사람을 즐겁게 하는 것들로서 코헬렛이 열거한 양식·술·정원·가수·첩 등은 사람을 즐겁게 할 수 있는 것이긴 하지만, 오래 행복하게 만들지 못한다. 코헬렛은 이런 것을 다 해보고 즐겨 보았지만, 거기서 행복을 찾지 못했다. 그렇지만 그는 즐거움을 찬미했다. 쾌락은 인간이 하나님으로부터 받은 몫이자, 선물이라는 것이다. 쾌락은 인생살이에서 가장 좋은 것이다:

10 무엇이든지 내 눈이 원하는 것을 내가 금하지 아니하며 무엇이든지 내 마음이 즐거워하는 것을 내가 막지 아니하였으니 이는 나의 모든 수고를 내 마음이 기뻐하였음이라 이것이 나의 모든 수고로 말미암아 얻은 몫이로다 11 그 후에 내가 생각해 본즉 내 손으로 한 모든 일과 내가 수고한 모든 것이 다 헛되어 바람을 잡는 것이며 해 아래에서 무익한 것이로다(2:10-11)

24 사람이 먹고 마시며 수고하는 것보다 그의 마음을 더 기쁘게 하는 것은 없나니 내가 이것도 본즉 하나님의 손에서 나오는 것이로다 25 아, 먹고 즐기는 일을 누가 나보다 더 해 보았으랴 26 하나님은 그가 기뻐하시는 자에게는 지혜와 지식과 희락을 주시나 죄인에게는 노고를 주시고 그가 모아 쌓게 하사 하나님을 기뻐하는 자에게 그가 주게 하시지만 이것도 헛되어 바람을 잡는 것이로다(2:24-26)

12 사람들이 사는 동안에 기뻐하며 선을 행하는 것보다 더 나은 것이 없는 줄을 내가 알았고 13 사람마다 먹고 마시는 것과 수고함으로 낙을 누리는 그것이 하나님의 선물인 줄도 또한 알았도다(3:12-13)

그러므로 나는 사람이 자기 일에 즐거워하는 것보다 더 나은 것이 없음을 보았나니 이는 그것이 그의 몫이기 때문이라 아, 그의 뒤에 일어날 일이 무엇인지를 보게 하려고 그를 도로 데리고 올 자가 누구이랴(3:22)

17 일평생을 어두운 데에서 먹으며 많은 근심과 질병과 분노가 그에게 있느니라 18 사람이 하나님께서 그에게 주신 바 그 일평생에 먹고 마시며 해 아래에서 하는 모든 수고 중에서 낙을 보는 것이 선하고 아름다움을 내가 보았나니 그것이 그의 몫이로다 19 또한 어떤 사람에게든지 하나님이 재물과 부요를 그에게 주사 능히 누리게 하시며 제 몫을 받아 수고함으로 즐거워하게 하신 것은 하나님의 선물이라(5:17-19)

그가 비록 천 년의 갑절을 산다 할지라도 행복을 보지 못하면 마침내 다 한 곳으로 돌아가는 것뿐이 아니냐(6:6)

이에 내가 희락을 찬양하노니 이는 사람이 먹고 마시고 즐거워하는 것보다 더 나은 것이 해 아래에는 없음이라 하나님이 사람을 해 아래에서 살게 하신 날 동안 수고하는 일 중에 그러한 일이 그와 함께 있을 것이니라(8:15)

7 너는 가서 기쁨으로 네 음식물을 먹고 즐거운 마음으로 네 포도주를 마실지어다 이는 하나님이 네가 하는 일들을 벌써 기쁘게 받으셨음이니라 8 네 의복을 항상 희게 하며 네 머리에 향 기름을 그치지 아니하도록 할지니라 9 네 헛된 평생의 모든 날 곧 하나님이 해 아래에서 네게 주신 모든 헛된 날에 네가 사랑하는 아내와 함께 즐겁게 살지어다 그것이 네가 평생에 해 아래에서 수고하고 얻은 네 몫이니라(9:7-9)

7 빛은 실로 아름다운 것이라 눈으로 해를 보는 것이 즐거운 일이로다 8 사람이 여러 해를 살면 항상 즐거워할지로다 그러나 캄캄한 날들이 많으리니 그 날들을 생각할지로다 다가올 일은 다 헛되도다 9 청년이여 네 어린 때를 즐거

워하며 네 청년의 날들을 마음에 기뻐하여 마음에 원하는 길들과 네 눈이 보는 대로 행하라 그러나 하나님이 이 모든 일로 말미암아 너를 심판하실 줄 알라(11:8-9)

인생여정은 오래 가는 보람(가치)과 길게 이어지는 즐거움(행복)을 찾아가는 과정이다. 신앙생활도 이에서 예외가 아니다. 다산 선생의 '동림사 독서기'다:

오성현 (전남 화순의 옛 이름)에서 북쪽으로 5리 되는 곳에 만연사라는 절이 있다 (烏城縣北五里 有萬淵寺). 만연사의 동쪽에 수도하는 조그만 암자가 있다 (萬淵之東 有靜修之院). 불경을 설법하는 중이 그곳에 사는데. 이를 동림사라 부른다 (僧之說經者居之 是曰東林).

아버님이 이 고을에 현감으로 온 다음 해 겨울, 나는 둘째 형님(정약종)과 함께 동림사에 머물렀다.(家君知縣之越明年冬 余與仲氏住棲東林) 형님은 《상서》를 읽고, 나는 《맹자》를 읽었다.(仲氏讀尙書 余讀孟子) 그때는 첫눈이 가루처럼 뿌리고, 물이 얼려는 무렵이었다.(時初雪糝地 澗泉欲氷) 산의 나무들과 대나무의 빛깔이 모두 다 추워서 새파랗게 움츠리고 있었다.(山林竹樹之色 皆蒼冷拳縮) 그런 아침저녁에 거닐면, 정신이 맑아지곤 했다.(晨夕消搖 神精清肅)

자고 일어나면 곧 시냇물로 달려가 양치질도 하고 세수도 했다.(睡起卽赴澗水 漱齒沃面). 식사 때를 알리는 종이 울리면, 여러 비구니와 둘러앉아 밥을 먹었다.(飯鍾動 與諸比丘列坐吃飯) 날이 저물어 별이 보이면, 언덕에 올라 휘파람 불며 시를 읊조렸다.(昏星見 卽登皐歗詠) 밤이 되면, 스님들이 부처님 공덕을 찬양하는 노래를 읊으며 불경 외우는 소리를 듣다가, 책을 되풀이 읽었다.(夜則聽偈語經聲 隨復讀書)

이렇게 하기를 40일이 지나자 내가 형님에게 말했다: "스님이 중노릇을 하는 이유를 이제야 알겠습니다.(如是者凡四十日 余曰僧之爲僧 吾乃今知之矣) 그들에게 는 부모형제 처자와의 즐거움도 없고, 술 마시고, 고기 먹고, 음탕한 소리와 아름다운 여색의 즐거움도 없습니다. 그런데도 어찌하여 그 고통스러운 중노릇을 감수합니까?(夫無父母兄弟妻子之樂 無飮酒食肉淫聲美色之娛 彼何苦爲僧哉) 거기에는 진실로 그런 것들과 바꿀 수 있는 즐거움이 있기 때문입니다.(誠有以易此者也) 우리 형제가 학문을 한 지 이미 여러 해 되었는데, 여기 동림사에서 맛본 것 같은 즐거움이 일찍이 있었습니까?(吾兄弟游學已數年 嘗有如東林之樂乎)?" 그러자 형님이 대답했다: "그렇다. 바로 그것이 저 사람들이 중노릇하는 이유일 것이다."(仲氏曰然 彼其所以爲僧也夫). - 정약용(丁若鏞)《여유당전서 與猶堂全書》〈동림사 독서기 東林寺讀書記〉.

538

청년이여

전 11:9-10

개역개정	직역
9 청년이여 네 어린 때를 즐거워하며 네 청년의 날들을 마음에 기뻐하여 마음에 원하는 길들과 네 눈이 보는 대로 행하라 그러나 하나님이 이 모든 일로 말미암아 너를 심판하실 줄 알라 10 그런즉 근심이 네 마음에서 떠나게 하며 악이 네 몸에서 물러가게 하라 어릴 때와 검은 머리의 시절이 다 헛되니라	9 즐거워하라, 젊은이여, 네가 젊음 안에 있음을. 기쁘게 하라, 네 마음이 젊은 날들을. 그리고 걸으라, 네 마음의 길과 네 눈이 보는 광경을 따라. 그리고 알라, 네가 하는 이 모든 것에 하나님의 심판이 있다는 것을. 10 그리고 분노를 멀리하라, 네 마음으로부터. 그리고 악한 것을 지나쳐버리게 하라, 네 몸으로부터. 이는 젊음과 검은 머리 시절이 다 덧없기 때문이다.

이것은 젊은이에게 주는 교훈이다. 코헬렛은 청년시절을 즐거워하고 마음에 기쁨이 되는 것 하고 싶은 것 눈에 보기에 좋아 보이는 것을 행하라고 한다.

청년의 시기는 인생에서 꽃이라고 할 만큼 소중하다. 그때에는 가진 것이 적고, 누리는 것이 많지 않을지라도, 무한한 가능성이 있는 시기다. 그래서 청년 시절의 소중함은 아무리 강조해도 지나침이 없다. 다른 한편 청년의 시기는 장년의 시기보다 덜 성숙한 때이기 때문에 무너지기도 쉽고, 자신을 방치하기도 쉽다.

우리가 황금 같은 청년시절을 어떻게 살았는지, 그 결과는 우리 자신의 인생에 고스란히 남는다. 그것은 하나님께서 심판(셈하심)하시는 자리까지 이어진다.

젊은 시절에는 무엇이든지 할 수 있는 자유와 무엇이든지 이루어 낼 가능성이 있다고 해서 아무것이나 해도 되고, 아무렇게나 살아도 되는 것은 결코 아니다. 마치 결혼과도 같다. 결혼적령기에 있는 사람들은 자신이 결혼할 수 있는 사람의 범위는 정말 다양하다. 그러나 아무와 결혼해도 되는 것은 아니다. 내가 결혼하는 사람이 어떤 인격을 가지고 있느냐에 따라서 결혼생활이 판가름난다. 그 결과는 하늘과 땅 차이가 날 것이다.

청춘(靑春)에 관한 짧은 생각

우리는 blue를 '파란, 푸른'이라 하고, green도 '파란, 푸른'이라 한다. 녹음(綠陰)과 청천(靑天)이 그런 예다. '경기전망에 관해 적신호(赤信號) 또는 청신호(靑信號)가 켜졌다'라고 하는 것도 그렇다. 청색(靑色)과 녹색(綠色)은 다른데도 우리는 그냥 그렇게 쓴다. 길 건너는 교통신호를 어린이에게 '초록불'이라고 가르치면서도 대부분의 사람은 그냥 '파란불'이라고 한다.

회화(繪畫)에서 사용하는 blue의 종류가 영어권에서는 매우 섬세하게 구별된다. Sapphire blue, Cerulean blue, Carribean blue, Sky blue, Ice blue, Cornflower blue, Cobalt blue, Turquoise blue, Indigo blue, Electric blue, Denim blue, Arctic blue, Teal blue, Berry blue, Admiral blue, Stone blue,

Maya blue, Gunmetal blue, Oxford blue, Carolina blue, Cyan blue, Neon blue, Azure blue, Royal blue, Powder blue, Persian blue, Tiffany blue, Midnight blue, Prussian blue, Navy blue, Zaffre blue, Aquamarine blue, Ocean blue, Pure blue, Baby blue, Steel blue, Chill blue, True blue, Valkyrie blue, Starry blue, Softly blue, Aegean blue…

blue 계열만도 이 정도까지 나누고 다르게 부른다. 그런데도 하물며 청(靑)과 녹(綠)을 '파랗다, 푸르다'로 같이 말하는 것은 무엇일까?

《표준국어대사전》은 청춘을 i) 새싹이 파랗게 돋아나는 봄철 ii) 십 대 후반에서 이십 대에 걸치는 인생의 젊은 나이 또는 그런 시절이라고 풀이했다. 엄연하게 다른 녹색과 청색을 엄격하게 구별하지 않고 두리뭉실하게 한 가지로 쓰는 이유가 무엇일까? 물론 초록색과 청색을 구별하여 쓰기도 한다. 새싹이 돋아나는 봄철은 초록색(녹색)으로 덮이기 시작하는 때이니, 당연히 녹춘이라 해야할 것 같은데 청춘이라고 한다. 산도 녹산(綠山)이 아니라 청산(靑山)이라고 한다. 고려 시대에 〈청산별곡 靑山別曲〉이라 했으니 그 역사가 참 길다.

우리는 녹춘(綠春) 대신에 청춘(靑春)이라고 한다. 중국 한국 일본이 '청춘'이라 하는 것을 영어는 youth라고 한다.

《표준국어대사전》에 따르면 청년은 신체적·정신적으로 한창 성장하거나 무르익은 시기에 있는 사람이다. 〈청년기본법〉(2020년 8월 5일 제정) 4조에는 '원칙적으로 19세 이상 34세 이하인 사람'이라고 되어있다.

우리 나라에서 청년(靑年)이란 말을 쓰기 시작한 것은 그리 오래 되지 않았다. 1910년 무렵 종래의 소년(少年)이라는 단어를 대체하며 청년이라는 단어가 부상한 것은 일본에서 소속풍엽(小栗風葉 : おぐりふうよう)의 소설 〈청춘〉(1905)이 발표되고, 중국에는 월간지 《청년》(1915)이 발간될 무렵이라고 한다.

물론 그 이전부터 이것이 간간이 쓰였다. 1896년 도쿄 유학생의 잡지에 청년이 처음 등장했다. 그 뒤 1898년 '청년애국단' 사건으로 사람들 입에 오르내리다가 1903년 선교사 언더우드(Underwood)와 길레트(Gillette)의 주도로 황성기독청년회(YMCA =

Young Men's Christian Association)가 생기면서부터 본격적으로 사용되기 시작했다. YMCA가 지금까지 몰랐거나 없었던 '청년'을 발견하여 발전시키자 마치 기름에 불붙듯이 사회에 큰 반향이 일어났다. 이를 테면 월남 이상재(月南 李商在)는 '청년'이란 말을 처음 들었을 때 크게 놀랐다고 한다. 마치 독립협회의 '독립(獨立)'이란 말을 처음으로 듣고 놀랐던 것만큼 그 당시 청년이란 말은 새로운 개념이었다. 그 시절에는 소년(少年)이나 장년(壯年)이란 말을 쓰면서도 청년(靑年)은 없었다.

다음 것은 민태원은 〈청춘예찬〉의 한 부분이다.

청춘! 이는 듣기만 해도 가슴이 설레는 말이다. 청춘! 너의 두 손을 대고 물방아 같은 심장의 고동을 들어 보라. 청춘의 피는 끓는다. 끓는 피 위에 뛰노는 심장은 거선의 기관같이 힘 있다. 이것이다. 인류의 역사를 꾸며 내려온 동력은 꼭 이것이다… 중략 … 보라, 청춘을! 그들의 몸이 얼마나 튼튼하며, 그들의 피부가 얼마나 생생하며, 그들의 눈에 무엇이 타오르고 있는가? 우리 눈이 그것을 보는 때에 우리의 귀는 생의 찬미를 듣는다. 그것은 웅대한 관현악이며, 미묘한 교향악이다. 뼈끝에 스며들어 가는 열락의 소리다. 이것은 피어나기 전인 유소년에게서 구하지 못할 바이며, 시들어가는 노년에게서 구하지 못할 바이며, 오직 우리 청춘에서만 구할 수 있는 것이다. 청춘은 인생의 황금시대다. 우리는 이 황금시대의 가치를 충분히 발휘하기 위하여, 이 황금시대를 영원히 붙잡아 두기 위하여, 힘차게 노래하며 힘차게 약동하자!

청춘에 관해 사람들이 한 말을 몇 가지 들어보자.
– 청춘은 젊은이에게 주기에는 너무 아깝다. (Youth is wasted on the young.) – 조지 버나드 쇼
– 돈이 있으면 이 세상에서는 많은 일을 할 수 있다. 청춘은 돈으로 살 수 없다. – 다이문트(오스트리아 극작가)
– 만약 내가 신이었다면 나는 청춘을 인생의 끝에다 두었을 것이다. – 아나톨 프랑스(프랑스 작가)

- 청춘의 꿈에 충실하라. - 프리드리히 실러
- 청춘의 사전에는 실패란 말이 없다. - 리튼(영국 작가)
- 청춘이란 끊임없는 도취이며 이성(理性)의 열병이다. - 라로시푸코(프랑스 모럴리스트)
- 청춘은 다시 돌아오지 않고, 하루에 새벽은 한 번뿐일세. 좋은 때 부지런히 힘쓸지니. 세월은 사람을 기다리지 않는다. - 도연명
- 청춘은 일생에 단 한 번 밖에 없다. - 롱펠로우(미국 시인)
- 아아, 청춘! 사람은 그것을 한 때만 가질 뿐 나머지 시간은 그것을 상기한다. - 앙드레 지드(프랑스 소설가)

이에 코헬렛은 마음에서 근심(분노 짜증)과 악을 멀리하라고 권한다.(10절) '근심을 마음에서 멀리하라'는 말은 '마음이 상한 상태로 방치하지 말라'는 뜻이다. 마음이 상한 상태에서는 올바른 결정을 내리기가 어렵다. 중요한 결정일수록 기쁠 때 슬플 때 즐거울 때 괴로울 때를 피해서 평정심을 유지한 상태에서 내려야 한다. 그렇지 않았다가는 불필요한, 그리고 크고 작은 낭패를 겪을 수가 있다.

예를 들면 젊은 시절에 대학입학이나 입사시험에 낙방할 수 있다. 인생 전체라는 긴 시야에서 보면 1-2년 더 빠르거나 늦음이 그렇게 중요하지 않을 수 있다. 인생을 길게 산 사람은 이런 말에 쉽게 공감한다. 당사자인 청년들도 그렇게 생각할까? 아마 쉽지 않을 것이다. 특히 충분히 합격할 것이라고 자신했던 시험에서 낙방하면, 마음이 상하는 정도가 생각했던 것보다 훨씬 크다. 그런 상태로 시간을 낭비하기 쉽다. 결국 시험에 낙방한 것보다도 시간(인생)을 낭비하는 것에서 훨씬 더 손실을 보는 것이다.

어떤 이성과 몇 개월이나 몇 년 교제한 뒤 헤어지면, 마음이 몹시 상한다. 그런 때에 자신에게 조금만 잘 해주는 사람에게 깊은 호감을 느껴, 그

사람이 어떤 사람인지 깊이 생각하지 않고서 덜컥 결혼부터 하기도 한다. 그리고 금방 후회한다.

이런 뜻에서 마음에 있는 근심 상한 감정을 잘 털어내는 것이 중요하다. 특히 중요한 결정일수록 마음에 근심이 있는 상태에서 내리면, 후회할 가능성이 크고 지불해야 할 대가도 크다.

코헬렛은 '악을 몸에서 물러가게 하라'고 권했다. 여기서 '악'은 육체의 약함을 틈타 죄를 범하게 하여 인생을 무의미하게 탕진하게 하는 것이라 할 수 있다. 또한 수단과 방법을 가리지 않고 세속적으로 성공하여 안일한 삶을 살게 하려는 가치관이라고도 할 수 있다.

혈기왕성한 시절에는 육체적인 쾌락에 빠지는 것과 수단과 방법을 가리지 않고 세속적으로 성공하려는 욕망을 조심해야 한다. 그런 것을 자신에게서 물러가게 해야 후회 없는 인생을 살 수 있다. 젊은 시절은 그 당시에는 천천히 가는 것처럼 보여도 지나놓고 보면 '참 빨리 지나갔다'는 사실을 깨닫게 된다.

코헬렛은 11:7-10에서 피할 수 없는 죽음을 의식하면서도 기쁘게 살라고 권면했다. 그것에 이어 12:1-7에서 그는 죽음의 의미를 전한다. 그 짜임새는 다음과 같다.(W. Brown 179)

1 우주의 소멸(2절)
　a. 우주적 암흑
　b. 구름
1I. 주거의 소멸(3절)
　a. 무기력한 남성 – '집을 지키는 자'

b. 위축된 여성 – '맷돌질하는 자'

　　c. 연약한 여성 – '내다보는 자'

III 상업의 소멸(4a)

　　a. 파산한 상업적 무역

　　b. 사라지는 맷돌소리

IV 자연의 상승과 소멸(4b-5a)

　　a. 노래하는 새

　　b. 도처의 폭력

　　c. 부패와 무능

V. 개인의 죽음(5b-7)

　　a. 영원한 집으로 들어감

　　b. 인생의 깨어진 상징들

　　c. 생명의 근원으로 귀향

이 찬송시는 개인에서 우주에 이르기까지 생명의 다양한 상황 속에서 발견되는 죽음을 묘사하고 있다. 그럼에도 불구하고 이 시는 개인이든 집단이든 죽음이나 소멸을 통해 생명이 유지된다는 점을 강조한다.

있을 때 잘해

전 12:1-2

개역개정	직역
1 너는 청년의 때에 너의 창조주를 기억하라 곧 곤고한 날이 이르기 전에, 나는 아무 낙이 없다고 할 해들이 가깝기 전에 2 해와 빛과 달과 별들이 어둡기 전에, 비 뒤에 구름이 다시 일어나기 전에 그리하라	1 기억하라, 네 창조주를, 네가 아직 젊은 시절에. 곧 힘든 날들이 찾아오기 (전에) 사는 것이 즐겁지 않다고 할 해가 되기 (전에) 2 아직 해와 빛과 달과 별들이 어두워지기 전에, 먹구름이 비가 되어 되돌아오기 전에.

이것은 젊은이에게 주는 교훈이다. 물론 청년의 때라는 말은 반드시 젊은 시절, 육체의 나이가 젊은 것만 의미하지 않는다. 이는 나이를 가리킨다기보다는 오히려 '아직 살아 움직이는(활동하는) 동안'이라는 뜻이 더 강하다.(예: '영원한 청년 예수')

미국의 시인이요 작가인 울맨(Samuel Ullman 1840-1924)의 시 〈젊음 Youth〉이다. 독일에서 태어나 미국으로 이주한 그는 교육과 사회사업에 종사하면서 여러 글을 썼다. 이 시는 80세 생일을 기념해 출판한 시집에

실린 것이다. 이를 보니 그는 분명 '나이를 잊고 늘 푸르게 살았으리라' 짐
작된다.

젊음은 인생의 한 시기가 아니요, 마음의 상태이다. 장밋빛 볼과 붉은 입술, 유연한 무릎이 아니라 의지와 풍부한 상상력과 활기찬 감정에 달려 있다. 젊음이란 기질이 소심하기 보다는 용기에 넘치고, 수월함을 좋아하기 보다는 모험을 쫓는 것이고 이는 스무살 청년에게도, 예순 노인에게도 있다. 단지 나이를 먹는다고 늙는 것은 아니다. 이상(理想)을 버릴 때 우리는 늙는다…. 그대와 나의 가슴 한가운데에는 무선국이 있다. 그것이 사람들로부터 또는 하늘로부터 아름다움과 희망과 활기, 용기와 힘의 메세지를 수신하는 한, 그대는 영원히 젊으리라.	Youth is not a time of life; it is a state of mind; it is not a matter of rosy cheeks, red lips and supple knees; it is a matter of the will, a quality of the imagination, a vigor of the emotions…. Youth means a temperamental predominance of courage over timidity, of the appetite of adventure over the love of ease. This often exists in a man of sixty more than a boy of twenty. Nobody grows old merely by a number of years. We grow old by deserting our ideals… In the center of your heart and my heart there is a wireless station; so long as it receive messages of beauty, hope, cheer, courage and power from men and from the infinite, solong are you young…

1절 '너는 청년의 때에 너의 창조주를 기억하라'는 말씀은 전도서 안에서 '헛되고 헛되도다'와 함께 가장 많이 입에 오르내리는 말씀이다.

1절에는 '청년의 때'와 '곤고한 날'이 대조된다. 청년의 때에서 젊은이는 여기서 두 가지로 해석된다. i) 젊은 날, 젊은 시절을 가리킨다. 곧 인생에서 가장 혈기가 왕성할 때다. ii) 3-7에 따라 혈기 왕성한 20-30대라기보다는 육체의 건강이 아직 남아있는 동안을 의미한다. 곧 우리가 건강하게 활동할 수 있는 모든 연령대를 가리켜 청년의 때라고 한 것이다.

곤고한 날은 시간적으로는 노년의 때를 말하고 육체적으로는 쇠약해지고 병든 때를 가리킨다. 이 곤고한 때가 우리에게 반드시 찾아온다. 그래서 전도서는 젊음의 때가 다가고 허무하게 인생을 마치기 전에 하나님을 기억하고 그 분 안에서 참된 삶과 가치를 찾고 살아갈 것을 당부한다. 이는 혈기왕성한 자신의 힘만을 의지하고 살다가 그 힘이 쇠약해져서 아무런 힘도 쓸 수 없는 때가 찾아왔을 때 헛된 인생을 살았다고 한탄하지 말고 젊어서부터 하나님으로 오는 진정한 인생을 살아가라는 것이다.

창조주라는 말은 창 1:1 '창조하다'라는 뜻을 지닌 히브리 동사와 같은 어근에서 왔다. 마치 창 1장의 하나님(엘로힘)이 복수형으로 쓰였듯이, 여기 '창조주'도 그렇다.(bārā' 동사의 남성복수 분사형) 이런 것을 가리켜 우리는 신적인 복수형 또는 존엄의 복수형이라 부른다.

하나님은 솔로몬에게 전무후무한 복을 주셨다. 그는 지혜와 재산과 왕권을 풍성하게 물려받았다. 그런 그가 받은 은혜를 잊어버렸다. 그것으로 하나님을 더욱 깊이 알아가려고 하기보다는 행사만 하려 하다가 말년에는 청년기보다 훨씬 적은 소유와 영향력만 유지했다.

하나님은 다윗에게도 분에 넘치는 은혜를 주셨다. 뜻밖에 출세를 한 그는 사울의 궁전에 들어가 살다가 도망자 신세로 떨어졌다. 시편 34는 그때 지은 시다. 그 시에는 '다윗이 아비멜렉 앞에서 미친 체 하다가 쫓겨나서 지은 시'라는 설명이 붙어 있다.

다윗이 사울에게 도망을 다니다가 궁지에 몰리자, 골리앗의 고향 블레셋까지 피난을 갔다. 그는 거기서 생각도 못한 위기에 몰리자 미친 척을 하여 겨우 빠져나왔다. 그 창피한 일을 겪으며 그는 깨달았다.

너희는 여호와의 선하심을 맛보아 알지어다 그에게 피하는 자는 복이 있도다

너희 성도들아 여호와를 경외하라 그를 경외하는 자에게는 부족함이 없도다

젊은 사자는 궁핍하여 주릴지라도 여호와를 찾는 자는 모든 좋은 것에 부족함

이 없으리로다(시 34:8-10)

그는 20대 나이에 이 시를 지었다. 그는 청년의 때부터 하나님을 바라보

았기에 신앙의 길을 크게 이탈하지 않으면서 한 평생을 살 수 있었다.

깨달음에도 시기가 참 중요하다. i) 미리 깨닫는 것이다. 일이 (크게) 벌

어지기 전에 제 때 깨닫는 것이 최선이다. 하인리히 법칙이 있지 않은가?

엄청나게 큰일, 감당할 수 없이 크게 터지는 일 전에는 그것을 있게 만드는

잘디잔 일들이 300번, 그리고 약간 심각한 일들이 29번 일어난다는 것이

다. 이는 별로 손상을 입히지 않기에 지나쳐도 무방할 것같은 작은 사고들,

신경이 쓰이기는 해도 경미한 손해만 입히고 지나가는 사고들에서도 이미

대형사고를 예감하고 방지할 대책을 세우는 것이다.

ii) 뒤늦게 깨닫는 것이다. 가룟 사람 유다는 예수님을 은 30에 팔아넘기

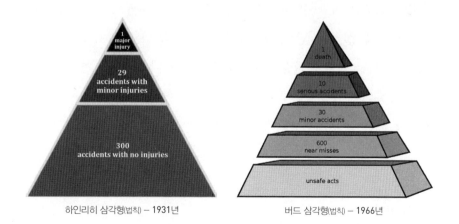

하인리히 삼각형(법칙) – 1931년   버드 삼각형(법칙) – 1966년

고 나서 예수님이 십자가에 달려 돌아가신 뒤에야 비로소 자기 잘못을 깨닫고 후회했다. 일은 그때 이미 돌이킬 수 없이 벌어진 다음이었다. 그렇다고 해서 기회가 아예 없는 것은 아니다. 비록 일어난 일은 '이미 엎질러진 물'과 같더라도 그 일과 그 일에 관여한 자신에 관한 '해석'은 다시 내릴 수가 있다. 안타깝게도 그는 '그 해석'에서 하나님 손을 잡지 못했다. 그는 후회만 하다가 결국 불행한 선택을 하고 말았다.

iii) '죽은 다음에서야 깨닫는 것'이다. 나사로와 부자의 이야기에서 부자가 그랬다. 그는 살았을 때 좋은 것을 누리느라 미처 깨닫지 못하고 죽었다. 죽은 뒤 견딜 수 없이 뜨거운 불맛을 보면서 겨우 깨달았다. 그 깨달음은 아무 소용이 없었다.

청년의 때에 하나님을 기억해야 하는 이유가 무엇인가? 그것은 '곤고한 날'이 오고, '나는 아무 낙이 없다고 할 해'가 오기 때문이다.(2절) '해, 빛달, 별'은 모두 발광체다. 그것들은 지구에서 볼 때 시간이 지나면 지거나 어두워진다. 이에 착안하여 코헬렛은 '해와 빛과 달과 별이 어두워진다'는 것을 사람이 늙어가는 것에 빗대었다.

모든 사람에게 '오늘'은 살아 있는 날 중에 가장 '젊은 날'이다. 오늘만큼 청년으로(젊게) 살 날은 앞으로는 절대로 오지 않는다. 우리가 인생을 오래 살고 나서 지난 세월을 신앙의 눈으로 되돌아볼 때 무엇을 가장 후회하게 될까? 그 후회의 출발점은 하나님을 기억하지 못하고 살았다는 것이리라. '그때 그 순간 그 일에서 하나님을 기억하며 처신했더라면…'하는 것이리라. '그때 그 순간'이 하나님의 선물이었노라고 받아들이지 못했다는 것이리라. 그러므로 우리가 오늘, 지금 하나님을 기억하며 사는 일이 가장 지혜로운 것이다.

리처드 코리(Richard Cory) - Edwin Arlington Robinson(1869-1935)

리처드 코리가 마을에 나타날 때마다 길 위에 사람인 우리는 그를 쳐다보았다. 그는 발끝부터 머리끝까지 신사였다. 얼굴은 말쑥하고 당당하게 후리후리했다.	Whenever Richard Cory went down town, We people on the pavement looked at him: He was a gentleman from sole to crown, Clean favored, and imperially slim.
그는 언제나 옷을 단정하게 입었고, 말할 때는 언제나 인간미가 있었다. 그가 '안녕하세요' 할 땐 맥박이 뛰었고 걸을 땐 빛이 났다.	And he was always quietly arrayed, And he was always human when he talked; But still he fluttered pulses when he said, "Good-morning," and he glittered when he walked.
게다가 그는 부자였다 - 맞다, 임금님보다 도 더 부자였다.	And he was rich—yes, richer than a king—
그리고 감탄할 만치 모든 점에서 세련되 어 있었다.	And admirably schooled in every grace:
요컨대, 그는 전부였다, 우리에게 그 사람처럼 됐으면 하는 사람 이었다.	In fine, we thought that he was everything To make us wish that we were in his place.
이렇게 우리는 일을 계속했고 볕들 날을 기다렸다. 고기도 못먹고 빵을 저주했다. 그리고 리처드 코리는요, 어느 고요한 여 름날 밤, 집으로 돌아와 자기 머리에 방아쇠를 당 겼다.	So on we worked, and waited for the light, And went without the meat, and cursed the bread; And Richard Cory, one calm summer night, Went home and put a bullet through his head.

　이 시에는 길에 선 평범한 사람(We people on the pavement)의 눈으로 본 리처드 코리가 묘사되어 있다. 만일 마지막 한 줄이 없다면, 그는 뭇사람의 부러움을 사며 살다간 사람이었으리라. 그런데 마지막 한 줄이 모든 것을

반전시켜 놓았다.

그는 신사였다.(He was a gentleman) 잘 생긴 외모 풍성한 재력 좋은 집안 원만한 대인관계 높은 학식 교양있는 태도 등 어느 것 하나 모자람이 없는 듯이 보였다. 영어 젠틀맨이란 말에는 좋은 집안 출신, 요즘 말로 하자면 금수저를 물고 태어난 사람이란 뜻이 들어있다. 그런 그에게 자기 인생에 볕들 날만 기다리며 힘겹게 살아가는 사람들이 깜짝 놀랄 일이 생겼다. 그가 어느 날 저녁 위와 같은 모든 것을 버리고 스스로 자기 생을 마감한 것이다.

풍요속의 빈곤, 충만함 속의 공허라고나 할까? 겉만 보는 사람 눈에는 보이지 않는 정신적 쓸쓸함과 인생의 쓴맛이 그에게 가득했다. 그래서 남들이 보기에는 복에 겨워사는 사람이었던 그는 자기 스스로 목숨을 끊었다.

여기에 역설이 있다, 모두에게 선망의 대상이던 리처드 코리는 삶을 포기할 만큼 힘들어했고, 가진 것이 별로 없으며 시원찮은 먹거리를 앞에 놓고도 투덜거리며 빵을 씹어먹어야 했던 '길 위의 사람들'(보통 사람들)은 빛을 기다리며 희망 속에 살아간다는.(waited for the light)

코헬렛은 어떤가? 그는 인생의 쓴맛 단맛을 다 아는 사람이다. 그는 인생의 쓴맛에서도 허무한 것에서도 허탈하고 허전한 상황에서도 꿀맛같은 상황에서도 그 현실에 빠져들어가지 않았다. 그는 그런 것에 매몰되기보다는 '생각을 다르게 했다.' 그 결과 모든 것의 주인이신 하나님을 새롭게 만났다. 그는 자신의 창조주를 기억하고자 했다. 창조주 하나님 손을 잡으려 했다.

영생이 우리를 부른다

전 12 : 3-7

개역개정	직역
3 그런 날에는 집을 지키는 자들이 떨 것이며 힘 있는 자들이 구부러질 것이며 맷돌질 하는 자들이 적으므로 그칠 것이며 창들로 내다 보는 자가 어두워질 것이며	3 그날에 떨리리라, 집 지키는 자들이. 그리고 구부러지리라, 유력한 자들이. 그리고 멈추리라, 맷돌질하는 여인들이, 수가 줄어들어. 그리고 어두워지리라, 창문을 통하여 보는 자들이.
4 길거리 문들이 닫혀질 것이며 맷돌 소리가 적어질 것이며 새의 소리로 말미암아 일어날 것이며 음악하는 여자들은 다 쇠하여질 것이며	4 그리고 골목길 문들이 닫히리라, 맷돌질 소리가 잦아드는 동안. 그리고 일어나리라, 새 소리로 인하여. 그리고 그치리라, 딸들에게서 노래가.
5 또한 그런 자들은 높은 곳을 두려워할 것이며 길에서는 놀랄 것이며 살구나무가 꽃이 필 것이며 메뚜기도 짐이 될 것이며 정욕이 그치리니 이는 사람이 자기의 영원한 집으로 돌아가고 조문객들이 거리로 왕래하게 됨이니라	5 그들은 또한 높은 곳을 두려워하리라. 그리고 제풀에 두려워하리라, 길에서도. 그리고 꽃이 피리라, 살구나무에. 그리고 스스로 끌려가리라, 메두기가. 그리고 효력이 없어지리라, 아비요나 열매가. 그리고 그 사람이 가리라, 자신의 영원한 집으로. 그리고 골목길에 둘러서리라, 애도하는 자들이.
6 은 줄이 풀리고 금 그릇이 깨지고 항아리가 샘 곁에서 깨지고 바퀴가 우물 위에서 깨지고	

7 흙은 여전히 땅으로 돌아가고 영은 그 것을 주신 하나님께로 돌아가기 전에 기억하라	6 은줄이 끊어지기 전에, 그리고 금 대접이 깨지기 전에, 그리고 물동이가 그 샘가에서 부서지기 전에, 그리고 도르래가 우물 위에서 깨지기 전에,
	7 그리고 흙먼지는 땅으로 돌아가기 전에, 그것이 본디 있었던 그대로, 그리고 그 영혼은 그것을 주신 하나님께로 되돌아가기.

이것은 코헬렛이 사람의 몸과 그 상태를 집과 집에서 쓰는 도구들에 빗댄 것이다. 그는 12장 1절에서 '기억하라'는 말씀을 주었다. 비록 '해 아래(이 세상)' 살고 있더라도 '해 위를 바라보며' 살기 위해서는, 또 인생을 "헛되고 헛되며 헛되고 헛되니 모든 것이 헛되도다"라고 한숨을 쉬지 않을 수 있는 길은 창조주 하나님을 기억하며 사는 것뿐이다.

학자들은 전 12:3-7 말씀을 i) 문자 그대로 ii) 상징적인 표현으로 iii) 비유적·알레고리적 표현으로 풀이한다.(Lohfink 185 ; Schoors 821) 이 가운데 전 12:2-5는 나이드는 과정보다는 죽음에 관한 말씀으로 보인다. 우리는 이 말씀을 사람의 몸의 상태를 집과 거기서 사용되는 도구들에 비유하는 것으로 보고자 한다. 코헬렛은 어떤 집 한 채가 무너져가는 과정을 통하여 인간의 육체가 죽어가는 과정을 설명했다.

만일 땅에 있는 우리의 장막 집이 무너지면 하나님께서 지으신 집 곧 손으로 지은 것이 아니요 하늘에 있는 영원한 집이 우리에게 있는 줄 아느니라(고후 5:1)

이는 우리 주 예수 그리스도께서 내게 지시하신 것 같이 나도 나의 장막을 벗

어날 것이 임박한 줄을 앎이라(벧후 1:14)

어떤 집이 있었다. 그 안에 주인들과 하인들이 살고 있었다. 집을 지키는 하인은 안팎으로 쏘다니며 늘 바쁘게 움직였다. 권문세가(權門勢家)의 주인들은 기세도 당당했다. 많은 하녀들이 집안에 사는 주인과 객에게 식사를 공급하기 위해 날마다 맷돌질하기에 바빴다. 권문세가의 여주인들은 주로 방안에만 있고, 밖에서 벌어지는 일을 볼 때는 나와서 보지 않고, 격자 창문 창살 틈으로 은밀히 밖을 내다볼 뿐이었다. 출입하는 소슬 대문은 드나드는 사람들이 많아 늘 열려 있었다.

어느 날부터인가 이런 집이 점점 가세가 기울어지기 시작했다. 그리고 몰락하는 날이 다가오는 것이었다. 집 지키던 건장한 하인들이 불안하여 벌벌 떨었다. 기세도 당당하던 주인들이 마당 바닥에 나뒹굴었다. 맷돌질 하던 하녀들도 하나 둘 사라져 맷돌 소리조차 그쳐 버렸다. 아무도 밥 준비를 하지 않았다. 수시로 창문을 통해 밖의 동정을 살피던 귀부인들은 사색이 되었다. 대문이 닫히고 출입하는 사람도 별로 없었다. 이는 흉가, 폐가가 되었다.

일찍이 매월당 김시습(梅月堂 金時習)은 〈아중 牙蚘〉(= 벌레먹은 어금니)이란 시에서 자신이 늙어가는 모습을 이렇게 묘사했다:

옛적 젊은 시절에는 (伊昔少年日 이석소년일)

눈 부릅뜨고 돼지다리 뜯었는데 (瞠眉決豕肩 당미결체견)

어금니 벌레먹은 뒤로는 (自從牙齒齵 자종아치우)

무르고 단 것만 가려 먹는다네 (已擇脆甘嚥 이택취감연)

작은 토란도 삶은 걸 또 삶고 (細芋烹重爛 세우팽중란)

어린 닭도 익히고 또 익히네 (아계자부전 兒鷄煮復煎)

이리해야 먹을 수 있으니 (여사득자미 如斯得滋味)

사는 일이 참 가련하게 되었도다 (생사가감련 生事可堪憐)

여기서 코헬렛은 사람이 늙어가고 죽어가는 과정을 어떤 집과 그 집안 풍경에 비유했다.

'집을 지키는 하인들'은 사람의 '갈비뼈와 허리' 혹은 '두 다리' 나 '두 팔'이나 '두 손' 등을 가리킨다. 이런 것들이 경련을 일으킨다는 것이다.

'권세를 부리던 주인들'은 '팔'이나 '다리' 또는 '척추' 등 여러 가지로 해석된다.

학자들은 '맷돌질하는 하녀들'을 대체로 이빨을 비유하는 것이라고 본다. 그들이 하나 둘 사라져 맷돌 소리가 사라진다는 말은 이빨이 빠져 씹지 못한다는 뜻이다.

'창으로 밖을 내다보곤 하던 귀부인들'은 두 눈을 가리킨다. 그 귀부인들이 사색이 되었다는 말은 두 눈이 침침해졌다는 뜻이다.

'거리로 난 문들'에 관해서는 피부 발 입술 항문 두 귀 등 다양한 해석이 있으나 두 귀를 가리킨다는 쪽에 가장 많은 사람이 손을 든다.

'맷돌 소리 낮아진다'는 말은 '이가 빠져 씹지 못한다' '목소리가 쇠약하여졌다' '입맛이 없어진다' '소화가 잘 안된다' 등 여러 가지로 풀어 해석될 수 있다.

'새 소리에 일어난다'는 말은 '새처럼 일찍 일어난다'는 뜻으로 노년에 잠(새벽잠) 이 없어진다는 뜻이다.

'노래하던 모든 소녀들 엎드려 구슬피 운다'는 '목소리가 쇠하여 진다' '귀를 먹는다'는 뜻으로 해석되는 경향이 있다.

바르실래가 다윗 왕에게 한 말에도 노인의 신체적 특성이 잘 묘사되어 있다. 다윗 왕이 마하나임에 피신해 있을 때 바르실래가 왕의 양식을 도맡아 대었다. 다윗 왕이 환도하면서 바르실래에게 잘 대접해 줄터이니 예루살렘으로 같이 올라가자고 제안했다. 그러자 바르실래는 "제가 얼마나 더 살겠다고 임금님을 모시고 예루살렘으로 올라가겠습니까? 제 나이 이미 여든인데 무슨 낙을 더 보겠습니까? 먹고 마시니 맛을 압니까? 남녀가 노래를 부르니 제대로 알아듣기나 합니까? 그런데 어찌 이 늙은 것더러 임금님께 짐이 되라 하십니까?"(삼하 19:35)라고 대답했다. 바르실래의 말대로 노인이 되면 "낙이 없고" "입맛이 없고" "흥겨운 노래도 알아듣지 못하고"라는 등의 증세가 나타난다. 그렇다고 해서 여기 묘사한 내용은 반드시 노인에게만 적용되는 것이 아니다.

무너지는 집의 비유를 사용한 코헬렛이 이번에는 또 표현양식을 달리하여 늙는 증세를 묘사하고 있다. "높은 곳에 오르는 것을 무서워하고 길을 걷다가도 놀란다"는 것에 대해 대부분의 주석이 이것이 노인들의 고소공포증이나 숨이 차서 높은 언덕을 오를 수 없는 것, 그리고 보행의 어려움을 말하는 것이라고 설명한다.

내가 너희 가운데를 지나가는 날,
장터마다 울음소리가 터지리라.
거리마다 아이고, 아이고 곡하는 소리가 터지리라.
농군을 불러다가 울게 하며
울음꾼을 불러다가 울게 하리라.
포도원마다 울음소리 터지리라 (암 5:16-17).
곡하는 여인들을 어서 불러오너라.

넋두리 잘하는 여자들을 불러 부탁하여라.

"지체 말고 구슬픈 노래를 불러 주오.

눈에서 눈물이 쏟아지고

눈시울에 눈물이 방울져 내리도록!"(렘 9:17-18)

코헬렛은 이제 사람의 임종을 묘사했다. 그는 은줄·금등잔·항아리·도르래 등 비유적 표현을 썼다. "은줄이 풀린다" "금등잔이 깨어진다" "샘가에서 항아리가 박살난다" "우물 위에서 도르래가 부서진다"는 등의 표현이 구체적으로 무엇을 가리키는가 하는 것은 분명치 않더라도 그것이 사람의 죽음과 장례를 뜻하는 이미지인 것은 분명하다.

우물로 옮겨진 히브리어 보르(bôr)는 다른 곳에서는 죽음(사 38:18) 무덤(잠 28:17; 사 14:15) 감옥(창 37:20 이하; 출 12:29)으로 번역되기도 한다. 그렇다면 여기서 우물도 무덤을 가리킬 수 있다. 죽음을 그릇이 깨어지는 것으로 묘사한 곳도 더러 있다.(렘 18:6; 사 30:14; 시 2:9) 어떤 사람은 "금 등잔"은 "귀인", "항아리"는 "보통 사람", "도르래"는 "천민"이라고 말하기도 하는데 코헬렛이 이렇게 신분을 구별했다고 보기는 어렵다.

코헬렛은 사람이 이렇게 죽기 전에, 창조자를 기억하고 젊은 날에 주어진 것(삶과 삶에 주어진 것)을 정성껏 즐기라고 권했다. 목숨이 하나님께로 돌아가면 그 사람은 땅에 묻혀 흙으로 돌아가고 만다. 목숨을 받아 세상에 왔다가 즐기기도 하고 고생하기도 하다가 다시 흙으로 돌아간다. 그래서 "헛되고 헛되다"고 코헬렛은 말하는 것이다.

살구나무는 비록 고목이 되는 경우라 하더라도 다음 해 봄이 되면 거기에 꽃이 핀다. 그러나 인간의 경우는 회춘이 없다. 혹 잠시 회춘하더라도 살구나무 같이 되지 않는다. 정력제도 오히려 몸에 해롭고 양기를 돕는 약

초도 효험이 없어진다. 이제 머지않아 죽는다. 여기서 말하는 '영원한 집'
은 무덤을 가리킨다.

　돈 받고 울어 주는 울음꾼들이 그의 운명을 벌써 알아채고 혹시나 울음
꾼으로 뽑혀 돈을 벌어보겠다는 심산으로 그 집 앞　골목에서 서성거린다.
"살구나무에 꽃이 핀다"는 말을 검은머리가 희어지는 것으로 보는 사람도
있다.

> 7 나무는 그래도 희망이 있습니다. 찍혀도 다시 피어나 움이 거듭거듭 돋아납
> 니다. 8 뿌리가 땅 속에서 늙고 줄기가 흙 속에서 죽었다가도 9 물기만 맡으면
> 움이 다시 돋아 어린 나무처럼 가지를 뻗습니다. 10 그러나 사람은 제아무리
> 대장부라도 죽으면 별수없고 숨만 지면 그만입니다.(욥 14:7-10 공개)

여기에서 드러나듯이 사람이 자연보다 잘난 체하더라도 결국 자연(자연
의 이치, 섭리)에 굴복하고 자연으로 되돌아간다.

> 다 흙(먼지 'afar)으로 말미암았으므로 다 흙('afar)으로 돌아가나니 다 한 곳으로
> 가거니와 (전 3:20)

> 모든 육체가 다 함께 죽으며 사람은 흙('afar)으로 돌아가리라(욥 34:15)

> 주께서 사람을 티끌(파멸 dakka')로 돌아가게 하시고 말씀하시기를 너희 인생들
> 은 돌아가라 하셨사오니 (시 90:3)

> 인생들의 혼(영 rûăḥ)은 위로 올라가고 짐승의 혼(영 rûăḥ)은 아래 곧 땅으로 내려

가는 줄을 누가 알랴 (전 3:21)

여호와 하나님이 땅(ʿāfar)의 흙(ʾădāmâ)으로 사람을 지으시고 생기(nəšāmâ / ḥajjôm nišəmat)를 그 코에 불어넣으시니 사람이 생령(nefeš ḥajjâ)이 되니라 (창 2:7)

이집트 문헌(C. L. Seow, Qohelet's Eschatological Poem, JBL 118/2 (1999) 209-234.)

노쇠가 찾아들었다. 노년기가 닥쳐왔다.
허약함이 찾아왔다; 연약함이 나타고 있다.
그는 잠자러 갔다, 피곤하여 하루 종일 잤다.
눈이 흐릿하다. 귀가 들리지 않다.
힘이 떨어지고, 내 마음이 지쳤기 때문이다.
입은 조용하다. 그것은 말할 수가 없다.
마음은 끝났다. 그것은 과거를 기억하지 못한다.
뼈가 온통 아프다.
좋은 것이 나쁜 것이 되었다. 모든 맛이 사라졌다.
노년이 모든 사람에게 하는 일은 끔찍한 것이다.
코가 막혔다. 숨을 쉴 수 없다.
서거나 앉는 것이 쇠약(?)하다.

– 파피루스 프리스 4.2-5.2

내 팔다리가 젊었으면 (반복)
정말 노년이 다가왔다.
나약함이 나를 덮쳤다.
내 눈은 무겁고,
팔이 약해,

내 발이 따르지 않고,

마음이 피곤하다.

죽음이 내게 다가오고 있다!

– 파피루스 베를린 3022, 167–70행

육십 년을 넘긴 그에게는 모든 것이 지나갔고

그의 마음이 포도주를 사랑하면 취하여 마실 수 없다.

그가 음식을 원하면, 그는 평소대로 먹을 수 없다.(sic.)

그가 여성을 원하면 그녀의 순간은 오지 않는다.

누구에게나 주어진 세월은 흐르고 흘러서 지나간다.(1-2) 우리 모두에게 노쇠하여 활동하기 힘든 날이 다가오고 있다. 세월은 간다. 그러는 동안 우리도 다음과 같이 변해 간다.(3-5a)

날쌔던 팔다리는 힘을 쓰지 못해 후들거린다.("집을 지키던 자들이 떨 것이며") 강인하던 척추는 수분이 모자라면서 구부러진다.("힘 있는 자들이 구부러질 것이며") 아름답던 치아들이 빠져 나간 입은 오므라져 흉하고 음식 저작이 힘들다.("맷돌질 하는 자들이 적으므로 그칠 것이며") 총명하던 시력이 어두워져 한없이 침침하기만 하다.("창들로 내다보는 자가 어두워질 것이며") 또렷하게 들리던 소리들이 왠지 멀리서만 웅얼거리게 들린다.("길거리 문들이 닫혀질 것이며") 온 몸 구석구석의 근력과 기력이 탕진되어 무슨 일이든 할 수가 없다.("맷돌 소리가 적어질 것이며")

새벽잠이 없어져서 미세한 새 소리 같은 것에도 번쩍번쩍 눈이 떠진다.("새의 소리로 말미암아 일어날 것이며") 그 좋던 목청도 쇠약해져 갈라진 바람소리가 난다.(루치아노 파바로티도 70세가 넘어서는 고음을 가성 처리했단다. "음악하는 여자들은 다 쇠하여질 것이며") 높디높은 산마루도 거침없이 달렸었는데, 이젠 겁이 나 사다리도 못 오르겠다.("높은 곳을 두려워할 것이며")

산마루는 고사하고 길거리의 작은 충격에도 깜짝깜짝 놀란다.(호르몬 분비 이상과 심장 약화가 생겨난다. "길에서는 놀랄 것이며") 밤처럼 까맣게 윤기 흐르던 머릿결이 어느새 하얗게 듬성하다.("살구나무가 꽃이 필 것이며") 동무들을 목말태우고 벌판을 달리던 그 때가 그리운데, 아하, 이제는 내 몸집조차 버겁다.("메뚜기도 짐이 될 것이며") 이제는 많은 것을 바랄 수 없고 꿈꾸게 되지도 않는다. 왜냐하면 우리의 날이 저물기 때문이다.("정욕이 그치리니")

그러면 이제 영원(영원한 본향, 영원한 생명)이 우리를 부른다.(5b-7a)

영원한 고향이 곧 우리를 부를 것이다.("영원한 집으로 돌아가고") 우리의 발치에 머리맡에, 그리고 우리의 집 골목골목에 작은 소리로 웅성거리거나 흐느끼는 소리들이 오갈 것이다.("조문객들이 거리로 왕래하게 됨이니라") 그들은 우리를 잠시 기억할 것이다. 그리고 우리는 그들에게 이내 잊힐 것이다. 그 때 내가 들어갈 영원한 그곳은 어디인가? 은 줄처럼 영롱하던 이 생명이 풀어질 것이다.("은 줄이 풀리고") 금 그릇처럼 영광스럽던 이 생명이 사금파리처럼 흩어질 것이다.("금 그릇이 깨지고") 샘은 여전히 맑고 차가운 물을 흘려 내겠지만, 언제까지나 풍성할 줄 알았던 이 생명의 항아리는 더 이상 그 물을 길어 담을 수 없을 것이다.("항아리가 샘 곁에서 깨지고") 우물에는 여전히 싱그러운 물이 찰랑거리겠지만, 언제까지나 달릴 것 같던 이 생명의 수레바퀴는 더 이상 그 곁을 질주할 수 없을 것이다.("바퀴가 우물 위에서 깨지고") 아, 세월은 가고 날이 저무는 것이다.

하나님을 기억해야 소망이 있다.(7b-8)

562

하나님을 기억하지 않는 생명에는 아무 소망이 없다. 인생은 다만 흙으로 돌아가는 것뿐이 아니다. 그것이 전부라면 인간과 인생과 생명이란 나무만도 못한 것이다. 나무는 죽어도 다시 움이 돋고 싹이 나 생명을 이어가지만, 생명이 흙으로 돌아가고 그것으로 끝이라면 이 얼마나 허무한가!

성경은 생명이 하나님께로 돌아간다고 한다. 그러니 우리는 아직 살아 있을 때에 하나님을 기억해야 한다. 하나님을 기억하고 찾아 인생을 그에게 맡기면 인생은 허무의 굴레를 벗는다. 하나님을 기억하는 한 우리의 삶은 의미 있고 가치 있다. 그러므로 가능한 일찍 하나님을 기억해야 한다. 아무리 늦어도 아직 흙으로 돌아가기 전에 하나님을 기억해야 한다.(7b)

자연으로 되돌아가기

전 12:5

개역개정	직역
또한 그런 자들은 높은 곳을 두려워할 것이며 길에서는 놀랄 것이며 살구나무가 꽃이 필 것이며 메뚜기도 짐이 될 것이며 정욕이 그치리니 이는 사람이 자기의 영원한 집으로 돌아가고 조문객들이 거리로 왕래하게 됨이니라	그들은 또한 높은 곳을 두려워하리라. 그리고 제풀에 두려워하리라, 길에서도. 그리고 꽃이 피리라, 살구나무에. 그리고 스스로 끌려가리라, 메뚜기가. 그리고 효력이 없어지리라, 아비요나 열매가. 그리고 그 사람이 가리라, 자신의 영원한 집으로. 그리고 골목길에 둘러서리라, 애도하는 자들이.

이것은 자연과 사람의 순환과정을 노래하는 것이다. 라오하(Lauha 213)가 바르게 말했듯이 이 구절 자체는 여러 방향으로 해석될 수 있다.(Seow 379; L. Schwienhorst-Schönberger 532) 오늘날 우리는 인간이 저지르는 생태계 교란으로 인하여 자연스럽고 순조로운 그 순환과정이 교란되는 현실에 직면해 있다. 그것은 우리 시대에 사람들의 입에 자주 오르내리는 기후위기 기후정의 생태계 보전 등의 낱말에서도 여실히 드러난다.

5a '또한 그런 자들은 높은 곳을 두려워할 것이며'에서 '또한'이란 말은

전 5:1-4에 나오는 노년기에 관한 말씀과 이 부분을 연결시키는 역할을 한다. 어떤 노인은 계단 하나 정도 높이에 오르기도 버거워한다. 고갯길을 걸어오르는 것을 상상조차 하지 못한다. 이것은 그런 자들이 '언제' 두려워하느냐는 의문이 생기게 한다. 그에 대한 대답으로 우리는 전 12:1절로 돌아가 '너는 높은 곳을 두려워할 때가 이르기 전에 너의 창조주를 기억하라'라고 할 수 있을 것이다.

5b '길에서는 놀랄 것이며'에서 우리는 길 나서기가 겁나는 사람들을 떠올린다. 길에서 넘어질까 두렵기 때문이다. 옛말처럼 '바람불면 나아갈까, 입으로 불면 꺼질까' 조심조심 길을 걸어야할만큼 그들은 약해진 것이다. 근력과 체력이 떨어진 이들은 눈비로 미끄러운 길은 고사하고 조금만 울퉁불퉁한 길을 걸을 때에도 노심초사할 수밖에 없다.

5c에서 살구나무란 말(šāqēd 샤케드)은 주로 복수형(šəqēdîm)으로 쓰인다.(창 43:11; 민 17:23; 렘 1:11; 전 12:5; 출 25:33-34; 37:19-20 참조) 학명이 Amygdalus communis L. var. dulcis(amara)다. 이 나무는 오늘날 가나안 지방에서 흔히 볼 수 있다. 천주교 새번역 성경은 이를 '편도나무'(almond tree)라 옮겼다. 히브리말 샤케드는 '각성하다 깨어있다'이란 뜻으로 쓰이기도 한다. 그 나무가 1월 말 2월 초에 꽃을 피우기에 아마 이런 이름이 생긴 것 같다.(HAL 1512) 꽃은 계절에 따라 피었다가 지고 지었다가 핀다.

꽃이 피고(개화 開花) 지는 것(낙화 落花)에는 여러 가지 의상과 의미가 들어있다. 당나라 시인 고변은 〈방은자불우(訪隱者不遇)〉에서 "떨어지는 꽃이 강물 위로 흐르는 데서 세상 넓음을 안다"(落花流水認天台)고 읊었다. 한용운은 〈낙화〉란 시에서 "봄을 빼앗아 가는 악마(惡魔)의 발밑으로 사라지는 줄을 안다"라고 말했다. 조지훈 시인은 〈낙화〉란 시에서 "꽃이 지는 아침은 울고 싶어라"라고 노래했다. 여기에는 지는 꽃을 바라보는 애잔한 마음이 들어있다.

이형기 시인은 〈낙화〉란 시에서 "결별이 이룩하는 축복에 싸여 지금은 가야 할 때 무성한 녹음과 그리고 머지않아 열매 맺는 가을을 향하여 나의 청춘은 꽃답게 죽는다"라고 했다. 이것은 지는 꽃을 바라보며 그 다음에 이루어질 것을 기대하며 희망에 찬 모습을 노래한 것이다.

5d에 메뚜기가 등장한다. '메뚜기도 유월이 한철이다'는 속담은 여러 의미로 쓰인다. i) 메뚜기는 음력 유월이 한창 활동할 시기 곧 누구나 한창 활동할 수 있는 시기는 얼마 되지 아니하니 그때를 놓치지 말라는 뜻이다. ii) 자기 세상을 만난 듯 날뛰는 모습을 비웃는 것이다. iii) 어느 누구나 어느 한 시기에만 번성(蕃盛, 繁盛)할 뿐 영원히 번성하지는 않다는 뜻이다.

'산신 제물에 메뚜기 뛰어들 듯'이란 속담은 산신에게 바치는 신성한 제물에 메뚜기가 뛰어든 것처럼 어울리지 않고 분수에 넘치는 일에 참여하는 것을 비꼬는 말이다.

메뚜기는 종류에 따라 차이가 있으나 대체로 몸길이가 약 6~7cm, 무게는 약 2g내외다. 코헬렛은 이 정도의 메뚜기를 들기에도 힘이 부친다고 했다.(전 12:5) 성경에서 메뚜기는 대체로 부정적인 의상(意象)으로 등장하는 가운데서도 긍정적인 경우도 있다.

24 땅에 작고도 가장 지혜로운 것 넷이 있나니 25 곧 힘이 없는 종류로되 먹을 것을 여름에 준비하는 개미와 26 약한 종류로되 집을 바위 사이에 짓는 사반과 27 임금이 없으되 다 떼를 지어 나아가는 메뚜기와 28 손에 잡힐 만하여도 왕궁에 있는 도마뱀이니라(잠 30:24-28)

메뚜기는 음식물로도 쓰였다.(레 11:2) 세례자 요한의 예언자다운 고행과

극기의 상징하는 모습으로 광야에 살면서 메뚜기기와 석청을 영식으로 삼았다.(마 3:4; 막 1:6)

메뚜기는 전 세계에 아주 많은 종류로 분포되어 있다. 그 종류가 많은 것처럼 가리키는 용어도 다양하다. 우리나라에만도 36속 200여종이 있는 것으로 알려져있다.

성경에는 메뚜기를 가리키는 말이 9가지다. *아르베 카바브 솔암 하르골 게브*(또는 고바이) *가잠 하실 옐레크 첼라찰* 등이 그것이다. 그것들이 구약에 34번, 신약에 2번 쓰였다. 그 가운데 가장 많이 쓰인 용어는 *아르베*다. 이는 번식하다'는 뜻에서 나왔다.(출 10:4, 12, 14(2x), 19(2x); 레 11:22; 신 28:38; 삿 6:5; 7:12; 왕상 8:37; 대하 6:28; 욥 39:20; 시 78:46; 105:23; 잠 30:27; 렘 46:23; 욜 1:4; 2:25; 나 3:15, 17)

칠십인역은 "메뚜기의 배가 부었다" 곧 메뚜기가 '뚱뚱해진다'고 옮겼다. 히브리 동사는 '짐을 지다, 짐을 감당하다'는 뜻이다. 이런 의미를 살려 개역개정은 '메뚜기도 짐이 될 것이며"라고 했다. 여기서는 이 그림이 무엇을 의미하는지를 파악하는 것이 가장 중요하다. 몸을 겨우 질질 끌고 다니는 메뚜기는 느릿느릿 움직이거나 거의 거동하지 못할 정도로 쇠약해진 노인의 모습일까? 아니면 구약에서 메뚜기가 종종 죽음과 파괴의 상징으로 등장하는 것처럼 여기서도 죽음의 이미지일까?(요엘 1:4 참조)

전도서에서 메뚜기로 옮긴 낱말은 *카가브*(ḥāgāb)다. 이것은 구약성경에 5번 쓰였다.(레 11:22; 민 13:33; 대하 7:13; 전 12:5; 사 40:22) 레위기에서 이것은 다른 세 가지 곤충(베짱이 귀뚜라미 팔충이)과 함께 먹을 수 있는 곤충이다. 민수기에서 이것은 네피림 자손에 비해 이스라엘 사람들의 매우 작은 등치를 나타내는 비유로 쓰였다. 역대기하에서 이것은 땅에 있는 것을 갉아먹는 해충으로 묘사되었다. 이사야서에서 이것은 하나님 앞에서 인간의

왜소함을 보여준다.(*그는 땅 위 궁창에 앉으시나니 땅에 사는 사람들은 메뚜기 같으니라*)

전도서에서 이것의 의미는 한 손에 잡히지 않는다. 이는 i) '메뚜기'가 사람의 엉덩이를 비유적으로 표현하는 것이다. 이는 사람의 늙음에 따라 힘과 탄력이 없어 기동하기에 불편한 것을 나타낸다. 더 나아가 힘이 쇠약해져서 아무리 적고 미약한 것이라도 짐이 된다. ii) 에뚜기는 힘없음을 상징한다. 이는 사람이 늙음에 따라 기력이 쇠진함으로 메뚜기를 잡아 음식을 만들기도 힘이 벅찬 것을 나타낸다. iii) 이것은 손가락 마디(관절)을 비유적으로 나타낸다. 곧 메뚜기가 적은(작은) 것, 보잘 것 없는 것에 관한 상징으로 보인다.(민 13:33: 사 40:22) 이는 아마 메뚜기의 등치가 아주 작은 것에서 착안한 비유이리라. iv) 남성이 정력을 잃은 상태를 서술하는 것이다. 그렇다면 이것은 남성의 성기의 별칭이다. 이렇게 전 12:5의 메뚜기는 여러 가지로 풀이될 수 있다.

5e에서 개역개정이 '정욕이 그치리니'라고 옮긴 부분의 번역은 쉽지 않다. 이에 관한 다음 번역들을 살펴보자.

표준	공개
검은 머리가 파뿌리가 되고, 원기가 떨어져서 보약을 먹어도 효력이 없을 것이다.	머리는 파뿌리가 되고 양기가 떨어져 보약도 소용없이 되리라.

천주교새번역	LXX
메뚜기는 살이 오르며 참양각초는 싹을 터뜨리는데	··· and the caper shall be scattered: ···

NAS	ELB
···, the grasshopper drags himself along, and the caperberry is ineffective···	··· und die Kaper platzt auf···

　개역개정이 정욕이라 번역한 말('ăbijjônâ)은 구약성경 가운데 여기에만 나온다. 따라서 그 뜻이 분명하지 않다. 학자들은 그 어원을 한편으로 '성욕을 촉진하는'(aphrodisisch, desire) 다른 한편으로 케이퍼 베리(caper-berry) 곧 식욕을 자극하는 과일로 제안한다. 위 도표에서 보듯이 LXX, NAS, ELB 그리고 천주교새번역(참양각초)은 이를 후자의 것으로 풀이했다.

　5절의 번역은 매우 어렵다. 그 안에 담긴 내용도 많다. 히브리 본문 자체가 어렵기에 그 번역과 해석에 여러 가지 제안이 주어졌다. 그렇더라도 '사람은 영원한 집으로 간다'는 표현이 죽음을 가리키는 것이라는 점에는 모두가 동의한다. 우리는 5절을 해석할 때 바로 그 사실을 염두에 두고 다른 부분들을 풀이해야 할 것이다. 5절의 관해 여러 번역들을 비교하자면 다음과 같다.

표준	공개
높은 곳에는 무서워서 올라가지도 못하고, 넘어질세라 걷는 것마저도 무서워질 것이다. 검은 머리가 파뿌리가 되고, 원기가 떨어져서 보약을 먹어도 효력이 없을 것이다. 사람이 영원히 쉴 곳으로 가는 날, 길거리에는 조객들이 오간다.	그래서 언덕으로 오르는 일이 두려워지고 길에 나서는 일조차 겁이 나리라. 머리는 파뿌리가 되고 양기가 떨어져 보약도 소용없이 되리라. 그러다가 영원한 집에 돌아가면 사람들이 거리로 쏟아져 나와 애곡하리라.

천주교새번역	LXX
오르막을 두려워하게 되고 길에서도 무서움이 앞선다. 편도나무는 꽃이 한창이고 메뚜기는 살이 오르며 참양각초는 싹을 터뜨리는데 인간은 자기의 영원한 집으로 가야만 하고 거리에는 조객들이 돌아다닌다.	.그들이 쳐다볼 것이며 길에서 두려움이 있을 것이며 살구나무가 꽃이 필 것이며 메뚜기 무게가 늘어나고(배부르고) 케이퍼가 흩어질 것이니 이는 사람이 자기의 영원한 집으로 돌아가고 조문하는 자들이 땅에 돌아다닐 것임이라:

ESV	ELB(2016)
they are afraid also of what is high, and terrors are in the way; the almond tree blossoms, the grasshopper drags itself along,(Or is a burden) and desire fails, because man is going to his eternal home, and the mourners go about the streets –	Auch vor der Anhöhe fürchtet man sich, und Schrecknisse sind auf dem Weg. Und der Mandelbaum steht in Blüte, und die Heuschrecke schleppt sich mühsam dahin(o. packt sich mit Fressen voll), und die Kaper platzt auf(o. versagt). Denn der Mensch geht hin zu seinem ewigen Haus, und die Klagenden ziehen umher auf der Straße;

JPS(1917)	LB(2017)
Also when they shall be afraid of that which is high, And terrors shall be in the way; And the almond-tree shall blossom, And the grasshopper shall drag itself along, And the caperberry shall fail; Because man goeth to his long home, And the mourners go about the streets;	wenn man vor Höhen sich fürchtet und sich ängstigt auf dem Wege, wenn der Mandelbaum blüht und die Heuschrecke sich belädt und die Kaper aufbricht; denn der Mensch fährt dahin, wo er ewig bleibt, und die Klageleute gehen umher auf der Gasse;

전 12:5cde를 해석하기가 매우 어렵다. 여기 등장하는 것들의 이미지를 다음과 같이 풀이해 보자. 살구나무(아몬드 나무, 편도나무, 감복숭아 나무)는 가나안에서 늦겨울 초봄에 꽃을 피운다. 그것은 다른 나무들의 그것보다

일찍 개화한다. 그 색깔이 하얗다는 것에 착안하여 이 부분을 표준새번역은 '검은 머리가 파뿌리가 되고,' 공동번역개정은 '머리는 파뿌리가 되고' 곧 나이든 사람의 백발이라고 옮겼다.

메뚜기 몸이 가장 무거워지는(배불러지는) 계절은 여름 한 철뿐이다. '메뚜기도 한 철'이라는 속담 그대로다.

케이퍼(참양각초)의 꽃봉오리가 벌어지는 것은 오래가지 않는다. 그 꽃은 금방 활짝 피어났다가 며칠 안에 떨어진다. 이 세 가지 그림(살구나무 꽃, 배부른 메뚜기, 케이퍼 꽃봉오리)의 의상은 속히 지나간다는 것에 공통점이 있다.

이것들은 전 12:5gh와 어떤 연결고리가 있을까? 살구나무 꽃, 배부른 메뚜기, 케이퍼 꽃봉오리와 우리 인생은 모두 유한하다, 이 세상에서 사라져 간다. 죽음의 날은 사람에 따라 길게 느껴지거나 짧게 느껴지거나 관계없이 어김없이 찾아온다. 죽어가는 사람은 '영원한 집' 곧 하나님 아버지께서 예수 그리스도를 통해 우리에게 예비해 놓으신 곳으로 갈지라도 이 땅에 남겨진 우리는 그 사람으로 인한 통곡과 애통의 짐을 져야만 한다. 그 사람은 영원한 집으로 들어가고 우리는 애도하는 마음으로 그 빈소를 찾는다.(거리를 오간다) 평소 그와 맺었던 관계가 끈끈하면 끈끈할수록 우리에게 남겨지는 인연의 끈도 질기기 마련이다.

5절을 해석하는 방법들 중에 하나는 5:1의 '… 하기 전에 너의 창조주를 기억하라'을 여기에 원용하는 것이다. 곧 "너는 높은 곳을 두려워하고 길 걷기가 위태로우며 살구나무에 꽃이 피고 메뚜기가 살찌며 모든 욕망이 사그라들기 전에 네 창조주를 기억하라. 이는 사람들이 영원한 집으로 들어가며(죽은 자들이 가는 곳으로 가며) 애도하는 사람들이 이미 거리를 오가기 때문이라."

이것이 인간과 자연의 대순환이다. 그 어떤 피조물도 하나님께서 정해

놓으신 이 창조원리를 거스르지 못한다.

소설 드라마 만화에서는 환생을 하고 청춘이 재생도 한다. 현실세계는 다르다. 늙지 않는 청춘은 이 세상 그 어디에도 현실에 없다. 그렇다면 우리의 노년은 어떤 모습이어야 하는가〉 키케로(Marcus Tullius Cicero 주전 106-43)가 쓴 《노년에 관하여》 중에서 한마디 들어보자.

소년은 허약하고 청년은 저돌적이고 장년은 위엄이 있으며 노년은 원숙한데, 이런 자질들은 제철이 되어야만 거두어들일 수 있는 자연의 결실과도 같은 것 이라네.

노년기는 제철이 되어야만 거두어들이는 자연의 결실과 같다는 사실에 주목한다면, 앞으로 남은 생을 대하는 자세가 달라지리라. 키케로가 자기 친구 아티쿠스에게 한 말을 들어보자.

세월이 정말로 젊은 시절의 가장 위험한 약점으로부터 우리를 해방시켜준다 면, 그것은 세월이 우리에게 주는 얼마나 멋진 선물인가!

헛되고 헛되도다

전 12:8

개역개정	직역
전도자가 이르되 헛되고 헛되도다 모든 것이 헛되도다	코헬렛이 말한다. 헛되고 헛되다. 모든 것이 헛되다.

코헬렛은 전 1:2에 나왔던 내용을 다시 되풀이했다. 코헬렛이란 말은 사람들은 '설교자 교사 총회의 인도자 등으로 옮긴다.

이 말씀을 우리는 '아, 아무 것도 소용이 없다. 모든 것이 다 덧없구나'로 읽어야할까? 본문을 자세히 살펴보면 그곳에는 다섯 차례, 여기서는 3차례 그 용어가 쓰였다는 것에 차이가 있다. 이 차이를 어떻게 해명할까?

앞에서 코헬렛은 해 아래서 일어나는 일들, 인간의 계획과 활동을 오랫동안 그리고 세심하게 살펴보았다. 헛됨의 범위가 어디까지인가를 살펴보았다. 헛됨 안에 포함되는 것은 과연 무엇이고 헛됨 안에 들지 않는 것은 과연 무엇인가?

코헬렛은 자신이 탐구하고 살펴본 헛된 것의 범주에 들지 않는 것도 보았다. 한마디로 세상에 속한 인간이 계획하고 실행하는 것들을 대부분 다 헛되다. 그리고 하나님께 속하고 하나님께서 계획하시는 일은 헛되지 않다.

인간의 삶과 세상에는 분명히 허무한 것이 있다. 좌절하게 만드는 것도 있다. 그 안에서 허무를 느끼는 정도와 내용은 사람마다 차이가 있다. 그렇더라도 결코 허무하지 않은 것이 분명히 있다. 허무 이상의 것이 인생과 세계에 주어져 있다. 코헬렛은 바로 그것을 찾으려 하였고, 그것에 주목했다.

러시아 출신의 작가 안드레이 비토프(Andrei Bitov)는 자기 인생의 눈을 뜨던 순간을 이렇게 설명했다.

"스물일곱 살 되던 해 레닌그라드에서 지하철을 타면서 나는 너무나도 큰 절망감에 사로잡혔다. 인생이 당장 멈추어버리는 것 같았고 어떤 의미는 고사하고 나의 미래 전체가 앗아감을 당한 것 같은 느낌을 받았다. 불현듯 한 문구가 떠올랐다. '하나님 없는 인생은 아무런 의미가 없다.' 놀람 중에 나는 그 구절을 반복하면서 그 구절을 에스컬레이터인양 올라타고 지하철을 빠져나와 하나님의 빛 안으로 들어가 새 삶을 시작했다"(사람은 하나님 없이 살 수 있는가? 워드 출판사, 1994년, 59)

우리는 "하나님 없는 인생은 아무런 의미가 없다"는 말로 전도서를 요약할 수 있다. 이것은 두 가지 의미 i) 하나님이 존재하지 않는다면 인간은 허무하다는 것과 ii) 만약 우리가 하나님 없이 산다면, 그리고 그분을 인정하지 않고 그분의 명령을 따르지 않고 산다면 우리 인생은 허무할 수밖에 없다는 뜻이다.

죽음에 관한 해답을 얻지 못한다면 삶에 관한 해답도 얻을 수 없다. 그 해답은 오직 죽음을 이기시고 우리가 어디서도 얻을 수 없는 승리를 제공하신 예수님 안에서만 얻을 수 있다. 예수께서는 "나를 떠나서는 너희가 아무것도 할 수 없음이라"(요 15:5)고 말씀하셨다. 여기에는 주님을 떠나서는 우리의 존재에 대한 합당한 이유를 찾을 수 없다는 의미가 들어있다.

슈빈호르스트-쇤베르거(L. Schwienhorst-Schönberger)는 '헛됨(헤벨), 바람을 잡으려는 것(전 1:14 레우트 루앗흐; 전 1:17 라으욘 루앗흐)'의 쓰임새를 다음과 같이 네 가지로 분류했다(Kohelet, 86-91):

i) 전통적인 가치의식이나 선(선행)에 대한 상대화

1:2-3 전도자가 이르되 헛되고 헛되며 헛되고 헛되니 모든 것이 헛되도다 해 아래에서 수고하는 모든 수고가 사람에게 무엇이 유익한가

1:14 내가 해 아래에서 행하는 모든 일을 보았노라 보라 모두 다 헛되어 바람을 잡으려는 것이로다 (참조 1:17 내가 다시 지혜를 알고자 하며 미친 것들과 미련한 것들을 알고자 하여 마음을 썼으나 이것도 바람을 잡으려는 것인 줄을 깨달았도다)

2:1 나는 내 마음에 이르기를 자, 내가 시험삼아 너를 즐겁게 하리니 너는 낙을 누리라 하였으나 보라 이것도 헛되도다

2:11 그 후에 내가 생각해 본즉 내 손으로 한 모든 일과 내가 수고한 모든 것이 다 헛되어 바람을 잡는 것이며 해 아래에서 무익한 것이로다

2:15 내가 내 마음속으로 이르기를 우매자가 당한 것을 나도 당하리니 내게 지혜가 있었다 한들 내게 무슨 유익이 있으리요 하였도다 이에 내가 내 마음속으로 이르기를 이것도 헛되도다 하였도다

2:17 이러므로 내가 사는 것을 미워하였노니 이는 해 아래에서 하는 일이 내게 괴로움이요 모두 다 헛되어 바람을 잡으려는 것이기 때문이로다

2:19 그 사람이 지혜자일지, 우매자일지야 누가 알랴마는 내가 해 아래에서 내 지혜를 다하여 수고한 모든 결과를 그가 다 관리하리니 이것도 헛되도다

4:16 그의 치리를 받는 모든 백성들이 무수하였을지라도 후에 오는 자들은 그

를 기뻐하지 아니하리니 이것도 헛되어 바람을 잡는 것이로다

ii) 악(재난)의 부정적 성격 (Diskrepanz von Tun & Ergeben)

2:21 어떤 사람은 그 지혜와 지식과 재주를 다하여 수고하였어도 그가 얻은 것을 수고하지 아니한 자에게 그의 몫으로 넘겨 주리니 이것도 헛된 것이며 큰 악이로다

2:23 일평생에 근심하며 수고하는 것이 슬픔뿐이라 그의 마음이 밤에도 쉬지 못하나니 이것도 헛되도다

2:26 하나님은 그가 기뻐하시는 자에게는 지혜와 지식과 희락을 주시나 죄인에게는 노고를 주시고 그가 모아 쌓게 하사 하나님을 기뻐하는 자에게 그가 주게 하시지만 이것도 헛되어 바람을 잡는 것이로다

4:4 내가 또 본즉 사람이 모든 수고와 모든 재주로 말미암아 이웃에게 시기를 받으니 이것도 헛되어 바람을 잡는 것이로다

4:7 내가 또 다시 해 아래에서 헛된 것을 보았도다

4:8 어떤 사람은 아들도 없고 형제도 없이 홀로 있으나 그의 모든 수고에는 끝이 없도다 또 비록 그의 눈은 부요를 족하게 여기지 아니하면서 이르기를 내가 누구를 위하여는 이같이 수고하고 나를 위하여는 행복을 누리지 못하게 하는가 하여도 이것도 헛되어 불행한 노고로다

5:6 네 입으로 네 육체가 범죄하게 하지 말라 사자 앞에서 내가 서원한 것이 실수라고 말하지 말라 어찌 하나님께서 네 목소리로 말미암아 진노하사 네 손으로 한 것을 멸하시게 하랴

5:10 은을 사랑하는 자는 은으로 만족하지 못하고 풍요를 사랑하는 자는 소득으로 만족하지 아니하나니 이것도 헛되도다

6:2 어떤 사람은 그의 영혼이 바라는 모든 소원에 부족함이 없어 재물과 부요

와 존귀를 하나님께 받았으나 하나님께서 그가 그것을 누리도록 허락하지 아니하셨으므로 다른 사람이 누리나니 이것도 헛되어 악한 병이로다

6:9 눈으로 보는 것이 마음으로 공상하는 것보다 나으나 이것도 헛되어 바람을 잡는 것이로다

8:10b 그런 후에 내가 본즉 악인들은 장사지낸 바 되어 거룩한 곳을 떠나 그들이 그렇게 행한 성읍 안에서 잊어버린 바 되었으니 이것도 헛되도다

8:14a 세상에서 행해지는 헛된 일이 있나니 곧 악인들의 행위에 따라 벌을 받는 의인들도 있고

8:14b 의인들의 행위에 따라 상을 받는 악인들도 있다는 것이라 내가 이르노니 이것도 헛되도다

iii) 코헬렛이 공감할 수 없는 세속적인 견해를 거절함

6:11 헛된 것을 더하게 하는 많은 일들이 있나니 그것들이 사람에게 무슨 유익이 있으랴

7:6b 우매한 자들의 웃음 소리는 솥 밑에서 가시나무가 타는 소리 같으니 이것도 헛되니라

iv) 무상(허무)한 것을 비유함

3:19 인생이 당하는 일을 짐승도 당하나니 그들이 당하는 일이 일반이라 다 동일한 호흡이 있어서 짐승이 죽음 같이 사람도 죽으니 사람이 짐승보다 뛰어남이 없음은 모든 것이 헛됨이로다

6:4 낙태된 자는 헛되이 왔다가 어두운 중에 가매 그의 이름이 어둠에 덮이니

6:12 헛된 생명의 모든 날을 그림자 같이 보내는 일평생에 사람에게 무엇이 낙인지를 누가 알며 그 후에 해 아래에서 무슨 일이 있을 것을 누가 능히 그에게

고하리요

7:15 내 허무한 날을 사는 동안 내가 그 모든 일을 살펴 보았더니 자기의 의로움에도 불구하고 멸망하는 의인이 있고 자기의 악행에도 불구하고 장수하는 악인이 있으니

9:9a⊠ 네 헛된 평생의 모든 날

9:9a⊠ 곧 하나님이 해 아래에서 네게 주신 모든 헛된 날에 네가 사랑하는 아내와 함께 즐겁게 살지어다

11:8 사람이 여러 해를 살면 항상 즐거워할지로다 그러나 캄캄한 날들이 많으리니 그 날들을 생각할지로다 다가올 일은 다 헛되도다

11:10 그런즉 근심이 네 마음에서 떠나게 하며 악이 네 몸에서 물러가게 하라 어릴 때와 검은 머리의 시절이 다 헛되니라

12:8 전도자가 이르되 헛되고 헛되도다 모든 것이 헛되도다

위와 같은 분류로 우리는 전도서 여러 곳에 흩어져 있는 '헛되다'는 말의 성격과 내용을 교통정리할 수 있다. 참고로 다음 말씀을 보자:

내가 생명을 싫어하고 영원히 살기를 원하지 아니하오니 나를 놓으소서 내 날은 헛 것이니이다(욥 7:16)

속이는 말로 재물을 모으는 것은 죽음을 구하는 것이라 곧 불려다니는 안개니라(잠 21:6)

고운 것도 거짓되고 아름다운 것도 헛되나 오직 여호와를 경외하는 여자는 칭찬을 받을 것이라(잠 31:30)

그러나 나는 말하기를 내가 헛되이 수고하였으며 무익하게 공연히 내 힘을 다했다 하였도다 참으로 나에 대한 판단이 여호와께 있고 나의 보응이 나의 하나님께 있느니라(사 49:4)

코헬렛은 자신에게 주어진 인생과 활동이 겉으로 드러나는 이런 허무와 무의미와 유한함을 뛰어넘을 길이 있는가를 묻고 찾아나갔다. 자기 자신으로 향하는 이 여정, 인생 속으로 깊이 들어가는 이 여행을 통해서 그는 큰 깨달음을 얻었다. 곧 하나님의 도움이나 간섭을 받지 않고는 자신은 물론 다른 어떤 사람도 인간 스스로 충만해질 수 없다는 것이다.

성경은 여러 곳에서 하나님(그리스도) 밖에 사는 인생은 덧없거나 무익하다고 가르쳤다. 이런 뜻에서 시편기자는 "나의 일생이 주의 앞에는 없는 것 같사오니(시 39:5)"라고 하였고, 또 "진실로 천한 자도 헛되고 높은 자도 거짓되니 저울에 달면 들려 입김보다 경하리로다(시 62:9)"라고 했다. 사도 바울도 피조물이 허무한 데 굴복한 것을 안타까워했다.(롬 8:20) 전도서에서 말하는 '헛되다' 혹은 '무익하다'는 것도 바로 그런 뜻이다. 곧 헛된 인생이란 하나님을 떠난 인생, 그리스도 밖에 사는 인생을 가리키는 것이다. 더 나아가 이 말은 그런 인생이 소유한 것이나, 그런 사람이 행하는 모든 활동이나 이루어놓은 업적이 다 마치 바람을 잡으려는 것 같이 헛되다는 뜻으로 그 의미의 폭이 넓어졌다.

우리를 허무하게 만드는 온갖 것에도 불구하고 여전히 허무하지 않은 것이 우리에게 있다. 그것은 무엇인가? 어떻게 그것을 펼쳐나가며 살 수 있을까?

하인츠 프레히터는 1942년에 독일에서 가난한 농부의 아들로 태어났다. 2차 세계대전이 한창 진행되던 때였다. 어려서부터 먹고살기 위해 뼈 빠지게 일했다. 학력은 초등학교 졸업이 전부였다.

스물한 살 되던 1963년 그는 단돈 7달러를 지닌 채, 잡역부로 일하는 조건으로 미국행 화물선을 탔다. 거기서 그는 하루 14시간이상 일을 하면서 악착같이 돈을 모아서 아주 조그마한 자동차 정비소를 차렸다. 그러던 중 자동차 천장에 문을 내서 열고 닫을 수 있는 「선루프」라는 장치를 발명했다. 그로 인해 떼돈을 벌었다. 그에 관해 뉴욕타임스는 "수백만 자동차 운전자에게 하늘을 열어 준 사람"이라고 평가했다.

그는 대 사업가로 성장했다. 36개의 계열사와 22개의 신문과 여러 개의 호텔과 식당를 소유했다. ASC(American Sunroof Company)의 회장이 되었다. 사업에 성공한 그는 정치 쪽에도 관심을 가져 친구인 부시의 제정을 맡아 대통령으로 당선되는데 큰 도움을 주었다. 부시 대통령으로부터 감사장을 받았다.

하인츠 프레히터는 열심히 노력해서 세상적으로 큰 성공을 거둔 사람이었다. 자수성가한 그는 수많은 사람에게 부러움을 샀다. 세상에서 부족한 것이 겉보기에 그에게는 별로 없었다. 자기가 원하는 것은 다 이루었고, 이제 남은 것은 미국 자동차산업의 메카인 디트로이트시 앞에 있는 호수 안에 있는 섬에다 지은 호화로운 집에서 행복한 여생을 누렸다.

그는 2001년 7월 초 자기 집에서 자살했다. 그 이유는 공허함이라고 한다. 모든 것에 성공하고, 자기가 목표했던 것들을 다 이루자 더 이상 인생의 목표가 없다며 허전해하다가 허무하게 생을 마쳤다. 그는 아쉬울 것이 없어서 죽었다.

어떤 사람은 마음에 고통을 품고 죽으므로 행복을 맛보지 못하는도다(욥 21:25)

내가 기근을 땅에 보내리니 양식이 없어 주림이 아니며 물이 없어 갈함이 아니요 여호와의 말씀을 듣지 못한 기갈이라(암 8:11)

하나님께서 창조하신 우주 안에서 하나님의 피조물로 살면서도 하나님을 경외하는 대신 자기 욕심과 이념과 가치관을 섬기는 사람은 덧없고 허탈한 미래를 맞이한다. 휘트먼(Walt Whitman 1819-1892)이 52편으로 쓴 장시 〈나 자신의 노래 Song of Myself〉 가운데 한 구절을 보자.

난 밤에 창문 열고 저 멀리 반짝이는 하늘 본다
내가 먼 하늘의 가장자리를 셀 수 있는 높이보다 몇 배나 높은 곳 바라본다
하늘은 점점 더 넓게 퍼져가고 확장되고 노출된다
밖으로 밖으로 영원히 밖으로
나의 태양은 자기 스스로 태양을 가지고 그 주위를 묵묵히 회전한다
그는 더 넓게 회전하려는 무리의 동반자들과 결합한다
그리고 위대한 것은 추격당하고 가장 위대한 것의 점들이 그것들을 포함하게
만들면서
멈춤이란 결고 있을 수 없다
만일 나, 그대, 세상과, 그 표면의 아래 또는 위에 있는 모든 것들이
이 순간 하나의 조각품으로 축소된다면 결국에는 아무 것도 소용없어지리라
우리는 우리가 서 있는 자리로 반드시 되돌아와야 하고
할 수 있는 한 멀리 더 멀리 더 멀리 반드시 가야 한다(45)

사람은 하늘을 바라보며, 자기라는 작은 세계·소우주를 멀리 멀리 더 멀리 넘어서야 비로소 헛되지 않은 인생을 살 수 있다. 이것이 코헬렛이 우리에게 전해주는 복음이다.

잘 박힌 못 같은

전12:9-11

개역개정	직역
9 전도자는 지혜자이어서 여전히 백성에게 지식을 가르쳤고 또 깊이 생각하고 연구하여 잠언을 많이 지었으며	9 그리고 그것들을 넘어서서 코헬렛은 지혜자였다. 그는 항상 지식을 가르쳤다, 그 백성에게. 그는 귀담아듣고 연구하며 정리했다, 많은 잠언을.
10 전도자는 힘써 아름다운 말들을 구하였나니 진리의 말씀들을 정직하게 기록하였느니라	10 코헬렛은 곰곰이 살폈다, 기쁨 주는 말씀들을 찾으려고. 그리고 바르게 기록했다, 진리의 말씀들을.
11 지혜자들의 말씀들은 찌르는 채찍들 같고 회중의 스승들의 말씀들은 잘 박힌 못 같으니 다 한 목자가 주신 바이니라	11 지혜로운 자의 말씀들은 마치 채찍 같다. 그리고 마치 잘 박힌 못 같다, 그 주인의 모음집은. 그것들은 한 목자로부터 주어진 것이다.

이것은 전도서의 에필로그이다. 앞서 코헬렛은 해 아래 이 세상에서 사람들과 일들이 돌아가는 꼴을 바라보았다. 그리고 '하나님 없이' 하고자 하는 한 '헛되고 헛되다. 모든 것이 헛되다'(전9:8)고 말했다. 이제 그는 하나님 앞에 있는 인간의 위치와 본분을 지키며 살아가라는 교훈을 주려 한다.

그보다 앞서 이런 교훈을 주는 자신의 마음가짐과 권위를 되짚어 주었다.(9-10절) 이것은 그의 자화상이다.(Krüger 366) 곧 그는 자기 자신이 지혜 자였을 뿐만 아니라, 자기 백성들을 가르치는 자요, 지혜문학을 수집 편찬하는 자였다. 9절 하반절은 그의 활동을 보여준다. 그것은 듣다('āzan = 검토하다) 연구하다(ḥāqar) 기록하다(tāqan = 바르게 하다)로 요약된다. 이런 과정을 거쳐 그는 백성을 지혜(지식)로 훈련시켜, 생활현실에 적용하게 해왔다는 것이다.

'지혜자'인 그의 역할은 분명 왕의 그것과 다르다.(전 1:1; 1:12-2:26 참조) 지혜자의 여러 유형과 역할에 대해 로핑크와 크뤼거는 집회서를 인용했다.

22 지혜로운 이는 자기 자신에게 이익을 가져오고 그의 지식은 자기 몸에 좋은 결과를 낸다. 23 지혜로운 사람은 자기 백성을 교육시키고 그의 지식은 믿을 만한 결실을 맺는다. 24 지혜로운 사람은 남의 칭찬을 많이 받고 보는 이마다 그를 복되다 일컬으리라. 25 사람의 삶은 이미 날수가 정해져 있지만 이스라엘의 날수는 헤아릴 수 없다. 26 지혜로운 이는 제 백성 가운데에서 명예를 차지하고 그의 이름은 영원히 살아 있으리라.(집회서 37:22-26)

얼핏보기에 전 12:9와 집회서 37:23은 지혜자에 관해 비슷하게 소개했다. 자세히 보면 여기에는 분명한 차이가 있다. 집회서의 지혜자는 '자신의 지식'을 백성에게 적용시켰다. 코헬렛은 자기가 아는 것을 백성에게 소개해주었다. 전자는 엘리트 의식을 지닌 지도층 냄새를 풍긴다. 후자는 성실하고 좋은 스승의 분위기이다.(Krüger 367)

9절의 히브리어 구문 봐요테르 쉐 … 오드 … (wəjōtēr še … 'ôd)는 '덧붙이건데 코헬렛은 … 또한 (항상) …' 또는 '사람들이 말하기를 코헬렛은 … 뿐만 아니라 (그리고 또한 항상) ···'라고 풀이된다.(A. A. Diesel, Jedes Ding 131-47)

잠언에 관해 코헬렛이 하는 일들을 나타내는 동사 세 개가 여기에 쓰였다. 그것은 듣다('āzan =무게를 재다, 검토하다) 연구하다(ḥāqar) 기록하다(tāqan =바르게 하다)로 요약된다. 이런 과정을 거쳐 그는 백성을 지혜(지식)로 훈련시켜, 생활현실에 그것을 적용하게 해왔다는 것이다.

여기서 귀담아듣다(개역개정: 깊이 생각하다)는 말(아잔 'āzan)은 본디 무게를 달아보다(저울로 달아보다), 시험해보다, 증명해보이다 등을 의미하는 아람어에서 왔다.(HAL 균형을 잡다 'āzan II ⟵ mō'zənēîm =저울[Dahood Bibl. 43 : 364] 참조). 이것은 코헬렛이 지혜의 말씀을 골라 편찬할 때 마치 저울로 물건의 무게를 달아 보듯이 그 가치와 비중에 관해 아주 신중하고, 진지하게 살펴보면서 균형 감각있게 선별했다는 뜻이다.

연구하다는 말(카카르 ḥāqar)은 찾아내다, 발견하다, 충분히 시험해 보다는 뜻이다. 이 말은 '···을 찾아내다, ···을 알아내다'는 말(search out)에서 유래한 것이다. 이는 아마 삶을 향한 그의 진지한 관찰과 주어지는 상황을 유효적절하게 다루는 명언을 찾는 행위를 의미할 것이다. 이는 지혜의 말씀을 다룰 때 코헬렛이 얼마나 부지런하고 성실하였는지를 보여준다. 이렇게 그는 잠언(지혜)을 깊이 생각하고, 연구한(찾아 낸) 사람이었다.

그렇게 해서 잠언을 모으며 만들어내고 펴냈다.(참조 왕상 4:32 그는 삼천 가지의 잠언을 말하였고, 천다섯 편의 노래를 지었고) 여기에 쓰인 타칸(tāqan)이란 말은 1:15와 7:13에서처럼 '더 낫게 만들다, 바르게 만들다'는 뜻이다. 곧 이제까지 편찬된 그 어떤 지혜문학서보다 전 1:2-12:8의 내용이 알차고 실하다는 뜻이다.(Schwienhorst-Schönberger, Kohelet 546) 진실로 그는 여느 지혜자보다 탁월했다.

전 12:10이다.

ESV	ELB	공개
The Preacher sought to find words of delight, and uprightly he wrote words of truth.	Der Prediger suchte, wohlgefällige Worte zu finden und Worte der Wahrheit aufrichtig niederzuschreiben.	설교자는 사람을 참으로 기쁘게 해줄 말을 찾아보았다. 그리고 참되게 사는 길을 가르쳐주는 말을 찾으면 그것을 솔직하게 기록해 두었다.
KJV	Ein	천주교 새번역
The preacher sought to find out acceptable words: and that which was written was upright, even words of truth.	Kohelet hat sich bemüht, gut formulierte Worte zu entdecken, und hier sind diese wahren Worte sorgfältig aufgeschrieben.	코헬렛은 사람들의 마음에 드는 말을 찾으려 노력하였고 진리의 말을 바르게 기록하였다.

전 12:10b의 *wəkātûb*를 이해하는 세 가지 방법이 있다. i) BHS의 마소라텍스트(MT) 그대로 는 봐브 접속사+칼 수동 분사로 읽어 '코헬렛은 … 바르게 기록된 진리의 말씀들을…'이라 하는 것이다.(KJV YLT NEB NIV) ii) BHS 편찬자들이 수정하자고 제안한 봐브 접속사+칼 부정사로 읽어 '코헬렛은 … 진실의 진리의 말씀들을…'이라 읽는 것이다.(NASB MLB NAB) iii) 고대 히브리 사본 5개가 필사한 것처럼 '봐브 접속사+칼 완료 3인칭 단수로 읽어 '코헬렛은 … 바르게 기록했다, 진리의 말씀들을'이라고 읽는 것이다.(RSV NRSV NJPS Moffatt Douay) 이런 것은 그리스어 번역본(Aquila 및 Symmachus), 시리아어 Peshitta 및 Vulgate에 반영되어 있다.

예수님은 특별한 권위를 지닌 분이셨다. 당시 바리새인이나 서기관들 중에도 백성의 존경을 한 몸에 받는 훌륭한 사람들이 있었다. 예수님의 가르침에는 그들과 구별되는 특별한 권위와 내용이 담겨 있었다. 그분께서 가르치실 때 사람들은 그분 특유의 권위에 깜짝 놀라곤 했다.

코헬렛은 우리에게 전 12:1-6에서 죽음을 기억하라(*memento mori*) 하는 한편 12:7-10에서 오늘을 즐기라(*carpe diem*)고 권면했다. 죽음을 기억할 때 우리는 종종 에밀리 디킨슨의 시 〈이 고요한 먼지〉를 떠올린다.

이 고요한 먼지는	활기없는 이곳은
신사와 숙녀	훌쩍 지나가는 여름 저택
청년과 아가씨였네	활짝 핀 꽃들과 벌들이
웃음과 재주와 한숨	생명의 순회를 마치고
아가씨들의 드레스와 고수머리였네	이렇게 멈춘 곳

(이에 관한 자세한 내용은 서장원 교수의 《토텐탄츠와 바도모리: 중세 말 죽음의 춤 원형을 찾아서》를 참조하라.)

메멘토 모리를 마음에 담는 우리는 또한 높이 2m 길이 60m로 그려진 사자들의 춤 벽화(Historisches Museum Basel Totentanz. ca. 1440)를 본다.

29 너희 영혼이 주님의 자비 안에서 기쁨을 누리기를! 너희는 그분을 찬미하는 일을 부끄러워하지 마라. 30 정해진 때가 오기 전에 너희 일을 처리하여라. 그러면 주님께서 정하신 때에 너희에게 상급을 주시리라.(집회서 51:29-30)

본분

전 12:12-14

개역개정	직역
12 내 아들아 또 이것들로부터 경계를 받으라 많은 책들을 짓는 것은 끝이 없고 많이 공부하는 것은 몸을 피곤하게 하느니라	12 그리고 그밖에 덧붙여 그것들로 조심하라, 내 아들아. 많은 책을 만드는 일은 끝이 없다. 그리고 공부를 많이 하는 것은 몸을 고되게 한다.
13 일의 결국을 다 들었으니 하나님을 경외하고 그의 명령들을 지킬지어다 이것이 모든 사람의 본분이니라	13 전체를 마무리하는 이 말을 들어라. 하나님을 경외하라. 하나님의 말씀을 보전하라. 진실로 이것이 사람이 해야 할 모든 것이다.
14 하나님은 모든 행위와 모든 은밀한 일을 선악 간에 심판하시리라	14 진실로 모든 일을 하나님은 심판대로 가져가신다, 감추어진 것을 포함하여 선한 것이든지 악한 것이든지.

전 12:12-14은 이 책을 갈무리한다. 여기에 코헬렛이 이제까지 해 왔던 말들의 결론이 요약된 형식으로 내려져 있다.

12절에 '내 아들아'라는 말이 있다. 이는 자신이 낳은 아들을 가리킬 수도 있다. 다른 한편 고대 지혜문학은 스승-학생의 관계를 이와같이 아버지-아들의 관계로 표현하는 경우가 많았다. 이를테면 잠언 1-9장이 그렇다. 사도 바울이 사도 디모데를 아들이라 부른 것도 그런 예이다.

13절에 '일의 결국을 다 들었으니…'라는 말은 '결론은 이것이니'라는 뜻이다. 이는 전 3:11; 7:2에서처럼 말씀이 최종 목적지(목표지점)에 이르렀다는 뜻이다. 그 의미는 '마지막 한마디, 마지막 설명'이다.

개역개정이 '들었으니'라고 한 말씀도 니팔형(Niph)이라 수동태더라도, 성경 대부분의 번역처럼 능동형으로 옮길 수 있다.(ESV: all has been heard; TKW ELB: 'lasst uns hören!') 이런 바탕 위에서 코헬렛은 '아직 살아 숨쉬는' 모든 사람에게 권고한다:

13 … 하나님을 경외하고 그의 명령들을 지킬지어다 이것이 모든 사람의 본분이니라 14 (진실로, 왜냐하면) 하나님은 모든 행위와 모든 은밀한 일을 선악 간에 심판하시리라

개역개정이 '이것이 모든 사람의 본분이니라'라고 옮긴 말씀(*kî-zē kål-ha'ādām*)은 매우 다양하게 해석될 수 있다. 영어성경들은 대체로 다섯 가지로 옮겼다.

i) "이것이 사람의 전적인 의무이다"(KJV, ASV, RSV, NAB, NIV);

ii) "이것은 모든 사람의 의무다"(MLB, ASV 각주, RSV 각주);

iii) "이것은 모든 사람에게 적용된다"(NASB, NJPS);

iv) "이것이 모든 사람의 전적인 의무다"(NRSV, Moffatt)

v) "사람에게 이보다 더 나은 것은 없다"(NEB).

14절 "(진실로, *왜냐하면 ki*)하나님은 모든 행위와 모든 은밀한 일을 선악간에 심판하시리라"

《순자 荀子》〈권학편 勸學篇〉에 行無隱而不形(행무은이불형)이라 했다. 이는 아무리 감추는 행동이라도 형태가 남지 않는 것은 없다, 곧 아무리 은밀하게 행한 일일지라도 그 흔적은 남기 마련이라는 뜻이다. 실제로 사람이 '이 일은 아무에게도 알리지 않고 무덤까지 가져갈 거야'하며 아무리 숨기더라도 언젠가는 반드시 세상에 알려지게 되어있다.

> ··· 감추인 것이 드러나지 않을 것이 없고 숨은 것이 알려지지 않을 것이 없느니라.(마 10:26)

> 드러내려 하지 않고는 숨긴 것이 없고 나타내려 하지 않고는 감추인 것이 없느니라.(막 4:22)

> 숨은 것이 장차 드러나지 아니할 것이 없고 감추인 것이 장차 알려지고 나타나지 않을 것이 없느니라.(눅 8:17)

> 감추인 것이 드러나지 않을 것이 없고 숨긴 것이 알려지지 않을 것이 없나니.(눅 12:2)

> 지으신 것이 하나도 그 앞에 나타나지 않음이 없고 우리의 결산을 받으실 이의 눈 앞에 만물이 벌거벗은 것 같이 드러나느니라.(히 4:13)

전 12:13-14에는 모두(모든)이란 말(*kôl*)이 네 번이나 쓰였다. 이는 인간의 최종선 곧 인간모두가 지켜야할 본분은 하나님을 경외하며 그분의 말씀을 따라 살아가는 것이라는 사실을 크게 강조하는 것이라 할 수 있다.

전도서에는 하나님을 가리키는 용어로 오직 엘로힘(ˀælōhîm)만 쓰였다. 40번 가운데 8번을 빼고는 모두 정관사가 붙어 있다. 아마 정관사가 붙은 곳은 하나님이 유일신이라는 것을 강조하는 듯 싶다.(Köhlmoos 57) 이 낱말에 함께 쓰인 동사는 단 세 개다. i) *nātan*(주다) ii) *ˁāśā*(하다 만들다) iii) *šāfaṭ*(심판하다 다스리다)

비록 하나님의 이름인 야웨는 전도서에 단 한 번도 쓰이지 않았더라도 '하나님'은 전도서의 주제이다.(Schwienhorst-Schönberger 91-98) 전도서에서 하나님은 창조주요, 인생과 세상의 대주재이다. 코헬렛이 전하는 하나님은 이렇게 말씀하시는 듯하다.

나는 모든 피조물에 특히 사람에게 나의 일부를 심어두었다. 창조주인 나와 본질적으로 같은 그 영혼, 그 불꽃 덕분에 모든 피조물은 창조자의 모습을 띨 수 있다. 인간은 외부 환경으로부터 자기 욕구가 채워지기를 기다리는 대신에 자기 내면의 생각 의지 영혼으로 풍요와 자유를 얻을 수 있다.

이것은 아이반호프(Omraam Michaël Aïvanhov)한 강연에 나오는 표현을 약간 바꾼 것이다. 하나님은 진정 창조주이자 우주만물·삼라만상의 다스리는 분이요, 우리 각 사람에게 선한 목자이신 분이다.

페르디난두 페소아가 쓴 〈봄이 다시 오면〉이다.

봄이 다시 오면

어쩌면 난 더 이상 이 세상에 없을지도 몰라.

이 순간 난 봄을 사람으로 여기고 싶어,

그녀가 자기의 유일한 친구를 잃은 걸 보고

우는 모습을 상상하려고.

하지만 봄은 심지어 어떤 것조차 아니지,

그것은 말을 하는 방식일 뿐

꽃들도, 초록색 잎사 커들도 돌아오지 않아

새로운 꽃, 새로운 초록색 잎사귀들이 있는 거지.

또 다른 포근한 날들이 오는 거지.

아무것도 돌아오지 않고, 아무것도 반복되지 않아, 모든

것이 진짜니까.

코헬렛은 인생의 초겨울에 서서 인생의 새봄을 맞을 준비를 했다. 비록 내년 봄에 그의 육신은 이 세상에서 살아 숨쉬지 않더라도, 그는 하나님 안에서 여전히 살아있을 것이다.

14절 말씀이 전도서의 결론이다. 사람이 한평생 살면서 이런 사고방식에 따라 이런 모양으로 살든 저런 사고방식에 따라 저런 모양으로 살든 다 자기 인생이라고 여길 수 있다. 하나님 말씀을 따라 살든 자기 마음 가는 대로 살든 다 자기 선택일 수 있다. 어느 모양으로 살았든지 모든 사람에게 빠짐 없이 적용되는 원리가 있다. '하나님은 모든 행위와 모든 은밀한 일을 선악 간에 심판하시리라'는 말씀이 그것이다.

또 내가 들으니 하늘에서 음성이 나서 이르되 기록하라 지금 이후로 주 안에서 죽는 자들은 복이 있도다 하시매 성령이 이르시되 그러하다 그들이 수고를

592

그치고 쉬리니 이는 그들의 행한 일이 따름이라 하시더라(계 14:13)

전도서 안에는 어둠과 절망의 목소리가 있는가 하면 긍정과 희망의 목소리가 들어 있다. 간단히 살펴보면 다음과 같다.

모든 것이 헛되다(1:2, 2:11,17, 3:19, 12:8)	인생은 하나님께 받은 선물이다(2:24, 3:13, 5:19, 8:15, 9:7,9)
이 또한 헛되다(2:15,19,21,23,26, 4:4,8,16, 6:9, 7:6, 8:10)	인생은 살 만한 가치가 있다(2:24-25, 3:12-13,22, 5:18-20, 8:15, 11:8-9)
바람을 좇는 것이로다(1:14,17, 2:11,17,26, 4:4,6,16, 6:9)	인생은 하나님을 기쁘시게 해야 한다(2:26, 7:26)
죽음으로 끝이다(2:14,16,18, 3:2,19-20, 4:2, 5:15, 6:6,12, 7:1, 8:8, 9:2-5,10, 11:7)	불의는 반드시 실패한다(3:17, 8:12-13, 11:8-9)
삶은 헛될 뿐이다(6:12, 7:15, 9:9, 11:10).	하나님께서 다스리신다(3:14, 5:2, 7:14, 9:1)
불의가 판을 친다(4:1,6,8,15-16, 6:2, 7:15, 8:19, 9:2,11, 10:6-9)	하나님을 두려운 줄 알아야 한다(3:14, 5:7, 7:18, 8:12-13, 12:13)
인생은 불가사의로 가득하다(3:11,22, 6:12, 7:14-24, 8:7,17, 9:1,12, 10:14, 11:2,5-6)	

여기서 우리는 하나님 중심의 신앙을 본다. 만일 하나님이 인생의 중심이 아니라면 우리 인생은 헛되다.(12:8) 이것이 전 1:1-12:8절의 주제이다. 코헬렛은 허무한 인생이 하나님 안에서 헛되지 않는 인생으로 충만해지는 꿈을 꾸었다. 하나님 안에서만 인생에게 진정한 희망이 있다: '일의 결국을 다 들었으니 하나님을 경외하고 그의 명령들을 지킬지어다 이것이 모든 사람의 본분이니라'(전 12:13)

"Present is present!"(현재는 선물이다)라는 말이 있다. 영어 단어 present가 '현재'와 '선물'이라는 뜻을 동시에 담고 있기에 이런 문장이 나왔다. 이는 지금 이 순간 별 생각 없이 지나가는 나의 현재는 사실 하나님께서 특별히 베풀어주신 선물임을 강조한다. 현재의 발견 정도로 요약할 수 있을까. 전도서에서 가장 두드러진 내용 중의 하나가 바로 이 현실주의(실재주의)이다.

'현실을 즐기라'는 말이 다소 오해의 여지를 준다. 그렇더라도 이것은 타인과 비교하는 것 때문에 자신의 현재를 '살지' 못하는, 서글픈 어리석음을 보게 한다. 짬뽕을 먹으면서도 그 맛을 충분히 느끼는 대신에 옆의 친구가 먹는 자장면과 비교하지 않으면 못 배기는 사람도 있다. 그 얼마나 고단하고 불안한 모습인가! 사소한 것이든 비중있는 것이든 모든 것을 이런 식으로 비교하느라 인생의 참맛을 방기하는 사람이 적지 않다.

비교의 덫은 십중팔구 불행을 자초한다. 왜냐하면 사람들은 나보다 못한 처지의 사람과 자신을 비교하지는 않기 때문이다. 결국 '자신의 현실을 향한 최선의 사랑'만이 약동하며 사는 인생의 궁극적 과제라는 말이다. 바로 이런 현실주의가 전도서의 주요 내용이다.

코헬렛은 해 아래 곧 이 세상에서 일어나는 일들을 바라보며, '하나님 없이' 하고자 한 것이 다 '헛되고 헛되다. 모든 것이 헛되다'(전 12:8)고 말했다. 그는 이제 하나님 앞에서 인간의 위치와 본분을 지키며 살아가라는 교훈을 주기에 앞서, 이런 교훈을 주는 자신의 마음가짐과 권위를 9-10절에서 짚어보았다. 곧 그는 자기 자신이 지혜자였을 뿐만 아니라, 자기 백성들을 지혜로 훈련시켜, 생활현실에 적용하도록 해 보았다.

깊이 생각하며 연구한 바탕 위에서 그는 '아직 살아 숨쉬는' 모든 사람에게 권고했다:

13 … 하나님을 경외하고 그의 명령들을 지킬지어다 이것이 모든 사람의 본분이니라 14 (진실로, 왜냐하면) 하나님은 모든 행위와 모든 은밀한 일을 선악 간에

심판하시리라

이 말씀을 긍정적인 표현으로 바꾸면 이렇다.

37 누구든지 목마르거든 내게로 와서 마시라 38 나를 믿는 자는 성경에 이름과 같이 그 배에서 생수의 강이 흘러나오리라(요 7:37-38)

코헬렛은 일찍이 이 세상에 있는 것을 손에 넣음으로 웃음과 보람을 찾으려 했다. 그러다가 어느 순간 그는 이런 생각과 노력과 그 결과물이 다 헛되다는 사실을 깨달았다. 그리고 자신 인생을 목마르지 않고 배고프지 않으며 허전(허탈)하지 않게 하는 것을 찾고자 했다. 그는 그렇게 해서 하나님을 만났다, 인생을 배부르고 시원하고 충만하게 하시는 하나님을. 그 하나님과 손잡고 그 하나님을 경외하며 사는 길에 생수의 강은 영원히 흐른다.

노인에게 찾아오는 다섯 가지 형벌과 다섯 가지 즐거움.

코로나 여파로 사회적 거리두기 운동이 계속되자 '누죽걸산(누우면 죽고 걸으면 산다)'과 '나죽집산(나가면 죽고 집에 있으면 산다)'이란 용어가 회자(膾炙)되고 있다. 한자로 와사보생(臥死步生)과 같은 뜻이다. 명의(名醫) 허준의 동의보감(東醫寶鑑)에서도 건강과 장수에 관한 내용이 있다. 약(藥)보다는 먹는 식보(食補)가 낫고, 식보보다는 걷는 행보(行步)가 낫다고 했다. 우리 뼈는 적당한 충격을 주어야 더 굵고 튼튼해지며, 근육도 쓸수록 강하게 발달한다고 한다.

오형오락(五刑五樂)

오형(五刑)이란 조선시대 죄인을 다스리던 다섯 가지 형벌을 말한다. 즉 태형(笞刑, 태장으로 볼기를 치는 형벌)·장형(杖刑, 棍杖으로 볼기를 치는 형벌)·도형(徒刑, 징역살이로 복역기한은 1년에서 3년까지 五等으로 나누고, 곤장 열대와 복역기간 반년을 한 等으로 하였음)·유형(流刑, 중죄에 대한 형벌로 죄인을 먼 곳이나 섬으로 귀양 보냄.)·사형(死刑, 범죄인의 목숨을 끊음). 오락(五樂)이란 다섯 가지 즐거움을 말하는 데 국어사전에는 없는 말이다. 사전에는 오락(娛樂)이라는 말은 나오는 데 '즐겨 노는 놀이'라고 풀이하고 있다.

조선 시대 승지(承旨)였던 민중(敏中) 여선덕(呂善德, 1715~?)이 '사람이 늙으면 어쩔 수 없이 하늘로부터 다섯 가지 형벌을 받게 된다'고 말했다. 첫째 보이는 것이 흐릿하니 목형(目刑)이요. 둘째 단단한 것을 씹을 힘이 없으니 치형(齒刑)이요. 셋째 걸어다닐 힘이 없으니 각형(脚刑)이요. 넷째 들어도 잘 들리지 않으니 이형(耳刑)이요. 다섯째 여색을 즐길 수 없으니 궁형(宮刑)이다.

이 말을 듣고 몽산거사(夢山居士) 심노숭(沈魯崇, 1762~1837)이 말했다. 이른바 노인의 다섯 가지 즐거움이다.

"1. 보이는 것이 또렷하지 않으니 눈을 감고 정신을 수양할 수 있고,

2. 단단한 것을 씹을 힘이 없으니 연한 것을 씹어 위를 편안하게 할 수 있고,

3. 다리에 걸어갈 힘이 없으니 편안히 앉아 힘을 아낄 수 있고,

4. 귀가 잘 들리지 않으니 나쁜 소문을 듣지 않아 마음이 절로 고요하고,

5. 여색을 보고도 거시기가 요동치지 않으니 패가망신을 당할 행동에서 저절로 멀어진다. 이것을 다섯 가지 즐거움(五樂)이라고 하리라."

심노숭이 남긴 〈자서실기 自書實記〉에 나오는 내용이다. 승지 여선덕이 말한 다섯 가지 형벌(五刑)은 객관적으로 맞는 이야기이다. 사실 그렇다. 심노숭이 말한 것은 다섯 가지 즐거움인 오락(五樂)이다. 그는 역으로 그렇기 때문에 다섯 가지 낙이 있

다고 보았다. 이것이 생각의 차이다. 발상의 전환이라고도 할 수 있다. 우리가 세상 살아가는 데에는 이런 발상의 전환 생각의 전환이 필요하다.

이 말을 듣고 심노숭(沈魯崇, 1762~1837)이 반격했다. 이른바 노인의 다섯 가지 즐거움을 말했다. 첫째 보이는 것이 또렷하지 않으니 눈을 감고 정신수양을 할 수 있고, 둘째 단단한 것을 씹을 힘이 없으니 연한 것을 씹어 위를 편안하게 할 수 있고, 셋째 다리에 힘이 없으니 편안히 앉아 힘을 아낄 수 있고, 넷째 나쁜 소문을 듣지 않아 마음이 절로 고요하고, 다섯째 반드시 죽임을 당할 성적(性的)행동에서 저절로 멀어지니 목숨을 오래 이어 갈 수 있다. 여선덕이 말한 것은 다섯 가지 형벌인 오형이요, 자저실기는 '글쓰기 병에 걸린 어느 선비의 일상'이라는 부제가 달린 책으로 자신이 체험하고 보고 들은 이야기를 솔직·담백하게 그려낸 글이다.

오스트리아 출신 유태인 정신과 의사이자 심리학자인 빅터 프랭클(1905~1997)은 나치 수용소에서 體驗(체험)했던 《죽음의 수용소》에서 이렇게 말했다.

"인간은 외적인 影響(영향)이나 내적인 환경의 犧牲物(희생물)이 아니다. 인간의 자유가 외적인 조건에 의해 제한된 것은 분명하지만, 그 조건에 대해 어떤 태도를 보일지는 전적으로 인간의 자유다. 앞으로 어떻게 존재할 것인지, 그리고 어떤 일을 할 것인지에 대한 判斷(판단)을 내릴 자유는 오로지 나에게 있다." 어떠한 환경 속에 있든 간에 그 환경을 어떻게 받아들이느냐의 決定權(결정권)은 나에게 있다는 것이다.

미국의 뉴욕 스토니 부룩 대학의 아서 스톤 박사는 2008년 전화번호부에서 무작위로 추출한 18~85세 미국인 3만4천여 명을 대상으로 삶의 만족도를 조사했다. 그 결과는 놀라웠다. 보통 사람의 생각과는 달리 85세에서 만족도가 가장 높았다. 가장 낮은 시기는 50대 초반이었다. 그들이 내놓은 조사결과의 만족도 그래프는 대체로 U자형 곡률을 그렸다. 20세 전후에 높은 수준을 보인 뒤 50대 초반에 최저점으로 떨어졌다. 이후 다시 높아져 60대 후반엔 20대와 같아지고 85세에 최고점을 이루었다.

만족도가 U자형 곡선을 이루는 까닭은 삶의 스트레스가 50대 초반으로 갈수록 높아지다가 황혼기에 낮아지기 때문이다. 사회적 활동이 가장 왕성한 장년기에는 집,

재산, 사회적 지위, 자녀학교 등을 타인과 비교하면서 스트레스를 받는 것이다. 그러다가 80세가 넘어가면 평온하고 고요한 사람으로 되었다.

이 U자형 만족도는 우리에게 긍정적인 메시지를 제공한다. 나이가 드는 것은 삶의 끝이 아니라 정점을 향해 나아가는 과정이라는.

송와(松窩) 이기(李墍 1522~1600 조선 중기 문신)가 이런 말을 했다. "세속에서 하는 말이 있다. 노인이 젊은이와 반대인 것이 대개 세 가지다. 밤에 잠을 안 자며 낮잠을 좋아하고, 가까운 것은 못 보면서 먼 것은 보며, 손주는 몹시 아끼나 자식과는 소원한 것, 이것이 노인의 세 가지 상반된 점이다."

명나라 때 왕납간(王納諫)도 〈회심언 會心言〉에서 이렇게 말했다. "아이 적엔 똑똑해도 늙으면 잘 잊고, 아이 때는 다 즐거우나 늙으면 모든 것이 슬프다. 이 또한 한 몸 가운데 조화가 옮겨 흘러감이다."

같은 명나라 진익상(陳益祥)도 잠영록(潛穎錄)에서 이렇게 말했다. "사람이 늙은이 처지에서 젊은이를 보고, 죽음을 통해 삶을 보며, 실패를 바탕으로 성공을 보고, 시들어 초췌함으로부터 영화로움을 본다면 성품이 안정되고 행동이 절로 바르게 되리라."

이익(1681~1763)은 《성호사설》에서 '노인의 열 가지 좌절[老人十拗]'을 언급했다.

대낮에는 꾸벅꾸벅 졸음이 오고, 밤에는 잠이 오지 않으며, 곡할 때에는 눈물이 없고, 웃을 때에는 눈물이 나며, 30년 전 일은 모두 기억하면서 눈앞의 일은 돌아서면 잊어버리고, 고기를 먹으면 뱃속에는 없고 모두 이빨 사이에 끼어있고, 흰 얼굴은 검어지고 검은 머리는 희어진다.

다산 정약용(1762~1836)은 노인이기 때문에 누릴 수 있는 즐거움 여섯 가지를 꼽았다. 이른바 '노인육쾌(老人六快)'다.

1 대머리가 되어 감고 빗질하는 수고로움이 없어 좋고, 백발의 부끄러움 또한 면해서 좋다.

2 치아가 없으니 치통이 없어 밤새도록 편안히 잘 수 있어 좋다.

3 눈이 어두워져 글이 안 보이니 공부할 필요가 없어 좋고,

4 귀가 먹었으니 시비를 다투는 세상의 온갖 소리 들리지 않아 좋다.

5 붓 가는 대로 마구 쓰는 재미에 퇴고(推敲)할 필요 없어 좋다.

6 가장 하수를 골라 바둑을 두니 여유로워서 좋다.

코헬렛은 누구인가?

전 1:1

개역개정	직역
다윗의 아들 예루살렘 왕 전도자의 말씀이라	코헬렛의 말씀들. 그는 다윗의 아들이자 예루살렘에 있는 왕이었다.

'(이것은) 코헬렛의 말씀들이다' 또는 '코헬렛에 관한 일들(은 이렇다)'라는 표제어로 전도서가 시작된다. 이 1절의 의미는 수수께끼처럼 풀기 어렵다.(Oeming 46)

이 구절을 읽으면 가장 먼저 어떤 생각이 드는가? 아마 이 구절이 이 책의 저자를 알려준다는 생각이리라. 그렇다면 코헬렛은 전도서를 지었거나 편찬한 사람의 이름이다. 그 사람은 자신을 다윗의 아들이자 예루살렘의 왕이라고 소개했다. 안타깝게도 우리는 구약성경 다른 곳에서 코헬렛이란 이름을 보지 못했다. 성경 어느 곳에도 다윗의 후손으로 예루살렘에서 다스린 사람 중에 코헬렛이란 이름이 없다. 비록 학자들 가운데에는 1:1-2:26를 자서전적인 의미로 파악하려는 이가 있더라도(예: Perry 15-28) 이것은 현대적인 의미에서 볼 때 코헬렛 자신이 스스로를 소개하는 것(self-introduction)이라 보기 어렵다.(Krüger 95-97)

코헬렛은 전도서에서 말을 하더라도, 이 책의 저자는 아니다.(Fox 160; Schwienhorst-Schönberger 138)

성경 어느 책에도 '다윗의 아들이자 예루살렘에 있는 왕'이란 표현은 나오지 않는다. 어떤 사람들은 전 1:12-2:26을 보며, 코헬렛이 아마 솔로몬 왕을 가리키는 것이 아닐까 하는 짐작하기도 한다. 그러나 이렇다고 분명히 말할 근거는 없다.

이런 표현형식은 어떤 직책을 가진 사람이 수집한 자료들을 언급할 때 흔히 사용되었다. 잠 1:1; 10:1에도 나오듯이(솔로몬의 잠언이라), 이것은 지혜문학이 독특하게 사용하는 머리말 형식이기도 하다. 다만 지혜문학이 즐겨 쓰는 용어 마샬(māšal)이 전도서에는 단 한 번도 나오지 않는다.

예루살렘의 왕이란 말은 전 1:12에 그대로 이어졌다. 왕이 하는 전 1:1의 들어가는 말은 지혜자가 하는 전 12:9-11의 나가는 말과 내용이 통한다. 코헬렛은 왕의 신분으로 말하기 시작하고(전 1:12이하 참조) 왕으로 살아가는 것에 관해 스스로 비판적인 반성하며 지혜자의 면모를 드러냈으며(3:1이하) 백성에게 지혜를 가르쳤다.(12:9) 그는 자신이 가진 것으로가 아니라 지혜로써 백성의 목자를 자처했다.(12:11)

전도서의 첫 문장은 한 낱말로 된 명사문장이다.(der einpolige Nominalsatz) 주어 혹은 술어가 생략된 채, 연계형(말씀들의+코헬렛)으로 이어지는 명사 두 개로 된 매우 간단하게 구성되었다. 흔히 명사문장 자체가 행위나 동작보다는 상태나 현상을 나타내는 것이다. 이 표제어도 어떤 행동(행실) 보다는 말(말씀) 그 자체에 강조점이 있다.

코헬렛이라는 말의 의미는 매우 신비한 베일에 싸여 있다. 그것은 이 책에 7번 나온다:

다윗의 아들 예루살렘 왕 전도자의 말씀이라 (1:1)

전도자가 이르되 헛되고 헛되며 헛되고 헛되니 모든 것이 헛되도다 (1:2)

나 전도자는 예루살렘에서 이스라엘 왕이 되어 (1:12)

전도자가 이르되 보라 내가 낱낱이 살펴 그 이치를 연구하여 이것을 깨달았노
라 (7:27)

전도자가 이르되 헛되고 헛되도다 모든 것이 헛되도다 (12:8)

전도자는 지혜자이어서 여전히 백성에게 지식을 가르쳤고 또 깊이 생각하고
연구하여 잠언을 많이 지었으며 (12:9)

전도자는 힘써 아름다운 말들을 구하였나니 진리의 말씀들을 정직하게 기록
하였느니라 (12:10)

이 가운데 7:27과 12:8에만 정관사가 붙어 있다. 이 책에는 전도자(코헬
렛)가 누구인지 구체적으로 지목되지 않았다. 성경은 그를 가리켜 다윗의
아들(후손)이요, 왕으로 예루살렘에 살았던 사람이라고 적시하면서도, 그
이름을 적지 않았다. 물론 그가 누구인지 몰라도 이 책의 메시지를 발굴하
는 데에는 전혀 지장이 없다. 그런데도 사람들의 관심은 자연스럽게 이 전
도자가 누구인지로 향하게 된다. 그 이름이 무슨 뜻인지 한 가지로 단정할
수는 없다. 그렇더라도 전도서에는 그가 어떤 사람인지를 암시하는 단서가
다음과 같이 7가지 있다:

① 전도자는 다윗의 아들들(또는 후손) 가운데 한 사람이다(전 1:1).

② 그는 이스라엘을 다스리는 왕이었다(전 1:1, 12).

③ 그는 예루살렘에서 통치했다(전 1:1, 12).

④ 그는 자신의 조상들보다 더 현명했다(전 1:16; 왕상 3:12 참조).

⑤ 그는 후궁을 수없이 많이 거느렸다(전 2:8; 왕상 11:1-3 참조).

⑥ 그는 자신의 선조들보다 더 강력했다(전 2:9; 왕상 3:13 참조).

⑦ 그는 잠언을 많이 수집했다(전 12:9; 잠 1:1; 왕상 5:12-13 참조).

이 7가지로도 전도자가 과연 누구인지를 밝히 알기가 어렵다. 어떤 사람들은 이를 솔로몬으로 추측했다. 물론 이것도 일리가 있지만 확실하지는 않다. 그는 자신을 '이전에 왕이었던 선조들'보다 더 현명하고 강력하다고 하는데, 그의 앞에는 다윗밖에 다른 왕이 없었다는 것도 솔로몬을 반대하는 이유들 가운데 하나이다.(전 1:16 참조)

코헬렛(코헬렛트=qohaelaet)란 낱말은 구약성경에서 이 책에만 나온다.(고유명사처럼 정관사없이 1:1, 2, 12; 12:9, 10 nomen proprium; 그리고 직업이나 직책을 나타내는 듯이 정관사와 함께 12:8 그리고 7:27 nomen appellativum)

니팔 여성 분사 단수로 쓰인 이 말은 본디 동사 카할(qāhal)에 뿌리를 두고 있다. 옥덴(Ogden 27)은 이와 같은 뿌리를 가진 말(명사)이 느 5:7에도 있다는 점에 착안했다. 그리고 이를 논쟁자로 하자고 제안했다. 쉬빈호르스트-쉰베르거(Schwienhorst-Schönberger)는 에 2:55-57; 느 7:57-59에 따라 분사 여성형이 본디 어떤 사람의 직업이나 직분을 나타내다가 나중에는 어떤 사람의 이름으로 쓰이는 것에 주목했다. 그렇다면 코헬렛은 어떤 사람의 실제 이름이다. 그의 제자들이 그의 성을 빼고 친근하게 불렀던 이름이다. 그는 콜헬렛이란 말도 이런 과정을 거쳤으리라고 추측했다. 그는 이것이 어떤 실제인물에게 붙여진 필명일 수도 있다며 다음과 같이 제안했다.(140-141)

i) 이것은 속담집(격언집)의 수집가를 가리킨다.(Crenshaw 33) 그렇다면 코헬렛은 '속담 모음집'이거나 그 속담 수집자를 가리키리라. ii) 이 말의 뿌리(qhl)가 한 번도 속담(지혜의 말)과 관련해 쓰이지 않은 것을 감안하면, 이것은 청중 또는 청중의 모임을 의미하는 것이리라. 그리고 만일 코헬렛이 실제인물이라면 그런 청중(모임)을 이끄는 지도자거나 그 모임을 개최하는 사람이리라.

에클레시아테스는 '불러 모으는'이란 뜻의 형용사이다. 그 원형은 에클레시아(ecclesia=소집된 모임)이다. 고대 그리스의 도시국가에서는 민중들의 모임인 '민회'를 에클레시아라 했고 민회가 열린 장소를 아고라(agora)로 불렀다. 나중에는 장소도 모임도 그렇게 불렀다. 교회라는 말은 이 에클레시아의 번역이다. 이는 부름 받고 나온 사람들의 모임이란 뜻이다.

이 낱말을 칠십인역은 *에클레시아스테스*(=회중, 공동체의 구성원), 심마쿠스는 *파르오이미아테스*, 벌게이트는 *콘키오나토르*(concionator 회중의 지도자 또는 연설가)로 옮겼다. 제롬과 마아틴 루터는 이를 '설교자'(Prediger)로 번역했다.(공동번역. KJV ESV NASB Preacher(참조 NIV NRSV Teacher; ESV *Convener or Collector*) 이 뜻을 살려서 우리말 성경들은 전도자 혹은 설교가로 번역했다. 물론 이 책에는 코헬렛이 설교나 전도를 하는 대목이 나오지 않는다. 그렇더라도 전 12:9에 따르면 코헬렛은 지혜자이며 백성을 가르쳤기에 이렇게 해석하는 것도 별 무리가 없다.

이 말은 본디 시리아말에서 '(군중을) 소집하다, 불러 모으다, 함께 만나다'라는 뜻으로 쓰였다. 이에 따라 코헬렛(니팔, 여성, 단수, 분사) 란 말을 직역하면, '모여진 자들, 모여든 자들'이란 뜻이다. 실제로 이 말(동사: 아크헬)은 성전을 봉헌할 때 솔로몬이 이스라엘 백성을 불러 모으는 일을 나타내기도 했다.(왕상 8:1)

이것이 의미로는 남성을 가리키면서도 낱말 형태로는 여성형이라는 점이 특이하다. 이 단어가 나오는 곳 가운데 12:8, 27에 정관사가 붙어 있다. 사람 이름에는 관사가 붙지 않으므로, 이 낱말은 고유명사가 아니라 일반명사이다. 그러므로 이것은 공동체 안에서 특정한 직무, 또는 그 직무를 맡은 사람을 가리킨다고 하겠다.

물음을 중심으로 하여 보다 큰 범위를 살펴보면, 전도서 앞부분(1:2-3:9)은 서로 맞물리는 틀(Inclusio)로 짜여져 있다(Schwienhorst-Schönberger 137):

무엇이 유익한가(1:3) – 지혜자의 물음

　　우주를 노래함(1:4-11) – 지혜자의 물음

　　　　(1:12-2:26) – 왕의 물음

　　시간을 노래함(3:1-8) – 지혜자의 물음

무엇이 유익한가(3:9) – 지혜자의 물음

전도서 톺아보기

　잠언 31:31을 읽고 한 장을 넘기면 전도서(傳道書)가 나온다. 이 책 제목은 히브리말로 코헬렛(Qohelet) 그리스말로 에클레시아스테스(ecclesiastes)이다. 이 책은 욥기 잠언 집회서(외경) 지혜서 (외경) 등과 함께 지혜문학에 속한다.(지혜문학의 오경?)

　전도서는 12장으로 되어 있다. 히브리 성경은 이 책을 코헬렛이라 불렀다. 1947년 사해근처에서 구약성경 필사본이 많이 발견되었다. 이를 사해 두루마리 또는 쿰란 문서라고 부른다. 거기에 코헬렛도 들어 있었다. 그것은 주전 2세기 중엽에 베껴 쓴 필사본 일부였다.(제4동굴) 주전 2세기에 완성된 것으로 보이는 집회서는 이미 전도서의 존재를 알고 있었다. (집회 14장 참조) 이런 것들로 미루어 보건데 코헬렛은 아마 주전 250년 전후에 완성된 것으로 보인다.

　시인 엘리어트(T. S. Eliot)는 1959년에 '4중주'(Four Quartets)라는 시를 썼다:*

---

* The vacant interstellar spaces, the vacant into the vacant. The captains, merchant bankers, eminent men of letters. The generous patrons of art, the statesmen and the rulers. Distinguished civil servants, chairmen of many committees, Industrial lords and petty contractors, all go into the dark, And dark the Sun and Moon, and the Almanach do Gotha. And the Stock Exchange Gazette, the Directory of

텅 빈 별들 사이의 공간들, 텅 빈 군상들이 텅 빈곳으로 들어가는구나,

재계의 우두머리들과, 상업 은행가들과, 저명한 문인들과

관대한 예술 후원자들과 정치가들과 통치자들과

저명한 공직자들과, 많은 위원회의 의장들과

기업주들과 소 청부인들이 모두 어둠 속으로 들어가는구나.

어둡도다, 해와 달이, 그리고 유럽 왕후장상들의 인명록과

증권거래소 간행물과 중역 인명록이,

감각이 식고 행동의 동기를 상실했구나.

그리고 우리도 모두 그들과 함께 말없는 장례식 속으로 들어간다,

누구의 장례식도 아니다, 왜냐하면 묻어 줄 사람이 없기 때문이다.

나는 내 영혼에게 말했다, 고요하라, 그리고 어둠이 너에게 내려오도록 하라,

그러면 그 어둠이 하나님의 어둠이 되리니. 극장 양 날개 면이

텅 빈 동굴 속에서 울리는 우렛소리처럼 우르르 울리며, 어둠이 어둠 위로 움

직이며 ···. (East Coker, 이명섭 옮김)

이 시에서 그는 무(無), 허무(虛無), 공허(空虛), 침묵에 대한 현대인의 체험을 아주 실감나게 묘사했다.

탈무드는 인간이 지닌 지혜에는 한계가 분명하다는 사실을 다음과 같은 이야기로 전해준다.

어느 젊은이가 저명한 학자이자 라비인 슈워츠 선생을 찾아와 말했다:

"제 이름은 션 골드스타인입니다. 선생님께 탈무드를 배우려고 이렇게

Directors, And cold the sense and lost the motive of action. And we all go with them, into the silent funeral, Nobody's funeral, for there is no one to bury. I said to my soul, be still, and let the dark come upon you, Which shall be the darkness of God. As in a theatre, The lights are extinguished, for the scene to be changed With a hollow rumble of wings, with a movement of darkness on darkness.

찾아왔습니다."

"아람어는 할 줄 아는가?"

"아니오."

"그럼 히브리말은?"

"할 줄 모릅니다."

"탈무드를 읽어 보긴 했겠지?"

"아니오, 선생님. 하지만 걱정마십시오. 공부는 할 만큼 했으니까요. 저는 철학 박사 학위를 따고 지금은 하버드 대학 논리학 박사 과정에 있습니다."

그러자 라비가 대답했다: "그렇다고 해도 자네가 탈무드를 공부할 준비가 되어 있는지 심히 의심스럽군. 정 그렇다면 내가 내는 논리 문제를 맞추어 보게. 이 시험에 통과한다면 탈무드를 가르쳐 주지."

젊은이가 고개를 끄덕이자 랍비는 손가락 두 개를 들어 보였다.

"두 남자가 굴뚝에서 내려왔네. 한 남자는 얼굴이 시커먼 재 투성이었고, 또 다른 남자는 깨끗했지. 자, 그럼 둘 중 누가 얼굴을 씻었을까?"

그러자 젊은이가 자신 없는 목소리로 대답했다.

"얼굴이 더러운 남자 아닌가요?"

"틀렸네, 깨끗한 남자가 얼굴을 씻었지. 단순한 논리 아닌가? 더러운 얼굴의 남자는 얼굴이 깨끗한 남자를 보고 자기 얼굴도 깨끗하리라고 생각하고, 얼굴이 깨끗한 남자는 더러운 남자의 얼굴을 보고 자기 얼굴도 더러우리라고 짐작을 한 거지. 그래서 얼굴이 깨끗한 남자가 얼굴을 씻었다네."

"정말 현명하시군요, 선생님. 하지만 한 번만 더 기회를 주십시오."

그러자 랍비는 다시 한 번 손가락 두 개를 들어 보이며 이렇게 말했다.

"두 남자가 굴뚝에서 내려왔네. 한 남자는 얼굴이 시커먼 재 투성이었고, 또 다른 남자는 깨끗했지. 자, 그럼 둘 중 누가 얼굴을 씻었을까?"

"그건 이미 우리가 풀었던 문제 아닙니까? 당연히 얼굴이 깨끗한 남자죠."

"틀렸네. 두 사람 모두 얼굴을 씻었지. 논리를 잘 따라가 보게. 얼굴이 깨끗한 남자는 더러운 남자 얼굴을 보고 자기 얼굴을 씻었네. 그러자 더러운 얼굴 남자는 얼굴이 깨끗한 남자가 씻는 걸 보고 '얼굴이 깨끗한데도 씻는구나. 그럼 나도 씻어야지'라고 생각하고 함께 씻었다네."

"그건 미처 생각을 못 했군요. 선생님, 면목 없지만 제발 딱 한 번만 더 문제를 내주십시오."

그러자 랍비는 또 손가락 두 개를 들어 보이며, 말했다:

"두 남자가 굴뚝에서 내려왔네. 한 남자는 얼굴이 시커먼 재 투성이었고, 또 다른 남자는 깨끗했지. 자, 그럼 둘 중 누가 얼굴을 씻었을까?"

"둘 다요."

"또 틀렸구먼. 둘 다 씻지 않았네. 더러운 얼굴의 남자는 깨끗한 남자의 얼굴을 보고 씻을 필요가 없다고 생각해 얼굴을 씻지 않았고, 깨끗한 얼굴의 남자는 더러운 남자의 얼굴을 보고 '저렇게 얼굴이 더러운데도 씻지 않는구나'라고 생각하고 씻지 않았지."

이렇게 되자 젊은이는 라비의 발아래 엎드려 두 손 모아 애원했다: "선생님, 한 번만 제발 한 번만 기회를 더 주십시오." 랍비는 고개를 가로저으며 이렇게 말했다:

"아니, 아직 자네는 준비가 덜 되었네. 자네가 철학을 공부했든, 논리학을 공부했든 탈무드를 배우기에는 기본이 되지 않았어. 생각해 보게. 같은 굴뚝에서 내려왔는데 어떻게 한 사람은 얼굴이 깨끗하고 한 사람은 얼굴이 더러울 수가 있겠나? 한마디로 바보 같은 질문이지. 바보 같은 질문에 대답하는 데 인생을 낭비해 봐야, 얻는 것이라곤 바보 같은 해답뿐이네."

코헬렛은 이런 혼란을 느끼지 않았다. 마틴 루터는 전도서(코헬렛)를 가리켜, '빨간 모자를 쓴 문학'이라고 불렀다. 만일 어떤 사람이 빨간 베레모를 쓰고 거리를 활보한다면, 그 모습에서 우리는 발랄하고 활기찬 분위기를 느낄 것이다. 그러므로 전도서에 대해 루터가 이렇게 말한 것은, 이 책에 발랄하고 긍정적인 내용이 들어있다는 뜻이다.

전도서에 관해 다음과 개괄적으로 살펴보자.

1. 전도서라는 책 이름은?

히브리어 성서는 이 책이 코헬렛의 말이라 하여 '코헬렛'(Qohelet)이라 불렀다. 그 말의 뜻은 확실하지 않더라도 대개 '회중 또는 회중 앞에서 말하거나 가르치는 이'를 가리킨다. 그리스어 성경(LXX)도 이 책을 회중이란 뜻에 따라 에클레시아스테스(ecclesiastes)라고 붙였다. 불가타는 는 콘키오나토르(concionator 회중의 지도자 또는 연설가)로 옮겼다. 우리말 성경 이름 《전도서》는 중국어 이름 傳道書를 그대로 따 왔다. 이는 오랫동안 코헬렛을 '전도자'로 옮겼던 교회 전통에 따른 것이다.

오늘날에는 코헬렛을 전도자보다 "설교자"(Prediger 공동번역 성경), "교사"(NRSV), 또는 "코헬렛"(NAB)으로 옮기면서, 이 책 이름을 그냥 코헬렛이라 부르기도 한다.

2. 누가 썼나?

코헬렛 첫머리는 '다윗의 아들로서 예루살렘의 왕이었던 설교자의 말' (1:1)이라 하여 솔로몬을 이 책의 저자로 손꼽는다. 그 글의 성격이나 내용, 사용된 어휘 등을 잘 살펴보면, 이 책을 쓴 이는 포로기 이후 그리스 시대에 활동했던 유다의 어떤 현자였을 것으로 여겨진다. 그러나 그는 이스라엘 지혜의 대표자인 솔로몬의 권위 아래에 이 책을 둠으로써, 코헬렛이 어느 한 무명작가의 개인적인 지혜가 아니라, 이스라엘의 지혜전승에 근거를 둔 권위있는 가르침임을 드러내고 싶어했다.

3. 언제 쓰여졌나?

코헬렛은 포로기 이후에 나온 후기 히브리어 용법에 따라 쓰여졌다. 거기에 쓰인 어휘는 페르시아의 아람어와 그리스어의 영향을 짙게 받았다. 또 주전 2세기 중엽에 쓰여진 전도서의 필사본 단편이 쿰란 동굴에서 발견되었고 주전 2세기 말에 살았던 집회서 저자가 전도서를 알았던 것으로 보아, 적어도 그 당시에는 이미 이 책이 세상에 나와 있었다. 그러므로 전도서는 주전 3세기경에, 아마 주전 250년 전후에 완성되었을 것이다.

4. 왜 썼나?

잠언을 읽고 뒤이어 코헬렛을 읽은 분들은 좀 헷갈릴 수 있다. 코헬렛에는 잠언이 지당하게 여기는 내용들 일부분을 비판하는 내용도 있다. 왜 그랬을까? 코헬렛은 헬레니즘 같은 외래사조가 밀려오는 새로운 시대에서 기존의 지혜문학이 지닌 헛점을 보완하고, 이스라엘의 신앙을 바로 세우려고 애를 썼다. 그래서 그는 "나는 보았다. 그래서 나는 알았다"는 말을 자주 썼다. 이로써 코헬렛은 실제적인 경험과 냉정한 관찰을 통해 전통적인 지혜의 한계와 단순한 인과응보 논리에 빈틈이 많다는 사실, 그리고 세상의 불공평과 왜곡된 현실 등을 보여주었다. 특히 인간의 종말인 죽음을 앞두고 좌절하는 인간의 갖가지 모습을 보여줌으로써, 이 책은 인간의 모든 업적과 소유가 영원한 가치를 지닐 수 없는 것이요, 절대적인 것이 아니라 상대적인 것임을 알려주었다.

코헬렛은 창조주 하나님만이 절대가치를 지닌 분이요, 모든 것을 다스리는 분이시니, 그분을 경외하면서, 그분이 주시는 시간과 장소에서 그분 주신 선물을 가지고 최선을 다해 기쁘게 살라고 우리를 일깨워준다.

5 전도서의 짜임새는?

이 책의 짜임새에 관해 학자들의 견해에는 커다란 차이가 있다. 전도서는 각기 다른 말씀들을 모아놓은 것이라서 체계적인 짜임새를 전혀 찾을 수 없다고 하는 사람도 있다. 다음과 같은 분류는 쉬빈호르스트-쇤베르거의 견해를 따른 것이다.(Schwienhorst-Schönberger 52)

1:1 책 제목

　1:2 틀이자 표어(헛되다)

1:3-3:22 발단(propositio) 인생 행복을 가능하게 하는 내용과 조건

4:1-6:9 전개(explicatio) 철학적인 전이해에 따른 행복개념과의 논쟁

6:10-8:17 갈등(refutatio) 행복하기 위한 선택사항들과의 논쟁

9:1-12:7 적용(applicatio) 즐거움과 실행가능한 행위를 촉구함

12:8 틀이자 표어(헛되다)

12:9-14 맺음말

6 어떤 내용인가?

이 부분은 빗 테(Markus Witte)의 견해를 따른 것이다:

1:1	표제어(다윗의 아들 예루살렘 왕 전도자의 말씀이라)	
1:2	표어 겸 머리말(헛되고 헛되며 헛되고 헛되니 모든 것이 헛되도다)	
1:3-11	전제: 같은 것이 늘 되풀이 되는 것에 대하여(해 아래에는 새 것이 없나니)	
1:12-2:26	왕의 지혜: 지혜를 찾는 왕(전도자)	
3:1-15	때(기간)를 생각하다(시기(때)를 주제로 한 시)	
3:16-6:12	인간이 처한 사회경제적, 종교적 상황에 대해 생각함	
	3:16-22	타락한 법과 제도
	4:1-16	부패한 사회
	4:17-5:6	종교적 행위
	5:7-6:9	부유함에 대한 생각
	6:10-12	행복의 조건과 틀을 만드시는 하나님
7:1-8:15	무엇이 인간을 진정으로 행복하게 하는가?	
	7:1-24	지혜에 관한 전통적인 가르침에 대한 비판

	7:25-29	여성을 깎아내리는 지혜의 가르침에 대한 비판
	8:1-9	'알맞은 때'를 가르치는 지혜의 가르침에 대한 비판
	8:10-15	하나님께서 선물로 주시는 기쁨의 자리로 나아가라
8:16-10:20	지혜의 능력에 대해 생각하기	
	8:16-17	지혜와 지식의 한계
	9:1-12	죽음에 직면한 생명
	9:13-10:20	지혜의 장점과 단점을 살펴보기
11:1-12:7	결론: 청년이여 ··· 하나님이 이 모든 일로 말미암아 너를 심판하실 줄 알라	
	11:1-8	정신이 살아있는 한
	11:9-12:7	즐거움을 즐기는 능력으로 안내함(하나님께로 돌아가기 전에 기억하라)
12:8	표어: 헛되고 헛되도다 모든 것이 헛되도다.	
12:9-14	후기: 하나님은 모든 행위와 모든 은밀한 일을 선악 간에 심판하시리라	

풀리지 않는 마음속 모든 문제에

인내하라

문제 그 자체를 사랑해라

지금 당장 해답 얻으려 애쓰지 마라

···

중요한 것은

모든 것을 살아보는 일이다

지금 그 문제들을 살라

　　　　　　　　　　− 라이너 마리아 릴케가 쓴 〈젊은 시인에게 주는 충고〉

"성경에 이런 책이 다 있어?"

이것은 전도서를 읽는 지성인이 흔히 보이는 첫 번째 반응이다. 어째서 거룩한 성경을 읽고 난 반응이 이럴까? 이는 전도서가 평소 우리가 아무렇지 않게 말하고 행동하는 것에 의문을 제기하기 때문이리라. 전도서는 일상화된 일, 상식처럼 받아들여지는 것을 향해서도 그냥 흩으로 넘어가지 않는다. 이 책은 "남들이 생각하는 대로 그냥 따라가지 마" "네가 평소에 생각하는 것에서 벗어나봐"라고 우리에게 권한다. "그런 것에 '물음표'를 찍어봐" "생각을 다시 한 번 해봐"라고 한다.

이런 말씀들을 대할 때 사람들 중에는 '아니, 으레 그리고 아무렇지 않게 하고 있는 당연한 것에 웬 문제제기야. 황당하게시리.'라고 할 이가 있으리라. 그런가 하면, "어쩜! 전도서는 요즈음 같이 다원화·다원화 된 사람과 사회에 딱 맞는 책이네"하며 반기는 사람도 있다.

전도서에는 인생철학이 들어있다. 성경 66권 가운데 가장 철학적인 책이다. 물론 그것은 요즘 유행하는 것 같은 처세술을 가르치는 책이 아니다. 그것은 매우 현실적인 내용을 담은 철학이다.

책의 처음과 끝(1:2; 12:8)에 "전도자가 이르되 헛되고 헛되며 헛되고 헛되니 모든 것이 헛되도다"라는 말을 강조하고 되풀이하기에, 이 책의 저자는 비관론자(회의론자)라는 인상을 풍긴다. 그러나 그는 비관주의자가 아니라, 냉철한 이성을 지닌 객관적인 사람이다. 그는 이스라엘의 전통적인 믿음처럼 역사에서 만나 뵈는 하나님을 찾기보다는, 그 전통적 믿음과 지혜에 대해 거리를 두었다. 이로써, 욥기에 이어, 이스라엘의 전통적인 지혜는 위기를 맞았다. 현실을 냉철한 이성에 비추어 볼 때, 윤리적 세계 질서는 결코 경험으로 증명될 수 없다는 것이다.

빛이 어둠보다 낫듯이, 인간이 자기 힘으로 획득한 지혜가 어리석음보다 낫기는 하다. 그렇더라도 그것이 인생의 열매나 승리를 결코 보장하지 못하기 때문이다. 코헬렛은 세상에서 일어나는 일들 대부분을 인간이 자기 스스로 헤아릴 수 없으며, 어떻게 해볼 수 없는 신비로 받아들였다. 이해할 수 없는 인생과 세상 앞에서 자신의 무지와 무능을 고백할 수밖에 없었다. 그리고 결국 하나님께 대한 경외심에 귀의했다.(3:14; 5:6; 7:18)

7 전도서의 용어

전도서에 자주 쓰인 용어들을 살펴보면 다음과 같다.(Annette Schellenberg, Kohelet(=Zürcher Bibelkommentare AT 17), TVZ, Zürich, 2013. 21-22)

- 괴롭다·나쁘다(ra‘) 1:13; 2:17; 4:3, 8, 17; 5:13; 6:2; 8:3, 5, 9, 11-12; 9:3, 12; 12:14; 악, 불행(ra‘ā) 2:21; 5:12, 15; 6:1; 7:14-15; 8:6, 11; 9:12; 10:5, 13; 11:2, 10; 12:1
- 먹다(’ākal) 2:24-25; 3:13; 4:5; 5:10-11, 16-18; 6:2; 8:15; 9:7; 10:16-17
- 영원히, 아주 오래 전(‘ōlām) 1:4, 10; 2:16; 3:11, 14; 9:6; 12:5
- 찾다·측량하다(māṣa’) 3:11; 7:14, 24, 26-29; 8:17; 9:10, 15; 11:1; 12:10
- 헛되다·아무것도 아니다(hæbæl) 1:2, 14; 2:1, 11, 15, 17, 19, 21, 23, 26; 3:19; 4:4, 7-8, 16; 5:6, 9; 6:2, 4, 9, 11-12; 7:6, 15; 8:10, 14; 9:9; 11:8, 10; 12:8
- 즐거움·기쁨(śimḥa) 2:1-2, 10, 26; 5:19; 7:4; 8:15; 9:7; 기뻐하다(śāmaḥ) 2:10; 3:12, 22; 4:16; 5:18; 8:15; 10:19; 11:8-9
- 악인(rāšā‘) 3:17; 7:15; 8:10, 13-14; 9:2; 불의(rəša‘) 3:16; 7:25; 8:8; 불의하

다(rāša‘) 7:17

• 두려워하다(jārē’) (하나님은 목적어) 3:14; 5:6; 7:18; 8:12-13; 12:13; (기타) 9:2; 12:5

• 주다(nātan) (하나님이 주어) 1:13; 2:26; 3:10-11; 5:17-18; 6:2; 8:15; 9:9(?); 12:7-11; (선호하다. 마음으로 받아들이다) 1:13, 17; 7:21; 8:9, 16; 9:1 (기타) 2:21; 4:17; 5:5; 7:2; 10:6; 11:2; (선물) 3:13; 5:18(mattat)

• 의인(ṣaddīq) 3:17; 7:15-16, 20; 8:14; 9:1-2; 정의(ṣedeq) 3:16; 5:7; 7:15

• 정의·재판 (mišpāṭ) 3:16; 5:7(8); 8:5-6; 11:9; 12:14; 심판하다(šāpaṭ) 3:17; 운명 2:14-15; 3:19; 9:2-3(miqrē); 만나다 2:14-15; 9:11(qāra‘)

• 장점·잇점(jitrōn) 1:3; 2:11, 13; 3:9; 5:8, 15; 7:12; 10:10-11; (jōtēr) 7:11 (이 것이 부사로 쓰이는 경우) 2:15; 6:8, 11; 7:16; 12:9, 12; (kišrōn) 5:10;

• 하나님(’ælōhīm) 1:13; 2:24, 26; 3:10-11, 13-15, 17-18; 4:17; 5:1, 3, 5-6, 17-19; 6:2; 7:13-14, 18, 26, 29; 8:2; 12-13, 15, 17; 9:1, 7; 11:5, 9; 12:7, 13-14

• 바람을 잡다(rəūt rūăḥ) 1:14; 2:11, 17, 26; 4:4, 6; 6:9; (ra‘jōn rūăḥ) 1:17; 4:16; (rūăḥ 없이) 2:22

• 선·즐겁다(ṭōb) 2:1, 3, 24, 26; 3:12-13, 22; 4:3, 6, 9, 13; 5:4, 17; 6:3, 9, 12; 7:1-3, 5, 8, 10-11, 14, 18, 20, 26; 8:12-13, 15; 9:2, 4, 7, 16, 18; 11:6-7; 12:14; (ṭōbâ) 4:8; 5:10, 17; 6:3, 6; 7:14; 9:18; 유익하다, 기뻐하다 (jāṭab) 7:3; 11:9

• 심장·마음(lēb) 1:13, 16-17; 2:1, 3, 10, 15, 20, 22-23; 3:11, 17-18; 5:1, 19; 7:2-4, 7, 21-22, 25-26; 8:5, 9, 11, 16; 9:1, 3, 7; 10:2-3; 11:9-10

• 듣다(šāma‘) 1:8; 4:17; 7:5, 21; 9:16-17; 12:13

• 사람·인생(’ādām) 1:3, 13; 2:3, 8, 12, 18, 21-22, 24, 26; 3:10-11, 13, 18-

19, 21–22; 5:18; 6:1, 7, 10–12; 7:2, 14, 20, 28–29; 8:1, 6, 8–9, 11, 15, 17; 9:1, 3, 12, 15; 10:14; 11:8; 12:5, 13

• 수고・일(*ᵃmāl*) 1:3, 2:10–11, 18–22, 24; 3:13; 4:4, 6, 8–9; 5:14, 17–18; 6:7; 8:15; 9:9; 10:15 (수고하다 *ᵃmal*) 1:3; 2:11; 19–21; 5:15, 17; 8:17

• 수고・추구(*'injān*) 1:13; 2:23, 26; 3:10; 4:8; 5:2, 13; 8:16

• 부・부유(*'ōšær*) 4:8; 5:12–13; 18; 6:2; 9:11 (부유하다 *'āšīr*) 5:11; 10:6, 10

• 보다(*rā'â*) 1:8, 10, 14, 16; 2:1, 3, 12–13, 24; 3:10, 13, 16, 18, 22; 4:1, 3–4, 7, 15; 5:7, 12, 17; 6:1, 5–6; 7:11, 13–15; 27, 29; 8:9–10, 16–17; 9:9, 11, 13; 10:5, 7; 11:4, 7; 12:3

• 찾다(*bāqeš*) 3:16, 15; 7:25, 28–29; 8:17; 12:10

• 해(*šæmæš*) ('해 아래에서'와 함께) 1:3, 9, 14; 2:11, 17–20, 22; 3:16; 4:1, 3, 7, 15; 5:12, 17; 6:1, 12; 8:9, 15, 17; 9:3, 6, 9, 11, 13; 10:3 (기타) 1:5; 6:5; 7:11; 11:7; 12:2 (참조 '하늘 아래에서' 1:13; 2:3; 3:1)

• 죽다・죽이다(*mūt*) 2:16; 3:2; 4:2; 7:17; 9:3–5; 죽음 (*māwæt*) 3:19; 7:1, 26; 8:8; 10:1

• 부분・몫 (*ḥēleq*) 2:10, 21; 3:22; 5:17–18; 9:6, 9; 11:2

• 우매자・어리석은 (*kəsîl*) 2:14–16; 4:5, 13, 17; 5:2–3; 6:8; 7:4–6, 9; 9:17; 10:2, 12, 15; (*sākāl*) 2:19; 7:17; 10:3, 14; 어리석음 (*siklūt*) 2:3, 12–13; 7:25; 10:1, 13 (*śiklūt*) 1:17; (*kesel*) 7:25; (*sekel*) 10:6

• 마시다(*šātâ*) 2:24; 3:13; 5:17; 8:15; 9:7

• 하다 만들다(*ᵃśâ*) (하나님이 주어) 3:11, 14; 7:14, 29; 8:11(?); 11:5; ('해 아래에서'라는 표현과 함께) 1:13–14; 2:3, 17; 4:1, 3; 8:9, 16–17; 9:3, 6; 10:19; 12:12; (*ma'ᵃśæê* 하나님이 하시는 일) 3:11; 7:13; 8:17; 11:5; (기타)

• 지혜・지혜로운 자(*ḥåkmâ*) 1:13, 16–18; 2:3, 9, 12–13, 21, 26; 7:10–12, 19,

23, 25; 8:1, 16; 9:10, 13; 15-16, 18; 10:1, 10; 지혜로운·현명한(ḥākām)
2:14, 16, 19; 4:13; 6:8; 7:4-5, 7, 19; 8:1, 5, 17; 9:1, 11, 15, 17; 10:2,
12; 12:9, 11; 지혜롭다(ḥākam) 2:15, 19; 7:16, 23

• 알다·깨닫다(jāda') 1:17; 2:14, 19; 3:12, 14, 21; 4:13, 17; 6:5, 8; 7:4-5, 7,
19; 8:1, 5, 7, 12, 16-17; 9:1, 5, 11-12; 10:14-15; 11:2, 5-6, 9

• 때·시간('ēt) 3:1-8, 11, 17; 7:17; 8:5-6, 9; 9:8, 11-12; 10:17

참고문헌(연대순)

• Delitzsch, F., Hoheslied und Kohelet (BC IV/4), Leipzig, 1873

• Galling, K., Der Prediger (HAT I/18), 1940 (2. Aufl. 1969), Tübingen

• Gordis, R., Kohelet – The Man and his World (TSJTSA XIX), 1951 (1968³), New York

• Hertzberg, H.W., Der Prediger (KAT XVII/4-5), Gütersloh, 1963

• Lauha, A., Kohelet (BK.AT XIX), Neukirchen–Vluyn, 1978

• Lohfink, N., Kohelet (NEB. AT 1), Würzburg, 1980(1993⁴)

• Zimmerli, W., Sprueche / Prediger(ATD 16/1), V&R, 1980³

• Michel, D., Qohelet. Wissenschaftliche Buchgesellschaft(Erträge der Forschung), Darmstadt, 1988.

• Michel, D., Untersuchungen zur Eigenart des Buches Qohelet(BZAW 183), Berlin / New York. 1989.

• Fox, Michael V., Qohelet and his Contradictions, The Almond Press, 1989.

• Wolfe, L. M., Qoheleth(Ecclesiates), Litugical Press, 1989

• Murphy, R.E., Ecclesiastes (WBC 23A), Dallas/Texas, 1992

• Klein, Ch., Kohelet und die Weisheit Israels. Eine formgeschichtliche Studie(BWANT

132), Kohlhammer, 1994

- A. A. Diesel, R. G. Lehnmann, E. Otto, A. Wagner(hrsg.), "Jedes Ding hat seine Zeit …": Studien zur israelitischen und altorientalischen Weisheit. Diethelm Michel zum 65. Geburtstag(BZAW 241), Walter de Gruyter, 1996
- Seow, Ch.-L., Ecclesiastes (AncB 18C), New York u.a., 1997
- 박요한, 코헬렛의 지혜와 즐거운 인생, 성서와함께, 1997
- Krüger, Th., Kohelet (Prediger) (BK.AT XIX, Sonderband), Neukirchen-Vluyn, 2000
- Brown, W. P., Ecclesiastes (Interpretation, a Bible Commentary for Teaching and Preaching), 2000
- Salyer, Gary D., Vain Rhetoric Private Insight and Public Debate in Ecclesiastes (JSOTS 327), 2001
- Horne, Milton L, Proverbs-Ecclesiates(Smyth & Helwys Bible Commentary), Smyth & Helwys, 2003
- Schwienhorst-Schönberger, L., Kohelet(HThK.AT), Freiburg, 2004
- Schwienhorst-Schönberger, L., in: Ders., Studien zum Alten Testament und seiner Hermeneutik, Verlag Kath. Bibelwerk, 2005. 209-222
- 민영진, 전도서/아가, 대한기독교서회, 2009
- 두란노 HOW 주석, 전도서. 어떻게 설교할 것인가, 두란노아카데미, 2009
- Weeks, S., Ecclesiastes and Scepticism, T & T Clark International, 2012
- Schoors, A., Ecclesiates(HCOT), Peters, 2013
- Perry, Theodore Anthony, The book of Ecclesiastes (Qohelet) and the path to joyous living, Cambridge University Press, 2015
- Köhlmoos, M., Kohelet. Der Prediger Salomo(ATD 16.5), V&R, 2015
- Weeks, S., Ecclesiastes 1,1-5,6 A Critical and Exegetical Commentary(ICC), T & T Clark International, 2020
- Weeks, S., Ecclesiastes 5-12 A Critical and Exegetical Commentary(ICC), T & T

Clark International, 2022

- A. 까뮈(김화영 옮김), 시지프 신화, 책세상, 2014. 28쪽
- 이마미치 도모노부, 단테『신곡』강의,
- Douglas B. Miller, Qohelet's Symbolic Use of *hebel* (JBL 117, 1998) 437-454
- Kaiser, O., Zwischen Athen und Jerusalem Studien zur griechischen und biblischen Theologie, ihrer Eigenart und ihrem Verhältnis (BZAW 320) 2003. 247-274
- Schnocks, J., Konzeption der Übergänge vom Leben zum Tod und vom Tod zum Leben, in: Frevel, C. (Hg.), Biblische Anthropologie – Neue Einsichten aus dem Alten Testament, Freiburg am Breisgau, 2010. 317-331
- K. C. Dunham, The woman who is a snare: the identity and nature of the female figure in Ecclesiates 7:25-29, DBSJ 27 (2022) 31-52

사전

- Gesenius, W., Hebräisches und Aramäisches Handwörterbuch über die Schriften des Alten Testaments (GB or GM), Berlin/ Heidelberg, 201318 (1810-12, 1917[17])
- Koehler & Baumgartner, Hebraisches Und Aramaisches Lexikon: Zum Alten Testament I, II (HAL or KBL) Leiden, 1995[3] (1953)
- Fabry, H.-J., Theologische Wörterbuch zum Alten Testament I-IX (ThWAT), Stuttgart, Verlag W. Kohlhammer, 1972-1995
- Jenni, E.-Westermann, C., Theologisches Handwörterbuch zum Alten Testament (THAT), Gütersloher Verlagshaus 1-2. 2004[6] (1971)

길에서 길을 묻다

초판 1쇄 인쇄 _ 2024년 3월 15일
초판 1쇄 발행 _ 2024년 3월 25일

지은이 _ 정현진

펴낸곳 _ 바이북스
펴낸이 _ 윤옥초
책임 편집 _ 김태윤
책임 디자인 _ 이민영

ISBN _ 979-11-5877-373-1 03230

등록 _ 2005. 7. 12 | 제 313-2005-000148호

서울시 영등포구 선유로49길 23 아이에스비즈타워2차 1005호
편집 02)333-0812 | **마케팅** 02)333-9918 | **팩스** 02)333-9960
이메일 bybooks85@gmail.com
블로그 https://blog.naver.com/bybooks85

미래를 함께 꿈꿀 작가님의 참신한 아이디어나 원고를 기다립니다.
이메일로 접수한 원고는 검토 후 연락드리겠습니다.

* 바이북스 플러스는 기독교 신앙의 본질을 담아내려는 글을 선별하여 출판하는 브랜드입니다.